Ebner Stolz / BDI
Änderungen im Steuer- und Wirtschaftsrecht 2017/2018

Änderungen im Steuer- und Wirtschaftsrecht 2017/2018

Redaktionelle Gesamtverantwortung

Dr. Ulrike Höreth
Rechtsanwältin
Fachanwältin für Steuerrecht

Brigitte Stelzer
Rechtsanwältin
Steuerberaterin

Zitierweise:
Ebner Stolz / BDI, Änderungen im Steuer- und Wirtschaftsrecht 2017/2018, Rz. ...

Dieses Printprodukt ist auch als Online-Datenbank zu einem monatlichen Bezugspreis erhältlich:

www.stollfuss.de

Es ist außerdem Bestandteil des Online-Fachportals Stotax First:

www.stotax-first.de

Für Fragen und kostenlose Testzugänge steht Ihnen unser Kundenservice gerne zur Verfügung (0228 724-0 oder info@stollfuss.de).

Bibliografische Information der Deutschen Nationalbibliothek
Die Deutsche Nationalbibliothek verzeichnet diese Publikation in der Deutschen Nationalbibliografie; detaillierte bibliografische Daten sind im Internet über http://www.d-nb.de abrufbar.

ISBN: 978-3-08-318454-6
Stollfuß Medien GmbH & Co. KG 2017 · Alle Rechte vorbehalten
Satz: mediaTEXT Jena GmbH, Jena
Druck und Verarbeitung: Bonner Universitäts-Buchdruckerei (bub)

Geleitwort

Die Steuerpolitik der neuen Legislaturperiode steht vor großen Herausforderungen. Neben den zahlreichen nationalen steuerpolitischen Reformbaustellen zeichnet sich überdies ein zunehmender Steuerwettbewerb der Standorte ab. Standen im Zuge des BEPS-Projekts der OECD vornehmlich Fragen zur Vermeidung von Steuergestaltungen und ein steuerliches Level Playing Field im Fokus, zeigt sich nunmehr in den großen Wirtschaftsnationen, wie USA oder Großbritannien, ein anderes steuerpolitisches Bild. Im Rahmen der Brexit-Verhandlungen hat die britische Regierung bereits angekündigt, die Steuersätze für die Unternehmen drastisch zu senken. In die gleiche Richtung entwickelt sich die US-amerikanische Steuerpolitik. Insofern scheint die Steuerpolitik in eine post-BEPS-Phase einzutreten. Dies zum Anlass genommen hat der scheidende Bundesfinanzminister Wolfgang Schäuble bereits die Notwendigkeit angemahnt, sich in der neuen Legislaturperiode einer Unternehmensteuerreform zuzuwenden.

Nach alledem zeigt sich, dass wir eine Kehrtwende in der Steuerpolitik brauchen. Statt der zahlreichen kleinteiligen Regelungen und Verschärfungen des Steuerrechts in der letzten Legislaturperiode bedarf es wieder durchgreifender Strukturreformen. Letztlich darf die neue Bundesregierung die Augen vor dem internationalen Steuerwettbewerb nicht verschließen. Umso mehr ist die Steuerpolitik wie kaum zuvor gefordert, die Weichen für ein modernes Unternehmensteuerrecht zu stellen. Hier stehen nicht Tarife und Steuersätze im Fokus, sondern eine durchgängige ertragsorientierte Besteuerung, die zudem den Weg in die Digitalisierungsfähigkeit des Steuerrechts, insbesondere der steuerlichen Massenverfahren, bereitet.

Der Ratgeber soll hierzu das Steuerrecht mit der Steuerpolitik verbinden und den notwendigen Dialog zwischen Wissenschaft, Beratung, Unternehmen, Verwaltung und Politik befördern.

Dr. Joachim Lang
Hauptgeschäftsführer
und Mitglied des Präsidiums
Bundesverband der Deutschen Industrie e. V.

Vorwort

Das Steuer- und Wirtschaftsrecht ändert sich fortlaufend, gilt es doch, politische Ziele der regierenden Parteien, die Anforderungen der Europäischen Union, internationale Vorgaben oder schlichtweg die aktuelle Rechtsprechung umzusetzen.

Zugegeben – 2017 war dominiert vom Bundestags-Wahlkampf, so dass steuerliche Gesetzgebungsverfahren nicht mit derselben Vehemenz verfolgt wurden, wie in den Jahren zuvor. Der Ausgang der Bundestagswahl sorgt nun für neue Konstellationen und welche steuerlichen Maßnahmen eine eventuelle Jamaika-Koalition – wenn sie denn kommen sollte – in 2018 anstoßen wird, sehen Steuerexperten und Wirtschaft mit Neugier entgegen. Den Aussagen in den Wahlprogrammen nach zu urteilen, dürften Unternehmen auf ein Mehr an steuerlicher Förderung von Forschung und Entwicklung hoffen; hinsichtlich des „Ob" bestand in diesem Punkt in sämtlichen Wahlprogrammen eine große Übereinstimmung – offen ist nunmehr nur, wie diese Förderung konkret ausgestaltet sein wird.

Trotz Wahlkampfs bestand an der Steuerfront aber keineswegs Stillstand. Weiter vorangetrieben wurden zahlreiche Maßnahmen aus dem BEPS-Projekt der OECD im Zusammenhang mit der Bekämpfung des schädlichen Steuerwettbewerbs und aggressiver Steuergestaltungen international tätiger Unternehmen. So tritt zum Jahreswechsel die Lizenzschranke in Kraft, womit der deutsche Gesetzgeber in vorauseilendem Gehorsam die gestellten internationalen Anforderungen sogar übererfüllen dürfte. Weiterhin unterzeichnete Deutschland gemeinsam mit weiteren fast 70 Staaten im Juni 2017 das im Rahmen des BEPS-Projekts der OECD entwickelte „Multilaterale Instrument" (MLI). Dadurch wird es künftig möglich, eine Vielzahl bestehender Doppelbesteuerungsabkommen (DBA) zwischen den teilnehmenden Staaten in einem dynamischen Verfahren – und damit schneller als dies durch jeweils bilaterale Verhandlungen möglich wäre – an international vereinbarte Standards anzupassen. Zudem haben sich die EU-Finanzminister im September 2017 auf eine gemeinsame Initiative gegen die Steuervermeidungsstrategien von weltweit agierenden Internetkonzernen geeinigt. Zur Generierung von Steuersubstrat soll hier neben der Körperschaftsteuer eine weitere Steuer erhoben werden – die konkrete Ausgestaltung dieser Steuer steht noch aus.

Für Furore sorgt eine aus unserem Haus vorangetriebene EuGH-Vorlage des BFH, in der es um die Frage der EU-Rechtmäßigkeit der derzeitigen Hinzurechnungsbesteuerung geht. Nicht zuletzt dieses Verfahren dürfte der Gesetzgeber zum Anlass nehmen, das bisherige Außensteuerrecht in der nächsten Legislaturperiode zu reformieren.

Das Steuerrecht und der Steuervollzug stehen in einem Wandel der gesellschaftlichen und wirtschaftlichen Rahmenbedingungen. Dies hat auch der Gesetzgeber erkannt. Die fortschreitende Technisierung und Digitalisierung aller Lebensbereiche, eine zunehmende globale wirtschaftliche Verflechtung und die demografische Entwicklung bringen große Herausforderungen mit sich. Im Rahmen eines Gesetzes zur Modernisierung des Besteuerungsverfahrens, das im Wesentlichen ab 2018 greift, hat der Gesetzgeber zum dauerhaften Erhalt eines zeitgemäßen und effizienten Besteuerungsverfahrens Maßnahmen zur technischen, organisatorischen und rechtlichen Modernisierung implementiert. Ob von diesen Maßnahmen auch der Steuerpflichtige oder eventuell nur die Finanzverwaltung profitiert, wird sich in der praktischen Anwendung zeigen.

Auch in dem nun zur Neige gehenden Jahr hat die Rechtsprechung zahlreiche für die Praxis bedeutsame Urteile gefällt: so erklärte sie den sog. Sanierungserlass für rechtswidrig und sorgte für eine umgehende Reaktion von Gesetzgeber und Finanzverwaltung. Kopfzerbrechen in Bezug auf die Reaktion des Gesetzgebers bereitet auch die Entscheidung zur Verfassungswidrigkeit der Verlustvortragsregelung. Als Dauerbrenner gestaltet sich die gewerbesteuerliche Hinzurechnung und die Frage, welche Aufwendungen konkret hierunter fallen.

(Vermeintliche) Steuervereinfachungen treten zum 1.1.2018 mit der Investmentsteuerreform in Kraft. In vielen Fällen werden Publikums-Investmentfonds durch die neuen steuerlichen Regelungen an Attraktivität einbüßen. Angesichts der immer noch anhaltenden Niedrigzinsphase und der möglichen Risikostreuung werden sie aber wohl weiterhin als probate Anlageform nicht an Bedeutung verlieren.

Unternehmen setzen sich zudem in besonderem Maße mit der Implementierung von Tax Compliance-Management-Systemen auseinander, deren Vorhandensein vom BMF als Indiz gegen das Vorliegen einer vorsätzlichen Steuerhinterziehung bzw. leichtfertigen Steuerverkürzung gewertet wird. Nach wie vor lauern erhöhte steuerliche Risiken im Rahmen der Umsatzsteuer, bei Verrechnungspreisen und ausländischen Betriebsstätten sowie im Rahmen der ordnungsgemäßen elektronischen Buchführung sowie dem der Finanzverwaltung zu gewährenden Datenzugriff.

Die Reform der Abschlussprüfung durch die EU und das entsprechende deutsche Umsetzungsgesetz (Abschlussprüfungsreformgesetz) hat auch eine veränderte Berichterstattung des Abschlussprüfers im Bestätigungsvermerk zur Folge. Mit dem Ziel, die Aussagekraft des Bestätigungsvermerks zu steigern, Missverständnisse über Aufgaben und Inhalt der Abschlussprüfung („sog. expectation gap") zu vermeiden und eine international einheitliche Berichterstattung sicherzustellen, wurden die entsprechenden internationalen Standards des IAASB in deutsches Recht überführt. Bei sog. PIE-Unternehmen muss die veränderte Berichterstattung bereits für Geschäftsjahre, die nach dem 16.6.2017 enden, erfolgen. Bei allen anderen Unternehmen ist die erstmalige Anwendung spätestens zum 31.12.2018 vorgesehen.

Unternehmen sind zudem mit den neuen Anforderungen aufgrund des CSR-Richtlinie-Umsetzungsgesetzes befasst, wonach in den Lageberichten verstärkt auch nichtfinanzielle Themen darzustellen sind. Erforderlich werden dabei vor allem Angaben über Arbeitnehmer-, Sozial- und Umweltbelange, die Achtung der Menschenrechte und die Korruptionsbekämpfung.

Unternehmen sollten schließlich keineswegs die Augen vor der 2018 in Kraft tretenden Datenschutzgrundverordnung verschließen. Aufgrund dieser Vorgabe wird das Thema Datenschutz zu einem der größten Compliance-Risiken im Unternehmen. Konkret geht es um den Schutz personenbezogener Daten. Auch wenn man in diesem Ziel keine Neuerung an sich zu erkennen vermag, kommen auf Unternehmen neue Herausforderungen zu. Hierbei handelt es sich beispielsweise um die erweiterten Auskunftspflichten an die Betroffenen, Dokumentationspflichten als Nachweis zur Einhaltung der datenschutzrechtlichen Anforderungen sowie Anforderungen an die Informationssicherheit. Unternehmen kommen nicht umhin, einen konkreten Maßnahmenplan zur Umsetzung der speziellen technischen und organisatorischen Vorgaben zu erarbeiten und nachzuhalten. Bei Pflichtverstößen drohen – von erheblicher Rufschädigung abgesehen – drastische Bußgelder.

Im Rahmen dieses Werkes werden auch wieder wesentliche Entwicklungen im Bereich der Internationalen Rechnungslegung beleuchtet. So sollte das kommende Jahr u.a. dazu genutzt werden, sich intensiv mit den neuen Standards zur Leasingbilanzierung auseinander zu setzen.

Welche Wünsche und Forderungen die Wirtschaft in Deutschland an die Steuer- und Wirtschaftspolitik der künftigen Bundesregierung stellt, wird vom Bundesverband der Deutschen Industrie im ERSTEN TEIL des Ratgebers in einer Stellungnahme dargelegt.

Fachautoren von Ebner Stolz beschäftigen sich im Anschluss in einer Gesamtschau mit den zahlreichen Veränderungen in den Bereichen Steuerrecht, Wirtschaftsprüfung und Wirtschaftsrecht. So beinhaltet der ZWEITE TEIL zahlreiche Gestaltungsüberlegungen und skizziert den allgemeinen bzw. sich konkret aus den geänderten gesetzlichen Rahmenbedingungen ergebenden steuerlichen Handlungsbedarf für Unternehmer und Unternehmen und für deren steuerliche Berater zum Jahreswechsel 2017/2018. Der DRITTE TEIL enthält einen Ausblick auf ab dem 1.1.2018 anzuwendende oder derzeit

Vorwort

noch in der Planung befindliche Gesetzesänderungen. Im VIERTEN TEIL wird ein umfassender Überblick über die im bisherigen Verlauf des Jahres 2017 bereits anzuwendenden gesetzlichen Regelungen, sowie über die relevante Rechtsprechung und maßgebliche Verwaltungsanweisungen gegeben und liefert somit wertvolle Beratungshilfen und Hinweise für die Steuererklärung 2017 bzw. für den Jahresabschluss 2017.

Eine tabellarische Übersicht zu nach Einzelsteuergesetzen und in aufsteigender Paragrafenfolge sortierten verkündeten und geplanten Rechtsänderungen mit ergänzenden Hinweisen, insb. zur erstmaligen Anwendbarkeit der Regelungen und ein Steuerterminkalender für das Jahr 2018 runden das Werk ab.

Dieses nunmehr bereits in fünfter Auflage erscheinende Kompendium bietet somit einen umfassenden Überblick über alle Disziplinen im Steuer- und Wirtschaftsrecht. Gestaltungsüberlegungen und Beratungshinweise helfen dabei, die eigene Unternehmenssituation durch entsprechende Weichenstellungen zu optimieren und unterstützen Steuerberater sowie Angehörige rechts- und wirtschaftsberatender Berufe bei ihrer Beratungstätigkeit.

Im November 2017

Dr. Werner Holzmayer	Prof. Dr. Holger Jenzen	Klaus Krink
Wirtschaftsprüfer,	Steuerberater	Rechtsanwalt,
Rechtsanwalt,	Partner bei Ebner Stolz	Fachanwalt für
Steuerberater		Steuerrecht
Partner bei Ebner Stolz		Partner bei Ebner Stolz

Informationen zu Ebner Stolz / BDI

Ebner Stolz

Ebner Stolz ist eine der größten unabhängigen mittelständischen Beratungsgesellschaften in Deutschland und gehört zu den Top Ten der Branche. Das Unternehmen ist mit 15 Standorten in allen wesentlichen deutschen Großstädten vertreten und betreut vorwiegend mittelständische Mandanten und kapitalmarktorientierte Unternehmen. Zudem ist die Kompetenz von Ebner Stolz gefragt, wenn größere Unternehmen hochkarätige Projekte vergeben.

Über 1 300 Mitarbeiter und Partner erfüllen ihre Aufgaben mit einem speziellen Beratungsansatz: Ein zentraler Ansprechpartner hat alle relevanten Aspekte im Fokus und greift auf sein multidisziplinär arbeitendes Team aus den Bereichen Wirtschaftsprüfung, Steuerberatung, Rechtsberatung und Unternehmensberatung zurück. Bei Bedarf werden weitere ausgewiesene Spezialisten von Ebner Stolz hinzugezogen.

Der hohe Qualitätsanspruch von Ebner Stolz zeigt sich in einer weit überdurchschnittlichen Berufsträgerquote. Mit dem aus eigener unternehmerischer Tätigkeit herrührenden Verständnis für die Bedürfnisse der betreuten Unternehmen werden pragmatische und vorausschauende Gesamtlösungen individuell, schnell und qualifiziert erarbeitet.

Länderübergreifende Prüfungs- und Beratungsaufträge werden mit den Partnern von NEXIA International durchgeführt. Dieses weltweite Netzwerk von Beratungs- und Wirtschaftsprüfungsunternehmen gehört ebenfalls zu den Top Ten der Branche. Weitere Informationen über Ebner Stolz finden Sie unter www.ebnerstolz.de.

Bundesverband der Deutschen Industrie

Der BDI ist die Spitzenorganisation im Bereich der Industrieunternehmen und industrienahen Dienstleister. Als Interessenvertretung der Industrie trägt der BDI bei seinen Mitgliedern zur Meinungsbildung und Entscheidungsfindung bei. Er bietet Informationen für alle Bereiche der Wirtschaftspolitik an. Der BDI unterstützt so die Unternehmen im intensiven Wettbewerb, den die Globalisierung mit sich bringt. Mit seinen 36 Mitgliedsverbänden vertritt er die Interessen von rund 100 000 Unternehmen und 8 Mio. Beschäftigten.

Autorenverzeichnis

Redaktionelle Gesamtverantwortung

Dr. Ulrike Höreth,
Rechtsanwältin, Fachanwältin für Steuerrecht

Brigitte Stelzer,
Rechtsanwältin, Steuerberaterin

Bundesverband der Deutschen Industrie

Ralph Brügelmann,
Dipl. Volkswirt, Referent Steuern und Finanzpolitik

Dr. Karoline Kampermann, LL. M. oec.,
Stv. Abteilungsleiterin Steuern und Finanzpolitik

Yokab Ghebrewebet,
Rechtsanwältin, Referentin Steuern und Finanzpolitik

Berthold Welling,
Rechtsanwalt, Abteilungsleiter Steuern und Finanzpolitik

Ebner Stolz

Sonja Albert,
Wirtschaftsprüferin, Steuerberaterin

Marco Bahmüller,
Wirtschaftsprüfer, Steuerberater

Albrecht von Bismarck,
Rechtsanwalt

Nadine Bläser, LL.M.,
Rechtsanwältin

Christoph Brauchle,
Wirtschaftsprüfer, Steuerberater

Martina Büttner,
Wirtschaftsprüferin, Steuerberaterin

Johannes Dahm

Timo Eggensperger,
Steuerberater

Thomas Epple,
Wirtschaftsprüfer

Alexander Euchner,
Steuerberater

Marion Gerber,
Steuerberaterin

Sten Günsel,
Rechtsanwalt, Steuerberater, Fachberater für Internationales Steuerrecht

Judith Gumpert

Uwe Harr,
Wirtschaftsprüfer, Steuerberater

Dr. Detlev Heinsius,
Rechtsanwalt, Fachanwalt für Steuerrecht

Klaudija Held,
Wirtschaftsprüferin

Jens-Uwe Herbst,
Wirtschaftsprüfer, Steuerberater

Maximilian Herold,
Rechtsanwalt

Dr. Ulrike Höreth,
Rechtsanwältin, Fachanwältin für Steuerrecht

Jörn R. Karall,
Rechtsanwalt, Fachanwalt für Arbeitsrecht

Christine Kauffmann-Braun,
Rechtsanwältin, Steuerberaterin

Dr. Daniel Kautenburger-Behr,
Rechtsanwalt, Steuerberater

Holger Klindtworth,
CISA, CIA, CISM

Boyka Klügel,
Steuerberaterin

Angelika Knaus, LL.M.,
Steuerberaterin

Marc Alexander Luge,
Dipl. Oec.

Autorenverzeichnis

Alexander Michelutti,
Steuerberater

Niklas Parchatka

Elke Richter,
Steuerberaterin

Jürgen Richter,
Wirtschaftsprüfer, Steuerberater

Dr. Sebastian Ritz,
LL.M., Rechtsanwalt, Fachanwalt für Arbeitsrecht

Dr. Wolfgang Russ,
Wirtschaftsprüfer, Steuerberater

Dr. Jörg Sauer,
Rechtsanwalt, Steuerberater

Dr. Björn Schallock,
Rechtsanwalt, Fachanwalt für gewerblichen Rechtsschutz, Fachanwalt für IT-Recht

Volker Schmidt,
Rechtsanwalt, Steuerberater

Heike Schwind,
Rechtsanwältin, Steuerberaterin

Bernhard Steffan,
Wirtschaftsprüfer, Steuerberater

Brigitte Stelzer,
Rechtsanwältin, Steuerberaterin

Dr. Dirk Stöppel,
Steuerberater

Ralf Tenzer,
Wirtschaftsprüfer, Steuerberater

Stefan O. Thiem,
Rechtsanwalt, Steuerberater

Christian Tonolini,
Wirtschaftsprüfer

Manuela Wänger,
Steuerberaterin

Prof. Dr. Klaus Weber,
Rechtsanwalt, Steuerberater

Jörn Weingarten,
Wirtschaftsprüfer, Steuerberater

Birgit Weisschuh,
Wirtschaftsprüferin

Bettina Weyh,
Rechtsanwältin, Steuerberaterin

Thomas Wülfing,
Steuerberater

Christian Zimmermann,
Steuerberater, Fachberater für Internationales Steuerrecht

Christof Zondler,
Rechtsanwalt, Steuerberater

Inhaltsverzeichnis

Seite

Geleitwort	5
Vorwort	6
Informationen zu Ebner Stolz / BDI	9
Autorenverzeichnis	11
Literaturverzeichnis	33
Abkürzungsverzeichnis	43

Erster Teil: Bewertung aus der Sicht der Wirtschaft ... 51

A. Überblick ... 53

B. Solidaritätszuschlag und Einkommensteuertarif ... 53
- I. Reform oder Abschaffung des Solidaritätszuschlags ... 53
  1. Entwicklung des Aufkommens des Solidaritätszuschlags ... 53
  2. Strukturelles Aufkommen des Solidaritätszuschlags ... 54
  3. Belastungswirkung des Solidaritätszuschlags ... 55
  4. Belastung der Einkommensteuerpflichtigen mit Solidaritätszuschlag ... 56
  5. Steuerpolitische Herausforderung ... 57
- II. Reform des Einkommensteuertarifs ... 57
  1. Wahlkampfkonzepte von CDU/CSU und SPD ... 57
  2. Abschaffung Mittelstandsbauch ... 58
  3. Belastungsvergleich der Tarifverläufe ... 59

C. Strukturelle Reformen am Beispiel der steuerlichen Forschungsförderung ... 60
- I. Reformstau im internationalen Vergleich ... 60
- II. Politischer Handlungsdruck – Entwicklung der FuE-Investitionen und Unternehmensgründungen ... 61
- III. Beihilferechtliche Aspekte der FuE-Förderung ... 63
- IV. Steuerliche FuE-Förderung – Thema der 19. Legislaturperiode ... 63

D. Reformbaustelle Hinzurechnungsbesteuerung ... 63
- I. Historische Entwicklung und Status Quo ... 63
- II. Anpassungsbedarf durch EU-Recht für Reform nutzen ... 64
- III. Grenze der Niedrigbesteuerung nicht mehr zeitgemäß ... 64
- IV. Aktivitätskatalog versus Passivkatalog ... 65
- V. Reform der Hinzurechnungsbesteuerung – ein Zwischenfazit ... 65

		Seite

E. Tax Compliance – Internes steuerliches Kontrollsystem 66
    I.   Nutzen für Steuerpflichtige und Finanzverwaltung 66
    II. Anforderungen an das Interne steuerliche Kontrollsystem. 66
    III. Internes Kontrollsystem – Zwischenfazit 67

F. Steuern und digitale Geschäftsmodelle 67
    I.   Ausgangslage und Stand der Diskussion 67
    II. Umgang mit den steuerlichen Herausforderungen der Digitalisierung (broader tax policy challenges) 67
    III. Fehlender internationaler Konsens als Herausforderung 68
    IV. Prüfauftrag an EU-Kommission. 68
    V. EU-Kommission setzt OECD unter Druck 69
    VI. Lösungsansätze aus Sicht der EU-Kommission. 70
    VII. Kritische Erstbewertung aus Sicht der Wirtschaft 71
        1. Abgrenzung von Internetdienstleistungen und Industriedienstleistungen schwierig 71
        2. Zahlreiche Unklarheiten. 71
        3. „Ausgleichsteuer" kann Wettbewerbsvorteil von US-Unternehmen nicht ausgleichen. 71
        4. Geringere nationale Besteuerung digitaler Geschäftsmodelle als Konsequenz entsprechender staatlicher Anreizsetzung (steuerliche Forschungsförderung) 73
    VIII. Petita aus Sicht der Wirtschaft 76
        1. Wechsel zu einem wachstumsorientierten Narrativ 76
        2. Gründlichkeit vor Schnelligkeit: Sorgfältige Analyse und Folgeabschätzung aller Optionen 76
        3. Multilateraler Ansatz unter Einbeziehung der Unternehmen 77

G. Gesetzliche Rahmenbedingungen für die Digitalisierung 77
    I.   Einführung. 77
    II. Kommunikationsprozesse. 77
        1. E-Bilanz. 77
        2. ELSTER. 78
        3. Digitale LohnSchnittstelle 78
        4. Grundsätze zur ordnungsmäßigen Führung und Aufbewahrung von Büchern, Aufzeichnungen und Unterlagen in elektronischer Form sowie zum Datenzugriff 79
        5. Generelle Belegvorhaltepflicht ersetzt Belegvorlagepflicht. 79
        6. Zwischenfazit 79
    III. Optimierung des steuerlichen Massenverfahrens. 80
        1. Neuregelung des Untersuchungsgrundsatzes 80
        2. Einsatz von Risikomanagementsystemen. 81
        3. Ausschließlich automationsgestützte Bearbeitung 83

		Seite
4.	Neuregelung der Verlängerung von Steuererklärungsfristen	83
5.	Gesetzliche Fristverlängerung für die Abgabe von Steuererklärungen	83
6.	Weitere Regelungen des Modernisierungsgesetzes, die der Automation zuzurechnen sind	84

IV. Fazit und Ausblick – Optimierung der steuerlichen Prozesse durch Künstliche Intelligenz ... 85

Zweiter Teil: Gestaltungsüberlegungen zum Jahreswechsel 2017/2018 ... 87

A. Unternehmensbesteuerung ... 89

- I. Geringwertige Wirtschaftsgüter ... 89
- II. Zinsschranke ... 89
- III. Lizenzschranke ... 91
- IV. Optimierung der Steuerbelastung durch Verlagerung von Einnahmen- bzw. Ausgaben ... 92
- V. Betriebsprüfungsschwerpunkte ... 94
  1. Betriebsveranstaltungen ... 94
  2. Gewerbesteuerliche Hinzurechnung von Finanzierungsanteilen ... 95
  3. Anrechnung ausländischer Quellensteuern ... 95
- VI. Mitteilungspflichten über Auslandssachverhalte ... 95
- VII. Aufbewahrungspflichten von Geschäftsunterlagen ... 96
- VIII. Personenunternehmen ... 96
  1. Thesaurierungsbesteuerung ... 96
  2. Überentnahmen ... 97
  3. Negatives Kapitalkonto ... 97
  4. Verträge mit nahen Angehörigen ... 98
  5. Finanzierungsmodell GmbH & Co. KG ... 99
  6. Nutzung des Abgeltungsteuersystems ... 99
  7. Anwendung der Realteilungsgrundsätze ... 99
  8. Steuerermäßigung nach § 35 EStG bei unterjährigem Gesellschafterwechsel ... 100
- IX. Kapitalgesellschaften ... 100
  1. Inkongruente Gewinnausschüttungen ... 100
  2. Ausweis eines Gesellschafterdarlehens in der Liquidationsbilanz ... 101
  3. Dauerüberzahlerregelung ... 102
  4. Verlustvortrags nach § 8c KStG ... 102
      a) Verfassungsrechtliche Einwände ... 102
      b) Schädlicher Beteiligungserwerb durch eine Erwerbergruppe ... 103
  5. Fortführungsgebundener Verlustvortrag ... 103
  6. Mitarbeiterbeteiligungsprogramme ... 104

Inhaltsverzeichnis

Seite

X.	Juristische Personen des öffentlichen Rechts.		104
XI.	Umstrukturierungen		105
	1.	Einbringung von Wirtschaftsgütern aus dem Privatvermögen in eine Personengesellschaft.	105
	2.	Einbringung von Sachgesamtheiten in eine Personengesellschaft.	105
	3.	Wesentliche Betriebsgrundlagen bei Einbringung in eine Kapitalgesellschaft	106
	4.	Sonstige Gegenleistung bei Einbringungen	107
	5.	Beihilferechtliche Überprüfungen	108
XII.	Internationale Steuerrechtsaspekte bei Auslandsengagements.		108
	1.	Betriebsstätte	108
		a) Vorliegen einer Betriebsstätte.	108
		b) Vermeidung einer Betriebsstätte	110
		c) Dienstleistungsbetriebsstätte	110
	2.	Mittelstandsmodell.	111
	3.	Finanzierung ausländischer Tochterkapitalgesellschaften	112
	4.	Nicht steuerbare Kapitalrückzahlung bei ausländischer Kapitalgesellschaft	112
	5.	Verrechnungspreise.	113
		a) Anwendung des Fremdvergleichsgrundsatzes.	113
		b) Dokumentationspflichten im Inland.	114
		c) Dokumentationspflichten im Ausland.	116
	6.	Quellensteuereinbehalt	116
	7.	Entsendung.	117
	8.	Steuerliche Folgen des Brexit	118
XIII.	Umsatzsteuer		120
	1.	Privatnutzung betrieblicher Kfz.	120
	2.	Rückwirkung von Rechnungsberichtigungen.	121
	3.	Kleinbetragsregelung.	121
	4.	Umsatzsteuerliche Organschaft.	121
		a) Organisatorische Eingliederung.	121
		b) Personengesellschaft als Organgesellschaft.	122

B. Arbeitnehmerbesteuerung 123

I.	Nutzung des Arbeitnehmer-Pauschbetrags.		123
II.	Bestimmung der ersten Tätigkeitsstätte		123
III.	Betriebliche Altersversorgung		123
	1.	Anhebung des steuerfreien Höchstbetrag für Beitragszahlungen.	123
	2.	Förderbetrag zur betrieblichen Altersversorgung	124

Seite

C. Besteuerung von Privatpersonen 124
    I.   Vermieter und Verpächter.................................... 124
        1. Beeinflussung der Höhe der Vermietungseinkünfte 124
        2. Antrag auf Grundsteuererlass 124
    II. Kapitalanleger... 125
        1. Investmentsteuerreform................................. 125
            a) Mindestanlagequoten eines Publikums-Investmentfonds 125
            b) Ausschüttungen von Investmentfonds und Spezial-Investmentfonds. 125
            c) Wahl des Besteuerungsregimes eines Spezial-Investmentfonds 126
        2. Antragsfrist für Verlustbescheinigung 127
        3. Günstigerprüfung..................................... 128
    III. Beeinflussung des persönlichen Einkommensteuersatzes durch weitere Maßnahmen.. 128

Dritter Teil: Ausblick auf ab 2018 geltende und geplante Rechtsentwicklungen 131

A. Unternehmensbesteuerung 133
    I.   Bilanzierung.. 133
        1. Geringwertige Wirtschaftsgüter 133
            a) Anhebung der Betragsgrenze 133
            b) Anhebung der unteren Wertgrenze....................... 133
        2. Sammelpostenregelung: Anhebung der Eintrittsschwelle 133
        3. E-Bilanz und Anwendung der Taxonomien 6.1 134
    II. Lizenzschranke 134
        1. Einführung einer Betriebsausgabenabzugsbeschränkung 134
        2. Aufwendungen für Rechteüberlassungen.................... 134
        3. Gläubiger der Lizenzeinnahmen........................... 134
        4. Präferenzregelung..................................... 135
        5. Schädlichkeit der Präferenzregelung 136
        6. Nicht abziehbarer Teil der Lizenzaufwendungen 136
        7. Entsprechende Anwendung im Bereich der Werbungskosten 137
    III. Verfahrensrechtliche Vorgaben 137
        1. Steuererklärungsfristen 137
        2. Mitteilungspflichten über Auslandssachverhalte 138
        3. Automatisiertes Kontenabrufverfahren 139

B. Arbeitnehmerbesteuerung 139
    I.   Sachbezugswerte 2018..................................... 139
    II. Änderungen bei der betrieblichen Altersversorgung................ 139
        1. Förderbetrag bei Arbeitnehmern mit geringem Einkommen 139
        2. Steuerfreier Höchstbetrag zur betrieblichen Altersversorgung........ 140

Seite

  3. Steuerfreie Übertragung der betrieblichen Altersversorgung auf einen anderen Versorgungsträger. 140

  4. Erhöhung der Grundzulage zur Riester-Rente 141

 III. Reform des EU-Mehrwertsteuersystems 141

C. Investmentsteuerreform 142

 I. Intention des Gesetzgebers 142

 II. Steuerliche Änderungen bei Publikums-Investmentfonds 142

  1. Besteuerung auf Fondsebene 142

   a) Bisher: Transparenzprinzip 142

   b) Abkehr vom Transparenzprinzip 142

  2. Besteuerung der Fondsanlage beim Anleger. 143

 III. Besteuerung von Spezial-Investmentfonds. 145

  1. Neudefinition des Spezial-Investmentfonds 145

  2. Besteuerung auf Fondsebene 146

   a) Ausübung der Transparenzoption 146

   b) Keine Ausübung der Transparenzoption 146

  3. Besteuerung der Fondsanlage beim Anleger. 146

  4. Verstoß gegen Anlagebestimmungen. 148

 IV. Übergang zum neuen Recht 148

D. Grundsteuerreform 148

E. Internationales Steuerrecht 150

 I. Multilaterales Instrument. 150

 II. Besteuerung der digitalen Wirtschaft 152

F. Wirtschaftsprüfung 152

 I. Reform des Bestätigungsvermerks 152

  1. Einführung 152

  2. Neue Bestätigungsvermerke ab 2017/2018. 153

   a) Voranstellung des Prüfungsurteils 153

   b) Stärkere Untergliederung des Bestätigungsvermerks 153

   c) Key Audit Matters 153

   d) Hierarchiebildung der verschiedenen Standards zum Bestätigungsvermerk. 155

  3. Anwendungszeitpunkt 155

  4. Praxishinweise zum Anwendungszeitpunkt. 155

 II. Internationale Rechnungslegung 156

  1. Umsatzrealisierung gemäß IFRS 15 156

   a) Überblick. 156

   b) Anwendungsbereich 156

Seite

        c) Umsatzrealisierung in fünf Schritten 157
            aa) Allgemeine Grundsätze 157
            bb) Die fünf Schritte im Einzelnen 157
                (1) Identifizierung von Verträgen mit Kunden 157
                (2) Identifizierung aller separaten Leistungsverpflichtungen ... 158
                (3) Ermittlung des Transaktionspreises 159
                (4) Allokation des Transaktionspreises................ 161
                (5) Umsatzrealisierung bei Erfüllung der Leistungsverpflichtungen........................... 161
        d) Weitere Leitlinien zur Umsatzrealisierung................ 163
        e) Erweiterte Angabepflichten im Konzernanhang 163
        f) Erstmalige Anwendung 165
    2. Finanzinstrumente (IFRS 9) 165
        a) Hintergrund 165
        b) Klassifizierung und Bewertung von Finanzinstrumenten......... 166
        c) Wertminderungen (Impairment) bei Finanzinstrumenten 169
        d) General Hedge Accounting 171
    3. Neuer Standard zur Leasingbilanzierung (IFRS 16)............. 174
        a) Hintergrund 174
        b) Anwendungsbereich............................ 174
        c) Bilanzierung beim Leasingnehmer.................... 176
            aa) Zugangsbewertung 176
            bb) Folgebewertung............................. 177
            cc) Ausweis der Leasingverbindlichkeit und des ROU-Vermögenswerts................................. 177
            dd) Anhangangaben............................. 178
            ee) Übergangsregeln 178
        d) Bilanzierung beim Leasinggeber..................... 178

G. Wirtschaftsprüfung und IT........................... 179
  I. Gesetz zum Schutz vor Manipulationen an digitalen Aufzeichnungen 179
    1. Rechtliche Rahmenbedingungen........................ 179
    2. Technische Umsetzung des Kassengesetzes durch die Kassensicherungsverordnung 180
        a) Elektronische Aufzeichnungssysteme.................. 180
        b) Protokollierung des „anderen Vorgangs"................ 180
        c) Speicherung der Grundaufzeichnungen 181
        d) Anforderungen an eine einheitliche digitale Schnittstelle und an die technische Sicherheitseinrichtung 181
        e) Anforderungen an den Beleg 181
        f) Zertifizierung der technischen Sicherheitseinrichtungen 181

Inhaltsverzeichnis

		Seite
II.	Schutzmaßnahmen für eine digitalisierte Gesellschaft – EU-NIS-Richtlinie	182

H. Wirtschaftsrecht 183

- I. Datenschutzgrundverordnung 183
  1. Einführung 183
  2. Ziele und Anwendungsbereich. 183
  3. Neue Rechenschaftspflicht für datenverarbeitende Unternehmen 183
  4. Handlungsplan aufgrund DSGVO 184
  5. Deutlich erhöhte Bußgelder 184
- II. Neues Bauvertragsrecht. 185
- III. Arbeitsrecht 185
  1. Betriebliche Altersversorgung: Einführung einer reinen Beitragszusage . 185
  2. Neue Rechengrößen in der Sozialversicherung 186
  3. Insolvenzgeld: Umlagesatz 2018. 187
  4. Künstlersozialabgabe 2018 187
  5. Arbeitnehmerentsendung: Neues Verfahren für A1-Bescheinigungen. . . 187

Vierter Teil: Entwicklungen in Gesetzgebung, Rechtsprechung und Verwaltung 2017 189

A. Unternehmensbesteuerung 191

- I. Bilanzierung 191
  1. E-Bilanz unter Anwendung der Taxonomien 6.0 191
  2. Keine steuerneutrale Übertragung des Betriebs unter Vorbehaltsnießbrauch 191
  3. Errichtung von Betriebsgebäuden auf dem Grundstück des Nichtunternehmer-Ehegatten 192
  4. Wirtschaftliches Eigentum bei Sale-and-Lease-Back-Gestaltung. 192
  5. Wirtschaftliche Zurechnung der Wertpapiere bei Wertpapierleihe 193
  6. Abschreibungsbeginn mit Abnahme des Wirtschaftsguts. 193
  7. Teilwertabschreibungen eines in US-Dollar geführten Aktienfonds wegen Wechselkursverlusten 194
  8. Buchwertfortführung bei unentgeltlicher Übertragung eines Betriebs . . 194
  9. Rückstellungsbildung bei Darlehen mit steigenden Zinssätzen. 194
  10. Rückstellungen für ein Aktienoptionsprogramm 195
  11. Passivierungsverbot für Anschaffungs- oder Herstellungskosten von ertraglosen Wirtschaftsgütern 195
- II. Gewinnermittlung. 195
  1. Berücksichtigung einer nach dem 10.1. des Folgejahres fälligen Umsatzsteuervorauszahlung 195
  2. Investitionsabzugsbetrag 196
  3. Abziehbarkeit von Geschenken an Geschäftsfreunde bei pauschaler Besteuerung 196
  4. Kein Betriebsausgabenabzug von Kartellbußgeldern 197

Seite

    5. Häusliches Arbeitszimmer 197
        a) Selbständiger mit eigenen Praxisräumen 197
        b) Vermietung eines häuslichen Arbeitszimmers als Einkünfte aus Gewerbebetrieb 198
    6. Steuerstundungsmodell i.S.d. § 15b EStG 198
    7. Betriebsausgabenabzugsverbot für Gewerbesteuer 199
    8. Steuerliche Anerkennung von Verträgen zwischen nichtehelichen Lebensgefährten 199
    9. Steuerliche Anerkennung von Goldfinger-Modellen 200
III. Personengesellschaften 201
    1. Abschreibung eines abnutzbaren Wirtschaftsguts bei Erwerb des Mitunternehmeranteils 201
    2. Sonderbetriebsausgabenabzug bei Vorgängen mit Auslandsbezug 201
    3. Kapitalkonto i.S.d. § 15a Abs. 1 EStG 201
        a) Umfang des Kapitalkontos 201
        b) Ausgleichsfähiger Verlust durch vorgezogene Einlage 202
    4. Ergänzungsbilanz eines persönlich haftenden Gesellschafters einer KGaA 202
    5. Realteilung bei Ausscheiden eines Mitunternehmers 203
    6. Gewerbliche Infektion einer vermögensverwaltenden Personengesellschaft 204
    7. Gewerbliche Prägung einer Einheits-GmbH & Co. KG 204
    8. Mitunternehmerschaft durch Gewinngemeinschaftsvertrag zwischen Schwesterkapitalgesellschaften 205
    9. Keine Thesaurierungsbegünstigung bei negativem zu versteuernden Einkommen 205
IV. Kapitalgesellschaften 206
    1. Besteuerung von Streubesitzdividenden verfassungswidrig? 206
    2. Schachtelstrafe 206
        a) Anwendung bei nach DBA steuerfrei gestellten Dividenden 206
        b) Anwendung auf nach § 3 Nr. 41 Buchst. a EStG steuerfreie Gewinnausschüttungen 207
    3. Änderungen für Finanzunternehmen 207
    4. Keine nachträglichen Anschaffungskosten aus eigenkapitalersetzenden Finanzierungshilfen 208
    5. Gesellschafterdarlehen bei Liquidation der Tochterkapitalgesellschaft .. 208
    6. Verlustnutzungsbeschränkung nach § 8c KStG 209
        a) Anteiliger Wegfall des Verlustvortrags verfassungswidrig 209
        b) Verfassungsrechtliche Überprüfung der Regelung zum vollständigen Verlustuntergang 209
        c) Schädlicher Beteiligungserwerb durch eine Erwerbergruppe 210
        d) Verlustrücktrag trotz schädlichem Beteiligungserwerb möglich .. 210
    7. Fortführungsgebundener Verlustvortrag 210
    8. Anerkennung einer körperschaftsteuerlichen Organschaft 211
    9. Negative Einkünfte des Organträgers i.S.v. § 14 Abs. 1 Satz 1 Nr. 5 KStG 212

Inhaltsverzeichnis

	Seite
10. Gesellschafter-Geschäftsführer	213
a) Steuerliche Anerkennung einer Pensionszusage	213
aa) Überversorgung	213
bb) Erdienenszeitraum	213
b) Übernahme einer Pensionsverpflichtung gegen Ablösungszahlung	214
11. Antrag zum Teileinkünfteverfahren bei verdeckten Gewinnausschüttungen	214
12. Kapitalertragsteuer bei fehlender Steuerbescheinigung gemäß § 27 Abs. 3 Satz 1 KStG	215

V. Sonstige Themen der Unternehmensbesteuerung ... 215
   1. Kontierungsvermerk auf elektronisch übermittelten Eingangsrechnungen ... 215
   2. Manipulierbarkeit eines PC-gestützten Kassensystems ... 216
   3. Betriebsaufgabe nach Betriebsunterbrechung oder -verpachtung ... 216
   4. Betriebsveräußerung unter Überlassung einer eingeführten Bezeichnung mittels Franchisevereinbarung ... 217
   5. Sanierungserträge ... 217
      a) Rechtswidrigkeit des Sanierungserlasses ... 217
      b) Weitere Anwendung des Sanierungserlasses laut BMF ... 217
      c) Gesetzliche Neuregelung ... 218
   6. Steuerermäßigung bei Einkünften aus Gewerbebetrieb ... 219
      a) Aufteilung bei unterjährigem Gesellschafterwechsel ... 219
      b) Ermäßigungshöchstbetrag ... 219
      c) Begrenzung auf zu zahlende Gewerbesteuer ... 220
   7. Vermeidung von „Cum/Cum treaty shopping" ... 220
   8. Verfassungsmäßigkeit des Zinssatzes auf Steuerforderungen ... 221
   9. Erhöhte Anforderungen an Steuerberater bei drohender Insolvenz des Mandanten ... 221

VI. Umstrukturierungen und Unternehmenskäufe ... 222
   1. Gewinnermittlungsmethode bei Einbringung in eine Personengesellschaft ... 222
   2. Ende der Antragsfrist für einen abweichenden Wertansatz bei Einbringung und Anteilstausch ... 223
   3. Buchwertansatz bei grenzüberschreitender Abwärtsverschmelzung ... 223

VII. Gewerbesteuer ... 223
   1. Beginn der Gewerbesteuerpflicht ... 223
      a) Unbeachtliche Vorbereitungshandlungen versus Beginn der werbenden Tätigkeit einer Personengesellschaft ... 223
      b) Gewerbesteuerpflicht einer vermögensverwaltenden Kapitalgesellschaft vor Handelsregistereintragung ... 224
      c) Gewerblichkeit der Einkünfte einer klinische Studien durchführenden Fachkrankenschwester ... 224
   2. Zur Frage der Gewerbesteuerpflicht von Einkaufszentren ... 225
   3. Gewerbesteuerliche Hinzurechnung von Finanzierungsanteilen ... 225
      a) Zinsen für durchlaufende Kredite ... 225
      b) Anmietung von Ausstellungsflächen in Messehallen ... 226

Seite

		c)	Kurzfristige Anmietung von Konzertsälen	226
		d)	Zwischenvermietung	227
		e)	Franchiseentgelte	227
		f)	Vorläufige Festsetzung des Gewerbesteuermessbetrags	227
	4.	Anwendung des Bankenprivilegs auf Konzernfinanzierungsgesellschaften		227
	5.	Hinzurechnungsbeträge nach AStG als Einkünfte einer inländischen Betriebsstätte		228
	6.	Erweiterte Grundstückskürzung bei Beteiligung an einer grundstücksverwaltenden Personengesellschaft		228
	7.	Bestimmung einer ausländischen Betriebsstätte für gewerbesteuerliche Zwecke		229
	8.	Anwendung der Schachtelstrafe im Organkreis		230
	9.	Erklärungspflichten bei atypisch stiller Beteiligung an einer Personengesellschaft		230
	10.	Gewerbesteuerliche Verlustnutzung bei gewerblich geprägter Personengesellschaft		231
VIII.	Grunderwerbsteuer			231
	1.	Grenzen für die Annahme eines einheitlichen Vertragswerks		231
	2.	Bemessungsgrundlage der Grunderwerbsteuer beim Erwerb eines Grundstücks zur Errichtung einer Windkraftanlage		231
	3.	Keine Steuerbefreiung der Anteilsvereinigung infolge Einbringung der schenkweise erhaltenen Anteile		232
	4.	Beihilfecharakter der Steuerbegünstigung nach § 6a GrEStG?		233
IX.	Steuerstrafrecht			233
	1.	Verlängerung der Zahlungsverjährungsfrist		233
	2.	Tax Compliance Management System als Indiz gegen Steuerverkürzung		233
	3.	Länderübergreifender Datenabruf		235
X.	Verfahrensrechtliche Änderungen			235
	1.	Modifizierung des Amtsermittlungsgrundsatzes		235
	2.	Datenübermittlungspflichten Dritter		236
		a)	Rahmenregelungen	236
		b)	Neue Korrekturvorschrift	236
	3.	Aufbewahrungsfrist für empfangene Lieferscheine		237
	4.	Modifikationen zu verbindlichen Auskünften		237
	5.	Vorhalte- statt Vorlagepflicht von Bescheinigungen		237
	6.	Elektronische Bekanntgabe von Verwaltungsakten		238
	7.	Vollautomatische Steuerfestsetzung		238
	8.	Schreib- und Rechenfehler in der Steuererklärung		239

B. Arbeitnehmerbesteuerung 239

I. Lohnversteuerung 239

1. Vom Arbeitnehmer selbst getragene Kraftstoffkosten bei Anwendung der 1 %-Methode 239
2. Dienstwagenbesteuerung in Leasingfällen 240

Inhaltsverzeichnis

Seite

  3. Begünstigungen für Elektromobilität 241
  4. Lohnsteuerliche Behandlung von Deutschkursen 241
  5. Prämie für Verbesserungsvorschlag 242
  6. Veräußerungsgewinne aus sog. Managementbeteiligungen 242
 II. Werbungskosten 242
  1. Entfernungspauschale verfassungskonform 242
  2. Mangels Bestimmung durch den Arbeitgeber keine erste Tätigkeitsstätte 242
  3. Häusliches Arbeitszimmer 243
   a) Personenbezogene Anwendung des Höchstbetrags 243
   b) Einmaliger Höchstbetrag bei Nutzung mehrerer Arbeitszimmer 244
   c) Nutzung eines häuslichen Arbeitszimmers für mehrere Einkunftsarten 244
  4. Pauschalen für Verpflegungsmehraufwendungen und Übernachtungskosten bei Auslandsdienstreisen 244
  5. Steuerliche Anerkennung von Umzugskosten 244
  6. Von Dritten getragene Unterbringungskosten am Studienort 244
 III. Betriebliche Altersversorgung 245
  1. Sonderzahlung des Arbeitgebers an eine externe Versorgungseinrichtung 245
  2. Keine Steuerermäßigung für vertragsgemäße Kapitalauszahlung aus Pensionsfonds 246
  3. Gesellschafter-Geschäftsführern erteilte Pensionszusagen: maßgebendes Pensionsalter 246
 IV. Sonstige Themen der Arbeitnehmerbesteuerung 246
  1. Pauschalierungswahlrecht nach § 37b EStG: Ausübung und Widerruf . . 246
  2. Lohnsteuer-Anmeldungen 247
  3. Kurzfristige Beschäftigung 247

C. Umsatzsteuer 247
 I. Besteuerung der Umsätze 247
  1. Innergemeinschaftliches Verbringen: Steuerfreiheit trotz Fehlens der USt-IdNr. des Bestimmungslandes 247
  2. Innergemeinschaftliche Lieferung: Steuerfreiheit trotz fehlender Registrierung im MIAS 248
  3. Ort der Lieferung bei kurzem Einlagern in einem Konsignationslager . . 248
  4. Umsatzsteuerliche Beurteilung von Sale-and-lease-back-Geschäften . . . 249
  5. Ort der sonstigen Leistung im Zusammenhang mit Grundstücken 249
  6. Berichtigung des unrichtigen Steuerausweises durch Abtretung 250
  7. Kein unberechtigter Steuerausweis durch Bezugnahme 250
  8. Sollbesteuerung vor dem EuGH 251
  9. EU-rechtliche Überprüfung der Margenbesteuerung und des ermäßigten Steuersatzes 251
 II. Vorsteuerabzug 252
  1. Rückwirkung einer Rechnungsberichtigung 252
  2. Vorsteuerabzugsberechtigung: Angabe der Anschrift des Leistenden . . . 253

Seite

	3.	Vorsteuerabzug bei unternehmerischer Nutzung unter 10 % aus Leistungen bis 31.12.2015.	253
	4.	Vorsteuerabzug bei Ehrung eines einzelnen Jubilars	254
	5.	Kleinbetragsrechnungen	254
	6.	Vorsteuerabzugsberichtigung nach Insolvenzanfechtung	255
	7.	Vorsteuer-Vergütungsverfahren für nicht in der EU ansässige Unternehmer	255
III.	Umsatzsteuerliche Organschaft.		256
	1.	Organisatorische Eingliederung	256
	2.	Personengesellschaft als Organgesellschaft	257
	3.	Beendigung der umsatzsteuerlichen Organschaft infolge Insolvenz	257
IV.	Sonstige umsatzsteuerliche Themen		258
	1.	Unternehmereigenschaft von juristischen Personen des öffentlichen Rechts	258
		a) Gesetzliche Neuregelung.	258
		b) Anwendungsschreiben der Finanzverwaltung	258
	2.	Voller Mehrwertsteuersatz auf E-Books EU-rechtskonform	260
	3.	Bauträgerfälle: Korrektur der Umsatzsteuerfestsetzung.	260
	4.	Ausübung und Rücknahme der Option zur Umsatzsteuer	262

D. Internationales Steuerrecht 263

I.	Doppelbesteuerungsabkommen.		263
	1.	Stand am 1.1.2017	263
	2.	DBA Australien	263
	3.	DBA China	263
	4.	DBA Costa Rica	264
	5.	DBA Israel	264
	6.	DBA Japan	264
II.	BEPS-Umsetzung.		265
	1.	Local File	265
	2.	Master File	265
	3.	Country-by-Country-Report	266
	4.	Informationsaustausch über grenzüberschreitende Vorbescheide und Vorabverständigungen	268
III.	EU-Recht.		268
	1.	Kein Abzug sog. finaler Verluste einer ausländischen Betriebsstätte	268
	2.	§ 6b-Rücklage: Ersatzwirtschaftsgut in einer EU-Betriebsstätte	269
	3.	Eindämmung der überschießenden Wirkung des § 50i EStG	269
	4.	Gewerbesteuerliches Schachtelprivileg europarechtswidrig?	270
	5.	EU-rechtskonforme Auslegung der Regelung zur Einlagenrückgewähr	271
	6.	Erneute EuGH-Vorlage zur Kapitalertragsteuerentlastung	271
	7.	Modifizierungen des § 50d Abs. 9 EStG	272

		Seite
IV.	Außensteuerrecht	273
	1. Verwaltungsgrundsätze zur Betriebsstättengewinnaufteilung	273
	2. Hinzurechnung nach § 1 AStG europarechtskonform?	273
	3. Namensnutzung im Konzern	274
	4. Hinzurechnungsbesteuerung von Zwischeneinkünften mit Kapitalanlagecharakter auf dem Prüfstand	275
	5. Wegzugsbesteuerung: Keine Berücksichtigung fiktiver Veräußerungsverluste	275
V.	Mitarbeiterentsendung	275
	1. Aufteilung des nicht direkt zuordenbaren Arbeitslohns	275
	2. Besteuerungsrecht hinsichtlich der Abfindung für frühere Tätigkeit	276
VI.	Automatischer Austausch von Informationen über Finanzkonten	276
	1. Informationsaustausch nach dem Finanzkonten-Informationsaustauschgesetz	276
	2. Informationsaustausch nach dem FATCA-Abkommen	277

E. Erbschaft- und Schenkungsteuer ... 277

I.	Steuerpflichtige Erwerbe	277
	1. Verdeckte Einlage einzelner Gesellschafter in die gesamthänderische Rücklage	277
	2. Zinsloses Darlehen an den Lebenspartner	278
	3. Geerbter Pflichtteilsanspruch	278
	4. Abfindung für den Verzicht auf einen künftigen Pflichtteilsanspruch unter Geschwistern	279
	5. Keine Ersatzerbschaftsteuer bei nichtrechtsfähiger Stiftung	279
II.	Steuerbegünstigungen	280
	1. Ländererlasse zur Erbschaftsteuerreform 2016	280
	a) Erbschaftsteuerliche Begünstigungen für Betriebsvermögen	280
	b) Anwendung des neuen Kapitalisierungsfaktors im vereinfachten Ertragswertverfahren	280
	2. Auf den überlebenden Ehegatten übergegangenes Familienheim	281
	3. Erwerb von Wohneigentum durch ein Kind	281
	4. Anerkennung einer Kunststiftung als gemeinnützig	282
	5. Persönliche Freibeträge bei beschränkter Steuerpflicht	282
	a) Gesetzliche Neuregelung	282
	b) Altfälle	282
	6. Besonderer Versorgungsfreibetrag bei beschränkter Steuerpflicht	283
III.	Sonstige erbschaftsteuerliche Themen	283
	1. Festsetzung der Schenkungsteuer gegen den Schenker	283
	2. Keine Steuerermäßigung bei nach ausländischem Recht besteuertem Vorerwerb	284
	3. Anzeigepflicht eines inländischen Kreditinstituts mit Zweigniederlassung im Ausland	284

Seite

F. Besteuerung von Privatpersonen. 284
    I.   Kapitaleinkünfte 284
          1. Rückabwicklung einer Anteilsveräußerung 284
          2. Barausgleichs des Stillhalters 285
          3. Keine Anwendung des Progressionsvorbehalts bei ausländischen Kapitaleinkünften. 285
          4. Abgeltungsteuer. 286
                a) Anwendung der Abgeltungsteuer auf Zinseinkünfte bei mittelbarer Beteiligung. 286
                b) Ausnahmeregelung bei Dividendenerträgen 286
                c) Übergangsregelung zur Verrechnung von Altverlusten verfassungskonform. 287
                d) Verlustausgleich bei der Abgeltungsteuer unterliegenden negativen Kapitaleinkünften 287
          5. Beschränkung der Anrechenbarkeit der Kapitalertragsteuer nach § 36a EStG 287
    II. Einkünfte aus Vermietung und Verpachtung. 288
          1. Mietzuschuss im Rahmen einer Mietgarantie 288
          2. Aufwendungen bei Kompletterneuerung von Einbauküchen in Mietwohnungen 289
          3. Abgrenzung anschaffungsnaher Herstellungskosten von Werbungskosten 289
          4. Gebäudeabschreibung bei mittelbarer Grundstücksschenkung 290
          5. Verlust aus privaten Veräußerungsgeschäften bei Ratenzahlung 290
   III. Sonderausgaben 291
          1. Selbstbehalt bei einer privaten Krankenversicherung 291
          2. Kostenerstattung der gesetzlichen Krankenkassen für Gesundheitsmaßnahmen 291
          3. Vom Erben nachgezahlte Kirchensteuer 292
          4. Steuerliche Maßnahmen zur Förderung der Flüchtlingshilfe 292
          5. Kein Spendenabzug bei Schenkung unter Auflage 292
          6. Spenden an kommunale Wählervereinigungen 293
   IV. Außergewöhnliche Belastungen. 293
          1. Scheidungskosten 293
          2. Keine verteilte Berücksichtigung außergewöhnlicher Belastungen 293
          3. Stufenweise Ermittlung der zumutbaren Belastung 293
    V. Haushaltsnahe Dienstleistungen 294
          1. Erweiterung des Katalogs von haushaltsnahen Dienstleistungen und Handwerkerleistungen 294
          2. Keine haushaltsnahe Dienstleistung des Immobilienmaklers 294
   VI. Erhöhung des Grund- und Kinderfreibetrags und Anpassung des Tarifverlaufs 295

G. Wirtschaftsprüfung. 295
    I.   CSR-Richtlinie-Umsetzungsgesetz 295
          1. Hintergrund 295

Inhaltsverzeichnis

Seite

- 2. Nichtfinanzielle (Konzern-)Erklärung 296
    - a) Betroffene Unternehmen 296
    - b) Mindestinhalte der nichtfinanziellen (Konzern-)Erklärung 297
    - c) Alternativen bei der Erstellung und Offenlegung 302
    - d) Umfang der Prüfungspflicht 303
    - e) Befreiungstatbestände 304
    - f) Diversitätskonzept 304
- II. Konzerneigenkapitalspiegel nach DRS 22 305
    - 1. Anwendung des DRS 22 305
    - 2. Struktur des Konzerneigenkapitalspiegels 305
    - 3. Abbildung von Eigenkapitalveränderungen 306
    - 4. Abbildung der Ergebnisverwendung des laufenden Jahres 307
    - 5. Bilanzierung eigener Anteile 308
    - 6. Bilanzierung von Rückbeteiligungen 309
    - 7. Ergänzende Angaben zum Konzerneigenkapitalspiegel 309
    - 8. Hinweise zur erstmaligen Erstanwendung von DRS 22 310
- III. Kapitalkonsolidierung nach DRS 23 310
    - 1. Konkretisierungen durch DRS 23 310
    - 2. Anwendung des DRS 23 310
    - 3. Erstkonsolidierung 310
        - a) Zeitpunkt der erstmaligen Einbeziehung 310
        - b) Anteile des Mutterunternehmens 311
        - c) Eigenkapital des Tochterunternehmens 311
    - 4. Behandlung verbleibender Unterschiedsbeträge 312
        - a) Geschäfts- oder Firmenwert 312
        - b) Passiver Unterschiedsbetrag 314
    - 5. Auf- und Abstockung von Anteilen an Tochterunternehmen 314
    - 6. Entkonsolidierung 315
    - 7. Übergangskonsolidierung 315
    - 8. Kapitalkonsolidierung im mehrstufigen Konzern 315
- IV. Bilanzierung und Bewertung immaterieller Vermögensgegenstände im Konzernabschluss nach DRS 24 316
    - 1. Anwendung des DRS 24 316
    - 2. Ansatzregeln 316
        - a) Übersicht 316
        - b) Vermögensgegenstand oder Aufwand? 317
        - c) Anlagevermögen oder Umlaufvermögen? 317
        - d) Erworben oder selbst geschaffen? 318
        - e) Ansatzgebot für erworbene immaterielle Vermögensgegenstände ... 318
        - f) Ansatzwahlrecht für selbst geschaffene immaterielle Vermögensgegenstände 318
    - 3. Weiterentwicklungen und Veränderungen von immateriellen Vermögensgegenständen 319
    - 4. Bewertung 320

Seite

	5. Ausweis	321
	6. Anhangangaben	321
V.	Entgelttransparenzgesetz – Auswirkungen auf den Jahresabschluss	321
	1. Überblick	321
	2. Bericht zur Gleichstellung und Entgeltgleichheit	322
VI.	Einzelfragen zum Handelsrecht	324
	1. Bilanzierung bestrittener Steuerforderungen und Steuerschulden nach HGB	324
	2. Bildung von Rückstellungen für Entsorgungspflichten nach dem Elektro- und Elektronikgerätegesetz	325
	3. Rückstellungen für künftige Wartungsaufwendungen	326
	4. Rückstellung für zusätzliche Kammerbeiträge	328
	5. Teilwertabschreibung auf den Grund und Boden bei gesunkenem Bodenrichtwert	329
	6. Keine Abführungssperre durch Ausschüttungssperre nach § 253 Abs. 6 HGB	330
	7. Angabe des Abschlussprüferhonorars im Anhang	331
	8. Bilanzierung bei qualifiziertem Rangrücktritt	332
	9. Berichtspflichten im Lagebericht über die Einhaltung der Geschlechterquoten	333
VII.	Internationale Rechnungslegung	334
	1. Überblick zu den Angabepflichten in einem EU-IFRS-Konzernabschluss zum 31.12.2017	334
	2. Auswirkungen neuer bzw. geänderter Standards oder Interpretationen (IAS 8.28)	334
	3. Noch nicht angewendete neue bzw. geänderte Standards und Interpretationen (IAS 8.30)	335
	a) IFRS 9 „Finanzinstrumente"	337
	b) IFRS 15 „Erlöse aus Verträgen mit Kunden"	337
	c) Änderungen an IFRS 10 und IAS 28 „Veräußerung oder Einbringung von Vermögenswerten zwischen einem Investor und einem assoziierten Unternehmen oder Joint Venture"	338
	d) IFRS 14 „Regulatorischer Abgrenzungsposten"	338
	e) Änderungen an IAS 7 „Kapitalflussrechnung"	338
	f) Änderungen an IAS 12 „Ansatz aktiver latenter Steuern auf unrealisierte Verluste"	339
	g) Änderungen an IFRS 2 „Klarstellung der Klassifizierung und Bewertung von Geschäftsvorfällen mit anteilsbasierter Vergütung"	340
	h) Änderungen an IFRS 4: Anwendung von IFRS 9 mit IFRS 4 „Versicherungsverträge"	340
	i) Jährlicher Verbesserungsprozess (2014–2016) – Änderungen an IFRS 1, IFRS 12 und IAS 28	340
	j) Änderungen an IFRIC 22 „Transaktionen in fremder Währung und im Voraus gezahlte Gegenleistungen"	341
	k) Änderungen an IAS 40 „Klassifizierung noch nicht fertiggestellter Immobilien"	341

		Seite
l) IFRIC 23 „Unsicherheiten bezüglich ertragsteuerliche Behandlung"		342
m) IFRS 16 „Leasing"		342
n) IFRS 17 „Versicherungsverträge"		342

H. Wirtschaftsprüfung und IT 343

    I. Handels- und steuerrechtliche Anforderungen an die Archivierung von Eingangsrechnungen in Dokumentenmanagementsystemen. 343

    II. Vervollständigung der BSI-Kritisverordnung 346

I. Wirtschaftsrecht 347

    I. Vertragsrecht. 347

        1. Informationspflichten nach dem Verbraucherstreitbeilegungsgesetz . . . 347

        2. Verbrauchereigenschaft einer GbR 347

        3. Energieausweis: Informationspflichten in Immobilienanzeigen. 348

        4. Betriebskosten: Abrechnung innerhalb der Jahresfrist 348

        5. Eigenbedarfskündigung eines Mietverhältnisses 349

            a) Kündigungsrecht des GbR-Gesellschafters 349

            b) Kein Kündigungsrecht wegen Berufs- oder Geschäftsbedarf 349

        6. Bausparverträge 350

            a) Kündigungsrecht der Bausparkasse zehn Jahre nach Zuteilungsreife 350

            b) Darlehensgebühr bei Auszahlung der Darlehenssumme 350

            c) Jährliche Kontogebühr in der Darlehensphase 350

        7. Preisklausel für sog. smsTAN 351

        8. Beitragspflicht für Pflichtmitglieder der Industrie- und Handelskammern 351

    II. Gesellschaftsrecht 352

        1. Mitbestimmungsrecht EU-rechtskonform. 352

        2. Einziehung eines GmbH-Geschäftsanteils bei Beendigung der Mitarbeit 352

        3. Unwirksamkeit einer Koppelungsklausel im Geschäftsführeranstellungsvertrag. 353

        4. Nachhaftung eines ausgeschiedenen Komplementärs für Gewerbesteuer 353

        5. Firmierung einer inländischen Zweigniederlassung einer ausländischen Gesellschaft 353

        6. Einführung eines Transparenzregisters 354

            a) Gesetzliche Regelung 354

            b) Meldepflichtige. 354

            c) Erforderliche Angaben 355

            d) Zur Einsichtnahme Berechtigte 355

    III. IT-Recht – Wirksame Einwilligungserklärung zum Empfang von Werbe-E-Mails 355

    IV. Arbeitsrecht 356

        1. Gesetzlicher Mindestlohn. 356

            a) Erhöhung mit Wirkung zum 1.1.2017 356

            b) Rufbereitschaft keine mindestlohnpflichtige Arbeitszeit. 356

            c) Anrechnung von Vergütungsbestandteilen. 357

Seite

  2. Nachbesserung am Tarifeinheitsgesetz erforderlich 357
  3. Festlegung der Sonderzahlung durch Ratenauszahlung 358
  4. Verfall von Urlaubsansprüchen 359
  5. Befristungsabrede 359
   a) Altersgrenze und Wunsch des Arbeitnehmers 359
   b) Schriftform. 360
   c) Schriftform bei Zusatz „i. A.". 360
  6. Probezeit: Vereinbarung einer Kündigungsfrist 361
  7. Altersdiskriminierung im Arbeitsangebot 361
  8. Kopftuchverbot in privaten Unternehmen 361
  9. Überwachung der Internetkommunikation am Arbeitsplatz 362
  10. Neue Regeln der Arbeitnehmerüberlassungen 362
  11. Haftungsprivileg für Führungskräfte? 363
 V. Sozialversicherungsrecht 364
  1. Selbständige Tätigkeit eines Minderheitsgesellschafters 364
  2. Krankenversicherungsbeiträge auf Veräußerungsgewinn bei Betriebsaufgabe 365

Anhänge.. 367

Anhang I: Tabellarische Übersicht zu wesentlichen Steueränderungen 2017/ 2018.. 369

Anhang II: Steuerterminkalender 2018....................................... 375

Stichwortverzeichnis 377

Literaturverzeichnis

Bäßler	Abgrenzung gewstl. unbeachtlicher Vorbereitungshandlungen vom Beginn einer werbenden Tätigkeit bei einer Schiffsgesellschaft, eNews Steuern, Ausgabe 25/2017 v. 26.6.2017 (enthalten in Stotax First)
Bäßler	Gewerbesteuerliche Hinzurechnung gemäß § 8 Nr. 1 Buchst. e GewStG von Aufwendungen für die kurzfristige Anmietung von Konzerthallen durch Veranstalter, eNews Steuern, Ausgabe 25/2017 v. 22.5.2017 (enthalten in Stotax First)
Bäßler	Keine gewerbesteuerliche Hinzurechnung von Aufwendungen für die Anmietung von Messeflächen bei einer Durchführungsgesellschaft, eNews Steuern, Ausgabe 1/2017 v. 9.1.2017 (enthalten in Stotax First)
Bäßler	Untergang des vortragsfähigen Gewerbeverlustes aufgrund Wegfall der Unternehmensidentität auch bei einer gewerblich geprägten Personengesellschaft, eNews Steuern, Ausgabe 38/2017 v. 25.9.2017 (enthalten in Stotax First)
Baetge/Kirsch/Thiele	Bilanzrecht Kommentar (Loseblatt), Bonn/Berlin 2002
Beck`scher Bilanzkommentar	Handelsbilanz, Steuerbilanz, München, 10. Aufl. 2016
Beermann/Gosch	Abgabenordnung Finanzgerichtsordnung Kommentar (Loseblatt), Bonn/Berlin 1995
Benz/Böhmer	Der RegE eines § 4j EStG zur Beschränkung der Abziehbarkeit von Lizenzzahlungen (Lizenzschranke), DB 2017, 206
Besgen	EuGH zum aktiven und passiven Wahlrecht bei der (deutschen) Unternehmensmitbestimmung, B+P 2017, 580
Bodden	Buchwertprivileg nach § 6 Abs. 3 EStG auch bei weiterer späterer Buchwertausgliederung, BeSt 2016, 41
Bodden	Rückabwicklung eines Kaufvertrags über Anteile an einer Kapitalgesellschaft, BeSt 2017, 32
Demuth	Verfassungswidrigkeit von § 8c Abs. 1 Satz 1 KStG, BeSt 2017, 25
Dölker/Feldgen/Stelzer, u.a.	eKommentar KStG, Stollfuß Medien GmbH & Co. KG Bonn (zuletzt online aktualisiert: 25.10.2017)
Dötsch/Pung/Möhlenbrock	Kommentar zum Körperschaftsteuergesetz (Loseblatt), Stuttgart
Ditz/Quilitzsch	Gesetz gegen schädliche Steuerpraktiken im Zusammenhang mit Rechteüberlassungen – die Einführung einer Lizenzschranke in § 4j EStG, DStR 2017, 1561
Egelhof/Mirbach	Grenzen der Anerkennung einer Kunststiftung als gemeinnützig, DStRK 2017, 206
Eich	Übergang des Geschäftswerts bei Betriebsaufspaltung, BeSt 2016, 5
Elster/Johrden	Entwurf der GoBD: Fachliche Erörterungen bewirken wichtige Änderungen, Stbg 2014, 299
Eversloh	Ort der Lieferung bei Versendung über Konsignationslager, jurisPR-SteuerR 13/2017 Anm. 6

Literaturverzeichnis

Feldgen	Ausgleichsfähiger Verlust aufgrund vorgezogener Einlage nur bei Leistung in das Gesamthandsvermögen – Gewinnfeststellung und Feststellung des verrechenbaren Verlusts nach § 15a Abs. 4 EStG, eNews Steuern, Ausgabe 12/2017 v. 27.3.2017 (enthalten in Stotax First)
Feldgen	Besteuerung von Stillhalterprämien und steuerliche Berücksichtigung des vom Stillhalter gezahlten Barausgleichs, eNews Steuern, Ausgabe 5/2017 v. 6.2.2017 (enthalten in Stotax First)
Feldgen	Betriebsbezogene Ermittlung der Begrenzung nach § 35 Abs. 1 Satz 5 EStG, eNews Steuern, Ausgabe 36/2017 v. 11.9.2017 (enthalten in Stotax First)
Feldgen	Bezeichnung als wesentliche Betriebsgrundlage, Geldeinwurfautomaten als Kassen, Begründungspflicht eines (Un-)Sicherheitszuschlags, eNews Steuern, Ausgabe 34/2017 v. 28.8.2017 (enthalten in Stotax First)
Feldgen	Doppelstöckige Personengesellschaft – Zuordnung von Sonderbetriebsvermögen II eines im Ausland ansässigen Gesellschafters, eNews Steuern, Ausgabe 10/2017 v. 13.3.2017 (enthalten in Stotax First)
Feldgen	Ermittlung der zumutbaren Belastung nach § 33 Abs. 3 EStG – Altersvorsorgeaufwendungen als Sonderausgaben, eNews Steuern, Ausgabe 13/2017 v. 3.4.2017 (enthalten in Stotax First)
Feldgen	Erweiterung der Steuerermäßigung für haushaltsnahe Dienstleistungen und Handwerkerleistungen, eNews Steuern, Ausgabe 27/2016 v. 28.11.2016 (enthalten in Stotax First)
Feldgen	Generationen- und betriebsübergreifende Totalprognose bei Übertragung eines Forstbetriebs unter Nießbrauchsvorbehalt, eNews Steuern, Ausgabe 8/2016 v. 18.7.2016 (enthalten in Stotax First)
Feldgen	Gewerbliche Prägung einer „Einheits-GmbH & Co. KG", eNews Steuern, Ausgabe 37/2017 v. 18.9.2017 (enthalten in Stotax First)
Feldgen	Gewinngemeinschaftsvertrag als Mitunternehmerschaft – Voraussetzungen für die Anwendung des § 15 Abs. 1 Satz 1 Nr. 2 EStG, eNews Steuern, Ausgabe 28/2017 v. 17.7.2017 (enthalten in Stotax First)
Feldgen	Goldfinger-Modelle: Gestaltungen betreffend gewerblicher Verluste durch Ankauf physischen Goldes, eNews Steuern, Ausgabe 15/2017 v. 18.4.2017 (enthalten in Stotax First)
Feldgen	Kein Abzug von Scheidungskosten als außergewöhnliche Belastungen, eNews Steuern, Ausgabe 15/2017 v. 18.4.2017 (enthalten in Stotax First)
Feldgen	Kein Spendenabzug beim Erblasser bzw. der Ehefrau (als Gesamtrechtsnachfolgerin) im Fall eines vom Erblasser schenkweise an die Ehefrau überwiesenen Betrages, eNews Steuern, Ausgabe 7/2017 v. 20.2.2017 (enthalten in Stotax First)
Feldgen	Kein Verlustausgleich bei negativem Kapitalkonto infolge der Aufstellung einer negativen Eröffnungsbilanz, eNews Steuern, Ausgabe 28/2017 v. 17.7.2017 (enthalten in Stotax First)
Feldgen	Keine Gemeinnützigkeit einer Kunststiftung bei Unterbringung der Kunstwerke in nicht öffentlich zugänglichen Privaträumen, eNews Steuern, Ausgabe 18/2017 v. 8.5.2017 (enthalten in Stotax First)

Feldgen	Keine Steuerermäßigung für vertragsgemäße Kapitalauszahlung aus einer Pensionskasse, eNews Steuern, Ausgabe 2/2017 v. 16.1.2017 (enthalten in Stotax First)
Feldgen	Mindestlaufzeit eines Ergebnisabführungsvertrags, eNews Steuern, Ausgabe 39/2017 v. 2.10.2017 (enthalten in Stotax First)
Feldgen	Nachträgliche Anschaffungskosten bei Finanzierungsmaßnahmen eines unternehmerisch beteiligten Aktionärs – Rechtslage vor Inkrafttreten des MoMiG, eNews Steuern, Ausgabe 9/2017 v. 6.3.2017 (enthalten in Stotax First)
Feldgen	Pauschale Einkommensteuer auf Geschenke unterliegt Abzugsverbot, eNews Steuern, Ausgabe 23/2017 v. 12.6.2017 (enthalten in Stotax First)
Feldgen	Schein-Arbeitsverträge mit Fußballspielern, eNews Steuern, Ausgabe 4/2016 v. 20.6.2016 (enthalten in Stotax First)
Feldgen	Steuerliche Berücksichtigung vom Arbeitnehmer selbst getragener Kosten bei Firmenwagengestellung, eNews Steuern, Ausgabe 7/2017 v. 20.2.2017 (enthalten in Stotax First)
Feldgen	Verlustausgleich bei abgeltend besteuerten negativen Einkünften aus Kapitalvermögen im Wege der Günstigerprüfung, eNews Steuern, Ausgabe 15/2017 v. 18.4.2017 (enthalten in Stotax First)
Feldgen	Vermietung eines häuslichen Arbeitszimmers an den Auftraggeber eines Gewerbetreibenden, eNews Steuern, Ausgabe 19/2017 v. 3.4.2017 (enthalten in Stotax First)
Feldgen	Zum Vorliegen eines Steuerstundungsmodells i.S.d. § 15b EStG, eNews Steuern, Ausgabe 19/2017 v. 15.5.2017 (enthalten in Stotax First)
Figatowski	Kein einheitlicher Erwerbsgegenstand bei wesentlicher Änderung des ursprünglich angebotenen Generalübernehmervertrags nach Abschluss des Grundstückskaufvertrags, jurisPR-SteuerR 32/2017 Anm. 4
Fischer	Die Verankerung des Risikomanagementsystems (RMS) durch das Gesetz zur Modernisierung des Besteuerungsverfahrens (StModernG), jurisPR-SteuerR 40/2016 Anm. 1
Fischer	Zuordnung von Wirtschaftsgütern zum Umlaufvermögen bei einer gewerblich geprägten Personengesellschaft, jurisPR-SteuerR 27/2017 Anm. 2
Frase	Die „Lizenzschranke" (§ 4j EStG) – Einordnung und Anwendungsbereich, kösdi 2017, 20497
Frase	Erwerbergruppe im Sinne von § 8c Abs. 1 Satz 3 KStG, BeSt 2017, 37
Frase	Kein Abzug „finaler" Betriebsstättenverluste, BeSt 2017, 27
Frase	Sanierungserlass verfassungswidrig, BeSt 2017, 18
Freudenberger	Sozialversicherungsrechtliche Aspekte des Betriebsrentenstärkungsgesetz, B+P 2017, 561
Fuhrmann	Grünes Licht für „Pensions-GmbH", BeSt 2017, 1
Fuhrmann/Kraeusel/ Schiffers	eKommentar EStG, Stollfuß Medien GmbH & Co. KG Bonn (zuletzt online aktualisiert: 18.10.2017)
Geserich	Abweichende Steuerfestsetzung bei außergewöhnlichen Belastungen, jurisPR-SteuerR 41/2017 Anm. 3

Literaturverzeichnis

Geserich	Steuerliche Berücksichtigung von selbst getragenen Kraftstoffkosten bei Anwendung der 1%-Regelung, jurisPR-SteuerR 10/2017 Anm. 1
Geserich	Versorgungsleistungen aus einer Pensionszusage keine Entlohnung für mehrjährige Tätigkeit, jurisPR-SteuerR 7/2017 Anm. 5
Gläser/Schöllhorn	Die wesentlichen Neuerungen in der AO nach dem Gesetz zur Modernisierung des Besteuerungsverfahrens, DStR 2016, 1577
Götz/Meßbacher-Hönsch	eKommentar ErbStG, Stollfuß Medien GmbH & Co. KG Bonn (zuletzt online aktualisiert: 24.10.2017)
Grefe	Erhöhte Wertgrenzen bei geringwertigen Wirtschaftsgütern ab 2018, DStZ 2017, 718
Groß	Mobiles Scannen und Tax Compliance, BB 2017, 930
Grotherr	Abzugsverbot für Lizenzzahlungen an nahestehende Unternehmen bei Nutzung von steuerschädlichen IP-Boxen („Lizenzschranke"), Ubg 2017, 233
Grube	Korrektur der Umsatzsteuerfestsetzung in Bauträgerfällen, jurisPR-SteuerR 24/2017 Anm. 5
Grube	Umsatzsteuerrechtliche Organschaft in der Insolvenz, jurisPR-SteuerR 20/2017 Anm. 6
Haaker	Wider der Integration der nichtfinaziellen (CSR-)Erklärung in den Lagebericht, DB 2017, 922
Halaczinsky	Anwendung der Kleinbetragsverordnung auf Erbschaft- und Schenkungsteuerfestsetzungen, UVR 2017, 204
Haug	Besteuerung von Spezial-Investmentfonds nach dem InvStG 2018 – Aktuelle Einzelfragen und erste Lösungsansätze, Ubg 2017, 303
Höreth	Abfindung für den Verzicht auf einen künftigen Pflichtteilsanspruch, eNews Steuern, Ausgabe 32/2017 v. 14.8.2017 (enthalten in Stotax First)
Höreth	Verdeckte Einlage einzelner Gesellschafter in eine Personengesellschaft kann freigebige Zuwendung zugunsten der übrigen Gesellschafter sein, eNews Steuern, Ausgabe 15/2017 v. 18.4.2017 (enthalten in Stotax First)
Höreth/Stelzer	Entwurf einer Lizenzschranke – Einschränkung des Betriebsausgabenabzugs, DStZ 2017, 270
Höreth/Stelzer	Erstes BEPS-Umsetzungsgesetz – weit mehr, als der Titel suggeriert, DStZ 2017, 62
Höreth/Stelzer	Gesetz zur Modernisierung des Besteuerungsverfahrens, DStZ 2016, 520
Höring	Ausländische Kapitaleinkünfte unterliegen nicht dem Progressionsvorbehalt, eNews Steuern, Ausgabe 3/2017 v. 23.1.2017 (enthalten in Stotax First)
Höring	Beschränkte Anrechenbarkeit der Kapitalertragsteuer, eNews Steuern, Ausgabe 18/2017 v. 8.5.2017 (enthalten in Stotax First)
Höring	Besteuerung der Einlagenrückgewähr einer Drittstaatengesellschaft verstößt gegen Unionsrecht, eNews Steuern, Ausgabe 21/2016 v. 17.10.2016 (enthalten in Stotax First)
Höring	BMF: Steuerliche Behandlung von „Cum/Cum-Transaktionen", eNews Steuern, Ausgabe 29/2017 v. 24.7.2017 (enthalten in Stotax First)

Höring	BMF veröffentlicht Verwaltungsgrundsätze zur Betriebsstättengewinnaufteilung (VWG BsGa), eNews Steuern, Ausgabe 1/2017 v. 9.1.2017 (enthalten in Stotax First)
Höring	Das Gesetz zur Reform der Investmentbesteuerung (Investmentsteuerreformgesetz – InvStRefG), DStZ 2016, 727
Höring	EU-rechtswidrige Hinzurechnung unentgeltlicher Vorteilsgewährungen im Konzern (Patronatserklärungen) nach § 1 AStG 2003, eNews Steuern, Ausgabe 13/2016 v. 22.8.2016 (enthalten in Stotax First)
Höring	FG Köln: EuGH-Vorlage zur aktuellen Fassung des § 50d Abs. 3 EStG, eNews Steuern, Ausgabe 33/2017 v. 21.8.2017 (enthalten in Stotax First)
Höring	Währungskursbedingte Teilwertabschreibung auf Investmentanteile, eNews Steuern, Ausgabe 7/2017 v. 20.2.2017 (enthalten in Stotax First)
Höring	Wegzugsbesteuerung – Keine Berücksichtigung fiktiver Veräußerungsverluste, eNews Steuern, Ausgabe 36/2017 v. 11.9.2017 (enthalten in Stotax First)
Hülshoff	Stand des Projektes E-Bilanz, DB Beilage 2016, Nr. 4, S. 2
Hüttemann	Gemeinnützigkeits- und Spendenrecht, 2015
Jachmann-Michel	Ausschluss des Abgeltungsteuersatzes bei mittelbarer Beteiligung nur bei Beherrschung der Anteilseigner-Kapitalgesellschaft, jurisPR-SteuerR 27/2017 Anm. 3
Jachmann/Michel	Besteuerung eines ausländischen „Spin-off", jurisPR-SteuerR 7/2017 Anm. 3
Jachmann/Michel	Besteuerung eines ausländischen „Spin-off", jurisPR-SteuerR 4/2017 Anm. 5
Jachmann-Michel	Steuerliche Berücksichtigung eines Selbstbehalts bei einer privaten Krankenversicherung, jurisPR-SteuerR 6/2017 Anm. 3
Kajüter	Die nichtfinanzielle Erklärung nach CRS-Richtlinie-Umsetzungsgesetz, IZR 2016, 508
Kajüter	Nichtfinanzielle Berichterstattung nach dem CSR-Richtlinie-Umsetzungsgesetz, DB 2017, 617
Kersten	Anwendung des § 8b Abs. 5 Satz 1 KStG auf nach § 3 Nr. 41 Buchst. a EStG steuerfreie Gewinnausschüttungen nach vorheriger Hinzurechnungsbesteuerung, eNews Steuern, Ausgabe 37/2017 v. 18.9.2017 (enthalten in Stotax First)
Kersten	Hinzurechnung von nicht abziehbaren Betriebsausgaben nach § 8b Abs. 5 KStG – Freistellung nach nationalem Recht und nach Abkommensrecht, eNews Steuern, Ausgabe 5/2017 v. 6.2.2017 (enthalten in Stotax First)
Kirch	BFH: EuGH-Vorlage zur Margenbesteuerung, eNews Steuern, Ausgabe 38/2017 v. 25.9.2017 (enthalten in Stotax First)
Kirch	BMF: Umsatzsteuerliche Organschaft und Umfang des Vorsteuerabzugs beim Erwerb sowie im Zusammenhang mit dem Halten von gesellschaftsrechtlichen Beteiligungen, eNews Steuern, Ausgabe 22/2017 v. 6.6.2017 (enthalten in Stotax First)
Kirch	Unrichtiger Steuerausweis in einer Rechnung; Berichtigung einer Rechnung durch Abtretungsanzeige, eNews Steuern, Ausgabe 5/2017 v. 6.2.2017 (enthalten in Stotax First)

Literaturverzeichnis

Kirsch	Berichterstattung zum Diversitätskonzept für das vertretungsberechtigte Organ und den Aufsichtsrat als neuer Bestandteil der Erklärung zur Unternehmensführung, DStZ 2017, 363
Koisiak	Auslegung der Regelung des § 27 Abs. 19 UStG bei Bauträgerfällen, eNews Steuern, Ausgabe 14/2017 v. 10.4.2017 (enthalten in Stotax First)
Koisiak	Zeitpunkt der Berichtigung des Vorsteuerabzuges infolge erfolgreicher Insolvenzanfechtung, eNews Steuern, Ausgabe 22/2017 v. 6.6.2017 (enthalten in Stotax First)
Korn	Vorsteuererhaltende rückwirkende Rechnungsberichtigung, BeSt 2017, 13
Korn/Strahl	Steuerliche Hinweise zum Jahresende 2017, kösdi 2017, 20517
Korth	GoBD – Antworten des Steuerberaters auf negative Prüfungsfeststellungen, Stbg 2015, 224
Köster	Zurechnung einer vGA an nahestehende Person bei behaupteter Treuhandabrede – Aufteilung einer überhöhten Geschäftsführervergütung
Krüger/Bakeberg	Neues zu gleichgerichteten Interessen beim Unternehmenskauf – zugleich Anmerkungen zum BFH-Urteil vom 22.11.2016 – I R 30/15, Ubg 2017, 523
Kuhn/Schwindling	Eine Chance auf Lohngerechtigkeit?!, DB 2017, 785
Langemann/Wilking	Mehr Entgeltgerechtigkeit zwischen Frauen und Männern? – Bundeskabinett beschließt Entwurf des Entgelttransparenzgesetzes, BB 2017, 502
Ley	Fortschreibung von Ergänzungsbilanzen in Fällen des Anteilserwerbs nach dem BMF-Schreiben vom 19.12.2016, kösdi 2017, 20278
Loose	Bemessungsgrundlage der Grunderwerbsteuer beim Erwerb eines Grundstücks zur Errichtung einer Windkraftanlage, jurisPR-SteuerR 41/2018 Anm. 5
Loose	Festsetzung der Schenkungsteuer gegen den Schenker, jurisPR-SteuerR 29/2017 Anm. 5
Loose	Keine Steuerbefreiung für eine Anteilsvereinigung aufgrund Einbringung schenkweise erhaltener Gesellschaftsanteile in eine Kommanditgesellschaft, jurisPR-SteuerR 25/2017 Anm. 4
Mader	Betriebsrentenstärkungsgesetz – lohnsteuerliche Änderungen, B+P 2017, 543
Mader	Gesetz zur steuerlichen Förderung von Elektromobilität im Straßenverkehr verabschiedet!, B+P 2017, 40
Maniora	Die neue EU-Richtlinie zur Offenlegung nichtfinanzieller Informationen: Verum oder Placebo?, KoR 2015, 153
Märtens	Abzug sog. finaler (Betriebsstätten-)Verluste nach Unionsrecht, jurisPR-SteuerR 29/2017 Anm. 3
Märtens	Besteuerungsrecht für Abfindung an einen in die Schweiz verzogenen, zuvor im Inland tätigen Arbeitnehmer, jurisPR-SteuerR 45/2015 Anm. 1
Märtens	Gewerbesteuerpflicht einer vermögensverwaltenden Kapitalgesellschaft vor ihrer Eintragung ins Handelsregister, jurisPR-SteuerR 37/2017 Anm. 4

Märtens	Verlustabzugsverbot bei schädlichem Beteiligungserwerb (Erwerbergruppe), jurisPR-SteuerR 31/2017
Märtens	Zinsschranke bei Gesellschafter-Fremdfinanzierung, jurisPR-SteuerR 17/2016 Anm. 3
Marx	Grundsteuerreform: Gesetzentwurf ohne tragfähiges Fundament und mit vielen Konstruktionsmängeln, DStZ 2017, 19
Mayer/Wagner	Bilanzierung von Verbindlichkeiten bei Rangrücktritt in der Liquidationsschlussbilanz – Finanzverwaltung schafft doppelt Klarheit, DStR 2017, 2025
Meßbacher-Hönsch	Erbschaftsteuerrechtliche Anzeigepflicht eines inländischen Kreditinstituts mit Zweigniederlassung im Ausland bei einem dort geltenden strafbewehrten Bankgeheimnis, jurisPR-SteuerR 13/2017 Anm. 3
Meßbacher-Hönsch	Keine Erbschaftsteuerbefreiung für den Erwerb von Wohnungseigentum ohne Selbstnutzung, jurisPR-SteuerR 8/2017 Anm. 4
Meßbacher-Hönsch	Keine Steuerermäßigung nach § 27 ErbStG bei einem nach ausländischem Recht besteuerten Vorerwerb, jurisPR-SteuerR 15/2017 Anm. 6
Mirbach	Erweiterung der Verlustnutzung bei Kapitalgesellschaften, kösdi 2017, 20330
Mirbach	Weite Auslegung der Hinzurechnungsvorschrift für Miet- und Pachtzinsen, BeSt 2017, 33
Mirbach	Zeitliche Streckung der Kaufpreiszahlung bei Immobilientransaktionen, kösdi 2017, 20262
Nöcker	Sonderausgabenabzug für vom Erben nachgezahlte Kirchensteuer, jurisPR-SteuerR 21/2017 Anm. 3
Pfützenreuter	Abschreibungsbeginn bei Windkraftanlagen: Erlangung wirtschaftlichen Eigentums an einem Wirtschaftsgut, jurisPR-SteuerR 5/2017 Anm. 1
Pfützenreuter	Beginn des Gewerbebetriebs der Obergesellschaft einer doppelstöckigen Personengesellschaft, jurisPR-SteuerR 3/2017 Anm. 4
Pfützenreuter	Bildung einer Rückstellung für künftige Wartungsaufwendungen an Flugzeugen, jurisPR-SteuerR 19/2017 Anm. 3
Pfützenreuter	Geltung der Realteilungsgrundsätze bei Ausscheiden aus Mitunternehmerschaft gegen Sachwertabfindung mit Einzelwirtschaftsgütern, jurisPR-SteuerR 34/2017 Anm. 4
Plenker	Steuerliche Neuregelungen bei der betrieblichen Altersversorgung durch das sog. Betriebsrentenstärkungsgesetz ab 1.1.2018, DB 2017, 1545
Podewils	Gewährung zinsloser Darlehen als freigebige Zuwendung, jurisPR-SteuerR 25/2016 Anm. 6
Pohl	Ausschluss des Vorsteuerabzugs nach § 15 Abs. 1 Satz 2 UStG, jurisPR-SteuerR 25/2017 Anm. 6
Potsch	„Window-Dressing" als Gestaltungsmissbrauch?, BeSt 2013, 4
Prätzler	Das neue BMF-Schreiben vom 26.5.2017 zur umsatzsteuerlichen Organschaft, jurisPR-SteuerR 28/2017 Anm. 1
Prätzler	Ort der Lieferung in ein Konsignationslager, jurisPR-SteuerR 23/2017 Anm. 6

Prätzler	Umsatzsteuerrechtliche Beurteilung von Sale-and-lease-back-Geschäften, jurisPR-SteuerR 37/2016 Anm. 6
Rimmelspacher/ Schäfer/ Schönberger	Das CSR-Richtlinie-Umsetzungsgesetz: Neue Anforderungen an die nichtfinanzielle Berichterstattung und darüber hinaus, KoR 2017, 225
Röper	Die Digitalisierung des Bereichs Steuern – Chancen statt Risiko?, DB Beilage 2016, Nr. 4, S. 1
Roscher	eKommentar GrStG, Stollfuß Medien GmbH & Co. KG Bonn (zuletzt online aktualisiert: 18.10.2017)
Schäfer/ Rimmelspacher	Änderungen im (Konzern-)Lagebericht inkl. der Erklärung zur Unternehmensführung durch das BilRUG, DB 2015, Beilage 5, 59
Schießl	Berechtigung zur Vornahme von AfA bei mittelbarer Grundstücksschenkung, jurisPR-SteuerR 12/2017 Anm. 2
Schießl	Gewerbesteuerrechtliche Folgen der atypisch stillen Beteiligung am Handelsgewerbe einer Personengesellschaft, jurisPR-SteuerR 13/2017 Anm. 4
Schießl	Steuerliche Abgrenzung zwischen ergebnisneutraler Darlehensgewährung und Einnahme aus Vermietung und Verpachtung, jurisPR-SteuerR 5/2017 Anm. 2
Schießl	Steuerliche Behandlung von Aufwendungen für die Erneuerung einer Einbauküche in einem Mietobjekt, jurisPR-SteuerR 4/2017 Anm. 3
Schießl	Veräußerungsgewinn aus einer sog. „Managementbeteiligung" an einem Unternehmen als Einkünfte aus nichtselbstständiger Arbeit oder als sonstige Einkünfte, jurisPR-SteuerR 11/2017 Anm. 4
Schießl	Verfassungsgemäße Übergangsregelung zur Verrechnung von Verlusten aus privaten Veräußerungsgeschäften mit Aktien, jurisPR-SteuerR 15/2017 Anm. 4
Schiffers	Ansparabschreibung nach Buchwerteinbringung in Personengesellschaft, eNews Steuern, Ausgabe 25/2017 v. 26.6.2017 (enthalten in Stotax First)
Schiffers	Bildung einer Rückstellung für künftige Wartungsaufwendungen an Flugzeugen, eNews Steuern, Ausgabe 11/2017 v. 20.3.2017 (enthalten in Stotax First)
Schiffers	Bildung von Rückstellungen für Entsorgungspflichten nach dem Elektro- und Elektronikgerätegesetz, eNews Steuern, Ausgabe 21/2017 v. 29.5.2017 (enthalten in Stotax First)
Schiffers	BMF: Änderung des § 253 HGB durch das Gesetz zur Umsetzung der Wohnimmobilienkreditrichtlinie und zur Änderung handelsrechtlicher Vorschriften; Auswirkung auf die Anerkennung steuerlicher Organschaften, eNews Steuern, Ausgabe 2/2017 v. 16.1.2017 (enthalten in Stotax First)
Schiffers	Buchwertfortführung bei Ausscheiden aus Personengesellschaft gegen Übertragung von Einzelwirtschaftsgütern, eNews Steuern, Ausgabe 25/2017 v. 26.6.2017 (enthalten in Stotax First)
Schiffers	Kosten zur Beseitigung von nach Anschaffung mutwillig herbeigeführter Substanzschäden keine „anschaffungsnahe Herstellungskosten", eNews Steuern, Ausgabe 25/2017 v. 26.6.2017 (enthalten in Stotax First)

Schiffers	Rückstellungen für ein Aktionsprogramm, eNews Steuern, Ausgabe 41/2017 v. 7.8.2017 (enthalten in Stotax First)
Schuster	Keine Begünstigung von Zuwendungen an kommunale Wählervereinigungen, jurisPR-SteuerR 39/2017 Anm. 4
Schneider/Junior	Die Lizenzschranke – Überblick über den Regierungsentwurf zu § 4j EStG, DStR 2017, 417
Seer	Das Gesetz zur Modernisierung des Besteuerungsverfahrens, Steuerberater-Jahrbuch 2016/2017, S. 539
Seifert	Gesetzliche Änderungen bei der Lohnsteuer zum Jahresbeginn 2017, DStZ 2017, 111
Stelzer	Besteuerung eines durch Erbanfall erworbenen Pflichtteilsanspruchs, eNews Steuern, Ausgabe 13/2017 v. 3.4.2017 (enthalten in Stotax First)
Stelzer	Erbschaftsteuerliche Anzeigepflicht eines inländischen Kreditinstituts mit ausländischer Zweigstelle, eNews Steuern, Ausgabe 5/2017 v. 6.2.2017 (enthalten in Stotax First)
Stelzer	Erbschaftsteuerlicher Ehegattenfreibetrag bei beschränkter Steuerpflicht, eNews Steuern, Ausgabe 33/2017 v. 21.8.2017 (enthalten in Stotax First)
Stelzer	Festsetzung der Schenkungsteuer gegen den Schenker, eNews Steuern, Ausgabe 20/2017 v. 22.5.2017 (enthalten in Stotax First)
Stelzer	Keine Erbschaftsteuerbefreiung für den Erwerb von Wohneigentum durch ein Kind ohne Selbstnutzung, eNews Steuern, Ausgabe 29/2016 v. 12.12.2016 (enthalten in Stotax First)
Stelzer	Nichtrechtsfähige Stiftung unterliegt nicht der Erbersatzsteuer, eNews Steuern, Ausgabe 11/2017 v. 20.3.2017 (enthalten in Stotax First)
Stibi/Kirsch/Engelke	Das Konzept der außerplanmäßigen Abschreibung eines Geschäfts- oder Firmenwerts nach DRS 23, WPg 2016, 603
Strahl	Aufgabe der Gesamtplanannahme bei vorweggenommener Erbfolge, BeSt 2013, 1
Strahl	Bestätigung und Verwerfung der Gesamtplanannahme, BeSt 2015, 9
Strahl	Vorbehaltsnießbrauch am Betriebsvermögen, BeSt 2017, 29
Strahl/Demuth	KSp 29, Gestaltende Steuerberatungspraxis 2017 (enthalten in Stotax First)
Urbach	Neues zur Abzugsfähigkeit von Arbeitszimmern, BeSt 2017, 44
Urbach	Organisatorische Eingliederung und umsatzsteuerliche Organschaft, BeSt 2017, 23
Weber	Verstößt die Hinzurechnungsbesteuerung bei Drittstaatsachverhalten gegen die europarechtlich verbürgte Kapitalverkehrsfreiheit?, DStR 2017, 1302
Welling/ Ghebrewebet	Die Grenzen der Digitalisierung für die Unternehmen im Steuerrecht, DB Beilage 2016, Nr. 4, S. 33
Welz	Steuerliche Förderung der Elektromobilität, UVR 2016, 306

Abkürzungsverzeichnis

2. Bürokratie-EntlG	2. Bürokratieentlastungsgesetz
a.A.	anderer Auffassung
AAG	Allgemeines Gleichbehandlungsgesetz
a.a.O.	am angegebenen Ort
Abs.	Absatz
AC	Amortised Cost
a.E.	am Ende
AEAO	Anwendungserlass zur Abgabenordnung
AEUV	Vertrag über die Arbeitsweise der Europäischen Union
a.F.	alte Fassung
AfA	Absetzung für Abnutzung
AG	Aktiengesellschaft
AGG	Allgemeines Gleichbehandlungsgesetz
AIG	Auslandinvestitionsgesetz
AktG	Aktiengesetz
Amtshilfe-RLUmsG	Gesetz zur Umsetzung der Richtlinie sowie zur Änderung steuerlicher Vorschriften (Amtshilferichtlinie-Umsetzungsgesetz)
AO	Abgabenordnung
AOA	Authorised OECD Approach
AReG	Abschlussprüfungsreformgesetz
Art.	Artikel
APA	Advance Pricing Agreements
AStG	Außensteuergesetz
ATAD	Anti-Tax-Avoidance Directive
ATAP	Anti-Tax-Avoidance Package
Aufl.	Auflage
B2B	Business-to-business
BayLfSt	Bayerisches Landesamt für Steuern
BB	Betriebsberater *(Zeitschrift)*
BEEG	Bundeselterngeld- und Elternzeitgesetz
BEPS	base erosion and profit shifting
BeurkG	Beurkundungsgesetz
BeSt	Beratersicht zur Steuerrechtsprechung (Quartalsbeilage zu EFG und HFR)
BewG	Bewertungsgesetz

BFH	Bundesfinanzhof
BFH/NV	Sammlung der Entscheidungen des Bundesfinanzhofs mit allen amtlich und nicht amtlich veröffentlichten Entscheidungen
BGB	Bürgerliches Gesetzbuch
BGBl.	Bundesgesetzblatt
BGH	Bundesgerichtshof
BGHZ	Entscheidungen des Bundesgerichtshofs in Zivilsachen
BilMoG	Bilanzrechtsmodernisierungsgesetz
BilRUG	Bilanzrichtlinie-Umsetzungsgesetz
BMF	Bundesministerium der Finanzen
BR-Drucks.	Bundesratsdrucksache
BStBl	Bundessteuerblatt
BT-Drucks.	Bundestagsdrucksache
BUrlG	Bundesurlaubsgesetz
BVerwGE	Entscheidungen des Bundesverwaltungsgerichts
BVerfG	Bundesverfassungsgericht
BZSt	Bundeszentralamt für Steuern
bzw.	beziehungsweise
CbCR	Country-by-Country-Reporting
CSR-Richtlinie-Umsetzungsgesetz	Gesetz zur Stärkung der nichtfinanziellen Berichterstattung der Unternehmen in ihren Lage- und Konzernlageberichten
DRR	Capital Requirements Regulation
DAC IV	Vorgaben der EU-Amtshilferichtlinie
DB	Der Betrieb *(Zeitschrift)*
DBA	Doppelbesteuerungsabkommen
DNK	Deutscher Nachhaltigkeitskodex
DRS	Deutsche Rechnungslegungs Standards
DRSC	Deutsches Rechnungslegungs Standards Committee
DStRE	Deutsches Steuerrecht Entscheidungsdienst (Entscheidungssammlung)
DStZ	Deutsche Steuerzeitung *(Zeitschrift)*
DVR	Deutsche Verkehrsteuer-Rundschau *(Zeitschrift)*
EBITDA	Earnings before interests, taxes, depreciation and amortisation
ECL	Expected credit losses
ECOFIN	Economic and Financial Minister
EEG	Erneuerbare-Energien-Gesetz
EFG	Entscheidung der Finanzgerichte *(Zeitschrift)*
EFI	Expertenkommission Forschung und Innovation

EGAktG	Einführungsgesetz zum Aktiengesetz
EGAO	Einführungsgesetz zur Abgabenordnung
EGBGB	Einführungsgesetz zum Bürgerlichen Gesetzbuch
EGGmbHG	Einführungsgesetz zum Gesetz betreffend die Gesellschaften mit beschränkter Haftung
EGMR	Europäischer Gerichtshof für Menschenrechte
ElektroG	Gesetz über das Inverkehrbringen, die Rücknahme und die umweltverträgliche Entsorgung von Elektro- und Elektronikgeräten (Elektro- und Elektronikgerätegesetz)
EMAS	Umweltmanagement- und Betriebsprüfungssystem
EMRK	Europäische Menschenrechtskonventionen
EnEV	Energieeinsparverordnung
EntgTranspG	Gesetz zur Förderung der Entgelttransparenz zwischen Frauen und Männern (Entgelttransparenzgesetz)
ErbbauVO	Verordnung über das Erbbaurecht
ErbSt	Erbschaftsteuer
ErbStDV	Erbschaftsteuer-Durchführungsverordnung
ErbStG	Erbschaftsteuer- und Schenkungsteuergesetz
ErbStH	Hinweise zu den Erbschaftsteuer-Richtlinien
ErbStR	Erbschaftsteuer-Richtlinien
ErbStRG	Gesetz zur Reform des Erbschaftsteuer- und Schenkungsteuerrechts
Erl.	Erlass
EStÄR 2012	Allgemeine Verwaltungsvorschrift zur Änderung der Einkommensteuer-Richtlinien 2008 (Einkommensteuer-Änderungsrichtlinien 2012)
EStDV	Einkommensteuer-Durchführungsverordnung
EStG	Einkommensteuergesetz
EStR	Einkommensteuer-Richtlinien
Erstes BEPS-Umsetzungsgesetz	Gesetz zur Umsetzung der Änderungen der EU-Amtshilferichtlinie und von weiteren Maßnahmen gegen Gewinnverkürzungen und -verlagerungen
Ertrag-StB	Der Ertrag-Steuer-Berater *(Zeitschrift)*
EU	Europäische Union
EWR	Europäischer Wirtschaftsraum
FA	Finanzamt
FamFG	Gesetz über das Verfahren in Familiensachen und in den Angelegenheiten der freiwilligen Gerichtsbarkeit
FamRZ	Zeitschrift für das gesamte Familienrecht
FASB	Financial Accounting Standards Board
FATCA	Foreign Account Tax Compliance Act

Festst Erl. 2009	Erlass zur Feststellung von Grundbesitzwerten, von Anteilswerten und von Betriebsvermögenswerten vom 30.3.2009 (BStBl I 2009, 546)
f./ff.	folgend/folgende
FG	Finanzgericht
FGO	Finanzgerichtsordnung
FinMin	Finanzministerium
FinVerw	Finanzverwaltung
FKAustG	Finanzkonten-Informationsaustauschgesetz
FTT	Financial Transaction Tax
FuE	Forschung und Entwicklung
FVerlV	Verordnung zur Anwendung des Fremdvergleichsgrundsatzes nach § 1 Abs. 1 des Außensteuergesetzes in Fällen grenzüberschreitender Funktionsverlagerungen (Funktionsverlagerungsverordnung)
FVTOCI	Fair Value Through Other Comprehensive Income
FVTPL	Fair Value Through Profit or Loss
GAufzV	Verordnung zu Art, Inhalt und Umfang von Aufzeichnungen im Sinne des § 90 Abs. 3 der Abgabenordnung (Gewinnabgrenzungsaufzeichnungsverordnung)
GbR	Gesellschaft bürgerlichen Rechts
G.d.E.	Gesamtbetrag der Einkünfte
GDPdU	Grundsätze zum Datenzugriff und zur Prüfbarkeit digitaler Unterlagen
gem.	gemäß
GenG	Gesetz betreffend die Erwerbs- und Wirtschaftsgenossenschaften (Genossenschaftsgesetz)
ggf.	gegebenenfalls
GKV	Verbände der gesetzlichen Krankenversicherung
GmbH	Gesellschaft mit beschränkter Haftung
GmbHG	Gesetz betreffend die Gesellschaften mit beschränkter Haftung
GmbHR	GmbH-Rundschau *(Zeitschrift)*
GmbH-StB	GmbH-Steuerberater *(Zeitschrift)*
GrESt	Grunderwerbsteuer
GrEStG	Grunderwerbsteuergesetz
GoB	Grundsätze ordnungsgemäßer Buchführung
GoBD	Grundsätze zur ordnungsmäßigen Führung und Aufbewahrung von Büchern, Aufzeichnungen und Unterlagen in elektronischer Form sowie zum Datenzugriff
GoBS	Grundsätze ordnungsmäßiger DV-gestützter Buchführungssysteme
GoFW	Geschäfts- oder Firmenwert
GRI	Global Reporting Initiative

GuV	Gewinn- und Verlustrechnung
GwG	Geringwertiges Wirtschaftsgut
Hess.	Hessisches
HFA	Hauptfachausschuss des Instituts der Wirtschaftsprüfer
HFR	Höchstrichterliche Finanzrechtsprechung *(Zeitschrift)*
HGB	Handelsgesetzbuch
h.M.	herrschende Meinung
Hs	Halbsatz
IAS	International Accounting Standards
IASB	International Accounting Standards Board
i.d.F.	in der Fassung
i.d.R.	in der Regel
i.E.	im Einzelnen
IFRS	International Financial Reporting Standards
i.H.v.	in Höhe von
IKS	Internes Kontrollsystem
INF	Information über Steuer und Wirtschaft *(Zeitschrift)*
InsO	Insolvenzordnung
InvStRG	Gesetz zur Reform der Investmentbesteuerung (Investmentsteuerreformgesetz)
i.S.d.	im Sinne der/des
IStR	Internationales Steuerrecht *(Zeitschrift)*
i.S.v.	im Sinne von
i.V.m.	in Verbindung mit
JbFfStR	Jahrbuch der Fachanwälte für Steuerrecht
j.P.d.ö.R.	Juristische Person des öffentlichen Rechts
JStG	Jahressteuergesetz
KapESt	Kapitalertragsteuer
KG	Kommanditgesellschaft
KGaA	Kommanditgesellschaft auf Aktien
kösdi	Kölner Steuerdialog *(Zeitschrift)*
KoR	Zeitschrift für internationale und kapitalmarktorientierte Rechnungslegung
KWKG	Kraft-Wärme-Koppelungsgesetz
LPartG	Gesetz über die eingetragene Lebenspartnerschaft
Ls.	Leitsatz
LStDV	Lohnsteuer-Durchführungsverordnung
LStR	Lohnsteuer-Richtlinien

lt.	laut
MCAA	Austausch länderbezogener Berichte
m.E.	meines Erachtens
Mio.	Millionen
MLI	Multilaterales Instrument
m.w.N.	mit weiteren Nachweisen
MwStR	Zeitschrift für das gesamte Mehrwertsteuerrecht
n.F.	neue Fassung
Nieders.	Niedersächsisches
NJW	Neue Juristische Wochenschrift *(Zeitschrift)*
NPL	Non-Performing-Loans
npoR	Zeitschrift für das Recht der Non Profit Organisationen
Nr.	Nummer
n.v.	nicht veröffentlicht
NWB	Neue Wirtschafts-Briefe *(Zeitschrift)*
NZB	Nichtzulassungsbeschwerde
o.a.	oben angeführt
OECD	Organisation for Economic Co-operation and Development (Organisation für wirtschaftliche Zusammenarbeit und Entwicklung)
OFD	Oberfinanzdirektion
OHG	Offene Handelsgesellschaft
OLG	Oberlandesgericht
pCbCR	Public Country-by-Country-Reportings
PMS	Participating Member States
R	Abschnitt der Einkommensteuer-Richtlinien
Rn.	Randnummer
RETT	Real Estate Transfer Tax
RFH	Reichsfinanzhof
Rspr.	Rechtsprechung
Rev.	Revision eingelegt
RVO	Reichsversicherungsordnung
Rz.	Randziffer
S.	Seite
SGB	Sozialgesetzbuch
s.o.	siehe oben
sog.	so genannt
SolZ	Solidaritätszuschlag
StÄndG	Steueränderungsgesetz

Stbg	Die Steuerberatung *(Zeitschrift)*
StModernG	Gesetz zur Modernisierung des Besteuerungsverfahrens
Stpfl.	Steuerpflichtiger
st. Rspr.	ständige Rechtsprechung
str.	strittig
StraBEG	Gesetz übe die strafbefreiende Erklärung (Strafbefreiungserklärungsgesetz)
StUmgBG	Gesetz zur Bekämpfung der Steuerumgehung und zur Änderung weiterer steuerlicher Vorschriften (Steuerumgehungsbekämpfungsgesetz)
SvEV	Sozialversicherungsentgeltverordnung
Tz.	Textzahl
TzBfG	Gesetz über Teilzeitarbeit und befristete Arbeitsverträge (Teilzeit- und Befristungsgesetz)
u.a.	unter anderem
UmwStG	Umwandlungssteuergesetz
UmwSt-Erlass 2011	Anwendung des Umwandlungssteuergesetzes i.d.F. des Gesetzes über steuerliche Begleitmaßnahmen zur Einführung der Europäischen Gesellschaft und zur Änderung weiterer steuerrechtlicher Vorschriften (SEStEG)
Urt.	Urteil
USt	Umsatzsteuer
UStAE	Umsatzsteuer-Anwendungserlass
UStDV	Umsatzsteuer-Durchführungsverordnung
u.U.	unter Umständen
UVR	Umsatz- und Verkehrsteuer-Recht *(Zeitschrift)*
vGA	verdeckte Gewinnausschüttung
vgl.	vergleiche
v.H.	vom Hundert
VO	Verordnung
Vz	Veranlagungszeitraum
WPK	Wirtschaftsprüfungskammer
WPTQ	Arbeitsgruppe Finanztransaktionssteuer der EU-Kommission
z.B.	zum Beispiel
ZEV	Zeitschrift für Erbrecht und Vermögensnachfolge
ZPO	Zivilprozessordnung
zz.	zurzeit

Erster Teil: Bewertung aus der Sicht der Wirtschaft

A. Überblick

Die vergangene Legislaturperiode hat keine großen steuerpolitischen Schatten geworfen. Vielmehr war die steuerpolitische Gesetzgebung des 18. Deutschen Bundestages von zahlreichen **kleinteiligen Gesetzgebungsverfahren** geprägt. Anstelle von strukturellen Verbesserungen des nationalen Steuerrechts war die Steuerpolitik gekennzeichnet von kleinen Einzelverschärfungen zum Schutz der deutschen Steuerbasis. Im Ergebnis hat **Deutschland** im internationalen Vergleich mit das **schärfste Steuerrecht**. Gleichzeitig hat der Gesetzgeber in den letzten Jahren systematisch die Grenzen des Steuerfindungsrechts verschoben, etwa bei der Verlustverrechnung oder der Kernbrennstoffsteuer.

In der neuen Legislaturperiode steht der Gesetzgeber vor zahlreichen steuerpolitischen Herausforderungen. Eine der wesentlichen Reformfragen betrifft die Zukunft des **Solidaritätszuschlags**. Darüber hinaus ist die neue Bundesregierung gefordert, den entstandenen **Reformstau** aufzulösen. Ein gutes Steuerrecht muss einfach, belastungs- und finanzierungsneutral sein. An allen drei Grundpfeilern besteht Handlungsbedarf – auch wenn allen Beteiligten klar sein dürfte, dass ein einfaches Unternehmenssteuerrecht unter anderem aufgrund der Komplexität der wirtschaftlichen Sachverhalte kaum erreichbar scheint. Es wäre jedoch bereits ein positives Signal, wenn sich die neue Bundesregierung zum Ziel setzen würde, von leichtfertigen administrativen Belastungen abzusehen. Hiermit ist insbesondere die **Digitalisierungsfähigkeit des Steuerrechts**, vor allem in Massenverfahren, angesprochen.

Umso mehr bedarf es in der neuen Legislaturperiode einer **Kehrtwende in der Steuerpolitik**: Das Steuerrecht muss wieder als **Standortfaktor** wahrgenommen werden. Dies bedeutet eine Abkehr von kleinteiligen Verschärfungen des Steuerrechts hin zu durchgreifenden Strukturreformen.

Hierbei stehen **Fragen der ertragsorientierten Besteuerung** und eine damit verbundene Reduzierung ertragsunabhängiger Elemente im Steuerrecht genauso im Fokus wie der Reformbedarf bei der steuerpolitischen Flankierung **grenzüberschreitender Aktivitäten** der deutschen Unternehmen oder Fragen der **Digitalisierung im Steuerrecht** bzw. dessen Digitalisierungsfähigkeit. Ein besonderes Augenmerk gilt auch der steuerlichen Förderung von Forschung und Entwicklung, die sich in unterschiedlichen Ausprägungen in fast allen Wahlprogrammen wiederfindet.

B. Solidaritätszuschlag und Einkommensteuertarif

I. Reform oder Abschaffung des Solidaritätszuschlags

Während der Bundestagswahl haben die Parteien mit verschiedenen Reformen des Einkommensteuertarifs bzw. des Solidaritätszuschlags geworben. Eine solche Reform ist zweifellos überfällig: Allein zwischen 2010 und 2016 wuchs das **kassenmäßige Aufkommen** aus Lohn- und Einkommensteuer zusammen um rund 78 Milliarden Euro an; dies entspricht einem Zuwachs von 50 %.

1. Entwicklung des Aufkommens des Solidaritätszuschlags

Auch das Aufkommen des Solidaritätszuschlags verzeichnete in diesem Zeitraum einen Zuwachs von mehr als 40 %.

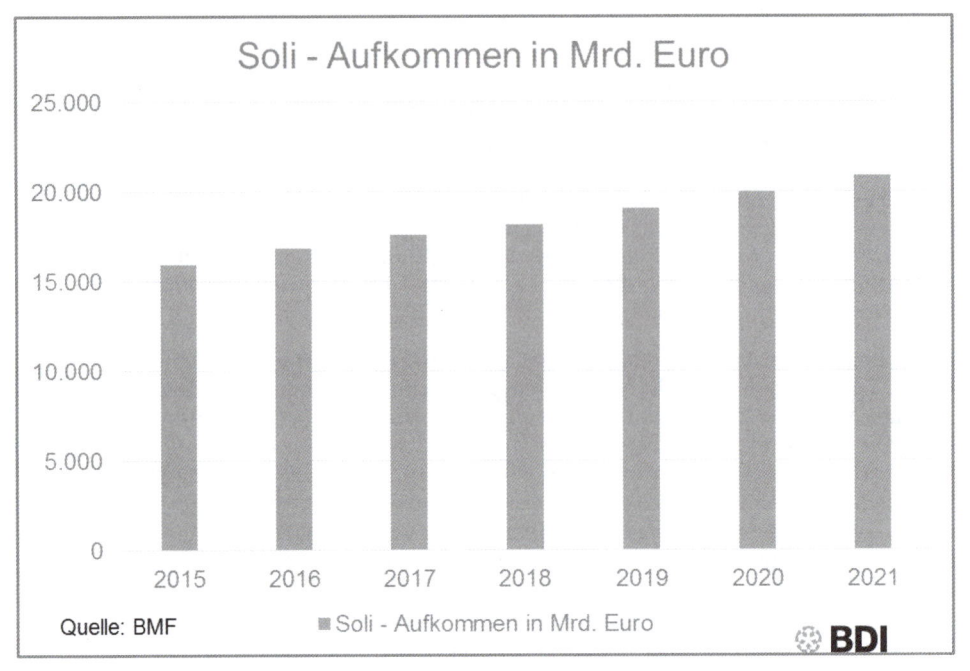

Erster Teil: Bewertung aus der Sicht der Wirtschaft

Soli - Aufkommen in Mrd. Euro

Jahr	2015	2016	2017	2018	2019	2020	2021
ca.	16	17	17,5	18	19	20	21

Quelle: BMF — Soli - Aufkommen in Mrd. Euro — BDI

Als wesentliche Maßnahme wollen die Parteien deshalb unter anderem:

- CDU/CSU – den Mittelstandsbauch verringern und den Solidaritätszuschlag schrittweise abschaffen.
- FDP – den Solidaritätszuschlag abschaffen und einen Einkommensteuertarif auf Rädern zur Abschaffung der kalten Progression einführen.
- SPD – den Einkommensteuertarif so modifizieren, dass er für untere Einkommen zu Entlastungen und für höhere Einkommen zu Mehrbelastungen sowie den Solidaritätszuschlag bis zu einem zu versteuernden Einkommen von 52 000/104 000 Euro (ledig/verheiratet) führt.

Bündnis 90/Die Grünen und die Linke warben primär mit einer Erhöhung des Grundfreibetrags, bei den Linken gepaart mit deutlichen Steuererhöhungen im weiteren Tarifverlauf. Solche Maßnahmen sind angesichts der Aufkommensentwicklung unzureichend bzw. unangebracht.

2. Strukturelles Aufkommen des Solidaritätszuschlags

6   Die Abschaffung des Solidaritätszuschlags würde für den Bund aktuell **Einnahmeausfälle** von 18 Milliarden Euro bedeuten.

Rund zwei Drittel des Aufkommens aus dem Zuschlag entfallen auf die Lohnsteuer. Da der Solidaritätszuschlag sowohl auf Einkommen- als auch auf die Körperschaftsteuer erhoben wird, zahlen ihn auch die Unternehmen, unabhängig davon, ob sie als Personenunternehmen oder Kapitalgesellschaft organisiert sind. Ihr Beitrag zum Gesamtaufkommen liegt bei rund 27 %.

B. Solidaritätszuschlag und Einkommensteuertarif

Aufkommen des Solidaritätszuschlags

- Lohnsteuer
- veranl. Einkommensteuer
- AbgSt. a. Zins- u. Veräuß.-ertr.
- nicht veranl. Steuern v. Ertrag
- Körperschaftsteuer
- Solidaritätszuschlag insgesamt

Jahr	Solidaritätszuschlag insgesamt
2015	15.930
2016	16.855
2017	17.600
2018	18.200
2019	19.100
2020	20.000
2021	20.900

in Mio. Euro, ab 2016 Schätzung, Quelle: Bundesfinanzministerium

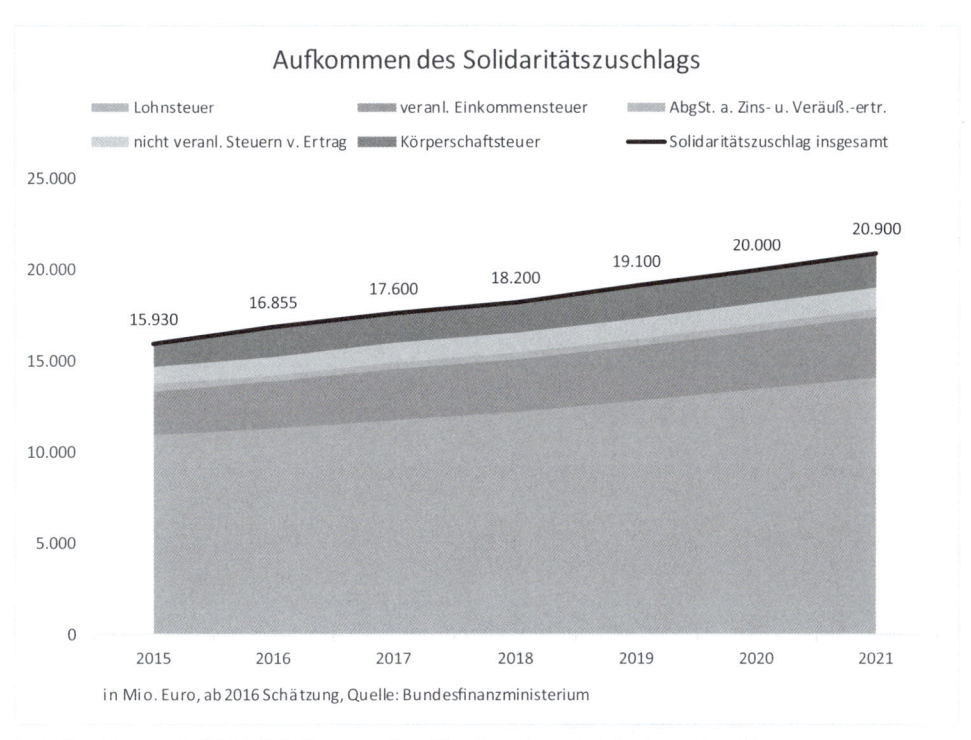

In Mio. Euro, ab 2016 Schätzung, Quelle: Bundesministerium der Finanzen

Die vollständige Abschaffung des Solidaritätszuschlags hätte folglich den Begleiteffekt, dass **Deutschland als Investitionsstandort etwas attraktiver** wird; die Tarifbelastung von Kapitalgesellschaften bei einem durchschnittlichen Gewerbesteuerhebesatz in Gemeinden mit über 50 000 Einwohnern würde sich geringfügig um 0,8 Prozentpunkte auf 30,8 % verringern.

Angesichts des Überschusses der öffentlichen Haushalte von 25,7 Milliarden Euro (in Abgrenzung der volkswirtschaftlichen Gesamtrechnung) im Jahr 2016 wäre eine **völlige Abschaffung** haushaltstechnisch verkraftbar. Politisch wäre eine Abschaffung des Solidaritätszuschlags widerstandsloser umzusetzen, da die Einnahmen vollständig an den Bund fließen, die Bundesländer einer Änderung also nicht zustimmen und dadurch finanzschwache Bundesländer keine Einnahmeausfälle fürchten müssen.

Eine Beschränkung der **Abschaffung des Solidaritätszuschlags auf untere und mittlere Einkommen**, wie es die SPD fordert, ist fiskalisch nicht notwendig und auch steuertechnisch wenig sinnvoll. Denn der Zuschlag wird bei den unteren Einkommensgruppen bereits heute nicht erhoben: Er setzt erst ab einem Schwellenwert einer Einkommensteuerschuld von 972/1 844 Euro (ledig/verheiratet) ein.

7

3. Belastungswirkung des Solidaritätszuschlags

Gemäß Einkommensteuerstatistik sind bereits heute über 25 % der Einkommensteuerzahler vom Solidaritätszuschlag befreit, da ihre Steuerschuld unter dieser Schwelle liegt. Tatsächlich werden aber sogar wesentlich mehr Steuerpflichtige keinen Solidaritätszuschlag zahlen.

8

Erster Teil: Bewertung aus der Sicht der Wirtschaft

Auswirkung des Solidaritätszuschlags

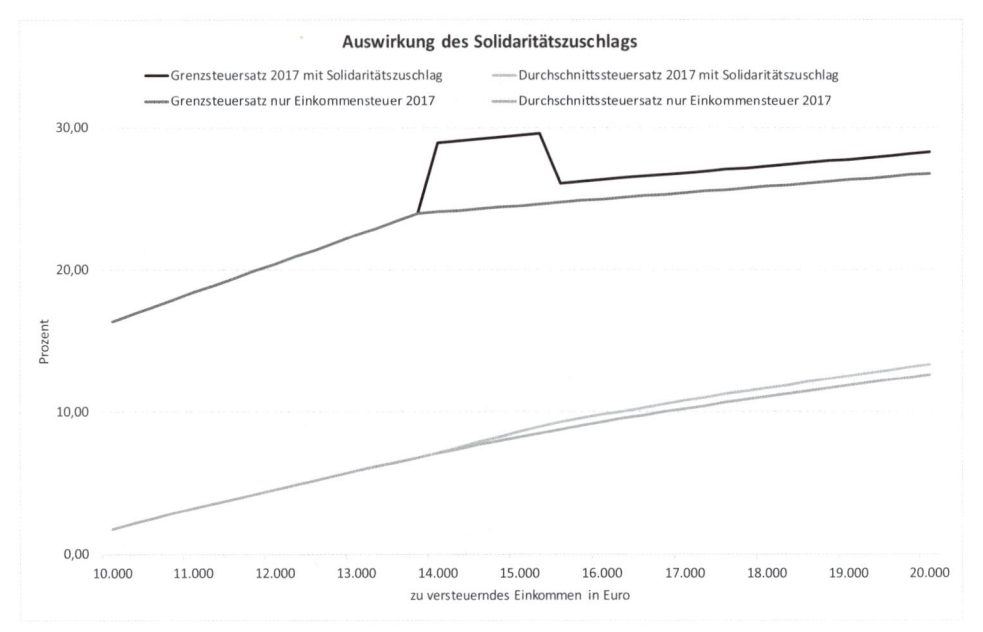

Quelle: BDI

4. Belastung der Einkommensteuerpflichtigen mit Solidaritätszuschlag

9 Im Gegensatz zur Einkommensteuer wird der Solidaritätszuschlag immer unter Berücksichtigung des Kinderfreibetrages ermittelt. Sobald ein Steuerpflichtiger also Anspruch auf Kindergeld hat (und diesen auch wahrnimmt, also nicht im Rahmen der Günstigerprüfung den Kinderfreibetrag erhält), wird der Solidaritätszuschlag nicht auf die tatsächliche, sondern auf eine fiktive Einkommensteuerschuld erhoben. Dies führt z.B. dazu, dass ein Arbeitnehmer als verheirateter Alleinverdiener mit einem Jahresbruttolohn oder -gehalt von 51 000 Euro zwar eine Lohnsteuer von 5 714 Euro (2017), aber keinen Solidaritätszuschlag zahlt.

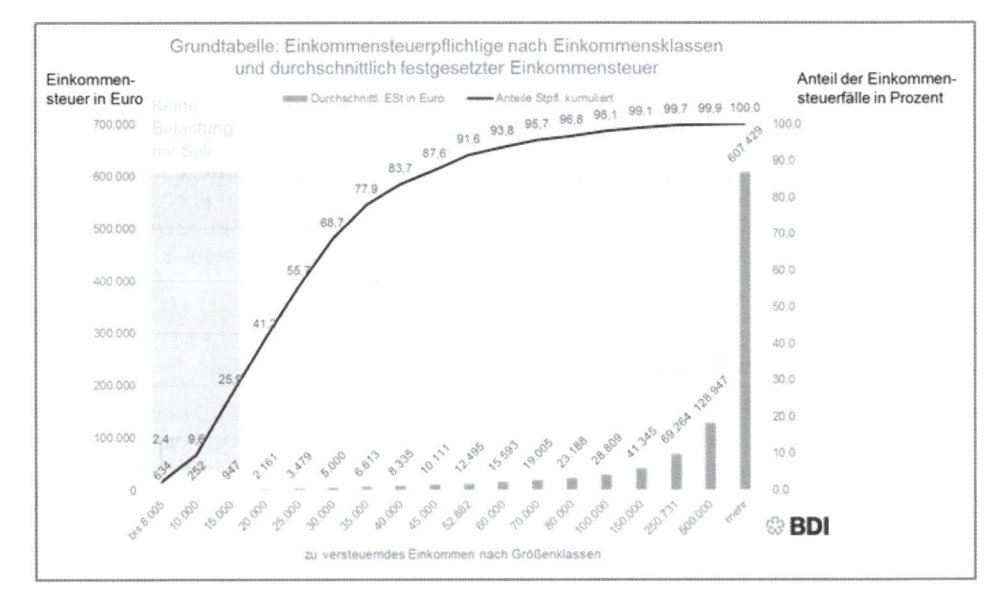

5. Steuerpolitische Herausforderung

Eine wesentliche **steuerpolitische Herausforderung** im Rahmen der Diskussion über die Abschaffung oder das Abschmelzen des Solidaritätszuschlags wird unter anderem in der **Kommunikation** bestehen, nämlich zu erläutern, dass eine Entlastung in Milliardenhöhe erfolgen wird, die die untersten zu versteuernden Einkommen mangels Belastung mit dem Solidaritätszuschlag nicht betreffen wird. Hier einen Lösungsweg zu finden, der zu leisten vermag, nicht gleich zu Beginn der Legislaturperiode das steuerpolitische Porzellan zu zerschlagen, wird alle Beteiligten entsprechend fordern.

Weiterhin führt die fiktive Anwendung von Kinderfreibeträgen dazu, dass sich die extrem negative Anreizwirkung des Solidaritätszuschlags unmittelbar nach Überschreiten der Freigrenze nach oben verschiebt. Denn der geforderte Zuschlag soll grundsätzlich 5,5 % betragen. Um dies zu erreichen, beträgt der Zuschlag für zu versteuernde Einkommen zwischen knapp 14 000 und gut 15 400 Euro nicht 5,5 %, sondern 20 %. Dies gilt aber nur, sofern keine Kinder berücksichtigt werden, ansonsten verschiebt sich die Einphasung in höhere Einkommen. Dieser „Buckel", wie oben dargestellt, lässt sich nur durch eine völlige Abschaffung des Solidaritätszuschlags beseitigen. Bei einer Senkung des Zuschlagssatzes oder Anhebung der Freigrenze, egal ob auf die Steuerschuld oder das zu versteuernde Einkommen bezogen, bliebe er erhalten.

Deshalb kann das Votum nur klar für eine Abschaffung des Solidaritätszuschlags insgesamt lauten.

II. Reform des Einkommensteuertarifs

1. Wahlkampfkonzepte von CDU/CSU und SPD

CDU/CSU und SPD haben darüber hinaus größere Reformen des Einkommensteuertarifs gefordert: Die Union generell entlastend durch eine **Verringerung des Mittelstandbauchs**, die SPD tendenziell mehrbelastend durch Einführung einer **zusätzlichen Tarifstufe** sowie **Erhöhung des Spitzen- und Reichensteuersatzes**. Die Tarifverläufe sind im Folgenden im Vergleich zum Tarif 2017 dargestellt.

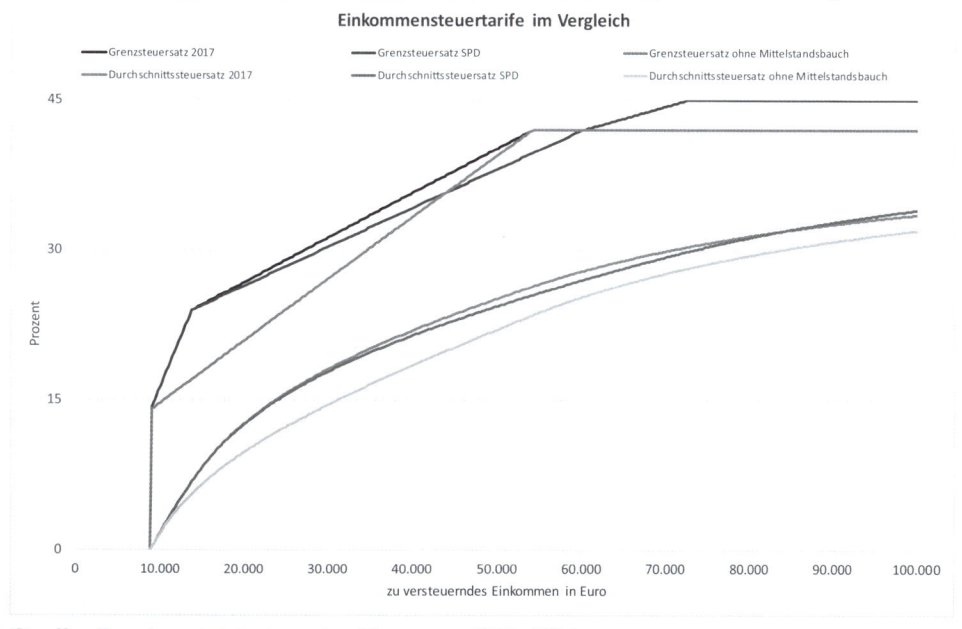

Quelle: Bundesministerium der Finanzen, SPD, BDI

Erster Teil: Bewertung aus der Sicht der Wirtschaft

Die von **CDU/CSU** geplante Verringerung des Mittelstandsbauchs ist in der Abbildung in maximaler Ausprägung, d.h. als völlige Abschaffung dargestellt. Folglich geht der Grenzsteuersatz ab einem zu versteuernden Einkommen von 13 769 Euro bis zu einem zu versteuernden Einkommen von 54 058 Euro linear durch.

12 Die **SPD** möchte die erste Progressionszone unverändert belassen, danach die zweite Progressionszone flacher gestalten und bis zu einem zu versteuernden Einkommen von 60 000 Euro durchziehen. Anschließend soll zwischen 60 000 und 72 000 Euro eine zusätzliche Progressionszone folgen, in der der Grenzsteuersatz von 42 auf 45 % ansteigt. Die Reichensteuer soll ab 250 000 Euro mit einem Satz von 48 % erhoben werden.

2. Abschaffung Mittelstandsbauch

13 Die vollständige Abschaffung des Mittelstandsbauchs ist mit Aufkommenseinbußen von jährlich rund 36 Milliarden Euro (ohne Solidaritätszuschlag) sehr teuer. Deshalb scheint dies – auch wenn es aus tarifstrukturellen Gründen wünschenswert erscheint – in einem Schritt kaum durchführbar. Die Union strebt in ihrem Wahlprogramm eine steuerliche Entlastung in Höhe von gut 15 Milliarden Euro an. Vorausgesetzt dieser Spielraum würde fast ausschließlich für eine Tarifreform verwendet, müsste der Grenzsteuersatz im Tarifknick bei einem zu versteuernden Einkommen von 13 769 Euro von derzeit 23,97 auf 21 % gesenkt werden. Da bei einer vollständigen Abschaffung des Mittelstandsbauchs der Grenzsteuersatz bei 17,7 % liegen würde, entspricht dies einer Reduzierung um etwas weniger als die Hälfte.

Die folgende Abbildung zeigt, dass bei 13 769 Euro die maximale Differenz der Grenzsteuersätze vorliegt. Darunter und darüber konvergieren sie zum Tarif 2017 und entsprechend liegen auch die Kurven der Durchschnittsteuersätze bei sehr niedrigen und sehr hohen Einkommen wieder nahe beieinander.

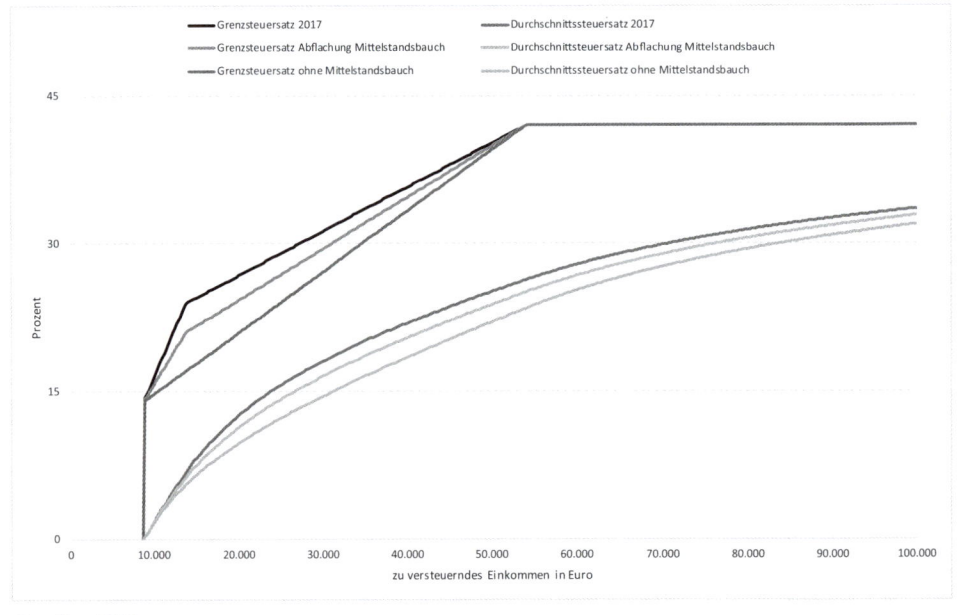

Quelle: BDI

B. Solidaritätszuschlag und Einkommensteuertarif

3. Belastungsvergleich der Tarifverläufe

Bei einem Belastungsvergleich der beiden im Wahlkampf vertretenen Konzepte zur Reform des Einkommensteuertarifs ergibt sich bei einem zu versteuernden Einkommen von 30 000 Euro einerseits und alternativ einem zu versteuernden Einkommen von 80 000 Euro andererseits folgendes Bild: **14**

	zu versteuerndes Einkommen	Steuerschuld	Grenzsteuersatz	Durchschnittssteuersatz
	in Euro		in Prozent	
Tarif 2017	30 000	5 420	31,2	18,1
Vorschlag SPD	30 000	5 344	30,3	17,8
Abflachung Mittelstandsbauch	30 000	4 961	29,5	16,5
Abschaffung Mittelstandsbauch	30 000	4.353	27,1	14,5
Tarif 2017	80 000	25 124	42,0	31,4
Vorschlag SPD	80 000	25 000	45,0	31,3
Abflachung Mittelstandsbauch	80 000	24 452	42,0	30,6
Abschaffung Mittelstandsbauch	80 000	23 562	42,0	29,5

Ohne Solidaritätszuschlag, Quelle: BDI

Der Belastungsvergleich zeigt, dass die Steuerpflichtigen bei allen hier diskutierten Tarifreformen und den ausgewählten zu versteuernden Einkommen von 30 000 Euro und 80 0000 Euro entlastet würden. Die Entlastung ist jeweils bei einer völligen Abschaffung des Mittelstandsbauches am größten, was auch in Übereinstimmung mit den höchsten fiskalischen Kosten steht.

Es fällt allerdings auf, dass auch im **SPD-Vorschlag** bei einem zu versteuernden Einkommen von 80 000 Euro noch eine minimale Entlastung auftritt, obwohl hier der Grenzsteuersatz mit 45 % 3 Prozentpunkte über dem Niveau gemäß Tarif 2017 liegt. Der Grund dafür ist, dass auch ein Steuerpflichtiger mit einem höheren Einkommen zunächst die unteren Tarifbereiche durchläuft und dort die gleiche Entlastung erfährt wie ein Steuerpflichtiger mit geringerem Einkommen.

> **Kritische Stellungnahme:**
> Wollte man also die unteren Einkommen isoliert entlasten, ohne dass höhere Einkommen auch davon profitieren, müssten ab einer politisch zu definierenden Schwelle Steuererhöhungen beschlossen werden. Dies kann jedoch keine sinnvolle Steuerpolitik sein.

Aus den in der Tabelle abgebildeten Belastungsergebnissen wird auch gerne die Schlussfolgerung abgeleitet, dass durch Reformen des Einkommensteuertarifs **die oberen Einkommensgruppen am stärksten entlastet** werden. So beträgt die Reduzierung der Steuerschuld im Fall einer Abschaffung des Mittelstandsbauchs bei einem zu versteuernden Einkommen von 30 000 Euro 1 067 Euro, bei einem zu versteuernden Einkommen von 80 000 Euro aber 1 562 Euro. Das widerlegt zunächst die vorgenannte Entlastungsthese, vielmehr ist die Höhe der Entlastung mit dem Progressionsverlauf unmittelbar verbunden. Ein Steuerpflichtiger mit einer Steuerschuld von 1 000 Euro kann im Rahmen des Steuersystems nicht um 10 000 Euro entlastet werden. Für einen Steuerpflichtigen mit einer Steuerschuld von 1 Mio. Euro wäre dies hingegen problemlos möglich; es wäre nur eine geringfügige Senkung der Steuerschuld.

Bereits eine **Betrachtung der Durchschnittssteuersätze** relativiert diese Aussage. Die Abschaffung des Mittelstandbauchs senkt für ein zu versteuerndes Einkommen von 30 000 Euro den Durchschnittssteuersatz um 3,6 Prozentpunkte, bei 80 000 Euro aber nur um 1,9 Prozentpunkte. Das Grundproblem bleibt aber auch bei einem Vergleich der Durchschnittssteuersätze erhalten: Ein Steuerpflichtiger mit einem niedrigen Durchschnittssteuersatz hat immer nur einen vergleichsweise geringen Entlastungsspielraum.

Deshalb muss bei einem progressiven Steuertarif die Entlastung immer in **Bezug auf die Steuerschuld vor der Reform** ermittelt werden. Und hier schneiden niedrige Einkommen bei allen Reformvarianten besser ab, als höhere. Bei einer Abschaffung des Mittelstandsbauchs würde die Steuerschuld bei einem zu versteuernden Einkommen von 80 000 Euro um 6,2 % abnehmen, bei einem zu versteuernden Einkommen von 30 000 Euro hingegen um 19,7 %. Dies zeigt, dass vermeintliche Belastungsungerechtigkeiten einer mutigen Reform des Einkommensteuertarifes nicht entgegenstehen dürfen.

C. Strukturelle Reformen am Beispiel der steuerlichen Forschungsförderung

I. Reformstau im internationalen Vergleich

15   Andere Länder haben das **Steuerrecht** bereits vor einigen Jahren als **Standortfaktor** entdeckt. In nahezu allen Ländern der Europäischen Union gibt es eine steuerliche Förderung von Forschung und Entwicklung (FuE-Förderung) oder eine sog. Patentbox, um Investitionen in Forschung und Entwicklung zu fördern.

Das Beispiel der steuerlichen FuE-Förderung zeigt, wie schwer sich die deutsche Steuerpolitik mit durchgreifenden Reformschritten tut. Seit Jahrzehnten wird über die Einführung einer steuerlichen FuE-Förderung diskutiert, ohne dass eine Aufnahme im Bundesgesetzblatt erfolgt wäre.

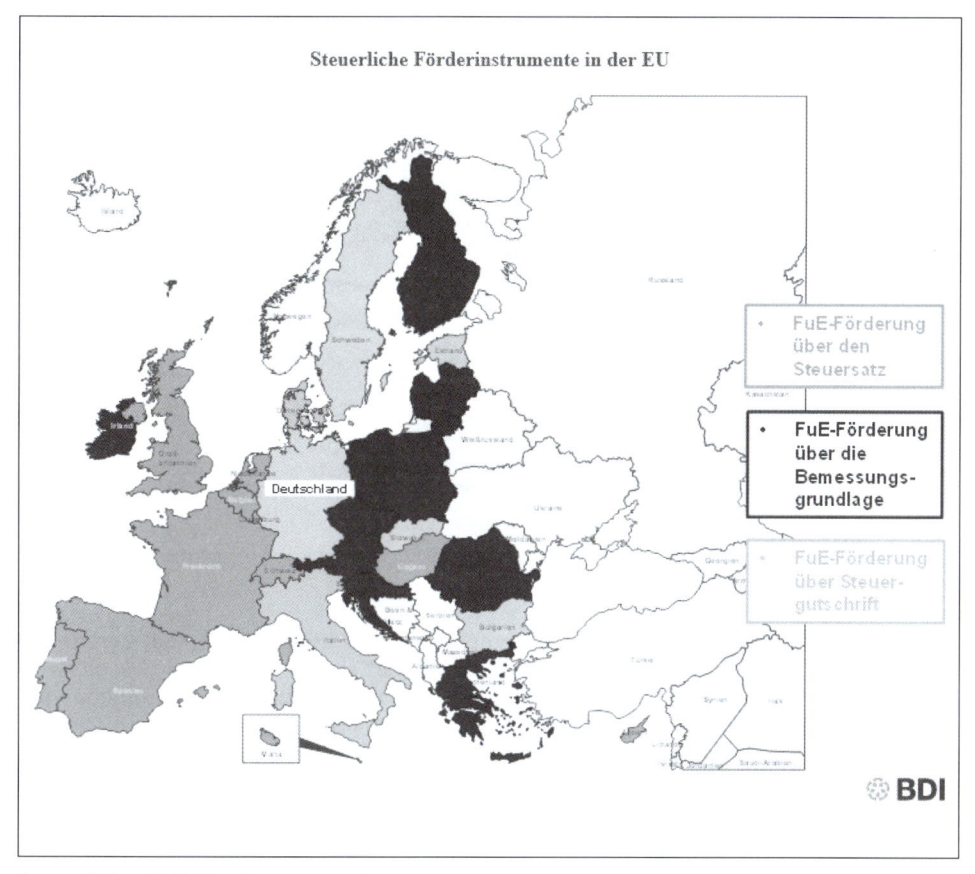

C. Strukturelle Reformen am Beispiel der steuerlichen Forschungsförderung

Steuerliche FuE-Förderung in Europa

Dabei zeigt die Analyse von über 60 empirischen Studien, dass die steuerliche FuE-Förderung der **Schlüssel zur Finanzierung des digitalen Strukturwandels** sein kann.

Um in Zukunftsfeldern wie bspw. Cloud-Computing, In-Memory-Plattformen und vernetzte Anwendungen, Mobilität oder Health and Life Science erfolgreich zu sein, sind gemeinschaftliche private, wie auch öffentliche FuE-Investitionen notwendig. Hierbei kann aus Sicht der Wirtschaft eine die Projektförderung flankierende steuerliche FuE-Förderung in Form einer Steuergutschrift dazu beitragen, die FuE-Investitionsziele von EU und Bundesregierung endlich zu erreichen.

II. Politischer Handlungsdruck – Entwicklung der FuE-Investitionen und Unternehmensgründungen

Wie hoch der **politische Handlungsdruck** mit Blick auf den FuE-Standort ist, zeigen die Entwicklungen der Unternehmensgründungen in den FuE-intensiven Branchen. Die Untersuchungen des Unternehmenspanels des ZEW Mannheims zeigen einen deutlichen Rückgang der Unternehmensgründungen in den Klassifikationen Informations- und Telekommunikationstechnologien, Software, hochwertige Technologien und Spitzentechnologien.

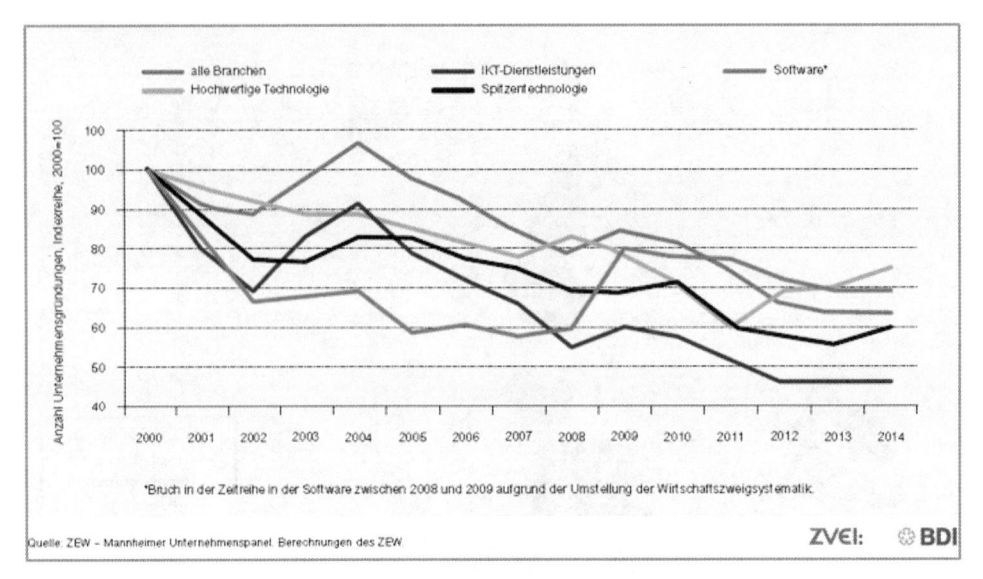

Erster Teil: Bewertung aus der Sicht der Wirtschaft

Entwicklung der Unternehmensgründungen

Aus dem deutlichen Rückgang der Unternehmensgründungen lässt sich bereits ein Trend ablesen, dass **für viele Neuinvestitionen (auch) andere Standorte** gesucht werden. Ein noch klareres Bild zeichnet die Analyse des Investitionsverhaltens in Innovationen und wachstumsstarken Branchen im internationalen Vergleich. Hier sind die EU-Standorte bereits unter das Investitionsniveau des Zeitraums zwischen 1995 bis 2001 gerutscht. Umso mehr werden in vielen europäischen Standorten die Bemühungen um FuE-Investitionen deutlich erhöht, um Zukunftsbranchen zu binden.

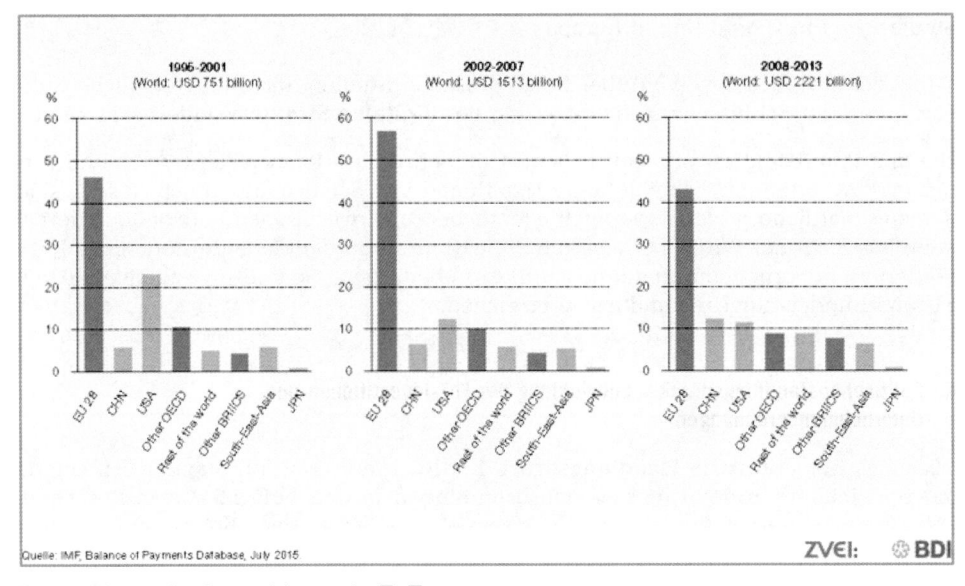

Entwicklung der Investitionen in FuE

III. Beihilferechtliche Aspekte der FuE-Förderung

Bei allen steuerpolitischen Entscheidungen des nationalen Gesetzgebers hat mittlerweile die beihilferechtliche Seite einen hohen Stellenwert. Der nationale Gesetzgeber unterliegt bei all seinen Fördermaßnahmen unabhängig davon, ob sie im Steuerrecht oder anderen wirtschaftsrechtlichen Bereichen erfolgen, dem strengen und schwer kalkulierbaren beihilferechtlichen Regime. Insofern spricht für die steuerliche FuE-Förderung, dass sie mit den bestehenden EU-Beihilfebestimmungen vereinbar ist und darüber hinaus sowohl von der EU-Kommission als auch von der Expertenkommission Forschung und Innovation (EFI) explizit empfohlen wird.

17

IV. Steuerliche FuE-Förderung – Thema der 19. Legislaturperiode

Auf nationaler Ebene erfährt die steuerliche FuE-Förderung mittlerweile auch ihre Unterstützung innerhalb der Bundesregierung – so beispielsweise durch das Bundeswirtschaftsministerium – und darüber hinaus auch von den überwiegenden im Bundestag vertretenen Fraktionen. Insofern besteht eine **hohe Erwartung in der Wirtschaft**, dass sich die neue Bundesregierung endlich durchringt und eine steuerliche FuE-Förderung auf den Weg bringen wird. Für die Industrie ist von zentraler Bedeutung, dass der Einstieg in eine steuerliche FuE-Förderung auch von dem politischen Willen getragen ist, das Förderinstrument zu einem Erfolg zu führen.

18

Dies setzt voraus, dass die steuerliche FuE-Förderung allen Unternehmen – unabhängig von Größe und Branche – offensteht. Eine reine Fördermaßnahme für KMU wird die wirtschaftspolitisch positiven Spillover-Effekte nicht auslösen. Ziel muss sein, neue Investitionsentscheidungen zu Gunsten des deutschen Standorts zu erreichen und bestehende FuE-Aktivitäten mittel- und langfristig an den hiesigen Standort zu binden.

D. Reformbaustelle Hinzurechnungsbesteuerung

I. Historische Entwicklung und Status Quo

Die Reformbedürftigkeit der Hinzurechnungsbesteuerung findet schon seit geraumer Zeit in zahlreichen Fachveröffentlichungen Erwähnung und wird allenthalben auf steuerpolitischen Fachtagungen diskutiert. Einigkeit besteht darin, dass die 1972 eingeführte Hinzurechnungsbesteuerung nicht mehr den Anforderungen des heutigen Wirtschaftslebens gerecht wird.

19

Zum Zeitpunkt ihrer Einführung lagen die kombinierten Ertragsteuersätze aus Einkommen- bzw. Körperschaftsteuer und Gewerbesteuer weit über 60 %. Entsprechend hoch war die Aufgriffsgrenze mit 35 %. Jedoch war diese immer noch weit unterhalb der inländischen Besteuerung. Mit dem Ziel

- Verlagerungen von Einkünften mit substanzarmen Strukturen sowie
- Wertschöpfungsanteile bei Verlagerungen

ins niedriger besteuerte Ausland zu erfassen, soll möglichen Substratsverlagerungen entgegengewirkt werden. Die stetige Fortentwicklung des deutschen internationalen Steuerrechts sowie generell des internationalen wirtschaftlichen Geschehens macht jedoch deutlich, dass ohne flankierende Modernisierung der Hinzurechnungsbesteuerung **deutliche Besteuerungsnachteile für die Unternehmen in Deutschland** drohen (→ Rz. 462). Mittlerweile führt das veraltete Außensteuerrecht zu erheblichen und unsystematischen Besteuerungswirkungen sowie insbesondere zu Überschneidungen mit den Verrechnungspreisregelungen.

Erster Teil: Bewertung aus der Sicht der Wirtschaft

II. Anpassungsbedarf durch EU-Recht für Reform nutzen

20 Die Hinzurechnungsbesteuerung steht aufgrund **europäischer Vorgaben** auf der steuerpolitischen Agenda. Anpassungen muss der Gesetzgeber bis spätestens zum 1.1.2019 nach Maßgabe der Anti Tax Avoidance Directive – ATAD[1] umsetzen. Die Steuerpolitik ist hiernach im nächsten Jahr gefordert und bietet zugleich die Chance für eine überfällige Modernisierung der Hinzurechnungsbesteuerung. Aus Sicht der Wirtschaft werden die Prinzipien der Hinzurechnungsbesteuerung nicht grundsätzlich infrage gestellt. Insbesondere soll das Außensteuergesetz auch zukünftig möglichen Verlagerungen von (hoch) mobilen sog. passiven Einkunftsbestandteilen in Niedrigsteuergebiete entgegentreten. Hierüber besteht hinlänglich Konsens. Es sollen darüber hinaus auch weiterhin missbräuchliche bzw. substanzlose Gestaltungen im Fokus der sog. Missbrauchvermeidungsregelung stehen. Ziel bleibt, ungerechtfertigte Steuervorteile aus der Ausnutzung des internationalen Steuergefälles auch weiterhin egalisieren zu können. Dieses Ziel muss jedoch seine Grenzen finden, wenn die **internationale Wettbewerbsfähigkeit** der Unternehmen in Deutschland gefährdet wird. Die teilweise bestehende Übermaßbesteuerung gilt es zu vermeiden.

III. Grenze der Niedrigbesteuerung nicht mehr zeitgemäß

21 Ein Blick auf die tarifliche Belastung der Unternehmen in der EU und ausgewählten Industriestaaten zeigt den Handlungsbedarf für die deutsche Hinzurechnungsbesteuerung.

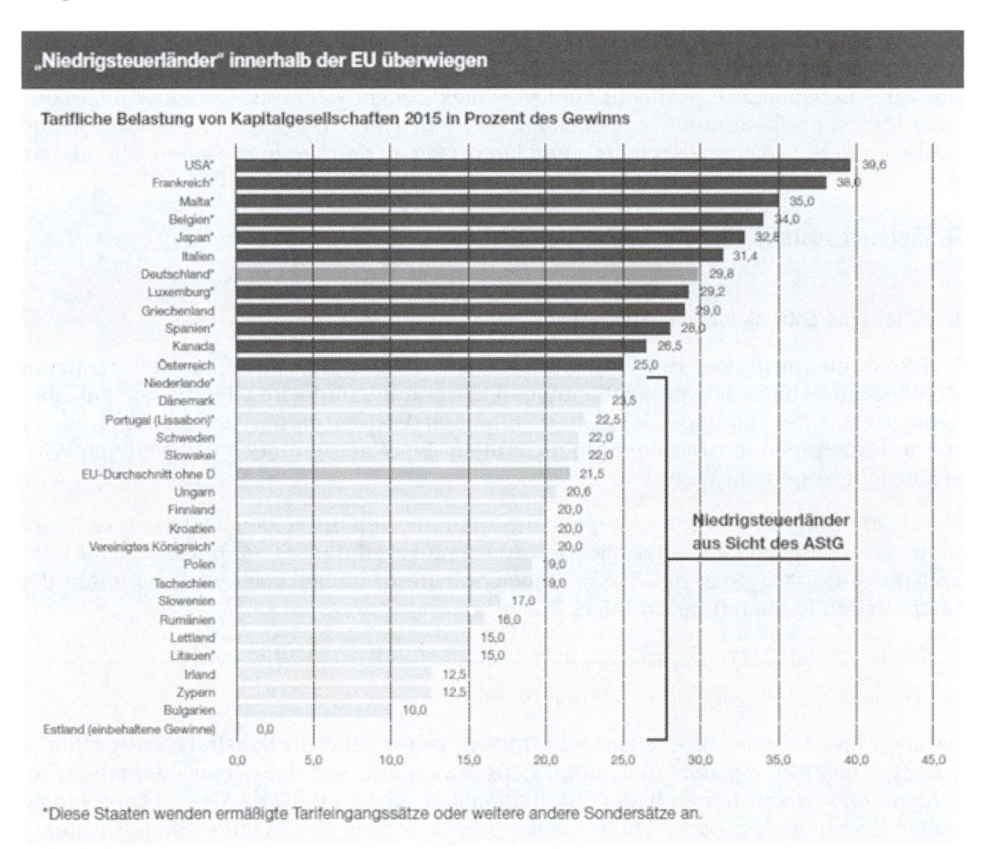

„Niedrigsteuerländer" innerhalb der EU überwiegen

Tarifliche Belastung von Kapitalgesellschaften 2015 in Prozent des Gewinns

Land	%
USA*	39,6
Frankreich*	38,0
Malta*	35,0
Belgien*	34,0
Japan*	32,8
Italien	31,4
Deutschland*	29,8
Luxemburg*	29,2
Griechenland	29,0
Spanien*	28,0
Kanada	26,5
Österreich	25,0
Niederlande*	23,5
Dänemark	22,5
Portugal (Lissabon)*	22,5
Schweden	22,0
Slowakei	22,0
EU-Durchschnitt ohne D	21,5
Ungarn	20,6
Finnland	20,0
Kroatien	20,0
Vereinigtes Königreich*	20,0
Polen	19,0
Tschechien	19,0
Slowenien	17,0
Rumänien	16,0
Lettland	15,0
Litauen*	15,0
Irland	12,5
Zypern	12,5
Bulgarien	10,0
Estland (einbehaltene Gewinne)	0,0

Niedrigsteuerländer aus Sicht des AStG

*Diese Staaten wenden ermäßigte Tarifeingangssätze oder weitere andere Sondersätze an.

Quelle: Bundesfinanzministerium — BDI

---

1) (EU) 2016/1164 – Richtlinie zur Bekämpfung von Steuervermeidungspraktiken mit unmittelbaren Auswirkungen auf das Funktionieren des Binnenmarkts", Anti Tax Avoidance Directive (ATAD).

D. Reformbaustelle Hinzurechnungsbesteuerung

Ein Festhalten an der Niedrigsteuergrenze in Höhe von 25 % ist vor dem Hintergrund eines deutlich niedrigeren Durchschnittssteuersatzes innerhalb der EU nicht mehr zeitgemäß. Zahlreiche EU-Staaten würden unter die viel zu hoch angesetzte Hinzurechnungsbesteuerungsgrenze fallen.

Insofern empfiehlt es sich, die **Niedrigsteuergrenze am deutschen Körperschaftsteuersatz** zu orientieren und entsprechend von 25 % auf mindestens 15 % abzusenken. Dies steht auch in Übereinstimmung mit der Richtlinienvorgabe der EU[1] und vermeidet zugleich Anrechnungsüberhänge, die insbesondere mit Blick auf die Gewerbesteuer entstehen. Da die Steuerpolitik trotz aller steuersystematischen Argumente einer Anrechnung ausländischer Steuern auf die Gewerbesteuer bislang kritisch gegenüberstand, könnte ein Lösungsweg sein, die Niedrigbesteuerungsgrenze auf das deutsche Körperschaftsteuersatzniveau abzusenken. Damit würde der aktuellen Übermaßbesteuerung infolge der Anrechnungsüberhänge endlich weitgehend entgegengewirkt – denn: Ziel der Hinzurechnungsbesteuerung ist die Einebnung von Steuervorteilen, hingegen nicht die Höherbesteuerung grenzüberschreitender Aktivitäten.

IV. Aktivitätskatalog versus Passivkatalog

Die Reformbemühungen dürfen sich jedoch nicht nur auf die Frage der Grenzbelastung für die Qualifikation der Niedrigbesteuerung reduzieren. Vielmehr bedarf es einer durchgreifenden Reform. Die stetige Fortentwicklung und teilweise auch Verschärfung des deutschen internationalen Steuerrechts sowie generell des internationalen wirtschaftlichen Geschehens ohne flankierende Anpassung der Hinzurechnungsbesteuerung begründen mittlerweile erhebliche und **unsystematische Besteuerungskonsequenzen**. 22

Im Rahmen der Überarbeitung des sog. **Aktivitätskatalogs** werden derzeit unterschiedliche Reformansätze beschrieben. Zum einen wird eine systemimmanente Reform in Form einer Überarbeitung und Straffung des Aktivitätskatalogs diskutiert.

> **Kritische Stellungnahme:**
> Ziel muss es sein, den Aktivitätskatalog fortzuentwickeln und zu modernisieren, um eine entsprechende Anpassung an die aktuelle wirtschaftliche Praxis vorzunehmen. Hierfür spricht insbesondere, dass mit der Überarbeitung kein Systemwechsel verbunden ist und auf die bereits bestehende Konkretisierung der einzelnen Tatbestände auch zukünftig zurückgegriffen werden kann.

Zum anderen wird eine Lösung über einen reinen **Passivkatalog** erwogen. Dieser neue Ansatz wird vor allem mit Blick auf die EU-ATAD vertreten, nach der eine ausschließliche Beschreibung passiver Einkünfte erfolgt, die der Hinzurechnungsbesteuerung unterliegen.

> **Kritische Stellungnahme:**
> Unabhängig von der Frage des systematischen Ansatzes wird jedoch deutlich, dass eine Modernisierung der bestehenden Hinzurechnungsbesteuerung dringend erforderlich ist.

V. Reform der Hinzurechnungsbesteuerung – ein Zwischenfazit

Aus Sicht der Wirtschaft werden die Prinzipien der Hinzurechnungsbesteuerung nicht infrage gestellt. Insbesondere soll das Außensteuergesetz auch zukünftig mögliche Verlagerungen von (hoch) mobilen sog. passiven Einkunftsbestandteilen in Niedrigsteuergebiete grundsätzlich entgegentreten. Darüber hinaus wird das Ziel weiterhin 23

---

1) ATAD geht sogar noch darüber hinaus und bezieht sich strenggenommen allein auf die Körperschaftsteuer und gibt für Deutschland insofern einen Niedrigsteuersatz in Höhe von 7,5 % vor.

unterstützt, missbräuchliche bzw. substanzlose Gestaltungen in den Fokus der sog. Missbrauchvermeidungsregelung im Außensteuergesetz zu stellen, um ungerechtfertigte Steuervorteile aus der Ausnutzung des internationalen Steuergefälles egalisieren zu können.

Diese grundsätzliche Zustimmung der Wirtschaft steht jedoch unter der Prämisse, dass die internationale Wettbewerbsfähigkeit der Unternehmen in Deutschland nicht gefährdet wird.

Eine Übermaßbesteuerung, die teils durch unsystematische Regelungen in der Hinzurechnungsbesteuerung, teils durch in Kauf genommene Kollateralschäden besteht, gilt es daher gleichfalls im Rahmen einer Modernisierung der Hinzurechnungsbesteuerung zukünftig zu vermeiden.

E. Tax Compliance – Internes steuerliches Kontrollsystem

I. Nutzen für Steuerpflichtige und Finanzverwaltung

24 Mit der Veröffentlichung des Anwendungserlasses zu § 153 der Abgabenordnung,[1] ist der Themenkomplex der sog. „Tax Compliance" verstärkt in das Blickfeld der Unternehmenssteuerabteilungen, Steuerberatung, Wirtschaftsprüfung und nicht zuletzt auch der Finanzverwaltung gerückt (→ Rz. 368). Die mit der vagen Formulierung

„Hat der Steuerpflichtige ein innerbetriebliches Kontrollsystem eingerichtet, kann dies ggf. ein Indiz darstellen, das gegen das Vorliegen eines Vorsatzes oder der Leichtfertigkeit sprechen kann, jedoch befreit dies nicht von einer Prüfung des jeweiligen Einzelfalls."

in Nr. 2.6 des Anwendungserlasses[2] eröffnete Möglichkeit der Rechtfertigung bei fehlerhaften Steuererklärungen war vor dem Hintergrund der erfolgten Verschärfungen des Steuerstrafrechts[3] ein notwendiger Ausweg für eine Verfahrenserleichterung in der Praxis, der sich sowohl zugunsten der Steuerpflichtigen, als auch für die Finanzverwaltung positiv auswirkt. Aufgrund der normierten **„Kriminalisierung von Fehlern"** besteht mit dem Instrument des Internen Kontrollsystems – IKS – nunmehr die Möglichkeit für den Steuerpflichtigen darzulegen, dass die Finanzverwaltung nicht grundsätzlich von einem steuerstrafrechtlich relevanten Fehler ausgehen muss. Damit können auf der einen Seite für die Unternehmen bei den in der Praxis regelmäßig vorgenommenen Korrekturen der Steuerbescheide der unnötige steuerstrafrechtliche Tatvorwurf und damit auch die unnötigen, aber aufwendigen steuerstrafrechtlichen Prüfungen entfallen.

Auf der anderen Seite wird der Finanzverwaltung der Handlungsdruck genommen, jede Korrektur steuerstrafrechtlich zu verfolgen bzw. entsprechend weiterzuleiten.

II. Anforderungen an das Interne steuerliche Kontrollsystem

25 Die Frage, die die Praxis jedoch umtreibt ist, welche **Anforderungen an das IKS** zu stellen sind. Mit dem IDW Praxishinweis zum Prüfungsstandard 980 – PS 980 – hat das Institut der Deutschen Wirtschaftsprüfer – IDW – bereits einen ersten Standard vorgelegt (→ Rz. 368). Zwar richten sich die Erläuterungen unmittelbar an die Wirtschafts-

---

1) BMF v. 23.5.2016, IV A 3 – S 0324/15/10001, IV A 4 – S 0324/14/10001, BStBl I 2016, 490.
2) AEAO zu § 153, Nr. 2.6 i.d. Fassung des BMF-Schreibens v. 23.5.2016, IV A 3 – S 0324/15/10001, IV A 4 – S 0324/14/10001, BStBl I 2016, 490.
3) Gesetz zur Verbesserung der Bekämpfung der Geldwäsche und Steuerhinterziehung (Schwarzgeldbekämpfungsgesetz) v. 28.4.2011, BStBl I 2011, 676 = BStBl I 2011, 495 sowie Art. 3 des Gesetzes zur Änderung der Abgabenordnung und des Einführungsgesetzes zur Abgabenordnung v. 22.12.2014, BGBl. I 2014, 2416 = BStBl I 2015, 55.

prüfung, jedoch können hieraus – zumindest teilweise – auch Ansätze der Implementierung eines IKS für die Unternehmen abgeleitet werden.

Aufgrund der hohen und formalen Compliance-Anforderungen stellt sich für kleinere Unternehmen die Frage weiterer alternativer möglicher Leitlinien, die in der steuerberatenden Praxis als Hilfestellung für die Implementierung von IKS dienen können.

III. Internes Kontrollsystem – Zwischenfazit

Die internen steuerlichen Kontrollsysteme haben in der Praxis deutlich an Bedeutung gewonnen, um einer möglichen bzw. sogar normierten Kriminalisierung von Fehlern zu entgehen. Die intensiven Diskussionen über die bereits eingeführten Leitfäden bzw. Richtlinien für ein IKS belegen dies ebenso wie die weiteren Initiativen mehrerer Organisationen, ergänzende Leitfäden zu erstellen. **26**

Mit Blick auf die Akzeptanz der Regelungen des Anwendungserlasses zu § 153 AO ist es wichtig herauszustellen, dass dem **Steuerpflichtigem kein Nachteil** entstehen kann, wenn er **kein IKS** implementiert hat.

Die Frage, ob ein IKS für externe Dritte nachvollziehbar **dokumentiert** wurde, ist losgelöst von der Frage eines wirksamen Kontrollsystems zu sehen.

Darüber hinaus zeigen die Initiativen unterschiedlicher Organisationen, dass es den einen vermeintlich verbindlichen Standard nicht gibt, vielmehr die **Besonderheiten des jeweiligen Unternehmens** und die Unterschiede zwischen den **Branchen** und deren jeweils differierenden Geschäftsmodellen verdeutlichen die Notwendigkeit eines individualisierten IKS.

F. Steuern und digitale Geschäftsmodelle

I. Ausgangslage und Stand der Diskussion

Die Digitalisierung der Wirtschaft stellt einen wesentlichen Treiber dar für Innovation, Wachstum und gesellschaftlichen Wandel. Die nahezu **evolutionäre Entwicklung** im digitalen Bereich verspricht zum einen bislang ungeahnte Potentiale für künftige Wertschöpfung, zum anderen stellt sie auch eine enorme Herausforderung für die internationale Besteuerung digitaler Geschäftsmodelle dar. **27**

Die **bestehenden internationalen Besteuerungsprinzipien**, insbesondere die Voraussetzung einer **physischen Betriebsstätte** als Anknüpfungspunkt für eine Besteuerung, werden von zahlreichen Staaten als nicht mehr ausreichend angesehen, um digitale Geschäftsmodelle „angemessen" besteuern zu können. Gleichzeitig sehen sich Unternehmen der sog. „digitalen Wirtschaft" verstärkt Vorwürfen einer „aggressiven Steuergestaltung" ausgesetzt („Google Tax"), wobei insbesondere US-amerikanische Unternehmen hierbei im Wesentlichen von den Spielräumen des US-Außensteuerrechts profitieren dürften (→ Rz. 202).

II. Umgang mit den steuerlichen Herausforderungen der Digitalisierung (broader tax policy challenges)

Die OECD-Task Force on the Digital Economy (TFDE) hatte sich im Rahmen des Aktionsplans zu BEPS (Base Erosion and Profit Shifting) mit den steuerlichen Herausforderungen der Digitalisierung befasst. **28**

Das zentrale Ergebnis aus dem entsprechenden **OECD-Abschlussbericht** trägt den erheblichen, durch die Digitalisierung bedingten Umwälzungen in den Geschäftsmodellen national wie international tätiger Unternehmen Rechnung. Diese haben dazu geführt, dass eine trennscharfe Eingrenzung (ring-fencing) der „digitalen Wirtschaft" nicht (mehr) möglich sei. Vielmehr müsse von einer „digitalisierten" Wirtschaft gesprochen werden, da die fortschreitende Digitalisierung auch „traditionelle" Branchen und Geschäftsmodelle erfasse.

Zudem wird festgehalten, dass einige der zentralen BEPS-Probleme zwar auch digitalen Geschäftsmodellen inhärent sind, jedoch kein spezifisches Problem derselben darstellen. Vielmehr sollten die anderen im Rahmen des BEPS-Aktionsplans beschlossenen Maßnahmen – v.a. zur Hinzurechnungsbesteuerung (Aktionspunkt 3), zur Absenkung der Betriebsstätten-Schwelle (Aktionspunkt 7) und den Verrechnungspreisregeln für immaterielle Werte (Aktionspunkte 8 bis 10) – dafür sorgen, dass BEPS im Kontext digitaler Geschäftsmodelle zurückgedrängt wird.

Über die Fragen der Vermeidung von BEPS hinaus identifizierte der OECD-Abschlussbericht zu Aktionspunkt 1 zudem sog. *„broader direct tax policy changes"* im Zusammenhang mit der Digitalisierung. Als zentrale steuerliche Herausforderungen wurden Nexus, Data und Characterisation genannt; kurz zusammengefasst bedeutet dies:

– Steuerlicher Anknüpfungspunkt im Marktstaat (Nexus) bei Fehlen einer lokalen physischen Präsenz.
– Wertschöpfung durch Daten (Data) aufgrund der zunehmenden Bedeutung von Nutzerdaten für die Wertschöpfung.
– Einkünftequalifikation bei neuen Geschäftsmodellen (Characterisation).

III. Fehlender internationaler Konsens als Herausforderung

29 Um diesen Herausforderungen zu begegnen, nennt der Abschlussbericht aus 2015 mehrere **steuerpolitische Handlungsoptionen**.

Im Bereich der **direkten Steuern** werden die Schaffung eines neuen Anknüpfungspunktes (Nexus) für die Besteuerung auf Basis einer „significant economic presence", die Einführung von Quellensteuern auf bestimmte digital erbrachte Dienstleistungen sowie eine sogenannte Ausgleichsteuer (equilisation levy) erwogen.

> **Kritische Stellungnahme:**
>
> Letztlich nahm die OECD jedoch ausdrücklich davon Abstand, die genannten Optionen als internationale Standards zu empfehlen. Sie implizierten substanzielle Veränderungen der geltenden Standards der internationalen Besteuerung und bedürften der weiteren Erforschung.
>
> Eine inhaltliche Einigung über das weitere Vorgehen wurde nicht erzielt. Vereinbart wurde lediglich, die TFDE mit einem erneuten Mandat bis zum Jahr 2020 auszustatten und die Ergebnisse im Rahmen eines Abschlussberichts in 2020 vorzustellen, ergänzt um einen Zwischenbericht im April 2018.

IV. Prüfauftrag an EU-Kommission

30 Der bislang fehlende internationale Konsens darüber, wie die steuerlichen Herausforderungen der Digitalisierung angegangen werden sollen, sorgt trotz des auf OECD-Ebene bzw. im Rahmen des Inclusive Framework on BEPS vereinbarten Zeitplans für ein Vorpreschen einzelner Staaten. Die Finanzminister von Deutschland, Frankreich, Spanien und Italien haben der EU-Kommission in einem „political statement" im September 2017 den Auftrag erteilt, das Konzept einer sogenannten „Ausgleichsteuer" (**Equilisation Tax**) auf innerhalb der EU erbrachte Umsätze von „digitalen Unternehmen" zu prüfen, um diese in höherem Umfang als bisher besteuern zu können (→ Rz. 202). Ausgangspunkt der Pläne für eine Ausgleichsteuer sind niedrige Steuerquoten von Unternehmen mit digitalen Dienstleistungen (Google, Microsoft, etc.), die in erster Linie Dienstleistungen über das Internet („digitale Präsenz") anbieten und auf Basis der geltenden Steuerregelungen nicht „angemessen" besteuert werden (können). Der entstehende Wettbewerbsvorteil soll kurzfristig durch eine „Ausgleichsteuer" eingeebnet werden („quick fix"), wobei der dadurch eingenommene Betrag die Höhe der Steuer widerspiegeln soll, die diese Unternehmen (in Europa) zahlen sollten.

Dabei wird die Initiative vor allem von Frankreich vorangetrieben – der Hintergrund dürfte in der Entscheidung eines Pariser Verwaltungsgerichts aus Juli 2017 zu sehen sein, nach der Steuernachforderungen der französischen Finanzbehörden in Höhe von 1,1 Mrd. Euro gegenüber Google wegen fehlender örtlicher Anknüpfung (keine Betriebsstätte in Frankreich) abgewiesen wurden.

> **Anmerkung:**
>
> Dem Prüfauftrag an die Kommission angeschlossen haben sich sechs weitere EU-Staaten (Bulgarien, Portugal, Griechenland, Rumänien, Slowenien und Österreich); Irland, Luxemburg und Dänemark haben demgegenüber bereits ihre Ablehnung signalisiert.

V. EU-Kommission setzt OECD unter Druck

In Reaktion auf die Initiative aus den Mitgliedstaaten wirbt die EU-Kommission selbst für eine einheitliche EU-Position, um einen stärkeren Einfluss insbesondere auch mit Blick auf die laufenden Diskussionen im Rahmen der OECD-TFDE zu erzielen. Die EU-Kommission hat deutlich gemacht, dass sie von dem Zwischenbericht der OECD zur Besteuerung der digitalen Wirtschaft im April 2018 einen bedeutenden Schritt erwarte. Damit übt die EU-Kommission einen erheblichen Druck auf die OECD aus und hat bereits angekündigt, dass neben international abgestimmten Lösungen aus Sicht der EU-Kommission gleichzeitig Ansätze zur Sicherstellung einer angemessenen Besteuerung der digitalen Wirtschaft in der EU geprüft werden müssen, die isoliert in der EU anwendbar sein sollen, falls der Fortschritt auf internationaler Ebene nicht hinreichend sei.

31

Die EU-Kommission identifiziert **vier typische Geschäftsmodelle** der digitalen Wirtschaft:

- **Online Retailer Model**: Online-Verkauf von Gütern oder die Funktion als Handelsplattform, z.B. Amazon;
- **Social Media Model**: Betreiber sozialer Plattformen finanzieren sich über die Bereitstellung gezielter Werbung an die Nutzer, z.B. Facebook, Xing;
- **Subscription Model**: Einnahme von (Nutzungs-)Gebühren für die Bereitstellung digitaler Leistungen (über einen Vertragszeitraum), z.B. Netflix, Spotify;
- **Collaborative Platform Model**: Digitale Plattformen bringen Angebot und Nachfrage zusammen, z.B. Airbnb.

Für diese Geschäftsmodelle sei der effektive (Körperschaft-)Steuersatz deutlich niedriger als für traditionelle Geschäftsmodelle, was zum Teil daran liege, dass die Gewinne schwer erfassbar seien. Davon ausgehend, dass Gewinne dort besteuert werden sollen, wo sie entstehen, wirft auch die EU-Kommission – wie bereits die OECD in ihrem Abschlussbericht zu BEPS-Aktionspunkt 1 – mit Blick auf die digitale Wirtschaft insbesondere die folgenden Fragen auf:

- Wo sollen die Gewinne besteuert werden, d.h. wo haben sie ihren Ursprung (nexus)?
- Was soll besteuert werden, d.h. welchen Transaktionen oder Funktionen können die Gewinne zugeordnet werden (value creation)?

Die EU-Kommission verdeutlicht die Problematik an zwei theoretischen Beispielen:

- EU-Bürger haben freien Zugang zu einem sozialen Netzwerk, das außerhalb der EU betrieben wird. Dieses Netzwerk sammelt ihre Daten und bietet darauf aufbauend gezielte Werbung an. Dies kann sogar ohne eine steuerpflichtige Präsenz in der EU

geschehen. Allerdings wären die Erträge ohne die Daten der EU-Bürger wesentlich geringer.
- EU-Bürger zahlen eine Nutzungsgebühr für digitale Leistungen, die online von außerhalb der EU bereitgestellt werden. Obwohl die Einnahmen durch Zahlungen von EU-Bürgern generiert werden, hat das Unternehmen keine steuerliche Präsenz in der EU.

Nach Einschätzung der EU-Kommission bedarf es neuer Regelungen, die eine angemessene Besteuerung in den geschilderten Fällen in der EU sicherstellen. Gegenwärtig seien die Kriterien zur Definition einer Betriebsstätte hauptsächlich auf physischer Präsenz aufgebaut. Es bedürfe deshalb alternativer Indikatoren, um eine signifikante wirtschaftliche Präsenz an einem Standort definieren und so Besteuerungsrechte begründen und schützen zu können.

Doch selbst in dem Fall, dass ein (digitales) Geschäftsmodell in einem Land steuerpflichtig sei, müssten die Gewinne in dem Land zusätzlich zutreffend ermittelt und zugewiesen werden. Die bestehenden Verrechnungspreisrichtlinien, basierend auf den ausgeführten Funktionen, der Verteilung des Vermögens und dem Management der Risiken innerhalb der Wertschöpfungskette, sind aus Sicht der EU-Kommission dafür ungeeignet. Es bedürfe deshalb alternativer Methoden, welche den Beitrag zum Gewinn besser erfassen können.

VI. Lösungsansätze aus Sicht der EU-Kommission

32 Neben international abgestimmten Lösungen auf Ebene der OECD/G20-Staaten will die EU-Kommission gleichzeitig alle Ansätze zur Sicherstellung einer angemessenen Besteuerung digitaler Geschäftsmodelle in der EU prüfen. Diese Lösungen sollen isoliert in der EU anwendbar sein, falls der Fortschritt auf internationaler Ebene nicht hinreichend sei. Die Ansätze bauen auf den von der TFDE erörterten Möglichkeiten auf.

Als potentielle Maßnahmen, mit denen digitale Geschäftsmodelle innerhalb der EU stärker als bisher der Besteuerung unterworfen werden können, nennt die EU-Kommission insbesondere **drei kurzfristig denkbare Lösungsansätze**. Diese stimmen weitgehend mit den von der TFDE bereits 2015 erwogenen und abgelehnten Ansätzen überein:

- „Ausgleichsteuer" (equalisation tax), d.h. eine Steuer auf alle bisher steuerfreien oder unzureichend besteuerten Gewinne der digitalen Wirtschaft, entweder anrechenbar auf die Körperschaftsteuer oder als eigenständige Steuer;
- Quellensteuer auf digitale Transaktionen, d.h. eine eigenständige, finale Steuer auf Bruttozahlungen (Umsätze) an nichtansässige Anbieter von online bereitgestellten digitalen Leistungen;
- eine Abgabe auf Einnahmen aus der Bereitstellung digitaler Leistungen, d.h. die Abgabe würde auf Transaktionen (Umsätze) zwischen EU-Bürgern erhoben, wobei die Transaktion durch ein digitales Geschäftsmodell außerhalb der EU vermittelt wird, z.B. Airbnb.

Diesen Ansätzen stellt die estnische Ratspräsidentschaft die Einführung einer global abgestimmten Ausweitung des Betriebsstättenkonzepts auch auf **digitale Betriebsstätten** als mittelfristige Alternative gegenüber. Eine Ausgleichsteuer wird als Schnellschuss abgelehnt. Die gleiche Position wurde bisher auch von der OECD vertreten.

Im Übrigen weist die EU-Kommission zu Recht darauf hin, dass sich durch die **Einführung der gemeinsamen konsolidierten Körperschaftsteuerbemessungsgrundlage** das Problem der Besteuerung digitaler Geschäftsmodelle abmildern würde. Denn in der Aufteilungsformel für den konsolidierten Gewinn stellen die Umsatzerlöse einen der drei Faktoren (materielles Anlagevermögen; Beschäftigung/Lohnsumme; Umsatzerlöse nach Bestimmungsland) dar, nach denen die Bemessungsgrundlage unter den Mitgliedsstaaten aufgeteilt werden soll. Folglich würde ein Land, in dem eine digitale Leistung abgesetzt wird, auch dann einen Anteil am Steueraufkommen erhalten, wenn dort keine physische Präsenz des anbietenden Unternehmens gegeben ist.

VII. Kritische Erstbewertung aus Sicht der Wirtschaft

Aufgrund der bislang fehlenden Konkretisierung und weiterer Details der in der Diskussion befindlichen Optionen zum Umgang mit den steuerlichen Herausforderungen der Digitalisierung kann eine Bewertung zunächst nur vorläufig und eher abstrakt erfolgen. Dennoch lassen sich mehrere Punkte bereits nennen: **33**

1. Abgrenzung von Internetdienstleistungen und Industriedienstleistungen schwierig

Der Befund aller OECD-Staaten, dass eine Abgrenzung der „digitalen" von der „traditionellen" Wirtschaft nicht (mehr) möglich ist, ist zutreffend. **34**

Gleichzeitig sollen die jüngst vor allem von Seiten mehrerer EU-Mitgliedstaaten sowie der EU-Kommission vorgetragenen Überlegungen für eine andere bzw. höhere Besteuerung digitaler Geschäftsmodelle auf global tätige, in erster Linie US-amerikanische Unternehmen gemünzt sein, deren Steuerquoten innerhalb der EU als zu niedrig angesehen werden. Hier zeigt sich bereits das **Spannungsfeld**, das sich absehbar auftun wird: Ein spezielles Steuerregime allein für ausgewählte Unternehmen der „digitalen Wirtschaft" ist für sich genommen kaum vorstellbar. Aufgrund der geschilderten Verwobenheit der „digitalen" mit der „traditionellen" Wirtschaft – zutreffender sollte vielmehr von der gesamten, sich zunehmend digitalisierenden Wirtschaft gesprochen werden – würde jeder Versuch einer Abgrenzung, sei es im Rahmen einer Ausgleichsteuer oder einer Quellensteuer, erhebliche Schwierigkeiten aufwerfen.

Es ist zu bezweifeln, dass eine befriedigende Abgrenzung der Internetdienstleistungen (bzw. Umsätze) von Industriedienstleistungen (Stichwort: Industrie 4.0), die zunehmend digital erbracht werden, gelingen kann. Damit bestünde auch für klassische Industriedienstleistungen ein hohes Risiko einer Doppel- bzw. Höherbesteuerung, verbunden mit erheblichem Compliance-Aufwand und Rechtsunsicherheit.

2. Zahlreiche Unklarheiten

Über die Fragen der Abgrenzung hinaus bestehen insbesondere hinsichtlich einer sog. Ausgleichsteuer auf digital erbrachte Umsätze weitere grundsätzliche Zweifelsfragen: **35**

- Das Steuererhebungsrecht: Es dürfte zu bezweifeln sein, ob die EU ohne eine Änderung der vertraglichen Grundlagen bzw. ein Mitgliedstaat wie Deutschland ohne eine grundgesetzliche Änderung, die Kompetenz bzw. das Recht hat, eine Ausgleichsteuer als eine Sondersteuer zu erheben.
- Das Verhältnis zu den europäischen Grundfreiheiten.
- Das Verhältnis zum Recht der WTO und zu Freihandelsabkommen.
- Den systematischen Charakter einer „Sondersteuer": Wäre der Anwendungsbereich der DBA eröffnet?
- Technische Fragen der Abwicklung.
- Vermeidung der Abwälzung auf den Endkunden.

3. „Ausgleichsteuer" kann Wettbewerbsvorteil von US-Unternehmen nicht ausgleichen

Hinzu tritt, dass eine sogenannte Ausgleichsteuer zwar rein aus Sicht des nationalen Fiskus den fehlenden Nexus für eine Besteuerung im Inland aufgrund der nicht vorhandenen, inländischen Betriebsstätte ersetzen und so verstanden damit einen „Aus- **36** gleich" zwischen ausländischen Unternehmen, die im Inland im Rahmen einer Betriebsstätte körperschaftsteuerpflichtig sind und solchen, die keine Betriebsstätte im Inland haben, schaffen soll. Dieser Ansatz hat damit einen Ausgleich mit Blick auf das Steueraufkommen eines einzelnen Staates vor Augen. Mit Blick auf die **weltweite Steuerbelastung** der betroffenen Unternehmen kann von einem „Ausgleich" jedoch keine Rede sein. Ein Ausgleich des Wettbewerbsvorteils der überwiegend US-amerikanischen Unternehmen mit digital erbrachten Dienstleistungen, auf die die Steuer ja zielen soll, gelingt nicht. Selbst, wenn die Steuer auf die im Inland zu entrichtende Körperschaftsteuer angerechnet werden sollte, bleibt der Wettbewerbsvorteil der US-Unternehmen trotz Equilisation Tax bestehen, da sich dieser aufgrund des Versagens der US-Hinzurechnungsbesteuerung ergibt.

37 Dies kann im nachfolgenden Schaubild am Beispiel der **indischen Equilisation Levy** verdeutlicht werden:

> *Exkurs: Die indische Equilisation Levy*
>
> – Seit 1.6.2016 erhebt Indien im B2B-Bereich eine Equilization Levy in Höhe von 6 % auf den indischen Brutto-Umsatz aus (derzeit nur) Online-Werbung und Online-Werbeleistungen von ausländischen Anbietern ohne Betriebsstätte in Indien.
> – Hintergrund:
>   – Indien als Marktstaat sieht seinen Anteil an der Wertschöpfung der ausländischen Anbieter von Online-Werbung aufgrund des geltenden internationalen Besteuerungsregimes, das eine Besteuerung nur bei Vorliegen einer physischen Betriebsstätte vorsieht, als nicht angemessen an.
>   – Zudem sieht Indien hierin einen ungerechtfertigten Wettbewerbsvorteil für „digitale", grenzüberschreitend tätige Unternehmen.
> – Die Equalisation Tax erfolgt durch einen Einbehalt an der Quelle (Quellensteuer). In Indien ansässige Unternehmen müssen von ihren Zahlungen für Online-Werbeleistungen 6 % einbehalten und an die Finanzbehörden abführen.
> – Die Equalisation Tax ist auf die Körperschaftsteuer anrechenbar.
> – Die Abgabe ist außerhalb der bestehenden Steuergesetze geregelt.

Das Besteuerungsrisiko am Beispiel der indischen Equilisation Tax zeigt, dass die Ungleichbehandlung trotz Equilisation Tax bestehen bleibt: Der Wettbewerbsvorteil der US-Unternehmen ergibt sich aufgrund des Versagens der US-Hinzurechnungsbesteuerung.

F. Steuern und digitale Geschäftsmodelle

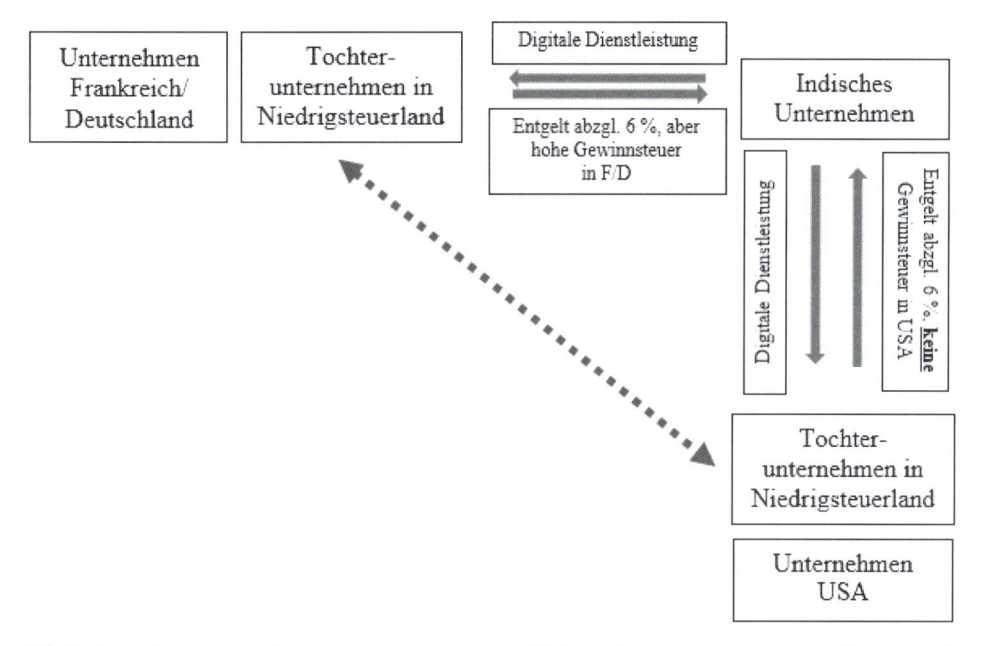

US-Unternehmen werden zwar genauso wie Unternehmen aus anderen Staaten, die keine Betriebsstätte in Indien haben, mit insgesamt steuererhöhender Wirkung von der indischen Ausgleichsteuer erfasst. Der Unterschied besteht jedoch darin, dass durch die Regelungen zur US-Hinzurechnungsbesteuerung die Gewinne der US-Unternehmen bei Zwischenschaltung einer Tochtergesellschaft in einem Niedrigsteuerland nicht auch noch der regulären US-Körperschaftsteuer unterworfen werden.

Diese Möglichkeit haben Unternehmen etwa aus **Deutschland oder Frankreich** nicht. Ihre in Indien erzielten Gewinne unterliegen zusätzlich zu der Belastung durch die Equilisation Levy auch noch der jeweils über 30-prozentigen deutschen bzw. französischen Unternehmensteuerbelastung, selbst bei paralleler Zwischenschaltung einer niedrig besteuerten Tochtergesellschaft.

Kritische Stellungnahme:
Solange die US-Regelungen zur Hinzurechnungsbesteuerung nicht grundlegend geändert werden, kann eine Ausgleichsteuer weder in Indien, noch in der EU die Wettbewerbsvorteile der US-Unternehmen wie etwa Google gegenüber Unternehmen aus anderen Staaten mit strikter Hinzurechnungsbesteuerung ausgleichen.

4. Geringere nationale Besteuerung digitaler Geschäftsmodelle als Konsequenz entsprechender staatlicher Anreizsetzung (steuerliche Forschungsförderung)

Auch aus weiteren Gründen ist äußerst fraglich, ob die von der EU-Kommission vorgeschlagenen Maßnahmen angemessen sind. **38**

(1) Digitale Geschäftsmodelle werden von der EU-Kommission als wesentliche Wachstumstreiber identifiziert. Nahezu ein Drittel des Wachstums des industriellen Outputs in Europa lässt sich auf die zunehmende Bedeutung digitaler Technologien zurückführen. 2006 gehörte nur ein Technologieunternehmen mit einer anteiligen Marktkapitalisierung von 7 % zu den weltweiten Top 20. 2017 kommen bereits 9 der Top 20 aus dem Technologiesektor und stellen 54 % des Top 20 Marktwertes. Zwischen 2006 und 2016 wuchsen die Einnahmen der Top 5 E-commerce Händler um durchschnittlich 32 %jährlich, während der Handel in der EU insgesamt nur um durchschnittlich 1 % angestiegen ist.

Erster Teil: Bewertung aus der Sicht der Wirtschaft

(2) Der von der OECD in Leben gerufene BEPS-Aktionsplan ist in den meisten Staaten noch nicht vollständig in das Rechtssystem implementiert worden. Auch die EU-Mitgliedsstaaten haben grundsätzlich bis Ende 2018 Zeit, die EU-Richtlinien gegen Steuervermeidungspraktiken in nationales Recht umzusetzen. Die OECD erwartet davon eine wesentlich bessere und zutreffendere Erfassung der Gewinne, auch derjenigen von digitalen Geschäftsmodellen, selbst wenn die einzelnen BEPS-Maßnahmen gar nicht gezielt auf die „digitale Wirtschaft" abzielen.

Die in Punkt 1 beschriebene steuerliche Förderung trägt zudem wesentlich zu der geringeren Steuerbelastung digitaler Geschäftsmodelle bei, möglicherweise sogar mehr als aggressive Steuerplanung von Unternehmen der „digitalen Wirtschaft" oder eine unzureichende Erfassung von Gewinnen digitaler Geschäftsmodelle. Dies zeigt eine von der EU-Kommission zitierte Studie über effektive Steuersätze.

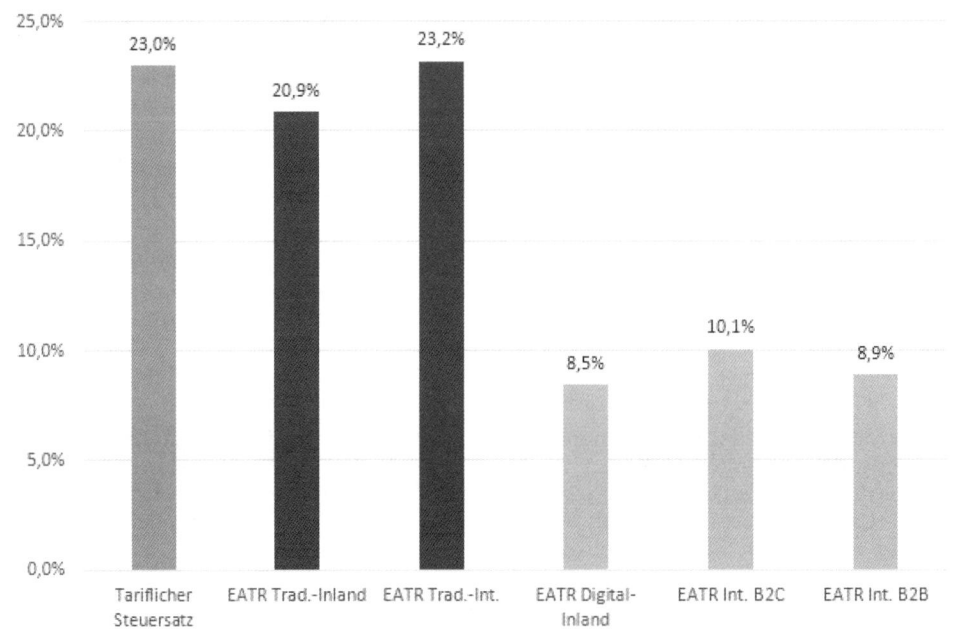

Tariflicher Steuersatz	23,0%
EATR Trad.-Inland	20,9%
EATR Trad.-Int.	23,2%
EATR Digital-Inland	8,5%
EATR Int. B2C	10,1%
EATR Int. B2B	8,9%

Effektive Steuersätze verschiedener Geschäftsmodelle; Durchschnitte der EU 28 Staaten

Quelle: EU-Kommission, ZEW/PWC, BDI

Die Graphik zeigt, dass die durchschnittliche effektive Steuerbelastung traditioneller Branchen in der EU mit knapp 21 bis gut 23 % in der Nähe des durchschnittlichen Tarifs von 23 % liegt. Demgegenüber ist die Belastung digitaler Geschäftsmodelle mit 8,5 bis gut 10 % deutlich niedriger. Bei diesen Werten ist zu beachten, dass es sich um eine modelltheoretische Analyse handelt. D.h. es findet keine Auswertung tatsächlicher Jahresabschlüsse statt. Stattdessen werden in einem Kapitalwertmodell die Tarife und die gemäß den jeweiligen Steuergesetzen anzuwendenden Vorschriften zur Ermittlung der steuerlichen Bemessungsgrundlage miteinander kombiniert und daraus die vom Gesetzgeber gewollte effektive Steuerbelastung ermittelt. Dabei fällt auf, dass die effektive Steuerlast bei grenzüberschreitender Geschäftstätigkeit sowohl bei digitalen als auch bei traditionellen Geschäftsmodellen höher ist, als bei rein nationalen Aktivitäten. Dies kann z.B. auf eine unzureichende Harmonisierung der steuerlichen Vorschriften in den EU-Mitgliedsstaaten sowie auf Doppelerfassungen bzw. -besteuerung zurückgeführt werden.

F. Steuern und digitale Geschäftsmodelle

Kritische Stellungnahme:

Falls die EU-Kommission also Maßnahmen zur Sicherstellung einer angemessenen Besteuerung digitaler Geschäftsmodelle erwägen sollte, dürfen nicht die effektiven Steuersätze in traditionellen Branchen der Referenzmaßstab sein, sondern diejenigen, die in der digitalen Wirtschaft – bei völliger Ausschaltung aggressiver Steuerplanung – vom Gesetzgeber unter Berücksichtigung aller steuerlichen Förderungen vorgesehen sind. Dies wären im europäischen Durchschnitt rund 8 bis 10 %. Dabei variieren die effektiven Steuersätze digitaler Geschäftsmodelle zwischen den einzelnen EU-Staaten erheblich. Dies zeigt die folgende Abbildung. Dabei wird nur eine rein nationale Geschäftstätigkeit betrachtet, d.h. die Investition in das jeweilige Geschäftsmodell findet in dem Land statt, in dem der Steuerpflichtige ansässig ist.

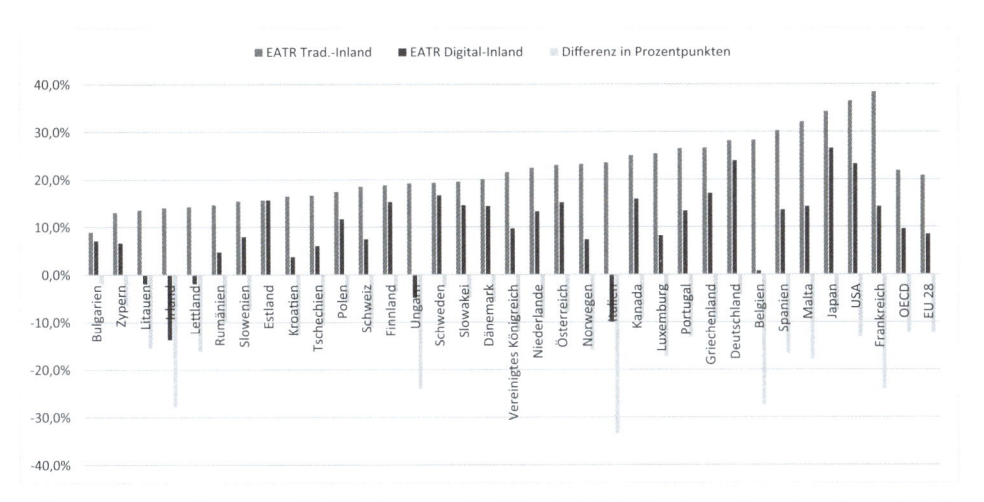

Effektive Steuerlasten in OECD-Staaten im Vergleich bei rein nationaler Geschäftstätigkeit
Quelle: ZEW/PWC, BDI

Nahezu alle untersuchten Staaten besteuern digitale Geschäftsmodelle geringer als traditionelle. Estland ist das einzige Land, bei dem die effektiven Steuersätze identisch sind. Deutschland ist unter den EU-Mitgliedsstaaten das Land mit dem höchsten effektiven Steuersatz bei nationalen digitalen Geschäftsmodellen von 24 %. Dieser Wert liegt sowohl über dem EU-Durchschnitt für traditionelle Geschäftsmodelle von knapp 21 % als auch über dem durchschnittlichen tariflichen Steuersatz in der EU von 23 %. Dies zeigt auch deutlich **den steuerlichen Nachteil des deutschen Standorts**, der dadurch entsteht, dass Deutschland keine steuerliche FuE-Förderung für die Förderung der Technologiebranchen hat.

In den anderen EU-Mitgliedsstaaten ist die effektive Belastung digitaler Geschäftsmodelle deutlich niedriger, auch in Frankreich, Spanien und Italien, den Ländern, die neben Deutschland durch den gemeinsamen Brief die Tätigkeit der EU-Kommission ausgelöst haben. So erhebt **Frankreich** bei nationaler Geschäftstätigkeit auf Gewinne in der digitalen Wirtschaft einen effektiven Steuersatz von gut 14 %. Dies sind 24 Prozentpunkte weniger als auf Investitionen in traditionelle Geschäftsmodelle und 10 Prozentpunkte weniger als Deutschland auf vergleichbare Investitionen erhebt. Bei grenzüberschreitenden Investitionen in digitale Geschäftsmodelle fällt der effektive Steuersatz in Frankreich ähnlich niedrig aus. Von den unterzeichnenden Staaten fällt in Italien die Belastungsdifferenz zwischen traditionellen und digitalen Geschäftsmodellen besonders groß aus.

Erster Teil: Bewertung aus der Sicht der Wirtschaft

VIII. Petita aus Sicht der Wirtschaft

1. Wechsel zu einem wachstumsorientierten Narrativ

39 Die Digitalisierung der Wirtschaft schreitet unaufhaltsam voran und wird die Art und Weise, wie wir leben, arbeiten und geschäftlich aktiv sind, mittelfristig wohl noch stärker verändern als das bisher vorstellbar ist. Dabei ist das Wachstum digitaler Geschäftsmodelle eine der größten wirtschaftlichen Erfolgsgeschichten der letzten Jahre und Jahrzehnte, mit einem erheblichen Zuwachs an Konnektivität, Technologiesprüngen auch in den Entwicklungsländern sowie ungeahnten neuen Möglichkeiten für national wie grenzüberschreitend tätige Unternehmen, unabhängig von ihrer Größe. Die Chancen der Digitalisierung müssen auch aus steuerlicher Perspektive wieder in den Vordergrund gestellt werden.

Die OECD muss sich bei der Diskussion der „broader tax policy challenges" für den Wechsel zu einem wachstumsorientierten Narrativ einsetzen, das die Potenziale der sich digitalisierenden Wirtschaft für Innovationen und weltweiten Wohlstand betont, anstatt sich wie bisher und wie auch die EU ausweislich ihrer jüngsten Vorschläge allein von der Sorge um die Sicherung des Steueraufkommens und der Schließung möglicher Steuerschlupflöcher leiten zu lassen.

2. Gründlichkeit vor Schnelligkeit: Sorgfältige Analyse und Folgeabschätzung aller Optionen

40 Alle bislang im Raum befindlichen Optionen zum Umgang mit den steuerlichen Herausforderungen der Digitalisierung haben – mit unterschiedlichen Abstufungen – das Potential, die bestehenden Prinzipien der internationalen Besteuerungssystematik empfindlich zu verändern, um nicht zu sagen „abzuschaffen" und durch „neue zu ersetzen".

Dies gilt für neue Quellensteuern, in erheblichem Maße auch für Sonder- bzw. Ausgleichsteuern und erst recht für die Aufgabe des bisherigen Betriebsstättenkonzepts und seinen Ersatz durch Anknüpfung an eine „bedeutende wirtschaftliche Präsenz" auch bereits bei Vorliegen rein digitaler Merkmale, wie etwa eines inländischen Domain-Namens. Wie bereits die andauernden Diskussionen um die angemessene Gewinnallokation in Folge des Absenkens der Betriebsstättenschwelle durch BEPS-Aktionspunkt 7 zeigen, ist die Frage der Gewinnzurechnung bei einer geänderten Betriebsstättendefinition alles andere als trivial, lässt sich mit den bestehenden Ansätzen gemäß AOA (basierend auf people functions) nur schwer in Einklang bringen und birgt zudem noch erhebliche Rechtsunsicherheit und Doppelbesteuerungsrisiken für international tätige Unternehmen.

All diese Schwierigkeiten würden bei Einführung einer „virtuellen" Betriebsstätte absehbar noch potenziert. Bevor daher derartig weitreichende Maßnahmen überhaupt in Erwägung gezogen werden, bedarf es dringend einer sorgfältigen und vollumfänglichen Analyse der Auswirkungen bzw. Konsequenzen einer solchen Änderung. Da die Entwicklung digitaler Geschäftsmodelle weiter fortschreitet, ist dies ohnehin kein leichtes Unterfangen und erst recht nicht innerhalb von wenigen Monaten sinnvoll zu meistern.

Gleiches gilt für die insbesondere von der EU-Kommission und einigen Mitgliedstaaten diskutierten Modelle, die als schnelle Abhilfe gegen den vermeintlich erheblichen Verlust von den Staaten nach ihrer Diktion „eigentlich" zustehendem Steuersubstrat vorgebracht werden.

Von „Schnellschüssen" („quick fixes") sollte Abstand genommen werden, da die negativen Folgen überstürzter und überschießender Maßnahmen potentiell sehr weitreichend sein können.

3. Multilateraler Ansatz unter Einbeziehung der Unternehmen

Noch schädlicher als Schnellschüsse sind einseitige Aktionen. Maßnahmen, die allein von einigen Staaten bzw. Staatengruppen wie der EU implementiert werden, würden den internationalen Wettbewerb noch weiter verzerren und zudem Gegenreaktionen anderer Staaten provozieren.

41

Vor diesem Hintergrund dürfte der Nutzen in Form von zusätzlichem Steuersubstrat, das sich Staaten wie Frankreich oder Deutschland etwa von der Einführung einer Ausgleichsteuer erhoffen, äußerst zweifelhaft sein.

Aus Sicht der Wirtschaft muss bei einem derart komplexen Thema der Besteuerung digitaler Geschäftsmodelle ein **internationaler Konsens auf Ebene der OECD** erzielt werden, auch wenn dieses Vorgehen voraussichtlich erhebliche Geduld der Beteiligten voraussetzt.

Zielführend kann nur ein **multilateral abgestimmter Ansatz** unter enger Einbeziehung der betroffenen Unternehmen sein, um sicherzustellen, dass die Besteuerung in Zukunft keinen Hemmschuh für die fortschreitende Digitalisierung der Industrie und der Gesamtwirtschaft darstellt. Wachstum und Innovationen auf Basis digitaler Geschäftsmodelle müssen vielmehr durch einen international einheitlichen Besteuerungsansatz flankiert und gefördert werden.

G. Gesetzliche Rahmenbedingungen für die Digitalisierung

I. Einführung

Das Gesetz zur Modernisierung des Besteuerungsverfahrens[1] ist zum 1.1.2017 in Kraft getreten[2] (→ Rz. 372 ff.). Hinter dem Gesetz steht ein in die Zukunft gewandtes Konzept. Denn Bund und Länder verfolgen gemeinsame mit dem Modernisierungsgesetz die ausdrücklich erklärten Ziele:

42

- Kommunikationsprozesse und Arbeitsabläufe strukturell neu gestalten.
- Mit verstärktem IT-Einsatz das steuerliche Massenverfahren optimieren.
- Die Aufgaben der Steuerverwaltung nachhaltig, effektiv und wirtschaftlich erfüllen.[3]

II. Kommunikationsprozesse

1. E-Bilanz

Das Gesetz zur Modernisierung und Entbürokratisierung des Steuerverfahrens wurde im Dezember 2008 verabschiedet. Die damit verfolgte Strategie bestand darin, die **elektronische Kommunikation** zwischen Finanzverwaltung und Steuerpflichtigen auszubauen und darzubietende Papierunterlagen weitgehend durch elektronische Daten auszutauschen.

43

Durch die Beseitigung des Medienbruches bei der Übermittlung der steuerlichen Gewinnermittlung an das Finanzamt sollte in einem zentralen Bereich des Verwaltungsverfahrens ein wesentlicher Beitrag zum Abbau bürokratischer Lasten und zur Modernisierung des Besteuerungsverfahrens geleistet werden.

---

1) Gesetz zur Modernisierung des Besteuerungsverfahrens vom 18.7.2016, BGBl. I 2016, 1679 = BStBl I 2016, 694; im Folgenden Modernisierungsgesetz genannt.
2) Für einige Regelungen gelten abweichende Zeitpunkte des Inkrafttretens. Für die vollständige Umsetzung aller Maßnahmen – auch technisch und organisatorisch – wird nach Angaben des Bundesministeriums der Finanzen ein Zeitraum von circa fünf Jahren veranschlagt.
3) Gemeinsames Konzept von Bund und Ländern zur „Modernisierung des Besteuerungsverfahrens", http://www.bundesfinanzministerium.de/Web/DE/Themen/Steuern/Steuerverwaltungu-Steuerrecht/Organisation_Automation/organisation_automation.html

Erster Teil: Bewertung aus der Sicht der Wirtschaft

Mit § 5b EStG sollte für Wirtschaftsjahre, die nach dem 31.12.2011 beginnen, die elektronische Übermittlung erfolgen. Umfasst sind hiervon die Bilanz sowie die Gewinn- und Verlustrechnung. Mit Hilfe von Nichtbeanstandungsklausel und Übergangsregelungen wurde ein abrupter Wechsel in das neue Verfahren verhindert. Die Übermittlung erfolgt im freien Datenaustauschformat XBRL, welches bereits heute zur Offenlegung von Jahresabschlüssen beim elektronischen Bundesanzeiger und weltweit zum Austausch von Unternehmensinformationen im Bereich der Finanzberichterstattung genutzt wird.

Grundlage der XBRL-Übermittlung sind sogenannte Taxonomien. Die für Zwecke der Einreichung einer steuerlichen Gewinnermittlung definierten Taxonomien stellen den amtlich vorgeschriebenen Datensatz nach § 5b EStG dar.

Mit dem BMF-Schreiben vom 16.5.2017 wurde das aktualisierte Datenschema der Taxonomien (Version 6.1) als amtlich vorgeschriebener Datensatz nach § 5b EStG veröffentlicht[1] (→ Rz. 149). Diese Taxonomien sind grundsätzlich für die Übermittlung von Jahresabschlüssen für Wirtschaftsjahre, die nach dem 31.12.2017 beginnen, zu verwenden.

> **Kritische Stellungnahme:**
> Die Einführungsphase der E-Bilanz dürfte damit zwar als beendet anzusehen sein. Es stehen allerdings noch einige Korrekturen und die Umsetzung wie beispielsweise sog. Rückübermittlungen von Datensätzen aus, etwa nach einer durchgeführten Betriebsprüfung.[2]

2. ELSTER

44 In der Abgabenordnung und den Einzelsteuergesetzen sind bereits verschiedene Regelungen für die Ausgestaltung der elektronischen Datenübermittlung enthalten. Auf Grundlage von § 87a, § 87b und § 87d AO ergeben sich feststehende Möglichkeiten zur elektronischen Kommunikation zwischen Bürgern, Unternehmern und Finanzverwaltungen. ELSTER steht für die elektronische Steuererklärung und ermöglicht die elektronische Übertragung von Steuerdaten. Damit werden papierbasierte Verfahrensabläufe schrittweise abgelöst.

> **Kritische Stellungnahme:**
> Eine Übersicht[3] der technisch möglichen Datenübermittlungen und der gesetzlichen Verpflichtungen für Unternehmer und Arbeitgeber zur elektronischen Übermittlung von Steuerdaten an die Finanzverwaltungen der Länder macht deutlich, dass der Prozess noch fortzuentwickeln ist.

3. Digitale LohnSchnittstelle

45 Mit dem Modernisierungsgesetz hat der Gesetzgeber die Einführung eines einheitlichen Standarddatensatzes als Schnittstelle zum elektronischen Lohnkonto (Digitale LohnSchnittstelle) verbindlich festgeschrieben, die ab dem 1.1.2018 anzuwenden ist. Die bisher im BMF-Schreiben vom 29.6.2011 ausgesprochene bloße Empfehlung zur Anwendung der Digitalen LohnSchnittstelle ist damit überholt. Arbeitgeber haben – unabhängig von dem eingesetzten Lohnabrechnungsprogramm – nach § 41 Abs. 1 Satz 7 EStG in Verbindung mit § 4 Abs. 2a LStDV die aufzuzeichnenden lohnsteuerrelevanten Daten der Finanzbehörde nach einer amtlich vorgeschriebenen einheitlichen digitalen Schnittstelle elektronisch bereitzustellen.[4]

---

1) BMF v. 16.5.2017, IV C 6 – S 2133-b/17/10003, BStBl I 2017, 776.
2) Hülshoff in „Stand des Projektes E-Bilanz", DB1216803.
3) https://www.elster.de/eportal/infoseite/rechtliches
4) BMF v. 26.5.2017, IV C 5 – S 2386/07/0005 :001, BStBl I 2017, 789 „Verbindliche Anwendung eines einheitlichen Standarddatensatzes als Schnittstelle zum elektronischen Lohnkonto; Digitale Lohn-Schnittstelle (DLS)".

4. Grundsätze zur ordnungsmäßigen Führung und Aufbewahrung von Büchern, Aufzeichnungen und Unterlagen in elektronischer Form sowie zum Datenzugriff

Die „Grundsätze zur ordnungsmäßigen Führung und Aufbewahrung von Büchern, Aufzeichnungen und Unterlagen in elektronischer Form sowie zum Datenzugriff (GoBD)" vom 14.11.2014 sehen vor, dass im Rahmen einer Außenprüfung auf Verlangen der Finanzverwaltung – neben den aufzeichnungs- und aufbewahrungspflichtigen Daten – auch alle zur **Auswertung** der Daten notwendigen Strukturinformationen in maschinell auswertbarer Form durch das geprüfte Unternehmen bereit gestellt werden (→ Rz. 596 ff.). Das entsprechende BMF-Schreiben fasst die Anforderungen der Finanzverwaltung an eine IT-gestützte Buchführung praxisgerecht zusammen.[1]

46

Die GoBD tragen zwar zu einer gewissen Rechtssicherheit bei, wenn es um die praktische Umsetzung von Vorgaben der Finanzverwaltung an die IT-bezogene Ordnungsmäßigkeit geht. Gleichwohl bestehen weiterhin offene Fragen und klärungsbedürftige Sachverhalte.

> **Kritische Stellungnahme:**
>
> Eines dieser viel besprochenen Fragen ist, ob der Sachverhalt des **mobilen Scannens** unter die Randnummern 130, 136 ff. der GoBD fällt und mithin für eine steuerliche Anerkennung die dort niedergelegten Anforderungen uneingeschränkt anzuwenden sind.[2] Es ist davon auszugehen, dass eine Überarbeitung der GoBD derartige Unklarheiten beseitigen und mehr Rechtssicherheiten bringen würde.

5. Generelle Belegvorhaltepflicht ersetzt Belegvorlagepflicht

Generelle Belegvorlagepflichten, die vor in Krafttreten des Modernisierungsgesetzes bestanden, werden weitgehend durch Belegvorhaltepflichten ersetzt (§ 36 Abs. 2 Nr. 2 EStG, § 50 EStDV). Belegende Unterlagen sind nach § 50 Abs. 8 EStDV nur noch auf **Aufforderung der Finanzbehörde** einzureichen. Um einer solchen Forderung der Finanzverwaltung nachzukommen, sind diese jedoch bis zum Ablauf eines Jahres nach Bekanntgabe der Steuerfestsetzung aufzubewahren. Dies bietet der Finanzverwaltung und dem Steuerpflichtigen ein erhebliches Vereinfachungspotential.

47

> **Kritische Stellungnahme:**
>
> Diese Erleichterung kommt allerdings bei der **Anrechnung der Kapitalertragsteuer** nur in bestimmten Fällen zum Tragen, was auf eine – nicht erforderliche – zurückhaltende Reformierung des Gesetzgebers hinweist. Würde der Gesetzgeber mehr Beherztheit bei dem Einsatz der Maßnahmen zur Digitalisierung aufbringen, würde der Prozess nicht mehrfach angefasst werden müssen. Mit mehr Vertrauen in den bestritten Weg des Risikomanagementsystems, mit dem die Finanzverwaltung etwaigen Missbrauchsfällen begegnen könnte, würde der gesamt Entwicklungsprozess der Digitalisierung beschleunigt werden.

6. Zwischenfazit

Aus ganz anderen Gründen kann durchaus der Verzicht auf die ausnahmslose elektronische Kommunikation mit der Finanzverwaltung gerechtfertigt sein. Denn eine gewisse Flexibilität der Kommunikationsmöglichkeiten muss insbesondere bei komplexeren Vorgängen erhalten bleiben. Schließlich wird die Digitalisierung in erster Linie von Effizienzgründen getragen.

48

---

1) BMF v. 14.11.2014, IV A 4 – S 0316/13/10003, BStBl I 2014, 1450 „Grundsätze zur ordnungsmäßigen Führung und Aufbewahrung von Büchern, Aufzeichnungen und Unterlagen in elektronischer Form sowie zum Datenzugriff".
2) Vgl. Groß, BB 2017, 930 „Mobiles Scannen und Tax Compliance".

III. Optimierung des steuerlichen Massenverfahrens

49 Wenn die Finanzverwaltung im Zusammenhang mit der Modernisierung des Besteuerungsverfahrens betont, dass „die erforderliche Neuausrichtung der Arbeitsabläufe und Prozesse in vielen Punkten eines Umdenkens und Betretens neuer Wege bedarf", geht es um weit mehr als einer medienbruchfreien Kommunikation.

Angesprochen wird damit in der Tat ein Kernpunkt der Digitalisierung. Wenngleich Seer zutreffend ausführt, dass hierin keine Fundamentalreform der AO liegt,[1] stellt sich der Gesetzgeber mit dem Modernisierungsgesetz gleichwohl den großen künftigen Herausforderungen des Steuerrechtes und des Steuervollzugs. Entsprechend weist das Bundesministerium der Finanzen in jeder Phase des Gesetzgebungsverfahrens unter anderem auf die Hintergründe der fortschreitenden Technisierung, der Digitalisierung aller Lebensbereiche, der zunehmend globalen wirtschaftlichen Verflechtung und nicht zuletzt auf die demografische Entwicklung zu einer alternden Gesellschaft und die abnehmende Bevölkerungszahl hin.[2] Deutlich wird, dass Treiber dieses Wandels die rasante Digitalisierung sowie der prozess-, risiko- und datenbasierte Umbau aller Wertschöpfungsketten sind.[3]

Die Steigerung von Wirtschaftlichkeit und Effizienz durch einen verstärkten Einsatz der Informationstechnologie und einen zielgenaueren Ressourceneinsatz und die Neugestaltung der rechtlichen Grundlagen, insbesondere der Abgabenordnung (AO) im Hinblick auf die sich stellenden Herausforderungen und die dafür vorgesehenen Lösungsansätze, sind nicht ohne Grund die Maßnahmen, die der Gesetzgeber in den Vordergrund stellt. Das Gesetz sieht zu den einzelnen Handlungsfeldern jeweils ein Bündel verschiedener Einzelmaßnahmen zur Stärkung von Wirtschaftlichkeit und Zweckmäßigkeit des Verwaltungshandelns vor, die einander ergänzen, wobei etliche Maßnahmen ihre Wirkung in mehreren Handlungsfeldern entfalten.[4]

> **Kritische Stellungnahme:**
>
> Es wird deutlich, dass das Modernisierungsgesetz einen wichtigen Einschnitt für die Digitalisierung des Steuerverfahrensrechtes in der Finanzverwaltung darstellt. Bedauerlich ist lediglich, dass gleichgelagerte Interessen der Steuerpflichtigen nicht im Fokus des Gesetzgebers standen.

1. Neuregelung des Untersuchungsgrundsatzes

50 Nach der neuen Regelung zum Untersuchungsgrundsatz in § 88 Abs. 2 AO bestimmt die Finanzbehörde Art und Umfang der Ermittlungen nach den Umständen des Einzelfalls sowie nach den Grundsätzen der Gleichmäßigkeit, Gesetzmäßigkeit und Verhältnismäßigkeit (→ Rz. 372). Dabei können die Finanzbehörde bei der Entscheidung über Art und Umfang der Ermittlungen ihre allgemeinen Erfahrungen sowie Wirtschaftlichkeit und Zweckmäßigkeit berücksichtigen.

§ 88 Abs. 3 AO gestattet den obersten Finanzbehörden zur Gewährleistung eines zeitnahen und gleichmäßigen Vollzugs der Steuergesetze für bestimmte oder bestimmbare Fallgruppen Weisungen über Art und Umfang der Ermittlungen und der Verarbeitung von erhobenen oder erhaltenen Daten zu erteilen (→ Rz. 372). Diese Weisungen dürfen

---

1) Seer, Steuerberater-Jahrbuch 2016/2017, S. 540.
2) Einführung zum Gesetz zur Modernisierung des Besteuerungsverfahrens, http://www.bundesfinanzministerium.de/Content/DE/Gesetzestexte/Gesetze_Verordnungen/2016-07-22-G-z-Modernisierung-d-Besteuerungsverfahrens.html
3) Röper, DB 2016, Heft 47, Beilage 04, S. 1 ((Die Digitalisierung des Bereich Steuern – Chancen statt Risiko?)).
4) http://www.bundesfinanzministerium.de/Content/DE/Gesetzestexte/Gesetze_Verordnungen/2016-07-22-G-z-Modernisierung-d-Besteuerungsverfahrens.html

allerdings nicht generell veröffentlicht werden.[1] Damit soll verhindert werden, dass Steuerpflichtige ihr Erklärungsverhalten an solchen Weisungen ausrichten.[2]

Dieser von den Grundsätzen der Wirtschaftlichkeit und der Zweckmäßigkeit geleitete **verstärkte Einsatz von risikoorientierten Methoden** bei der Prüfung von Steuererklärungen und der Ermittlung steuererheblicher Sachverhalte beeinflusst den Ermittlungsumfang im Besteuerungsverfahren und bestimmt damit den Amtsermittlungsgrundsatz mit.

Mit Blick auf die steuerlichen Massenverfahren ist erforderlich, dass der Finanzverwaltung eine gesetzliche Grundlage für die Berücksichtigung von Wirtschaftlichkeits- und Zweckmäßigkeitsgesichtspunkten in der Verfahrensabwicklung gewährt wird. Damit wird in Teilen einer bereits vorherrschenden Verwaltungspraxis Rechtssicherheit verschafft. Denn sicherlich geht ein grenzenloser Untersuchungsgrundsatz zu weit. Zu bedenken ist in diesem Zusammenhang, dass der Bundesrechnungshof festgestellt hat, dass mehrere Landesrechnungshöfe trotz Risikohinweisen häufig die erforderlichen Sachverhaltsaufklärungen unterlassen hatten.[3]

Die Wissenschaft verweist auf die Gefahr einer isolierten Betrachtung des Wirtschaftlichkeitsprinzips und zeigt zugleich die Grenzen auf.[4] Denn vorangestellt ist der sich unter Absatz 1 findende Grundsatz, dass die Finanzbehörde den Sachverhalt – unter Berücksichtigung aller für den Einzelfall bedeutsamer, auch die für die Beteiligten günstigen Umstände – von Amts wegen zu ermitteln hat.

> **Kritische Stellungnahme:**
> Nicht von der Hand zu weisen sind die **Bedenken in Bezug auf das generelle Veröffentlichungsverbot**, das sich nach der Gesetzesbegründung auch an Gerichte, Rechnungsprüfungsbehörde und dem Parlament richtet. Mit Blick darauf, dass es sich bei der Steuerverwaltung um eine staatliche Eingriffsverwaltung handelt, sind Bedenken an dieser Stelle angebracht. Verwaltungshandeln sollte transparent und von rechtsstaatlich nachvollziehbaren Argumenten getragen sein. Die Gleichmäßigkeit der Besteuerung kann nicht im Verborgenen durch die Finanzverwaltung gewährleistet werden. Eine „Geheimwissenschaft" entspricht weder dem rechtsstaatlichem Gebot einer transparenten Verwaltung, noch führt sie zu einer Akzeptanz des Steuerpflichtigen.[5]

2. Einsatz von Risikomanagementsystemen

Die Finanzbehörden können zur Beurteilung der Notwendigkeit weiterer Ermittlungen und Prüfungen für eine gleichmäßige und gesetzmäßige Festsetzung von Steuern und Steuervergütungen sowie Anrechnung von Steuerabzugsbeträgen und Vorauszahlungen Risikomanagementsysteme einsetzen (→ Rz. 379).[6] Auch dabei soll der Grundsatz der Wirtschaftlichkeit der Verwaltung berücksichtigt werden.[7]

Nach der Legaldefinition ist unter Risikomanagementsystem ein automationsgestütztes System zu verstehen.[8] Eine Konkretisierung findet sich hierzu in der Gesetzesbegründung, in der ausgeführt wird, dass ein Risikomanagement aus der systematischen Erfassung und Bewertung von Risikopotenzialen sowie der Steuerung von Reaktionen

---

1) Vgl. § 88 Abs. 3 Satz 3 AO.
2) Gesetzesbegründung zu § 88 Abs. 3 AO, BT-Drucks. 18/7457, 68
3) Bericht des Bundesrechnungshofes nach § 99 BHO über den Vollzug der Steuergesetze, insbesondere im Arbeitnehmerbereich vom 17.1.2012.
4) Seer führt hierzu im Steuerberater-Jahrbuch 2016/2017, S. 544 auf: „Eine isolierte Leseart des Wirtschaftlichkeitsprinzips könnte die Finanzbehörden zu einer mit den Grundprinzipien der Gesetz und Gleichmäßigkeit der Besteuerung unvereinbaren Verwaltung verleiten."
5) Seer, Steuerberater-Jahrbuch 2016/2017, S. 550.
6) § 88 Abs. 5 Satz 1 AO.
7) § 88 Abs. 5 Satz 2 AO.
8) § 88 Abs. 5 Satz 1 AO.

in Abhängigkeit von den festgestellten Risikopotenzialen besteht.[1] Kodifiziert werden weiterhin die **Mindestanforderungen des Risikomanagementsystems**:

(1) die Gewährleistung, dass durch Zufallsauswahl eine hinreichende Anzahl von Fällen zur umfassenden Prüfung durch Amtsträger ausgewählt wird,

(2) die Prüfung der als prüfungsbedürftig ausgesteuerten Sachverhalte durch Amtsträger,

(3) die Gewährleistung, dass Amtsträger Fälle für eine umfassende Prüfung auswählen können,

(4) die regelmäßige Überprüfung der Risikomanagementsysteme auf ihre Zielerfüllung.[2]

Dass mit dem Einsatz von Risikomanagementsystemen weitere Ziele verfolgt werden, machen die in der Gesetzesbegründung ausdrücklich genannten Ziele deutlich:

- Steuerverkürzungen zu verhindern und damit präventiv zu wirken,
- gezielt Betrugsfälle aufzudecken, zumindest aber die Chancen ihrer Aufdeckung deutlich zu erhöhen,
- die individuelle Fallbearbeitung durch Amtsträger durch eine risikoorientierte Steuerung der Bearbeitung zu optimieren,
- die Bearbeitungsqualität durch Standardisierung der Arbeitsabläufe bei umfassender Automationsunterstützung nachhaltig zu verbessern und
- qualitativ hochwertige Rechtsanwendung durch bundeseinheitlich abgestimmte Vorgaben gleichmäßig zu gestalten; diese Vorgaben können auch regionale Besonderheiten berücksichtigen.[3]

Die unter § 88 Abs. 5 Satz 3 Nr. 1 vorgesehene **Zufallsauswahl** (→ Rz. 379) und die in § 88 Abs. 5 Satz 3 Nr. 2 vorgesehene Möglichkeit der individuellen Aussteuerung durch den Sachbearbeiter im Finanzamt gewährleisten die verfassungsrechtlich gebotene Generalprävention und die unerlässliche Qualitätssicherung.[4]

> **Kritische Stellungnahme:**
>
> Auch insoweit untersagt die Vorschrift die grundsätzliche Veröffentlichung der Einzelheiten des Risikomanagementsystems. Nach der Begründung soll damit verhindert werden, dass Steuerpflichtige ihr Erklärungsverhalten an den Risikomanagementsystemen ausrichten.[5]
>
> Wesentlich ist in diesem Zusammenhang, dass sichergestellt wird, dass das Risikomanagementsystem eine **hinreichende Zufallsauswahl garantiert**, wozu beispielsweise die Möglichkeit des Steuerpflichtigen, gerichtlich dagegen vorzugehen, beitragen würde.
>
> Darüber hinaus ist erforderlich, dass die **Einzelheiten der Risikomanagementsysteme transparent** gemacht werden. Andernfalls ist nicht erkennbar, ob Grenzwerte nur zugunsten der Finanzverwaltung festgelegt werden sollen oder auch zugunsten der Steuerpflichtigen.
>
> Grundsätzlich sollten die Wirtschaftlichkeitskriterien auch zugunsten des Steuerpflichtigen anwendbar sein.

---

1) Gesetzesbegründung zu § 88 Abs. 3 AO, BT-Drucks. 18/7457, 69.
2) § 88 Abs. 5 Satz 3 AO.
3) Gesetzesbegründung zu § 88 Abs. 3 AO, BT-Drucks. 18/7457, 69 f.
4) http://www.bundesfinanzministerium.de/Content/DE/Gesetzestexte/Gesetze_Verordnungen/2016–07-22-G-z-Modernisierung-d-Besteuerungsverfahrens.html
5) Gesetzesbegründung zu § 88 Abs. 3 AO, BT-Drucks. 18/7457, 70. Zu den Gegenargumenten vgl. Ausführungen zu Weisungen unter Tz. I 1.

3. Ausschließlich automationsgestützte Bearbeitung

Nach § 155 Abs. 4 AO können die Finanzbehörden **52**

- Steuerfestsetzungen sowie
- Anrechnungen von Steuerabzugsbeträgen und
- Vorauszahlungen

auf der Grundlage der ihnen vorliegenden Informationen und der Angaben des Steuerpflichtigen ausschließlich automationsgestützt

- vornehmen,
- berichtigen,
- zurücknehmen,
- widerrufen,
- aufheben oder
- ändern.

Diese Möglichkeit der vollständigen automationsgestützten Bearbeitung von Steuererklärungen ist nur begrenzt (→ Rz. 379). Bei entsprechendem Anlass, ist der Einzelfall personell zu bearbeiten. Davon ist insbesondere bei entsprechender Angabe durch den Steuerpflichtigen auszugehen.

> **Kritische Stellungnahme:**
> Dass Steuerpflichtige in den Steuererklärungen künftig qualifiziert Freitextfelder befüllen können, ermöglicht eine differenzierte Erklärung und vermeidet eine starre Handhabung.

4. Neuregelung der Verlängerung von Steuererklärungsfristen

Die Steuererklärungsfristen[1] wurde neu geregelt (→ Rz. 159), um eine rechtzeitige und kontinuierliche Abgabe der Steuererklärungen, die Arbeitsabläufe in der Finanzverwaltung und der Steuerberatungspraxis zu verbessern und daher ebenfalls einen Beitrag zum effizienten Steuervollzug zu leisten. **53**

Die **allgemeine Steuererklärungsfrist** für alle Steuerpflichtigen nach § 149 Abs. 2 AO wird von fünf auf sieben Monate verlängert. Damit erübrigen sich viele Fristverlängerungsanträge nicht beratener Steuerpflichtiger.

> **Kritische Stellungnahme:**
> Auch wenn die Beschleunigung grundsätzlich als erstrebenswert zu begrüßen ist, wird diese Regelung der Praxis insbesondere bei Großunternehmen und in Konzernfällen nicht gerecht. Viele Konzernspitzen mit einer Vielzahl von Tochter- und Enkelgesellschaften sind mit sehr komplexen Erklärungen befasst, die eine gewisse Zeit benötigen.

5. Gesetzliche Fristverlängerung für die Abgabe von Steuererklärungen

Soweit Steuererklärungen durch einen **Angehörigen der rechts- und steuerberatenden Berufe** erstellt werden, wird die Steuererklärungsfrist nach § 149 Abs. 3 AO bis Ende Februar des Zweitfolgejahres verlängert (→ Rz. 159). Bisher betrug die Frist nach den jährlichen „Fristenerlassen" der obersten Finanzbehörden in diesen Fällen zwölf Monate, d.h. über den 31.12. des Folgejahres, nur auf Grund begründeter Einzelanträge. **54**

---

1) Allerdings tritt die Regelung erst mit Wirkung ab Veranlagungszeitraum 2018 in Kraft.

Hiermit soll der Tatsache Rechnung getragen werden, dass einerseits die Erstellung der Jahressteuererklärungen und die Veranlagungsarbeiten innerhalb von zwölf Monaten abgeschlossen sein müssen, andererseits aber mit der Anfertigung der Steuererklärungen faktisch erst ab März und nicht bereits ab Januar des Folgejahres begonnen werden kann, da erst dann erforderliche Bescheinigungen (z.B. Lohnsteuerbescheinigungen) vorliegen.

> **Kritische Stellungnahme:**
> Die Mehrzahl der größeren und großen Unternehmen in Deutschland beschäftigt für die Erstellung der abzugebenden Steuererklärungen innerhalb eines Konzerns **eigens** dafür **eingestelltes, qualifiziertes Personal**. Sind für die Erstellung von Steuererklärungen nicht externe Steuerberater, sondern unternehmens- bzw. konzerneigene Steuerabteilungen verantwortlich, besteht nach dem gegenwärtig geplanten Regelungsgefüge weiterhin die Notwendigkeit, Fristverlängerungen bis Ende Februar des übernächsten Jahres im Einzelfall zu beantragen und zu begründen. Die Neuregelung bedeutet, dass die generelle Fristverlängerung für diese Unternehmen nicht zur Anwendung kommen könnte und auf Einzelanträge zurückgegriffen werden müsste. Um dem von der Finanzverwaltung formulierten Anspruch auf Erhalt gründlich und zutreffend erstellter Steuererklärungen gerecht zu werden, sollte die **generelle Fristverlängerung auch in diesen Fällen** gesetzlich Anwendung finden. Dadurch würden auch ständige Fristverlängerungsanträge und die damit zusammenhängende Arbeitsbelastung vermieden.[1]

6. Weitere Regelungen des Modernisierungsgesetzes, die der Automation zuzurechnen sind

55 Die oberste Landesfinanzbehörde kann nun zur Gewährleistung eines zeitnahen und gleichmäßigen Vollzugs der Steuergesetze anordnen (**Flexibilisierung der Zuständigkeiten**), dass das eigentlich örtlich zuständige Finanzamt ganz oder teilweise – regelmäßig für einzelne Verfahrensabschnitte oder Zeiträume – bei der Erfüllung seiner Aufgaben in Besteuerungsverfahren durch ein anderes Finanzamt unterstützt wird (§ 29a AO). Der Steuerpflichtige wird hierüber informiert, sofern dies für Nachfragen oder Beleganforderungen geboten ist.

Die Regelungen über Bevollmächtigte und Beistände im Besteuerungsverfahren in § 80 AO werden modernisiert. In § 80a AO wird zugleich die **elektronische Übermittlung von Vollmachtsdaten** an die Finanzverwaltung gesetzlich geregelt.

Die im Einkommensteuergesetz verteilten und teilweise uneinheitlichen Regelungen über **Datenübermittlungspflichten Dritter** (z.B. Arbeitgeber, Bundesagentur für Arbeit, Rentenversicherung, Krankenversicherung) werden harmonisiert und in der AO – insbesondere in § 93c AO – zentralisiert (→ Rz. 373). Die mitteilungspflichtige Stelle hat den Steuerpflichtigen dabei darüber zu informieren, welche für seine Besteuerung relevanten Daten sie an die Finanzbehörden übermittelt hat oder übermitteln wird. § 175b AO regelt zukünftig die Änderungsmöglichkeiten von Steuerbescheiden bei Datenübermittlungen durch Dritte (→ Rz. 374).

§ 150 Abs. 7 AO ermöglicht es, dass die Steuerpflichtigen auf eine eigenständige Erklärung der eDaten – der Steuerverwaltung bereits von mitteilungspflichtigen Dritten übermittelte Daten – verzichten können. In diesem Fall gelten die der Finanzverwaltung von dritter Seite übermittelten Daten als vom Steuerpflichtigen angegebene Daten. Damit wird die Erstellung der Steuererklärung wesentlich erleichtert. Zugleich wird sichergestellt, dass das Unterlassen der fraglichen Angaben keine Verletzung der Mitwirkungspflicht darstellt, weil die Steuererklärung als vollständig gilt. Die Datenübermittlungen Dritter werden dadurch aber nicht zu bindenden Grundlagenbescheiden. Soweit seine Angaben dann von den von dritter Seite übermittelten Daten abweichen, muss der Steuerfall nach § 155 Abs. 4 Satz 3 AO insoweit durch einen Sachbearbeiter im Finanzamt geprüft werden.

---

1) So auch die acht Spitzenorganisationen der deutschen Wirtschaft in ihrer Stellungnahme vom 16.3.2016 zum Regierungsentwurf eines Gesetztes zur Modernisierung des Besteuerungsverfahrens.

> **Anmerkung:**
> Die Vorschrift soll der Finanzverwaltung nicht nur ein Vereinfachungspotential bieten, vielmehr soll sie zugleich der Finanzverwaltung für Kontrollzwecke zur Verfügung stehen.

Die neue Änderungsmöglichkeit bei Rechen- und Schreibfehlern des Steuerpflichtigen bei der Erstellung seiner Steuererklärung (§ 173a AO), stellt eine logische Konsequenz der automatischen Veranlagung dar.

In § 89 AO wird bestimmt, dass die Finanzämter binnen sechs Monaten über einen **Antrag auf Erteilung einer verbindlichen Auskunft** entscheiden sollen (→ Rz. 376). Ist dies nicht möglich, muss der Antragsteller hierüber unter Abgabe der Gründe informiert werden.

§ 122a AO enthält Regelungen zur **elektronischen Bekanntgabe von Steuerverwaltungsakten** – also insbesondere von Steuerbescheiden – durch Bereitstellung zum Online-Datenabruf (→ Rz. 378). Das heißt, der Steuerpflichtige soll zukünftig die Möglichkeit haben, sich z. B. seinen Steuerbescheid im ElsterOnline-Portal elektronisch „abzuholen". An Verwaltungsakte, hier insbesondere den Steuerbescheid, knüpfen unmittelbare Rechtsfolgen an, z.B. Zahlungspflicht, Beginn der Rechtsbehelfsfrist. Daher muss die elektronische Form der Bekanntgabe der Verwaltungsakte besonders geregelt werden. Sie setzt die Zustimmung des Steuerpflichtigen oder der von ihm als Bekanntgabe-Bevollmächtigter benannten Person voraus. Diese Zustimmung kann jederzeit, dann aber erst mit Wirkung für die Zukunft, widerrufen werden.

IV. Fazit und Ausblick – Optimierung der steuerlichen Prozesse durch Künstliche Intelligenz

Die Integrationsreichweite der Digitalisierung im Bereich des Steuerrechts verdeutlicht, dass die bisherigen Modernisierungs- und Digitalisierungsmaßnahmen im Bereich der Finanzverwaltung weitgehend umgesetzt werden konnten. Hierdurch können die Finanzverwaltungsressourcen in Zukunft effizienter eingesetzt werden. Jedoch sind die **Belange der Unternehmen bislang zu kurz gekommen** und müssen von der Steuerpolitik und der Finanzverwaltung in den Blick genommen werden.

56

Politik, Verwaltung und Unternehmen stehen vor der großen Herausforderung, den effektiven und vollständigen digitalen Einzug im Bereich des Steuerrechts für alle Beteiligten gleichermaßen zu fördern. In diesem gemeinsamen Interesse bedarf es der besonderen Anstrengung, der bisherigen Entwicklung entgegenzuwirken. Erforderlich hierfür wäre, dass der Gesetzgeber bei jedem neuen Gesetz – ähnlich wie bei der one-in-one-out-Regelung – überprüft, ob die darin enthalte Regelung in digitale Abläufe integrierbar ist oder wie die materielle Vorschrift ausgestaltet werden muss, um im Unternehmen keinen digitalen Bruch zu verursachen.[1]

Unternehmerisches Handeln hat sich in den vergangenen Jahrzehnten durch die Digitalisierung enorm verändert. Aus Sicht der Forschung auf dem Gebiet der Künstlichen Intelligenz sind über die Jahre vielfältige innovative Anwendungen für den praktischen Einsatz in den verschiedensten Bereichen entstanden.[2] Das **Digitalisierungspotenzial** ist auch **im Bereich der Unternehmensbesteuerung lange nicht ausgeschöpft** und bis zum vollständigen Einsatz einer Künstlichen Intelligenz im Steuerbereich ist der Weg noch weit.

---

1) Welling/Ghebreweßet, DB 2017 Heft 47, Beilage 04, S. 33 f.
2) S. 74 der Innovationsstudie zur Digitalisierung und den Potentialen Künstlicher Intelligenz im Bereich Steuer der WTS Group AG Steuerberatungsgesellschaft, und des Deutschen Forschungszentrums für Künstliche Intelligenz.

her
Zweiter Teil: Gestaltungsüberlegungen zum Jahreswechsel 2017/2018

A. Unternehmensbesteuerung

I. Geringwertige Wirtschaftsgüter

Bei Wirtschaftsgütern, die nach dem 31.12.2017 angeschafft oder hergestellt werden, ist die **neue Betragsgrenze von 800 Euro** zu beachten (→ Rz. 146). Da zudem die untere Wertgrenze von 150 Euro auf 250 Euro angehoben wurde (→ Rz. 147), können somit abnutzbare Wirtschaftsgüter mit Anschaffungs- oder Herstellungskosten von über 250 Euro, aber nicht mehr als 800 Euro sofort abgeschrieben werden.[1]

57

> **Praxistipp:**
>
> Ist die Anschaffung oder Herstellung eines abnutzbaren Wirtschaftsguts mit Anschaffungskosten über der bisherigen Wertgrenze von 410 Euro, aber von nicht mehr als 800 Euro geplant, sollte geprüft werden, ob zur Nutzung der neuen Wertgrenze für geringwertige Wirtschaftsgüter die Investition nicht entsprechend auf einen Zeitpunkt **nach dem 31.12.2017** verzögert werden kann.
>
> Entsprechendes gilt für abnutzbare Wirtschaftsgüter mit Anschaffungs- oder Herstellungskosten von mehr als 150 Euro, aber **nicht mehr als 250 Euro**. Werden diese erst in 2018 angeschafft oder hergestellt, können die Anschaffungs- oder Herstellungskosten sogleich als Betriebsausgaben verbucht werden. Eine Erfassung im Verzeichnis für geringwertige Wirtschaftsgüter erübrigt sich. Zugleich sind diese auch nicht bei der Ausübung des Wahlrechts zu berücksichtigen, ob statt der Regelung für geringwertige Wirtschaftsgüter die des Sammelpostens nach § 6 Abs. 2a EStG genutzt werden soll.
>
> Sofern eine möglichst hohe Minderung des steuerpflichtigen Gewinns im Vordergrund steht, dürfte zudem infolge der Anhebung der Betragsgrenze für geringwertige Wirtschaftsgüter die Option, einen Sammelposten für Wirtschaftsgüter mit Anschaffungs- oder Herstellungskosten von bis zu 1 000 Euro zu bilden (§ 6 Abs. 2a EStG), nur noch in wenigen Fällen genutzt werden.

II. Zinsschranke

Übersteigen die Zinsaufwendungen nach Abzug der Zinserträge (Nettozinsaufwendungen) eines Personenunternehmens oder einer Kapitalgesellschaft 30 % des verrechenbaren steuerlichen EBITDA, sind diese steuerlich nicht abziehbar, sofern keine der Ausnahmen von der Anwendung dieser sog. Zinsschranke greift. Die nicht abziehbaren Zinsaufwendungen vermindern ggf. den steuerlichen Gewinn der Folgejahre, sofern dann wiederum die Vorgaben der Zinsschranke eingehalten werden.

58

> **Anmerkung:**
>
> Das für die Zinsschranke maßgebliche steuerliche EBITDA ergibt sich aus dem steuerpflichtigen Gewinn zuzüglich der Zinsaufwendungen, abzüglich der Zinserträge unter Hinzurechnung der Sofortabschreibungen für geringwertige Wirtschaftsgüter (GwG), der Auflösung des Sammelpostens nach § 6 Abs. 2a EStG und der Absetzungen für Abnutzungen.

Da die Zinsschranke nur anzuwenden ist, wenn die Zinsaufwendungen, soweit sie die Zinserträge übersteigen, mindestens 3 Mio. Euro betragen, sollte überprüft werden, ob von dieser **Freigrenzenregelung** Gebrauch gemacht werden kann, indem z.B. kurzfristig noch Zinserträge realisiert werden. Ansonsten könnten einzelne Unternehmen innerhalb einer Unternehmensgruppe, deren Nettozinsaufwendungen bislang weniger als 3 Mio. Euro betragen, prüfen, ob sie ihr Volumen an Fremdfinanzierung erhöhen, um so der Unternehmensgruppe Liquidität zuzuführen und den Betrag an steuerlich abzugsfähigen Zinsaufwendungen maximal auszuschöpfen. Bilden mehrere Unternehmen einer Unternehmensgruppe allerdings eine ertragsteuerliche **Organschaft**, ist die Freigrenze nur einmal für den gesamten Organkreis zu gewähren.[2]

---

1) Vgl. hierzu auch Grefe, DStZ 2017, 718.
2) BMF v. 4.7.2008, IV C 7 – S 2742 – a/07/10001, BStBl I 2008, 718, Tz. 57.

Praxistipp:

Übersteigen die Nettozinsaufwendungen im Organkreis im laufenden Wirtschaftsjahr voraussichtlich die Freigrenze von 3 Mio. Euro, könnte geprüft werden, ob die Organschaft steuerunschädlich noch vor Ende des Wirtschaftsjahres der Organgesellschaft beendet werden kann. Innerhalb der Mindestlaufzeit von fünf Jahren ist hierzu allerdings ein wichtiger Grund[1] erforderlich, da andernfalls die Organschaft von Beginn an steuerlich nicht anerkannt wird.

Weil mit der Beendigung der ertragsteuerlichen Organschaft zahlreiche steuerliche Folgen einhergehen, sollte zuvor sorgfältig geprüft werden, ob der Vorteil aus der ggf. mehrmaligen Nutzung der Zinsschrankenfreigrenze etwaige steuerliche Nachteile überwiegt. Ggf. kann die Anwendung der Zinsschranke auch durch die Konzernklausel (→ Rz. 59) vermieden werden.

59 Mit der sog. Konzernklausel und der sog. Escape-Klausel bestehen noch zwei weitere Ausnahmeregelungen von der Zinsschranke, die greifen, sofern **keine schädliche Gesellschafter-Fremdfinanzierung** vorliegt. Diese ist gegeben, wenn die von einer Kapitalgesellschaft gezahlten Fremdkapitalvergütungen an wesentlich beteiligte Anteilseigner, diesen nahe stehenden Personen oder Dritten mit Rückgriffsrecht auf die wesentlich beteiligten Anteilseigner oder diesen nahe stehende Personen mehr als 10 % des Nettozinsaufwands (Zinsaufwendungen abzüglich Zinserträge) betragen (§ 8b Abs. 2 und 3 KStG). Als wesentlich gilt eine unmittelbare oder mittelbare Beteiligung von mehr als 25 % am Grund- oder Stammkapital der Kapitalgesellschaft. Nach von der Meinung der Finanzverwaltung abweichenden Auffassung des BFH[2] ist bei der Prüfung der schädlichen Gesellschafter-Fremdfinanzierung jeder der qualifiziert beteiligten Gesellschafter getrennt zu betrachten.

Beispiel:

Gewähren die beiden jeweils zu 50 % an der Kapitalgesellschaft beteiligten Gesellschafter der Kapitalgesellschaft Darlehen und werden an jeden der Gesellschafter jeweils 6 % des Nettozinsaufwands der Kapitalgesellschaft als Zinsen gezahlt, liegt nach Auffassung des BFH keine schädliche Gesellschafter-Fremdfinanzierung vor.

Praxistipp:

Um sich die Anwendung der vorgenannten Ausnahmeregelungen nicht zu verschließen, sollte deshalb geprüft werden, ob die Gesellschafterfremdfinanzierungen so gesteuert werden können, dass diese mangels Überschreiten der 10 %-Grenze steuerlich unschädlich sind.

60 Liegt keine schädliche Gesellschafterfremdfinanzierung vor, ist die Zinsschranke unbeachtlich, wenn der Betrieb **nicht** oder nur anteilig zu einem **Konzern** gehört (Konzern-Klausel). Bei Vorliegen eines Konzerns kann die Anwendung der Zinsschrankenregelung aber dennoch vermieden werden, wenn alle Konzerngesellschaften in einer **Organschaft** zusammengefasst sind. Diese Organschaft gilt dann lediglich als ein Betrieb.

Anmerkung:

Die Begründung einer Organschaft führt allerdings nicht zum Erfolg, wenn dem Konzern z.B. eine ausländische Gesellschaft oder eine Tochter-Personengesellschaft angehört, da diese nicht in die Organschaft einbezogen werden können.

61 Bei Konzernzugehörigkeit kann aber auch, sofern keine schädliche Gesellschafter-Fremdfinanzierung gegeben ist, die sog. **Escape-Klausel** greifen, wenn die Eigenkapi-

---

1) R 14.5 Abs. 6 KStR 2015.
2) BFH v. 11.11.2015, I R 57/13, BStBl II 2017, 319 (vgl. hierzu Märtens, jurisPR-SteuerR 17/2016 Anm. 3); a.A. BMF v. 4.7.2008, BStBl I 2008, 718, Tz. 82 (Vgl. auch Ebner Stolz / BDI, Änderungen im Steuer- und Wirtschaftsrecht 2016/2017, Rz. 284)

talquote zum Schluss des vorangegangenen Abschlussstichtags mindestens 98 % der Eigenkapitalquote des Konzerns beträgt.

> **Praxistipp:**
>
> Hier kann zumindest dadurch auf die Anwendbarkeit der Escape-Klausel im kommenden Wirtschaftsjahr Einfluss genommen werden, dass z.B. durch eine Bilanzverkürzung die dann maßgebliche Eigenkapitalquote verbessert wird. Auch könnte durch das sog. Escape-Modell eine Verbesserung der Eigenkapitalquote des zu prüfenden Betriebs erzielt werden, indem die Eigenkapitalquote belastende Beteiligungsbuchwerte durch Veräußerung an eine zwischengeschaltete Holdinggesellschaft in Forderungen umgestaltet werden, die für die Eigenkapitalquote unschädlich sind.

62 Der **BFH**[1] beurteilt die Regelung zur Zinsschranke als **verfassungswidrig** und hat dem BVerfG deshalb § 4h EStG i.V.m. § 8a KStG zur verfassungsrechtlichen Überprüfung vorgelegt.[2]

> **Praxistipp:**
>
> Gegen Einkommen- oder Körperschaftsteuerbescheide, denen Gewinne zu Grunde liegen, bei deren Ermittlung die Zinsschrankenregelung zur Anwendung kam, kann mit Verweis auf das Normenkontrollverfahren Einspruch eingelegt werden. Nach dem Ergebnis der Erörterungen von Vertretern der obersten Finanzbehörden des Bundes und der Länder kann das Einspruchsverfahren bis zur gerichtlichen Entscheidung ruhen.[3] Eine Aussetzung der Vollziehung des danach streitigen Steuerbetrags lehnen die Finanzbehörden jedoch ab.[4] Angesichts des aktuellen Zinsniveaus und des mit der Aussetzung der Vollziehung einhergehenden Zinsrisikos sollte ohnehin sorgfältig geprüft werden, ob die Stellung eines entsprechenden Antrags opportun ist.

III. Lizenzschranke

63 Lizenzaufwendungen, die **nach dem 31.12.2017** entstehen und an eine nahestehende Person im Ausland gezahlt werden, unterliegen der sog. Lizenzschranke, sofern sie im Ausland aufgrund eines als schädlich einzustufenden Präferenzregimes einer niedrigen Besteuerung unterliegen (→ Rz. 150 ff.).

> **Praxistipp:**
>
> Es sollte noch vor dem Jahreswechsel geprüft werden, ob die Voraussetzungen der Anwendung der Lizenzschranke vorliegen. Zu prüfen ist somit u.a., ob es sich bei dem Gläubiger der Lizenzzahlungen um eine **nahestehende Person** i.S.v. § 1 Abs. 2 AStG handelt, also eine wesentliche Beteiligung (mindestens 25 %) besteht oder ein beherrschender Einfluss im Verhältnis zwischen Gläubiger und Schuldner der Lizenzzahlungen ausgeübt werden kann.

Eine niedrige Besteuerung i.S.d. Lizenzschranke liegt nur dann vor, wenn die Einnahmen im Ausland mit einem **Ertragsteuersatz von weniger als 25 %** belastet werden. Dabei ist allerdings zu beachten, dass eigene Aufwendungen des Gläubigers unberücksichtigt bleiben (→ Rz. 155), so dass nicht lediglich auf die Höhe des nominalen Steuersatzes abgestellt werden kann. Weiter ist erforderlich, dass es sich um eine von der Regelbesteuerung abweichende Besteuerung handeln muss (sog. Präferenzregime), so dass die Lizenzschranke dann nicht zur Anwendung kommt, wenn der Ertragsteuersatz für Unternehmensgewinne generell unter 25 % liegt und keine steuerliche Begünstigung von Lizenzeinnahmen vorgesehen ist.

Trotz niedriger Besteuerung der Lizenzeinnahmen ist jedoch dann nicht von einem schädlichen Präferenzregime auszugehen, wenn der **Nexus-Ansatz** der OECD greift

---
1) BFH v. 14.10.2015, I R 20/15, HFR 2016, 223.
2) Normenkontrollverfahren anhängig unter Az. 2 BvL 1/16.
3) OFD NRW v. 11.7.2013, S 2742a – 2003 – St 137, DB 2013, 1580.
4) BMF v. 13.11.2014, IV C 2 – S 2742-a/07/10001 :009, BStBl I 2014, 1516.

(→ Rz. 156). Zwar hat die OECD den Staaten eine Frist bis 30.6.2021 gesetzt, bis zu der sie ihre Lizenzregelungen an den Nexus-Ansatz anpassen können, so dass diese nicht als schädlich anzusehen sind. Nach nationaler Regelung ist jedoch ungeachtet dieser Anpassungsfrist bereits ab 2018 zu prüfen, ob die Lizenzregelungen dem Nexus-Ansatz entsprechen. Es kann somit trotz entsprechender Bemühungen des anderen Staates, eine Nexus-Ansatz-konforme Regelung zu schaffen, zumindest bis 2020 die Lizenzschranke anzuwenden sein.

> **Praxistipp:**
>
> Es sollte noch vor Jahresende geprüft werden, ob der Abzug von Lizenzaufwendungen durch die Lizenzschranke beschränkt werden könnte, um die Auswirkungen auf die Höhe des steuerpflichtigen Gewinns abschätzen zu können. Ggf. kann durch eine entsprechende Veränderung der Beteiligungsverhältnisse die Anwendung der Lizenzschranke vermieden werden.
>
> Auch könnte es sich anbieten, z.B. Lizenzen nicht zentral durch ein Konzernunternehmen zu erwerben und deren Nutzung an andere Konzernunternehmen weiterzureichen, sondern deren Nutzung dem Einsatz entsprechend durch die einzelnen Konzernunternehmen und den Lizenzgeber vereinbaren zu lassen.
>
> Insgesamt gewinnen durch die Lizenzschrankenregelungen auch wieder „Lizenzboxen" in inländischen Gewerbesteueroasen an Attraktivität, da auf solche Tochtergesellschaften die Lizenzschranke keine Anwendung findet. Es sollte daher ggf. geprüft werden, ob die Steuerquote der Unternehmensgruppe nicht durch eine Rückverlagerung der entsprechenden Lizenzen ins Inland optimiert werden kann. Dies bietet sich auch vor dem Hintergrund der deutschen Hinzurechnungsbesteuerung an, nach der Gewinne von ausländischen Lizenzgesellschaften auch im Inland steuerpflichtig sein können.

IV. Optimierung der Steuerbelastung durch Verlagerung von Einnahmen- bzw. Ausgaben

64 Ist mit einer signifikanten **Änderung der persönlichen Einkommensverhältnisse** in 2018 zu rechnen, könnte durch Gestaltungen der progressive Verlauf des Einkommensteuertarifs genutzt werden, um in der Gesamtschau einen Steuervorteil zu erzielen. Auch ist zu berücksichtigen, dass der **Einkommensteuertarif** für den Veranlagungszeitraum 2018 im Vergleich zu 2017 leicht zugunsten des Steuerpflichtigen angepasst wird (→ Rz. 512), was zumindest in gewissem Maße zu einer Steuerentlastung führt und evtl. Anreiz sein könnte, Gewinne teilweise erst in 2018 anfallen zu lassen.

Auch mag es unter Berücksichtigung der **Mindestbesteuerung** sinnvoll sein, die Entstehung von Verlusten durch ein entsprechendes Steuern des Ergebnisses zu vermeiden bzw. zu begrenzen.

65 Eine **Gewinnrealisierung noch in 2017** könnte sinnvoll sein, wenn im nächsten Jahr insgesamt mit einem höheren zu versteuernden Einkommen zu rechnen ist. Dies könnte etwa durch die Realisierung stiller Reserven erzielt werden. Zu denken wäre hier z.B. an die Veräußerung von Wirtschaftsgütern des Anlagevermögens im Rahmen eines sale-and-lease-back Geschäftes.

66 Wird hingegen im nächsten Jahr mit einem geringeren zu versteuernden Einkommen gerechnet oder soll schlicht die Steuerbelastung für 2017 möglichst gering gehalten werden, um die Liquidität zu schonen, kann ein **Verlagern von Erträgen nach 2018** oder die Realisierung von Ausgaben noch in 2017 angezeigt sein.

Um im Jahr 2017 den Gewinn auf der Einnahmenseite zu verringern, könnten Aufträge erst nach dem Jahreswechsel bearbeitet werden oder Lieferungen an Kunden ggf. erst im neuen Jahr erfolgen.

Bei **nicht bilanzierenden Unternehmen** lässt sich die Höhe des Gewinns zudem dadurch steuern, dass z.B. Leistungen erst in 2018 abgerechnet werden, um eine Gewinnerhöhung in 2018 zu generieren.

A. Unternehmensbesteuerung

Aufwendungen können etwa durch folgende Maßnahmen in das laufende Jahr vorgezogen werden, wodurch sich der **Gewinn in 2017 mindert**: 67

- Durchführung von Erhaltungs- und Instandsetzungsarbeiten,
- Inanspruchnahme von Beratungsleistungen oder Durchführung von Werbemaßnahmen,
- Kauf von Wirtschaftsgütern mit Nettopreisen bis 410 Euro und Sofortabschreibung, wobei allerdings zu beachten ist, dass ab 2018 eine Sofortabschreibung bei Wirtschaftsgütern mit Anschaffungs- oder Herstellungskosten von bis zu 800 Euro möglich ist und es unter diesem Aspekt ein Verschieben der Investition vorzuziehen sein könnte (→ Rz. 57 und → Rz. 146),
- Kauf von Wirtschaftsgütern mit Nettopreisen von über 150 Euro bis 1 000 Euro und Abschreibung über fünf Jahre in einem Sammelposten, wobei hier keine zeitanteilige Berechnung für das Jahr der Anschaffung erfolgt und somit auch bei Kauf im Dezember 2017 noch eine Abschreibung von 20 % gewinnmindernd berücksichtigt werden kann; die Sammelposten-Regelung kann aber nur alternativ zur Sofortabschreibung bzw. linearen Abschreibung hinsichtlich aller in einem Wirtschaftsjahr angeschafften, hergestellten oder eingelegten Wirtschaftsgüter mit einem Wert von über 150 Euro bis 1 000 Euro vorgenommen werden (zu beachten ist allerdings, dass ab 2018 eine Wertuntergrenze von 250 Euro gilt und somit darunter liegende Wirtschaftsgüter ungeachtet der Sammelpostenregelung sofort als gewinnmindernd berücksichtigt werden können, was ein Verschieben der Investition nach 2018 vorteilhafter erscheinen lassen könnte → Rz. 57 und → Rz. 147),
- Beschäftigung von Familienangehörigen auf 450 Euro-Basis, um z.B. das Jahresendgeschäft und die Inventur zu bewältigen, wobei auf dem Fremdvergleich standhaltende vertragliche Vereinbarungen zu achten ist,
- Berücksichtigung eines Investitionsabzugsbetrags für geplante Investitionen, sofern die Größenmerkmale gem. § 7g Abs. 1 EStG nicht überschritten werden; laut Rechtsprechung des BFH[1] kann der Investitionsabzugsbetrag innerhalb des dreijährigen Investitionszeitraums bis zum gesetzlichen Höchstbetrag aufgestockt werden, was unter dem Aspekt der Optimierung der Steuerbelastung erhebliches Gestaltungspotential birgt.

Erfolgt die Gewinnermittlung nicht durch Bilanz, sondern durch **Einnahme-Überschussrechnung**, ist zur Minderung des Gewinns für 2017 zudem erforderlich, dass die Bezahlung von in 2017 getätigten Aufwendungen auch noch in 2017 erfolgt.

> **Praxistipp:**
> Regelmäßig wiederkehrende Zahlungen, die im Zeitraum vom 20.12.2017 bis 10.1.2018 erfolgen, werden kraft Gesetz dem Jahr zugeordnet, für das sie geleistet werden, so dass z.B. das Vorziehen der Zahlung der Leasingraten für Januar 2018 auf den 27.12.2017 keine Minderung des Gewinns in 2017 bewirkt.

Insbesondere sollte ein Augenmerk darauf gerichtet werden, die Anwendung der „**Reichensteuer**" zu vermeiden. Diese Reichensteuer greift für 2017 ab einem zu versteuernden Einkommen von 256 304 Euro bzw. bei Zusammenveranlagung ab 512 608 Euro. 68

---

[1] BFH v. 12.11.2014, X R 4/13, BStBl II 2016, 38; ebenso FinVerw BMF v. 15.1.2016, IV C 6 – S 2139-b/13/10001, BStBl I 2016, 83.

> **Praxistipp:**
> Dabei könnte z.B. in Betracht gezogen werden, Einkunftsquellen auf Kinder zu übertragen. Allerdings darf in diesem Fall eine mögliche Steuerbelastung mit Schenkungsteuer nicht außer Acht gelassen werden. Angesichts der persönlichen Freibeträge bei einer Schenkung von einem Elternteil an ein Kind in Höhe von 400 000 Euro innerhalb der letzten zehn Jahre und der Steuervergünstigungen insbesondere für die Übertragung von Betriebsvermögen, die evtl. genutzt werden können, dürfte in vielen Fällen keine Schenkungsteuer anfallen.

V. Betriebsprüfungsschwerpunkte

69 Auch wenn die nächste Betriebsprüfung nicht bereits angekündigt ist, sollte zum Jahreswechsel bzw. vor Beginn des neuen Wirtschaftsjahres geprüft werden, ob z.B. durch entsprechende Dokumentationen oder die gesonderte Erfassung von Betriebsausgaben Diskussionen in der Betriebsprüfung vermieden oder die eigene Argumentationsposition gestärkt werden kann.

Derzeit werden nach unserer Praxiserfahrung neben klassischen Prüfungsfeldern des internationalen Steuerrechts, wie z.B. Verrechnungspreise (→ Rz. 109) und Betriebsstättenfälle (→ Rz. 100), u.a. folgende Bereiche des nationalen Steuerrechts verstärkt aufgegriffen, wobei hier kein Anspruch auf Vollständigkeit oder Allgemeingültigkeit erhoben werden kann.

1. Betriebsveranstaltungen

70 Als Standardschwerpunkt zumindest einer jeden Lohnsteuer-Außenprüfung sind Betriebsveranstaltungen zu nennen. Auch in der Betriebsprüfung werden diese oftmals unter dem Aspekt des Betriebsausgabenabzugs für eine betrieblich veranlasste Veranstaltung und der umsatzsteuerlichen Folgen aufgegriffen.

Dabei wird zum einen geprüft, ob es sich um eine **betriebliche Veranstaltung** handelt, was z.B. nicht der Fall ist, wenn zu der Veranstaltung nur ein ausgewählter Teil der Belegschaft eingeladen wird, z.B. die Außendienstmitarbeiter, mit den höchsten Umsätzen oder Mitarbeiter mit einer besonders hohen Betriebszugehörigkeit.

Zum anderen wird in der Lohnsteuer-Außenprüfung kontrolliert, ob der **Freibetrag von 110 Euro** pro teilnehmendem Arbeitnehmer an zwei ausgewählten Betriebsveranstaltungen nicht überschritten wurde und nicht mehr als zwei Veranstaltungen im Jahr stattgefunden haben. Andernfalls ist der übersteigende Betrag als lohnsteuerpflichtiger Arbeitslohn der Arbeitnehmer zu behandeln.

> **Praxistipp:**
> Spätestens **vor dem Ausstellen der Lohnsteuerbescheinigung für das ablaufende Jahr** sollte überprüft werden, für welche Veranstaltungen der 110-Euro-Freibetrag genutzt wird, so dass etwaig lohnsteuerpflichtiger Arbeitslohn berücksichtigt werden kann. Steuerpflichtiger Arbeitslohn kann entweder mit dem individuellen Einkommensteuersatz des Arbeitnehmers oder pauschal versteuert werden, was insb. auch für die Frage der Sozialversicherungspflicht von Bedeutung ist. Denn wird die Pauschalversteuerung vorgenommen, unterliegt dieser Betrag nicht der Sozialversicherungspflicht. Dies gilt allerdings nur dann, wenn die Pauschalversteuerung spätestens bis zum 28.2. des Folgejahres erfolgt. Wird erst im Rahmen einer Lohnsteuer-Außenprüfung die Pauschalversteuerung vorgenommen, unterliegt der Betrag der Sozialversicherungspflicht.

71 Grundsätzlich folgt die **umsatzsteuerliche Bewertung** der Betriebsveranstaltung der lohnsteuerlichen. Allerdings wird der Vorsteuerabzug für Aufwendungen anlässlich einer Betriebsveranstaltung in vollem Umfang versagt, wenn die 110-Euro-Grenze pro teilnehmendem Arbeitnehmer überschritten wird. Auch wenn aus lohnsteuerlicher Sicht diese Grenze als Freibetrag zu verstehen ist, gilt für umsatzsteuerliche Zwecke weiterhin eine 110-Euro-Freigrenze. Auf nochmalige Nachfrage der Bundessteuerberaterkammer hat das BMF mitgeteilt, an dieser Rechtsauffassung festzuhalten.

A. Unternehmensbesteuerung

2. Gewerbesteuerliche Hinzurechnung von Finanzierungsanteilen

Zum einen sollte die Vielzahl von **finanzgerichtlichen Entscheidungen**, die ein weites Verständnis der gewerbesteuerlichen Hinzurechnung von Finanzierungsanteilen aufzeigen (→ Rz. 350) aktiv verfolgt werden und entsprechende Konsequenzen in der buchhalterischen Behandlung von Aufwendungen gezogen werden. Es sollte auf eine gesonderte Verbuchung dieser Aufwendungen mit etwaigen Finanzierungsanteilen geachtet werden, so dass im Rahmen der Steuerdeklaration eindeutig festgestellt werden kann, bei welchen Aufwendungen konkret die gewerbesteuerliche Hinzurechnung vorzunehmen ist. **72**

> **Praxistipp:**
>
> Besonderes Augenmerk sollte auf **gemischte Verträge** gelegt werden, bei denen neben der Anmietung von beweglichen oder unbeweglichen Wirtschaftsgütern weitere Leistungselemente vereinbart werden, wie z.B. Instandhaltung, Reinigung oder Versorgungsleistungen. Soweit dies wirtschaftlich möglich und sinnvoll ist, sollte auf eine Trennung der Leistungselemente geachtet werden. Zumindest könnte bei Vertragsabschluss oder im Rahmen von Nachverhandlungen auf eine gesonderte Bepreisung der Leistungselemente gedrungen werden.
>
> Diese konkret zu bestimmenden bzw. mangels Bestimmung zu schätzenden Entgeltteile, die nicht als Vermietungs- oder Verpachtungsentgelte qualifizieren, unterliegen nicht der gewerbesteuerlichen Hinzurechnung.

Im Fokus der Betriebsprüfung steht zudem die Frage, ob hinzurechnungspflichtige **Lizenzzahlungen** vorliegen. Sofern Aufwendungen für die zeitliche Überlassung von gewerblichen Schutzrechten, z.B. Patentrechte, Markenrechte, Gebrauchs- und Geschmacksmuster, vorliegen, ist die Hinzurechnung zu bejahen. Hingegen fallen Zahlungen für die Nutzung des Kundenstamms oder des Know-How nicht hierunter. Auch hier sollte wiederum darauf geachtet werden, dass aus Beweisgründen schriftlich fixiert wird, in welcher Höhe für welche Rechte oder immateriellen Wirtschaftsgüter Zahlungen geleistet werden.

3. Anrechnung ausländischer Quellensteuern

Unterliegen ausländische Einkünfte eines im Inland unbeschränkt Steuerpflichtigen der Besteuerung in Deutschland, kann die ausländische Steuer, die auf die Einkünfte festgesetzt und gezahlt wurde, nach § 34c EStG auf die deutsche Steuerlast angerechnet werden. **73**

Die Anrechnung der ausländischen Steuer ist allerdings auf den Betrag der deutschen Steuer gedeckelt, der auf die Einkünfte aus dem anderen Staat entfällt. In Betriebsprüfungen wird regelmäßig thematisiert, in welcher Höhe solche Auslandseinkünfte vorliegen. Konkret besteht die Tendenz der Finanzverwaltung, u.a. **Gemeinkosten**, **Refinanzierungsaufwand**, **Forschungs- und Entwicklungskosten** und **Teilwertabschreibungen** den Auslandseinkünften zuzuordnen und damit entsprechend den Anrechnungshöchstbetrag zu mindern.

Dies wird u.a. aus der Zuordnung der Kostenbestandteile abgeleitet. Um die Argumentationsgrundlage zu verbessern, sollten bereits im Vorfeld einer Betriebsprüfung Argumente gesammelt werden, warum ein Zusammenhang mit ausländischen Einkünften zu verneinen ist. Hilfreich kann dabei auch sein, Aufwendungen, die ggf. im Zusammenhang mit ausländischen Einkünften stehen und solche, bei denen der Zusammenhang mit guten Gründen widerlegt werden kann, gesondert zu verbuchen bzw. aufzuzeichnen.

VI. Mitteilungspflichten über Auslandssachverhalte

Mit Wirkung zum 1.1.2018 werden die bereits bestehenden **Mitteilungspflichten über Auslandssachverhalte**, die nach dem 31.12.2017 verwirklicht werden, verschärft (→ Rz. 163). **74**

So ist dem zuständigen Finanzamt neben dem Erwerb auch eine nach dem 31.12.2017 erfolgte Veräußerung von Beteiligungen an Körperschaften im Ausland bei unmittelbarer oder mittelbarer Beteiligung von mindestens 10 % mitzuteilen. Entsprechendes gilt bei Begründung eines beherrschenden oder bestimmenden Einflusses auf eine Drittstaat-Gesellschaft, wobei auch über die Art der wirtschaftlichen Tätigkeit der Drittstaat-Gesellschaft Auskunft zu erteilen ist. Als Drittstaat-Gesellschaft qualifiziert dabei jede Personengesellschaft oder Körperschaft mit Sitz oder Geschäftsleitung außerhalb der EU bzw. des EWR (s. im Detail → Rz. 163).

> **Praxistipp:**
>
> Zur Vermeidung von Sanktionen wegen Verstoßes gegen die Mitteilungspflichten sollten **organisatorische Vorkehrungen** getroffen werden, damit entsprechende mitteilungspflichtige Sachverhalte, die nach dem 31.12.2017 verwirklicht werden, dem zuständigen Finanzamt übermittelt werden.
>
> In diesem Zuge sollte auch überprüft werden, ob den bereits bisher bestehenden Mitteilungspflichten, z.B. über die Beteiligung an einer ausländischen Personengesellschaft oder an einer ausländischen Kapitalgesellschaft, wenn eine unmittelbare Beteiligung von mindestens 10 % oder eine mittelbare Beteiligung von mindestens 25 % besteht oder die Summe der Anschaffungskosten aller Beteiligungen mehr als 150 000 Euro beträgt, Rechnung getragen wird.
>
> Die Einhaltung der Mitteilungspflichten könnte im Rahmen eines **Tax Compliance Management Systems** abgebildet werden, worin die Prozesse von der Ermittlung der meldepflichtigen Sachverhalte bis zur Mitteilung an die zuständige Finanzbehörde dargestellt und die schrittweise Erfüllung der Pflichten dokumentiert wird. Besteht bereits ein Tax Compliance Management System, sollte geprüft werden, ob dieses um die Einhaltung der Mitteilungspflichten über Auslandssachverhalte ergänzt wird.

VII. Aufbewahrungspflichten von Geschäftsunterlagen

75 Geschäftsunterlagen, u.a. für Jahresabschlüsse samt Lageberichten, Inventaren und Buchungsbelegen, sind zehn Jahre lang aufzubewahren. Sonstige Unterlagen, soweit sie für die Besteuerung von Bedeutung sind, unterliegen einer sechsjährigen Aufbewahrungsfrist (§ 147 Abs. 3 AO).

Somit läuft die **Aufbewahrungsfrist im Jahr 2018** für 2007 oder früher erstellte Geschäftsunterlagen und für 2011 oder früher erstellte Lohnkonten, Geschäftsbriefe sowie Ein- und Ausfuhrlieferungen ab. Da die Aufbewahrungsfristen auch für Dokumente in Form von gespeicherten Dateien gelten und bis zum Ablauf der Aufbewahrungsfristen die erforderliche IT-Umgebung bereit gehalten werden muss, um die Dateien lesbar zu machen, sollte stets geprüft werden, ob innerhalb der Aufbewahrungsfrist eine Kompatibilität mit der aktuellen IT-Umgebung gegeben ist bzw. noch Altgeräte oder Altsoftware bereit zu halten sind. Nach Ablauf der Aufbewahrungsfrist kann neben einem Löschen der betroffenen Dateien entsprechend auch im Bereich der IT-Umgebung ein Aussondern der nicht mehr erforderlichen Hard- und Software erfolgen.

> **Praxistipp:**
>
> Die Belege bzw. Dateien können aber ggf. noch für nicht verjährte Steuerfestsetzungen und für die Änderung nicht bestandskräftiger Steuerbescheide benötigt werden und müssen deshalb ggf. doch noch länger aufbewahrt werden.

VIII. Personenunternehmen

1. Thesaurierungsbesteuerung

76 Einzelunternehmer, Freiberufler oder natürliche Personen als Gesellschafter einer Personengesellschaft können nicht entnommene Gewinne statt mit ihrem individuellen Einkommensteuersatz mit einem **Thesaurierungssteuersatz von 28,25 %** besteuern.

A. Unternehmensbesteuerung

Werden die Gewinne zu einem späteren Zeitpunkt entnommen, erfolgt eine **Nachversteuerung mit 25 %** Einkommensteuer (zuzüglich Solidaritätszuschlag und Kirchensteuer). Dabei gelten auch Zahlungen von betrieblichen Konten für nicht abzugsfähige Betriebsausgaben, Gewerbesteuer, Einkommensteuer, Kirchensteuer und Solidaritätszuschlag als entnommen. In der Summe kann deshalb eine höhere Steuerbelastung anfallen als bei sofortiger Versteuerung der Gewinne. Allerdings bietet die Thesaurierungsbesteuerung die Möglichkeit einer **Steuerstundung**, wenn z.B. liquide Mittel für anstehende Reinvestitionen benötigt werden.

> **Praxistipp:**
> Ob die Nutzung der Thesaurierungsbesteuerung sinnvoll ist, lässt sich nicht pauschal beantworten. Hier empfiehlt sich in jedem Falle eine Überprüfung anhand der konkreten Umstände. Zudem sollten noch andere Möglichkeiten der Steuerstundung in die Überlegungen einbezogen werden, wie z.B. die Nutzung des Investitionsabzugsbetrags, sofern die Größenmerkmale nicht überschritten werden, oder die Bildung einer § 6b-Rücklage, sofern der Gewinn insbesondere aus einer Immobilienveräußerung resultiert. Alternativ könnten bei einer GmbH & Co. KG Steuerstundungseffekte auch durch die Finanzierung der Personengesellschaft durch die als Komplementärin beteiligte Kapitalgesellschaft erreicht werden (vgl. Finanzierungsmodell → Rz. 81).

2. Überentnahmen

Werden in einem Einzelunternehmen oder in einer Personengesellschaft in dem betreffenden Wirtschaftsjahr höhere Entnahmen getätigt als Gewinn erzielt wird oder Einlagen zugeführt wurden (sog. **Überentnahmen**), sind betriebliche Schuldzinsen in Höhe von 6 % der Überentnahmen nicht abzugsfähig, soweit der so ermittelte Betrag 2 050 Euro übersteigt. Ausgenommen von dieser Regelung sind allerdings Schuldzinsen, die aus der Fremdfinanzierung von Anschaffungs- oder Herstellungskosten von Wirtschaftsgütern des Anlagevermögens resultieren. 77

> **Praxistipp:**
> Um den Schuldzinsenabzug in vollem Umfang zu gewährleisten, könnten z.B. bis zum Ende des Wirtschaftsjahres Einlagen getätigt oder auf weitere Entnahmen verzichtet werden. Dadurch werden die Überentnahmen vermieden bzw. der Freibetrag von 2 050 Euro nicht überschritten. Wird zur Vermeidung von Überentnahmen eine Einlage getätigt, kann diese in der Folge auch wieder entnommen werden. Allerdings schränkt der BFH[1] diese Gestaltung dahingehend ein, dass die kurzfristige Einzahlung von Geld auf ein betriebliches Konto einen Missbrauch von Gestaltungsmöglichkeiten nach § 42 AO darstellt, wenn sie lediglich der Vermeidung der Hinzurechnung nicht abziehbarer Schuldzinsen dienen soll. Einlagen sollten deshalb dem Betrieb zumindest so lange zur Verfügung stehen, dass er damit wirtschaften kann.

3. Negatives Kapitalkonto

Erzielt eine Kommanditgesellschaft Verluste, können Kommanditisten, stille Gesellschafter oder Unterbeteiligte die Verluste nur dann im Verlustentstehungsjahr unmittelbar nutzen, wenn hierdurch **kein negatives Kapitalkonto entsteht**. Dabei wird das Volumen für ausgleichsfähige Verlustanteile des Kommanditisten durch eine positive Ergänzungsbilanz erhöht.[2] Wird das Kapitalkonto des Kommanditisten unter Berücksichtigung einer negativen Ergänzungsbilanz negativ, wirkt sich dies entsprechend einschränkend aus.[3] 78

---

1) BFH v. 21.8.2012, VIII R 32/09, BStBl II 2013, 16 (vgl. zu dieser Entscheidung auch Potsch, BeSt 2013, 4 f.).
2) BFH v. 24.4.2014, IV R 18/10, BFH/NV 2014, 1516.
3) BFH v. 18.5.2017, IV R 36/14, BStBl II 2017, 905 (→ Rz. 300).

> **Praxistipp:**
> Droht ein negatives Kapitalkonto, kann die Verlustnutzung u.a. dadurch sichergestellt werden, dass bis zum Ende des Wirtschaftsjahres entsprechende Einlagen getätigt werden. Da die Einlagen jedoch nur dazu dienen können, den Verlust im Verlustentstehungsjahr zum Ausgleich zu bringen, sollte die Höhe der erforderlichen Einlagen sorgfältig ermittelt werden.

4. Verträge mit nahen Angehörigen

79 Verträge mit nahen Angehörigen werden grundsätzlich steuerlich anerkannt. Allerdings müssen hierzu folgende Voraussetzungen vorliegen:

- Der Vertrag muss wirksam abgeschlossen sein.
- Er muss inhaltlich mit Verträgen vergleichbar sein, die mit fremden Dritten vereinbart werden.
- Der Vertragsinhalt muss auch tatsächlich durchgeführt werden.

> **Praxistipp:**
> Sofern nicht ohnehin für die rechtliche Wirksamkeit die Schriftform des Vertrags erforderlich ist, ist aus Gründen der besseren Nachweisbarkeit zu empfehlen, derartige Vereinbarungen schriftlich abzuschließen.

Die finanzgerichtliche Rechtsprechung erkennt Verträge mit nahen Angehörigen, die hinsichtlich des Vertragsinhalts und der Vertragsdurchführung geringfügig vom Üblichen abweichen, zwar an. Die **Hauptpflichten** müssen allerdings stets **klar und eindeutig** vereinbart und entsprechend der Vereinbarung durchgeführt werden.

> **Praxistipp:**
> Um die steuerliche Anerkennung von Verträgen mit nahen Angehörigen sicher zu stellen, sollte auf die Fremdüblichkeit der Vereinbarung und deren tatsächliche Durchführung genau geachtet werden. Dabei kann eine deutliche Übererfüllung der vertraglichen geschuldeten Leistungen[1] u.U. genauso schädlich sein wie eine Untererfüllung.

80 Gewährt ein **Angehöriger** ein Darlehen, das z.B. dem Betrieb des Darlehensnehmers dient, wirken sich Zinsaufwendungen, sofern der Vertragsinhalt dem zwischen fremden Dritten Vereinbarten entspricht, in voller Höhe als Betriebsausgaben aus. Lediglich für gewerbesteuerliche Zwecke werden diese ggf. zu 25 % der steuerlichen Bemessungsgrundlage wieder hinzugerechnet. Der Darlehensnehmer kann somit seine Steuerbelastung je nach Höhe seines individuellen Einkommensteuersatzes entsprechend mindern. Der Darlehensgeber versteuert die Zinserträge mit dem Abgeltungssteuersatz von 25 %. In der Gesamtschau der steuerlichen Belastung von Darlehensgeber und Darlehensnehmer ergibt sich somit in der Regel ein Steuervorteil.

Um diesen Steuereffekt zu vermeiden, sieht § 32d Abs. 2 Nr. 1 Buchst. a EStG vor, dass der Abgeltungssteuersatz beim Darlehensgeber nicht zur Anwendung kommt, wenn er und der Darlehensnehmer einander nahe stehende Personen sind. Laut BFH genügt für die Anwendung dieser Ausnahmeregelung jedoch nicht bereits das Vorliegen eines Verwandtschaftsverhältnisses.[2] Hinzukommen muss ein **gewisses Abhängigkeitsverhältnis** zwischen dem Darlehensgeber und dem Darlehensnehmer.[3]

---

1) BFH v. 17.7.2013, X R 31/12, BStBl II 2013, 1015.
2) Vgl. BFH v. 29.4.2014, VIII R 9/13, BStBl II 2014, 986, VIII R 35/13, BStBl II 2014, 990, und VIII R 44/13, BStBl II 2014, 992.
3) BFH v. 28.1.2015, VIII R 8/14, BStBl II 2015, 397 = HFR 2015, 575 mit Anm. Werth.

A. Unternehmensbesteuerung

Praxistipp:

Somit kann ein Steuervorteil erzielt werden, wenn bei Vereinbarung eines Darlehens zwischen nahen Angehörigen zur Verwendung im Rahmen einer anderen Einkunftsart als Kapitaleinkünfte durch den Darlehensnehmer darauf geachtet wird, dass der Darlehensgeber nicht wirtschaftlich vom Darlehensnehmer abhängig ist.

Es ist allerdings derzeit nicht absehbar, ob und ggf. wie lange die abgeltende Besteuerung von Kapitaleinkünften mit einem Steuersatz von 25 % noch weiter aufrechterhalten wird. Diese Schedulenbesteuerung wird in der politischen Diskussion überwiegend kritisiert und deren Abschaffung gefordert.

5. Finanzierungsmodell GmbH & Co. KG

Gewährt der zu 100 % am Gesellschaftsvermögen beteiligte Kommanditist einer GmbH & Co. KG der Gesellschaft ein Gesellschafterdarlehen oder verfügt er über ein Kapitalkonto mit Fremdkapitalcharakter, werden zwar die hierfür anfallenden Zinsaufwendungen zunächst auf Ebene der Gesellschaft berücksichtigt. Steuerlich wirken sich diese im Ergebnis jedoch nicht aus, da der Kommanditist in derselben Höhe Sonderbetriebseinnahmen erzielt. Gleiches gilt für etwaige verzinsliche Rücklagenkonten, die steuerlich Eigenkapital darstellen. 81

Praxistipp:

Der Kommanditist könnte das Gesellschafterdarlehen, das Kapitalkonto mit Fremdkapitalcharakter oder die entnahmefähigen Mittel der Rücklagenkonten im Wege einer Sachkapitalerhöhung auf die nicht am Gesellschaftsvermögen beteiligte Komplementär-GmbH übertragen. Diese stellt die Mittel wiederum der GmbH & Co. KG als Darlehen zur Verfügung. Die Zinszahlungen sind damit als Sonderbetriebseinnahmen der Komplementär-GmbH zu behandeln. Sie unterliegen bei Thesaurierung nur der Körperschaftsteuer und nicht mehr dem individuellen Einkommensteuersatz des Kommanditisten. Das gewerbesteuerliche Anrechnungspotential des Kommanditisten steht dessen ungeachtet weiterhin in vollem Umfang zur Verfügung.

6. Nutzung des Abgeltungsteuersystems

Die pauschale Abgeltungsteuer ist nur auf private Kapitalerträge anwendbar. Kapitalerträge, die hingegen im Betriebsvermögen generiert werden, erhöhen den Unternehmensgewinn, der mit dem individuellen Einkommensteuersatz zu versteuern ist. Ist dieser für 2018 voraussichtlich höher als der Abgeltungsteuersatz von 25 %, bietet sich die **Entnahme nicht betriebsnotwendiger Mittel** an, um diese dann im Privatvermögen anzulegen und daraus erzielte Kapitaleinkünfte der geringeren pauschalen Steuer zu unterwerfen (zum Fortbestand der Abgeltungsteuer → Rz. 80 am Ende). 82

Gestaltungshinweis:

Ist für die Entnahme nicht betriebsnotwendiger Mittel nicht ausreichend Liquidität vorhanden, kann ggf. das sog. Zwei- bzw. Drei-Konten-Modell eingesetzt werden. Hierbei werden – vereinfacht erklärt – Einnahmen aus dem Betriebsvermögen in das Privatvermögen entnommen und betriebliche Ausgaben fremdfinanziert. Dabei ist allerdings die Beschränkung des betrieblichen Schuldzinsenabzugs im Falle von Überentnahmen (§ 4 Abs. 4a EStG) zu berücksichtigen (vorgehend → Rz. 77).

Insgesamt ist zu berücksichtigen, dass die Verlagerung von Vermögen aus dem Betriebsvermögen in den Privatvermögensbereich regelmäßig zahlreiche steuerliche Fragen aufwirft. Dies macht eine Gesamtbetrachtung des jeweiligen individuellen Sachverhalts erforderlich.

7. Anwendung der Realteilungsgrundsätze

Der BFH bejaht in seiner neueren Rechtsprechung die Anwendung der Realteilungsgrundsätze auch dann, wenn ein Mitunternehmer unter Mitnahme eines Teilbetriebs 83 oder einzelner Wirtschaftsgüter aus der Mitunternehmerschaft ausscheidet und diese **von den verbleibenden Mitunternehmern fortgeführt** wird.[1] Dem hat sich zwischenzeitlich auch das BMF[2] angeschlossen. Allerdings setzt das BMF weiterhin voraus, dass der ausscheidende Mitunternehmer einen Teilbetrieb mitnimmt (→ Rz. 301).

> **Praxistipp:**
>
> Das neue, weite Verständnis einer Realteilung kann genutzt werden, um das Ausscheiden eines Mitunternehmers aus einer Mitunternehmerschaft steuerneutral zu gestalten. So kann dieser nach der Auffassung des BFH entweder einen Teilbetrieb oder lediglich Einzelwirtschaftsgüter mitnehmen, die dem Wert seiner Beteiligung entsprechen, ohne dass dies zur Aufdeckung stiller Reserven im Betriebsvermögen der Mitunternehmerschaft führt. Sofern die mitgenommenen Wirtschaftsgüter weiterhin betrieblich genutzt werden, wird auch auf Seiten des ausscheidenden Mitunternehmers keine Steuerbelastung ausgelöst.
>
> Um die Anwendung der Realteilungsgrundsätze auch nach der Rechtsauffassung der Finanzverwaltung sicherzustellen, könnte vor dem Ausscheiden des Mitunternehmers versucht werden, einen Teilbetrieb zu gestalten. Falls dies nicht möglich ist, sollte zumindest die Abstimmung mit der Finanzverwaltung erfolgen.

8. Steuerermäßigung nach § 35 EStG bei unterjährigem Gesellschafterwechsel

84 Der Gesellschafter einer Personengesellschaft kann die von der Gesellschaft gezahlte Gewerbesteuer im Rahmen der Steuerermäßigung nach § 35 EStG auf seine persönliche Einkommensteuer pauschal anrechnen lassen. Wie zuvor schon der BFH[3] vertritt nun auch das BMF[4] die Auffassung, dass hierzu der Gewerbesteuermessbetrag nur **auf die Gesellschafter aufzuteilen** ist, die **zum Ende des Erhebungszeitraums** noch an der Personengesellschaft **beteiligt** sind (→ Rz. 337). Unterjährig ausgeschiedenen Gesellschaftern ist demnach kein anteiliger Gewerbesteuermessbetrag zuzurechnen, so dass diese folglich die Steuerermäßigung nach § 35 EStG nicht geltend machen können.

> **Praxistipp:**
>
> Allerdings ermöglicht die Finanzverwaltung eine anteilige Zurechnung des Gewerbesteuermessbetrags auch an den ausgeschiedenen Gesellschafter **bis einschließlich dem Veranlagungszeitraum 2017**, wenn dies einheitlich von allen zum Ende des Erhebungszeitraums noch beteiligten Mitunternehmern **beantragt** wird. Es sollte deshalb geklärt werden, ob alle Mitunternehmer einer solchen Verteilung zustimmen.
>
> Bei künftigen Veräußerungen sollte in jedem Fall genau geprüft werden, welche steuerlichen Folgen die neue Rechtsauffassung zur Aufteilung des Gewerbesteuermessbetrags auf das geplante Vorhaben hat.

IX. Kapitalgesellschaften

1. Inkongruente Gewinnausschüttungen

85 Entgegen seiner früheren Ansicht anerkennt das BMF zwischenzeitlich inkongruente Gewinnausschüttungen, sofern die vom Anteil am Grund- oder Stammkapital **abweichende Gewinnverteilung zivilrechtlich wirksam** bestimmt ist.[5]

Darüber hinaus fordert die Finanzverwaltung – entgegen der Auffassung des BFH[6] – unverändert, dass für die vom gesetzlichen Verteilungsschlüssel abweichende Gewinnverteilung im Einzelfall beachtliche **wirtschaftlich vernünftige außersteuerliche**

---

1) BFH v. 17.9.2015, III R 49/13, BStBl II 2017, 37.
2) BMF v. 20.12.2016, IV C 6 – S 2242/07/10002 :004, BStBl I 2017, 36.
3) BFH v. 14.1.2016, IV R 5/14, BStBl II 2016, 875.
4) BMF v. 3.11.2016, IV C 6 – S 2296-a/08/10003:003, BStBl I 2016, 1187.
5) BMF v. 17.12.2013, IV C 2 – S 2750-a/11/10001, BStBl I 2014, 63.
6) Zuletzt BFH v. 4.12.2014, IV R 28/11, BFH/NV 2015, 495.

Gründe nachgewiesen werden können, z.B. die Abgeltung eines geminderten Honorars oder Gehalts des für die Gesellschaft tätigen Gesellschafters.

> **Praxistipp:**
> Um Rechtssicherheit hinsichtlich der steuerlichen Anerkennung der inkongruenten Gewinnausschüttung zu erlangen, empfiehlt es sich, entsprechend der Auffassung der Finanzverwaltung neben der zivilrechtlichen Wirksamkeit der abweichenden Gewinnverteilung sicherzustellen, dass wirtschaftliche Gründe für diese Gewinnverteilung glaubhaft nachgewiesen werden können. Jedenfalls ist Voraussetzung, dass die Satzung der Gesellschaft eine solche inkongruente Gewinnausschüttung zulässt.

Inkongruente Gewinnausschüttungen können dazu eingesetzt werden, unter **Nutzung der steuerlichen Verlustvorträge** der Kapitalgesellschaft die **Steuerbelastung des Gesellschafters zu reduzieren**. Ist der Gesellschafter z.B. als Geschäftsführer für die Kapitalgesellschaft tätig, könnte in der Satzung geregelt werden, dass der Gesellschafter statt einer laufenden Arbeitsvergütung eine inkongruente Gewinnausschüttung erhält. Die laufende Arbeitsvergütung könnte auch nur teilweise durch eine inkongruente Gewinnausschüttung ersetzt werden. Da die Finanzverwaltung nach den Grundsätzen des BMF-Schreibens vom 17.12.2013[1] diese inkongruente Gewinnausschüttung akzeptieren müsste, versteuert der Gesellschafter statt Arbeitseinkünften nun Kapitaleinkünfte, die entweder dem Abgeltungsteuersatz oder auf Antrag dem Teileinkünfteverfahren unterliegen. Der Gewinn der Kapitalgesellschaft wäre zwar in diesem Fall nicht um entsprechende Personalkosten zu mindern, so dass sich ein höherer Gewinn ergeben würde. Soweit dieser jedoch durch einen steuerlichen Verlustvortrag ausgeglichen werden kann, ergibt sich insgesamt keine höhere Steuerbelastung für die Kapitalgesellschaft. **86**

2. Ausweis eines Gesellschafterdarlehens in der Liquidationsbilanz

Laut Verfügung der OFD Frankfurt vom 30.6.2017[2] geht die Finanzverwaltung davon aus, dass **keine bilanziellen Folgen** bei der Tochtergesellschaft eintreten, deren Liquidation durch die Muttergesellschaft beantragt oder dieser zugestimmt wurde, wenn eine Darlehensforderung gegenüber der Tochtergesellschaft besteht und nicht ausdrücklich hierauf verzichtet wird (→ Rz. 312). Entsprechendes gilt nach Auffassung der Finanzverwaltung bei qualifiziertem Rangrücktritt der Muttergesellschaft zur Vermeidung einer insolvenzrechtlichen Überschuldung, wenn die Tilgung aus sonstigem freien Vermögen vorgesehen ist. Schließlich kommt die Finanzverwaltung auch zum gleichen Ergebnis, wenn sich die Tochtergesellschaft im Insolvenzverfahren befindet. **87**

> **Anmerkung:**
> Erlischt die Tochtergesellschaft mit Abschluss der Liquidation, entsteht zwar grundsätzlich durch das damit einhergehende Erlöschen der Verbindlichkeit ein außerordentlicher Ertrag, der jedoch von der nicht mehr existenten Tochtergesellschaft nicht zu versteuern ist.[3]

Wird hingegen ein Forderungsverzicht erklärt oder ergibt sich aus der objektiven Würdigung der Verhältnisse, dass die Muttergesellschaft die **Forderung nicht mehr geltend machen** wird, ist die Verbindlichkeit bei der Tochtergesellschaft ertragswirksam **auszubuchen**.

---

1) BMF v. 17.12.2013, IV C 2 – S 2750-a/11/10001, BStBl I 2014, 63.
2) OFD Frankfurt a.M. v. 30.6.2017, S 2743 A – 12 – St 525, StEd 2017, 506.
3) Vgl. Mayer/Wagner, DStR 2017, 2025, 2027.

> **Praxistipp:**
>
> Beantragt die Muttergesellschaft die Liquidation der Tochtergesellschaft oder stimmt dieser zu und soll die Forderung der Muttergesellschaft unverändert bei der Tochtergesellschaft als Verbindlichkeit bilanziert werden, ist darauf zu achten, dass die Muttergesellschaft nicht ausdrücklich einen **Forderungsverzicht** erklärt. Auch ist zu prüfen, ob sich aus dem Umständen ergeben könnte, dass die Forderung nicht mehr geltend gemacht wird.
>
> Wird ein Rangrücktritt der Muttergesellschaft mit ihrer Forderung gegenüber der Tochtergesellschaft vereinbart, kann die Ausbuchung der Verbindlichkeit dadurch vermieden werden, dass in der Vereinbarung die **Tilgung aus sonstigem Vermögen** vorgesehen ist.
>
> Soll bei der Tochtergesellschaft ein Ertrag ausgelöst werden, um insb. bestehende Verlustvorträge aufzubrauchen, ist entsprechend gegenteilig vorzugehen. Besteht bei der Tochtergesellschaft Sanierungsbedürftigkeit und Sanierungsfähigkeit, kann zudem ein darüber hinausgehender **Sanierungsertrag** nach der neuen Regelung **steuerbefreit** sein, sofern diese von der Kommission nicht als EU-rechtswidrige Beihilfe beurteilt wird (→ Rz. 312).

3. Dauerüberzahlerregelung

88 Nach der sog. Dauerüberzahlerregelung kann vom **Einbehalt der Kapitalertragsteuer abgesehen** werden, wenn die grundsätzlich der Kapitalertragsteuer unterliegenden Kapitalerträge Betriebseinnahmen des Gläubigers sind, die Kapitalertragsteuer aber auf Grund der Art der Geschäfte des Gläubigers auf Dauer höher wäre als die gesamte festzusetzende Einkommen- oder Körperschaftsteuer. Seit 1.1.2013 gilt diese Regelung auch für Dividenden (§ 44a Abs. 5 EStG).

Nach Auffassung der Finanzverwaltung kann die Dauerüberzahlerregelung auch von **Holdinggesellschaften** in der Rechtsform einer Kapitalgesellschaft genutzt werden.[1]

> **Praxistipp:**
>
> Bei im Inland **unbeschränkt steuerpflichtigen Holdinggesellschaften**, deren Einkünfte fast ausschließlich aus zu 95 % steuerfreien Beteiligungseinkünften herrühren, kann durch die Anwendung der Dauerüberzahlerregelung ein beachtlicher Liquiditätsnachteil vermieden werden. Zwar wird die über die letztlich zu zahlende Körperschaftsteuer hinausgehende Kapitalertragsteuer im Rahmen des Veranlagungsverfahrens erstattet. Doch kann dies geraume Zeit in Anspruch nehmen. Da für die ersten 15 Monate nach Entstehung des Steueranspruchs (§ 233 Abs. 2 AO) keine Erstattungszinsen beansprucht werden können, wird der Liquiditätsnachteil auch nicht teilweise durch eine entsprechende Verzinsung kompensiert. Durch die Anwendung der Dauerüberzahlerregelung wird auf den Kapitalertragsteuereinbehalt verzichtet, so dass die Besteuerung erst im Rahmen des Veranlagungsverfahrens erfolgt.
>
> Betroffene Holdinggesellschaften sollten bei ihrem Betriebsfinanzamt eine sog. **NV 2-Bescheinigung** beantragen, durch die die Voraussetzungen für die Abstandnahme vom Kapitalertragsteuerabzug bescheinigt werden.
>
> Im Inland **beschränkt steuerpflichtige Holdinggesellschaften** können den Einbehalt der Kapitalertragsteuer hingegen, sofern die Voraussetzungen der sog. Mutter-Tochter-Richtlinie dazu erfüllt sind, durch die Beantragung einer Freistellungsbescheinigung beim Bundeszentralamt für Steuern vermeiden (§ 50d Abs. 2 EStG).

4. Verlustvortrags nach § 8c KStG

a) Verfassungsrechtliche Einwände

89 Mit Beschluss vom 29.3.2017[2] wertet das BVerfG die Regelung des § 8c Abs. 1 Satz 1 KStG, wonach bei Übertragung von **mehr als 25 %, aber nicht mehr als 50 %** der Anteile an einer Kapitalgesellschaft auf einen Erwerber innerhalb von fünf Jahren der Verlustantrag in entsprechendem Umfang untergeht, **zumindest bis zum 31.12.2015 als verfassungswidrig**. Der Gesetzgeber ist aufgefordert, für den Zeitraum 1.1.2008 bis

---

1) OFD NRW v. 9.12.2013, S 2404 – 65 – St 22 – 31.
2) BVerfG v. 29.3.2017, 2 BvL 6/11, HFR 2017, 636.

31.12.2015 eine Neuregelung zu finden, wobei das BVerfG dem Gesetzgeber eine Handlungsfrist bis 31.12.2018 setzt (→ Rz. 313).

Zudem legte das FG Hamburg[1] dem BVerfG die Regelung des § 8c Abs. 1 Satz 2 KStG zur **verfassungsrechtlichen Überprüfung** vor, wonach der Übergang von **mehr als 50 %** der Anteile an einer Kapitalgesellschaft innerhalb von fünf Jahren zum vollständigen Untergang des Verlustvortrags führt (→ Rz. 314).

> **Praxistipp:**
>
> Sofern im Rahmen eines Körperschaftsteuerbescheids oder eines Bescheids zur Feststellung des Verlustvortrags der anteilige Untergang des Verlustvortrags bis 31.12.2015 bzw. der vollständige Untergang des Verlustvortrags berücksichtigt wird, sollte gegen den Bescheid **Einspruch** eingelegt und das Ruhen des Verfahrens beantragt werden, wozu auf die anstehende rückwirkende Gesetzesänderung bzw. auf das beim BVerfG anhängige Verfahren zu verweisen ist. Eine Aussetzung der Vollziehung des ggf. streitigen Steuerbetrags sollte angesichts des Verzinsungsrisikos mit einem Zinssatz von 6 % p.a. eher nicht beantragt werden.
>
> Durch das Offenhalten des Verfahrens werden Chancen gewahrt, den Verlustvortrag noch zu retten.

b) Schädlicher Beteiligungserwerb durch eine Erwerbergruppe

90 Der anteilige bzw. vollständige Verlustuntergang droht nicht nur beim Erwerb durch einen Erwerber, sondern auch durch eine Erwerbergruppe. Der **BFH**[2] legt allerdings den Begriff der Erwerbergruppe – anders als bislang die Finanzverwaltung[3] – **restriktiv** aus und sieht für erforderlich an, dass mehrere Erwerber bei dem Erwerb der Anteile zusammenwirken und sie auf der Grundlage einer **im Erwerbszeitpunkt bestehenden Absprache** im Anschluss an den Erwerb einen beherrschenden Einfluss in dieser Gesellschaft ausüben können (→ Rz. 315).

> **Praxistipp:**
>
> Soll die Annahme einer Erwerbergruppe ausgeschlossen werden, ist darauf zu achten, dass sich die Abstimmung zwischen den Erwerbern auf den Anteilserwerb als solchen beschränkt. Aus Beweisgründen sollte dies schriftlich dokumentiert werden.
>
> Unschädlich ist allerdings, wenn die Erwerber erst nach dem Anteilserwerb Absprachen zu einem gemeinschaftlichen wirtschaftlichen Engagement treffen.[4] Dabei dürfte jedoch die Finanzverwaltung umso eher von gleichgerichteten Interessen zum Zeitpunkt des Anteilserwerbs ausgehen, desto zeitlich näher zum Anteilserwerb Absprachen zwischen den Erwerbern getroffen werden.

5. Fortführungsgebundener Verlustvortrag

91 Neben den bereits bislang in § 8c KStG geregelten Ausnahmen in Form der sog. Konzernklausel und der Stille-Reserven-Klausel wurde mit § 8d KStG eine weitere Möglichkeit eingeführt, einen Verlustvortrag trotz eines schädlichen Beteiligungserwerbs i.S.v. § 8c KStG weiterhin steuerlich nutzen zu können. Auf **Antrag** wird der Verlustvortrag als sog. fortführungsgebundener Verlustvortrag festgestellt und steht zur Verrechnung mit in der Folgezeit erzielten Gewinnen zur Verfügung, solange der bereits seit drei Wirtschaftsjahren bzw. seit Gründung ununterbrochen betriebene Geschäftsbetrieb fortgeführt wird und keiner der in § 8d Abs. 2 Satz 2 KStG definierten schädlichen Umstände vorliegt (→ Rz. 317).

---

1) FG Hamburg v. 29.8.2017, 2 K 245/17.
2) BFH v. 22.11.2016, I R 30/15, BStBl II 2017, 921 (vgl. hierzu auch Frase, BeSt 2017, 37 f.).
3) BMF v. 4.7.2008, IV C 7 – S 2745-a/08/10001, BStBl I 2008, 736, Tz. 27.
4) Vgl. auch Krüger/Bakeberg, Ubg 2017, 523.

> **Praxistipp:**
> Vor Antragstellung sollte **sorgfältig geprüft** werden, ob die Voraussetzungen des fortführungsgebundenen Verlustvortrags bis zur vollständigen Nutzung des Verlustvortrags erfüllt werden können. Denn durch die Anwendung des § 8d KStG ist der **gesamte Verlustvortrag**, der zum Schluss des betroffenen Veranlagungszeitraums verbleibt, künftig als fortführungsgebundener Verlustvortrag zu behandeln. Treten in der Folgezeit maßgebliche Änderungen des Geschäftsbetriebs ein, geht der noch bestehende fortführungsgebundene Verlustvortrag unter, soweit keine stillen Reserven vorhanden sind. Insb. im Fall eines schädlichen Beteiligungserwerbs von mehr als 25 % und bis zu 50 %, bei dem nach § 8c KStG der Verlustvortrag nur in entsprechendem Umfang unterzugehen droht, würde damit der gesamte Verlustvortrag gefährdet werden.
>
> Eine sorgfältige Prüfung der Antragstellung empfiehlt sich auch deshalb, weil derzeit noch unklar ist, ob ein gestellter Antrag zurückgenommen werden kann.

6. Mitarbeiterbeteiligungsprogramme

92 Werden Mitarbeiter im Rahmen von Beteiligungsprogrammen am Unternehmen beteiligt, stellt sich stets die Frage, ob daraus resultierende Erträge als Arbeitsentgelt oder als Kapitaleinkünfte, die der Abgeltungsteuer unterliegen können, zu versteuern sind. Laut BFH[1] ist der Veräußerungsgewinn aus einer Kapitalbeteiligung an einem Unternehmen jedenfalls **nicht allein deshalb** den **Einkünften aus nichtselbständiger Arbeit** zuzurechnen, weil die sog. Managementbeteiligung von einem Arbeitnehmer der Unternehmensgruppe gehalten und nur leitenden Mitarbeitern angeboten worden war (→ Rz. 387).

> **Praxistipp:**
> Soll vermieden werden, dass der Gewinn aus der Veräußerung der Anteile als Arbeitsentgelt zu behandeln ist, muss **wirtschaftliches Eigentum** der Arbeitnehmer an der Beteiligung vorliegen. Maßgeblich hierfür ist, u.a. dass sowohl der Erwerb der Anteile als auch deren Veräußerung fremdüblich ausgestaltet sind. Werden sog. Good bzw. Bad Leaver-Regelungen getroffen, ist auch hierbei darauf zu achten, dass diese der Fremdüblichkeit nicht entgegenstehen.

X. Juristische Personen des öffentlichen Rechts

93 Mit dem Steueränderungsgesetz 2015[2] wurde eine spezielle Regelung zur Unternehmereigenschaft einer juristischen Person des öffentlichen Rechts eingeführt (§ 2b UStG, → Rz. 426).

Diese Regelung gilt für Umsätze, die nach dem 31.12.2016 ausgeführt werden. Allerdings kann die juristische Person des öffentlichen Rechts einmalig bis 31.12.2016 dem Finanzamt gegenüber erklären, dass sie die bisherige Regelung des § 2 Abs. 3 UStG **für sämtliche nach dem 31.12.2016 und vor dem 1.1.2021 ausgeführte Leistungen weiterhin anwendet**. Die Ausübung der Option soll in schriftlicher Form erfolgen.[3] Diese Erklärung kann mit Wirkung zu Beginn eines auf die Abgabe folgenden Kalenderjahrs **widerrufen** werden (§ 27 Abs. 22 UStG).

> **Praxistipp:**
> Sollte die Option zur Anwendung der bisherigen Regelung der Unternehmereigenschaft ausgeübt worden sein, sollte bis Jahresende geprüft werden, ob ggf. für 2018 auf das neue Recht übergegangen werden sollte. Dazu ist eine umfassende Prüfung der umsatzsteuerlichen Folgen im Einzelfall erforderlich. Sofern eine solche Prüfung bis Jahresende nicht vollständig durchgeführt werden kann oder Unsicherheiten bestehen, könnte weiter geprüft werden, ob der Übergang auf das neue Recht dann in 2019 sinnvoll ist.

---

1) BFH v. 4.10.2016, IX R 43/15, BStBl II 2017, 790, vgl. hierzu auch Schießl, jurisPR-SteuerR 11/2017 Anm. 4.
2) Gesetz v. 2.11.2015, BGBl. I 2015, 1834 = BStBl I 2015, 846.
3) BMF v. 19.4.2016, III C 2 – S 7106/07/10012–06, BStBl I 2016, 481.

A. Unternehmensbesteuerung

XI. Umstrukturierungen

1. Einbringung von Wirtschaftsgütern aus dem Privatvermögen in eine Personengesellschaft

Werden Wirtschaftsgüter aus dem Privatvermögen des Gesellschafters in die Personengesellschaft eingebracht, ist der Vorgang laut BFH[1] als **Einlage** und damit als unentgeltlich zu bewerten, wenn die Gutschrift allein auf dem Kapitalkonto II erfolgt. Dem schloss sich auch die Finanzverwaltung an und kommt darüber hinaus auch im Fall der Gutschrift teilweise auf einem variablen Kapitalkonto (z.B. Kapitalkonto II) und teilweise auf einem gesamthänderisch gebundenen Rücklagenkonto zu demselben Ergebnis.[2] Die Einbringung eines Wirtschaftsguts ist somit nur noch dann eindeutig als **Einbringung gegen Gewährung von Gesellschaftsrechten** und damit als entgeltlicher Vorgang zu bewerten, wenn die Gutschrift allein auf dem Kapitalkonto I erfolgt.

94

> **Praxistipp:**
>
> Ist die Einbringung des Wirtschaftsguts aus dem Privatvermögen in eine Personengesellschaft als **Einlage** und damit als unentgeltlicher Vorgang zu behandeln, ist das eingebrachte Wirtschaftsgut zwar grundsätzlich mit dem Teilwert zu bewerten. Durch die Regelungen in § 6 Abs. 1 Nr. 5 EStG sind jedoch in einer Vielzahl von Fällen stattdessen die fortgeführten Anschaffungs- oder Herstellungskosten anzusetzen, so dass es entsprechend nicht zu einer Besteuerung von stillen Reserven kommt.
>
> Unter Berücksichtigung der aktuellen Rechtsauffassung dürfte es sich anbieten, den Wert dem **Kapitalkonto II** des einbringenden Mitunternehmers und nicht dem gesamthänderisch gebundenen Rücklagenkonto gutzuschreiben. Nach früherer Ansicht war die Gutschrift auf dem gesamthänderisch gebundenen Rücklagenkonto zwingend erforderlich, damit der Vorgang als unentgeltlich zu bewerten war.[3] Dadurch stellte sich jedoch regelmäßig die Problematik des Überspringens stiller Reserven auf die Mitgesellschafter und die daraus resultierende Frage der schenkungsteuerlichen Behandlung, die nun grundsätzlich durch eine Gutschrift auf dem Kapitalkonto II vermieden werden kann.

Unklar ist derzeit, ob sowohl die Rechtsprechung als auch die Finanzverwaltung an der bisherigen Bewertung einer Einbringung eines Wirtschaftsguts aus dem Privatvermögen in die Personengesellschaft bei **teilweiser Gutschrift auf dem Kapitalkonto I** und teilweiser Gutschrift auf dem Kapitalkonto II bzw. dem gesamthänderisch gebundenen Rücklagenkonto als voll entgeltlichen Vorgang festhalten.[4]

> **Praxistipp:**
>
> Bei gemischter Gutschrift auf dem Kapitalkonto I und dem Kapitalkonto II bzw. dem gesamthänderisch gebundenen Rücklagenkonto sollte die Einholung einer verbindlichen Auskunft geprüft werden, da eine künftige Änderung der Rechtsauffassung nicht ausgeschlossen werden kann.

2. Einbringung von Sachgesamtheiten in eine Personengesellschaft

Wird ein Betrieb, ein Teilbetrieb oder ein Mitunternehmeranteil (Sachgesamtheit) in eine Personengesellschaft eingebracht und wird der Einbringende Mitunternehmer der Gesellschaft, erfolgt die Einbringung, soweit das Besteuerungsrecht Deutschlands nicht beeinträchtigt wird und keine schädliche sonstige Gegenleistung vorliegt, zum **Buchwert** (§ 24 Abs. 1 und 2 UmwStG).

95

Nach früherer Rechtsauffassung war die Anwendung des § 24 UmwStG auch in den Fällen möglich, in denen die Einbringung gegen ausschließliche Buchung auf einem **variablen Kapitalkonto** (z.B. Kapitalkonto II) oder teilweise auf einem solchen variab-

---

[1] BFH v. 29.7.2015, IV R 15/14, BStBl II 2016, 593; BFH v.4.2.2016, IV R 46/12, BStBl II 2016, 607.
[2] BMF v. 26.7.2016, BStBl I 2016, 684; ausführlich dazu Ebner Stolz / BDI, Änderungen im Steuer- und Wirtschaftsrecht 2016/2017, Rz. 290 ff.
[3] BMF v. 11.7.2011, IV C 6 – S 2178/09/10001, BStBl I 2011, 713, Tz. II.2.b.
[4] BMF v. 11.7.2011, IV C 6 – S 2178/09/10001, BStBl I 2011, 713, Tz. II.2.a.

len Kapitalkonto und teilweise auf einem gesamthänderisch gebundenen Rücklagenkonto erfolgte.[1] Hieran hält die Finanzverwaltung nicht mehr fest.[2] Damit ist in diesen Fällen der **Ansatz des Buchwerts nicht mehr möglich**. Die Einbringung hat vielmehr zum Teilwert zu erfolgen.

Unklar ist derzeit, ob die Rechtsprechung und die Finanzverwaltung die Anwendung des § 24 UmwStG auch dann in Frage stellt, wenn nicht nur das Kapitalkonto I des einbringenden Gesellschafters, sondern **teilweise das Kapitalkonto I** und teilweise ein variables Kapitalkonto bzw. das gesamthänderisch gebundene Rücklagenkonto angesprochen wird.

> **Praxistipp:**
>
> Zur Beseitigung der je nach Fallgestaltung unterschiedlich hohen Rechtsunsicherheit sollte bei Gutschrift teilweise auf dem Kapitalkonto I und teilweise auf einem variablen Kapitalkonto bzw. auf dem gesamthänderisch gebundene Rücklagenkonto die Einholung einer gebührenpflichtigen **verbindlichen Auskunft** geprüft werden.
>
> Alternativ dazu könnte eine vollständige Verbuchung auf dem Kapitalkonto I erwogen werden, was aber neben der Prüfung, ob dies dem wirtschaftlich Gewolltem entspricht, steuerlich diverse Folgefragen aufwirft.

3. Wesentliche Betriebsgrundlagen bei Einbringung in eine Kapitalgesellschaft

96 Soll ein Teilbetrieb aus einer Kapitalgesellschaft nach § 20 Abs. 1 und Abs. 2 Satz 2 UmwStG steuerneutral in eine andere Kapitalgesellschaft ausgegliedert werden, ist erforderlich, dass der Teilbetrieb mitsamt seinen wesentlichen Betriebsgrundlagen auf die übernehmende Kapitalgesellschaft übergeht.

Oftmals bereitet dies praktische Probleme, wenn z.B. eine **Marke** sowohl von dem zu übertragenden Teilbetrieb als auch von dem verbleibenden Betriebsteil als wesentliche Betriebsgrundlage genutzt wird. Es wäre dann zu prüfen, ob die Marke im ersten Schritt – vorzugsweise nach § 6 Abs. 5 EStG steuerneutral – auf eine Personengesellschaft ausgegliedert werden könnte. Die Personengesellschaft vergibt anschließend Lizenzrechte, die entsprechend dem Nutzungsumfang auf die den Teilbetrieb übernehmende Kapitalgesellschaft übergehen.

> **Kritische Stellungnahme:**
>
> Im vergleichbaren Fall der Ausgliederung von Sonderbetriebsvermögen nach § 6 Abs. 5 EStG auf eine Schwesterpersonengesellschaft und der Übertragung des Mitunternehmeranteils nach § 6 Abs. 3 EStG bejahte der BFH die Steuerneutralität der Vorgänge.[3] Voraussetzung hierfür ist jedoch, dass diese Gestaltung längerfristig angelegt ist. Die Finanzverwaltung vertritt hingegen die Auffassung, dass zwar die Übertragung des Sonderbetriebsvermögens steuerneutral erfolgen kann, die Übertragung des Mitunternehmeranteils jedoch zur Aufdeckung der im Geschäftsanteil enthaltenen stillen Reserven führt.[4] Es ist nicht auszuschließen, dass die Finanzverwaltung auch bei der vorliegenden Gestaltung der Ausgliederung der Marke und der anschließenden Ausgliederung des Teilbetriebs zu demselben Ergebnis kommt und die Steuerneutralität der Ausgliederung verneint.

---

1) BMF v. 11.11.2011, IV C 2 – S 1978-b/08/10001, BStBl I 2011, 1314, Tz. 24.07.
2) BMF v. 26.7.2016, IV C 6 – S 2178/09/10001, BStBl I 2016, 684.
3) BFH v. 2.8.2012, IV R 41/11, HFR 2012, 1235 (vgl. zu dieser Entscheidung auch Strahl, BeSt 2013, 1 ff.); ebenso BFH v. 9.12.2014, IV R 29/14, BFH/NV 2015, 415 (vgl. hierzu auch Strahl, BeSt 2015, 9 f.), im Fall der vorherigen Veräußerung von Sonderbetriebsvermögen und anschließender unentgeltlicher Übertragung des Mitunternehmeranteils nach § 6 Abs. 3 EStG; ebenso BFH v. 12.5.2016, IV R 12/15, HFR 2016, 878 (vgl. hierzu auch Bodden, BeSt 2016, 41 f.) zum umgekehrten Fall der Übertragung eines Teils eines Mitunternehmeranteils mit Zurückbehaltung von funktional wesentlichem Sonderbetriebsvermögen, welches zu einem späteren Zeitpunkt ausgegliedert wird.
4) BMF v. 12.9.2013, IV C 6 – S 2241/10/10002, BStBl I 2013, 1164.

4. Sonstige Gegenleistung bei Einbringungen

Die Buchwertfortführung (oder der Ansatz eines Zwischenwerts) bei der Einbringung eines Betriebs, Teilbetriebs oder Mitunternehmeranteils in eine Kapitalgesellschaft, bei einem qualifizierten Anteilstausch oder bei der Einbringung eines Betriebs, Teilbetriebs oder Mitunternehmeranteils nach dem 31.12.2014 in eine Personengesellschaft gemäß §§ 20, 21 oder 24 UmwStG ist nur möglich, soweit der gemeine Wert von **sonstigen Gegenleistungen**, die neben neuen Gesellschaftsanteilen gewährt werden, nicht mehr beträgt als

— **25 % des Buchwerts** des eingebrachten Betriebsvermögens bzw. der eingebrachten Anteile oder

— **500 000 Euro**, höchstens jedoch den Buchwert des eingebrachten Betriebsvermögens bzw. der eingebrachten Anteile (§ 20 Abs. 2 Satz 2 Nr. 4, § 21 Abs. 1 Satz 2, § 24 Abs. 2 Satz 2 UmwStG).

Der höhere der beiden vorgenannten Beträge ist dabei entscheidend.

> **Gestaltungshinweis:**
> Ist geplant, bei einer Einbringung eine sonstige Gegenleistung zu gewähren, sollte zuvor geprüft werden, ob der gemeine Wert der sonstigen Gegenleistung diese Grenzen überschreitet.
>
> Soll die Einbringung in 2018 erfolgen, könnte im Rahmen der Erstellung des steuerlichen Jahresabschlusses 2017 darauf geachtet werden, einen möglichst **hohen Buchwert des einzubringenden Betriebsvermögens** auszuweisen, z.B. durch Verzicht auf mögliche Sonderabschreibungen.
>
> Bringt ein bereits bisher an einer Kapitalgesellschaft beteiligter Anteilseigner einen Betrieb, Teilbetrieb oder Mitunternehmeranteil in die Gesellschaft ein, könnte ihm statt einer sonstigen Gegenleistung im Rahmen des Einbringungsvorgangs bereits **vor der Einbringung** eine **Auszahlung aus der Kapitalrücklage** gewährt werden. Da steuerlich jedoch der Direktzugriff auf das steuerliche Einlagekonto versagt ist (§ 27 Abs. 1 Satz 3 KStG), ist diese Kapitalrückzahlung als Gewinnausschüttung zu werten, soweit sie aus dem ausschüttbaren Gewinn gespeist wird. Der Gesellschafter hätte diese mit dem Abgeltungssteuersatz zu versteuern bzw. könnte ggf. die Anwendung des Teileinkünfteverfahrens beantragen. Soweit die Kapitalrückzahlung aus dem steuerlichen Einlagekonto erfolgt, unterliegt sie hingegen nicht der Besteuerung (§ 20 Abs. 1 Nr. 1 Satz 3 EStG).
>
> Erfolgt die Einbringung in eine **neu gegründete Kapitalgesellschaft**, könnte der das Stammkapital übersteigende Teil des Eigenkapitals als „Agio" in die **Kapitalrücklage** gebucht werden. Dies gilt bei Neugründung der Kapitalgesellschaft als Zugang im steuerlichen Einlagekonto des vorangegangenen Wirtschaftsjahres (§ 27 Abs. 2 Satz 3 KStG).[1] Die Kapitalrücklage könnte bereits im ersten Wirtschaftsjahr der Kapitalgesellschaft entsprechend aufgelöst und ausgezahlt oder ein Vorabgewinn ausgeschüttet werden. In beiden Fällen erfolgt die Finanzierung der Zahlung aus dem steuerlichen Einlagekonto, so dass hierdurch keine Besteuerung ausgelöst wird. Ebenso wie bei der Gewährung einer sonstigen Gegenleistung mindern sich dadurch die Anschaffungskosten des Anteilseigners der erhaltenen Anteile, so dass im Falle einer späteren Veräußerung dieser Anteile ein entsprechend höherer Veräußerungsgewinn entsteht, der bei Einbringung unter dem gemeinen Wert ggf. rückwirkend zu versteuern ist.
>
> Geprüft werden sollte sowohl im Fall der Einbringung in eine Personen- als auch in eine Kapitalgesellschaft, ob statt einer sonstigen Gegenleistung **nicht notwendiges Betriebsvermögen zurückbehalten** werden kann, z.B. Barmittel oder Forderungen, so dass wirtschaftlich ein zur Vereinbarung einer sonstigen Gegenleistung vergleichbares Ergebnis erzielt wird. Ebenso möglich wäre, statt einer sonstigen Gegenleistung eine (zeitlich begrenzte) **abweichende Gewinnverwendung** vorzusehen, so dass dem einbringenden Gesellschafter ein zu seinem Gesellschaftsanteil überproportionaler Gewinnanteil zukommt. Es bleibt allerdings abzuwarten, ob die Finanzverwaltung und die finanzgerichtliche Rechtsprechung hier nicht dennoch zu einer Würdigung als sonstige Gegenleistung kommen.

Ist nach bereits erfolgter Einbringung innerhalb von sieben Jahren eine weitere Einbringung geplant (sog. **Weiter- oder Ketteneinbringung**), sollte insb. darauf geachtet werden, dass die sonstige Gegenleistung die vorgenannten Grenzen nicht übersteigt,

---

[1] Vgl. z.B. Dötsch/Pung/Möhlenbrock, § 27 KStG, Rz. 122; Kleinmann, eKomm, VZ 2015, § 27 KStG, Rz. 54 (Aktualisierung v. 29.8.2017).

da andernfalls diese weitere Einbringung als schädliches Ereignis innerhalb der Haltefrist zur rückwirkenden Besteuerung des Einbringungsgewinns I führt (§ 22 Abs. 1 Satz 6 Nr. 2, Nr. 4 und Nr. 5 UmwStG).

> **Praxistipp:**
>
> Da diese Rechtsfolge nach dem Wortlaut der Regelung bei Weiter- oder Ketteneinbringungen nicht nur „soweit" eintritt, als die sonstige Gegenleistung die Grenzen überschreitet, sondern ein **Überschreiten insgesamt als schädlich** angesehen wird, könnte auch eine nur minimal zu hohe sonstige Gegenleistung steuerliche Nachteile nach sich ziehen. Somit ist in Fällen der Weiter- oder Ketteneinbringung besonders darauf zu achten, dass möglichst keine schädliche sonstige Gegenleistung vorliegt.

5. Beihilferechtliche Überprüfungen

99 Derzeit wird in zunehmendem Maße die Frage gestellt, ob nationale Regelungen, die Steuerbegünstigungen beinhalten, als staatliche Beihilfen zu würdigen sind.

So liegt derzeit z.B. die Neuregelung der Steuerfreiheit von Sanierungserträgen (→ Rz. 333 ff.) der Europäischen Kommission zur Überprüfung vor. Zudem wurden gegenüber zahlreichen Vorschriften bereits Bedenken geäußert, ob es sich dabei um staatliche Beihilfen handeln könnte, so z.B. gegenüber der Konzernklausel gemäß § 6a GrEStG (→ Rz. 366).

> **Praxistipp:**
>
> Wird eine staatliche Beihilfe **ohne Genehmigung** durch die Europäische Kommission gewährt, ist die entsprechende nationale Regelung **wegen Verstoßes gegen EU-Recht nichtig**. Darauf basierende Steuerbescheide sind von den EU-Mitgliedstaaten aufzuheben. Steuerpflichtige genießen dabei **keinen Vertrauensschutz** in ihnen gegenüber bereits ergangene Steuerbescheide, selbst wenn diese nach dem nationalen Recht nicht mehr geändert werden könnten oder auch wenn diese auf einer verbindlichen Auskunft der zuständigen Steuerbehörde beruhen.
>
> Im Rahmen von Umstrukturierungen sollten daraus resultierende Steuerrisiken bereits bei der Ausgestaltung der vertraglichen Regelungen berücksichtigt werden und ggf. in die Bemessung der Gegenleistung einfließen oder in sog. Steuerklauseln geregelt werden.

XII. Internationale Steuerrechtsaspekte bei Auslandsengagements

1. Betriebsstätte

a) Vorliegen einer Betriebsstätte

100 Wird ein inländisches Unternehmen im Ausland tätig, ist zunächst zu klären, in welcher Rechtsform das Auslandsengagement ausgestaltet wird. Dazu kann eine rechtlich selbständige Tochtergesellschaft in der Rechtsform einer Kapital- oder Personengesellschaft installiert werden, die die Auslandsaktivitäten des Unternehmens betreibt. Übt das inländische Unternehmen hingegen selbst die Tätigkeit im Ausland aus, kann aus steuerlicher Sicht eine Betriebsstätte vorliegen. Dabei sind die Voraussetzungen, unter denen eine Betriebsstätte nach innerstaatlichem Recht (§ 12 AO) und aus Sicht des Betriebsstättenstaates begründet wird, nicht zwingend deckungsgleich.

> **Anmerkung:**
>
> Da bei Vorliegen eines Doppelbesteuerungsabkommens zwischen beiden Staaten das Recht zur Besteuerung des Betriebsstättengewinns regelmäßig dem Betriebsstättenstaat zugewiesen wird, droht bei Qualifizierungskonflikten eine Doppelbesteuerung. Geht nämlich der Betriebsstättenstaat von einer Betriebsstätte aus, die jedoch aus Sicht des Ansässigkeitsstaates des Unternehmens nicht besteht, machen beide Staaten ihren Besteuerungsanspruch geltend.

A. Unternehmensbesteuerung

Nach deutschem Steuerrecht ist eine Betriebsstätte im Ausland stets dann gegeben, wenn dort eine **feste Geschäftseinrichtung** besteht, die der Tätigkeit des inländischen Unternehmens dient. Als feste Betriebsstätte werden in § 12 Satz 2 AO u.a. exemplarisch aufgeführt:

– Zweigniederlassungen,

– Warenlager,

– Ein- oder Verkaufsstellen,

– Bauausführungen oder Montagen, sofern diese länger als sechs Monate dauern.

Wertungsunterschiede können sich z.B. bei einer **Bau- und Montagebetriebsstätte** ergeben. Zwar ist nach deutschem Recht eine Betriebsstätte bei Bauausführungen oder Montage bereits bei einer Dauer von mehr als sechs Monaten gegeben. Laut Art. 5 Abs. 3 OECD-Musterabkommen 2014, welches in dieser oder einer Vorgängerfassung zahlreichen DBA zu Grunde liegt, ist von der Begründung einer Betriebsstätte hingegen erst bei einer Dauer von mehr als zwölf Monaten auszugehen. Somit steht bei Bauausführungen oder Montagearbeiten mit einer Dauer von mehr als sechs, aber weniger als zwölf Monaten das Besteuerungsrecht nach den anzuwendenden DBA-Regelungen nicht dem Staat zu, in dem die Arbeiten ausgeführt werden, sondern dem Sitzstaat des Unternehmens. Besteht zwischen den Staaten kein DBA und beurteilen diese die Qualifizierung als Betriebsstätte unterschiedlich, kann hieraus eine Doppelbesteuerung resultieren. **101**

> **Praxistipp:**
> Es sollte deshalb bei Tätigkeiten im Ausland stets geprüft werden, ob hierdurch eine Betriebsstätte nach nationalem Recht und nach DBA begründet werden kann. Dazu sollte sichergestellt sein, dass entsprechende Planungen bereits im Vorfeld auf ihre steuerlichen Implikationen hin überprüft werden.

Zudem ist zu beachten, dass für Wirtschaftsjahre, die nach dem 31.12.2012 beginnen, das Ergebnis der Betriebsstätte grundsätzlich unter Anwendung des „Authorised OECD Approach (kurz **AOA**) zu ermitteln ist. Dazu ist die Betriebsstätte trotz rechtlicher Unselbständigkeit steuerlich nun so zu behandeln, als wäre sie ein, im Verhältnis zum Stammhaus, eigenständiges und unabhängiges Unternehmen (§ 1 Abs. 5 Satz 2 AStG). Folglich sind zwischen dem Stammhaus und der Betriebsstätte neben dem tatsächlichen Leistungsaustausch fiktive Leistungsbeziehungen, sog. „dealings", anzunehmen, die entsprechend den Verrechnungspreisgrundsätzen bepreist werden müssen. Darüber hinaus ist für Wirtschaftsjahre, die nach dem 31.12.2014 beginnen, zwingend die Anwendung der Gewinnermittlungssystematik auch auf Betriebsstätten entsprechend den Vorgaben in der Betriebsstättengewinnaufteilungsverordnung (BsGaV)[1] in einer Hilfs- und Nebenrechnung zu dokumentieren und der Finanzverwaltung auf Anfrage vorzulegen. **102**

Vor diesem Hintergrund ist derzeit davon auszugehen, dass das Thema Betriebsstätten von der Finanzverwaltung in den anstehenden **Betriebsprüfungen** deutlich genauer und kritischer hinterfragt werden wird, als dies bisher häufig der Fall war.

---

[1] Verordnung zur Anwendung des Fremdvergleichsgrundsatzes auf Betriebsstätten nach § 1 Absatz 5 des Außensteuergesetzes v. 13.10.2014, BsGaV, BGBl. I 2014, 1603 = BStBl I 2014, 1378 (vgl. hierzu auch BMF v. 22.12.2016, IV B 5 – S 1341/12/10001–03, BStBl I 2017, 182.

> **Beratungshinweis:**
>
> Aufgrund dessen wird die Gründung einer ausländischen Betriebstätte im Vergleich zu einer Personengesellschaft unattraktiver. Es sollte deshalb geprüft werden, ob ggf. eine Tochtergesellschaft in der Rechtsform einer Personengesellschaft die bisherigen Tätigkeiten der Betriebstätte im Ausland übernimmt bzw. ob beim erstmaligen Gang ins Ausland die Auslandsaktivitäten durch eine Tochterkapital- oder Tochterpersonengesellschaft erfolgen. Hinsichtlich der Anforderungen an die Ermittlung und Dokumentation von Verrechnungspreisen ließen sich dadurch regelmäßig keine Erleichterungen erzielen, jedoch wird die Rechtsunsicherheit vermieden, ob durch die Tätigkeit im Ausland eine Betriebstätte begründet wird. Auch ist der Abschluss von Verträgen mit der Tochtergesellschaft rechtlich möglich.

b) Vermeidung einer Betriebsstätte

103 In der Praxis wird oftmals aus steuerlichen aber auch betriebswirtschaftlichen Gründen geprüft, ob eine inländische Betriebstätte eines ausländischen Unternehmens dadurch vermieden werden kann, dass eine Verkaufsstelle in einer festen Geschäftseinrichtung lediglich der Vermittlung von Kaufinteressenten dient, statt mit diesen konkrete Verkaufsverhandlungen führen und die Kaufverträge abschließen zu können. Im Inland werden deshalb lediglich **Kommissionärstätigkeiten** ausgeübt, die als nur vorbereitende Tätigkeiten ohne Abschlussvollmacht laut Art. 5 Abs. 4 Buchst. e OECD-Musterabkommen 2014 nicht zur Begründung einer Betriebstätte führen, so dass Deutschland kein Besteuerungsrecht hinsichtlich des Gewinns aus der Kommissionärstätigkeit zusteht.

> **Beratungshinweis:**
>
> In den von der OECD im Oktober 2015 final beschlossenen Aktionspunkten gegen Steuervermeidung und Gewinnverlagerungen (**BEPS** – „base erosion and profit shifting") ist u.a. eine Verschärfung der Vorgaben zur Begründung einer Betriebstätte vorgesehen. Bislang ist keine entsprechende Gesetzesinitiative in Deutschland gestartet worden. Mit dem Multilateralen Instrument (**MLI**) soll zwar eine entsprechende Regelung in die DBAs transportiert werden, auf die das MLI angewendet wird. Deutschland hat jedoch insoweit von der Möglichkeit Gebrauch gemacht, keine Verschärfung bei Kommissionärsmodellen über das MLI automatisch in die jeweiligen DBAs einzuführen (→ Rz. 200). Jedoch ist im Auge zu behalten, ob und in welchem Umfang der Betriebsstättenbegriff bei Änderung oder Neuverhandlung von DBAs modifiziert wird.

104 Da nach den Vorgaben der OECD eine Betriebstätte durch Bau- und Montagetätigkeiten erst begründet wird, wenn diese über zwölf Monate andauern (Art. 5 Abs. 3 OECD-Musterabkommen 2014), wird in der Praxis gelegentlich versucht, die Begründung einer Betriebstätte dadurch zu vermeiden, dass entweder Tätigkeiten in mehrere in sich abgeschlossene **Bauabschnitte unterteilt** und zwischen den einzelnen Bauabschnitten Zeitabstände von gewisser Länge liegen, oder Verträge auf mehrere Gesellschaften eines Konzerns aufgeteilt werden.

> **Beratungshinweis:**
>
> Auch hier dürfte mit einer Verschärfung der in den DBA enthaltenen Regelungen aufgrund der OECD-Vorgaben zu rechnen sein, so dass künftig Fälle erfasst werden könnten, in denen Bau- und Montagetätigkeiten zur Umgehung der über 12-monatigen Dauer in mehrere Aufträge unterteilt werden. Ein Automatismus bei der Anpassung der DBAs durch das **MLI** ist jedenfalls ausgeschlossen, da Deutschland erklärt hat, darin keine Vorgaben für Bau- und Montagebetriebstätten aufzunehmen (→ Rz. 200). Die weitere Entwicklung in den einzelnen betroffenen Staaten sollte aufmerksam verfolgt werden.

c) Dienstleistungsbetriebsstätte

105 In der Praxis stellt sich seit geraumer Zeit die Frage, ob ein inländisches Unternehmen durch die Erbringung von Dienstleistungen im Ausland (Outbound-Fall) bzw. ein ausländisches Unternehmen durch die Erbringung von Dienstleistungen im Inland (Inbound-Fall) eine Betriebsstätte begründen kann. Da nach **deutschem Verständnis** eine Betriebsstätte nur bei Vorliegen einer festen Geschäftseinrichtung begründet werden kann, genügt das reine Tätigwerden in den Räumlichkeiten des Auftraggebers in der Regel nicht.[1] Es ist eine gewisse Verfügungsmacht über den Arbeitsraum erforderlich. Maßgeblich ist, ob der Dienstleistende „bei Betrachtung der Gesamtumstände lediglich als Gast im Unternehmen des Auftraggebers anzusehen ist oder ob er vielmehr in diesen Räumlichkeiten tatsächlich sein eigenes Unternehmen betreibt".[2] Nur im letzten Fall kann nach nationalem Recht von einer Betriebsstätte ausgegangen werden.

Auf **internationaler Ebene** vertritt die OECD hingegen einen weiten Betriebsstättenbegriff, wonach ein Unternehmer bereits durch die Ausübung seiner Haupttätigkeit beim Auftraggeber eine Betriebsstätte begründen kann, ohne Verfügungsmacht über die hierzu genutzten Räumlichkeiten zu haben.[3] Zudem sieht der OECD-Musterkommentar eine Alternativregelung zur etwaigen Aufnahme in die jeweiligen DBA vor, wonach eine Betriebsstätte durch die Erbringung von Dienstleistungen vorliegen soll, wenn diese u.a. an mehr als 183 Tagen im Jahr erbracht werden und mehr als 50 % des Gesamtumsatzes aus dieser Tätigkeit erzielt wird.[4]

> **Beratungshinweis:**
>
> Da die Finanzverwaltung in Deutschland die nationalen Abgrenzungskriterien sowohl im Inbound- als auch im Outbound-Fall heranzieht, kann es zu Qualifizierungskonflikten kommen, wenn z.B. der deutsche Fiskus mangels Verfügungsmacht eine ausländische Betriebsstätte nicht anerkennt, der Betriebsstättenstaat eine solche aber bejaht und auf Grund der DBA-Regelungen sein Besteuerungsrecht geltend macht (siehe z.B. das neue DBA mit China, welches seit 1.1.2017 anzuwenden ist, → Rz. 436). Zur Vermeidung einer Doppelbesteuerung sollte deshalb im Vorfeld der Erbringung von Dienstleistungen im Ausland geklärt werden, ob und unter welchen Voraussetzungen dort nach dem Verständnis des anderen Staates eine Betriebsstätte begründet wird, um ggf. die Leistungserbringung entsprechend zu steuern.

2. Mittelstandsmodell

Plant ein Einzelunternehmer oder eine Personengesellschaft mit natürlichen Personen als Gesellschaftern eine **unternehmerische Investition im Ausland**, ist zum einen zu klären, in welcher Rechtsform die Investition im Ausland durchgeführt wird und zum anderen festzulegen, wie die Gesellschaftsstruktur im Inland ausgestaltet werden soll. **106**

Da viele ausländische Staaten ebenso wie Deutschland steuerlich neben Kapitalgesellschaften auch transparente Gesellschaftsformen wie Personengesellschaften anerkennen, fällt die Wahl oftmals auf eine solche transparente Personengesellschaft oder auf eine Betriebsstätte (zu den dabei zu berücksichtigenden Besonderheiten → Rz. 100 ff.). Der wesentliche Unterschied besteht aus steuerlicher Sicht darin, dass die Kapitalgesellschaft selbst Steuersubjekt ist, während bei der Personengesellschaft die Besteuerung nicht auf der Ebene der Gesellschaft, sondern auf der Ebene der Gesellschafter – und damit transparent – erfolgt. Bei Personengesellschaften und Betriebsstätten unterliegt, sofern zwischen Deutschland und dem ausländischen Staat ein Doppelbesteuerungsabkommen mit entsprechender Regelung vereinbart wurde, der im Ausland erwirtschaftete Gewinn nur dort der Besteuerung und ist regelmäßig im Inland von der Besteuerung freigestellt. Der im Ausland erwirtschaftete Gewinn wirkt sich allenfalls

---

1) BFH v. 4.6.2008, I R 30/07, BStBl II 2008, 922; a.A. FG Thüringen v. 7.7.2015, 2 K 646/12, EFG 2015, 1496 (rkr.), wonach eine Betriebsstätte besteht, wenn ein Anspruch auf die Nutzung der Geschäftseinrichtung besteht, der nicht ohne Weiteres genommen werden kann.
2) Ministerium für Finanzen und Wirtschaft Baden-Württemberg v. 31.7.2014, 3-S130.1CH/49.
3) Ziff. 4.5 OECD-Musterkommentar 2014, „Anstreicherfall" – Deutschland hat hier jedoch einen Vorbehalt erklärt.
4) Ziff. 42.23 OECD-Musterkommentar 2014; s. entsprechende Umsetzung z.B. im DBA Türkei.

im Rahmen des Progressionsvorbehalts erhöhend auf den individuell anzuwendenden Einkommensteuersatz aus. Die Repatriierung der Gewinne in das Inland ist, im Gegensatz zu einer Kapitalgesellschaft, steuerlich ohne weitere Folgen.

Um jedoch statt des im Ausland regelmäßig ungünstigeren Steuersatzes für natürliche Personen dem Steuersatz für Kapitalgesellschaften zu unterliegen, wird die Beteiligung an der ausländischen Personengesellschaft oder die Betriebsstätte oftmals **von einer inländischen Kapitalgesellschaft gehalten bzw. betrieben**.

Durch Bildung eines steuerlich anzuerkennenden **Organschaftsverhältnisses** mit einer zwischengeschalteten Personengesellschaft gelingt es ferner, den ausländischen Steuervorteil – von dem anzuwendenden Progressionsvorbehalt abgesehen – ohne zusätzliche inländische Steuerbelastung zu erzielen. Letztlich ist es dadurch möglich, das ausländische Steuerniveau bis auf die steuerliche Ebene der inländischen natürlichen Person weiterzureichen.

> **Praxistipp:**
> Bei der dargestellten Gestaltungsmöglichkeit handelt es sich um eine komplexe Struktur, deren Implementierung mit größter Sorgfalt durchzuführen ist. In jedem Fall sollten bei einer Expansion in das Ausland auch die steuerlichen Aspekte im In- und im Ausland in die Überlegungen und Untersuchungen einbezogen werden.

3. Finanzierung ausländischer Tochterkapitalgesellschaften

107 Ist ein inländisches Personenunternehmen oder eine inländische Kapitalgesellschaft an einer ausländischen Tochterkapitalgesellschaft beteiligt, stellt sich die Frage, ob und in welchem Umfang diese mit **Eigen- oder Fremdkapital** ausgestattet wird. Bislang galt dabei die Grundregel, dass im Fall einer höheren Besteuerung von Unternehmensgewinnen im Ausland als im Inland vorzugsweise eine Ausstattung mit Fremdkapital erfolgte, um durch entsprechende Fremdfinanzierungskosten den Gewinn zu mindern. Im umgekehrten Fall einer höheren Steuerbelastung im Inland erfolgte die Finanzierung in erster Linie mit Eigenkapital, welches im Inland durch den Anteilseigner durch entsprechendes Fremdkapital refinanziert wurde.

Diese bisherige **Grundregel** ist jedoch angesichts der in Deutschland bereits bestehenden Regelungen insb. zur Zinsschranke und zur gewerbesteuerlichen Hinzurechnung **zu hinterfragen**. Im Ausland ist im Zuge der Umsetzung der BEPS-Aktionspunkte ebenso mit Beschränkungen beim Abzug von Fremdfinanzierungsaufwendungen zu rechnen, die voraussichtlich an die deutschen Zinsschrankenregelungen angelehnt sein dürften.

> **Praxistipp:**
> Bei der Ausgestaltung der Finanzierung ausländischer Tochtergesellschaften ist stets die steuerliche Situation des inländischen, beteiligungshaltenden Unternehmens und der Tochtergesellschaft in der Gesamtschau zu betrachten. Gegen eine Eigenkapitalfinanzierung könnte dabei sprechen, dass eine steuerneutrale Rückführung durch die Nachweisführung eines steuerlichen Einlagekontos erschwert wird (→ Rz. 108). Wird eine Fremdkapitalfinanzierung gewählt, ist besonders Augenmerk auf die weitere Entwicklung der BEPS-Aktionspunkte zu richten, die zu einer Beschränkung des Abzugs von Fremdfinanzierungsaufwendungen im Ausland führen könnte. So fordert bereits die EU in ihrer Anti-Tax-Avoidance-Richtlinie vom 12.7.2016 bis zum 31.12.2018 die Einführung einer sog. Zinsschranke in den EU-Mitgliedstaaten.

4. Nicht steuerbare Kapitalrückzahlung bei ausländischer Kapitalgesellschaft

108 Wird bei einem Auslandsengagement in Form der Beteiligung an einer ausländischen Kapitalgesellschaft eine Einlage getätigt, stellt sich die Frage der Besteuerung im Falle

A. Unternehmensbesteuerung

der Kapitalrückzahlung. Die Einlagenrückgewähr an den Anteilseigner einer **Kapitalgesellschaft in einem anderen EU-Mitgliedstaat** löst wie die Einlagenrückgewähr im reinen Inlandsfall keine Besteuerung aus, soweit sie aus dem steuerlichen Einlagekonto gespeist wird (§ 27 Abs. 8 KStG). Allerdings stellt sich dabei, im Gegensatz zum Fall der inländischen Kapitalgesellschaft, für die ein steuerliches Einlagekonto gesondert festzustellen ist (§ 27 Abs. 2 KStG), regelmäßig das praktische Problem des **Nachweises**, dass eine Zahlung an den Anteilseigner aus dem steuerlichen Einlagekonto erfolgt. Ggf. ist hier rückwirkend ab der Gründung der EU-Gesellschaft ein entsprechendes steuerliches Einlagekonto zu entwickeln.

> **Praxistipp:**
> Der als Einlagenrückgewähr zu qualifizierende Betrag ist gesondert festzustellen. Dazu ist bis zum Ende des Kalenderjahrs, das auf das Kalenderjahr der Leistungserbringung folgt, ein Feststellungsantrag zu stellen. Das BMF weist mit Schreiben vom 4.4.2016[1] darauf hin, dass es sich dabei um eine **nicht verlängerbare Ausschlussfrist** handelt und die Einlagenrückgewähr bei fehlender Antragstellung als steuerpflichtige Gewinnausschüttung zu behandeln ist. Es sollte deshalb darauf geachtet werden, diese Antragsfrist nicht ergebnislos verstreichen zu lassen. Eine Antragstellung sollte ggf. auch dann innerhalb der Frist erfolgen, wenn bis dahin die Ermittlung des fortgeführten steuerlichen Einlagekontos noch nicht vollständig abgeschlossen werden konnte. Entsprechend ist bei einer Kapitalherabsetzung vorzugehen.

Nicht abschließend geklärt ist, wie bei einer Einlagenrückgewähr einer **Kapitalgesellschaft außerhalb des EU-/EWR-Raums** vorzugehen ist, da hier eine gesetzliche Regelung fehlt. Laut Urteil des BFH vom 13.7.2016[2] ist die Regelung zur Einlagenrückgewähr in § 20 Abs. 1 Nr. 1 Satz 3 EStG **unionsrechtskonform** auszulegen (→ Rz. 455). So sei eine Qualifizierung als steuerneutrale Einlagenrückgewähr u.a. dann möglich, soweit die Leistungen der Kapitalgesellschaft in einem Nicht-EU-Staat im Wirtschaftsjahr das Nennkapital und den im Vorjahr festgestellten ausschüttbaren Gewinn übersteigen oder wenn sich dies aus der nach ausländischem Recht aufgestellten Bilanz der ausschüttenden Gesellschaft ergibt.[3] Die **Finanzverwaltung** äußerte sich dazu bislang noch nicht. Um sich die Möglichkeit der Anerkennung einer steuerneutralen Einlagenrückgewähr offen zu halten, sollte geprüft werden, ob **vorsorglich** – mit Verweis auf die aktuelle BFH-Rechtsprechung – **ein Feststellungsantrag** gestellt wird.

> **Anmerkung:**
> Bei außerhalb des EU-/EWR-Raums ansässigen Unternehmen ab einer bestimmten Größe führt zumindest nach § 7 Abs. 1 KapErhStG die Kapitalerhöhung aus Gesellschaftsmitteln bei den inländischen Anteilseignern nicht zu der inländischen Besteuerung unterliegenden Einkünften.[4] Erfolgt nach Ablauf von fünf Jahren seit der Erhöhung eine Rückzahlung von Mitteln aus einer entsprechenden Kapitalherabsetzung, kann diese steuerfrei erfolgen. Zu einem entsprechenden Ergebnis kommt auch das BMF[5] hinsichtlich des **Aktiensplits** der Google Inc. und der A. P. Moeller/Maersk AS im April 2014. Diese Kapitalmaßnahmen erfüllen die Voraussetzungen einer Kapitalerhöhung aus Gesellschaftsmitteln und führen deshalb beim Anteilseigner nicht zu steuerpflichtigen Einkünften (§§ 1, 7 KapErhStG).

5. Verrechnungspreise

a) Anwendung des Fremdvergleichsgrundsatzes

Werden Leistungen, wie z.B. Warenlieferungen, Dienstleistungen, Personalgestellungen, Finanzierungsleistungen, zwischen einem inländischen Mutterunternehmen und

---
1) BMF v. 4.4.2016, IV C 2 – S 2836/08/10002, BStBl I 2016, 468.
2) BFH v. 13.7.2016, VIII R 47/13, HFR 2016, 1077.
3) BFH v. 13.7.2016, VIII R 73/13, HFR 2016, 1093.
4) OFD Frankfurt v. 29.3.2016, S 1979 A – 001 – St 54.
5) BMF v. 8.7.2015, IV C 1 – S 2252/09/10004 :003, BStBl I 2015, 543.

einer ausländischen Tochtergesellschaft, an der eine Beteiligung von mindestens 25 % besteht, oder umgekehrt zwischen einen ausländischen Mutterunternehmen und einer inländischen Tochtergesellschaft bei mindestens 25 %-iger Beteiligung ausgetauscht, erkennt die Finanzverwaltung die hierfür vereinbarte Preisgestaltung (Verrechnungspreise) steuerlich nur dann an, wenn diese dem zwischen fremden Dritten Üblichen entspricht (§ 1 Abs. 1 Satz 1 AStG). Die Anwendung eines solchen **Fremdvergleichsgrundsatzes** sehen die steuerrechtlichen Regelungen der meisten Staaten vor, da andernfalls die Steuerbelastung innerhalb einer Unternehmensgruppe dadurch gemindert werden könnte, dass durch entsprechende Verrechnungspreise Gewinne insb. in Staaten mit einer niedrigen Steuerbelastung anfallen und in Staaten mit hoher Steuerbelastung keine oder möglichst geringe Gewinne verzeichnet werden.

> **Praxistipp:**
>
> Durch den zunehmenden Einsatz von Auslandsfachprüfern im Rahmen von Betriebsprüfungen werden Verrechnungspreisgestaltungen oftmals auch bei kleineren mittelständischen Unternehmen systematischer als in der Vergangenheit daraufhin überprüft, ob diese steuerlich anzuerkennen sind. Nicht zuletzt deshalb sollten Unternehmen mit Geschäftsbeziehungen zu verbundenen Unternehmen im Ausland erhöhte Sorgfalt walten lassen.
>
> In der Praxis stellt sich die konkrete Anwendung des Fremdvergleichsgrundsatzes auf den jeweiligen Einzelfall durchaus als besondere Herausforderung dar. Dies liegt zum einen an dem oftmals komplexen Sachverhalt, der bei der Ermittlung eines fremdüblichen Verrechnungspreises berücksichtigt werden muss. Zum anderen wird der Fremdvergleichsgrundsatz durch die Finanzverwaltungen der einzelnen Staaten nicht einheitlich interpretiert. Zwar versucht die OECD, durch die Veröffentlichung regelmäßig aktualisierter Verrechnungspreisrichtlinien[1] einen internationalen Leitfaden zur Interpretation des Fremdvergleichsgrundsatzes zu schaffen und aktuell zu halten. Diese Richtlinien sind jedoch nicht bindend und insbesondere die BRICS-Staaten (Brasilien, Russland, Indien, China und Südafrika) sind der OECD gegenüber kritisch eingestellt. Bei der Vereinbarung von Verrechnungspreisen ist deshalb stets neben der Berücksichtigung der inländischen Vorgaben[2] auch die Prüfung der Vorgaben des anderen involvierten Staates erforderlich.

b) Dokumentationspflichten im Inland

110 Damit die inländischen Steuerbehörden die Verrechnungspreise und deren Angemessenheit prüfen können, müssen die Unternehmen die gruppeninternen Leistungsbeziehungen **umfassend und ausführlich dokumentieren**. Details zum Inhalt dieser Dokumentationspflichten sind in der Gewinnabgrenzungsaufzeichnungsverordnung (GAufzV)[3] geregelt, die unter Berücksichtigung der in 2016 geänderten gesetzlichen Vorgaben neu gefasst wurde und erstmals für Wirtschaftsjahre anzuwenden ist, die nach dem 31.12.2016 beginnen.[4]

Dabei reicht es nicht aus, nur die realisierten Leistungsbeziehungen und die zur Anwendung gekommenen Verrechnungspreise bzw. deren Ermittlungssystematik zu beschreiben. Es ist zudem eine umfassende Angemessenheitsanalyse erforderlich. Fehlt diese, hat die Finanzverwaltung die Möglichkeit, die aus ihrer Sicht angemessenen Verrechnungspreise zu schätzen, wobei der Beurteilungsspielraum zu Lasten des Steuerpflichtigen ausgeschöpft werden kann.

---

1) OECDE-Verrechnungspreisrichtlinien für multinationale Unternehmen und Steuerverwaltungen 2010, ISBN 9789264125445; derzeit Überarbeitung der Regelungen zu den immateriellen Wirtschaftsgütern aufgrund der BEPS Initiative.
2) U.a. Verordnung zur Anwendung des Fremdvergleichsgrundsatzes nach § 1 Abs. 1 AStG in Fällen grenzüberschreitender Funktionsverlagerungen v. 11.7.2008, BGBl. I 2008, 1680; Verordnung zur Anwendung des Fremdvergleichsgrundsatzes auf Betriebsstätten nach § 1 Abs. 5 AStG v. 13.10.2014, BGBl. I 2014, 1603 = BStBl I 2014, 1378.
3) Verordnung zu Art, Inhalt und Umfang der Aufzeichnungen i.S.d. § 90 Abs. 3 AO v. 12.7.2017, BGBl. I 2017, 2367 = BStBl I 2017, 1220.
4) Für frühere Wirtschaftsjahre s. GAufzV v. 13.11.2003, BGBl. I 2003, 2296, zuletzt geändert durch das AmtshilfeRLUmsG v. 26.6.2013, BGBl. I 2013, 1809 = BStBl I 2013, 802.

A. Unternehmensbesteuerung

> **Praxistipp:**
> Bei der Erstellung einer Verrechnungspreisdokumentation sollte deshalb immer darauf geachtet werden, dass mindestens alle notwendigen Dokumentationsbestandteile enthalten sind, um Schätzungen der Finanzverwaltung zu vermeiden.

Mit dem sog. Ersten BEPS-Umsetzungsgesetz[1)] wurden mit Wirkung für Wirtschaftsjahre, die nach dem 31.12.2016 beginnen, die Vorgaben an die Verrechnungspreisdokumentation erweitert. Neben der bereits bislang erforderlichen Angemessenheitsdokumentation ist zudem gesetzlich eine Sachverhaltsdokumentation vorgegeben. Mit dieser Vorgabe kommt der Gesetzgeber der Empfehlung der OECD zur Einführung eines sog. **Local File** nach (zum Inhalt → Rz. 440).

Zudem haben Unternehmen, die Teil einer multinationalen Unternehmensgruppe sind, ein sog. **Master File** für Wirtschaftsjahre, die nach dem 31.12.2016 beginnen, zu erstellen. Die Verpflichtung besteht für Unternehmen mit gewerblichen Einkünften und Geschäftsbeziehungen zu verbundenen Unternehmen im Ausland, wenn der Umsatz im vorangegangenen Wirtschaftsjahr mindestens 100 Mio. Euro betragen hat. Darin wird ein Überblick über die Art der weltweiten Geschäftstätigkeit der Unternehmensgruppe und über die von ihr angewandte Systematik der Verrechnungspreisbestimmung gegeben (zum Inhalt → Rz. 441).

Hat ein Konzern im vorangegangenen Wirtschaftsjahr konsolidierte Umsatzerlöse von mindestens 750 Mio. Euro erzielt, ist zudem ein länderbezogener Bericht (sog. **Country-by-Country-Report**, CbCR) zu erstellen. Diese Verpflichtung besteht im Fall einer inländischen Konzernobergesellschaft bereits erstmals in dem Wirtschaftsjahr, das nach dem 31.12.2015 beginnt. Ist die Konzernobergesellschaft im Ausland ansässig, eine inländische Konzerngesellschaft jedoch zur Berichterstattung verpflichtet, hat dies erstmals für das Wirtschaftsjahr zu erfolgen, das nach dem 31.12.2016 beginnt (→ Rz. 442).

> **Praxistipp:**
> Um den Dokumentationspflichten inhaltlich vollständig, termingerecht und konsistent innerhalb einer Unternehmensgruppe gegenüber den Finanzbehörden verschiedener Staaten nachkommen zu können, empfiehlt sich die Einführung eines IT-gestützten Transfer Pricing Management Systems, das zudem gewährleistet, dass die Daten erstmals bis zum 31.12.2017 im XML-Format an das zuständige Bundeszentralamt für Steuern übermittelt werden. Mit einem Transfer Pricing Management System können Daten und Informationen zentral verwaltet werden und gewähren den Unternehmen innerhalb einer Unternehmensgruppe Zugriff auf denselben Datenbestand.

Die Verrechnungspreisdokumentation ist der Finanzverwaltung auf Anforderung – regelmäßig im Rahmen einer Betriebsprüfung – vorzulegen. Um diese **Vorlagepflicht** wirksam durchsetzen zu können, ist sie an strafbewehrte Fristen geknüpft. Bei gewöhnlichen Geschäftsvorfällen beträgt diese 60 Tage, bei außergewöhnlichen Geschäftsvorfällen 30 Tage nach Anforderung durch die zuständige Finanzbehörde. **111**

> **Praxistipp:**
> Die Verrechnungspreisdokumentation sollte grundsätzlich pro-aktiv und zeitnah erstellt werden. Bei außergewöhnlichen Geschäftsvorfällen ist die zeitnahe Erstellung sogar gesetzlich angeordnet. In der Praxis empfiehlt es sich regelmäßig, generell zeitnah Aufzeichnungen zu erstellen, da andernfalls aufwendige Ermittlungstätigkeiten zur Zusammenstellung der notwendigen Unterlagen und Informationen anfallen.

---

1) Gesetz v. 20.12.2016, BGBl. I 2016, 3000 = BStBl I 2017, 5.

112 Die Nichteinhaltung der Dokumentationsvorschriften und Vorlagefristen wird mit empfindlichen **Sanktionen** geahndet. Bei fehlender oder in wesentlichen Teilen unverwertbarer Dokumentation kann ein Strafzuschlag zwischen 5 bis 10 % des sich aus der Verrechnungspreiskorrektur ergebenden Mehrergebnisses festgesetzt werden, der mindestens 5 000 Euro beträgt. Bei verspäteter Vorlage einer vollständigen und verwertbaren Dokumentation fällt ein Strafzuschlag von mindestens 100 Euro pro Tag der Fristüberschreitung an. Dieser kann sich maximal auf bis zu 1 Mio. Euro aufsummieren.

> **Beratungshinweis:**
>
> Für kleinere Unternehmen ist eine Bagatellgrenze vorgesehen. Danach können sie ihren Dokumentationspflichten bereits dadurch gerecht werden, dass sie auf Anfrage Auskünfte erteilen und Unterlagen vorlegen, aus denen sich die Fremdüblichkeit der zur Anwendung gekommenen Verrechnungspreise ableiten lässt. Als kleinere Unternehmen gelten dabei solche zusammenhängende inländische Unternehmen (alle inländischen Gesellschaften und Betriebsstätten einer Unternehmensgruppe), die in Summe pro Jahr an ausländische nahe stehende Personen Güter oder Waren im Wert von weniger als 5 Mio. Euro liefern und andere Leistungen im Wert von weniger als 500 000 Euro erbringen. Die Praxis zeigt jedoch, dass auch in diesen Fällen eine dokumentarische Aufbereitung der relevanten Geschäftsvorfälle notwendig ist, weil die geforderten Auskünfte nur so erteilt und die erforderlichen Unterlagen vorgelegt werden können.

c) Dokumentationspflichten im Ausland

113 Schließlich sind auch die **im Ausland bestehenden Dokumentationspflichten** der Verrechnungspreise zu beachten. Die Sanktionierung bei Verstößen ist dabei zum Teil erheblich schärfer als in Deutschland. Deshalb müssen die jeweiligen Dokumentationspflichten rechtzeitig vor Ort geklärt werden, um etwaige ungewollte und teure Konsequenzen zu vermeiden.

> **Beratungshinweis:**
>
> Es sollte auch darauf geachtet werden, dass die Argumentation zur Angemessenheit der zur Anwendung gekommenen Verrechnungspreise für ein und denselben Sachverhalt im In- und Ausland konsistent ist (zur Einführung eines IT-gestützten Transfer Pricing Management Tools → Rz. 110). Denn die Steuerbehörden arbeiten verstärkt grenzüberschreitend zusammen, wodurch Widersprüche in der Verrechnungspreisdokumentation aufgedeckt werden können.

6. Quellensteuereinbehalt

114 Erhält ein im Ausland ansässiges Mutterunternehmen von der inländischen Tochterkapitalgesellschaft Dividenden oder eine Vergütung für die Erbringung bestimmter Leistungen (z.B. für eine Aufsichtsratstätigkeit), sind diese Vergütungen von dem Mutterunternehmen regelmäßig nicht nur in dem Staat, in dem es ansässig ist, sondern auch in Deutschland als Quellenstaat zu besteuern. Entsprechendes gilt auch bei Zahlungen eines inländischen Vergütungsschuldners an einen im Ausland ansässigen Leistenden, der im Inland nur beschränkt steuerpflichtig ist, z.B. für die Überlassung von Nutzungsrechten an immateriellen Wirtschaftsgütern (Lizenzen).

Zur Sicherstellung des inländischen Besteuerungsrechts und -aufkommens ist der Vergütungsschuldner zum **Steuereinbehalt an der Quelle verpflichtet**. Nimmt dieser den Abzug von Quellensteuer für Rechnung des Leistenden nicht vor, obwohl er dazu verpflichtet wäre, haftet er regelmäßig für diese Steuer und kann von der inländischen Finanzverwaltung in Anspruch genommen werden.

A. Unternehmensbesteuerung

> **Praxistipp:**
> Vor der Zahlung von Vergütungen, die dem Quellensteuerabzug unterliegen, sollte insb. im Fall verbundener Unternehmen geprüft werden, ob eine Befreiungsmöglichkeit besteht und ggf. ein Antrag auf Freistellung beim Bundeszentralamt für Steuern gestellt werden kann (§ 50d Abs. 2 i.V.m. § 43b Abs. 1 EStG).

Von besonderer Brisanz ist die Frage des Quellensteuereinbehalts bei der Überlassung von **Software und Datenbanken** durch einen nicht im Inland ansässigen Anbieter an einen im Inland ansässigen Nutzer. Nach Auffassung des BMF ist hinsichtlich der Pflicht zum Quellensteuereinbehalt zu differenzieren[1]. Wird Software lediglich zum bestimmungsgemäßen Gebrauch überlassen, liegen ungeachtet dessen, ob es sich um Standard- oder Individualsoftware handelt, keine inländischen Einkünfte nach § 49 Abs. 1 Nr. 2 Buchst. f und Nr. 6 EStG vor, für die Quellensteuer einzubehalten wäre. Zu einem anderen Ergebnis kommt die Finanzverwaltung hingegen, wenn umfassende Nutzungsrechte eingeräumt werden, die eine wirtschaftliche Weiterverwertung ermöglichen.

115

> **Praxistipp:**
> Unternehmen sollten angesichts der Haftungsrisiken frühzeitig bestehende Lizenzvereinbarungen dahingehend überprüfen, ob Quellensteuer einzubehalten ist und ob der Quellensteuereinbehalt korrekt vorgenommen wird. Besteht ein Tax Management Compliance System, sollte eine Prüfung des Quellensteuereinbehalts dort integriert werden.

7. Entsendung

Bei dem Einsatz von Mitarbeitern des inländischen Unternehmens im Ausland oder umgekehrt der Beschäftigung ausländischer Arbeitnehmer im Inland innerhalb eines Unternehmens oder einer Unternehmensgruppe (sog. Entsendung) sind neben den wirtschaftlichen Belangen zahlreiche **arbeitsrechtliche, sozialversicherungsrechtliche und steuerrechtliche Vorgaben** zu berücksichtigen, damit das Unternehmen nicht mit zusätzlichen Abgaben belastet wird, der Arbeitnehmer aber den mit der Entsendung versprochenen finanziellen Vorteil erzielen kann bzw. keine finanziellen Nachteile erleidet.

116

> **Beratungshinweis:**
> So ist regelmäßig erforderlich, dass den Arbeitsvertrag flankierende Regelungen gefasst werden, wie die Entsendung auszugestalten ist. Wird eine Vielzahl von Mitarbeitern entsendet, empfiehlt es sich, **Entsenderichtlinien** zu entwickeln. Dadurch lässt sich neben der Transparenz der Rahmenbedingungen einer Entsendung insb. sicherstellen, dass entsendete Mitarbeiter gleich behandelt werden. In den Entsenderichtlinien können u.a. betriebliche Begünstigungen, wie z.B. Umzugskosten oder Kosten der Wohnungssuche geregelt sein.
>
> Zudem empfiehlt es sich, entweder innerhalb der Entsenderichtlinien oder als Bestandteil der Entsendevereinbarung eine **Steuerklausel** zu fixieren. Dadurch wird geregelt, wie der Mitarbeiter im Innenverhältnis zwischen sich und dem Arbeitgeber steuerlich gestellt wird. So kann z.B. eine sog. Tax Equalisation, Tax Protection oder eine Nettolohnvereinbarung getroffen werden. Unberührt von der Steuerklausel bleiben die tatsächlichen steuerlichen Pflichten, die sich auf Grund der jeweiligen nationalen Steuergesetzgebung ergeben, z.B. Abgabe von Steuererklärungen. Ergeben sich aus der tatsächlichen Steuerveranlagung des Mitarbeiters Erstattungen bzw. Nachzahlungen, sollten dazu in der Steuerklausel Bestimmungen enthalten sein, wie damit umzugehen ist.
>
> Darüber hinaus ist bei einer Entsendung stets im Auge zu behalten, ob durch die Entsendung ggf. eine **Betriebsstätte** begründet wird (→ Rz. 100). Zu klären sind weiter u.a. aufenthaltsrechtliche Beschränkungen des Arbeitnehmers und seine soziale Absicherung im In- bzw. Ausland.

117

---

1) BMF v. 27.10.2017, IV C 5 – S 2300/12/10003 :004.

118 Von besonderer Bedeutung für die Besteuerung des aus einer Tätigkeit im Ausland resultierenden Arbeitsentgelts des entsandten Arbeitnehmers im In- oder Ausland ist dabei regelmäßig die Anzahl der Tage, an denen der Arbeitnehmer im Tätigkeitsstaat anwesend war. In zahlreichen Doppelbesteuerungsabkommen findet sich dazu die sog. **183-Tage-Regelung**. So hat der Ansässigkeitsstaat des Arbeitnehmers das ausschließliche Besteuerungsrecht für eine Tätigkeit, die in einem anderen Staat ausgeübt wird, wenn

- er sich insgesamt nicht länger als 183 Tage innerhalb eines im jeweiligen Abkommen näher beschriebenen Zeitraums[1] im Tätigkeitsstaat aufgehalten oder die Tätigkeit dort ausgeübt hat,
- der Arbeitgeber, der die Vergütungen zahlt, nicht im Tätigkeitsstaat ansässig ist und
- der Arbeitslohn nicht von einer Betriebsstätte oder einer festen Einrichtung, die der Arbeitgeber im Tätigkeitsstaat hat, getragen wurde.

> **Praxistipp:**
> Es sollte **zeitnah zum Jahreswechsel** geprüft werden, ob richtigerweise nach der 183-Tage-Regelung das Arbeitsentgelt im Inland bzw. im Ausland zu versteuern ist und die Besteuerung entsprechend vorgenommen wurde. Sofern basierend auf einer fehlerhaften Anwendung der 183-Tage-Regelung eine somit falsche Lohnsteuerbescheinigung an die Finanzverwaltung bis Ende Februar des Folgejahres übermittelt wurde, ist eine Änderung des Lohnsteuereinbehalts nicht mehr ohne weiteres möglich. Sollte im Rahmen einer Betriebsprüfung festgestellt werden, dass der Arbeitgeber zu wenig Lohnsteuer im Inland einbehalten und abgeführt hat, haftet er für diese. Trägt der Arbeitgeber final diese Steuerlast, stellt diese Übernahme wiederum steuerpflichtigen Arbeitslohn dar.

119 Unterliegt das aus der Tätigkeit im Ausland resultierende Arbeitsentgelt der Besteuerung im Ausland, sind die **nicht unmittelbar der Tätigkeit im In- und Ausland zuordenbaren Vergütungsbestandteile** nach den Vorgaben des BMF[2] aufzuteilen. Die Aufteilung erfolgt nach den im In- und Ausland verbrachten tatsächlichen Arbeitstagen. Laut Schreiben des BMF vom 14.3.2017[3] kann die Aufteilung in den jeweiligem Lohnzahlungszeitraum nach den vereinbarten Arbeitstagen erfolgen (→ Rz. 464).

> **Praxistipp:**
> Stets sollte am Ende des Kalenderjahres überprüft werden, ob die Aufteilung der nicht unmittelbar zuordenbaren Vergütungsbestandteile der Aufteilung nach den tatsächlichen In- und Auslandstagen entspricht. Bei Abweichungen ist der Lohnsteuerabzug zu korrigieren.

8. Steuerliche Folgen des Brexit

120 Am 29.3.2017 erklärte Großbritannien offiziell den Austritt aus der EU und hat damit den Austrittsprozess in Gang gesetzt. Innerhalb von zwei Jahren muss eine Einigung mit der EU erzielt werden, andernfalls würde Großbritannien automatisch aus der EU ausscheiden, sofern keine Fristverlängerung vereinbart wird.

Bislang sind der Ausgang der Verhandlungen und damit die Konsequenzen der Brexit-Entscheidung u.a. in steuerlicher Hinsicht noch nicht absehbar. Da bei steuerplanerischen Entscheidungen allerdings oftmals auch zu erwartende Entwicklungen in der Zukunft einzubeziehen sind, sollte der mögliche Ausgang der Brexit-Verhandlungen bereits frühzeitig mit in die Überlegungen eingebunden werden.

---

1) Z.B. laut Art. 15 Abs. 2 Buchst. a OECD-Musterabkommen innerhalb eines Zeitraums von zwölf Monaten, der während des betreffenden Steuerjahrs beginnt oder endet.
2) BMF v. 12.11.2014, IV B 2 – S 1300/08/10027, BStBl I 2014, 1467.
3) BMF v. 14.3.2017, IV C 5 – S 2369/10/10002, BStBl I 2017, 473.

A. Unternehmensbesteuerung

Ist die Einbringung in eine Kapitalgesellschaft steuerneutral unter Beteiligung einer britischen Gesellschaft geplant und tritt Großbritannien innerhalb der **siebenjährigen Sperrfrist nach Einbringung** sowohl aus der EU aus und gehört auch nicht mehr dem EWR an, würde dies nachträglich zur Besteuerung der stillen Reserven hinsichtlich der noch nicht abgelaufenen Zeitjahre der Sperrfrist führen. 121

> **Beratungshinweis:**
> Dieses Steuerrisiko sollte bereits bei der Einbringung berücksichtigt werden. Ist eine solche Einbringung bereits vollzogen worden, ist das entsprechende Steuerrisiko steuerplanerisch zu berücksichtigen.

Werden Wirtschaftsgüter eines inländischen Unternehmens in eine Betriebsstätte in einem anderen EU-Mitgliedstaat überführt, kann zur Vermeidung der sofortigen Versteuerung der stillen Reserven ein Ausgleichsposten gebildet werden, der eine **auf fünf Jahre gestreckte Versteuerung** der stillen Reserven ermöglicht. Mit dem Vollzug des Brexit entfällt der Steuerstundungseffekt, wenn innerhalb der vorgehenden fünf Jahre ein Wirtschaftsgut in eine Betriebsstätte in Großbritannien überführt wurde. 122

> **Beratungshinweis:**
> Ist die Übertragung eines Wirtschaftsguts in eine britische Betriebsstätte geplant, ist bei der Prüfung der Wirtschaftlichkeit dieses Vorgangs der etwaige Wegfall des Steuerstundungseffekts zu berücksichtigen. Gegebenenfalls könnte es sinnvoll sein, das Wirtschaftsgut nicht zu übertragen und weiterhin im inländischen Unternehmen zu belassen und stattdessen in Großbritannien ein anderes Wirtschaftsgut zu erwerben.

Bei Wegzug einer natürlichen Person, die Anteile an Kapitalgesellschaften i.S. von § 17 EStG hält, in einen anderen EU- oder EWR-Mitgliedstaat wird die auf die Wertsteigerungen anfallende sog. Wegzugsteuer **zinslos** bis zur tatsächlichen Veräußerung oder Übertragung der Anteile **gestundet**. Sollte Großbritannien künftig nicht mehr der EU angehören und auch nicht als Mitgliedstaat des EWR zu behandeln sein, würde diese Stundung auch ohne tatsächliche Realisation entfallen. 123

> **Beratungshinweis:**
> Ist ein Wegzug nach Großbritannien geplant, sollte geprüft werden, ob das Auslösen der Wegzugsteuer nicht durch eine anderweitige Steuergestaltung vermieden werden kann. Denkbar wäre z.B., die Anteile vor dem Wegzug steuerneutral in ein inländisches Unternehmensvermögen einzubringen, so dass diese trotz Wegzug weiterhin im Inland steuerverstrickt bleiben. Werden die Anteile in eine inländische Personengesellschaft eingebracht, ist zur Erreichung dieses Ziel basierend auf der Rechtsprechung des BFH[1] allerdings erforderlich, dass diese tatsächlich gewerblich tätig und nicht lediglich gewerblich geprägt oder gewerblich infiziert ist. Zudem ist darauf zu achten, dass die eingebrachten Anteile funktional der durch die Personengesellschaft vermittelten Betriebsstätte zuzuordnen sind.

Um die erbschaftsteuerlichen Begünstigungen für Betriebsvermögen in Anspruch nehmen zu können, ist – abgesehen von Ausnahmefällen – die **Lohnsummenregelung** zu beachten. Dazu ist je nach Umfang der Begünstigung erforderlich, dass die Ausgangslohnsumme in den Folgejahren entsprechend erreicht wird. Der Vollzug des Brexit könnte negative Auswirkungen auf die Erfüllung der Lohnsummenregelung haben. Denn Lohnsummen von britischen Tochtergesellschaften sind – sofern Großbritannien zu diesem Zeitpunkt noch EU bzw. EWR-Mitglied ist – in die Ausgangslohnsumme einzubeziehen. Sobald Großbritannien in der Folge dann weder der EU noch dem EWR angehört, sind die Lohnsummen der britischen Tochtergesellschaften innerhalb des fünf- bzw. siebenjährigen Zeitraums der Lohnsummenregelung nicht mehr einzubezie- 124

---

1) BFH v. 28.4.2010, I R 81/09, BStBl II 2014, 754; BFH v. 25.5.2011, I R 95/10, BStBl II 2014, 760.

hen, so dass die Begünstigungen im Umfang des Unterschreitens der maßgeblichen Lohnsumme wegfallen würden.

> **Beratungshinweis:**
>
> Bei der Prüfung, ob die Regel- oder die Optionsverschonung in Anspruch genommen werden soll, sollte die Auswirkung des Brexit auf die Lohnsummenregelung mit ins Kalkül gezogen werden. Bei der Regelverschonung endet diese nach fünf Jahren und erfordert nur das Erreichen von 400 % der Ausgangslohnsumme. Bei der Optionsverschonung werden sieben Jahre in den Prüfzeitraum einbezogen und jegliche Minderung der Lohnsummen gegenüber der Ausgangslohnsumme ist steuerschädlich.

125 Ist der Austritt Großbritanniens aus der EU vollzogen, findet das **gemeinsame Mehrwertsteuersystem der EU** in Großbritannien keine Anwendung mehr. Für Unternehmen in Deutschland, die entweder als Leistender Leistungen an Unternehmer oder Endverbraucher in Großbritannien erbringen oder als Leistungsempfänger Leistungen aus Großbritannien beziehen, kommen damit nicht mehr die EU-weit abgestimmten Regelungen zur Anwendung. Großbritannien wäre in dieser Hinsicht dann vielmehr als Drittland zu behandeln und die entsprechenden umsatzsteuerlichen Konsequenzen daraus zu ziehen.

> **Beratungshinweis:**
>
> Da ein solcher Wandel in der umsatzsteuerlichen Behandlung nach Großbritannien oder von Großbritannien eine Vielzahl von Änderungen in den internen Unternehmensabläufen erforderlich macht, sollte die weitere Entwicklung aufmerksam verfolgt werden, damit mit den Anpassungsmaßnahmen rechtzeitig begonnen werden kann. Derzeit bereits sinnvoll dürfte eine Analyse sein, inwieweit im jeweiligen Unternehmen Leistungsbeziehungen mit Großbritannien bestehen, die bei tatsächlichem Vollzug des Brexit zu Anpassungsbedarf führen dürften.

XIII. Umsatzsteuer

1. Privatnutzung betrieblicher Kfz

126 Nutzt der Unternehmer ein Kfz des Betriebsvermögens für private Zwecke, unterliegt die Nutzungsentnahme der Umsatzsteuer. Der Wert der Nutzungsentnahme kann entweder in Anlehnung an die ertragsteuerliche Bewertung nach der sog. 1 %-Regelung ermittelt werden. Alternativ werden die tatsächlich angefallenen Kfz-Kosten den Privatfahrten gemäß der Aufzeichnungen anhand eines Fahrtenbuchs anteilig zugewiesen.

Erfolgt die Wertermittlung nach der 1 %-Regelung, kann davon laut einer Vereinfachungsregelung der Finanzverwaltung ein Abschlag von 20 % für nicht mit Vorsteuern belastete Kosten berücksichtigt werden, so dass letztlich nur 80 % des nach der 1 %-Regelung ermittelten Werts der Umsatzsteuer unterliegen. Hingegen ist es nicht zulässig, den Abschlag von 20 % anhand der tatsächlichen Kosten, die nicht mit Vorsteuern belastet waren, zu berechnen.[1]

> **Praxistipp:**
>
> Vor Beginn des Jahres 2018 sollte geprüft werden, ob sich **nach der 1 %-Regelung oder nach der Fahrtenbuchmethode** der umsatzsteuerlich bzw. ertragsteuerlich günstigere Nutzungswert ergibt.
>
> Auch könnte überprüft werden, ob z.B. ein für Privatfahrten genutzter betrieblicher Pkw, der zu einem geringen Gebrauchtwagenpreis erworben wurde, aber einen hohen Bruttolistenneupreis aufweist, durch einen anderen betrieblichen Pkw ausgetauscht werden könnte. Gelegentlich wird in der Praxis in Betracht gezogen, einen Oldtimer als betrieblichen Pkw auch privat zu nutzen, da dieser regelmäßig einen geringen Bruttolistenneupreis aufweist und sich somit bei Anwendung der 1 %-Regelung ein geringerer Nutzungswert ergibt.

---

1) BFH v. 19.5.2010, XI R 32/08, BStBl II 2010, 1079.

2. Rückwirkung von Rechnungsberichtigungen

Der **BFH bejaht** unter Aufgabe seiner bisherigen Rechtsprechung und mit Verweis auf die neue Rechtsprechung des EuGH[1] die **Rückwirkung einer Rechnungsberichtigung**.[2]

127

Jedenfalls kommt laut BFH dann die Rückwirkung der Rechnungsberichtigung in Betracht, wenn die **ursprüngliche Rechnung zumindest folgende Angaben** enthält:

- Rechnungsaussteller,
- Leistungsempfänger,
- Leistungsbeschreibung,
- Entgelt und
- gesondert ausgewiesene Umsatzsteuer.

> **Praxistipp:**
>
> Auch wenn nun sowohl durch den EuGH als auch durch den BFH die Rückwirkung von Rechnungsberichtigungen bejaht wird, sollten Eingangsprüfungen dennoch weiterhin genau **auf ihre Vollständigkeit und Richtigkeit überprüft** und etwaig festgestellte Mängel zeitnah korrigiert werden. Dadurch lassen sich Diskussionen mit der Finanzverwaltung vermeiden, ob eine Rechnung zumindest den Mindestanforderungen des BFH genügt.
>
> Sollten Fehler oder Mängel bei Eingangsrechnungen vorliegen und diese z.B. im Rahmen einer Betriebsprüfung von der **Finanzverwaltung beanstandet** werden, ist **möglichst zeitnah** eine berichtigte Rechnung beim leistenden Unternehmer anzufordern und diese so schnell wie möglich der Finanzverwaltung vorzulegen. Sofern die fehlerhafte Rechnung zumindest die vom BFH definierten Mindestangaben enthält, kann mit Verweis auf die BFH-Rechtsprechung weiterhin der Vorsteuerabzug im Zeitraum des erstmaligen Rechnungserhalts geltend gemacht werden. Ob die Finanzverwaltung der Rechtsauffassung des BFH folgt, ist derzeit noch nicht eindeutig. Sollte die Finanzverwaltung die Rückwirkung einer Rechnungsberichtigung nicht akzeptieren, kann im Rahmen eines Einspruchsverfahrens auf die BFH-Rechtsprechung verwiesen werden.

3. Kleinbetragsregelung

Bereits rückwirkend zum 1.1.2017 gilt laut Änderung durch das Zweite Bürokratieentlastungsgesetz[3] eine von bislang 150 Euro **auf 250 Euro angehobene Wertgrenze** für Kleinbetragsrechnungen (→ Rz. 418). Um aus der Rechnung die Umsatzsteuer geltend machen zu können, genügt somit die Angabe des vollständigen Namens und der vollständigen Anschrift des leistenden Unternehmers, das Ausstellungsdatum, Menge und Art der gelieferten Gegenstände bzw. der sonstigen Leistungen, des Entgelts und des Steuerbetrags in einer Summe sowie des Steuersatzes.

128

> **Praxistipp:**
>
> Sofern die Rechnungserstellung nicht bereits unterjährig in 2017 auf die erhöhte Wertgrenze für Kleinbetragsrechnungen angepasst wurde, könnte zum Jahreswechsel eine entsprechende Änderung vorgenommen werden.

4. Umsatzsteuerliche Organschaft

a) Organisatorische Eingliederung

Nach Auffassung des BFH[4] ist die organisatorische Eingliederung als eine der Voraussetzungen der umsatzsteuerlichen Organschaft auch **ohne Personenidentität** gegeben,

129

---

1) EuGH v. 15.9.2016, Senatex, C-518/14, HFR 2016, 1029.
2) BFH v. 20.10.2016, V R 26/15, HFR 2017, 164 mit Anm. Pflaum (vgl. hierzu auch Korn, BeSt 2017, 13 ff.).
3) Gesetz vom 30.6.2017, BGBl. I 2017, 2143 = BStBl I 2017, 890 (Auszug).
4) BFH v. 12.10.2016, XI R 30/14, BStBl II 2017, 597.

wenn in ausreichendem Maße institutionell abgesicherte unmittelbare Eingriffsmöglichkeiten des Organträgers in die Organgesellschaft bestehen. Dem folgt nun auch die Finanzverwaltung und bejaht eine solche Eingriffsmöglichkeit bei Abschluss eines Beherrschungsvertrags zwischen der Organgesellschaft und dem Organträger. Mit der Eintragung des Beherrschungsvertrags in das Handelsregister ist dann von einer organisatorischen Eingliederung auszugehen (→ Rz. 421).[1]

Erforderlich ist laut BMF, dass der Organträger seinen **Willen** in der Organgesellschaft **aktiv durchsetzen** kann (z.B. durch Einzelgeschäftsführungsbefugnis, Letztentscheidungsrechte). Zumindest für nach dem 31.12.2018 ausgeführte Umsätze genügt es nicht mehr, wenn der Organträger lediglich eine abweichende Willensbildung in der Organgesellschaft vermeiden kann.[2]

> **Praxistipp:**
> Es sollte geprüft werden, ob die aktive Durchsetzung des Willens des Organträgers in der Organgesellschaft nach den bereits bestehenden Vereinbarungen sichergestellt ist. Falls hier Unklarheiten bestehen, sollte, um weiterhin von einer umsatzsteuerlichen Organschaft ausgehen zu können, jedenfalls im Laufe des Jahres 2018 eine von der Finanzverwaltung anerkannte Regelung getroffen werden.

b) Personengesellschaft als Organgesellschaft

130 Ebenso wie der EuGH[3] und der BFH[4] erkennt auch die Finanzverwaltung mit Schreiben des BMF vom 26.5.2017[5] eine Personengesellschaft ausnahmsweise als Organgesellschaft an, wenn diese **entsprechend einer juristischen Person finanziell eingegliedert** ist.[6] Laut Finanzverwaltung ist dazu allerdings erforderlich, dass zugleich alle Gesellschafter der Personengesellschaft in das Unternehmen des Organträgers finanziell eingegliedert sind (z.B. durch Mehrheitsbeteiligung des Organträgers an allen Gesellschaftern der Personengesellschaft, → Rz. 424) und die übrigen Eingliederungsvoraussetzungen ebenfalls erfüllt sind.[7]

Die Finanzverwaltung wendet diese neue Rechtsauffassung auf Umsätze an, die nach dem 31.12.2018 ausgeführt werden. Sind sich die an der Organschaft Beteiligten einig, können sie sich allerdings bereits zu einem früheren Zeitpunkt auf die neuen Vorgaben der Finanzverwaltung berufen.

> **Praxistipp:**
> Soll eine Personengesellschaft als Organgesellschaft einer umsatzsteuerlichen Organschaft behandelt werden, ist zu prüfen, ob die Voraussetzungen bereits erfüllt sind bzw. welche Maßnahmen zur Erfüllung der Voraussetzungen erforderlich sind. Grundsätzlich wäre dann ab 2019 von einer umsatzsteuerlichen Organschaft inklusive der Personengesellschaft auszugehen. Sofern dies vorteilhaft erscheint, könnte aber ggf. bereits die Anwendung der Organschaftsgrundsätze ab 2018 beantragt werden, wenn hierüber Einigkeit bei den Gesellschaftern der Personengesellschaft besteht.

---

1) BMF v. 26.5.2017, III C 2 – S 7105/15/10002, BStBl I 2017, 790.
2) BMF v. 26.5.2017, III C 2 – S 7105/15/10002, BStBl I 2017, 790.
3) EuGH v. 16.7.2015, Laurentia + Minerva, C-108/14, C-109/14, HFR 2015, 901.
4) Vgl. detailliert hierzu Ebner Stolz / BDI, Änderungen im Steuer- und Wirtschaftsrecht 2016/2017, Rz. 116, 387.
5) BMF v. 26.5.2017, III C 2 – S 7105/15/10002, BStBl I 2017, 790.
6) BMF v. 26.5.2017, III C 2 – S 7105/15/10002, BStBl I 2017, 790.
7) Ebenso OFD Frankfurt/M. v. 11.7.2017, S 7105 A – 22 – St 110, StEd 2017, 524.

B. Arbeitnehmerbesteuerung

I. Nutzung des Arbeitnehmer-Pauschbetrags

Bei der Ermittlung der Einkünfte aus nichtselbständiger Arbeit wird in jedem Fall der **Arbeitnehmer-Pauschbetrag** in Höhe von **1 000 Euro** berücksichtigt. Die tatsächlich anfallenden Werbungskosten sind nur dann beachtlich, wenn sie diesen Pauschbetrag übersteigen. **131**

> **Praxistipp:**
> Es empfiehlt sich deshalb, Werbungskosten, sofern möglich, geballt in einem Jahr anfallen zu lassen, um in einem Jahr möglichst hohe tatsächlich angefallene Werbungskosten geltend zu machen und in den anderen Jahren den Pauschbetrag zu berücksichtigen. Sind z.B. Anschaffungen von Arbeitsmitteln geplant, könnten diese in dem Jahr getätigt werden, in dem infolge eines beruflich bedingten Umzugs auch Umzugskosten als Werbungskosten berücksichtigt werden können.

II. Bestimmung der ersten Tätigkeitsstätte

Fahrten zwischen Wohnung und erster Tätigkeitsstätte sind nur mit der Entfernungspauschale steuerlich zu berücksichtigen. Andere berufliche Fahrten können hingegen als Reisekosten mit den tatsächlich angefallenen Kosten oder pauschal mit 0,30 Euro pro gefahrenem Kilometer berücksichtigt werden. **132**

Die Bestimmung der ersten Tätigkeitsstätte richtet sich in erster Linie nach den **dienst- oder arbeitsrechtlichen Festlegungen** bzw. nach den Weisungen des Arbeitgebers. Nur wenn eine solche Bestimmung nicht gegeben ist, sind quantitative Merkmale heranzuziehen (§ 9 Abs. 4 EStG).

> **Praxistipp:**
> Ist der Arbeitnehmer an mehreren betrieblichen Einrichtungen regelmäßig tätig, könnte er auf eine für ihn steuerlich günstige Bestimmung der ersten Tätigkeitsstätte durch den Arbeitgeber hinwirken. Dabei sollte eine klare Regelung zur Bestimmung der Tätigkeitsstätte getroffen werden. Lediglich die Weisung des Arbeitgebers an den Arbeitnehmer, dauerhaft typischerweise einmal pro Woche eine betriebliche Einrichtung des Arbeitgebers aufsuchen, genügt diesem Erfordernis nicht (→ Rz. 389).[1]

III. Betriebliche Altersversorgung

1. Anhebung des steuerfreien Höchstbetrag für Beitragszahlungen

Mit dem Betriebsrentenstärkungsgesetz[2] wurde der steuerfreie Höchstbetrag für Beiträge an Pensionskassen, Pensionsfonds und Direktversicherungen mit Wirkung ab 2018 angehoben. Statt bislang 4 % der Beitragsbemessungsgrundlage zur gesetzlichen Rentenversicherung zzgl. eines Aufstockungsbetrags von 1 800 Euro können künftig, unter Wegfall des Aufstockungsbetrags, bis zu **8 % der Beitragsbemessungsgrenze lohnsteuerfrei** als Beitrag geleistet werden (→ Rz. 169). **133**

> **Praxistipp:**
> Es könnte somit überprüft werden, ob die Beitragszahlungen in eine betriebliche Altersversorgung ab 2018 angehoben werden sollen. Möglich wäre auch, eine für 2018 anstehende Entgelterhöhung zugunsten einer betrieblichen Altersversorgung zu gewähren. Dabei ist allerdings zu beachten, dass die neuen steuerfreien Höchstbeträge nicht automatisch in diesem Umfang zur Sozialversicherungsfreiheit führen. Dort gilt unverändert die Deckelung auf 4 % der Beitragsbemessungsgrundlage.

---

1) FG Nürnberg v. 8.7.2016, 4 K 1836/15, EFG 2016, 1692 (rkr.).
2) Gesetz v. 17.8.2017, BGBl. I 2017, 3214 = BStBl I 2017, 1278 (Auszug).

2. Förderbetrag zur betrieblichen Altersversorgung

134 Ab 2018 wird die betriebliche Altersversorgung zusätzlich durch einen Förderbetrag staatlich unterstützt. Diese ebenso mit dem Betriebsrentenstärkungsgesetz[1] eingeführte Förderung wird zugunsten einer betrieblichen Altersversorgung für Arbeitnehmer einem monatlichen Arbeitsentgelt von nicht mehr als 2 200 Euro gewährt, wenn der Arbeitgeber zusätzlich zum ohnehin geschuldeten Arbeitslohn einen Beitrag zur kapitalgedeckten betrieblichen Altersversorgung leistet. Der zusätzliche Arbeitgeberanteil muss mindestens 240 Euro im Kalenderjahr betragen, worauf ein **Förderbetrag** von 30 %, somit **72 Euro**, gewährt wird. Die Förderung ist auf einen Arbeitgeberanteil von 480 Euro jährlich begrenzt, so dass der Förderbetrag entsprechend **maximal 144 Euro** beträgt. Der Arbeitgeber zieht den Förderbeitrag der zu entrichtenden Lohnsteuer ab (→ Rz. 168).

> **Praxistipp:**
>
> Es sollte bis Jahresende geprüft werden, ob speziell Arbeitnehmern mit geringem Einkommen eine betriebliche Altersversorgung angeboten wird, für die der neue Förderbetrag in Anspruch genommen werden könnte. Dabei könnte auch die für 2018 geplante Entgelterhöhung in Form von Beiträgen in eine betriebliche Altersversorgung geleistet werden.

C. Besteuerung von Privatpersonen

I. Vermieter und Verpächter

1. Beeinflussung der Höhe der Vermietungseinkünfte

135 Im Sinne einer optimierten Steuerbelastungsplanung bestehen insbesondere bei Vermietungseinkünften Gestaltungsspielräume. Da nicht regelmäßig wiederkehrende Einnahmen und Ausgaben **dem Jahr der Vereinnahmung bzw. Verausgabung zuzurechnen** sind, können die Vermietungseinkünfte z.B. durch das Vorziehen oder Verzögern von Erhaltungsarbeiten beeinflusst werden.

> **Praxistipp:**
>
> Nebenkosten-Vorauszahlungen können angepasst und Nebenkosten-Abrechnungen so erstellt werden, dass der Mittelzufluss bzw. Mittelabfluss entsprechend noch in 2017 oder erst in 2017 erfolgt. Bei hohen Erhaltungsaufwendungen, die in 2017 angefallen sind, ist zudem das Wahlrecht zu beachten, diese gleichmäßig auf zwei bis fünf Jahre zu verteilen.

2. Antrag auf Grundsteuererlass

136 **Bis zum 1.4.2018** kann der teilweise Erlass der Grundsteuer bei dem für die Grundsteuer zuständigen Finanzamt beantragt werden. Die Grundsteuer für das Jahr 2017 wird zu einem Viertel erlassen, wenn bei bebauten Grundstücken die in 2017 tatsächlich erzielte Rohmiete weniger als 50 % der zum 1.1.2017 geschätzten üblichen Jahresrohmiete beträgt und der Eigentümer die Erlösminderung nicht zu vertreten hat. Werden keinerlei Mieterlöse erzielt, kann bei Unverschulden des Mietausfalls ein Erlass von 50 % erreicht werden.

Voraussetzung für den Grundsteuererlass ist, dass die Immobilie am Markt nachweislich zu einem Mietpreis angeboten wurde, der noch innerhalb der für die Lage und Ausstattung der Immobilie marktüblichen Mietpreisspanne liegt.

---

[1] Gesetz v. 17.8.2017, BGBl. I 2017, 3214 = BStBl I 2017, 1278 (Auszug).

C. Besteuerung von Privatpersonen

Anmerkung:
Besteht eine Immobilie, wie z.B. ein Geschäfts- und Wohngebäude, aus verschieden ausgestatteten, zu unterschiedlichen Zwecken nutzbaren und getrennt vermietbaren Räumlichkeiten, ist für jede nicht vermietete oder zu einem geringen Mietpreis vermietete Raumeinheit gesondert zu prüfen, ob der Vermieter den Mietausfall zu vertreten hat.[1]

II. Kapitalanleger

1. Investmentsteuerreform

Zum 1.1.2018 greifen die mit dem Investmentsteuerreformgesetz[2] wird die Besteuerung von Investmentfonds und ihren Anlegern umfassend neu geregelt (→ Rz. 175 ff.). Daraus lassen sich u. a. folgende Gestaltungsüberlegungen ableiten, die bis spätestens zum Jahresende geprüft werden sollten, um noch ggf. Anpassungen vornehmen zu können.[3] **137**

a) Mindestanlagequoten eines Publikums-Investmentfonds

Anleger von Investmentfonds können aus steuerlicher Sicht profitieren, wenn sie in Investmentfonds investieren, welche die **Voraussetzungen für Teilfreistellungen erfüllen**. Dafür müssen die Anlagebedingungen der Investmentfonds die entsprechenden Mindestanlagequoten vorsehen. **138**

Beratungshinweis:
Für den Fall, dass die Anlagebedingungen eines Investmentfonds keine hinreichenden Aussagen zu den Mindestanlagequoten enthalten oder keine Anlagebedingungen existieren, können die Anleger im Veranlagungsverfahren durch Vorlage hinreichender Nachweise die Gewährung der Teilfreistellungen erreichen.

b) Ausschüttungen von Investmentfonds und Spezial-Investmentfonds

Investmentfonds können nach dem bisher geltenden Recht in den Vorjahren thesaurierte Erträge in den Folgejahren steuerfrei ausschütten. Aufgrund der fiktiven Veräußerung der Investmentanteile zum 31.12.2017 ist die **steuerfreie Ausschüttung** der unter dem alten Recht thesaurierten Erträge nach den allgemeinen Übergangsregelungen zum neuen Investmentsteuerrecht ab 2018 **nicht mehr möglich**. Damit müssen diese Erträge noch **im Jahr 2017 tatsächlich ausgeschüttet** werden, damit sie noch steuerfrei zufließen können. Ansonsten kommt es bei einer Ausschüttung erst ab 2018 zu einer temporären Doppelbesteuerung. **139**

Für **Spezial-Investmentfonds** greifen spezielle Übergangsregelungen. Die nicht ausgeschütteten ordentlichen Erträge der Geschäftsjahre, die nach dem 30.6.2017 enden, gelten erst zum 1.1.2018 als zugeflossen. Voraussetzung ist, dass die Anleger der Spezial-Investmentfonds die Anteile vom Ende des Geschäftsjahres des Fonds bis zum 2.1.2018 ununterbrochen halten. Folge ist, dass Spezial-Investmentfonds diese Erträge dann auch ab 2018 noch steuerfrei ausschütten können.

Beratungshinweis:
Falls Investmentfonds bis zum 31.12.2017 bzw. Spezial-Investmentfonds bis zum 30.6.2017 ordentliche Erträge thesauriert haben, können diese bei einer Ausschüttung bis zum 31.12.2017 von den

---

1) BFH v. 27.9.2012, II R 8/12, HFR 2013, 44 mit Anm. Schmid.
2) Gesetz v. 19.7.2016, BGBl. I 2016, 1730 = BStBl I 2016, 731.
3) Vgl. hierzu auch Korn/Strahl, kösdi 2017, 20517, Tz. 63 ff.

Anlegern noch steuerfrei vereinnahmt werden. Zu berücksichtigen ist, dass es nicht ausreicht, lediglich einen Ausschüttungsbeschluss in 2017 zu fassen, sondern der Zufluss muss noch in 2017 erfolgen.

c) Wahl des Besteuerungsregimes eines Spezial-Investmentfonds

140 Spezial-Investmentfonds haben im Hinblick auf den Übergang zum neuen Investmentsteuerrecht die Wahl, nach welchem Besteuerungsregime sie künftig besteuert werden sollen. Sie können sich besteuern lassen als:

- Spezial-Investmentfonds mit Ausübung der Transparenzoption,
- Spezial-Investmentfonds ohne Ausübung der Transparenzoption,
- Publikums-Investmentfonds ohne und mit Teilfreistellungen.

Je nach Zusammensetzung und Herkunft der Erträge des Spezial-Investmentfonds können sich bei den Alternativen sehr unterschiedliche Steuerbelastungen ergeben. Dies wird deutlich, wenn man die Höhe der Steuersätze ermittelt, die sich für die einzelnen Ertragskomponenten ergeben.

141 Steuersätze bei einem Spezial-Investmentfonds, der **in Aktien investiert** und dessen **Anleger unbeschränkt steuerpflichtige Kapitalgesellschaften** sind (bei Unterstellung einer Vollausschüttung und einem Gewerbesteuer-Hebesatz von 400 % sowie 15 % Quellensteuer auf ausländische Dividenden):

	Spezial-Investmentfonds		Publikums-Investmentfonds		
	Mit Transparenzoption	Ohne Transparenzoption	Ohne Teilfreistellung	Mischfonds	Aktienfonds
Inländische Dividende	29,83 %	26,90 %	40,35 %	32,59 %	24,83 %
Ausländische Dividende	29,00 %	29,00 %	40,35 %	32,59 %	24,83 %
Zinserträge	29,83 %	29,83 %	29,83 %	20,70 %	11,57 %
Ausgeschüttete Veräußerungsgewinne Aktien	1,49 %	1,49 %	29,83 %	20,70 %	11,57 %
Ausgeschüttete Veräußerungsgewinne Renten	29,83 %	29,83 %	29,83 %	20,70 %	11,57 %

Ein Vergleich der Steuersätze zeigt, dass bei einem Publikums-Investmentfonds, der die Voraussetzungen für die Behandlung als Aktienfonds erfüllt, die niedrigste Besteuerung der meisten Ertragskategorien – mit Ausnahme der Veräußerungsgewinne aus Aktien – erreicht werden kann. Demgegenüber sollte eine Besteuerung als Spezial-Investmentfonds gewählt werden, wenn der Fonds hauptsächlich Veräußerungsgewinne aus Aktien erzielt.

142 Steuersätze bei einem Spezial-Investmentfonds, der **in Aktien investiert** und dessen **Anleger unbeschränkt steuerpflichtig bei der Einkommensteuer** sind (bei Unterstellung einer Vollausschüttung, einem Einkommensteuersatz von 45 % und einem Gewerbesteuer-Hebesatz von 400 % sowie 15 % Quellensteuer auf ausländische Dividenden):

C. Besteuerung von Privatpersonen

	Spezial-Investmentfonds		Publikums-Investmentfonds		
	Mit Transparenzoption	Ohne Transparenzoption	Ohne Teilfreistellung	Mischfonds	Aktienfonds
Inländische Dividende	28,45 %	31,11 %	55,32 %	43,23 %	31,13 %
Ausländische Dividende	29,00 %	29,00 %	55,32 %	43,23 %	31,13 %
Zinserträge	47,44 %	47,44 %	47,44 %	33,20 %	18,97 %
Ausgeschüttete Veräußerungsgewinne Aktien	28,47 %	28,47 %	47,44 %	33,20 %	18,97 %
Ausgeschüttete Veräußerungsgewinne Renten	47,44 %	47,44 %	47,44 %	33,20 %	18,97 %

Bei Anlegern, die der Einkommensteuer unterliegen, werden in- und ausländische Dividenden bei einem Spezial-Investmentfonds am geringsten besteuert. Die niedrigsten Steuersätze auf Zinserträge sowie Veräußerungsgewinne aus Aktien und Renten greifen bei Publikums-Investmentfonds, welche die Voraussetzungen für die Behandlung als Aktienfonds erfüllen.

> **Beratungshinweis:**
>
> Für eine optimale Wahl des Besteuerungsregimes bei einem Spezial-Investmentfonds sollte daher zunächst eine Analyse und Prognose der Zusammensetzung der Ertragskategorien erfolgen und auf dieser Basis Steuerbelastungsrechnungen durchgeführt werden. Des Weiteren empfiehlt es sich, auch nach Inkrafttreten der Investmentsteuerreform zu prüfen, ob eine Änderung des Besteuerungsregimes vorteilhaft wäre. Zu beachten ist, dass nach einer Besteuerung als Publikums-Investmentfonds eine Rückkehr zu den Besteuerungsregelungen als Spezial-Investmentfonds ausgeschlossen ist. Demgegenüber ist derzeit noch unklar, ob die Ausübung der Transparenzoption unwiderruflich für die Laufzeit des Spezial-Investmentfonds ist oder ob die Wahl gegebenenfalls jährlich oder sogar öfters erfolgen kann.

2. Antragsfrist für Verlustbescheinigung

Verluste aus privaten Kapitalanlagen werden unterjährig mit positiven Einkünften aus Kapitalanlagen verrechnet, die auf Konten und in Depots derselben Bank entstehen. Darüber hinaus ist zwischen den Konten und Depots von Ehegatten bei derselben Bank ein Ausgleich von Verlusten und positiven Erträgen unterjährig möglich, allerdings nur, wenn sie gemeinsam einen Freistellungsauftrag erteilt haben.

Ein am Jahresende verbleibender Verlust des Kapitalanlegers wird von der Bank in das Folgejahr übertragen und dort mit positiven Einkünften aus Kapitalanlagen aus von ihr verwalteten Konten und Depots verrechnet.

Werden in 2017 auf den Konten und Depots einer Bank Verluste und auf den Konten und Depots einer anderen Bank positive Kapitaleinkünfte erzielt und soll bereits in 2017 ein Ausgleich zwischen den bei verschiedenen Banken entstandenen Verlusten und positiven Einkünften erfolgen, kann dies nur im Wege der Einkommensteuerveranlagung berücksichtigt werden. Hierzu hat der Anleger **bis spätestens 15.12.2017** die Ausstellung einer Verlustbescheinigung bei der Bank zu beantragen, bei der die Verluste entstanden sind. Diese Bank wird deshalb die Verluste im Folgejahr nicht mehr berücksichtigen.

> **Gestaltungshinweis:**
>
> Da der Antrag auf Verlustbescheinigung unwiderruflich ist, sollte vor der Beantragung sorgfältig geprüft werden, ob der bankenübergreifende Verlustausgleich vorteilhaft ist. So könnte ein bankeninterner Verlustübertrag in das Folgejahr vorzuziehen sein, wenn die positiven Einkünfte bei

einer anderen Bank den Sparer-Pauschbetrag nicht übersteigen oder die positiven Kapitaleinkünfte in 2017 einem niedrigeren individuellen Einkommensteuersatz (unterhalb des Abgeltungssteuersatzes von 25 %) unterliegen als für 2018 zu erwarten ist.

3. Günstigerprüfung

144 Statt der Besteuerung von Kapitaleinkünften mit dem Abgeltungssteuersatz von 25 % kann im Rahmen der Einkommensteuererklärung die Günstigerprüfung beantragt werden. Es wird dann geprüft, ob die Kapitaleinkünfte bei Besteuerung mit dem individuellen Einkommensteuersatz einer geringeren Steuerbelastung unterliegen als bei Besteuerung mit dem Abgeltungssteuersatz.

Nach der von der Finanzverwaltung geäußerten Auffassung kann der Antrag auf Günstigerprüfung allerdings nicht nur im Rahmen der Einkommensteuererklärung, sondern auch dann noch gestellt werden, wenn eine **Änderung** des betroffenen Steuerbescheids, auch im Falle eines nicht mehr anfechtbaren Bescheids, **verfahrensrechtlich noch möglich** ist.

> **Praxistipp:**
> Sollte sich infolge einer Änderung des Einkommensteuerbescheids aus anderem Grunde ergeben, dass die Besteuerung der Kapitaleinkünfte mit dem individuellen Einkommensteuersatz günstiger ist, kann noch der Antrag auf Günstigerprüfung gestellt werden. Dazu sind dann aber alle, bisher mit dem Abgeltungssteuersatz versteuerten Kapitaleinkünfte anzugeben. Die weiteren steuerpflichtigen, nicht jedoch mit dem Abgeltungssteuersatz versteuerten Kapitaleinkünfte müssten bereits ohnehin in der Einkommensteuererklärung enthalten gewesen sein.

III. Beeinflussung des persönlichen Einkommensteuersatzes durch weitere Maßnahmen

145 Ist in 2018 mit einer steigenden Einkommensentwicklung zu rechnen, sollten steuerwirksame Zahlungen in das nächste Jahr verschoben werden. Bei einem zu erwartenden geringeren Einkommen in 2018, kann sich die entgegengesetzte Vorgehensweise lohnen. Auch sollte mit in die Überlegungen einfließen, wenn im kommenden Jahr mit einer **Änderung des Personenstands** wegen einer geplanten Eheschließung zu rechnen ist. Bei Anwendung des Splittingtarifs kann je nach Höhe der Einkünfte der einzelnen Ehegatten bzw. Lebenspartner ein deutlich von 2017 abweichender persönlicher Einkommensteuersatz anzuwenden sein.

> **Anmerkung:**
> Im Veranlagungszeitraum 2018 erhöht sich abermals der Grundfreibetrag, so dass sich in gewissem Umfang eine Reduzierung der Steuerbelastung einstellt (→ Rz. 512). Dies sollte bei Überlegungen zur Steuerung des Einkommens in 2017 bzw. in 2018 mit einfließen, wobei der daraus resultierende Steuereffekt eher als gering einzuschätzen ist.

Die Höhe des zu versteuernden Einkommens und damit der persönliche Einkommensteuersatz lässt sich z.B. durch die **Steuerung der Zahlung** von Kirchensteuern, Spenden, Kinderbetreuungskosten als zu berücksichtigende Sonderausgaben, haushaltsnahen Dienstleistungen oder Unterhalt beeinflussen. Bei tendenziell steigender Einkommensentwicklung sollte die Verschiebung derartiger Ausgaben in das nächste Jahr, bei sinkender Einkommensentwicklung das Vorziehen dieser Zahlungen noch in dieses Jahr in Betracht gezogen werden. Allerdings ist bei einigen Positionen zu beachten, dass die Aufwendungen nur innerhalb bestimmter Grenzen berücksichtigt werden können.

Bei **Spenden** ist dabei auf die Höchstbetragsregelung zu achten. So können bis zu 20 % des Gesamtbetrags der Einkünfte (oder 4 ‰ der Summe der gesamten Umsätze und der im Kalenderjahr aufgewendeten Löhne und Gehälter) berücksichtigt werden.

Kinderbetreuungskosten können seit 2011 unabhängig davon als Sonderausgaben abgezogen werden, ob sie erwerbsbedingt oder nicht erwerbsbedingt angefallen sind. Die Aufwendungen werden zu 2/3 steuerlich berücksichtigt, wobei der Abzug auf 4 000 Euro im Veranlagungszeitraum begrenzt ist.

Sonderausgaben, insb. **Versicherungsbeiträge** zur Absicherung im Alter und zur Absicherung der Basisversorgung im Krankheitsfall könnten vorausgezahlt werden, um dadurch das zu versteuernde Einkommen zu mindern, sofern künftig mit einem geringeren zu versteuernden Einkommen zu rechnen ist. Dabei sollte darauf geachtet werden, dass der für Altersvorsorgebeiträge geltende Höchstsatz, der seit 2015 an den Höchstbetrag der knappschaftlichen Rentenversicherung gekoppelt ist und in 2017 23 362 Euro beträgt, nicht überschritten wird.

> **Praxistipp:**
> Kranken- und Pflegeversicherungsbeiträge werden nur dann als Sonderausgaben berücksichtigt, wenn dem Finanzamt die entsprechenden Daten vom Versicherungsträger übermittelt werden. Sofern noch keine Einwilligung zur Datenübermittlung gegeben wurde, sollte dies nachgeholt werden. Vorausbezahlte Versicherungsprämien werden nur bis zum Zweieinhalbfachen der Jahresbeiträge berücksichtigt. Darüber hinausgehende Beträge werden dem Jahr zugeordnet, für das sie geleistet wurden. Damit durch Vorauszahlungen von Versicherungsbeiträgen ein steuerlicher Vorteil erzielt werden kann, sollte zuvor eine Vergleichsrechnung vorgenommen werden.

Sonstige Versicherungsbeiträge können insb. bei Arbeitnehmern jährlich bis zu einem Betrag von 2 800 Euro bzw. 1 900 Euro als Sonderausgaben geltend gemacht werden. Sofern der Höchstbetrag für 2017 noch nicht ausgeschöpft ist, könnte dieser durch ein Vorziehen der Zahlung von Versicherungsbeiträgen noch genutzt bzw. die Zahlung bei bereits ausgeschöpftem Höchstbetrag entsprechend verzögert werden. Dabei ist neben den versicherungsvertraglichen Vorgaben zur Fälligkeit der Beiträge zu beachten, dass Zahlungen innerhalb des Zeitraums vom 20.12.2017 bis 10.1.2018 jeweils dem Jahr zugerechnet werden, für das sie erfolgen.

Die in den Aufwendungen für **haushaltsnahe Dienstleistungen** enthaltenen Arbeitskosten können in Höhe von 20 %, höchstens 4 000 Euro, von der tariflichen Einkommensteuer abgezogen werden. Soweit dieser Betrag in 2017 noch nicht ausgenutzt wurde, könnten haushaltsnahe Dienstleistungen, wie z.B. Reinigungsarbeiten, noch in 2017 in Anspruch genommen werden.

Zudem können die in den Aufwendungen enthaltenen Arbeitskosten für **Handwerkerleistungen** für Renovierungs-, Erhaltungs- und Modernisierungsmaßnahmen in Höhe von 20 %, höchstens 1 200 Euro, von der Steuerschuld abgezogen werden. Hierunter fallen z.B. die Modernisierung von Fenstern und Türen, Gartengestaltung und Wartungsarbeiten an der Haustechnik. Auch hier könnte der Höchstbetrag durch ein Vorziehen geplanter Reparaturen oder Modernisierungen noch in 2017 ausgeschöpft werden.

Dritter Teil: Ausblick auf ab 2018 geltende und geplante Rechtsentwicklungen

A. Unternehmensbesteuerung

I. Bilanzierung

1. Geringwertige Wirtschaftsgüter

a) Anhebung der Betragsgrenze

Die Betragsgrenze für geringwertige Wirtschaftsgüter (GwG) von bislang 410 Euro wird mit dem Gesetz gegen schädliche Steuerpraktiken im Zusammenhang mit Rechteüberlassungen[1] **auf 800 Euro angehoben**. Die Regelung ist bei Wirtschaftsgütern anzuwenden, die nach dem 31.12.2017 angeschafft, hergestellt oder in das Betriebsvermögen eingelegt werden.[2]

146

> **Beratungshinweis:**
> Somit können Wirtschaftsgüter, deren Anschaffungs- oder Herstellungskosten 800 Euro nicht übersteigen, künftig sofort abgeschrieben werden (§ 6 Abs. 2 Satz 1 EStG).

b) Anhebung der unteren Wertgrenze

Zudem sind Wirtschaftsgüter, die nach dem 31.12.2017 angeschafft, hergestellt oder in das Betriebsvermögen eingelegt werden, erst ab einem Wert von über 250 Euro, statt bisher 150 Euro, in ein besonderes, laufend zu führendes Verzeichnis aufzunehmen (§ 6 Abs. 2 Satz 4 EStG).

147

> **Beratungshinweis:**
> Mit dieser durch das Zweite Bürokratieentlastungsgesetz[3] gefassten Änderung wird neben der bereits zuvor erwähnten Anhebung des Höchstbetrags eine weitere Erleichterung bei der bilanziellen Behandlung von GwG geschaffen.

2. Sammelpostenregelung: Anhebung der Eintrittsschwelle

Wird an Stelle der Sofortabschreibung für GwG der Ansatz des Sammelpostens gewählt, können abnutzbare bewegliche Wirtschaftsgüter, deren Anschaffungs- oder Herstellungskosten 1 000 Euro nicht übersteigen, auf fünf Jahre verteilt abgeschrieben werden.

148

Dabei sind durch die mit dem Gesetz gegen schädliche Steuerpraktiken im Zusammenhang mit Rechteüberlassungen[4] vorgenommenen Änderungen künftig nur noch Wirtschaftsgüter einzubeziehen, deren Anschaffungs- oder Herstellungskosten **250 Euro** (statt bislang 150 Euro) **übersteigen**. Die Anhebung der Eintrittsschwelle gilt für Wirtschaftsgüter, die nach dem 31.12.2017 angeschafft, hergestellt oder in das Betriebsvermögen eingelegt werden.

> **Beratungshinweis:**
> Anschaffungs- oder Herstellungskosten für Wirtschaftsgüter unterhalb dieser Wertgrenze können sofort als Betriebsausgaben geltend gemacht werden (§ 6 Abs. 2a Satz 1 und 4 EStG).

---

1) Gesetz v. 27.6.2017, BGBl. I 2017, 2074 = BStBl I 2017, 1202.
2) Vgl. auch Korn/Strahl, kösdi 2017, 20517, Tz. 2.
3) Gesetz vom 30.6.2017, BGBl. I 2017, 2143 = BStBl I 2017, 890 (Auszug).
4) Gesetz v. 27.6.2017, BGBl. I 2017, 2074 = BStBl I 2017, 1202.

Dritter Teil: Ausblick

3. E-Bilanz und Anwendung der Taxonomien 6.1

149 Mit Schreiben vom 16.5.2017[1)] veröffentlichte das BMF die Taxonomien 6.1, welche grundsätzlich für E-Bilanzen der Wirtschaftsjahre zu verwenden sind, die nach dem 31.12.2017 beginnen (zu den Taxonomien 6.0, die für E-Bilanzen der Wirtschaftsjahre, die nach dem 31.12.2016 beginnen, anzuwenden sind → Rz. 275).

II. Lizenzschranke
1. Einführung einer Betriebsausgabenabzugsbeschränkung

150 Lizenzaufwendungen und andere Aufwendungen für Rechteüberlassungen sind nur noch eingeschränkt als Betriebsausgaben abziehbar, sofern diese an eine nahe stehende Person im Ausland gezahlt werden und dort aufgrund eines als schädlich einzustufenden Präferenzregimes einer niedrigen Besteuerung unterliegen.

Die mit dem Gesetz gegen schädliche Steuerpraktiken im Zusammenhang mit Rechteüberlassungen[2)] neu eingefügte Regelung des § 4j EStG ist erstmals für **Aufwendungen** anzuwenden, die **nach dem 31.12.2017** entstehen (§ 52 Abs. 8a EStG).

2. Aufwendungen für Rechteüberlassungen

151 Von der Lizenzschranke[3)] erfasst werden Aufwendungen für

– die Überlassung der Nutzung von Rechten oder
– die Überlassung des Rechts auf Nutzung von Rechten,

insb. von

– Urheberrechten,
– gewerblichen Schutzrechten, z.B. Patente, Gebrauchsmuster, Geschmacksmuster, nach dem Markengesetz geschützte Kennzeichenrechte,
– gewerblichen, technischen, wissenschaftlichen und ähnlichen Erfahrungen, Kenntnissen und Fertigkeiten, z.B. Plänen, Mustern und Verfahren (§ 4j Abs. 1 Satz 1 EStG).

3. Gläubiger der Lizenzeinnahmen

152 Die Lizenzschranke greift nur dann, wenn der Gläubiger der aus der Rechteüberlassung resultierenden Lizenzgebühren eine dem Schuldner **nahestehende Person** i.S.d. § 1 Abs. 2 AStG ist (§ 4j Abs. 1 Satz 1 a.E. EStG). Da nach deutschem Steuerrecht eine vollständige oder teilweise Steuerbefreiung von Lizenzeinnahmen nicht vorgesehen ist und somit keine schädliche Präferenzregelung gegeben sein kann, kommt die Anwendung der Lizenzschranke nur bei **im Ausland** ansässigen nahestehenden Personen in Betracht.

> **Anmerkung:**
> Rechteüberlassungen unter fremden Dritten fallen insgesamt nicht unter die geplante Regelung.

153 Allerdings kann die Lizenzschranke auch greifen, wenn die Rechteüberlassung z.B. zwischen einer inländischen Gruppengesellschaft und einer ausländischen **Betriebs-**

---

1) BMF v. 16.5.2017, IV C 6 – S 2133-b/17/10003, BStBl I 2017, 776.
2) Gesetz v. 27.6.2017, BGBl. I 2017, 2074 = BStBl I 2017, 1202.
3) Vgl. zur Lizenzschranke im Einzelnen auch Höreth/Stelzer, DStZ 2017, 270; Frase, kösdi 2017, 20497 sowie die Kommentierung von Frase in Fuhrmann/Kraeusel/Schiffers, eKomm, Ab VZ 2018, § 4j EStG Rz. 1 ff. (Aktualisierung v. 13.10.2017); Grotherr, Ubg 2017, 233; Ditz/Quilitzsch, DStR 2017, 1561; Benz/Böhmer, DB 2017, 206; Schneider/Junior, DStR 2017, 417; Korn/Strahl, kösdi 2017, 20517, Tz. 5 ff.

stätte einer anderen Gruppengesellschaft oder zwischen Betriebsstätten von Gruppengesellschaften in unterschiedlichen Staaten auf Grund des AOA-Ansatzes ertragsteuerlich anzunehmen ist (§ 4j Abs. 1 Satz 3 EStG). Ob auch anzunehmende Rechteüberlassungen zwischen einem Stammhaus und seiner Betriebsstätte in einem anderen Staat zur Anwendung der Lizenzschranke führen, ist derzeit noch strittig.[1]

Zur Vermeidung der Umgehung der Lizenzschranke ist diese auch bei **Zwischenschaltung** einer weiteren nahestehenden Person, die in Staaten ohne schädliche Präferenzregelung ansässig ist, anzuwenden (§ 4j Abs. 1 Satz 2 EStG). **154**

> **Beratungshinweis:**
> Die Hinzurechnungsbesteuerung nach § 10 Abs. 1 Satz 1 AStG hat Vorrang vor der Anwendung der Lizenzschranke. Soweit für die aus den Aufwendungen resultierenden Einnahmen des Lizenzgebers beim Lizenznehmer ein Hinzurechnungsbetrag anzusetzen ist, unterliegen die Aufwendungen nicht der Abzugsbeschränkung (§ 4j Abs. 1 Satz 5 EStG).

4. Präferenzregelung

Eine Präferenzregelung für Einnahmen aus Rechteüberlassungen ist gegeben, wenn diese einer **niedrigen Besteuerung** unterliegen. Davon ist auszugehen, wenn die Einnahmen aus der Rechteüberlassung beim Gläubiger mit einem Ertragsteuersatz von weniger als 25 % belastet werden. **155**

> **Beratungshinweis:**
> Da nach dem Gesetzeswortlaut explizit auf Einnahmen abgestellt wird, bleiben eigene Aufwendungen des Gläubigers bei der Prüfung der Höhe der Steuerbelastung außer Betracht. Die tatsächliche Steuerbelastung der Lizenzeinnahmen abzüglich damit zusammenhängender oder auch fiktiv zu berücksichtigender Betriebsausgaben ist also in das Verhältnis zu den Lizenzeinnahmen zu setzen.

Es muss sich um eine von der Regelbesteuerung **abweichende Besteuerung** handeln (§ 4j Abs. 2 Satz 1 EStG). Liegt der Ertragsteuersatz für Unternehmensgewinne insgesamt unter 25 %, ist nicht von einer Präferenzregelung auszugehen. Sind in Zwischenschaltungsfällen mehrere Gläubiger der Lizenzeinnahmen gegeben, ist die niedrigste Besteuerung maßgeblich.

Bei der Ermittlung der Ertragsteuerbelastung ist nicht nur auf den auf die Lizenzeinnahmen anzuwendenden Steuersatz abzustellen. Auch **anderweitige Begünstigungen**, wie z.B. die teilweise Steuerbefreiung der Lizenzeinnahmen oder ein an die Höhe der Lizenzeinnahmen geknüpfter fiktiver Betriebsausgabenabzug, sind zu berücksichtigen (§ 4j Abs. 2 Satz 2 EStG).

> **Beratungshinweis:**
> Nach dem Wortlaut des Gesetzes bleiben Steuergutschriften, die an Aufwendungen des Lizenzgebers anknüpfen, außer Betracht.[2] Hingegen fließt in die Ermittlung der Ertragsteuerbelastung auch ein, wenn die Lizenzeinnahmen beim Gläubiger und zudem bei einer anderen Person als dem Gläubiger ganz oder teilweise der Besteuerung unterliegen. In diesem Fall sind die Steuerbelastungen zu addieren (§ 4j Abs. 2 Satz 3 EStG). Diese Regelung könnte insb. greifen, wenn im Ausland eine Hinzurechnungsbesteuerung bei einer anderen Person als der des Gläubigers erfolgt.[3]

Von einer niedrigen Besteuerung ist schließlich auch dann auszugehen, wenn die Lizenzeinnahmen zwar nominal einem höheren Ertragsteuersatz unterliegen, die

---

[1] Ablehnend Benz/Böhmer, DB 2017, 206, 207 mit dem Argument, dass da hier keine nahestehende Person i.S.d. § 1 Abs. 2 AStG gegeben ist.
[2] Vgl. Schneider/Junior, DStR 2017, 417, 419.
[3] Vgl. Benz/Böhmer, DB 2017, 206, 207.

Dritter Teil: Ausblick

Steuer aber entweder **tatsächlich nicht erhoben** wird oder aber ein Anspruch auf Steuererstattung im Fall der Gewinnausschüttung des Gläubigers der Lizenzeinnahmen besteht (§ 4j Abs. 2 Satz 4 EStG i.V.m. § 8 Abs. 3 Sätze 2 und 3 AStG).

5. Schädlichkeit der Präferenzregelung

156 Die Lizenzschranke kommt nur zur Anwendung, wenn die Präferenzregelung als schädlich zu bewerten ist (§ 4j Abs. 1 Satz 4 EStG). Dazu ist die Präferenzregelung an den Maßstäben des von der OECD im Rahmen des BEPS-Projekts entwickelten sog. **Nexus-Ansatzes** zu messen. Die Lizenzschranke kommt somit nur zur Anwendung, soweit sich die niedrige Besteuerung daraus ergibt, dass die Einnahmen einer Präferenzregelung unterliegen, die nicht dem Nexus-Ansatz entspricht.

Der Nexus-Ansatz zielt darauf ab, Steuervergünstigungen nur für solche Einnahmen zu gewähren, die aus geistigem Eigentum auf Grund einer **wesentlichen Geschäftstätigkeit des Lizenzgebers** resultieren. Als Hilfsvariable für die wesentliche Geschäftstätigkeit fungieren dabei die Ausgaben. Die wesentliche Geschäftstätigkeit wird demnach entsprechend dem Anteil der „**qualifizierten Ausgaben**" an den Gesamtausgaben für die Entwicklung des geistigen Eigentumswerts bejaht. Was unter qualifizierte Ausgaben fällt, wird durch die den Nexus-Ansatz anwendenden Staaten selbst definiert. Laut den Ausführungen der OECD dürften darunter die Ausgaben fallen, für die nach den Steuergesetzen der Staaten derzeit bereits Steuergutschriften für Forschung und Entwicklung gewährt werden. Ausgaben für Auftragsforschung könnten als qualifizierte Ausgaben einbezogen werden, sofern sie von fremden Dritten durchgeführt werden. Hingegen fallen Ausgaben für die Auftragsforschung durch nahestehende Dritte nicht hierunter. Ebenso auszuschließen wären Zinszahlungen, Baukosten, Anschaffungskosten oder sonstige Kosten, bei denen kein direkter Zusammenhang mit einem spezifischen geistigen Eigentumswert hergestellt werden kann.

Es ist folglich im Einzelfall zu prüfen, inwieweit die konkret in einem Staat geregelte Präferenzregelung dem Nexus-Ansatz entspricht. In der Gesetzesbegründung wird darauf hingewiesen, dass eine Analyse verschiedener Präferenzregime vom Forum on Harmful Tax Practices (FHTP) der OECD durchgeführt wird.

> **Kritische Stellungnahme:**
>
> Die **OECD** sieht vor, dass Präferenzregime in einer **Übergangszeit bis 30.6.2021** an die Vorgaben des Nexus-Ansatzes anzupassen sind. Bei erfolgter Anpassung innerhalb dieses Zeitraums gelten sie nicht als steuerschädlich. Ungeachtet dieser langen Übergangsfrist ist jedoch die inländische Lizenzschranke bereits ab 2018 anzuwenden. Der Gesetzgeber begründet dies damit, dass andernfalls das Ausnutzen von Gestaltungsmöglichkeiten zu befürchten wäre.

6. Nicht abziehbarer Teil der Lizenzaufwendungen

157 Lizenzaufwendungen oder andere Aufwendungen für Rechteüberlassungen, die aufgrund einer schädlichen Präferenzregelung einer niedrigen Besteuerung unterliegen, sind nur **teilweise abziehbar**. Der nichtabziehbare Teil der Aufwendungen ist in Abhängigkeit von der Ertragsteuerbelastung der entsprechenden Einnahmen im Ausland zu ermitteln.

In § 4j Abs. 3 Satz 2 EStG ist als **Berechnungsformel** vorgegeben:

$$\frac{25\,\% - \text{Belastung durch Ertragsteuern in \%}}{25\,\%} = \text{nicht abziehbarer Teil}$$

Der Betriebsausgabenabzug ist damit umso höher, je höher die steuerliche Belastung beim Gläubiger ist.

A. Unternehmensbesteuerung

> **Beratungshinweis:**
> Da der für einkommensteuerliche bzw. körperschaftsteuerliche Zwecke ermittelte Gewinn nach § 7 GewStG maßgeblich für die Ermittlung des Gewerbeertrags ist, wirkt sich die Lizenzschranke auch auf die Gewerbesteuerbelastung aus. Aufwendungen, die nach Anwendung der Lizenzschranke nicht abgezogen werden dürfen, müssen somit bei der Ermittlung der Hinzurechnung nach § 8 Nr. 1 Buchst. f GewStG unberücksichtigt bleiben.[1]

7. Entsprechende Anwendung im Bereich der Werbungskosten

Die Lizenzschranke ist entsprechend im Bereich der Werbungskosten bei Überschusseinkünften zu berücksichtigen (§ 9 Abs. 5 Satz 2 EStG). Von praktischer Bedeutung dürfte diese Regelung insb. für **vermögensverwaltende Personengesellschaften** sein, an die Rechte überlassen werden.[2] **158**

III. Verfahrensrechtliche Vorgaben

1. Steuererklärungsfristen

Für nach dem 31.12.2017 beginnende Besteuerungszeiträume gelten neue Steuererklärungsfristen. Mit dem Gesetz zur Modernisierung des Besteuerungsverfahrens[3] wurde die Abgabefrist für Steuererklärungen verlängert.[4] Steuererklärungen sind somit künftig spätestens **sieben Monate nach Ablauf des Kalenderjahrs** abzugeben (§ 149 Abs. 2 AO). Bei Beauftragung eines Steuerberaters, Rechtsanwalts, Wirtschaftsprüfers oder einer entsprechenden Gesellschaft (§§ 3 und 4 StBerG) mit der Erstellung von Einkommensteuer-, Körperschaftsteuer-, Gewerbesteuer- oder Umsatzsteuererklärungen oder Erklärungen zur gesonderten (und einheitlichen) Feststellung von Besteuerungsgrundlagen sind die Erklärungen erst spätestens bis zum **letzten Tag des Monats Februar des zweiten** auf den Besteuerungszeitraum **folgenden Kalenderjahres** abzugeben (§ 149 Abs. 3 AO). **159**

Im Gegenzug dazu werden darüber hinaus gehende **Fristverlängerungen** künftig aber nur noch in Ausnahmefällen möglich sein (§ 109 Abs. 2 AO). **160**

> **Anmerkung:**
> In der Begründung des Gesetzentwurfs wird darauf hingewiesen, dass die Arbeitsüberlastung des steuerlichen Beraters keinen Grund für eine Fristverlängerung mehr darstellen wird. Auch Sammelanträge des steuerlichen Beraters auf Fristverlängerungen, wie bislang übliche Praxis, sind künftig ausgeschlossen.[5]

Die Möglichkeit der Finanzämter, Steuererklärungen vor Fristende – also im Fall der Erstellung durch einen Steuerberater vor dem letzten Februartag des zweiten Folgejahres – anzufordern, wird gesetzlich geregelt. Dies war bereits auch bislang in den Erlassen der obersten Finanzbehörden der Länder vorgesehen. Als **Vorabanforderungsgründe** werden u.a. genannt: **161**

– Erklärungen für den vorangegangenen Besteuerungszeitraum wurden nicht oder verspätet abgegeben.

– Die Veranlagung für den vorangegangenen Veranlagungszeitraum hat zu einer Abschlusszahlung von mindestens 25 % der festgesetzten Steuer oder mehr als 10 000 Euro geführt.

– Es ist vorgesehen, eine Außenprüfung durchzuführen.

---

1) Vgl. Benz/Böhmer, DB 2017, 206, 210.
2) Vgl. Benz/Böhmer, DB 2017, 206, 210.
3) Gesetz v. 18.7.2016, BGBl. I 2016, 1679 = BStBl I 2016, 694.
4) Vgl. hierzu bereits Schindler in Beermann/Gosch, § 149 AO Rz. 1 ff.
5) BT-Drucks. 18/7457, 79

Dritter Teil: Ausblick

- Der Steuerpflichtige hat im Besteuerungszeitraum einen Betrieb eröffnet oder eingestellt.
- Für Beteiligte an Gesellschaften oder Gemeinschaften sind Verluste festzustellen.

Im Falle einer Vorabanforderung ist künftig eine **Frist** zur Abgabe der Steuererklärung **von vier Monaten** vorgesehen. Der bisherige Anforderungsgrund der Finanzbehörden „Arbeitslage in den Finanzämtern" wird durch eine automationsgestützte Zufallsauswahl ersetzt, wobei auf diesen Anforderungsgrund in der Anforderung hinzuweisen ist. Auch in diesen Fällen sind Steuererklärungen innerhalb einer Frist von vier Monaten abzugeben (§ 149 Abs. 4 AO).

162 Zwar steht es bei Nichtabgabe oder nicht fristgerechter Abgabe der Steuererklärung weiterhin grundsätzlich im Ermessen der Finanzbehörde, einen **Verspätungszuschlag** festzusetzen (§ 152 Abs. 1 AO). Allerdings ist bei Steuererklärungen, die nach dem 31.12.2018 einzureichen sind, ein Verspätungszuschlag festzusetzen, wenn eine Jahressteuererklärung insb. nicht binnen 14 Monaten nach Ablauf des Kalenderjahrs oder nicht bis zu dem in der Anordnung bestimmten Zeitpunkt abgegeben wurde (§ 152 Abs. 2 AO, § 8 Abs. 4 Art. 97 EGAO). Eine **Festsetzungspflicht** besteht jedoch u.a. dann nicht, wenn die Steuer auf Null Euro oder ein Erstattungsbetrag festgesetzt wird (§ 152 Abs. 3 AO).[1)]

> **Anmerkung:**
> Die Höhe des Verspätungszuschlags beträgt grundsätzlich für jeden angefangenen Monat der eingetretenen Verspätung 0,25 % der festgesetzten Steuer, bei Jahressteuererklärungen mindestens 25 Euro für jeden angefangenen Monat der eingetretenen Verspätung (§ 152 Abs. 5 AO). Für Feststellungserklärungen sind davon abweichende Regelungen enthalten (§ 152 Abs. 6 und 7 AO). Weiterhin ist eine Höchstgrenze für den Verspätungszuschlag von 25 000 Euro vorgesehen (§ 152 Abs. 10 AO).

2. Mitteilungspflichten über Auslandssachverhalte

163 Mit dem Steuerumgehungsbekämpfungsgesetz[2)] wurden die Mitteilungspflichten über Auslandssachverhalte, die nach dem 31.12.2017 verwirklicht werden, erweitert.

Konkret bestehen neben den bisher bestehenden folgende **neue Mitteilungspflichten**:

- der Erwerb oder die Veräußerung von Beteiligungen an Körperschaften im Ausland bei unmittelbarer und – neu – mittelbarer Beteiligung von mindestens 10 % (§ 138 Abs. 2 Satz 1 Nr. 3 und Satz 2 AO),
- bei beherrschendem oder bestimmendem Einfluss auf eine Drittstaat-Gesellschaft (§ 138 Abs. 2 Satz 1 Nr. 4 AO),
- über die Art der wirtschaftlichen Tätigkeit der Drittstaat-Gesellschaft (§ 138 Abs. 2 Satz 1 Nr. 5 AO).

Als Drittstaat-Gesellschaft qualifiziert jede Personengesellschaft oder Körperschaft mit Sitz oder Geschäftsleitung außerhalb der EU bzw. des EWR (§ 138 Abs. 3 AO).

> **Anmerkung:**
> Ein Verstoß gegen die Mitteilungspflichten wird als Ordnungswidrigkeit sanktioniert, wobei die Geldbuße bis zu 5 000 Euro betragen kann (§ 379 Abs. 2 Nr. 1, Abs. 4 AO). Ein zusätzlicher Straftatbestand des besonders schweren Falls der Steuerhinterziehung wurde eingeführt, wenn die Drittstaat-Gesellschaft zur rechtswidrigen Erlangung von Steuervorteilen eingesetzt wird (§ 370 Abs. 3 Satz 2 Nr. 6 AO). In der Praxis zeigt sich, dass die Erfüllung der Mitteilungspflichten über Auslandssachverhalte eines der Schwerpunkte in Betriebsprüfungen ist (→ Rz. 74).

---

1) Vgl. zur neuen Fassung des § 152 AO Schmieszek in Beermann/Gosch, § 152 AO Rz. 1 ff.
2) Gesetz v. 23.6.2017, BGBl. I 2017, 1682 = 2017, 865.

Besteht ein beherrschender oder bestimmender Einfluss auf eine Drittstaat-Gesellschaft, gilt erstmals für Besteuerungszeiträume, die **nach dem 31.12.2017** beginnen, eine neu eingeführte **sechsjährige Aufbewahrungspflicht** für Aufzeichnungen und Unterlagen über diese Beziehung (§ 147a Abs. 2 AO, Art. 97 § 22 Abs. 3 AEAO). Ebenso im Zusammenhang mit einer beherrschenden Beziehung zu einer Drittstaat-Gesellschaft wird eine Anlaufhemmung für die Festsetzungsfrist von bis zu 10 Jahren für Ertragsteuern geregelt (§ 170 Abs. 7 AO).

164

Zudem werden auch **Kredit- und Finanzdienstleistungsinstitute** sowie **Finanzunternehmen** in die Pflicht genommen, Mitteilungen an die Finanzbehörden zu richten. Sie haben über von ihnen hergestellte oder vermittelte Geschäftsbeziehungen inländischer Steuerpflichtiger zu Drittstaat-Gesellschaften zu informieren, sofern die in § 138b Abs. 1 AO vorgegebenen Voraussetzungen erfüllt sind. Auch diese Mitteilungspflichten greifen für Sachverhalte, die **nach dem 31.12.2017** verwirklicht werden (Art. 97 § 32 Abs. 1 AEAO).

165

Weiter haben Finanzinstitute über die bereits bislang erforderlichen Daten zur Identifizierung des Kontoinhabers hinaus die Steuer-Identifikationsnummer und die Wirtschafts-Identifikationsnummer zu erheben (§ 138b Abs. 3 AO). Um diese Mitteilungen machen zu können, wird der Kontoinhaber zur entsprechenden Mitwirkung verpflichtet (§ 138b Abs. 6 AO).

3. Automatisiertes Kontenabrufverfahren

Das bereits bestehende automatisierte Kontenabrufverfahren für Besteuerungszwecke wurde mit dem Steuerumgehungsbekämpfungsgesetz[1)] dahingehend **erweitert**, dass nun auch ermittelt werden kann, in welchen Fällen ein inländischer Steuerpflichtiger Verfügungsberechtigter oder wirtschaftlich Berechtigter eines Kontos oder Depots einer im Ausland ansässigen natürlichen Person, einer Personengesellschaft oder Körperschaft ist (§ 93 Abs. 7 Satz 1 Nr. 4a AO). Die Erweiterung ist **ab dem 1.1.2018** anzuwenden.

166

Zudem wurde die Möglichkeit von **Sammelauskunftsersuchen** der Finanzbehörden explizit gesetzlich geregelt, ohne dabei die Ermittlungsmöglichkeiten auszuweiten (§ 93 Abs. 1a AO).

B. Arbeitnehmerbesteuerung

I. Sachbezugswerte 2018

Laut der Zehnten Verordnung zur Änderung der Sozialversicherungsentgeltverordnung, die noch der Zustimmung durch den Bundesrat bedarf, erhöht sich der Wert der Unterkunft in 2018 auf 226 Euro (bisher 223 Euro). Der Monatswert für Verpflegung steigt ab 1.1.2018 auf 246 Euro (bislang 241 Euro). Dementsprechend erhöhen sich die Sachbezugswerte für einzelne Mahlzeiten wie folgt:

167

Mahlzeit	Sachbezugswert 2018	Sachbezugswert 2017
Mittag- oder Abendessen	3,23 Euro	3,17 Euro
Frühstück	1,73 Euro	1,70 Euro

II. Änderungen bei der betrieblichen Altersversorgung
1. Förderbetrag bei Arbeitnehmern mit geringem Einkommen

Mit dem Betriebsrentenstärkungsgesetz[2)] wird das Ziel verfolgt, für Arbeitnehmer mit geringerem Einkommen den Abschluss einer betrieblichen Altersversorgung (bAV)

168

---
1) Gesetz v. 23.6.2017, BGBl. I 2017, 1682 = BStBl I 2017, 865.
2) Gesetz v. 17.8.2017, BGBl. I 2017, 3214 BStBl I 2017, 1278 (Auszug). Vgl. zu den Neuerungen durch das Betriebsrentenstärkungsgesetz auch Seifert, DStZ 2017, 111, 120 f. sowie Mader, B+P 2017, 543.

Dritter Teil: Ausblick

durch die Einführung eines sog. Förderbetrags zur betrieblichen Altersversorgung interessanter zu machen. Als Geringverdiener in diesem Sinne gelten Arbeitnehmer mit einem **monatlichen Arbeitsentgelt von nicht mehr als 2 200 Euro** (§ 100 Abs. 3 Satz 1 Nr. 3 EStG). Leistet der Arbeitgeber zusätzlich zum ohnehin geschuldeten Arbeitslohn einen Beitrag zur kapitalgedeckten betrieblichen Altersversorgung, wird ab 1.1.2018 der staatliche Zuschuss in Form des Förderbetrags gewährt.

Dabei muss der **zusätzliche Arbeitgeberanteil mindestens 240 Euro** im Kalenderjahr betragen. Gefördert wird ein Arbeitgeberanteil bis **maximal 480 Euro** jährlich. Der Förderbetrag beträgt **30 % des Arbeitgeberanteils**, somit zwischen 72 Euro und 144 Euro, und wird dem Arbeitgeber als Abzug von der zu entrichtenden Lohnsteuer gewährt (§ 100 Abs. 1 EStG).

> **Anmerkung:**
> Somit wird im Ergebnis der Beitrag in die bAV wirtschaftlich zu 70 % vom Arbeitgeber und zu 30 % vom Staat getragen.[1]

2. Steuerfreier Höchstbetrag zur betrieblichen Altersversorgung

169 Ebenso mit dem Betriebsrentenstärkungsgesetz[2] wird die Lohnsteuerfreiheit für Beiträge an Pensionskassen, Pensionsfonds und Direktversicherungen, also in eine kapitalgedeckte bAV, erhöht. Beträgt der steuerfreie Höchstbetrag derzeit noch 4 % der Beitragsbemessungsgrenze zur gesetzlichen Rentenversicherung zzgl. eines Aufstockungsbetrags von 1 800 Euro, können ab 2018 Beiträge **bis zu 8 % der Beitragsbemessungsgrenze** lohnsteuerfrei geleistet werden. Der fixe Aufstockungsbetrag von 1 800 Euro entfällt dabei (§ 3 Nr. 63 Satz 1 EStG).

> **Beratungshinweis:**
> Ausgehend von der für 2018 geltenden Beitragsbemessungsgrenze steigt der steuerfreie Höchstbetrag damit von bislang 4 920 Euro (4 % von 78 000 Euro zzgl. 1 800 Euro) auf 6 240 Euro an.

170 **Unverändert** bleibt jedoch die Regelung zur **Sozialversicherungsfreiheit**. Hier besteht weiterhin eine Deckelung auf 4 % der Beitragsbemessungsgrenze, da keine Änderung des § 1 Abs. 1 Satz 1 Nr. 9 SvEV (Verordnung über die sozialversicherungsrechtliche Beurteilung von Zuwendungen des Arbeitgebers als Arbeitsentgelt) vorgenommen wurde.[3]

> **Anmerkung:**
> Zudem wurde der Höchstbetrag an Beiträgen, die anlässlich der Beendigung des Arbeitsverhältnisses gezahlt werden können, modifiziert. Steuerfrei sind geleistete Beiträge bis zur Höhe von 4 % der Beitragsbemessungsgrundlage in der gesetzlichen Rentenversicherung, vervielfältigt um die Anzahl der Kalenderjahre, in denen das Dienstverhältnis bestand, maximal jedoch um den Faktor 10 (§ 3 Nr. 63 Satz 3 EStG).

3. Steuerfreie Übertragung der betrieblichen Altersversorgung auf einen anderen Versorgungsträger

171 Bislang kommt die steuerfreie Mitnahme einer unverfallbaren Anwartschaft aus einer bAV nur in Betracht, wenn es sich um eine gesetzlich unverfallbare Anwartschaft handelt. Ab 2018 gilt die Regelung durch eine Änderung im Rahmen des Betriebsrenten-

---

1) Vgl. auch Plenker, DB 2017, 1545, 1549.
2) Gesetz v. 17.8.2017, BGBl. I 2017, 3214 = BStBl I 2017, 1278 (Auszug).
3) Vgl. auch Plenker, DB 2017, 1545.

stärkungsgesetzes[1]) auch bei Übertragung einer Anwartschaft aus einer bAV, die auf einer vertraglichen Regelung beruht, aus der sich die **Unverfallbarkeit ohne Fristerfordernis** ergibt. Schädlich ist lediglich, soweit Zahlungen unmittelbar an den Arbeitnehmer erfolgen (§ 3 Nr. 55 Satz 1 und Satz 2 Buchst. a EStG).

4. Erhöhung der Grundzulage zur Riester-Rente

Mit dem Betriebsrentenstärkungsgesetz[2]) wird ab 2018 die Grundzulage zur sog. Riesterrente von derzeit 154 Euro auf **175 Euro** angehoben (§ 84 Satz 1 EStG).

III. Reform des EU-Mehrwertsteuersystems

Die EU-Kommission legte am 4.10.2017 Pläne für eine weitreichende Reform des EU-Mehrwertsteuersystems vor. Diese soll spätestens ab dem Jahr 2022 greifen und sich an folgenden grundlegenden Prinzipien orientieren:

- Zur Bekämpfung des Umsatzsteuerbetrugs soll künftig auf den grenzüberschreitenden Handel zwischen Unternehmen Mehrwertsteuer erhoben werden. Demnach würde die Umsatzsteuerfreiheit der innergemeinschaftlichen Lieferungen entfallen.
- Es soll eine zentrale Anlaufstelle in Form eines **Online-Portals** geschaffen werden, die es grenzüberschreitend tätigen Unternehmen ermöglicht, in ihrer eigenen Sprache und nach den gleichen Regeln wie in ihrem Heimatland Erklärungen abzugeben und Zahlungen durchzuführen. Im Bereich der elektronischen Dienstleistungen an Nichtunternehmer wurde in 2015 das sog. Mini-One-Stop-Shop-Verfahren implementiert. Dieses könnte entsprechend ausgebaut werden.
- Durch die Umstellung auf das **Bestimmungslandprinzip** soll eine größere Kohärenz des Mehrwertsteuersystems geschaffen werden. Der endgültige Betrag an Mehrwertsteuer wird demnach stets an den Mitgliedstaat des Endverbrauchers, unter Berücksichtigung des dort geltenden Steuersatzes, entrichtet.
- Grenzüberschreitend tätige Unternehmen sollen von bürokratischen Anforderungen entlastet werden, indem sie Rechnungen gemäß den Vorschriften ihres eigenen Landes stellen können. Zusammenfassende Meldungen über grenzüberschreitende Transaktionen sollen entfallen.

Neben der grundlegenden Änderung ab 2022 sollen bereits **kurzfristig Maßnahmen** zur Betrugsbekämpfung – respektive Vereinfachung – getroffen werden. So hat der Rat von der Kommission Änderungen in vier Bereichen gefordert, die die Kommission im aktuell vorliegenden Entwurf zur Änderung der Mehrwertsteuersystemrichtlinie berücksichtigt hat:

- **Zertifizierter Steuerpflichtiger:** Hierüber sollen Unternehmer bei Lieferungen oder Dienstleistungen eine Registrierungspflicht im EU-Ausland vermeiden können. Wird an einen zertifizierten Steuerpflichtigen geleistet, geht in der Übergangsphase die Steuerschuld auf diesen über.
- **Konsignationslager:** Die Konsignationslagerregelung sieht vor, dass eine einzige innergemeinschaftliche Lieferung im Abgangsmitgliedstaat und ein innergemeinschaftlicher Erwerb im Bestimmungsmitgliedstaat (Ort des Konsignationslagers) anzunehmen ist, soweit der Umsatz zwischen zwei zertifizierten Steuerpflichtigen stattfindet. Zudem sind besondere Meldepflichten zu beachten.
- **Mehrwertsteueridentifikationsnummer:** Dieser soll zukünftig materiell-rechtliche Wirkung zukommen. So soll die Registrierung des Erwerbers im gesonderten MIAS-Verfahren ebenso materielle Voraussetzung für die Steuerbefreiung sein wie die korrekte Erfassung des MIAS-Eintrags.

---

1) Gesetz v. 17.8.2017, BGBl. I 2017, 3214 = BStBl I 2017, 1278 (Auszug).
2) Gesetz v. 17.8.2017, BGBl. I 2017, 3214 = BStBl I 2017, 1278 (Auszug).

– **Reihengeschäfte:** Bei Transportveranlassung durch einen mittleren Unternehmer soll die bewegte Lieferung abhängig von dessen Registrierung für Mehrwertsteuerzwecke in den involvierten Mitgliedsstaaten zugeordnet werden können, soweit es sich bei den an dem Umsatz Beteiligten um zertifizierte Steuerpflichtige handelt.

> **Anmerkung:**
> Sofern der Vorschlag die Zustimmung der Mitgliedstaaten im Rat erhält und nachdem dieser dem Europäischen Parlament zur Stellungnahme vorgelegt worden ist, wird die EU-Kommission im kommenden Jahr einen detaillierten Vorschlag zur Änderung der Mehrwertsteuersystemrichtlinie zur weiteren Umsetzung vorlegen. Die oben aufgezeigten Änderungen sollen ab dem 1.1.2019 gelten.

C. Investmentsteuerreform

I. Intention des Gesetzgebers

175 Mit dem Gesetz zur Reform der Investmentbesteuerung (Investmentsteuerreformgesetz – InvStRefG) vom 19.7.2016[1] will der Gesetzgeber die EU-rechtlichen Risiken des bisherigen Investmentsteuerrechts ausräumen, aggressive Steuergestaltungen verhindern sowie den Aufwand für die Ermittlung der Besteuerungsgrundlagen bei Publikums-Investmentfonds und den Kontrollaufwand auf Seiten der Finanzverwaltung vermindern. Dazu wurden **unterschiedliche Besteuerungsregimes für Publikums- und Spezial-Investmentfonds** eingeführt, die **ab 1.1.2018** zu beachten sind.[2]

II. Steuerliche Änderungen bei Publikums-Investmentfonds

1. Besteuerung auf Fondsebene

a) Bisher: Transparenzprinzip

176 Bislang basierte das Investmentsteuerrecht auf dem sog. steuerlichen Transparenzprinzip. Das bedeutet, dass ein Anleger die Erträge aus den über einen Investmentfonds gehaltenen Vermögensgegenständen so versteuert, wie dies bei einer Direktanlage der Fall wäre. Der Investmentfonds selbst ist steuerbefreit und es erfolgt nur eine Besteuerung auf Ebene der Anleger.

b) Abkehr vom Transparenzprinzip

177 Durch die Reform der Investmentbesteuerung wird eine **Abkehr von dieser transparenten Besteuerung** vollzogen. Künftig unterliegt der Publikums-Investmentfonds mit seinen inländischen Dividenden, Mieterträgen, Veräußerungsgewinnen von inländischen Immobilien und sonstigen inländischen beschränkt steuerpflichtigen Einkünften der Körperschaftsteuer. Dabei ist ein **Steuersatz von 15 %** auf Erträge vorgesehen, die einem Steuerabzug unterliegen ohne Abzug von Werbungskosten, und ein **Steuersatz von 15,825 %** auf die sonstigen Erträge nach Berücksichtigung von Werbungskosten.

> **Anmerkung:**
> Die Steuer wirkt als definitive Körperschaftsteuer des Fonds und ist auf Anlegerebene grundsätzlich nicht anrechenbar oder erstattungsfähig. Nur soweit steuerbefreite Anleger wie z.B. gemeinnützige Stiftungen an dem Publikums-Investmentfonds beteiligt sind, kann der Fonds einen Antrag auf Steuerbefreiung stellen.

---

1) Gesetz v. 19.7.2016, BGBl. I 2016, 1730 = BStBl I 2016, 731.
2) Zur ab 1.1.2018 geltenden Investmentsteuerreform vgl. auch Höring, DStZ 2016, 727; Montigel in StB Handbuch 2017, Teil 4, Abgeltungsteuer Rz. 72 ff.

Anders als bei einer Direktanlage sind künftig auch **Veräußerungsgewinne inländischer Immobilien steuerpflichtig**, die der Fonds mehr als zehn Jahre gehalten hat. Allerdings werden die Wertveränderungen von Immobilien ausgenommen, die vor dem 1.1.2018 eingetreten sind, sofern der Zeitraum zwischen der Anschaffung und der Veräußerung mehr als zehn Jahre beträgt. 178

> **Beratungshinweis:**
> Damit können sich steuerliche Nachteile für einen Privatanleger bei einer Anlage in inländische Immobilienfonds im Vergleich zur Direktinvestition in Immobilien ergeben.

Sofern der objektive Geschäftszweck des Investmentfonds auf die Anlage und Verwaltung seiner Mittel beschränkt ist und er seine Vermögensgegenstände nicht in wesentlichem Umfang aktiv unternehmerisch bewirtschaftet, bleibt es wie bisher bei der Befreiung von der Gewerbesteuer. 179

2. Besteuerung der Fondsanlage beim Anleger

Auf der Ebene der Anleger kommt es nicht mehr auf die Zusammensetzung oder Herkunft der Erträge des Investmentfonds an. Ab dem 1.1.2018 sind die Ausschüttungen sowie die Gewinne aus der Veräußerung oder Rückgabe bei einer privaten Anlage als Kapitaleinkünfte mit dem Abgeltungsteuersatz oder bei einer Anlage im Unternehmensvermögen als Betriebseinnahmen zu versteuern. 180

Da Investmentfonds jedoch häufig nicht alle bzw. gar keine Erträge ausschütten, ist eine **Vorabpauschale** zu versteuern, mit der Steuerstundungseffekte vermieden werden sollen.

> **Anmerkung:**
> Die Vorabpauschale ersetzt die bisherige Besteuerung der ausschüttungsgleichen Erträge, die von den Fonds zu ermitteln und zu veröffentlichen sind.

Bei der Vorabpauschale handelt es sich um eine pauschale Bemessungsgrundlage, die sich an der risikolosen Marktverzinsung orientiert und nach einer einfachen Formel zu ermitteln ist. Hierzu wird auf den Basiszinssatz nach § 203 Abs. 2 BewG abgestellt. Durch Multiplikation von 70 % des Basiszinssatzes mit dem Rücknahmepreis zu Beginn des Kalenderjahres ergibt sich der sog. Basisertrag. Nur wenn die Ausschüttungen eines Investmentfonds den Basisertrag für das jeweilige Kalenderjahr unterschreiten, kommt die Vorabpauschale zum Ansatz. Zusätzlich ist der Basisbetrag begrenzt auf den Mehrbetrag zwischen dem ersten und dem letzten im Kalenderjahr festgesetzten Rücknahmepreis zuzüglich der Ausschüttungen.

Die Vorabpauschale gilt jeweils am ersten Kalendertag des folgenden Kalenderjahres als beim Anleger zugeflossen. Um eine Doppelbesteuerung zu vermeiden, sind die während der Besitzzeit des Investmentfondsanteils bereits versteuerten Vorabpauschalen bei der Ermittlung des Gewinns aus der Veräußerung oder Rückgabe von Investmentfondsanteilen anzurechnen.

Die steuerliche Vorbelastung durch die Besteuerung mit Körperschaftsteuer auf Fondsebene, die Belastung ausländischer Erträge des Fonds mit Quellensteuer, aber auch die Steuerfreiheit bestimmter Erträge bei der Direktanlage wird durch eine **Teilfreistellung der steuerpflichtigen Erträge** berücksichtigt. Diese ist abhängig vom Anlageschwerpunkt des Fonds. Die Teilfreistellung wird auf sämtliche Erträge des Investmentfonds gewährt, also auf die Ausschüttungen, die Vorabpauschale und die Veräußerungsgewinne. Sofern die Investmentfondsanteile im Betriebsvermögen gehalten werden, gelten für Aktien- und Mischfonds abweichende Teilfreistellungssätze für die 181

Dritter Teil: Ausblick

Einkommen- bzw. Körperschaftsteuer. Bei der Gewerbesteuer werden die Teilfreistellungssätze nur zur Hälfte berücksichtigt.

Höhe der Teilfreistellungen:				
Fondstyp	Mindestbeteiligungsquote lt. Anlagebedingungen des Investmentfonds	Privatvermögen	Betriebsvermögen EStG	Betriebsvermögen KStG
Aktienfonds	mindestens 51 % in Kapitalbeteiligungen	30 %	60 %	80 %
Mischfonds	mindestens 25 % in Kapitalbeteiligungen	15 %	30 %	40 %
Immobilienfonds	mindestens 51 % in Immobilien und Immobilien-Gesellschaften	60 %	60 %	60 %
Ausländische Immobilienfonds	mindestens 51 % in ausländischen Immobilien und Auslands-Immobilien-Gesellschaften	80 %	80 %	80 %

Zu beachten ist, dass in Höhe der anzuwenden Teilfreistellung auf Ebene des Anlegers Betriebsvermögensminderungen, Betriebsausgaben, Veräußerungskosten oder Werbungskosten sowie Teilwertabschreibungen auf Investmentfondsanteile, die in wirtschaftlichem Zusammenhang mit Erträgen aus dem Fonds stehen, bei der Ermittlung der Einkünfte nicht abgezogen werden dürfen.

Abhängig von Art und Zusammensetzung der Erträge des Fonds und somit von der zu berücksichtigenden Teilfreistellung können sich steuerliche Vor- oder Nachteile gegenüber der derzeitigen Besteuerung ergeben.

182

Beispiel:
Ein Privatanleger besitzt Anteile an einem Investmentfonds. Der Fonds erzielt jeweils 100 Euro inländische Dividenden, Zinserträge sowie Gewinne aus der Veräußerung inländischer Aktien und schüttet seine Erträge in Höhe von 300 Euro vollständig aus.

Steuerbelastung Privatanleger (ohne Kirchensteuer)	Derzeitige Besteuerung	Investmentfonds ohne Teilfreistellung	Mischfonds	Aktienfonds
	Euro	Euro	Euro	Euro
Erträge des Investmentfonds	300,00	300,00	300,00	300,00
Steuerbelastung auf Fondsebene	0,00	15,00	15,00	15,00
Zufluss beim Anleger	300,00	285,00	285,00	285,00
Steuerpflichtig beim Anleger	300,00	285,00	242,25	199,50
Steuerbelastung Anleger	79,13	75,17	63,89	52,62
Steuerbelastung gesamt	79,13	90,17	78,89	67,62
Differenz		11,04	–0,24	–11,51

Praxistipp:
Privatanleger können aus steuerlicher Sicht profitieren, wenn sie in Investmentfonds investieren, die die Voraussetzungen für Teilfreistellungen erfüllen. So werden z.B. Exchange Traded Funds (ETF) als physisch replizierende und synthetische ETF angeboten. Während physisch replizierende ETF in Aktien investieren und somit als Aktienfonds zu qualifizieren sind, bilden synthetische Indexfonds den Index über Derivate nach und erfüllen unter Umständen keine oder nur eine

geringe Mindestanlagequote in Aktien. Im Hinblick auf die Besteuerung empfiehlt sich eine Anlage in physische ETF.

Dies gilt entsprechend bei betrieblichen Anlegern, so dass sich im Beispielsfall je nach Rechtsform folgende Werte ergeben (bei einem unterstellten Gewerbesteuer-Hebesatz von 400 % und Einkommensteuersatz von 45 %). **183**

Beispiel:

Ein betrieblicher Anleger besitzt Anteile an einem Investmentfonds. Der Fonds erzielt jeweils 100 Euro inländische Dividenden, Zinserträge sowie Gewinne aus der Veräußerung inländischer Aktien und schüttet seine Erträge in Höhe von 300 Euro vollständig aus.

Zu differenzieren ist zwischen betrieblichen Anlegern, die ein Einzelunternehmen oder eine Personengesellschaft betreiben und betrieblichen Anlegern in der Rechtsform einer Kapitalgesellschaft.

Betrieblicher Anleger Einzelunternehmen / Personengesellschaft EStG	Derzeitige Besteuerung	Investmentfonds ohne Teilfreistellung	Mischfonds	Aktienfonds
	Euro	Euro	Euro	Euro
Steuerpflichtig GewSt	260,00	285,00	242,25	199,50
Steuerbelastung GewSt	36,40	39,90	33,92	27,93
Steuerpflichtig EStG	220,00	285,00	199,50	114,00
Steuerbelastung Anleger	67,96	95,31	60,72	26,13
Steuerbelastung gesamt	104,36	150,21	109,64	69,06
Differenz		45,85	5,28	−35,30

Betrieblicher Anleger Kapitalgesellschaft KStG	Derzeitige Besteuerung	Investmentfonds ohne Teilfreistellung	Mischfonds	Aktienfonds
	Euro	Euro	Euro	Euro
Steuerpflichtig GewSt	205,00	285,00	228,00	171,00
Steuerbelastung GewSt	28,70	39,90	31,92	23,94
Steuerpflichtig KStG	205,00	285,00	171,00	57,00
Steuerbelastung Anleger	32,44	45,10	27,06	9,02
Steuerbelastung gesamt	61,14	100,00	73,98	47,96
Differenz		38,86	12,84	−13,18

Beratungshinweis:

Auch für betriebliche Anleger lohnt sich zu prüfen, ob Investmentfonds die Voraussetzungen für die Teilfreistellungen erfüllen. Und sofern sie das bisherige komplizierte Besteuerungssystem mit der Vielzahl an steuerlichen Kennzahlen und Bemessungsgrundlagen von einer Investition in Investmentfonds abgehalten hat, könnte die erhebliche Vereinfachung durch die neuen Besteuerungsregelungen ein zusätzlicher Anreiz für eine Mittelanlage darstellen.

III. Besteuerung von Spezial-Investmentfonds

1. Neudefinition des Spezial-Investmentfonds

Ein Spezial-Investmentfonds liegt nach der gesetzlichen Neuregelung nur vor, wenn die **Voraussetzungen für die Gewerbebefreiung** nach dem InvStG n.F. erfüllt werden und in der Anlagepraxis nicht wesentlich gegen die in § 26 InvStG n.F. normierten **Anlagebestimmungen** verstoßen wird. **184**

Dritter Teil: Ausblick

Im Unterschied zur bisherigen Rechtslage können sich **natürliche Personen** künftig **nicht mehr an Spezial-Investmentfonds beteiligen** – auch nicht über die Zwischenschaltung von vermögensverwaltenden Personengesellschaften.[1]

> **Beratungshinweis:**
>
> Ein Bestandsschutz bis zum 1.1.2030 gilt für natürliche Personen, die die Anteile bis zum 24.2.2016 erworben haben. Sofern die Anteile später erworben wurden, endet der Bestandsschutz am 1.1.2020. Zu beachten ist jedoch, dass für die in der Übergangsphase noch beteiligten natürlichen Personen der Abgeltungsteuersatz nicht mehr greift.

2. Besteuerung auf Fondsebene

a) Ausübung der Transparenzoption

185   Die mit dem Investmentsteuerreformgesetz eingeführten Regelungen für die intransparente Besteuerung von inländischen Beteiligungserträgen, Mieterträgen, Veräußerungsgewinnen von inländischen Immobilien und sonstigen inländischen beschränkt steuerpflichtigen Einkünften bei Publikums-Investmentfonds gelten zunächst grundsätzlich auch für Spezial-Investmentfonds. Jedoch besteht ein **Wahlrecht** zur Ausübung einer sog. Transparenzoption, so dass diese Erträge wie bisher direkt von den Anlegern versteuert werden können. **Voraussetzungen** für die transparente Besteuerung sind:

– Bei inländischen Beteiligungserträgen und sonstigen inländischen Einkünften mit Steuerabzug hat der Spezial-Investmentfonds unwiderruflich gegenüber dem Steuerabzugsverpflichteten zu erklären, dass die Steuerbescheinigung zugunsten des Anlegers des Fonds ausgestellt wird.

– Bei inländischen Immobilienerträgen und sonstigen inländischen Einkünften ohne Steuerabzug entfällt die Steuerpflicht auf Ebene des Spezial-Investmentfonds, wenn dieser auf die ausgeschütteten und ausschüttungsgleichen Erträge Kapitalertragsteuer in Höhe von 15 % zzgl. Solidaritätszuschlag erhebt und abführt sowie den Anlegern entsprechende Steuerbescheinigungen ausstellt.

b) Keine Ausübung der Transparenzoption

186   Übt der Spezial-Investmentfonds die Option zur transparenten Besteuerung nicht aus, unterliegt er nach den für den Publikums-Investmentfonds dargestellten Regeln der Besteuerung (→ Rz. 176 ff.). Es fällt somit auf die Erträge des Fonds, sofern sie nicht steuerbefreit sind, Körperschaftsteuer mit einem Steuersatz von 15 % bzw. 15,825 % an. Der Gewerbesteuer unterliegt der Fonds hingegen regelmäßig nicht.

3. Besteuerung der Fondsanlage beim Anleger

187   Bei **Ausübung der Transparenzoption** werden die inländischen Beteiligungseinnahmen dem Anleger direkt steuerlich zugerechnet. Auf die Einnahmen ist beim Anleger das Teileinkünfteverfahren gemäß § 3 Nr. 40 EStG anzuwenden. Die Steuerfreistellung nach § 8b Abs. 1 KStG greift nur, soweit es sich um Ausschüttungen von bestimmten Kapitalgesellschaften (Immobiliengesellschaften, ÖPP-Gesellschaften und Gesellschaften zur Erzeugung Erneuerbarer Energie, für die die Beteiligungshöchstgrenze von 10 % nicht gilt) handelt und die durchgerechnete Beteiligungshöhe des Anlegers mindestens 10 % beträgt. Diese Steuerbegünstigungen können jedoch nur von Anlegern in Anspruch genommen werden, die auch bei einer Direktanlage begünstigt wären.

---

1) Vgl. dazu auch Haug, Ubg 2017, 303.

C. Investmentsteuerreform

Die Anleger von Spezial-Investmentfonds haben als laufende Erträge sowohl **ausgeschüttete**, als auch wie bisher **ausschüttungsgleiche Erträge** zu versteuern. Wird die Transparenzoption ausgeübt, gelten die inländischen Beteiligungserträge und Einkünfte mit Steuerabzug als vorrangig ausgeschüttet.

Gegenüber der bisherigen Rechtslage wird die **Definition der ausschüttungsgleichen Erträge modifiziert**. Sie umfasst insbesondere Gewinne aus der Veräußerung von Grundstücken und grundstücksgleichen Rechten unabhängig von einer Haltefrist. Nach wie vor steuerfrei können Stillhalterprämien sowie Veräußerungsgewinne von Investmentanteilen und bestimmten Kapitalforderungen thesauriert werden, jedoch mit einer zeitlichen Begrenzung von maximal 15 Jahren nach Ende des Geschäftsjahrs der Vereinnahmung. Soweit die Erträge dann noch nicht ausgeschüttet oder mit Verlusten verrechnet wurden, gelten sie als zugeflossen und sind zu versteuern. **188**

Bei Spezial-Investmentfonds ist wie bisher die Zusammensetzung und Herkunft der Erträge maßgeblich für die Besteuerung. Für in den ausgeschütteten und ausschüttungsgleichen Erträgen enthaltene Bestandteile gilt Folgendes:

- Auf **Gewinnausschüttungen** ausländischer Kapitalgesellschaften ist unter den gleichen Voraussetzungen wie bei den inländischen Beteiligungserträgen das **Teileinkünfteverfahren** nach § 3 Nr. 40 EStG bzw. die **Steuerbefreiung gemäß § 8b Abs. 1 KStG** anzuwenden.

- **Gewinne aus der Veräußerung von Anteilen** an Kapitalgesellschaften sind nach § 3 Nr. 40 EStG bzw. § 8b Abs. 2 KStG zu versteuern, sofern die Anleger bei einer Direktanlage ebenfalls begünstigt wären. Weitere Voraussetzung für diese Steuerbegünstigungen ist, dass die Kapitalerträge nicht aus steuerlich nicht vorbelasteten Gesellschaften stammen.

- Falls der Spezial-Investmentfonds nicht die Transparenzoption gewählt hat, wird die Vorbelastung auf Fondsebene durch eine Steuerfreistellung von 60 % der inländischen Beteiligungseinnahmen bzw. von 20 % der inländischen Immobilienerträge oder sonstigen Einkünfte berücksichtigt. Unterliegt der Anleger dem Körperschaftsteuergesetz, können die inländischen Beteiligungseinnahmen steuerfrei vereinnahmt werden.

- Ausländische Einkünfte, die nach einem DBA steuerfrei sind, sind von der Besteuerung ausgenommen.

- Auf Erträge des Spezial-Investmentfonds, die aus Ausschüttungen von Investmentfonds, Vorabpauschalen oder Veräußerungsgewinnen von Investmentanteilen stammen, sind die Prozentsätze der **Teilfreistellungen,** wie sie beim Publikumsfonds vorgesehen sind, entsprechend anzuwenden.

Bei der **Veräußerung eines Spezial-Investmentanteils** ist das Veräußerungsergebnis um einen Fonds-Aktiengewinn, Fonds-Abkommensgewinn und Fonds-Teilfreistellungsgewinn zu korrigieren, sofern der Spezial-Investmentfonds diese bei jeder Bewertung ermittelt und dem Anleger bekannt macht. Zusätzlich sind weitere Modifikationen durchzuführen, um einerseits eine Doppelbesteuerung zu vermeiden, aber andererseits eine einmalige Erfassung der Erträge sicher zu stellen. **189**

> **Anmerkung:**
> Somit sind die Erträge aus Spezial-Investmentfonds bei den Anlegern mit Ausnahme der oben aufgeführten Steuerfreistellungen in voller Höhe zu versteuern. Bei der Gewerbesteuer sind die Steuerbegünstigungen nach § 3 Nr. 40 EStG, § 8b KStG und die Teilfreistellungssätze nicht bzw. nur teilweise zu berücksichtigen.

Dritter Teil: Ausblick

4. Verstoß gegen Anlagebestimmungen

190 Wenn der Spezial-Investmentfonds gegen die Anlagebestimmungen des § 26 InvStG n.F. verstößt oder wenn die Anlagebedingungen nicht entsprechend ausgestaltet sind, wird der Fonds steuerlich als Publikums-Investmentfonds behandelt (→ Rz. 176 ff.). Dies stellt faktisch ein **Wahlrecht** für einen Spezial-Investmentfonds dar, sich als Publikums-Investmentfonds besteuern zu lassen.

> **Anmerkung:**
> Eine Rückkehr zu den Besteuerungsregelungen als Spezial-Investmentfonds ist nach einer Besteuerung als Publikums-Investmentfonds ausgeschlossen.

IV. Übergang zum neuen Recht

191 Die Neuregelungen treten zum 1.1.2018 in Kraft. Für einen einheitlichen Übergang zu den neuen Besteuerungsregelungen ist bei Investmentfonds mit einem vom Kalenderjahr abweichenden Geschäftsjahr für steuerliche Zwecke ein Rumpfwirtschaftsjahr zum 31.12.2017 zu bilden.

Auf Ebene der Anleger ist eine Veräußerungs- und Anschaffungsfiktion vorgesehen. Danach gelten bestehende Anteile an Investmentfonds zum 31.12.2017 zu dem letzten im Kalenderjahr 2017 festgesetzten Rücknahmepreis als veräußert und zum 1.1.2018 als wieder angeschafft. Ergibt sich daraus ein steuerpflichtiger Veräußerungsgewinn, ist dieser vom Anleger erst dann zu versteuern, wenn er seinen Anteil tatsächlich veräußert.

Der fiktive Veräußerungsgewinn wird nach den Regelungen des bis zum 31.12.2017 geltenden Investmentsteuergesetzes ermittelt. Bei **betrieblichen Anlegern** hat die Veräußerungsfiktion nach einem Entwurf des BMF-Schreibens zum Investmentsteuerreformgesetz zur Folge, dass in der Steuerbilanz der fiktive Veräußerungsgewinn über einen steuerlichen Ausgleichsposten und eine steuerfreie Rücklage abgebildet wird. Zu einem Ausweis von latenten Steuern soll es infolge der fiktiven Veräußerung nicht kommen. Bei betrieblichen Anlegern ist der fiktive Veräußerungsgewinn zudem gesondert festzustellen.

192 Besondere Bedeutung hat die Veräußerungs- und Anschaffungsfiktion der bestehenden Investmentfondsanteile für **Privatanleger**, die ihre Investmentfondsanteile vor dem 1.1.2009 erworben haben. Diese konnten ihre Anteile bisher steuerfrei veräußern und somit Wertsteigerungen ohne eine zeitliche Begrenzung steuerfrei vereinnahmen. Nun bleibt es zwar für die bis zum 31.12.2017 angefallenen Kurssteigerungen bei der Steuerfreiheit, jedoch sind ab dem 1.1.2018 erzielte Veräußerungsgewinne nach den neuen Besteuerungsregelungen steuerpflichtig. Aus Vertrauensschutzgründen wird hierfür ein **personenbezogener Freibetrag** von 100 000 Euro gewährt.

> **Praxistipp:**
> Da der Freibetrag nur für diese Altanteile gewährt wird, sollten Anleger dieses „Steuergeschenk" berücksichtigen und die Altanteile nicht vorschnell veräußern. Sofern Anleger hohe Altbestände an Investmentanteilen besitzen, könnten Schenkungen von Investmentanteilen vor dem 31.12.2017 an Ehegatten oder Kinder in Erwägung gezogen werden, um die Freibeträge mehrfach auszunutzen.

D. Grundsteuerreform

193 Schon seit geraumer Zeit wird eine Reform der Grundsteuer für erforderlich erachtet, zumal der BFH bereits mehrmals das BVerfG zu einer **verfassungsrechtlichen Überprü-**

D. Grundsteuerreform

fung der maßgeblichen Vorschriften angerufen hat.[1] Konkret vertritt der BFH die Auffassung, dass die Vorschriften über die Einheitsbewertung (spätestens) ab dem Bewertungsstichtag 1.1.2008 verfassungswidrig sind, weil die Maßgeblichkeit der Wertverhältnisse am bisherigen Hauptfeststellungszeitpunkt 1.1.1964 (in den alten Bundesländern) und 1.1.1935 (in den neuen Bundesländern) für die Einheitsbewertung nicht mit dem allgemeinen Gleichheitssatz vereinbar ist.

Um die Erhebung der Grundsteuer zu reformieren, hat der Bundesrat am 4.11.2016 **Entwürfe** zu einem Gesetz zur Änderung des Bewertungsgesetzes[2] und zu einem Gesetz zur Änderung des Grundgesetzes[3] vorgelegt.[4]

> **Anmerkung:**
> Anders als im Fall von Gesetzesentwürfen der Bundesregierung oder aus den Reihen des Bundestags steht der Weiterverfolgung der Gesetzentwürfe des Bundesrats in der neuen Legislaturperiode nach der Bundestagswahl vom 24.9.2017 nicht der Diskontinuitätsgrundsätze entgegen. Vielmehr können diese Gesetzgebungsverfahren ohne Unterbrechung oder Wiederholung bereits erfolgter Schritte weitergeführt werden.

Bei der **Bewertung der Grundstücke** soll das bisherige System der Einheitsbewertung durch die Ermittlung des sog. Kostenwerts (Investitionsaufwand für die Immobilie) abgelöst werden. Der Kostenwert **unbebauter Grundstücke** soll dabei nach ihrer Fläche und den Bodenrichtwerten ermittelt werden. Bei **bebauten Grundstücken** ist vorgesehen, dass sich der Kostenwert aus dem Bodenwert unbebauter Grundstücke und einem Gebäudewert zusammensetzt. Dieser Gebäudewert soll sich auf der Grundlage der Brutto-Grundfläche und eines Gebäudepauschalherstellungswerts ermitteln. Dazu werden gewöhnliche Herstellungskosten in einer Anlage des neuen Bewertungsgesetzes definiert. Weiter soll der Gebäudewert um eine Alterswertminderung nach dem Verhältnis des Alters des Gebäudes im Hauptfeststellungszeitraum zur Gesamtnutzungsdauer reduziert werden. Allerdings ist der Gebäudewert mindestens mit 30 % des Gebäudepauschalherstellungswerts anzusetzen. **194**

> **Anmerkung:**
> Im Gesetzentwurf ist eine erstmalige Feststellung der Grundstückswerte nach den neuen Regeln **zum 1.1.2022** vorgesehen. In der Folgezeit soll dann die Bewertung durch eine weitgehend automatisierte regelmäßige Wiederholung erfolgen, wobei eine Hauptfeststellung in einem Sechs-Jahres-Rhythmus vorgesehen ist. **195**

Um Zweifel an der Gesetzgebungskompetenz des Bundes zur Änderung des Bewertungsverfahrens zu vermeiden, soll im Wege einer **Grundgesetzänderung** die konkurrierende Gesetzgebungskompetenz für die Grundsteuer ausdrücklich auf den Bund übertragen werden. **196**

Den Ländern wird zugleich die Kompetenz zur Bestimmung eigener, jeweils landesweit geltender **Steuermesszahlen** eingeräumt. Sollten einzelne Länder von dieser Kompetenz keinen Gebrauch machen, sollen bundesgesetzlich festgelegte Steuermesszahlen greifen. **197**

---

1) BFH v. 22.10.2014, II R 16/13, BStBl II 2014, 597, und II R 37/14, BFH/NV 2015, 309 sowie BFH v. 17.12.2014, II R 14/13, BFH/NV 2015, 475.
2) BT-Drucks. 18/10753 v. 21.12.2016.
3) BT-Drucks. 18/10751 v. 21.12.2016.
4) Vgl. zum Stand der Grundsteuerreform auch Roscher, eKomm, Ab 1.1.2016, Reform der Grundsteuer, D. Reformschritte Rz. 6 (Aktualisierung v. 25.1.2017); Marx, DStZ 2017, 19.

Dritter Teil: Ausblick

> **Anmerkung:**
> Der Bundesrat will die Grundsteuerreform grundsätzlich aufkommensneutral ausgestalten. Nach den neuen Bewertungsvorgaben ermittelte höhere Grundstückswerte sollen deshalb durch entsprechende Steuermesszahlen der Länder ausgeglichen werden. Auf den so ermittelten Steuermessbetrag soll dann unverändert der gemeindliche Hebesatz anzuwenden sein.
>
> Da eine Einschätzung der Auswirkungen auf das Steueraufkommen erst möglich ist, wenn die Neubewertungen der Grundstücke erfolgt sind, ist mit einer Festsetzung von Steuermesszahlen durch die Länder erst zukünftig zu rechnen. Es ist somit derzeit noch nicht absehbar, ob und wer durch die Grundsteuerreform steuerlich belastet oder evtl. sogar entlastet wird.

E. Internationales Steuerrecht

I. Multilaterales Instrument

198 Am 7.6.2017 unterzeichneten fast 70 Staaten, darunter auch Deutschland, das im Rahmen des BEPS-Projekts der OECD entwickelte „Multilaterale Instrument" (MLI). Damit soll es zukünftig möglich sein, eine Vielzahl bestehender **Doppelbesteuerungsabkommen** (DBA) zwischen den teilnehmenden Staaten **in einem dynamischen Verfahren an international vereinbarte Standards anzupassen** – und damit schneller als dies durch jeweils bilaterale Verhandlungen möglich wäre.

Das MLI setzt zunächst verschiedene **Mindeststandards**, die im Rahmen des BEPS-Projekts vereinbart wurden, in den DBA zwischen den teilnehmenden Staaten um. Über die Mindeststandards hinaus enthält das MLI weitere im Zuge von BEPS erarbeitete Regelungen zur Anpassung von DBA. Die teilnehmenden Staaten besitzen hier jedoch bestimmte Wahlfreiheiten, ob sie diese weitergehenden Regelungen in ihren DBA umsetzen möchten. Auch bestimmen die Staaten selbst, welche DBA durch das MLI angepasst werden sollen („Covered Tax Agreements"). Eine vollständige Harmonisierung der bestehenden DBA zwischen den teilnehmenden Staaten geht mit dem MLI im Ergebnis also nicht einher.

> **Anmerkung:**
> Deutschland hat anlässlich der Unterzeichnung des MLI 35 der derzeit bestehenden 96 DBA ausgewählt (z.B. die DBA mit Österreich und UK). Umgekehrt haben bislang 33 Staaten ihr DBA mit Deutschland für eine Anwendung des MLI benannt.

Erforderlich für die Anwendung des MLI im Allgemeinen und der konkreten weitergehenden Regelungen ist, dass sich der jeweils andere Staat ebenfalls für die Anwendung des MLI bzw. der entsprechenden weitergehenden Regelung entschieden hat.

199 Insbesondere bezüglich der folgenden **Regelungen** hat **Deutschland erklärt, diese anwenden zu wollen**:

- „DBA-Schachtelprivileg": Eine Mindesthaltedauer von 365 Tagen wird als Voraussetzung für eine Quellensteuerentlastung bei Dividendenzahlungen eingeführt (Art. 8 des MLI); bereits vorhandene Mindesthaltedauern (z.B. DBA Italien) sollen aber unverändert bleiben.

- „Immobiliengesellschaften": Gewinne aus dem Verkauf von Kapitalgesellschaftsanteilen und Personengesellschaftsbeteiligungen können in dem Staat besteuert werden, in dem die Immobilien belegen sind, sofern der Wert dieser Anteile innerhalb der letzten 365 Tage vor der Veräußerung zu mehr als 50 % unmittelbar oder mittelbar auf in diesem anderen Vertragsstaat belegenem Grundvermögen beruhte (Art. 9 des MLI).

- „Betriebsstätten": Bei der Prüfung des Ausnahmekatalogs begründen generell nur vorbereitende Tätigkeiten und Hilfstätigkeiten keine Betriebsstätten (Art. 13 MLI; zu überprüfen anhand des Geschäftsmodells des jeweiligen Gesamtunternehmens).

E. Internationales Steuerrecht

- „Verständigungsverfahren zwischen den Staaten zur Vermeidung einer Doppelbesteuerung" (Art. 16 MLI). Verständigungsverfahren werden derzeit bereits vom Bundeszentralamt für Steuern durchgeführt. Auf EU-Ebene haben sich die Finanzminister am 23.5.2017 auf eine Richtlinie zur Streitbeilegung bei Doppelbesteuerungen geeinigt; vorbehaltlich der Annahme durch den Rat der Europäischen Union findet diese Richtlinie für Steuerjahre ab dem 1.1.2018 Anwendung.

- „Verbindliches steuerliches Schiedsverfahren" (Art. 18 ff. MLI; Durchführung nach einem erfolglosen Verständigungsverfahren binnen einer Frist von drei Jahren).

Insbesondere bezüglich der folgenden **Regelungen** hat **Deutschland erklärt, sie nicht anwenden zu wollen**: 200

- „Transparente Rechtsträger" (hybride Gestaltungen (Art 3 MLI); hierzu sind auf EU-Ebene bereits die sog. ATAD I- und ATAD II-Richtlinien erlassen worden, die Deutschland im Rahmen einer „Gesamtlösung" umsetzen möchte.

- „Doppelansässige Rechtsträger" (Art. 4 MLI); es verbleibt also dabei, dass im Regelfall der Staat das Besteuerungsrecht hat, in dem sich der Ort der tatsächlichen Geschäftsleitung befindet. Eine wichtige Ausnahme hiervon findet sich im DBA mit den USA – hier ist das in der Praxis schwierige Einvernehmen der Staaten entscheidend.

- „Erweiterung des Betriebsstättenbegriffs bei Kommissionärsmodellen und ähnlichen Gestaltungen" (Art. 12 MLI); hierzu hat Deutschland bereits im Vorfeld Vorbehalte erklärt, da befürchtet wird, dass die ausländischen Staaten vermehrt Betriebsstätten annehmen und damit Besteuerungssubstrat von Deutschland in das Ausland wandert.

- „Dauer von Bau- und Montagebetriebsstätten" – Zusammenfassung von verschiedenen Verträgen (Art. 14 MLI); hierzu existieren bereits nationale Regelungen in den Verwaltungsgrundsätzen Betriebsstättengewinnaufteilung (VWG BsGa).

Zu den Regelungen, die eine Erweiterung der Präambel eines DBA dahingehend vorsehen, dass durch das DBA nicht nur die Doppelbesteuerung, sondern auch die doppelte Nichtbesteuerung durch Steuerverkürzung oder Steuerumgehung vermieden werden soll (Art. 6 MLI) und zur Anwendung des sog. „principal purpose test", d.h. vor Gewährung von Abkommensvergünstigungen, ist zu überprüfen, ob diese Vergünstigung einer der Hauptzwecke der Vereinbarung der Steuerpflichtigen war (Art. 7 MLI), hat Deutschland partielle Vorbehalte erklärt.

> **Anmerkung:**
>
> Auf Ebene der OECD müssen zunächst **mindestens fünf Staaten die Ratifikationsurkunden hinterlegen**. Drei Monate nach Hinterlegung der letzten Ratifikationsurkunde tritt das MLI dann für diese ersten fünf Staaten in Kraft. Weitere Staaten können hinzutreten. 201
>
> Für Deutschland findet das MLI allerdings erst drei Monate nach Hinterlegung seiner Ratifikationsurkunde Anwendung, sofern Deutschland nicht bereits zu den ersten fünf Staaten gehören sollte. Dem Vernehmen nach wird die Ratifizierung in Deutschland erst 2018 erfolgen, so dass **ab 2019** mit der **Anwendung** auf die ausgewählten DBA zu rechnen ist.
>
> Das MLI wurde in zwei bindenden Sprachfassungen (Englisch und Französisch) erlassen und so auch vom Bundesfinanzminister unterzeichnet. Auf Deutsch existiert lediglich eine nicht bindende Übersetzung. Es bleibt abzuwarten, wie hiermit im Rahmen des Gesetzgebungsverfahrens in Deutschland umgegangen wird.

Dritter Teil: Ausblick

II. Besteuerung der digitalen Wirtschaft

202 Am 16.9.2017 haben sich die EU-Finanzminister im Grundsatz auf eine gemeinsame Initiative gegen die Steuervermeidungsstrategien von weltweit agierenden Internetkonzernen geeinigt (→ Rz. 27).[1] Trotz umfangreicher wirtschaftlicher Aktivitäten in der EU zahlen diese in den EU-Staaten nur sehr geringe Beträge an Steuern.

Zur Generierung von Steuersubstrat stehen verschiedene **Vorschläge** im Raum:

- eine **Besteuerung bestimmter Umsätze** (z.B. aus Internet-Werbung) oder
- eine **Quellenbesteuerung** bei Leistungen an ausländische Kunden oder „virtuelle" Betriebsstätten, denen entsprechend der digitalen Wertschöpfung Gewinne zugeordnet werden.

Diese Steuer soll **neben der Körperschaftsteuer** erhoben werden, diese also nicht verdrängen.

> **Anmerkung:**
> Neben der Initiative auf europäischer Ebene, die noch einer weiteren Ausarbeitung bedarf, ist damit zu rechnen, dass diese Modelle auch 2018 bei der OECD diskutiert werden. Es bleibt abzuwarten, wie die Interessen der Unternehmen berücksichtigt werden, bei denen die digitale Wertschöpfung nur einen Teil der Wertschöpfungskette ausmacht.
>
> Ob und wie eine zusätzliche Besteuerung der digitalen, grenzüberschreitend tätigen Unternehmen bzw. Unternehmensgruppen eingeführt wird, bleibt abzuwarten.

F. Wirtschaftsprüfung

I. Reform des Bestätigungsvermerks

1. Einführung

203 Der Bestätigungsvermerk als das zentrale Berichterstattungsinstrument des Abschlussprüfers in seiner Kommunikation mit (externen) Abschlussadressaten erfährt gegenwärtig als Folge von Reformen auf **europäischer** und **internationaler** Ebene maßgebliche Veränderungen.

Als Reaktion auf die globale Finanzmarkt- und Wirtschaftskrise wurde von der **EU-Kommission** eine Reform der gesetzlichen Abschlussprüfung mit dem Ziel der Stärkung der Unabhängigkeit und Qualität der Abschlussprüfung initiiert, die mit dem Erlass von EU-Rechtsakten in 2014 ihren vorläufigen Abschluss fand.

Die EU-Richtlinie 2014/56/EU wurde in Deutschland durch das Abschlussprüferreformgesetz[2] (AReG) in nationales Recht transformiert und ist für alle Abschlussprüfungen relevant. Die diesbezüglichen Änderungen zum Bestätigungsvermerk (§ 322 HGB) waren allerdings überschaubar und hatten im Wesentlichen klarstellenden Charakter.

Demgegenüber entfaltet die nur für kapitalmarktnotierte Unternehmen und bestimmte Banken und Versicherungen, sog. Public Interest Entities (kurz „PIE"), gültige EU-Verordnung Nr. 537/2014 („EU-APrVO") als Verordnung – auch ohne Transformation in nationales Recht – unmittelbare Bindungswirkung. Hierbei werden für den Bestätigungsvermerk in Art. 10 EU-APrVO zusätzliche Angaben und Erklärungen gefordert, die über den handelsrechtlichen Regelungsumfang in § 322 HGB hinausgehen. Dies führt zu einer Spaltung bei den rechtlichen Vorgaben für den Bestätigungsvermerk von PIE und Non-PIE. Während für Non-PIE nur die Regelungen des § 322 HGB einschlägig sind, haben PIE ergänzend die Regelungen der EU-APrVO zu beachten.

---

[1] http://www.faz.net/aktuell/wirtschaft/eu-finanzminister-beraten-ueber-besteuerung-von-internet-konzernen-15201435.html.
[2] Gesetz v. 31.3.2016, BGBl. I 2016, 518.

Auf internationaler Ebene hat das mehrjährige, Anfang 2015 beendete sog. „Auditor Reporting"-Projekt des **IAASB** zur Veröffentlichung von neuen bzw. überarbeiteten International Standards of Auditing („ISA") geführt. Die aus diesem Projekt des IAASB resultierenden neuen bzw. überarbeiteten ISA beinhalten vor allem für alle Abschlussprüfungen relevante strukturelle Änderungen, die auf eine bessere Vermittlung schon bisher im Bestätigungsvermerk enthaltener Inhalte abzielen.

2. Neue Bestätigungsvermerke ab 2017/2018

Mit dem Ziele, die Aussagekraft des Bestätigungsvermerks zu steigern, Missverständnisse über Aufgaben und Inhalt der Abschlussprüfung („sog. expectation gap") zu vermeiden und eine international einheitliche Berichterstattung sicherzustellen, wurden die entsprechenden internationalen Standards des IAASB in deutsches Recht eingeführt. **204**

Als **wesentliche Merkmale** der künftigen Berichterstattung sind hervorzuheben:

- Voranstellung des Prüfungsurteils,
- Stärkere Untergliederung des Bestätigungsvermerks,
- Ergänzende Anforderungen zum Bestätigungsvermerk für kapitalmarktnotierte u.a. sog. PIE-Unternehmen (Key Audit Matters),
- Hierarchiebildung zwischen den verschiedenen Standards zum Bestätigungsvermerk.

a) Voranstellung des Prüfungsurteils

Im Unterschied zur bisherigen deutschen Regelung wird in den neuen Bestätigungsvermerken das Urteil über den Abschluss stets vorangestellt. Entgegen den ursprünglich veröffentlichten Entwürfen des Prüfungsstandards IDW PS 400 **präferiert das IDW** nach Durchführung des Konsultationsprozesses nunmehr eine **Zusammenfassung** des Prüfungsurteils mit dem Urteil zum Lagebericht. **205**

> **Anmerkung:**
> Dies stellt eine Abweichung zum internationalen Vorgehen nach ISA 700 dar, mit der die besondere Bedeutung des Lageberichts in Deutschland herausgestellt werden soll.

b) Stärkere Untergliederung des Bestätigungsvermerks

Der gegenüber der bisherigen Praxis nochmals erweiterte Textumfang des Bestätigungsvermerks führt dazu, dass der Bestätigungsvermerk **künftig stärker untergliedert** wird. Nach den Prüfungsurteilen folgen separate Abschnitte zu den Grundlagen für die Prüfungsurteile, Key Audit Matters, ggfs. zur Darstellung von Unsicherheiten bzgl. Going Concern, sodann zu den Verantwortlichkeiten für den Abschluss und denjenigen des Abschlussprüfers und ggfs. zu sonstigen Berichtspflichten. **206**

c) Key Audit Matters

Das Konzept der Key Audit Matters ist nach der EU-Verordnung für alle Prüfungen von sog. **Public Interest Entities**, also kapitalmarktnotierte Unternehmen und bestimmte Banken und Versicherungen vorgeschrieben, nach den ISAs (ISA 701) weitergehend für alle Prüfungen von Abschlüssen börsennotierter Unternehmen. **207**

Der Begriff **Key Audit Matters** (KAM) stammt aus der internationalen Prüfungspraxis und beschreibt die wichtigsten Sachverhalte einer Prüfung, die der Wirtschaftsprüfer auch mit den Aufsichtsorganen des Unternehmens besprochen hat. Einzelurteile und

Dritter Teil: Ausblick

Ergänzungen notwendiger Abschlussangaben sind nicht als Inhalt von Key Audit Matters anzusehen. Es sind vielmehr spezifische Informationen über die Prüfungsdurchführung bzw. über besondere Prüfungsschwerpunkte darzustellen.

> **Kritische Stellungnahme:**
>
> Nicht unproblematisch ist die Abgrenzung von Key Audit Matters, da es keine feste Regel gibt, welche Informationen aufzunehmen bzw. auch nicht dargestellt werden sollen. Diese Ermessensspielräume sind ebenfalls in Hinblick auf haftungsrechtliche Folgen von großer Bedeutung. Ebenso könnte die formelhafte Wiederholung von solchen Key Audit Matters bei aufeinanderfolgenden Abschlüssen ein Problem darstellen, da sich in diesem Kontext eine sog. Boiler Plate Language etablieren könnte. Fairerweise wird man erst eine gewisse Zeit abwarten müssen, um fundierte Aussagen zu treffen, ob sich diese gelegentlich artikulierte Vermutung bewahrheitet.

Die Auswahl von Key Audit Matters muss man sich wie einen Filter vorstellen, bei dem sich der Wirtschaftsprüfer aus der Menge der Themen mit den zur Überwachung berufenen Unternehmensorganen in einem schrittweisen Prozess diejenigen Informationen herausfiltert, die für die Prüfung als Sachverhalte mit größter Bedeutung zu klassifizieren sind:

Key Audit Matters – Auswahl

- Alle Sachverhalte der Kommunikation mit dem Aufsichtsorgan
- Sachverhalte, mit denen sich der Prüfer bei der Prüfungsdurchführung in besonderer Weise befasst hat
- Bedeutsamste Sachverhalte für die Prüfung = Key Audit Matters

> **Beispiel:**
>
> Typische Prüfungsgebiete, die Gegenstand von Key Audit Matters sein können, sind etwa Entwicklungskosten, Goodwill, Latente Steuern, Umsatzrealisierung und hohe Einzelrückstellungen, z.B. aus Prozessrisiken.

F. Wirtschaftsprüfung

d) Hierarchiebildung der verschiedenen Standards zum Bestätigungsvermerk

Im Unterschied zu der bisherigen deutschen Praxis werden die Vorgaben zum Bestätigungsvermerk künftig **auf mehrere Standards aufgeteilt**. Dies bedingt die Notwendigkeit, die Bedeutung der einzelnen Standards zu differenzieren. Wie sich aus der nachstehenden Grafik ergibt, folgen auf den Grundlagenstandard (PS 400) die Regelungen zu Modifizierungen des Bestätigungsvermerks (Einschränkungen und Versagungen), sodann die prüferischen Aussagen bei Going Concern Fragestellungen, dem wiederum die Ausführungen zu Key Audit Matters und zu den sog. Hinweisen nachgeordnet sind. **208**

```
        IDW PS 400 n.F. Bestätigungsvermerk – Rahmenkonzept und Grundlagen
              IDW PS 405 Modifizierungen des Prüfungsurteils
              IDW PS 270 n.F. Fortführung der Unternehmenstätigkeit
              IDW PS 401 Besonders wichtige Prüfungssachverhalte
                        IDW PS 406 Hinweise
        IDW PS 400 n.F. Bestätigungsvermerk – Rahmenkonzept und Grundlagen
```
(IDW PS 450 n.F. Prüfungsbericht)

3. Anwendungszeitpunkt

Die Verabschiedung der entsprechenden IDW Prüfungsstandards ist für Dezember 2017 vorgesehen. Bei sog. **PIE-Unternehmen** muss die Berichterstattung bereits für **Geschäftsjahre, die nach dem 16.6.2017 enden**, nach neuem Format erfolgen. Bei **allen anderen Unternehmen** ist die erstmalige Anwendung **spätestens zum 31.12.2018** vorgesehen. **209**

4. Praxishinweise zum Anwendungszeitpunkt

Während des **Übergangszeitraums** ist für die Abschlussprüfung von Non-PIE-Unternehmen auch eine Anwendung des bisherigen Bestätigungsvermerks auf Basis des alten IDW PS 400 (Stand: 28.11.2014) unter ergänzender Berücksichtigung der punktuellen Neuregelung des § 322 Abs. 6 Satz 1 HGB (BilRUG) möglich. **210**

> **Praxistipp:**
> Bis zum Inkrafttreten der neuen IDW PS 400er-Reihe besteht aus Praktikabilitätsgründen auch die Möglichkeit, Bestätigungsvermerke auf Basis der derzeit veröffentlichten Entwurfsfassung in Form des IDW EPS 400 n.F. (Stand: 14.12.2016) zu erteilen.

Dritter Teil: Ausblick

II. Internationale Rechnungslegung

1. Umsatzrealisierung gemäß IFRS 15

a) Überblick

211 Das International Accounting Standards Board (IASB) und der US-Standardsetter, Financial Accounting Standards Board (FASB) haben ihr gemeinsames Projekt zur Überarbeitung der Vorschriften zur Realisierung von Umsatzerlösen abgeschlossen. Bereits Ende Mai 2014 hat das IASB IFRS 15 „Revenue from Contracts with Customers" (Erlöse aus Kundenverträgen) und das FASB Topic 606 veröffentlicht.

> **Anmerkung:**
> Die neu erarbeiteten Regelungen des IFRS 15 ersetzen die bisherigen Standards IAS 11 „Fertigungsaufträge", IAS 18 „Umsatzerlöse" sowie die dazugehörigen Interpretationen (IFRIC 13 „Kundenbindungsprogramme", IFRIC 15 „Verträge über die Errichtung von Immobilien", IFRIC 18 „Übertragung von Vermögenswerten durch einen Kunden" sowie SIC-31 „Umsatzerlöse – Tausch von Werbedienstleistungen").

Am 12.4.2016 wurden darüber hinaus Änderungen an IFRS 15 vom IASB veröffentlicht und sind – wie der Standard per se – auf Geschäftsjahre, die **ab dem 1.1.2018** beginnen, anzuwenden. Eine vorzeitige Anwendung ist zulässig. Die Änderungen dienen zur Verdeutlichung der Grundprinzipien des Standards und betreffen die Identifizierung von unterscheidbaren Leistungsverpflichtungen eines Vertrags, die Einschätzung darüber, ob ein Unternehmen Prinzipal oder Agent einer Transaktion ist, die Bestimmung, ob Erlöse aus der Lizenzgewährung zeitraum- oder zeitpunktbezogen zu vereinnahmen sind, sowie Erleichterungen bei den Übergangsregelungen.

> **Anmerkung:**
> Das EU-Endorsement für IFRS 15 erfolgte am 22.9.2016, das des Änderungsstandards ist für das 4. Quartal 2017 vorgesehen.

b) Anwendungsbereich

212 Der neue Standard IFRS 15 regelt einheitlich und prinzipienbasiert für sämtliche **Kundenverträge** die Erfassung von Umsatzerlösen. Die Art der Transaktion (z.B. Dienstleistung oder Güterlieferung) oder die Branche des Unternehmens spielen keine Rolle. Der Anwendungsbereich erstreckt sich auf alle Verträge mit Kunden mit Ausnahme von Leasingverträgen (IAS 17), Versicherungsverträgen (IFRS 4) und Verträge, die auf die Rechte und Pflichten aus Finanzinstrumenten (IAS 39/IFRS 9) ausgerichtet sind. Außerhalb des Anwendungsbereichs liegen ferner nicht-monetäre Transaktionen (Tauschgeschäfte) zwischen Unternehmen der gleichen Branche, die lediglich der effizienten Güterallokation bzw. der Geschäftsvorbereitung dienen, um Verkäufe an Dritte zu ermöglichen.

> **Beispiel:**
> Hierunter fällt z.B. der Tausch von Rohöl zwischen zwei Lagerorten verschiedener Rohöllieferanten, um die Lieferung an den Endkunden zu erleichtern.

Fällt ein Kundenvertrag in den Anwendungsbereich verschiedener Standards, z.B. ein Leasingvertrag (IAS 17 bzw. zukünftig IFRS 16), der neben der Vermietung einer Maschine auch eine zweijährige Wartung umfasst, werden zunächst die Leasingvorschriften nach IAS 17 bzw. IFRS 16 und auf den restlichen Teil IFRS 15 angewendet.

c) Umsatzrealisierung in fünf Schritten

aa) Allgemeine Grundsätze

Im Gegensatz zu den bisher gültigen Regelungen zur Umsatzrealisierung unterscheidet der neue Standard IFRS 15 nicht mehr zwischen unterschiedlichen Auftrags- und Leistungsarten, sondern stellt **einheitliche Kriterien** auf, wann und in welcher Höhe Umsatzerlöse zu realisieren sind. Das Kernprinzip von IFRS 15 besteht darin, dass ein Unternehmen Erlöse erfassen soll, wenn die Lieferung von Gütern erfolgt bzw. die Dienstleistung erbracht wurde. Hierzu sind zunächst die relevanten Verträge mit dem Kunden und die darin enthaltenen Leistungsverpflichtungen zu identifizieren. Nachdem der **Transaktionspreis** ermittelt wurde, ist dieser auf die einzelnen Leistungsverpflichtungen zu verteilen. Die Erlösrealisierung erfolgt dann in Höhe der erwarteten Gegenleistung für jede separate Leistungsverpflichtung zeitpunkt- oder zeitraumbezogen. Dieses Kernprinzip wird im Rahmen des Standards in einem Fünf-Schritte-Modell umgesetzt. **213**

bb) Die fünf Schritte im Einzelnen

(1) Identifizierung von Verträgen mit Kunden

Voraussetzung für eine Erlösrealisierung ist zunächst die Identifizierung eines Vertrags mit einem Kunden, der durchsetzbare Rechte und Verpflichtungen zur Lieferung von Gütern oder Erbringung von Dienstleistungen begründet. **214**

> **Anmerkung:**
> Verträge können schriftliche, mündliche oder durch die übliche Geschäftspraxis implizite Vereinbarungen sein, die ökonomische Substanz haben und bestimmte, im Standard festgelegte Kriterien erfüllen.

Ein wichtiges Kriterium ist, dass die **Vereinnahmung der Gegenleistung wahrscheinlich** ist. Hierzu muss ein Unternehmen bereits zu Vertragsbeginn sowohl die Fähigkeit, als auch die Absicht des Kunden zur Erbringung der Gegenleistung berücksichtigen. Wird dieses Kriterium verneint, liegt kein Vertrag vor.

IFRS 15 fordert entgegen IAS 18 bereits zu Vertragsbeginn eine **Beurteilung der Einbringlichkeit**. Grundlage für die Beurteilung ist die Gegenleistung, die dem Unternehmen voraussichtlich zusteht.

> **Beratungshinweis:**
> Die Anwendung des Konzepts auf einen Teil des vertraglich vereinbarten Betrags statt auf den Gesamtbetrag stellt eine wesentliche Klarstellung gegenüber der bisherigen Regelung zur Umsatzrealisierung dar.

Ferner ist bei **Teilzahlungen** zu beurteilen, ob hierin ein Vertrag mit einem impliziten Preisnachlass, ein Wertminderungsaufwand oder eine Vereinbarung ohne wirtschaftliche Substanz vorliegt, die überhaupt nicht im Anwendungsbereich von IFRS 15 liegt.

Das Fünf-Schritte-Modell nach IFRS wird grundsätzlich auf **einzelne Verträge** angewendet. Verträge sind nach IFRS 15 jedoch zusammenzufassen, wenn sie gleichzeitig oder nahezu gleichzeitig mit demselben Kunden abgeschlossen werden und sofern die Verträge als Paket verhandelt wurden, der Betrag der Gegenleistung eines Vertrags von der Erfüllung des anderen Vertrags abhängt oder die in den Verträgen zugesagten Waren oder Dienstleistungen eine einzige Leistungsverpflichtung bilden. Durch diese Regelungen soll die zutreffende Rechnungslegungseinheit bestimmt und eine Verschiebung von Margen zwischen einzelnen Verträgen verhindert werden.

Dritter Teil: Ausblick

Zur **Bilanzierung von Vertragsänderungen** bietet der neue Standard umfangreiche Leitlinien für alle Verträge mit Kunden. Wenn ein Unternehmen eine Vertragsänderung vornimmt, muss es entsprechend der Leitlinien entscheiden, ob diese Änderung als eigenständiger Vertrag und damit unabhängig von der ursprünglichen Vereinbarung zu bilanzieren ist oder eine Anpassung des ursprünglichen Vertrages und der verbleibenden Leistungsverpflichtung vorzunehmen ist. Die Beurteilung führt zu einer **unterschiedlichen Bilanzierung** und kann Auswirkungen auf den Zeitpunkt der Erfassung der Umsatzerlöse haben. Bisher bestanden nur Regelungen zu Vertragsänderungen bei Fertigungsaufträgen (IAS 11).

> **Anmerkung:**
> Unternehmen müssen die Vertragsbedingungen genau prüfen und beurteilen, ob nach dem neuen Standard überhaupt ein Vertrag vorliegt und ob mehrere rechtliche Verträge als ein Vertrag im Sinne des Standards zu behandeln sind. Ferner müssen Unternehmen ihre bisherige Vorgehensweise bei Vertragsänderungen eruieren und prüfen, ob diese weiterhin im Einklang mit den Anforderungen aus IFRS 15 steht.

(2) Identifizierung aller separaten Leistungsverpflichtungen

215 Sobald ein Vertrag im Sinne der ersten Stufe erkannt wurde, hat ein Unternehmen die Vertragsbedingungen zu prüfen, um jene zugesagten Güter und Dienstleistungen zu identifizieren, die als einzelne Leistungsverpflichtungen unterscheidbar („distinct") sind. Die Erlösrealisierung erfolgt dann für jede unterscheidbare Leistungsverpflichtung. Nicht unterscheidbare Güter und Dienstleistungen sind zusammenzufassen, bis ein unterscheidbares Leistungsbündel vorliegt, das als separate Leistungsverpflichtung behandelt wird. Nach IFRS 15 ist ein einem Kunden zugesagtes Gut oder eine zugesagte Dienstleistung unterscheidbar, wenn zwei Kriterien **kumulativ** erfüllt sind:

– der Kunde kann die einzelne Leistung alleine z.B. durch Verbrauch oder Verkauf oder zusammen mit unmittelbar verfügbaren Ressourcen nutzen und

– die zugesagte Leistung ist von anderen zugesagten Leistungen des gleichen Vertrags trennbar.

Das erste Kriterium ist vergleichbar zu den heute bereits bestehenden Regelungen nach US-GAAP zur Bestimmung von separaten Bilanzierungseinheiten, insbesondere bei Mehrkomponentenverträgen. Das zweite Kriterium ist hingegen völlig neu. Ein Gut oder eine Dienstleistung ist gegenüber den sonstigen Zusagen in einem Vertrag nicht gesondert identifizierbar, wenn ein Unternehmen das Gut bzw. die Dienstleistung für einen Einzelprozess oder ein Einzelprojekt einsetzt, der/das das Endergebnis des Vertrags darstellt.

Als Beispiel wird hier im Standard ein Unternehmen aufgeführt, das den Bau eines Krankenhauses für einen Kunden übernimmt. Dieser Bau beinhaltet diverse Güter und Dienstleistungen. Im Regelfall erfüllen diese das erste Kriterium, da der Kunde z.B. aus jedem einzelnen Ziegelstein oder Fenster einen Nutzen in Verbindung mit anderen unmittelbar verfügbaren Ressourcen ziehen kann. Das zweite Kriterium wird jedoch nicht für jeden Ziegelstein und jedes Fenster erfüllt, da das Unternehmen die vertragliche Zusage gegeben hat, die einzelnen Güter und Dienstleistungen zum Gesamtgut „Krankenhaus" zusammenzufügen. Die für den Bau des Krankenhauses eingesetzten Güter und Dienstleistungen werden folglich als eine Leistungsverpflichtung bilanziert.

Wenn allerdings das zugesagte Gut bzw. die zugesagte Dienstleistung auch im Vertragskontext einzeln abgrenzbar ist, stellt die jeweilige Leistungsverpflichtung die Bilanzierungseinheit dar. Ein Softwarehersteller schließt z.B. mit einem Kunden einen Vertrag ab, in dem neben der Softwarelizenz auch Serviceleistungen wie Installation, Updates und technische Unterstützung vereinbart werden. Hier können durchaus vier

F. Wirtschaftsprüfung

verschiedene Leistungsverpflichtungen unterschieden werden, sofern die Leistungen alleine nutzbar und auch im Vertrag trennbar sind.

> **Anmerkung:**
> Die wesentliche Neuerung besteht darin, dass nicht mehr der mit dem Kunden abgeschlossene Vertrag das Bilanzierungsobjekt darstellt, sondern die **in diesem Vertrag enthaltenen unterscheidbaren Leistungsverpflichtungen**. Für die Praxis bedeutet dies, dass alle Verträge im Unternehmen einer eingehenden Untersuchung auf eigenständige Leistungsverpflichtungen unterzogen werden müssen.

(3) Ermittlung des Transaktionspreises

Der Transaktionspreis ist die Gegenleistung, die ein Unternehmen erwartungsgemäß vom Kunden für die Übertragung von Gütern oder die Erbringung von Dienstleistungen erhalten wird. In vielen Fällen lässt sich der Transaktionspreis einfach bestimmen, nämlich dann, wenn die Zahlung zu dem Zeitpunkt erfolgt, zu dem die zugesagten Güter oder Dienstleistungen übertragen werden und der zu zahlende Preis vertraglich festgelegt ist (z.B. Verkauf von Gütern im Einzelhandel). **216**

Schwierigkeiten können sich ergeben, wenn z.B. ein Teil des Transaktionspreises eine variable Komponente aufweist, Zahlung und Lieferung der Güter bzw. Erbringung der Dienstleistungen zu unterschiedlichen Zeitpunkten stattfinden, Entgelte an den Kunden gezahlt werden oder die Gegenleistung nicht in bar beglichen wird (Tauschgeschäft).

– Variable Kaufpreisbestandteile

Die Gegenleistung kann auf Grund von Skonti, Rabatten, Rückerstattungen, Gutschriften, Anreizen, Leistungsprämien, Strafzahlungen etc. variieren. Die zugesagte Gegenleistung kann auch vom Eintreten oder Nichteintreten eines zukünftigen Ereignisses abhängig sein, wenn z.B. ein Produkt mit Rückgaberecht verkauft oder wenn ein fester Betrag beim Erreichen eines bestimmten Leistungsziels als Leistungsprämie zugesagt wurde. Die variable Gegenleistung muss durch das Unternehmen auf Basis des Erwartungswerts oder des wahrscheinlichsten Werts geschätzt werden. Maßgeblich ist die Methode, die auf Grund der bestehenden Fakten und Umstände am besten geeignet ist. Die verwendete Methode ist auch stetig auf den gesamten Vertrag und auf ähnliche Verträge anzuwenden. Die Umsatzerlöse aus variablen Gegenleistungen dürfen allerdings nur erfasst werden, wenn sie „höchstwahrscheinlich" (highly probably) sind, so dass später keine wesentlichen Umsatzkorrekturen vorgenommen werden. Es sind sowohl das Ausmaß als auch die Wahrscheinlichkeit einer späteren Umsatzkorrektur zu berücksichtigen.

> **Anmerkung:**
> Änderungen gegenüber der bisherigen Bilanzierungspraxis werden sich insbesondere für Unternehmen ergeben, die bislang keine Schätzung der variablen Gegenleistung vorgenommen und diese erst im Zeitpunkt der Zahlung erfasst haben. Ferner sind für die Einhaltung der Begrenzungsvorschrift (highly probably – höchstwahrscheinlich) entsprechende interne Anwendungsleitlinien zu entwickeln

– Wesentliche Finanzierungskomponenten

Eine wesentliche Finanzierungskomponente liegt immer dann vor, wenn der Zeitpunkt der Übertragung der zugesagten Güter oder Dienstleistungen auf den Kunden und deren Bezahlung deutlich voneinander abweichen. Erfolgt die Bezahlung durch den Kunden zu einem späteren Zeitpunkt, räumt das Unternehmen dem Kunden einen Kredit ein, im umgekehrten Fall gewährt der Kunde dem Unternehmen einen Kredit. Die Gegenleistung und damit die Umsatzrealisierung sind um wesentliche Finanzierungskomponenten anzupassen, um den Zeitwert des Geldes zu berücksichtigen. Bei der Beurteilung, ob eine wesentliche Finanzierungskomponente vorliegt, hat das Unternehmen alle im Einzelfall relevanten Faktoren und Umstände zu berücksichtigen. Dazu listet IFRS 15 beispielsweise folgende Faktoren auf:

- eine ggf. vorhandene Differenz zwischen der Höhe der zugesagten Gegenleistung und dem Barverkaufspreis dieser zugesagten Güter oder Dienstleistungen,
- der kombinierte Effekt aus dem erwarteten Zeitraum zwischen der Übertragung der zugesagten Güter oder Dienstleistungen auf den Kunden sowie deren Bezahlung und dem aktuellen Marktzinssatz.

Um den **Zeitwert des Geldes** zu berücksichtigen, ist als Abzinsungssatz der Zinssatz zu verwenden, der einer separaten Finanzierungstransaktion zwischen dem Unternehmen und seinem Kunden zum Zeitpunkt des Vertragsschlusses zu Grunde gelegt werden würde.

> **Anmerkung:**
> Ein Unternehmen muss ein Verfahren festlegen, um Verträge mit Finanzierungskomponenten zu identifizieren und ggf. notwendige Anpassungen berechnen und durchführen. Die Ermittlung der Finanzierungskomponente insbesondere für Verträge, die über einen Zeitraum erfüllt werden oder Verträge, die mehrere Leistungsverpflichtungen enthalten, kann sehr komplex werden. Bei der Ermittlung des Abzinsungssatzes sind u.a. das Kreditrisiko des Kunden und ggf. erhaltene Sicherheiten zu berücksichtigen. Unternehmen, die bislang keine umfassende Bonitätsprüfung ihrer Kunden durchführen, müssen an dieser Stelle ihre Prozesse erheblich anpassen, um das Kreditrisiko im Abzinsungssatz entsprechend berücksichtigen zu können.

– An den Kunden zu entrichtende Gegenleistung

An den Kunden zu entrichtende Gegenleistungen umfassen alle Beträge, die ein Unternehmen an den Kunden zahlt oder deren Zahlung erwartet wird. Dabei kann es sich u.a. um Barbeträge, Gutscheine, Gratisprodukte oder -dienstleistungen und Eigenkapitalinstrumente handeln. Ein Unternehmen muss beurteilen, ob die an einen Kunden zu zahlende Gegenleistung als eine Reduktion der Gegenleistung zu erfassen ist und entsprechend zu einer Minderung der Umsatzerlöse führt, oder ob die Zahlung an den Kunden für ein unterscheidbares Gut oder eine Dienstleistung erfolgt. In diesem Fall hat das Unternehmen den Kauf des Gutes oder der Dienstleistung auf dieselbe Art und Weise zu bilanzieren, wie es sonst auch die Käufe von seinen Lieferanten bilanziert. Unternehmen schließen oftmals Lieferanten-Verkäufer-Vereinbarungen mit ihren Kunden ab. Bei solchen Vereinbarungen kommt es häufig zu einer unterscheidbaren Leistung durch den Kunden, wenn z.B. ein Automobilhersteller seinem Kunden LKWs verkauft und bei diesem wiederum benötigte Speditionsdienstleistungen einkauft. In solchen Situationen muss ein Unternehmen genau prüfen, ob die Zahlung an den Kunden ausschließlich für z.B. die erbrachte Speditionsdienstleistung geleistet wurde oder ob ein Teil der Zahlung eigentlich eine Minderung des Transaktionspreises für den verkauften LKW darstellt.

> **Anmerkung:**
> Ein Unternehmen muss sein bisheriges Verfahren zur Bilanzierung von an einen Kunden gezahlten oder zu zahlenden Gegenleistungen überprüfen. Die derzeitigen Vorschriften zur Umsatzrealisierung enthalten keine expliziten Regelungen hierzu, insbesondere war bisher nicht zu ermitteln, ob ein Gut oder eine Dienstleistung „einzeln unterscheidbar" ist, um die an den Kunden zu zahlende Gegenleistung nicht als Minderung der Umsatzerlöse, sondern in anderer Form zu erfassen.

– Unbare Gegenleistung (Tauschgeschäfte)

Eine unbare Gegenleistung kann in Form von Gütern, Dienstleistungen oder auf andere nicht zahlungswirksame Art erfolgen. Diese wird zum beizulegenden Zeitwert nach den Vorschriften des IFRS 13 bewertet, wenn dieser angemessen geschätzt werden kann. Ist dies nicht der Fall, verwendet ein Unternehmen den Einzelveräußerungspreis des Gutes oder der Dienstleistung, der im Tausch für die unbare Gegenleistung zugesagt wurde. Diese grundsätzliche Vorgehensweise entspricht auch den bisherigen Regelungen zur Umsatzrealisierung bei Tauschgeschäften, so dass sich hieraus keine Änderungen der gegenwärtigen Praxis ergeben sollten.

(4) Allokation des Transaktionspreises

217 Nachdem der Vertrag sowie die einzelnen unterscheidbaren Leistungsverpflichtungen identifiziert und der Transaktionspreis ermittelt wurde, ist dieser auf die einzelnen Leistungsverpflichtungen zu verteilen. Diese Verteilung erfolgt grundsätzlich im Verhältnis zu den Einzelveräußerungspreisen der entsprechenden Leistungsverpflichtungen. Zunächst sind hierzu die Einzelveräußerungspreise für jede Leistungsverpflichtung im Rahmen vergleichbarer Transaktionen zu bestimmen oder ggf. zu schätzen. Die verwendete Schätzmethode sollte auf möglichst viele beobachtbare Inputdaten zurückgreifen und konsistent auf ähnliche Güter, Dienstleistungen und Kunden angewendet werden.

Gewährte **Preisnachlässe** sind grundsätzlich ebenfalls auf der Basis der relativen Einzelveräußerungspreise zu verteilen. Bei Vorliegen bestimmter Kriterien, wie z.B. Nachweisen, dass sich der Preisnachlass nur auf eine oder einzelne Leistungsverpflichtungen bezieht, ist ersterer dieser(n) Leistungsverpflichtung(en) direkt zuzuordnen.

> **Anmerkung:**
> Die bisherigen Regelungen in IAS 18 sehen keine Zuordnungsmethode für Mehrkomponentenverträge vor. Unternehmen müssen zukünftig ermitteln, ob es beobachtbare Einzelveräußerungspreise für ihre Güter oder Dienstleistungen gibt. Sind solche nicht vorhanden, müssen entsprechende Schätzverfahren etabliert werden. Ferner müssen Unternehmen prüfen, ob eine Anpassung ihrer bestehenden Systeme und Prozesse notwendig ist, um eine Aufteilung des Transaktionspreises auf der Grundlage von Einzelveräußerungspreisen vorzunehmen.

(5) Umsatzrealisierung bei Erfüllung der Leistungsverpflichtungen

218 Nach IFRS 15 sind Umsatzerlöse mit der Erfüllung der Leistungsverpflichtung, d.h. mit **Übertragung der Verfügungsgewalt** des vereinbarten Guts oder der vereinbarten Dienstleistung auf den Kunden, zu realisieren. Die Verfügungsgewalt gilt als übergegangen, wenn der Kunde die Verwendung des Gutes oder der Dienstleistung bestimmen und dabei den wesentlichen Nutzen selbst vereinnahmen kann. Dies schließt auch die Fähigkeit ein, andere von der Nutzenziehung und der Verfügungsmacht auszuschließen. Die Höhe des Umsatzes entspricht dem Betrag, den das Unternehmen der jeweiligen Leistungsverpflichtung im Rahmen des vorherigen Schrittes zugerechnet hat.

Ein Unternehmen hat für jede identifizierte Leistungsverpflichtung bei Vertragsabschluss zunächst zu beurteilen, ob diese über einen Zeitraum oder zu einem Zeitpunkt erfüllt wird. Damit eine **zeitraumbezogene Leistungsverpflichtung** vorliegt, muss eines der nachfolgenden Kriterien erfüllt sein:

- Der Kunde erhält den Nutzen aus der erbrachten Leistung und verbraucht ihn gleichzeitig (z.B. Dienstleistungsvertrag).
- Durch die Leistung des Unternehmens wird ein Vermögenswert erstellt oder verbessert und der Kunde hat die Verfügungsgewalt über den Vermögenswert, während dieser erstellt oder verbessert wird (z.B. Errichtung eines Vermögenswerts am Standort des Kunden).

Dritter Teil: Ausblick

– Durch die Leistung des Unternehmens wird ein Vermögenswert erzeugt, der vom Unternehmen nicht anderweitig genutzt werden kann. Ferner hat das Unternehmen einen Zahlungsanspruch für die bisher erbrachten Leistungen und kann zudem erwarten, dass der Vertrag erfüllt wird (z.B. Errichtung eines Vermögenswerts gemäß Kundenauftrag).

> **Anmerkung:**
> Ist keines der Kriterien erfüllt, liegt eine **zeitpunktbezogene Leistungsverpflichtung** vor.

Bei einer **zeitraumbezogenen Leistungsverpflichtung** erfolgt die Realisierung der Umsatzerlöse nach dem Fertigstellungsgrad. Geeignete Methoden zur Bestimmung des Leistungsfortschritts sind output-basierte (z.B. produzierte Einheiten) und input-basierte (z.B. angefallene Kosten) Methoden. IFRS 15 enthält gegenüber der gegenwärtigen Regelung umfangreiche Anwendungsleitlinien zu den beiden Methoden zur Bestimmung des Leistungsfortschritts. Sofern die Bestimmung des Leistungsfortschritts nicht mit hinreichender Sicherheit möglich ist, sind die Umsatzerlöse nur in Höhe der bereits entstandenen Kosten zu erfassen, wenn davon auszugehen ist, dass diese im Rahmen der Leistungserfüllung gedeckt sind. Diese Vorgehensweise entspricht den bisherigen Regelungen in IAS 11 bzw. IAS 18.

Bei einer **zeitpunktbezogenen Leistungsverpflichtung** erfolgt die Umsatzrealisierung im Zeitpunkt des Übergangs der Verfügungsmacht. Indikatoren für einen Übergang der Verfügungsmacht nach IFRS 15 sind, dass ein Kunde

– eine gegenwärtige Zahlungsverpflichtung hat,
– physischen Besitz erlangt,
– rechtliches Eigentum an dem Vermögenswert erlangt,
– die mit dem Eigentum verbundenen wesentlichen Chancen und Risiken trägt oder
– den Vermögenswert abgenommen hat.

Es müssen nicht alle Indikatoren vorliegen; diese sind vielmehr Indizien dafür, dass ein Kunde die Verfügungsmacht erlangt hat. Bei der Beurteilung des Übergangs der Verfügungsmacht sind alle relevanten Fakten und Umstände zu berücksichtigen.

> **Anmerkung:**
> Bei Unternehmen, deren Kundenverträge sich auf die Lieferung von Konsumgütern, Handelswaren oder andere Produkte erstrecken, ist davon auszugehen, dass sich keine wesentlichen Änderungen gegenüber der gegenwärtigen Regelung ergeben werden. Änderungen können sich insbesondere bei Werkverträgen ergeben, wenn der Kunde die Verfügungsmacht über den Vermögenswert bereits während der Herstellung erlangt. In diesem Fall liegt eine zeitraumbezogene Leistungsverpflichtung vor und die Umsatzerlöse werden über die Laufzeit des Vertrages erfasst. Dies ist bisher nur möglich, wenn eine kundenspezifische Auftragsfertigung nach IAS 11 vorliegt. Liegt dagegen ein Dienst- oder ein Werkvertrag vor, bei dem der Kunde keine Verfügungsmacht erlangt, ist zu bestimmen, ob der hergestellte Vermögenswert einen alternativen Nutzen für das Unternehmen aufweist (z.B. Vermögenswert kann ohne weiteres an einen anderen Kunden verkauft werden). Wird dies verneint und hat das Unternehmen einen Anspruch auf Vergütung seiner bislang erbrachten Leistung, liegt eine zeitraumbezogene Leistungsverpflichtung vor. Feine Unterschiede in den Vertragsbedingungen können zu anderen Beurteilungsergebnissen und zu bedeutsamen Abweichungen im Hinblick auf den Zeitpunkt der Erfassung der Umsatzerlöse führen. Eine genaue Analyse der unterscheidbaren Leistungsverpflichtungen ist erforderlich.

d) Weitere Leitlinien zur Umsatzrealisierung

IFRS 15 enthält gegenüber den bislang bestehenden Regelungen zur Erlöserfassung umfassende Anwendungsleitlinien zu einer Vielzahl von Einzelthemen, die ggf. Auswirkungen auf die bisherige Bilanzierungspraxis haben können: **219**

- Zusammenfassung von Verträgen
- Portfolio-Ansätze
- Vertragsänderungen
- Bestimmungsfaktoren für den Transaktionspreis, wie z.B. die Berücksichtigung von variablen Gegenleistungen und Finanzierungskomponenten
- Berücksichtigung von Rückgaberechten, Gewährleistungen und Garantien
- Nicht in Geld bestehende Gegenleistungen
- Entgelte an Kunden
- Behandlung der Vertragskosten (Bedingungen für eine Aktivierung)
- Verlängerungsoptionen
- Rückkaufvereinbarungen
- Aufteilung von Gegenleistungen
- Methoden zur Messung des Leistungsfortschritts bis zur vollständigen Erfüllung einer Leistungsverpflichtung
- Lizenzerlöse (zeitpunkt- vs. zeitraumbezogene Übertragung der Verfügungsmacht)
- Prinzipal-Agent-Beziehungen (Abgrenzung eines Prinzipals von einem Agenten und Höhe des zu realisierenden Umsatzes)
- Rechte von Kunden zum Erwerb zusätzlicher Güter oder Dienstleistungen
- Bill-und-Hold-Vereinbarungen
- Konsignationsvereinbarungen
- Ausweis (Erfassung von Kundenbeziehungen als aktiver/passiver Vertragsposten oder als Forderung)
- Anhangangaben
- Übergangsvorschriften.

e) Erweiterte Angabepflichten im Konzernanhang

IFRS 15 verlangt **umfangreiche Anhangangaben**. Die Zielsetzung der Angabevorschriften besteht darin, Informationen über die Art, die Höhe, den zeitlichen Anfall sowie die Unsicherheit von Umsatzerlösen aus Verträgen mit Kunden einschließlich der hieraus resultierenden Zahlungsströme offenzulegen. **220**

Hierzu hat ein Unternehmen **qualitative und quantitative Angaben** über folgende Sachverhalte offenzulegen:

- Beschreibung bedeutender Ausprägungen von Kundenverträgen samt Leistungsverpflichtungen
- Angaben zu den wesentlichen Ermessensentscheidungen und Schätzungen einschließlich deren Änderungen
- Angaben zu den aktivierten Kosten zur Erfüllung oder Erlangung eines Vertrags.

Für die laufende Berichtsperiode sind die Umsatzerlöse aus Verträgen mit Kunden, die das Unternehmen separat von anderen Umsatzquellen ausweisen muss, sowie die Wertminderungsaufwendungen aus den Verträgen mit Kunden anzugeben. Ferner ist eine Aufgliederung der Umsatzerlöse nach Kategorien vorzunehmen.

Dritter Teil: Ausblick

> **Beispiel:**
>
> Beispiele für mögliche Kategorien sind u.a.
> - die Art der Güter oder Dienstleistungen (z.B. die wichtigsten Produktlinien),
> - die geografische Aufteilung (z.B. Land oder Region),
> - Märkte oder Kundengruppen (z.B. staatliche oder nicht staatliche Kunden),
> - die Art der Vergütung (z.B. Festpreis oder Vergütung auf Zeit- und Materialbasis) sowie
> - die Dauer des Vertrags (z.B. kurz- oder langfristige Verträge).

Verträge mit Kunden werden im Abschluss eines Unternehmens in der Bilanz als passiver Vertragsposten, aktiver Vertragsposten oder als Forderung ausgewiesen. Ein **passiver Vertragsposten** liegt vor, wenn der Kunde die Gegenleistung oder einen Teil davon gezahlt hat, bevor das Unternehmen die Waren übertragen oder die Dienstleistungen erbracht hat (bisher erhaltene Anzahlungen).

Hat dagegen das Unternehmen eine Leistungsverpflichtung erfüllt und steht die Gegenleistung des Kunden noch aus, ist ein **aktiver Vertragsposten** zu bilanzieren, sofern der Anspruch des Unternehmens auf Gegenleistung noch an Bedingungen geknüpft ist.

Liegen keine Bedingungen vor, ist eine Forderung nach IAS 39 bzw. zukünftig IFRS 9 einzubuchen. Zu diesen **Vertragssalden** hat das Unternehmen folgende Angaben zu machen:

- die Anfangs- und Endsalden der aktiven und passiven Vertragsposten sowie der Forderungen aus Verträgen mit Kunden (Überleitungsrechnung)
- die in der laufenden Periode erfassten Umsatzerlöse, die zu Beginn der Periode im Saldo der vertraglichen Verbindlichkeiten enthalten waren, und
- die in der laufenden Periode erfassten Umsatzerlöse aus Leistungsverpflichtungen, die in früheren Perioden erfüllt (oder teilweise erfüllt) worden sind (z.B. Änderungen des Transaktionspreises).

Ferner muss das Unternehmen erläutern, wie sich der Zeitpunkt der Erfüllung der Leistungsverpflichtung zum üblichen Zahlungszeitpunkt verhält und welche Auswirkungen diese Faktoren auf die aktiven und passiven Vertragsposten haben. Darüber hinaus sind wesentliche Änderungen (z.B. Änderung der Schätzung des Leistungsfortschritts oder des Transaktionspreises, Vertragsänderungen, Unternehmenszusammenschlüsse, Wertminderungen etc.) der aktiven und passiven Vertragsposten unter Verwendung von quantitativen und qualitativen Informationen zu erläutern.

Das Unternehmen muss **allgemeine Angaben** über seine Leistungsverpflichtungen aus Verträgen mit Kunden machen. Diese beinhalten z.B. die Angabe des Zeitpunkts, zu dem das Unternehmen seine Leistungsverpflichtungen üblicherweise erfüllt (z.B. bei Versand, bei Lieferung, bei Erbringung der Dienstleistung, etc.), der wesentlichen Zahlungskonditionen, von Rücknahme- und Erstattungsverpflichtungen sowie von Garantien. Darüber hinaus ist für Verträge mit einer Laufzeit von mehr als einem Jahr der Gesamtbetrag des Transaktionspreises, der auf die noch nicht erfüllten Leistungsverpflichtungen entfällt, anzugeben. Zudem muss das Unternehmen erläutern, wann es erwartet, diese Beträge als Erlöse zu erfassen.

Kosten, die zur Erfüllung oder Erlangung eines Vertrags angefallen sind, sind als Vermögenswert zu aktivieren, wenn das Unternehmen eine Erstattung in der Zukunft erwartet und diese Kosten ohne den Vertrag nicht angefallen wären. Für diese aktivierten Kosten sind Schlusssalden nach Hauptkategorien (z.B. Kosten für die Vertragsanbahnung, Vorvertragskosten und Set-up-Kosten), die Methode zur Bestimmung der Abschreibungen und die Abschreibungsbeträge der laufenden Periode anzugeben.

F. Wirtschaftsprüfung

Anmerkung:
Die erforderlichen Angaben nach IFRS 15 sind deutlich umfangreicher als bisher und umfassen sowohl qualitative als auch quantitative Angaben. Unternehmen haben zu prüfen, ob die erforderlichen Angaben den in den Systemen bereits vorhandenen Daten entnommen werden können oder ob ggf. Änderungen an den Datenerfassungsprozessen und IT-Systemen vorzunehmen sind. Dabei ist zu berücksichtigen, dass manche Angaben auch in Zwischenabschlüssen erforderlich sind.

f) Erstmalige Anwendung

Der Standard ist erstmals verpflichtend für Geschäftsjahre anzuwenden, die **ab dem 1.1.2018** beginnen. Die Anforderungen des IFRS 15 gelten somit für neue Verträge, die am oder nach dem 1.1.2018 abgeschlossen wurden. Ferner sind die neuen Vorschriften auf bestehende Verträge, die zu diesem Zeitpunkt noch nicht vollständig erfüllt wurden, anzuwenden. Die Zahlen der laufenden Berichtsperiode sind folglich so darzustellen, als ob IFRS 15 schon immer angewendet wurde.

221

Im Hinblick auf frühere Berichtsperioden besteht ein **Wahlrecht**. Danach ist es möglich, entweder IFRS 15 vollständig auf frühere Berichtsperioden (mit bestimmten begrenzten praktischen Erleichterungen) anzuwenden oder die Beträge beizubehalten, die nach den zuvor geltenden Standards berichtet wurden, und die kumulierten Auswirkungen aus der Anwendung von IFRS 15 als Anpassung des Anfangssaldos des Eigenkapitals zum Zeitpunkt der Erstanwendung (1.1.2018) zu erfassen.

Beratungshinweis:
Beide Methoden erfordern allerdings eine zeitnahe Analyse der Auswirkungen, da deren Komplexität und Zeitaufwand nicht zu unterschätzen sind.

Anmerkung:
Die Neuregelungen zur Erlöserfassung müssen nicht bei jedem Unternehmen zu einer deutlichen Veränderung führen. IFRS 15 enthält allerdings umfassende Anwendungsleitlinien, die z.T. die bereits bestehende Bilanzierungspraxis widerspiegeln und somit lediglich klarstellenden Charakter haben, aber gleichwohl auch zu Änderungen in der Abbildung von Sachverhalten führen können. Ferner müssen Unternehmen verstärkt auf Ermessensentscheidungen zurückgreifen. Unternehmen müssen daher bestehende Verträge mit ihren Kunden sowie ihre bestehenden Prozesse analysieren, um ggf. erforderliche Anpassungen im Hinblick auf die Erlöserfassung umzusetzen.

Besonders von den Änderungen betroffen sind Unternehmen, die in ihren Kundenverträgen verschiedene Leistungen in einem Vertrag zusammenfassen. Daher werden die Neuerungen insbesondere für Unternehmen der Branchen Telekommunikation, Softwareentwicklung, Bauwirtschaft und Anlagenbau relevant sein. Gleichwohl gibt es auch zahlreiche Neuerungen, die für alle Unternehmen relevant sind, wie z.B. die Behandlung von Vertragsänderungen, die Berücksichtigung von variablen Gegenleistungen und wesentlichen Finanzierungskomponenten sowie die umfangreichen neuen Anhangangaben. Die Erlöserfassung nach dem Fünf-Schritte-Modell kann zu einer Veränderung des Zeitpunkts oder auch des Profils der Umsatzrealisierung führen.

2. Finanzinstrumente (IFRS 9)

a) Hintergrund

Das IASB hat Ende Juli 2014 den endgültigen Standard IFRS 9 (2014) veröffentlicht, der die bisherigen Regelungen zu den Finanzinstrumenten nach IAS 39 ablöst. Das umfassende IFRS 9 Projekt war von den Lehren aus der Finanzmarktkrise geprägt. IFRS 9 (2014) wurde in drei Phasen entwickelt:

222

– **Phase 1: Klassifizierung und Bewertung**

Gegenstand dieser Phase waren Vorschriften zur Klassifizierung und Bewertung von Finanzinstrumenten. Die Klassifizierung von finanziellen Vermögenswerten wird auf

Dritter Teil: Ausblick

Basis des Geschäftsmodells (Geschäftsmodellbedingungen) des Unternehmens zur Steuerung seiner finanziellen Vermögenswerte und der Eigenschaft der vertraglichen Zahlungsmerkmale (Zahlungsstrombedingungen) des jeweiligen finanziellen Vermögenswerts vorgenommen.

– Phase 2: Wertminderungen (Impairment)

Die Abbildung von Kreditrisiken erfolgt zukünftig in Form eines Expected Loss Model, das das bisher gültige Incurred Loss Model ablöst. Das neue Wertminderungsmodell fokussiert auf einer tendenziell früheren Risikovorsorge.

– Phase 3: General Hedge Accounting

Die Regelungen zum General Hedge Accounting wurden bereits im November 2013 veröffentlicht. Herausgelöst aus dem Gesamtprojekt zu IFRS 9 wurden die Regelungen zum Macro Hedge Accounting, die das IASB derzeit in einem gesonderten Projekt entwickelt.

223 IFRS 9 (2014) hat die **Zielsetzung,** hohe Komplexität und Intransparenz zu vermeiden, in dem grundsätzlich weniger Ausnahmen und Wechsel zwischen den Bewertungskategorien zugelassen werden und zudem die Fair Value Bewertung fokussiert wird. Die Regelungen in IFRS 9 (2014) sollen nützliche Informationen über Höhe, zeitlichen Anfall und Unsicherheiten aus Finanzinstrumenten liefern. Im Vergleich zu IAS 39 sind die Anforderungen zum Anwendungsbereich und zur Ein- und Ausbuchung weitestgehend unverändert.

224 IFRS 9 (2014) wurde am 22.11.2016 von der EU eingeführt (Endorsement) und ist **verpflichtend ab 1.1.2018** anzuwenden. Somit sind alle in dem neuen Standard enthaltenen Regelungen – zur Klassifizierung und Bewertung, zu Wertminderungen und zum General Hedge Accounting – zeitgleich verpflichtend anzuwenden. Zeitgleich wird zu diesem Zeitpunkt IAS 39 – mit Ausnahme weniger Vorschriften wie zum Portfolio Fair Value-Hedge Accounting – aufgehoben.

Das IASB hat am 21.4.2017 den Exposure Draft ED/2017/3 zu Änderungen an IFRS 9 „Finanzinstrumente" veröffentlicht. Dieser Exposure Draft enthält begrenzte Anpassungen für die Beurteilung der Klassifizierung von finanziellen Vermögenswerten mit bestimmten Vorfälligkeitsregeln und soll ebenfalls zum 1.1.2018 in Kraft treten.

b) Klassifizierung und Bewertung von Finanzinstrumenten

225 Die Zugangsbewertung von Finanzinstrumenten erfolgt unverändert zu dem beizulegenden **Zeitwert**. Die Vorschriften zur Klassifizierung und Bewertung von Finanzinstrumenten regeln deren **Folgebewertung**. Statt bislang vier Kategorien zur Einstufung eines finanziellen Vermögenswerts sieht IFRS 9 (2014) nun drei Bewertungskategorien vor:

– Bewertung zu fortgeführten Anschaffungskosten unter Anwendung der Effektivzinsmethode (AC = Amortised Cost)

– Bewertung zum Fair Value, wobei die Wertänderungen im sonstigen Ergebnis erfasst werden (FVTOCI = Fair Value Through Other Comprehensive Income)

– Bewertung zum Fair Value, wobei die Wertänderungen im Periodenergebnis erfasst werden (FVTPL = Fair Value Through Profit or Loss).

Auch wenn die zulässigen Bewertungskategorien denjenigen in IAS 39 ähnlich sind, unterscheiden sich die Kriterien für die Zuordnung zu den einzelnen Bewertungskategorien erheblich. Die Klassifizierung wird auf Basis des Geschäftsmodells des Unternehmens zur Steuerung seiner finanziellen Vermögenswerte und der Eigenschaft der vertraglichen Zahlungsmerkmale (Zahlungsstrombedingungen) des jeweiligen finanziellen Vermögenswerts vorgenommen.

Ein finanzieller Vermögenswert wird zu fortgeführten Anschaffungskosten bewertet, wenn das Geschäftsmodell des Unternehmens das Halten des finanziellen Vermögenswerts zur Vereinnahmung der vertraglichen Cashflows vorsieht und der finanzielle Vermögenswert zu festgelegten Zeitpunkten vertraglich vereinbarte Cashflows generiert, die Zins- und Tilgungszahlungen auf den ausstehenden Nominalbetrag darstellen. Alle Instrumente, die diese Eigenschaft nicht aufweisen, werden der Kategorie Bewertung zum Fair Value (zum beizulegenden Zeitwert) zugeordnet.

Die **Abgrenzung zwischen Eigenkapital- und Fremdkapitalinstrumenten** erfolgt entsprechend der Kriterien nach IAS 32. Eigenkapitalinstrumente können mangels vertraglicher Zahlungsansprüche nicht die Zahlungsstrombedingungen (Vereinnahmung der vereinbarten Zins- und Tilgungszahlungen auf den ausstehenden Nominalbetrag) erfüllen und müssen deshalb grundsätzlich ertrags- oder aufwandswirksam zum beizulegenden Zeitwert bewertet werden. Beim erstmaligen Ansatz von Eigenkapitalinstrumenten ohne Handelsabsicht enthält der Standard ein **unwiderrufliches Wahlrecht**, die Fair-Value-Änderungen dieser Instrumente erfolgsneutral im Eigenkapital (FVTOCI) zu erfassen, allerdings unter Ausschluss von Wertminderungen oder späteren Veräußerungsgewinnen bzw. -verlusten (kein Recycling). Das bedeutet, dass eine Umgliederung der im Eigenkapital erfassten Beträge in die Gewinn- und Verlustrechnung auch bei Abgang des Eigenkapitalinstruments nicht stattfindet. Lediglich Dividenden sind in der Gewinn- und Verlustrechnung zu erfassen. 226

> **Anmerkung:**
> Die bislang nach IAS 39 oft genutzte cost exemption (Bewertung zu Anschaffungskosten) für nichtnotierte Eigenkapitalinstrumente, für die keine auf einem aktiven Markt notierten Preise vorliegen, und deren beizulegende Zeitwerte nicht verlässlich ermittelt werden können (z.B. nicht notierte GmbH-Anteile), entfällt.

Ferner ist für bestimmte Fremdkapitalinstrumente eine ergebnisneutrale Bewertung zum beizulegenden Zeitwert (FVTOCI) vorgesehen. Diese setzt allerdings voraus, dass diese Fremdkapitalinstrumente im Rahmen eines Geschäftsmodells gehalten werden, dessen Ziel sowohl durch die Vereinnahmung der vertraglichen Zahlungen, als auch durch die Veräußerung von finanziellen Vermögenswerten erreicht wird. Ferner müssen für diese Fremdkapitalinstrumente die Zahlungsstrombedingungen erfüllt sein. Für solche Instrumente werden Erträge und Aufwendungen aus der Effektivzinsverzinsung, aus Wertminderungen und aus der Währungsumrechnung erfolgswirksam in der Gewinn- und Verlustrechnung erfasst. Die restlichen Änderungen des beizulegenden Zeitwerts werden im Eigenkapital erfasst. Bei Ausbuchung des Finanzinstruments erfolgt eine Umgliederung in die Gewinn- und Verlustrechnung.

Wie IAS 39, enthält auch IFRS 9 (2014) ein **unwiderrufliches Wahlrecht**, finanzielle Vermögenswerte bei erstmaliger Erfassung erfolgswirksam zum **Fair Value** zu bewerten (sog. Fair Value-Option), wenn dadurch eine Bilanzierungsinkongruenz (Accounting Mismatch) vermieden oder wesentlich verringert wird. Ein Accounting Mismatch liegt dann vor, wenn Finanzinstrumente, die in einem wirtschaftlichen Zusammenhang zueinander stehen, nicht in gleicher Weise bewertet und damit in der Bilanz oder Gewinn- und Verlustrechnung ungleich behandelt werden. 227

Derivate außerhalb des Hedge Accounting werden unverändert erfolgswirksam zum beizulegenden Zeitwert bewertet.

Eine bilanzielle Trennung von eingebetteten Derivaten – wie in IAS 39 – erfolgt nicht, falls der Basisvertrag einen finanziellen Vermögenswert darstellt. Die Kategorisierungsentscheidung ist in solchen Fällen auf das gesamte strukturierte Instrument anzuwenden. Ist der Basisvertrag kein Finanzinstrument, gelten die bisherigen Trennungsregeln.

Dritter Teil: Ausblick

228 Bei der Klassifizierung eines finanziellen Vermögenswerts ist grundsätzlich – außer bei Ausübung der Fair Value-Option – eine Analyse des Geschäftsmodells notwendig, in dessen Rahmen der zu klassifizierende Vermögenswert gehalten wird. Hier ist zu beurteilen, ob der finanzielle Vermögenswert unter das Geschäftsmodell „Halten", „Halten und Veräußern" oder ein anderes Geschäftsmodell fällt. Das Geschäftsmodell spiegelt wider, wie ein Unternehmen seine finanziellen Vermögenswerte verwaltet, um Cashflows zu generieren. Je nach Geschäftsmodell entstehen die Cashflows durch die Vereinnahmung vertraglicher Cashflows, den Verkauf der finanziellen Vermögenswerte oder durch beides. Das Geschäftsmodell wird von den Personen in Schlüsselpositionen i.S.v. IAS 24 festgelegt.

229 Damit ein finanzieller Vermögenswert die Kriterien für eine Bewertung zu fortgeführten Anschaffungskosten oder zum Fair Value mit Wertänderungen im sonstigen Ergebnis erfüllt, muss er Cashflows generieren, die ausschließlich Tilgungs- und Zinszahlungen auf den ausstehenden Nominalbetrag darstellen. Diese Beurteilung wird auch als Prüfung der Zahlungsstrombedingungen bezeichnet und erfolgt auf der Ebene des Finanzinstruments. Hierzu müssen die vertraglichen Zahlungsmerkmale und die relevanten Vertragsbedingungen genau geprüft werden. Als Orientierung dient hierbei der sog. „Standard-Kreditvertrag".

> **Anmerkung:**
> Vorbehaltlich der Ausübung der beschriebenen Wahlrechte sind es Auslegungsfragen im Zusammenhang mit den Geschäftsmodellbedingungen und den Zahlungsstrombedingungen, die Anwender und Prüfer bei der Umstellung auf IFRS 9 zu lösen haben. IDW RS HFA 48 enthält umfangreiche Erläuterungen zu den Geschäftsmodell- und Zahlungsstrombedingungen und bietet praxisnahe Erläuterungen und Antworten auf Auslegungsfragen.

230 Die Regelungen zur **Umklassifizierung** nach IFRS 9 haben sich gegenüber IAS 39 erheblich geändert. Dies ist auf die geänderte Kategorisierungsmethodik zurückzuführen. Es besteht ein allgemeines Umklassifizierungsverbot, d.h. finanzielle Vermögenswerte sind (nur dann) umzuklassifizieren, wenn sich das Geschäftsmodell für die Steuerung der finanziellen Vermögenswerte ändert. Solche Änderungen sind nach der Erwartung des IASB sehr selten und müssen bestimmte Voraussetzungen erfüllen.

Für die Klassifizierung von finanziellen Verbindlichkeiten ergeben sich gegenüber IAS 39 aus IFRS 9 (2014) keine wesentlichen Änderungen. Die Erstbewertung von finanziellen Verbindlichkeiten erfolgt zum beizulegenden Zeitwert. Die Folgebewertung muss erfolgswirksam zum beizulegenden Zeitwert vorgenommen werden, wenn sie zu Handelszwecken gehalten werden. Dies gilt entsprechend auch für Derivate, die nicht in ein Hedge Accounting einbezogen werden. Ergibt sich keine ertrags- oder aufwandswirksame Bewertung zum beizulegenden Zeitwert, sind finanzielle Verbindlichkeiten grundsätzlich zu fortgeführten Anschaffungskosten unter Anwendung der Effektivzinsmethode zu bewerten. Dies kann durch Anwendung der Fair Value Option bei Vorliegen eines Accounting Mismatch vermieden werden. Allerdings sind bei Anwendung der Fair Value Option die Änderungen des beizulegenden Zeitwerts, die auf die Änderung des eigenen Kreditrisikos zurückzuführen sind, erfolgsneutral im Eigenkapital zu erfassen. Eine spätere Umgliederung dieser Beträge in die Gewinn- und Verlustrechnung ist unzulässig. Hierzu gibt es jedoch eine Ausnahme: Sie betrifft Fälle, bei denen die genannte Vorgehensweise einen Accounting Mismatch hervorruft oder vergrößert. Dann ist die gesamte Fair-Value-Änderung erfolgswirksam zu erfassen.

Anders als bei den finanziellen Vermögenswerten müssen bei finanziellen Verbindlichkeiten die vertraglichen Regelungen dahingehend geprüft werden, ob eingebettete Derivate vorliegen, die getrennt vom Basisvertrag bilanziert werden müssen.

> **Anmerkung:**
> Die neuen Kriterien für die Klassifizierung von finanziellen Vermögenswerten erfordern die Einrichtung neuer Prozesse für eine zutreffende Klassifizierung. Diese Kriterien orientieren sich an dem Geschäftsmodell des Unternehmens sowie den einzuhaltenden Zahlungsstrombedingungen des finanziellen Vermögenswerts und erfordern ein hohes Maß an Urteilsvermögen seitens des Unternehmens. Die Klassifizierung legt nämlich die Folgebewertung fest und hat somit unmittelbar Einfluss auf die Volatilität in der Gewinn- und Verlustrechnung und im Eigenkapital, die wiederum die Leistungskennzahlen (Key Performance Indicator – KPI) des Unternehmens oder ggf. bestehende Kreditvereinbarungsklauseln (covenants) erheblich beeinflussen kann.

c) Wertminderungen (Impairment) bei Finanzinstrumenten

In der zweiten Phase des Projekts zu IFRS 9 (2014), die die Wertminderungsvorschriften betreffen, werden die Regelungen erheblich angepasst, so dass sich eine Abkehr von der bisherigen Grundlage der eingetretenen Verluste (incurred credit losses) hin zu den erwarteten Ausfällen (expected credit losses; ECL) ergibt.

231

> **Anmerkung:**
> Die bisher erfolgte verzögerte und teilweise zu geringe Erfassung von Ausfällen sowie zu hohe Einmal-Effekte bei der Erfassung von Wertminderungen mit Eintritt eines Ausfallereignisses waren wichtige Motive für diese Änderung.

Durch das in IFRS 9 (2014) verankerte ECL-Model sollen **erwartete Ausfälle deutlich früher** erfasst und so das in der Praxis beklagte „too little, too late"-Problem bei Wertminderungen behoben werden. Das Wertminderungsmodell in IFRS 9 (2014) findet auf zu fortgeführten Anschaffungskosten oder erfolgsneutral zum Fair Value bewertete Schuldinstrumente, Leasingforderungen, Forderungen aus Lieferungen und Leistungen, vertragliche Vermögenswerte (gemäß Definition IFRS 15) und nicht erfolgswirksam zum Fair Value bewertete Kreditzusagen und Finanzgarantien Anwendung.

IFRS 9 (2014) zielt darauf ab, bereits erwartete Verluste bei der Bewertung der Instrumente zu berücksichtigen. Für die konkrete Ermittlung des Risikovorsorgebedarfs werden die Instrumente in drei Stufen eingeteilt:

232

- Stufe 1 werden prinzipiell alle Instrumente bei Zugang sowie Instrumente, deren Kreditrisiko sich seit dem erstmaligen Ansatz nicht signifikant erhöht hat, zugeordnet. Für die Risikoeinschätzung dieser Stufe ist auf einen Zeitraum von zwölf Monaten nach dem Bilanzstichtag abzustellen, d.h. ein Unternehmen hat eine Risikovorsorge in Höhe der Kreditausfälle zu erfassen, deren Eintritt innerhalb der nächsten zwölf Monate erwartet wird (12-Monats-ECL). Der errechnete Wertminderungsbedarf ist erfolgswirksam zu erfassen. Als Basis für die nach der Effektivzinsmethode zu erfassenden Zinserträgen ist aber weiterhin auf den Bruttobuchwert abzustellen, also auf den Buchwert vor Erfassung der erwarteten Verluste.

- Stufe 2 sind Instrumente zuzuordnen, bei denen seit Zugang eine **signifikante Erhöhung des Ausfallrisikos** festzustellen ist. Der Betrachtungszeitraum für die Risikoermittlung wird für diese Stufe auf die gesamte noch verbleibende Restlaufzeit der Instrumente ausgedehnt, d.h. ein Unternehmen hat eine Risikovorsorge in Höhe der über die Restlaufzeit erwarteten Kreditausfälle (Gesamtlaufzeit-ECL) zu erfassen. Der Abwertungsbedarf ermittelt sich aus dem Barwert aller erwarteten Verluste über die gesamte Restlaufzeit des Instruments. Hinsichtlich der Zinsermittlungen gelten die Ausführungen zur Stufe 1 analog.

- Bei Fällen der Stufe 3 sind neben einer signifikanten Erhöhung des Ausfallrisikos auch **objektive Hinweise auf Wertminderungen** festzustellen. Auf dieser Stufe ist die Gefahr eines zumindest teilweisen **Zahlungsausfalls** so konkret, dass ein Wechsel der Betrachtungsperspektive stattfindet. Aus den bisher hypothetischen erwarteten Verlusten werden weitestgehend sichere Verluste. Das Vorgehen auf Stufe 3 entspricht grundsätzlich dem bereits aus IAS 39 bekannten Modell der eingetretenen Verluste. An der Art der Ermittlung der Risikovorsorge ändert sich im Vergleich zu Stufe 2 nichts. Es ist ebenfalls der Barwert der erwarteten Verluste, bezogen auf die gesamte Restlaufzeit, als Risikovorsorge heranzuziehen. Als Eingangswert für den mittels der Effektivzinsmethode ermittelten Zinsertrag ist auf dieser Stufe der Nettobuchwert des Instruments, also nach Berücksichtigung des Wertminderungsbedarfs, zu verwenden.

Für Instrumente der Stufe 1 ist zu jedem Abschlussstichtag zu evaluieren, ob eine signifikante Erhöhung des Ausfallrisikos zu beobachten ist. Fällt diese Prüfung positiv aus, ist das Instrument der Stufe 2 einzuordnen. Ob eine erhebliche Veränderung in der Ausfallwahrscheinlichkeit gegeben ist, wird durch Gegenüberstellung der Ausfallwahrscheinlichkeit bei erstmaliger Erfassung des Instruments und der auf den Abschlussstichtag ermittelten Ausfallwahrscheinlichkeit überprüft. Diese Gegenüberstellung hat grundsätzlich auf Basis der Ausfallwahrscheinlichkeit für die gesamte Restlaufzeit (lifetime PD – Probability of Default) zu erfolgen. Ferner sieht IFRS 9 (2014) folgende Vereinfachungen bei der Anwendung des Transferkriteriums von Stufe 1 nach Stufe 2 vor:

- Weist ein Finanzinstrument ein niedriges Ausfallrisiko auf – entspricht einem externen Rating als „Investment Grade" (Rating AAA bis BBB) –, ist eine pauschale Zuordnung des Finanzinstruments in Stufe 1 ohne Prüfung einer signifikanten Verschlechterung der Kreditqualität möglich.
- Es gilt eine widerlegbare Vermutung, dass bei einem Zahlungsrückstand von mehr als 30 Tagen ein Transfer von Stufe 1 nach Stufe 2 zu erfolgen hat.
- Die Beurteilung einer signifikanten Erhöhung des Ausfallrisikos anhand der 12-Monats-Ausfallwahrscheinlichkeit (12-month PD) des Finanzinstruments kann als eine Schätzung für die Ausfallwahrscheinlichkeit für die gesamte Restlaufzeit (lifetime PD) vorgenommen werden, sofern keine besonderen Gründe darauf schließen lassen, dass eine Beurteilung der lifetime PD erforderlich ist, so wie dies beispielsweise bei endfälligen Instrumenten der Fall ist.

Hinweise auf einen tatsächlichen Ausfall oder auf eine Wertminderung sind dabei kein notwendiges Transferkriterium. Auch ohne Vorliegen derartiger Sachverhalte kann eine Umklassifizierung angezeigt sein. Liegt am Abschlussstichtag allerdings ein objektiver Hinweis auf eine Wertminderung vor, so hat eine Einstufung auf Stufe 3 zu erfolgen. Die direkte Zuordnung zu Stufe 3 erfolgt unabhängig davon, ob das Instrument zuvor der Stufe 1 oder Stufe 2 zugeordnet war. Die in IFRS 9 dargelegten Indikatoren für das Vorliegen von objektiven Hinweisen auf eine Wertminderung stimmen mit den bereits aus IAS 39 bekannten Kriterien überein.

Das 3-Stufenmodell ist dynamisch ausgelegt. Sollten in einem späteren Überprüfungszeitraum die Gründe für einen Transfer in eine schlechtere Stufe wegfallen, ist die vormalige Herabstufung rückgängig zu machen. Auf das Instrument sind dann wieder die Bewertungskriterien der Stufe anzuwenden, in der es auf Grund des Rücktransfers eingeordnet wird.

Für ausgewählte Instrumente sieht IFRS 9 (2014) Erleichterungen vom allgemeinen Wertminderungsmodell vor. Zu diesen Instrumenten zählen Forderungen aus Lieferungen und Leistungen, Forderungen aus Leasingverhältnissen sowie aktive Vertragsposten gemäß IFRS 15. Wird von der Erleichterungsregel Gebrauch gemacht, werden die Instrumente bei Zugang pauschal der Stufe 2 zugeordnet. Die Risikovorsorge wird in diesem Fall anhand der während der Restlaufzeit erwarteten Verluste gebildet. Ferner schlägt der Standard als praktische Ausnahme für die Schätzung des erwarteten Verlusts bei Forderungen aus Lieferungen und Leistungen die Verwendung einer Wertberichtigungsmatrix vor, in die die Ausfallerfahrungen der Vergangenheit einfließen. Die Forderungen sind anhand der Überfälligkeit – z.B. keine Überfälligkeit, Überfälligkeit weniger als 30 Tage, usw. – in Gruppen einzuteilen, auf die dann einheitliche Abwertungssätze angewendet werden.

> **Anmerkung:**
>
> Das Wertminderungsmodell nach IFRS 9 (2014) wird gegenüber dem Wertminderungsmodell nach IAS 39 zu einer **früheren Erfassung von Kreditausfällen** führen, da nicht nur die bislang eingetretenen Ausfälle, sondern auch die künftig erwarteten Ausfälle berücksichtigt werden. Die Vereinfachungen bei den Forderungen aus Lieferungen und Leistungen hinsichtlich der Verwendung einer lifetime PD oder einer Wertberichtigungsmatrix, stellen erhebliche Erleichterungen für Industrieunternehmen dar. Bei der Entscheidung über die Inanspruchnahme solcher Erleichterungen sind neben der ggf. notwendigen Anpassung der Prozesse und Systeme auch mögliche Auswirkungen auf die Leistungskennzahlen zu analysieren.

d) General Hedge Accounting

233 Die Regelungen zum General Hedge Accounting wurden bereits im November 2013 verabschiedet und unverändert in IFRS 9 (2014) übernommen. Die Zielsetzung des IFRS 9 besteht darin, die Auswirkungen der vom Unternehmen praktizierten Risikomanagementaktivitäten im Abschluss besser abzubilden. Zur Erreichung dieser Zielsetzung wird insbesondere eine größere Bandbreite an zulässigen Sicherungsinstrumenten und Grundgeschäften für das Hedge Accounting zugelassen. Ferner wird der Nachweis einer Mindesteffektivität innerhalb einer Bandbreite von 80 bis 125 % abgeschafft.

IFRS 9 enthält keine grundsätzliche Neufassung der Vorschriften zur Bilanzierung von Sicherungsbeziehungen. Auch in IFRS 9 bleibt die Anwendung der Vorschriften zur Bilanzierung von Sicherungsbeziehungen unverändert als Bilanzierungswahlrecht und es werden weiterhin drei Arten von Sicherungsbeziehungen unterschieden:

– Absicherung des beizulegenden Zeitwerts (fair value hedge)
– Absicherung von Cashflows (cash flow hedge) und
– Absicherung einer Nettoinvestition in einen ausländischen Geschäftsbetrieb (hedge of a net investment).

Die qualitativen Voraussetzungen für die Anwendung der Regelungen zum Hedge Accounting sind vom Grundsatz her schon aus IAS 39 bekannt, finden allerdings unter IFRS 9 eine andere Ausgestaltung und beinhalten folgende Anforderungen:

– Die Sicherungsbeziehung besteht allein aus zulässigen Grundgeschäften und zulässigen Sicherungsinstrumenten.
– Zu Beginn der Sicherungsbeziehung existiert eine formale Designation und Dokumentation der Sicherungsbeziehung sowie der Risikomanagementzielsetzung und -strategie des Unternehmens, auf deren Grundlage die Sicherung durchgeführt wird.
– Die Sicherungsbeziehung erfüllt die Anforderungen an die Effektivität.

234 Unverändert gelten als Grundgeschäfte bilanzierte Vermögenswerte und Schulden, eine nicht bilanzierte feste Verpflichtung, eine mit hoher Wahrscheinlichkeit eintretenden Transaktion oder eine Nettoinvestition in einen ausländischen Geschäftsbetrieb. Dabei kann das Grundgeschäft aus einzelnen Posten, einer Gruppe von Posten (geschlossene Portfolien) oder einer Komponente (z.B. Risikokomponente) davon bestehen. Voraussetzung für eine Zuordnung als Grundgeschäft ist immer eine verlässliche Bewertbarkeit.

Die Absicherung geschlossener Portfolien war unter IAS 39 sehr restriktiv (Homogenitätstest erforderlich!). Dagegen setzt IFRS 9 (2014) für die Designation eines geschlossenen Portfolios lediglich voraus, dass jeder Posten für sich (einschließlich der Komponenten von Posten) ein zulässiges Grundgeschäft darstellt und die Posten für Risikomanagementzwecke auf Portfoliobasis gesteuert werden. Es ist auch die Designation von einzelnen Bestandteilen von Gruppengeschäften (layer designations) sowie Nettopositionen (z.B. eine Gruppe erwarteter Veräußerungen und erwarteter Aufwendungen, die innerhalb derselben Berichtsperiode ihre Erfolgswirkung entfalten) zulässig. Der Kreis der zulässigen Grundgeschäfte wurde damit erheblich erweitert.

Zukünftig können Risikokomponenten aus finanziellen und nicht-finanziellen Grundgeschäften separat designiert werden, sofern sie getrennt identifizierbar und verlässlich bewertbar sind.

Darüber hinaus können nach IFRS 9 (2014) aggregierte Risikopositionen, die sich aus einem Derivat und einer Risikoposition zusammensetzen, als Grundgeschäft designiert werden. Dadurch kann sich ein Unternehmen beispielsweise bei einem Rohstoffeinkauf in Fremdwährung zunächst gegen das Rohstoffpreisrisiko mittels eines Rohstoffderivats absichern und zu einem späteren Zeitpunkt mittels Währungsderivat auch das Währungsrisiko eliminieren. Zu diesem Zeitpunkt ist dann der erwartete Rohstoffeinkauf zusammen mit den Warenterminkontrakten das „neue" Grundgeschäft, das mittels eines Währungsderivats abgesichert wird.

– Zulässige Sicherungsinstrumente

235 Nach IAS 39 konnten lediglich Derivate und – zur Absicherung des Fremdwährungsrisikos – auch finanzielle Vermögenswerte und Verbindlichkeiten als zulässige Sicherungsgeschäfte designiert werden. Unter IFRS 9 (2014) hat sich der Kreis der qualifizierenden Sicherungsinstrumente erweitert. Danach kann grundsätzlich jedes Finanzinstrument als Sicherungsinstrument designiert werden, das erfolgswirksam zum Fair Value bewertet wird. Dabei kommt es nicht darauf an, ob das jeweilige Finanzinstrument zwingend oder durch Ausübung der Fair-Value-Option zum beizulegenden Zeitwert bewertet wird.

– Zeitwert von Optionen

236 Wenn ein Unternehmen nur die Änderungen des inneren Werts einer gekauften Option als Sicherungsinstrument designiert, werden diese Zeitwertänderungen nach IFRS 9 erfolgsneutral im Eigenkapital (Other Comprehensive Income) erfasst, soweit die Option hinsichtlich ihrer Vertragsbedingungen perfekt zum Grundgeschäft passt. Die Zeitwertänderungen sind dann in Abhängigkeit des zu Grunde liegenden Grundgeschäfts in die Gewinn- und Verlustrechnung umzugliedern. Bei einer transaktionsbezogenen Absicherung erfolgt die Umgliederung in die Gewinn- und Verlustrechnung, wenn das abgesicherte Grundgeschäft eintritt und Erfolgswirkung entfaltet. Bei einem zeitraumbezogenen Grundgeschäft (Option wird zur Absicherung eines Grundgeschäfts über einen Zeitraum genutzt) wird der ursprüngliche Zeitwert der Option erfolgswirksam über die Dauer der Sicherungsbeziehung in der Gewinn- und Verlustrechnung erfasst.

– Risikomanagementstrategie und Risikomanagementziel

237 Zu Beginn der Sicherungsbeziehung sind unverändert sowohl eine formale Designation, als auch eine Dokumentation erforderlich. In der Dokumentation müssen

- das Sicherungsinstrument,
- das Grundgeschäft,
- die Art des abzusichernden Risikos,
- das Absicherungsverhältnis (hedge ratio) sowie
- mögliche Ursachen für Ineffektivitäten

festgelegt werden. Ferner muss dargestellt werden, wie das der Sicherungsbeziehung zugrundeliegende Risikomanagementziel mit der Risikomanagementstrategie des Unternehmens im Einklang steht.

IFRS 9 unterscheidet zwischen Risikomanagementstrategie und Risikomanagementziel. Die **Risikomanagementstrategie** wird auf Unternehmensebene festgelegt. Demgegenüber wird das **Risikomanagementziel** für die einzelne Sicherungsbeziehung definiert. Die Risikomanagementstrategie eines Unternehmens kann z.B. sein, dass der variabel verzinsliche Anteil aller Finanzschulden bei 30 % gehalten werden soll. Das Risikomanagementziel einer Sicherungsbeziehung legt dann fest, wie z.B. ein Zinsswap eingesetzt wird, um eine variable verzinsliche Verbindlichkeit in eine festverzinsliche Verbindlichkeit umzuwandeln. Die Risikomanagementstrategie eines Unternehmens mündet i.d.R. in eine Vielzahl von Risikomanagementzielen. Eine Beendigung des Hedge Accountings ist u.a. nur dann möglich, wenn sich das Risikomanagementziel ändert.

– **Beurteilung der Wirksamkeit von Sicherungsgeschäften (Effektivitätsanforderungen)**

Die Beurteilung der Wirksamkeit von Sicherungsgeschäften ist unter IFRS 9 (2014) zukünftig **nur prospektiv** (nicht mehr retrospektiv) notwendig. Eine qualifizierende Sicherungsbeziehung ist als effektiv zu betrachten, wenn folgende Anforderungen erfüllt werden: **238**

- Zwischen Grundgeschäft und Sicherungsinstrument besteht ein wirtschaftlicher Zusammenhang.
- Die Auswirkung des Kreditrisikos dominiert nicht die Wertänderungen, die aus dem wirtschaftlichen Zusammenhang resultieren.
- Die Sicherungsquote (hedge ratio) spiegelt die zur tatsächlichen wirtschaftlichen Sicherung eingesetzte Menge des Grundgeschäfts sowie die Menge des Sicherungsinstruments zutreffend wider.

Die bisher geltende Effektivitätsbandbreite von 80 bis 125 % entfällt. Allerdings ist zu beachten, dass unverändert – wie unter IAS 39 –, jegliche Ineffektivität ermittelt und erfolgswirksam in der Gewinn- und Verlustrechnung zu erfassen ist. Dies geschieht durch eine quantitative Betrachtung regelmäßig auf Basis des sog. dollar-offset tests. Danach werden die absoluten Wertänderungen von Grundgeschäft und Sicherungsinstrument der Periode gegenübergestellt und die so ermittelte Ineffektivität erfolgswirksam erfasst.

– **Beendigung der Sicherungsbeziehung**

Anders als bisher dürfen bilanzielle Sicherungszusammenhänge nicht mehr willkürlich aufgelöst (de-designiert) werden. Stattdessen sind Hedges im Grundsatz anzupassen (rebalancing); eine Auflösung ist nur noch – dann aber verpflichtend – möglich, wenn **239**

- das Sicherungsinstrument ausläuft, veräußert, beendet oder ausgeübt wird,
- der Eintritt der abgesicherten erwarteten Transaktion nicht mehr hinreichend wahrscheinlich ist oder
- die Sicherungsbeziehung nicht länger die Anforderungen an eine bilanzielle Abbildung erfüllt.

– **Ausweitung der Angabepflichten**

Die Angabepflichten wurden erheblich ausgeweitet, um bessere Informationen über die Risikomanagementstrategie des Unternehmens und deren Anwendung auf die Risikosteuerung, über den Einfluss der Sicherungsaktivitäten des Unternehmens auf die Höhe, den zeitlichen Anfall und die Unsicherheit der zukünftigen Zahlungsströme sowie über die Auswirkungen des Hedge-Accounting auf die Bilanz, die Gesamtergebnisrechnung und die Eigenkapitalveränderungsrechnung des Unternehmens zu erhalten. **240**

Dritter Teil: Ausblick

> **Anmerkung:**
> Durch die deutliche Erweiterung der zulässigen Grundgeschäfte und Sicherungsinstrumente können zukünftig ökonomische Hedge-Strategien besser bilanziell abgebildet werden. Dies erfordert allerdings eine detaillierte Analyse bestehender Sicherungsstrategien und deren zukünftiger bilanzieller Abbildung. Auch können in Abhängigkeit der abzubildenden Sicherungsbeziehungen deutliche Prozess- und Systemanpassungen erforderlich sein.
>
> Die **Dokumentationsanforderungen** haben sich gegenüber IAS 39 erhöht, insbesondere ist zukünftig auch auf die Risikomanagementstrategie und die Risikomanagementziele einzugehen. Da bei kleineren und mittleren Unternehmen häufig keine formell, schriftlich abgefasste Strategie für das Gesamtrisikomanagement vorliegt, kann bei der Dokumentation der Sicherungsbeziehung nicht auf ein solches Strategiepapier verwiesen werden. Stattdessen muss dann die Risikomanagementstrategie direkt in der Dokumentation der Sicherungsbeziehung erläutert werden.
>
> Die **Abschaffung des Effektivitätsintervalls** mit quantitativen Schwellenwerten stellt einen elementaren Unterschied zu IAS 39 dar.
>
> Die Neuregelung zur Berücksichtigung von Zeitwertänderungen bei Optionen führt zukünftig zu einer geringeren Volatilität in der Gewinn- und Verlustrechnung, dafür erhöht sich allerdings die Volatilität im Eigenkapital. Dies wird vermutlich dazu führen, dass Optionen als Sicherungsinstrumente für Unternehmen wieder interessanter werden.

3. Neuer Standard zur Leasingbilanzierung (IFRS 16)

a) Hintergrund

241 Das International Accounting Standards Board (IASB) hat am 13.1.2016 mit IFRS 16 „Leases" eine neue Regelung zur Leasingbilanzierung veröffentlicht. Beim Leasingnehmer hat sich das IASB für einen Ein-Modell-Ansatz entschieden, während das FASB in seinem neuen Leasingstandard ein duales Modell umgesetzt hat.

Nach dem **Ein-Modell-Ansatz** des IASB wird der Leasingnehmer Vermögenswerte und Verbindlichkeiten für die meisten Leasingverhältnisse in der Bilanz ausweisen müssen. Während der Leasingnehmer zukünftig nicht mehr zwischen Operating- und Finanzierungs-Leasing unterscheiden muss, bleibt für den Leasinggeber diese Unterscheidung erhalten.

> **Anmerkung:**
> IFRS 16 ersetzt IAS 17 Leasingverhältnisse sowie die dazugehörigen Interpretationen, IFRIC 4 „Feststellung, ob eine Vereinbarung ein Leasingverhältnis enthält", SIC-15 „Operating-Leasingverhältnisse – Anreize" sowie SIC-27 „Beurteilung des wirtschaftlichen Gehalts von Transaktionen in der rechtlichen Form von Leasingverhältnissen". Der verpflichtende **Erstanwendungszeitpunkt** ist der **1.1.2019**, was allerdings für eine Anwendung in Deutschland zusätzlich ein entsprechendes EU-Endorsement voraussetzt. Eine freiwillige vorzeitige Anwendung ist nur gestattet, wenn zu diesem Zeitpunkt auch IFRS 15 „Revenue from Contracts with Customers" angewendet wird.

b) Anwendungsbereich

242 Bereits bei Vertragsabschluss muss ein Unternehmen beurteilen, **ob ein Leasingverhältnis** vorliegt und IFRS 16 Anwendung findet. IFRS 16 enthält detaillierte Regelungen zur Definition bzw. Abgrenzung eines Leasingverhältnisses. Nur wenn ein Leasingverhältnis i.S.d. IFRS 16 vorliegt, ist der neue Standard auch anzuwenden. Nach Vertragsabschluss ist eine Neubeurteilung lediglich dann vorzunehmen, wenn sich die Vertragsbedingungen geändert haben.

Der neue Standard definiert ein Leasingverhältnis als einen Vertrag, bei dem das Recht zur Nutzung (i.S.v. Beherrschung bzw. Kontrolle) eines identifizierten Vermögenswerts (Right Of Use – **ROU-Vermögenswert**) für einen vereinbarten Zeitraum gegen Entgelt oder für eine Gegenleistung übertragen wird. Der Leasinggegenstand muss identifizierbar sein und der Leasingnehmer muss ihn beherrschen können. Das Beherrschungskriterium setzt voraus, dass dem Leasingnehmer während der Nutzungsdauer im Wesentlichen der gesamte wirtschaftliche Nutzen zufließt und er das Recht hat, die Nutzung des identifizierten Vermögenswertes zu bestimmen. Die Identifizierung eines Vermögenswertes erfolgt grundsätzlich auf Basis des Vertrages. Hat allerdings der Leasinggeber ein substanzielles Recht auf Austausch des Vermögenswertes, liegt kein identifizierbarer Vermögenswert und somit kein Leasingverhältnis i.S.d. IFRS 16 vor. Ferner ist zu beachten, dass sich die Identifizierbarkeit auch auf einen Teil eines Vermögenswerts beziehen kann. Dies setzt allerdings voraus, dass es sich um einen physisch unterscheidbaren Teil (z.B. eine Etage in einem Bürogebäude) handelt.

IFRS 16 ist grundsätzlich auf **alle Leasingverhältnisse** anzuwenden, d.h. auf die Nutzungsüberlassung jeglicher Vermögenswerte (Gebäude, Kraftfahrzeuge, Maschinen, etc.) sowie auf Miet- und Pachtverträge. Aber auch **Untermietverhältnisse** und **Sale and Lease-back Transaktionen** fallen in den Anwendungsbereich von IFRS 16.

Keine Anwendung findet die Neuregelung auf Leasingverhältnisse:

- bzgl. der Entdeckung und Verarbeitung von Bodenschätzen,
- bzgl. biologischer Vermögenswerte im Anwendungsbereich von IAS 41,
- bzgl. Dienstleistungskonzessionsvereinbarungen im Anwendungsbereich von IFRIC 12,
- bzgl. Lizenzvereinbarungen über geistiges Eigentum aus einem Leasingverhältnis im Anwendungsbereich von IFRS 15,
- bzgl. Rechten aus Lizenzverträgen im Anwendungsbereich des IAS 38.

In Bezug auf immaterielle Vermögenswerte, die keine Rechte aus den genannten Leasingvereinbarungen darstellen, räumt der Standard dem Leasingnehmer ein **Wahlrecht** ein, ob er auf solche Leasingvereinbarungen die Vorschriften in IFRS 16 anwenden möchte.

Die neuen Regelungen zur Leasingbilanzierung räumen dem Leasingnehmer ferner zwei bedeutende **Wahlrechte zur Nichtanwendung des ROU-Ansatzes** ein, d.h. diese Leasingverhältnisse können in der Bilanz analog eines bisherigen Operating-Leasingverhältnisses erfasst werden. Ein Verzicht auf die Anwendung der neuen Vorschriften ist möglich, sofern es sich um kurz laufende Leasingvereinbarungen (short-term leases) handelt oder wenn der dem Leasingvertrag zugrundeliegende Vermögenswert von geringem Wert (small-ticket leases) ist.

Bei einem „**short-term lease**" handelt es sich um ein kurzfristiges Leasingverhältnis, bei dem die Vertragslaufzeit weniger als 12 Monate beträgt. Dabei sind bei der Bestimmung der Vertragslaufzeit Verlängerungsoptionen zu berücksichtigen, sofern deren Ausübung hinreichend sicher ist. Eine Kaufoption darf demgegenüber vertraglich nicht vereinbart sein, um die Erleichterung in Anspruch nehmen zu können.

„**Small-ticket leases**" sind all diejenigen Leasingverhältnisse, die einzeln betrachtet unwesentlich bzw. nur von untergeordneter Bedeutung für die Geschäftsaktivitäten des Unternehmens sind (z.B. Leasing eines Kopierers und geringfüge Teile der IT-Ausstattung). Als Größenordnung für die Geringwertigkeit nennt das IASB dabei einen Neuwert von 5 000 US-Dollar je Vermögenswert in der „Basis for Conclusion".[1]

> **Kritische Stellungnahme:**
>
> In der Praxis wird sich hier die Frage bzgl. der Bindungswirkung dieser Grenze stellen. Bei der Beurteilung der Geringfügigkeit von Leasingverhältnissen ist dabei auch zu beachten, dass weder die fortgeführten Anschaffungskosten, noch der Zeitwert des genutzten Vermögenswertes ausschlaggebend sind, sondern der Neuwert (Wiederbeschaffungswert). Ferner lässt das IASB auch offen, wie ggf. mit Effekten aus der Währungsumrechnung oder der Inflation umgegangen werden soll.

---

1) Vgl. IFRS 16.BC 100.

Dritter Teil: Ausblick

244 Die Vorschriften des IFRS 16 sind grundsätzlich auf jeden einzelnen Vertrag anzuwenden. Leasingnehmer und Leasinggeber haben jedoch die Möglichkeit, **Portfolien** für Verträge mit ähnlichen Eigenschaften zu bilden. Voraussetzung dafür ist, dass die Zusammenfassung zu keinen materiell abweichenden Ergebnissen gegenüber der Einzelbetrachtung führt.

> **Anmerkung:**
> Zukünftig müssen Leasingnehmer Vermögenswerte und Verbindlichkeiten für die meisten Leasingverhältnisse in der Bilanz ausweisen. Auf Grund dieses einheitlichen Bilanzierungsmodells beim Leasingnehmer und den begrenzten Ausnahmen vom Anwendungsbereich kommt der Beurteilung, ob ein Leasingverhältnis i.S.v. IFRS 16 vorliegt, eine besondere Bedeutung zu. Der neue Standard enthält im Vergleich zu den Regelungen in IAS 17 umfangreichere Vorschriften hinsichtlich der Definition einer Leasingvereinbarung.

c) Bilanzierung beim Leasingnehmer

aa) Zugangsbewertung

245 Die bisherige Unterscheidung zwischen Operating- und Finanzierungsleasingverhältnissen beim Leasingnehmer entfällt. Nach dem Ein-Modell-Ansatz des IASB bilanziert der Leasingnehmer einen ROU-Vermögenswert sowie eine Leasingverbindlichkeit zu dem Zeitpunkt, zu dem der Leasinggeber dem Leasingnehmer den Vermögenswert zur Nutzung überlässt.

Die Leasingverbindlichkeit hat der Leasingnehmer in Höhe des **Barwerts** der zukünftigen Leasingzahlungen zu Beginn des Leasingverhältnisses anzusetzen. Die Leasingzahlungen setzen sich aus folgenden Komponenten zusammen:

- fixe Leasingzahlungen einschließlich faktisch-fixer und abzüglich zu empfangender Anreizzahlungen,
- variable Leasingzahlungen, die von der Entwicklung eines Index oder Kurses abhängen,
- erwartete Zahlungen für Restwertgarantien,
- Ausübungspreis einer Kaufoption, sofern die Ausübung hinreichend sicher ist (reasonably certain),
- Strafzahlungen für vorzeitige Vertragsbeendigungen, sofern auf Grund der Laufzeit des Leasingverhältnisses anzunehmen ist, dass der Leasingnehmer diese Option wahrnimmt.

Bei der **Bewertung** ist der dem Leasingverhältnis zu Grunde liegende Zinssatz (interest rate implicit in the lease) heranzuziehen. Dies ist der Zinssatz, der den Barwert der Leasingzahlungen und des nicht garantierten Restwerts mit dem beizulegenden Zeitwert des Leasinggegenstands (zzgl. etwaiger anfänglicher direkter Kosten des Leasinggebers) gleichsetzt. Kann dieser Zinssatz vom Leasingnehmer nicht bestimmt werden, kann der Grenzfremdkapitalkostensatz des Leasingnehmers (incremental borrowing rate) verwendet werden.

Im Zugangszeitpunkt hat der Leasingnehmer den ROU-Vermögenswert zu **Anschaffungskosten**, die sich aus folgenden Komponenten zusammensetzen, zu bewerten:

- Zugangswert der Leasingverbindlichkeit,
- Leasingzahlungen, die vor oder zu Beginn des Leasingverhältnisses geleistet wurden, abzüglich Anreizzahlungen zu Gunsten des Leasingnehmers,
- etwaige anfängliche direkte Kosten des Leasingnehmers.

Zudem sind **Wiederherstellungsverpflichtungen** (z.B. Rückbau, Rekultivierung) aus der Nutzung des dem Leasingverhältnis zugrundeliegenden Vermögenswerts, für die eine Rückstellung nach IAS 37 gebildet wurde, bei der Bewertung des ROU-Vermögenswerts zu berücksichtigen.

bb) Folgebewertung

Die Folgebewertung der Leasingverbindlichkeit erfolgt nach der **Effektivzinsmethode**, d.h. der Buchwert der Leasingverbindlichkeit wird unter Anwendung des zur Abzinsung verwendeten Zinssatzes aufgezinst und um die geleisteten Leasingzahlungen reduziert. Hieraus ergibt sich ein degressiver Zinsverlauf. **246**

Der ROU-Vermögenswert wird grundsätzlich nach IAS 16 zu **fortgeführten Anschaffungskosten** bewertet, d.h. planmäßig über die kürzere Periode von Nutzungsdauer (useful life) oder Vertragslaufzeit abgeschrieben. Ist bereits zu Beginn des Leasingverhältnisses hinreichend sicher, dass das Eigentum auf den Leasingnehmer übergehen wird, erfolgt die Abschreibung über die Nutzungsdauer des zugrundeliegenden Vermögenswerts. Darüber hinaus sind ggf. außerplanmäßige Abschreibungen nach IAS 36 „Wertminderung von Vermögenswerten" erfolgswirksam vorzunehmen. Der Standard sieht **zwei Ausnahmen** vom Anschaffungskostenmodell vor: wenn der Leasingnehmer das Neubewertungsmodell nach IAS 16 anwendet oder wenn das Nutzungsrecht aus dem Immobilien-Leasingverhältnis die Definition einer Investment Property nach IAS 40 erfüllt und der Leasingnehmer das Fair-Value-Modell anwendet.

> **Anmerkung:**
> Die Abschreibungen für den ROU-Vermögenswert und der Zinsaufwand für Leasingverbindlichkeiten werden in der Gewinn- und Verlustrechnung erfolgswirksam erfasst und getrennt ausgewiesen. Eine lineare Abschreibung des ROU-Vermögenswerts sowie der degressive Zinsverlauf aus der Aufzinsung der Leasingverbindlichkeit führen, im Vergleich zum Operating Lease unter IAS 17, zu einer **zeitlichen Vorverlagerung der Aufwandserfassung** in der Gewinn- und Verlustrechnung trotz einer konstanten Leasingrate.

Bei einer **Änderung der Leasingzahlungen** kommt es zu einer Neubewertung der Leasingverbindlichkeit. Hierbei ist zu unterscheiden, ob die Neubewertung mit oder ohne Korrektur des ursprünglichen, dem Leasingverhältnisses zu Grunde liegenden Zinssatzes vorgenommen wird. Bei einer Änderung der Vertragslaufzeit oder einer geänderten Einschätzung über die Ausübung einer Kaufpreisoption wird die Neubewertung anhand eines aktuellen Diskontierungszinssatzes vorgenommen. Eine Neubewertung mit dem ursprünglichen Diskontierungszinssatz ist dagegen erforderlich, wenn sich z.B. der Betrag der Restwertgarantie oder künftiger Leasingraten auf Grund der Anpassung eines Indexes oder Kurses ändert. Eine Neubewertung der Leasingverbindlichkeit führt zu einer entsprechenden Anpassung des ROU-Vermögenswerts. Negative Anpassungen, die den Buchwert des ROU-Vermögenswerts übersteigen, werden erfolgswirksam erfasst.

> **Anmerkung:**
> Da der Leasingnehmer nach IFRS 16 den ROU-Vermögenswert bilanzieren muss, ist zu erwarten, dass **Sale and Lease-back Transaktionen,** die nach den bisherigen Regelungen dazu geführt haben, dass der Leasingnehmer den genutzten Vermögenswert aus seiner Bilanz ausbuchen konnte, künftig in deutlich geringerem Umfang als bisher abgeschlossen werden.

cc) Ausweis der Leasingverbindlichkeit und des ROU-Vermögenswerts

Sowohl die Leasingverbindlichkeit, als auch der ROU-Vermögenswert sollten in der Bilanz separat ausgewiesen werden. Sofern kein **separater Ausweis** erfolgt, muss eine **247**

Dritter Teil: Ausblick

Erläuterung im Anhang erfolgen, in welchem Bilanzposten die Leasingverbindlichkeit bzw. der ROU-Vermögenswert erfasst wurde. Wird der ROU-Vermögenswert nicht separat ausgewiesen, ist er unter dem Posten auszuweisen, unter dem er erfasst würde, wenn der Leasingnehmer das Eigentum am Leasingobjekt erworben hätte.

dd) Anhangangaben

248 Im Anhang sind umfangreiche qualitative und quantitative Angaben vorzunehmen, um die Auswirkungen der Leasingverhältnisse auf den Abschluss des Leasingnehmers offenzulegen. Dazu zählen die Art der Leasingverhältnisse, potentielle zukünftige Zahlungsmittelabflüsse, die nicht in den Leasingverbindlichkeiten berücksichtigt sind, beispielsweis variable Leasingzahlungen, Verlängerungs- und Kündigungsoptionen des Leasingnehmers etc., sowie Sale and Lease-back Transaktionen.

> **Anmerkung:**
> Die Anhangangaben sind deutlich umfangreicher als unter IAS 17.

ee) Übergangsregeln

249 Die verpflichtende Erstanwendung erfolgt für **Geschäftsjahre, die am oder nach dem 1.1.2019** beginnen. Eine vorzeitige Anwendung ist möglich, sofern auch IFRS 15 vollumfänglich angewendet wird. Für EU-Bilanzierer muss allerdings zunächst die Übernahme in EU-Recht (EU-Endorsement) erfolgt sein. Im Zeitpunkt der Erstanwendung wird ein Wahlrecht dahingehend eingeräumt, dass keine Neubeurteilung vorgenommen werden muss, ob eine bestehende Leasingvereinbarung ein Leasingverhältnis i.S.d. IFRS 16 darstellt oder ein solches enthält. Wird dieses Wahlrecht in Anspruch genommen, werden nur Verträge, die bislang in den Anwendungsbereich von IAS 17 und IFRIC 4 gefallen sind, nach IFRS 16 bilanziert. Die Ausübung dieses Wahlrechts muss im Anhang offengelegt werden.

Ferner kann der Leasingnehmer zwischen einer vollständig retrospektiven und modifiziert retrospektiven Anwendung des Standards wählen.

IFRS 16 räumt für den **Übergangszeitpunkt** weitere Wahlrechte ein, z.B. einen Verzicht auf eine Anpassung für „short-term leases", „small ticket leases" und Mietleasingverhältnisse, die in den Anwendungsbereich von IAS 40 fallen und unter Anwendung des Fair Value-Modells bilanziert werden.

> **Anmerkung:**
> Das Bilanzbild beim Leasingnehmer wird sich durch die On-Balance Sheet Bilanzierung wesentlich verändern, der Verschuldungsgrad wird steigen und die Eigenkapitalquote sinken, was auch Einfluss auf bestehende Covenant-Regelungen in Darlehensverträgen haben kann. Gleichermaßen kann auch der veränderte Ausweis in der Gewinn- und Verlustrechnung Einfluss auf Ergebniskennzahlen haben. Bislang werden beim Operating-Leasing die Leasingaufwendungen innerhalb des EBIT erfasst; zukünftig erfolgt eine Aufteilung in Zinsaufwand und Abschreibungen (EBIT). Auch ist der Effekt der Aufwandsvorverlagerung durch das neue Bilanzierungsmodell nicht zu unterschätzen.

d) Bilanzierung beim Leasinggeber

250 Mit Einführung des neuen IFRS 16 für Leasingverhältnisse ändert sich die Bilanzierung beim Leasinggeber nur geringfügig. Der Leasinggeber muss bei Vertragsabschluss eine **Klassifizierung** des Leasingverhältnisses **in Finanzierungs- bzw. Operating-Leasing** nach bestimmten Kriterien vornehmen. Der Kriterienkatalog für die Beurteilung eines Finanzierungs-Leasings wurde unverändert aus IAS 17 übernommen. Allerdings ist zu

beachten, dass auch für den Leasinggeber die geänderte Definition eines Leasingverhältnisses gilt. Dies kann zu einer von IAS 17 abweichenden Beurteilung führen.

Im Hinblick auf die **Bewertung** (Zugangs- und Folgebewertung, planmäßige und außerplanmäßige Abschreibungen) ergeben sich im Vergleich zu den Regelungen in IAS 17 sowohl für Operating Leases als auch für Finance Leases mit Ausnahme von Sale and Lease-back Transaktionen keine wesentlichen Änderungen.

> **Anmerkung:**
> Der konzeptionelle Bruch zwischen der Bilanzierung bei Leasingnehmern und Leasinggebern kann dazu führen, dass sowohl Leasingnehmer als auch Leasinggeber einen Vermögenswert und eine Leasingverbindlichkeit bilanzieren werden.

G. Wirtschaftsprüfung und IT

I. Gesetz zum Schutz vor Manipulationen an digitalen Aufzeichnungen
1. Rechtliche Rahmenbedingungen

Das Gesetz zum Schutz vor Manipulationen an digitalen Grundaufzeichnungen (kurz Kassengesetz) wurde am 28.12.2016 im Bundesgesetzblatt[1] veröffentlicht und ergänzt die Aufnahme der Einzelaufzeichnungspflicht für die Nutzung elektronischer Aufzeichnungssysteme in der AO. Ziel des Gesetzes ist es, elektronische und computergestützte Kassen ab 1.1.2020 bzw. bei Nichtaufrüstbarkeit ab 1.1.2023 durch eine zertifizierte technische Sicherheitseinrichtung vor **Manipulationen** und **nachträglichen Veränderungen der Einzelaufzeichnungen** zu schützen. Mit dem Gesetz waren Änderungen bzw. Ergänzungen der AO verbunden. Insbesondere die folgenden Vorgaben sind umzusetzen: 251

– Einsatz einer technischen Sicherheitseinrichtung in einem elektronischen Aufzeichnungssystem (§ 146a AO), bestehend aus einem Sicherheitsmodul, einem Speichermedium und einer digitalen Schnittstelle. Damit soll verhindert werden, dass manipulative Software eingesetzt wird,
– Zertifizierungsverfahren für diese technische Sicherheitseinrichtung innerhalb eines elektronischen Aufbewahrungssystems für Aufzeichnungen,
– Einführung einer Kassennachschau (§ 146b AO)[2] ab dem 1.1.2018 ohne vorherige Ankündigung sowie außerhalb einer Außenprüfung im Sinne des §§ 193 ff. AO,
– Implementierung von Sanktionsmaßnahmen bei Verstößen durch die Erweiterung der Steuergefährdungstatbestände nach § 379 AO,
– Einführung einer verpflichtenden Belegausgabe (§ 146a AO),
– verpflichtende Anwendung ab dem 1.1.2020,
– Übergangsregelung bis zum 31.12.2022 für Kassen, die im Zuge der eingangs erwähnten Richtlinie angeschafft wurden, bauartbedingt aber nicht aufrüstbar sind.

> **Anmerkung:**
> Das Bundesamt für Sicherheit in der Informationstechnologie (BSI) erarbeitet technische Richtlinien und Schutzprofile als Basis für eine notwendige Zertifizierung in Bezug auf detaillierte Anforderungen an das Sicherheitsmodul, das Speichermedium, die digitale Schnittstelle sowie die elektronische Aufbewahrung.

---
1) BGBl. I 2016, 3152 = BStBl I 2017, 21.
2) Vgl. hierzu im Einzelnen Märtens in Beermann/Gosch, § 146b AO Rz. 1 ff.

Dritter Teil: Ausblick

252 Gleichzeitig erfolgte eine **Einschränkung der verpflichtenden Belegausgabe**, wenn aus Gründen der Praktikabilität und Zumutbarkeit Waren an eine Vielzahl unbekannter Personen verkauft werden. Die betroffenen Unternehmen können sich durch die Finanzbehörden nach § 148 AO von der Belegausgabepflicht befreien lassen.

Darüber hinaus ist von der **Einzelaufzeichnungspflicht** (§ 146 Abs. 1 AO) eine **Ausnahme** geschaffen worden. Bei Verkauf von Waren gegen Barzahlung an eine Vielzahl nicht bekannter Personen besteht danach keine Pflicht zur Einzelaufzeichnung, falls keine elektronischen Aufzeichnungssysteme i.S.d. § 146a AO genutzt werden.

253 Die zertifizierte Sicherheitseinrichtung sowie die eingesetzten elektronischen Aufzeichnungssysteme sind dem Finanzamt spätestens einen Monat nach Anschaffung bzw. Außerbetriebnahme zu melden (§ 146a Abs. 4 AO). Wird ein elektronisches Aufzeichnungssystem vor dem 1.1.2020 anschafft, ist dieses bis zum 31.1.2020 zu melden

> **Praxistipp:**
> Das Gesetz sieht explizit keine Pflicht für die Verwendung eines elektronischen Aufzeichnungssystems vor. Dennoch sollten alle betroffenen Unternehmen die Ordnungsmäßigkeit der verwendeten Kassensysteme überprüfen und sicherstellen.

2. Technische Umsetzung des Kassengesetzes durch die Kassensicherungsverordnung

254 Mit der Verordnung zur Bestimmung der technischen Anforderungen an elektronische Aufzeichnungs- und Sicherungssysteme im Geschäftsverkehr (**Kassensicherungsverordnung** – KassenSichV)[1] erfolgt eine Konkretisierung der Anforderungen des § 146a AO in Bezug auf die erforderlichen technischen Maßnahmen. In der Verordnung wird somit der Anwendungsbereich für den Einsatz des Schutzes vor Manipulation und darüber hinausgehend geregelt, wie die Protokollierung sowie Speicherung der Aufzeichnungen erfolgen muss.

a) Elektronische Aufzeichnungssysteme

255 Nach § 1 der KassenSichV sind elektronische oder computergestützte Kassensysteme oder Registrierkassen elektronische Aufzeichnungssysteme.

> **Anmerkung:**
> Fahrscheinautomaten, elektronische Buchhaltungsprogramme, Waren- und Dienstleistungsautomaten sowie Taxameter sind vom Anwendungsbereich ausgenommen. [2]

b) Protokollierung des „anderen Vorgangs"

256 In § 2 KassenSichV wird definiert, dass für jeden aufzeichnungpflichtigen Geschäftsvorfall oder anderen Vorgang eine neue Transaktion gestartet werden muss. Diese Transaktion soll dabei u.a. den Zeitpunkt des Vorgangs, eine eindeutige und fortlaufende Transaktionsnummer, die Art des Vorgangs und einen Prüfwert beinhalten.

Die **Transaktionsnummer** muss, wie die Belegnummer in einem finanzbuchhalterischen System, so beschaffen sein, dass Lücken in den Aufzeichnungen erkennbar sind. Dazu sind der Vorgangszeitpunkt, die Transaktionsnummer und der Prüfwert „manipulationssicher durch das Sicherheitsmodul" festzulegen.

---

1) Verordnung v. 26.9.2017, BGBl. I 2017, 3515 = BStBl I 2017, 1310.
2) Zur neuen Vorschrift des § 146a AO (bereits unter Berücksichtigung der KassenSichV) vgl. im Einzelnen Märtens in Beermann/Gosch, § 146a AO Rz. 1 ff.

c) Speicherung der Grundaufzeichnungen

Nach § 3 Satz 1 KassenSichV muss die Speicherung der laufenden Geschäftsvorfälle und der anderen Vorgänge manipulationssicher auf einem **nichtflüchtigen Speichermedium** erfolgen. In der Begründung zur Verordnung erfolgt eine kurze Erläuterung, was unter einem solchen nichtflüchtigen Speichermedium verstanden wird. Darunter fallen als erster Anhaltspunkt in der elektronischen Datenverarbeitung verschiedene Datenspeicher, deren gespeicherte Informationen auf Dauer erhalten bleiben, also auch während der Zeit, in der das elektronische Aufzeichnungssystem nicht in Betrieb ist oder nicht mit Strom versorgt wird.[1] Darüber hinaus wird geregelt:

257

- Die gespeicherten digitalen Grundaufzeichnungen müssen eine vollständige Verkettung aller Transaktionen enthalten, § 3 Satz 2 KassenSichV. So können Lücken in Aufzeichnungen und damit Manipulationen der Aufzeichnungen sichtbar sein.
- In § 3 Satz 3 KassenSichV werden die Anforderungen an die Aufbewahrung beschrieben. Danach müssen nach Übertragung in ein externes elektronisches Aufbewahrungssystem u.a. die in Satz 2 genannte Verkettung sowie die in § 4 KassenSichV beschriebenen Anforderungen an eine einheitliche Schnittstelle sichergestellt sein.
- Eine Verdichtung von Grundaufzeichnungen ist dann unzulässig, wenn dadurch die Lesbarkeit nicht mehr gewährleistet ist, § 3 Satz 4 KassenSichV.

d) Anforderungen an eine einheitliche digitale Schnittstelle und an die technische Sicherheitseinrichtung

Die digitale Schnittstelle soll gemäß § 4 KassenSichV unabhängig von dem jeweiligen (Kassen-)Programm des Herstellers eine einheitliche Strukturierung und Bezeichnung der aufzuzeichnenden Daten in Datenschema und Datenfelderbeschreibung gewährleisten. Die technische Sicherheitseinrichtung wird durch das Bundesamt für Sicherheit in der Informationstechnik (BSI) im Benehmen mit dem BMF festgelegt, § 5 KassenSichV.

258

e) Anforderungen an den Beleg

§ 6 KassenSichV definiert die **Mindestanforderungen** an einen auszustellenden Beleg (in Papierform oder elektronisch in einem standardisierten Format, wenn der Empfänger zustimmt), nachdem im Kassengesetz die pflichtmäßige Herausgabe eines Beleges bereits geregelt wurde. Ein Beleg muss unter anderem enthalten:

259

- den vollständigen Namen und die vollständige Anschrift des leistenden Unternehmens,
- den Zeitpunkt des Vorgangsbeginns und der Vorgangsbeendigung,
- die Menge und die Art der gelieferten Gegenstände oder den Umfang sowie die Art der sonstigen Leistung sowie
- die Transaktionsnummer.

f) Zertifizierung der technischen Sicherheitseinrichtungen

Das Verfahren zur Zertifizierung der technischen Sicherheitseinrichtung erfolgt nach § 9 des BSI-Gesetzes sowie die BSI-Zertifizierungs- und Anerkennungsverordnung vom 17.12.2014. In § 7 Abs. 1 Satz 2 KassenSichV ist zudem geregelt, dass die Prüfung und Bewertung auch durch vom BSI anerkannte sachverständige Stellen erfolgen kann.

260

---

1) BT-Drucks. 18/12221, 12.

Dritter Teil: Ausblick

II. Schutzmaßnahmen für eine digitalisierte Gesellschaft – EU-NIS-Richtlinie

261 Anfang 2013 hat die europäische Kommission einen Richtlinienentwurf zur Verbesserung der Netzwerk- und Informationssicherheit (NIS) innerhalb der EU vorgestellt. Nachdem Ende des Jahres 2015 eine entsprechende NIS-Richtlinie finalisiert wurde, ist diese am 8.8.2016 in Kraft getreten.[1] Die Richtlinie soll einen einheitlichen EU-weiten Rechtsrahmen u.a. für den Aufbau von nationalen Kapazitäten für die **Cyber-Sicherheit** und Mindestanforderungen an Meldepflichten zur Gewährleistung eines hohen Sicherheitsniveaus von Netzwerk- und Informationssicherheitssystemen festlegen.

Die europarechtlichen Vorgaben wurden durch die im Gesetz zur Erhöhung der Sicherheit informationstechnischer Systeme (IT-Sicherheitsgesetz, kurz IT-SiG)[2] definierten Maßnahmen in Deutschland größtenteils umgesetzt; sie bedürfen an einigen Stellen allerdings einer Anpassung. Dies erfolgte im **Umsetzungsgesetz zur NIS-Richtlinie**, das am 29.6.2017 im Bundesgesetzblatt[3] veröffentlicht wurde und am 30.6.2017 in Kraft getreten ist.

> **Anmerkung:**
> Mit dem Gesetz wird insbesondere durch Anpassung des BSI-Gesetzes (BSIG) und des Energiewirtschaftsgesetzes (EnWG) der Ausbau der Aufgaben und Befugnisse des Bundesamtes für Sicherheit in der Informationstechnik (BSI) weiter fortgesetzt.

Die wesentlichen Änderungen im BSIG sind in diesem Zusammenhang:

- Einführung sog. Mobile Incident Response Teams (MIRT) des BSI: Das BSI erhält damit Befugnisse zur Wiederherstellung der Sicherheit bzw. Funktionsfähigkeit informationstechnischer Systeme.
- Erweiterung/Anpassung der (Aufsichts-) Befugnisse des Bundesamtes für Sicherheit in der Informationstechnik (BSI) an die europäische NIS-Richtlinie: Dies betrifft
  - die Überprüfung der Einhaltung der technischen und organisatorischen Sicherheitsanforderungen (§ 8a Abs. 4 BSIG),
  - Regelungen in § 8b BSIG hinsichtlich Vorgaben für das Verfahren bei grenzüberschreitenden Vorfällen,
  - die Konkretisierung der Nachweis- bzw. Meldepflichten der KRITIS-Betreiber nach § 8a BSIG.

Neben den genannten Aspekten stellt das Umsetzungsgesetz u.a. für Anbieter digitaler Dienste (dahinter verbergen sich insbesondere digitale Dienste, Online-Marktplätze, Online-Suchmaschinen und Cloud-Computing-Dienste) **spezielle Anforderungen**, wenn sie digitale Dienste in einem EU-Mitgliedsstaat anbieten (§ 8c BSIG). Beispielsweise haben diese „geeignete und verhältnismäßige technische und organisatorische Maßnahmen zu treffen, um Risiken für die Sicherheit der Netz- und Informationssysteme, die sie zur Bereitstellung der digitalen Dienste innerhalb der europäischen Union nutzen, zu bewältigen." Die Vorschriften gemäß § 8c BSIG gelten ab **Mai 2018**.

> **Beratungshinweis:**
> Im Zusammenhang mit dem Umsetzungsgesetz zur EU-NIS-Richtlinie zeigt sich, dass der Ausbau des BSI zu der zentralen Behörde für Cybersicherheit in Deutschland fortgeführt wird. Augenscheinlich entwickelt sich das BSI, analog zu der Bundesanstalt für Finanzdienstleistungsaufsicht (BaFin) im Bereich des Finanzwesens, zu einer Aufsichtsbehörde, nur spezialisiert auf die IT-Sicherheit.

---
1) EU-Richtlinie 2016/1148.
2) Gesetz v. 17.7.2015, BGBl. I 2015, 1324.
3) BGBl. I 2017, 1885.

H. Wirtschaftsrecht

I. Datenschutzgrundverordnung

1. Einführung

Ab dem 25.5.2018 gilt die EU-Datenschutzgrundverordnung („DSGVO") EU-weit unmittelbar und vorrangig gegenüber nationalem Recht. Dazu hat Deutschland bereits ein Begleitgesetz erlassen, das die Anforderungen der DSGVO konkretisiert und das noch geltende Bundesdatenschutzgesetz („BDSG") ebenfalls mit Wirkung ab dem 25.5.2018 ablösen wird.

262

> **Beratungshinweis:**
> Bis zu diesem Zeitpunkt haben Unternehmen noch Zeit, sich auf die neuen Bestimmungen einzustellen. Datenschutzbehörden dürfen erst danach Sanktionen verhängen.

2. Ziele und Anwendungsbereich

Ziel der DSGVO ist es, in der gesamten EU ein einheitliches Datenschutzniveau zu schaffen. Bislang hatte jeder Mitgliedsstaat seine eigenen Datenschutzregelungen, die nur zum Teil auf EU-Recht beruhen. Die Digitalisierung macht aber vor Landesgrenzen nicht Halt, so dass die unterschiedlichen Anforderungen nationaler Gesetze für grenzüberschreitend tätige Unternehmen ein Problem darstellen. Die DSGVO soll diesen Zustand beheben und vor allem einheitliche Regelungen und Wettbewerbsbedingungen für die Datenverarbeitung gewährleisten.

263

Die DSGVO gilt für **datenverarbeitende Stellen mit Sitz in der EU**, aber auch für solche **ohne Sitz in der EU, die sich an betroffene Personen in der EU richten**.

Die DSGVO regelt den **Schutz personenbezogener Daten**. Das sind sämtliche Daten, anhand derer man eine natürliche Person („betroffene Person") identifizieren kann. Die DSGVO richtet sich an öffentliche Stellen, wie auch an alle natürlichen und juristischen Personen („Verantwortliche" und „Auftragsverarbeiter"), die personenbezogene Daten verarbeiten. „Verarbeitung" ist beispielsweise das Erheben, Erfassen, die Organisation, Speicherung, Veränderung, Verwendung, Übermittlung, und auch die Löschung von Daten – kurz gesagt: jeder Vorgang, der personenbezogene Daten betrifft.

> **Beratungshinweis:**
> Jedes Unternehmen verfügt über eine Vielzahl solcher Daten: Exemplarisch seien hier Mitarbeiter- und Kundendaten genannt, aber auch Lieferanten und Geschäftskontakte enthalten oft einen Personenbezug.

3. Neue Rechenschaftspflicht für datenverarbeitende Unternehmen

Die DSGVO bestimmt zahlreiche konkrete Pflichten, die Unternehmen erfüllen müssen.

264

> **Anmerkung:**
> Diese Aufgaben und Verantwortlichkeiten entsprechen teilweise den bisherigen Regelungen des deutschen Bundesdatenschutzgesetzes, sind aber in weiten Teilen anders bzw. neu.

Verantwortliche, also z.B. die Unternehmen, sind nunmehr für die Einhaltung dieser Datenschutzvorgaben **rechenschaftspflichtig**, müssen also deren Einhaltung nachweisen. Sie müssen zwingend ihre Prozesse so einrichten und dokumentieren, dass den

Dritter Teil: Ausblick

Datenschutzbehörden die datenschutzkonforme Datenverarbeitung von personenbezogenen Daten nachgewiesen werden kann.

Der **Anpassungsbedarf** muss bei jedem Unternehmen individuell ermittelt werden. Jedoch sollten Unternehmen mindestens folgende Themen angehen:

– Verträge zur Auftragsverarbeitung (mit Dienstleistern) anpassen bzw. abschließen,
– Verarbeitungsverzeichnis anpassen bzw. erstellen,
– Datenschutz-Folgeabschätzungen durchführen,
– technische und organisatorische Maßnahmen anpassen bzw. einrichten,
– Informationen für Betroffene bereitstellen bzw. anpassen,
– interne Prozesse einrichten, um die Betroffenenrechte zu erfüllen,
– Datenschutzbeauftragten bestellen,
– interne Prozesse für Meldungen von Datenschutzverstößen einrichten,
– Datenschutzmanagementsystem anpassen bzw. einrichten,
– Mitarbeiter schulen.

4. Handlungsplan aufgrund DSGVO

265 Als konkreter Handlungsplan bis Mai 2018 empfiehlt sich folgendes Vorgehen:

(1) Schutzbedarf der verarbeiteten personenbezogenen Daten ermitteln

(2) Risiken für personenbezogene Daten analysieren und bewerten

(3) Maßnahmen zum Schutz personenbezogener Daten definieren und umsetzen

(4) Ergebnisse dokumentieren.

Die Punkte 1. und 2. richten sich zum einen nach Sensibilität und Umfang der personenbezogenen Daten und zum anderen nach der Beschaffenheit der vorhandenen IT-Infrastruktur. Dabei ist zu ermitteln, mit welcher Wahrscheinlichkeit welche Art von Daten bedroht sein kann.

Daran anknüpfend, sind in Punkt 3. Maßnahmen zu definieren und umzusetzen, um Schäden an personenbezogenen Daten zu verhindern. Als Punkt 4. sind die eingerichteten Maßnahmen zu dokumentieren, um den Aufsichtsbehörden die DSGVO-Konformität nachweisen zu können.

5. Deutlich erhöhte Bußgelder

266 Eine ganz wesentliche Änderung im Verhältnis zur bisherigen Rechtslage besteht darin, dass die Sanktionsmöglichkeiten für Datenschutzverstöße enorm erweitert werden. Die Datenschutzbehörden können bzw. müssen „wirksame, verhältnismäßige und abschreckende" Geldbußen verhängen. Die DSGVO sieht hierfür einen deutlich erhöhten Bußgeldrahmen von bis zu 20 Mio. Euro oder bis zu 4 % des gesamten weltweiten Jahresumsatzes eines Unternehmens bzw. des Konzernverbundes vor.

> **Beratungshinweis:**
> Unternehmen sollten nicht nur, sondern müssen ihre Datenverarbeitungsprozesse zwingend an der DSGVO und dem neuen BDSG ausrichten. Gelingt das nicht, ist ab dem 25.5.2018 nicht nur mit hohen Geldbußen zu rechnen, sondern es können auch Imageschäden in einer deutlich sensibilisierten Öffentlichkeit drohen.

II. Neues Bauvertragsrecht

267 Mit dem Gesetz zur Reform des Bauvertragsrechts, zur Änderung der kaufrechtlichen Mängelhaftung, zur Stärkung des zivilprozessualen Rechtsschutzes und zum maschinellen Siegel im Grundbuch- und Schiffsregisterverfahren[1] wird das Bauvertragsrecht mit Wirkung **ab 1.1.2018** reformiert.

Dadurch wird u.a. die Sonderform eines **Verbraucherbauvertrags** eingeführt (§§ 650i ff. BGB). Vor Vertragsschluss muss dem Verbraucher eine bestimmten Mindestanforderungen genügende **Baubeschreibung** zur Verfügung gestellt werden (§ 650j BGB). Diese wird grundsätzlich auch Inhalt des abzuschließenden Verbraucherbauvertrags (§ 650k Abs. 1 BGB). Der mit einem Verbraucher geschlossene Bauvertrag muss zudem **verbindliche Angaben** enthalten, **wann** der Bau fertig gestellt sein wird (§ 650k Abs. 3 BGB). Von dem Verbraucher zu leistende **Abschlagszahlungen** sind auf 90 % der vereinbarten Gesamtvergütung gedeckelt (§ 650m Abs. 1 BGB). Außerdem steht dem Verbraucher das Recht zu, einen Bauvertrag, sofern dieser nicht notariell beurkundet wurde, innerhalb von 14 Tagen ab Vertragsschluss ohne Begründung zu **widerrufen** (§ 650l BGB).

Wandeln sich während der Bauausführung Wünsche und Bedürfnisse des Bauherrn, kann **Änderungsbedarf** entstehen. Die Vertragsparteien sind dann dazu angehalten, Einvernehmen über die Änderung der Leistung und der zu leistenden Vergütung zu erzielen. Bei Änderungswünschen des Bauherrn ist der Bauunternehmer zur Abgabe eines neuen Angebots verpflichtet (§ 650b Abs. 1 BGB). Können sich die Parteien binnen 30 Tagen nach Zugang des Änderungsbegehrens nicht einigen, kann der Bauherr unter Umständen die Durchführung der Änderungswünsche einseitig anordnen (§ 650b Abs. 2 BGB). In diesem Fall sind bei der Ermittlung der Vergütungsanpassung die gesetzlichen Vorgaben laut § 650c BGB zu beachten.

268 Schließlich wurde das **Recht der Mängelhaftung modifiziert**. Danach kann der Verkäufer im Rahmen der Nacherfüllung gegenüber dem Käufer verpflichtet sein, eine bereits in einer anderen Sache eingebaute mangelhafte Kaufsache auszubauen und eine Ersatzsache einzubauen oder die Kosten für beides zu tragen. Dieser Rechtsanspruch nach § 439 Abs. 3 BGB ist **bei allen Kaufverträgen** gegeben, auch wenn es sich um einen Vertrag zwischen Unternehmen (B2B) handelt.

> **Beratungshinweis:**
> Für Bauunternehmer hat dies den Vorteil, dass sie nun beim Verkäufer für mangelhafte Kaufsachen auch hinsichtlich der Ein- und Ausbaukosten leicht Regress verlangen können.

III. Arbeitsrecht

1. Betriebliche Altersversorgung: Einführung einer reinen Beitragszusage

269 Mit dem Gesetz zur Stärkung der betrieblichen Altersversorgung und zur Änderung anderer Gesetze (Betriebsrentenstärkungsgesetz)[2] ist beabsichtigt, **Betriebsrenten** insbesondere **für kleinere und mittlere Unternehmen** sowie deren Beschäftigte attraktiver zu machen. Die im Gesetz enthaltenen Regelungen sind regelmäßig **ab 1.1.2018** anzuwenden (zu den steuerrechtlichen Regelungen → Rz. 168 ff.).

270 Kernstück des Gesetzes ist die **Einführung der reinen Beitragszusage** als neue Vorsorgeform der betrieblichen Altersversorgung (bAV). Künftig kann in Tarifverträgen vereinbart werden, dass Arbeitgeber Versorgungsbeiträge an eine Direktversicherung,

---

1) Gesetz v. 28.4.2017, BGBl. I 2017, 969.
2) Gesetz v. 17.8.2017, BGBl. I 2017, 3214 = BStBl I 2017, 1278 (Auszug). Vgl. zu den sozialversicherungsrechtlichen Neuerungen durch das Betriebsrentenstärkungsgesetz auch Freudenberg, B+P 2017, 561.

Dritter Teil: Ausblick

Pensionskasse oder einen Pensionsfonds erbringen können, ohne dass dem Arbeitnehmer eine Mindest- oder Garantieleistung versprochen wird. Die Versorgungszusage wird nur noch über die gezahlten Beiträge abgegeben (sog. Zielrente). Die Haftung des Arbeitgebers entfällt, ebenso seine Pflicht zur Anpassung der Betriebsrente und seine Insolvenzsicherungspflicht („pay and forget").

> **Anmerkung:**
> Der Gesetzgeber verkennt zwar nicht, dass die reine Beitragszusage für den Arbeitnehmer nachteilig sein kann, weil damit ihn allein das Anlagerisiko trifft. Allerdings sieht er darin auch Chancen, dass das Versorgungsunternehmen durch den größeren Gestaltungsspielraum bei der Kapitalanlage höhere Renditen erzielen kann.

Als zusätzlicher Anreiz für die Beschäftigten muss der Arbeitgeber bei Entgeltumwandlungen die ersparten Sozialversicherungsbeiträge in Höhe von 15 % des umgewandelten Entgelts als **zusätzlichen Arbeitgeberzuschuss** zur Betriebsrente weitergeben. Zudem soll im Tarifvertrag vorgesehen werden, dass der Arbeitgeber einen steuerfreien Sicherungsbeitrag leistet, um Schwankungen der Versorgungsleistungen auszugleichen.

Im Rahmen eines Tarifvertrags kann künftig zudem geregelt sein, dass für alle Arbeitnehmer oder für eine Gruppe von Arbeitnehmern des Unternehmens automatisch eine Entgeltumwandlung zugunsten einer betrieblichen Altersversorgung vorgenommen wird, es sei denn, der Arbeitnehmer widerspricht der Entgeltumwandlung (**Optionsmodell** oder Opting-Out-Modell).

> **Kritische Stellungnahme:**
> Grundsätzlich werden durch einen Tarifvertrag nur die Tarifvertragsparteien gebunden. Allerdings verspricht sich der Gesetzgeber eine darüber hinausgehende Flächenwirkung von tarifvertraglichen Regelungen zur betrieblichen Altersversorgung. Denn der Gesetzgeber sieht vor, dass nichttarifgebundene Unternehmen die Anwendung der branchenspezifischen bAV-Tarifregelung mit ihren Arbeitnehmern vereinbaren können. Das gilt sowohl für die reine Beitragszusage, als auch für das Opting-Out-Modell. Ob kleinere und mittlere Unternehmen sich tatsächlich an die tarifvertragliche Lösung „anhängen" und auf diese Weise ihren Arbeitnehmern statt einer anstehenden Gehaltserhöhung eine reine Beitragszusage erteilen, bleibt abzuwarten.

2. Neue Rechengrößen in der Sozialversicherung

271 Am 27.9.2017 legte die Bundesregierung dem Bundesrat die Verordnung über maßgebende Rechengrößen der Sozialversicherung für 2018 (Sozialversicherungs-Rechengrößenverordnung 2018)[1] vor. Damit werden die Rechengrößen der Sozialversicherung gemäß der Einkommensentwicklung im vergangenen Jahr turnusgemäß angepasst. Um in Kraft treten zu können, bedarf die Verordnung noch der Zustimmung des Bundesrats und der Verkündigung im Bundesgesetzblatt.

	Monat (West)	Jahr (West)	Monat (Ost)	Jahr (Ost)
	Euro	Euro	Euro	Euro
Beitragsbemessungsgrenze allgemeine Rentenversicherung	6 500	78 000	5 800	69 600
Beitragsbemessungsgrenze knappschaftliche Rentenversicherung	8 000	96 000	7 150	85 800
Beitragsbemessungsgrenze Arbeitslosenversicherung	6 500	78 000	5 800	69 600

---

1) BR-Drucks. 657/17 v. 27.9.2017.

H. Wirtschaftsrecht

	Monat (West)	Jahr (West)	Monat (Ost)	Jahr (Ost)
	Euro	Euro	Euro	Euro
Beitragsbemessungsgrenze Kranken- und Pflegeversicherung	4 425	53 100	4 425	53 100
Versicherungspflichtgrenze Kranken- und Pflegeversicherung	4 950	59 400	4 950	59 400
Bezugsgröße in der Sozialversicherung	3 045	36 540	2 695	32 340

3. Insolvenzgeld: Umlagesatz 2018

Der Umlagesatz für das Insolvenzgeld (U3) für das Kalenderjahr 2018 beträgt nach der zum 1.1.2018 in Kraft tretenden Insolvenzgeldumlagesatzverordnung 2018[1] **0,06 %**. **272**

4. Künstlersozialabgabe 2018

Der Prozentsatz der Künstlersozialabgabe beträgt für das Jahr 2018 auf 4,2 %. Für 2017 belief sich dieser noch auf 4,8 %. Wie bereits im Vorjahr sinkt damit die Künstlersozialabgabe zum Jahreswechsel. **273**

> **Anmerkung:**
> Die hierfür maßgebliche Künstlersozialabgabe-Verordnung 2018 wurde am 1.8.2017 im Bundesgesetzblatt[2] verkündet.

5. Arbeitnehmerentsendung: Neues Verfahren für A1-Bescheinigungen

Bei **grenzüberschreitenden Einsätzen von Mitarbeitern im EU-/EWR-Ausland** sind sog. A1-Bescheinigungen einzuholen. Anhand dieser Bescheinigungen wird zum einen der Nachweis geführt, dass die eingesetzten Mitarbeiter dem deutschen Sozialversicherungssystem unterliegen. Zum anderen wird eine Befreiung vom ausländischen Sozialversicherungssystem sichergestellt. **274**

Die bislang in Papierform einzureichenden Anträge führten die Krankenkassen ebenso wie die Deutsche Verbindungsstelle für Krankenversicherung – Ausland (DVKA), die für Sonderfälle wie die Ausnahmegenehmigung und bei Mehrstaatentätigkeit zuständig ist, an die Grenze ihrer Kapazitäten. Hier soll ein **neues** ab 2018 geltendes **Online-Verfahren** Abhilfe schaffen.

> **Anmerkung:**
> Die Nutzung dieses Online-Verfahrens ist ab Anfang 2018 möglich und spätestens ab Januar 2019 für alle Beteiligten verpflichtend. Wir empfehlen die frühzeitige Umstellung, da dies zu einer Verfahrensbeschleunigung führt. Auch spontane Dienstreisen können über dieses Online-Verfahren noch gemeldet werden.

Einzelheiten sind in der Verfahrensbeschreibung vom 1.4.2017 vom GKV-Spitzenverband, das auch über die Krankenkassen erhältlich ist, nachzulesen.

Entscheidend ist die nicht ganz einfache Wahl des zutreffenden Antrages – nur soweit die Einsätze tatsächlich im Auftrag und auf Rechnung des deutschen Unternehmens

---

1) Verordnung v. 27.9.2017, BGBl. I 2017, 3458.
2) Verordnung v. 1.8.2017, BGBl. I 2017, 3056.

Dritter Teil: Ausblick

erfolgen, ist der Antrag bei der Krankenkasse korrekt. Bei verbundenen Unternehmen ist in der Regel der Antrag bei der DVKA der richtige Weg.

Soweit es um Auslandseinsätze in Nicht-EU-Staaten geht, mit denen jedoch ein Sozialversicherungsabkommen besteht, verbleibt es bei dem bisherigen Antragsverfahren in Papierform. Erfolgen die Einsätze im Auftrag und auf Rechnung des deutschen Unternehmens, geht der Antrag wie gewohnt an die Krankenkasse des Mitarbeiters; bei privater Versicherung an die Deutsche Rentenversicherung Bund. Geht der Einsatz zu einer ausländischen Tochtergesellschaft, ist ein Antrag auf Ausnahmegenehmigung bei der DVKA der richtige Weg.

Vierter Teil: Entwicklungen in Gesetzgebung, Rechtsprechung und Verwaltung 2017

A. Unternehmensbesteuerung

I. Bilanzierung

1. E-Bilanz unter Anwendung der Taxonomien 6.0

Für die Erstellung der E-Bilanz sind die von der Finanzverwaltung bereitgestellten Taxonomien zu verwenden. Mit Schreiben vom 24.5.2016[1] veröffentlichte das BMF die Fassung 6.0. Mit den Taxonomien 6.0 werden im Vergleich zu der vorgehenden Fassung die **Modifizierungen** der handelsbilanziellen Vorschriften im HGB **durch das Bilanzrichtlinie-Umsetzungsgesetz** (BilRUG)[2] berücksichtigt. So ergeben sich insb. Änderungen für die Gliederung der Gewinn- und Verlustrechnung.

275

Die Taxonomien sind grundsätzlich für E-Bilanzen der **Wirtschaftsjahre, die nach dem 31.12.2016 beginnen**, sowie für elektronisch übermittelte Eröffnungsbilanzen, die nach dem 31.12.2016 aufzustellen sind, anzuwenden.

2. Keine steuerneutrale Übertragung des Betriebs unter Vorbehaltsnießbrauch

Mit Urteil vom 25.1.2017[3] bestätigt der BFH seine bisherige Rechtsprechung, wonach die **Steuerneutralität der unentgeltlichen Übertragung des Betriebs** nach § 6 Abs. 3 Satz 1 EStG voraussetzt, dass der Übertragende seine **bisherige gewerbliche Tätigkeit einstellt**.

276

Im Streitfall erzielte der bisherige Betriebsinhaber zunächst gewerbliche Einkünfte aus der Verpachtung einer Gaststätte sowie der Vermietung von Wohnungen und Büros. Die verpachtete bzw. vermietete Immobilie, die die einzige wesentliche Betriebsgrundlage seines Gewerbebetriebs darstellte, übertrug er unentgeltlich unter Vorbehaltsnießbrauch. Da die Immobilie **aufgrund des vorbehaltenen Nießbrauchs weiterhin** vom bisherigen Betriebsinhaber **gewerblich genutzt** wird, sieht der BFH die Voraussetzung der Einstellung der bisherigen gewerblichen Tätigkeit als nicht erfüllt an. Unerheblich sei insoweit, ob ein aktiv betriebener oder ein verpachteter Betrieb unter Vorbehaltsnießbrauch übertragen wird.

Zu einem anderen Ergebnis kam der BFH im Fall der Übertragung eines land- und forstwirtschaftlichen Betriebs unter Vorbehaltsnießbrauch.[4] Diese Rechtsprechung sei jedoch – so der BFH in diesem Urteil – nicht bei Übertragung von Gewerbebetrieben anwendbar, da der Begriff des Gewerbebetriebs eine tätigkeitsbezogene Komponente aufweist, aus der die Aufgabe der gewerblichen Tätigkeit zu folgern ist.

> **Praxistipp:**
> Statt der unentgeltlichen Übertragung des Betriebs unter Vorbehaltsnießbrauch könnte in der Praxis eine Betriebsübergabe gegen Versorgungsleistungen in Betracht gezogen werden. Dadurch kann die Steuerneutralität des Betriebsübergangs gesichert und wirtschaftlich ein vergleichbares Ergebnis erreicht werden.

---

1) BMF v. 24.5.2016, IV C 6 – S 2133-b/16/10001 :001, BStBl I 2016, 500. Mit BMF-Schreiben v. 16.5.2017, IV C 6 – S 2133-b/17/10003, BStBl I 2017, 776 wurde zwischenzeitlich die Taxonomie 6.1 veröffentlicht, welche grundsätzlich für E-Bilanzen der Wirtschaftsjahre zu verwenden ist, die nach dem 31.12.2017 beginnen (hierzu im Einzelnen → Rz. 149)
2) Gesetz v. 17.7.2015, BGBl. I 2015, 1245.
3) BFH v. 25.1.2017, X R 59/14, DStR 2017, 1308 = HFR 2017, 705 mit Anm. Förster (vgl. zu dieser Entscheidung auch Strahl, BeSt 2017, 29 f.).
4) Zuletzt BFH v. 7.4.2016, IV R 38/13, BStBl II 2016, 765 (vgl. hierzu auch Feldgen, Generationen- und betriebsübergreifende Totalgewinnprognose bei Übertragung eines Forstbetriebs unter Nießbrauchsvorbehalt, eNews Steuern, Ausgabe 8/2016 v. 18.7.2016).

3. Errichtung von Betriebsgebäuden auf dem Grundstück des Nichtunternehmer-Ehegatten

277 In seinem Urteil vom 9.3.2016[1] stellte der BFH Grundsätze zur Behandlung des **eigenen Aufwands des Betriebsinhabers** für die Errichtung eines betrieblich genutzten Gebäudes auf einem dem Nichtunternehmer-Ehegatten gehörenden Grundstück auf.[2]

Mit Schreiben vom 16.12.2016[3] äußert sich das BMF zu diesem Urteil und bejaht – ähnlich wie der BFH – die Berücksichtigung der Anschaffungs- und Herstellungskosten des Gebäudes, das auf dem Grundstück bzw. auf dem Miteigentumsanteil an dem Grundstück des Nichtunternehmer-Ehegatten errichtet wird, in einem **Aufwandsverteilungsposten**. Dieser ist in der Bilanz zu bilden und über einen Zeitraum von 50 Jahren abzuschreiben.

Bei Beendigung der betrieblichen Nutzung des Grundstücks sind die noch nicht abgezogenen Anschaffungs- und Herstellungskosten des Gebäudes erfolgsneutral auszubuchen. Wertsteigerungen des Wirtschaftsguts sind nicht im Betriebsvermögen zu erfassen. Diese treten im Privatvermögen des Nichtunternehmer-Ehegatten ein.

> **Anmerkung:**
> Diese Rechtsauffassung wird bestätigt durch das Urteil des BFH vom 21.2.2017.[4] Darin führt der BFH aus, dass die steuerliche Berücksichtigung der Abschreibung nur in Frage kommt, wenn der Nichteigentümer-Ehegatte die Anschaffungskosten des Gebäudes getragen hat, was er im Streitfall ablehnte. Zudem versagt der BFH den Abzug von Zinsaufwendungen für ein Darlehen, mit dem die Nichtunternehmer-Ehefrau den Kauf des Grundstücks finanziert hat. Unbeachtlich sei hierbei, dass die Zins- und Tilgungsleistungen für dieses Darlehen von einem Oder-Konto der Ehegatten erfolgten, wobei das Guthaben darauf im Wesentlichen aus Einnahmen des Ehemanns aus seiner selbständigen Tätigkeit resultierte. Denn die Zahlungen zur Tilgung des Finanzierungsdarlehens von dem gemeinsamen Konto der Ehegatten seien unabhängig davon, aus wessen Mitteln das Guthaben auf dem Konto stammt, jeweils für Rechnung desjenigen als geleistet anzusehen, der den Betrag schuldet.

4. Wirtschaftliches Eigentum bei Sale-and-Lease-Back-Gestaltung

278 Im Fall des Leasings eines Wirtschaftsguts ist stets zu prüfen, wem das Wirtschaftsgut als wirtschaftlichem Eigentümer zuzurechnen ist. Wird dem Leasinggeber das Wirtschaftsgut zugerechnet, hat er dieses über die betriebsgewöhnliche Nutzungsdauer im Wege der Abschreibung zu berücksichtigen. Die Leasingraten stellen als Nutzungsentgelt Betriebseinnahmen dar. Bei Zurechnung zum Leasingnehmer ist bei diesem die Abschreibung vorzunehmen. Das Leasingverhältnis ist als Darlehensverhältnis zu behandeln. Die Leasingraten stellen Zins- und Rückzahlungen der Darlehensvaluta dar. Eine entsprechende Wertung ist auch bei Sale-and-Lease-Back-Gestaltungen vorzunehmen. Hier besteht lediglich die Besonderheit, dass der Leasinggeber den Leasinggegenstand vom Leasingnehmer und nicht von einem Dritten beschafft hat.

Zur Bestimmung des wirtschaftlichen Eigentümers des Leasinggegenstands wurden sowohl von der finanzgerichtlichen Rechtsprechung als auch von der Finanzverwaltung verschiedene Fallgruppen entwickelt.

---

[1] BFH v. 9.3.2016, X R 46/14, BStBl II 2016, 976.
[2] S. im Detail Ebner Stolz/BDI, Änderungen im Steuer- und Wirtschaftsrecht 2016/2017, Rz. 274.
[3] BMF v. 16.12.2016, IV C 6 – S 2134/15/10003, BStBl I 2016, 1431.
[4] BFH v. 21.2.2017, VIII R 10/14, BStBl II 2017, 819 = HFR 2017, 683 mit Anm. Werth.

> **Anmerkung:**
> Maßgeblich ist dabei stets, wem für die voraussichtliche Nutzungsdauer des Wirtschaftsguts dessen Substanz und Ertrag wirtschaftlich zusteht. So ist eine Zurechnung zum Vermögen des Leasingnehmers angezeigt, wenn zwar eine Grundmietzeit vereinbart wurde, die kürzer als die betriebsgewöhnliche Nutzungsdauer ist, jedoch dem Leasingnehmer ein Recht auf Verlängerung der Nutzungsüberlassung oder eine Kaufoption zu so günstigen Konditionen eingeräumt wurde, dass mit der Ausübung dieses Rechts zu rechnen ist.

Wurde hingegen bei einer **Grundmietzeit**, die **kürzer als die betriebsgewöhnliche Nutzungsdauer** ist, ein **Andienungsrecht** des Leasinggebers zum Ende der Grundmietzeit eingeräumt, kommt der BFH mit Urteil vom 13.10.2016[1] zu einem gegenteiligen Ergebnis. Unerheblich ist dabei nach Auffassung des BFH, ob die Ausübung des Andienungsrechts für den Leasinggeber wirtschaftlich vorteilhaft und somit mit dessen Ausübung zu rechnen ist.

5. Wirtschaftliche Zurechnung der Wertpapiere bei Wertpapierleihe

Laut **BFH** verbleibt das wirtschaftliche Eigentum an Aktien, die im Rahmen einer sog. Wertpapierleihe zivilrechtlich an einen Entleiher übereignet wurden, **ausnahmsweise beim Verleiher**, wenn die zivilrechtliche Position des Entleihers lediglich eine formale ist. Maßgeblich hierfür seien jeweils die Bestimmungen des abgeschlossenen Leihvertrags und die Art des Vollzugs.[2]

Das **BMF** nimmt mit Schreiben vom 11.11.2016[3] zu diesem Urteil Stellung. Demnach sind dem **Darlehensnehmer als zivilrechtlichem Eigentümer** die ihm im Rahmen einer Wertpapierleihe übereigneten Wertpapiere grundsätzlich auch wirtschaftlich zuzurechnen. Trotz der Übertragung des zivilrechtlichen Eigentums gehe jedoch im **Ausnahmefall** das wirtschaftliche Eigentum nicht auf den Darlehensnehmer über, wenn die Wertpapiere über einen kurzen Zeitraum über den Dividendenstichtag hinaus übertragen werden. Als kurzer Zeitraum gelte jedenfalls eine Haltedauer von weniger als 45 Tagen. Ebenso ist nicht von wirtschaftlichem Eigentum des Darlehensnehmers auszugehen, wenn dessen Eigentümerposition in der Gesamtschau als eine rein formale erscheint. Dazu sei u.a. darauf abzustellen, ob das Gesamtentgelt unter Berücksichtigung eines Steuervorteils bemessen wurde. Gegen die Eigentümerposition des Darlehensnehmers spreche auch, wenn dieser keinen Liquiditätsvorteil aus dem Wertpapiergeschäft erzielt, die Ausübung der Stimmrechte vertraglich ausgeschlossen ist und ihm lediglich eine schwache Rechtsposition eingeräumt werde.

> **Beratungshinweis:**
> Die Grundsätze des BMF-Schreibens, die in allen noch offenen Fällen anzuwenden sind, sind insb. für die Anrechnung der Kapitalertragsteuer maßgeblich, die bei Dividendenzahlungen einbehalten wird. Ist dem Darlehensnehmer das wirtschaftliche Eigentum zuzuordnen, kann er die Kapitalertragsteuer anrechnen. Andernfalls verbleibt das Anrechnungsrecht beim Darlehensgeber.
> Der wirtschaftlichen Zurechnung der Wertpapiere beim Darlehensnehmer kann zudem entgegenstehen, wenn eine Gestaltung ohne wirtschaftlichen Grund gewählt wurde und somit von einem Gestaltungsmissbrauch nach § 42 AO auszugehen ist.

6. Abschreibungsbeginn mit Abnahme des Wirtschaftsguts

Der BFH stellt mit Urteil vom 22.9.2016[4] klar, dass ein durch Werklieferungsvertrag erworbenes Wirtschaftsgut erst **ab dem Zeitpunkt des Übergangs des wirtschaftlichen**

---

1) BFH v. 13.10.2016, IV R 33/13, BFH/NV 2017, 494 = HFR 2017, 271.
2) BFH v. 18.8.2015, I R 88/13, BStBl II 2016, 961.
3) BMF v. 11.11.2016, IV C 6 – S 2134/10/10003–02, BStBl I 2016, 1324.
4) BFH v. 22.9.2016, IV R 1/14, BStBl II 2017, 171 (vgl. zu dieser Entscheidung Pfützenreuter, jurisPR-SteuerR 5/2017 Anm. 1).

Eigentums abgeschrieben werden kann. Im Streitfall ging es um eine Windkraftanlage. Laut BFH ist das wirtschaftliche Eigentum an der Anlage erst im Zeitpunkt des Gefahrenübergangs auf den Erwerber und somit mit Abnahme übergegangen.

> **Anmerkung:**
> Die Richter weisen darauf hin, dass weder die Nutzung des Wirtschaftsguts, noch die volle Kaufpreiszahlung vor Gefahrenübergang zum Übergang des wirtschaftlichen Eigentums führen. Beides hat somit keinen Einfluss auf den Abschreibungsbeginn.

7. Teilwertabschreibungen eines in US-Dollar geführten Aktienfonds wegen Wechselkursverlusten

281 Eine deutsche Kapitalgesellschaft hatte 2006 und 2007 Investmentanteile an einem in US-Dollar geführten Aktienfonds erworben, die sie ihrem Umlaufvermögen zuordnete. Zwar wies der Fonds während der Haltezeit positive Aktiengewinnanteile aus. Auch erzielte die Kapitalgesellschaft durch den Verkauf der Investmentanteile in 2008 in US-Dollar einen Gewinn. Nach Umrechnung in Euro stellte sich dieser Gewinn jedoch durch die negative Wechselkursentwicklung als Verlust dar. Wegen dieser Wechselkursentwicklung berücksichtigte die Kapitalgesellschaft bereits in 2006 und 2007 Teilwertabschreibungen auf die Investmentanteile.

Diese **Teilwertabschreibungen** können nach Auffassung des BFH zwar bei dauerhafter Wertminderung in der Steuerbilanz berücksichtigt werden. Allerdings ist **außerbilanziell eine Neutralisierung** der Teilwertabschreibungen nach § 8 Abs. 3 InvStG a.F. i.V.m. § 8b Abs. 3 Satz 3 KStG vorzunehmen.[1] Der BFH begründet dies damit, dass für Zwecke der Bewertung nicht zwischen der Währungskomponente und der Börsenkurskomponente als unselbständige Faktoren für die Bewertung von Geschäftsvorfällen und Wirtschaftsgütern zu unterscheiden ist.

8. Buchwertfortführung bei unentgeltlicher Übertragung eines Betriebs

282 Bei unentgeltlicher Übertragung eines Betriebs, Teilbetriebs oder eines Mitunternehmeranteils hat der Übernehmer die Wirtschaftsgüter mit den bisherigen Buchwerten anzusetzen (§ 6 Abs. 3 Satz 1 EStG). Dies gilt laut der mit dem sog. Ersten BEPS-Umsetzungsgesetz[2] eingefügten Ergänzung der Regelung ab dem VZ 2017 nur dann, sofern die **Besteuerung der stillen Reserven im Inland sichergestellt** ist.

> **Beratungshinweis:**
> Die Ergänzung ist im Zusammenhang mit der Neufassung des § 50i Abs. 2 EStG zu sehen (→ Rz. 452). In der Rechtsanwendung dürfte sich dadurch jedoch keine Änderung ergeben. Denn der BFH hat bereits zu § 7 Abs. 1 EStDV, der Vorgängerregelung des § 6 Abs. 3 EStG, entschieden, dass die Buchwertfortführung nur in Betracht kommt, wenn die stillen Reserven beim Rechtsnachfolger steuerverstrickt bleiben.[3]

9. Rückstellungsbildung bei Darlehen mit steigenden Zinssätzen

283 Besteht hinsichtlich einer am Bilanzstichtag bestehenden Darlehensverbindlichkeit die Verpflichtung, diese in späteren Jahren höher zu verzinsen, ist laut Urteil des BFH vom 25.5.2016[4] in Höhe der **Differenz zwischen** der Zinsbelastung unter Berücksichtigung

---

1) BFH v. 21.9.2016, I R 63/15, BStBl II 2017, 357 (vgl. zu dieser Entscheidung auch Höring, Währungskursbedingte Teilwertabschreibung auf Investmentanteile, eNews Steuern, Ausgabe 7/2017 v. 20.2.2017).
2) Gesetz v. 20.12.2016, BGBl. I 2016, 3000 = BStBl I 2017, 5.
3) BFH v. 19.2.1998, IV R 38/97, BStBl II 1998, 509.
4) BFH v. 25.5.2016, I R 17/15, BStBl II 2016, 930 (vgl. zu dieser Entscheidung auch Eich, BeSt 2016, 5 f.).

des **progressiven Zinssatzes** und dem **Durchschnittszinssatz** eine Verbindlichkeit oder eine Rückstellung wegen eines wirtschaftlichen Erfüllungsrückstands auszuweisen.

Der BFH führt dazu weiter aus, dass der Ausweis als Verbindlichkeit dann zu erfolgen hat, wenn die Höhe des Erfüllungsrückstands sicher ist, ungeachtet dessen, ob die vertraglich noch geschuldete Leistung zum Bilanzstichtag bereits fällig war. Ist die Höhe der zu erfüllenden Leistung hingegen ungewiss, sei die Bildung einer Rückstellung angezeigt.

> **Beratungshinweis:**
> Die Zinsverbindlichkeit ist nach Auffassung des BFH grundsätzlich abzuzinsen.

10. Rückstellungen für ein Aktienoptionsprogramm

Sofern eine Option aus einem Aktienoptionsprogramm für leitende Angestellte nur ausgeübt werden kann, falls der Verkehrswert der Aktien zum Ausübungszeitpunkt einen bestimmten Betrag übersteigt und / oder wenn das Ausübungsrecht davon abhängt, dass es **in der Zukunft** zu einem **Verkauf des Unternehmens oder** zu einem **Börsengang** kommt, kann eine Aktiengesellschaft für Verbindlichkeiten hieraus **keine Rückstellungen** bilden. Der Grad der Wahrscheinlichkeit des Eintritts einer dieser Ereignisse sei in diesem Zusammenhang ohne Bedeutung, entschied der BFH mit Urteil vom 15.3.2017[1)] und bekräftigt damit zunächst die bestehende Rechtsprechung, wonach die Ausgabe von Aktienoptionen an Mitarbeiter durch eine AG im Rahmen eines mit einer bedingten Kapitalerhöhung verbundenen Aktienoptionsplans nicht zu einem gewinnwirksamen Personalaufwand führt. Weiter führt er aus, dass auch im Hinblick auf die künftige Ausgabe neuer Aktien mangels gegenwärtiger wirtschaftlicher Belastung die Passivierung einer Verbindlichkeitsrückstellung nicht möglich ist.

284

> **Anmerkung:**
> Auch lehnt der BFH die Bildung von Rückstellungen für die eventuellen künftigen Zahlungsverpflichtungen aus der in den Optionsbedingungen geregelten Ersetzungs- bzw. Rückkaufsbefugnis der AG mangels rechtlicher Entstehung oder wirtschaftlicher Verursachung am Bilanzstichtag ab.

11. Passivierungsverbot für Anschaffungs- oder Herstellungskosten von ertraglosen Wirtschaftsgütern

Für Aufwendungen, die in künftigen Wirtschaftsjahren als Anschaffungs- oder Herstellungskosten eines Wirtschaftsguts zu aktivieren sind, dürfen keine Rückstellungen gebildet werden (§ 5 Abs. 4b Satz 1 EStG). Dieses Passivierungsverbot erfasst laut Urteil des BFH vom 8.11.2016[2)] auch als Anschaffungs- oder Herstellungskosten eines Wirtschaftsguts zu aktivierende Aufwendungen, die zu keinem Ertrag mehr führen können. Der **BFH lehnt** damit eine entsprechende **teleologische Reduktion** des Passivierungsverbots **ab**.

285

II. Gewinnermittlung

1. Berücksichtigung einer nach dem 10.1. des Folgejahres fälligen Umsatzsteuervorauszahlung

Unternehmer, die ihren Gewinn durch Einnahmen-Überschussrechnung ermitteln, haben Betriebseinnahmen und Betriebsausgaben grundsätzlich in dem Jahr zu berücksichtigen, in dem sie zu- bzw. abfließen. Eine Ausnahme stellen regelmäßig wiederkehrende Einnahmen und Ausgaben gemäß § 11 EStG dar, die innerhalb eines Zehn-

286

---

1) BFH v. 15.3.2017, I R 11/15, DStR 2017, 1700 = HFR 2017, 807 (vgl. zu dieser Entscheidung auch Schiffers, Rückstellungen für ein Aktionsprogramm, eNews Steuern, Ausgabe 31/2017 v. 7.8.2017).
2) BFH v. 8.11.2016, I R 35/15, BStBl II 2017, 768.

Tages-Zeitraums vor bzw. nach Ende des Jahres zu- bzw. abfließen. Zu solchen regelmäßig wiederkehrenden Ausgaben gehören auch Umsatzsteuervorauszahlungen, die bis zum 10.1. des Folgejahres fällig und gezahlt werden.

Ist der 10.1. ein Samstag oder Sonntag, verschiebt sich die Fälligkeit einer Umsatzsteuervorauszahlung auf den nachfolgenden Werktag. Eine Zahlung nach dem 10.1. fällt also nicht unter § 11 EStG. Nach Auffassung des FG Thüringen[1] ist aber gleichwohl eine solche Vorauszahlung für den Dezember des Vorjahres in diesem Jahr zu berücksichtigen, wenn sie **bis zum 10.1. des Folgejahres** – also vor deren Fälligkeit – **geleistet** wird. Das FG sieht somit eine entsprechende teleologische Reduktion der maßgeblichen Regelungen vor. Ungeachtet der erst später eintretenden Fälligkeit sei die innerhalb des Zehn-Tages-Zeitraums geleistete Vorauszahlung in dem Jahr, dem sie wirtschaftlich zuzurechnen ist, zu berücksichtigen.

Anmerkung:
Gegen das Urteil des FG wurde Revision eingelegt (Az. X R 44/16).

2. Investitionsabzugsbetrag

287   Für Wirtschaftsjahre, die nach dem 31.12.2015 enden, haben sich die Vorgaben zu Investitionsabzugsbeträgen nach § 7g EStG geändert. So wird u. a. auf den bis dahin erforderlichen Nachweis oder die **Glaubhaftmachung der Investitionsabsicht verzichtet**.

Das BMF geht mit Schreiben vom 20.3.2017[2] auf eine Vielzahl von Zweifelsfragen zu den Regelungen der Investitionsabzugsbeträge in der aktuell geltenden Fassung ein. So ist u. a. die erhöhte Nachweispflicht für die Bildung des Investitionsabzugsbetrags in der Phase der **Betriebseröffnung** entfallen. Der Stpfl. hat lediglich glaubhaft darzulegen, dass die Betriebseröffnung ernsthaft beabsichtigt ist.

Bei Mitunternehmerschaften kann ein Investitionsabzugsbetrag auch für Investitionen im **Sonderbetriebsvermögen** beansprucht werden. Dabei lässt das BMF jedoch offen, ob ein Abzugsbetrag, der für Investitionen im Gesamthandsvermögen gebildet wurde, auch für solche des Sonderbetriebsvermögens genutzt werden kann.

Anmerkung:
Zur Frage, ob eine solche Übertragung des Investitionsabzugsbetrags möglich ist, ist derzeit ein Revisionsverfahren beim BFH anhängig (Az. des BFH VI R 44/16)[3].

3. Abziehbarkeit von Geschenken an Geschäftsfreunde bei pauschaler Besteuerung

288   Geschenke an Geschäftsfreunde gehören grundsätzlich beim Empfänger zu den einkommensteuerpflichtigen Einnahmen. Um eine Steuerlast des Beschenkten zu vermeiden, besteht die Möglichkeit, dass der Schenker die Besteuerung der Geschenke an Geschäftsfreunde übernimmt und diese mit 30 % pauschal versteuert. Bemessungsgrundlage der Pauschalsteuer sind dabei die Aufwendungen des Schenkers inkl. Umsatzsteuer.

Der Schenker kann die Geschenke an Geschäftsfreunde allerdings nur dann als Betriebsausgabe gewinnmindernd berücksichtigen, wenn deren Anschaffungs- oder Herstellungskosten 35 Euro nicht übersteigen (§ 4 Abs. 5 Satz 1 Nr. 1 EStG). Laut Urteil

---

1) FG Thüringen v. 27.1.2016, 3 K 791/15, EFG 2016, 1425 mit Anm. Leist.
2) BMF v. 20.3.2017, IV C 6 – S 2139-b/07/10002–02, BStBl I 2017, 423.
3) Vorinstanz: FG Baden-Württemberg v. 11.3.2016, 9 K 2928/13, EFG 2016, 1081 mit Anm. Reddig.

des BFH vom 30.3.2017[1]) ist bei der Prüfung der 35-Euro-Grenze die **übernommene Pauschalsteuer mit einzubeziehen**. Wird die Grenze infolge der Pauschalsteuer überschritten, ist der Betriebsausgabenabzug ausgeschlossen.

> **Beratungshinweis:**
>
> Das Urteil des BFH wurde im Bundessteuerblatt veröffentlicht und wäre somit grundsätzlich von der Finanzverwaltung anzuwenden. Allerdings wurde in der auf der Homepage des BMF (www.bundesfinanzministerium.de) veröffentlichten Liste der zur Veröffentlichung bestimmten BFH-Urteile ein Hinweis aufgenommen, wonach die Finanzverwaltung die bisherige Vereinfachungsregelung weiterhin anwendet. Demnach **bezieht die Finanzverwaltung die Pauschalsteuer** bei der Prüfung der 35-Euro-Freigrenze **nicht mit ein**.[2])

4. Kein Betriebsausgabenabzug von Kartellbußgeldern

Geldbußen sind grundsätzlich nicht als Betriebsausgaben abzugsfähig. Eine Ausnahme von diesem Abzugsverbot enthält allerdings § 4 Abs. 5 Satz 1 Nr. 8 Satz 4 EStG, soweit mit der Geldbuße der wirtschaftliche Vorteil, der durch den Gesetzesverstoß erlangt wurde, abgeschöpft wird. Bereits mit Urteil vom 7.11.2013[3]) entschied der BFH, dass ein von der EU-Kommission verhängtes **Kartellbußgeld** in Höhe des sog. Grundbetrags **keinen solchen Abschöpfungsteil enthält** und versagte deshalb den Betriebsausgabenabzug. **289**

Das FG Köln kommt nun mit seinem Urteil vom 24.11.2016[4]) ebenso zu dem Ergebnis, dass Kartellbußgelder nicht als Betriebsausgaben zu berücksichtigen sind. Das Gericht ließ keinen Abschöpfungsteil für den aus der Kartellabsprache resultierenden Gewinn zum Abzug zu, weil sich dieser nicht aus dem Bußgeldbescheid ergibt. Es könne nicht unterstellt werden, dass ein Kartellbußgeld stets auch einen Abschöpfungsteil enthalte, wenn sich die **Höhe des Bußgeldes nach dem tatbezogenen Umsatz** bemesse. Denn es stehe im Ermessen des Bundeskartellamts, ob auch der wirtschaftliche Vorteil abgeschöpft werde.

> **Anmerkung:**
>
> Gegen das Urteil des FG Köln wurde Revision beim BFH eingelegt (Az. I R 2/17), so dass sich das oberste Finanzgericht erneut mit der Frage des Betriebsausgabenabzugs von Kartellbußgeldern befassen wird.

5. Häusliches Arbeitszimmer

a) Selbständiger mit eigenen Praxisräumen

Die Aufwendungen für ein häusliches Arbeitszimmer können bis zu einem Betrag von jährlich 1.250 Euro als Betriebsausgaben berücksichtigt werden, wenn für die betriebliche Tätigkeit kein anderer Arbeitsplatz zur Erledigung von Büroarbeiten zur Verfügung steht (§ 4 Abs. 5 Satz 1 Nr. 6b EStG). **290**

Der BFH kam deshalb mit Urteil vom 22.2.2017[5]) zu dem Ergebnis, dass ein Selbständiger mit eigenen Praxisräumen, aber **nur beschränkt nutzbaren Arbeitsplätzen** Aufwendungen für sein häusliches Arbeitszimmer in begrenztem Umfang als Betriebsausgaben zum Abzug bringen kann. Denn nicht jeder nur in den Arbeitsstunden oder an

---
1) BFH v. 30.3.2017, IV R 13/14, BStBl II 2017, 892 = HFR 2017, 698 mit Anm. Baldauf (vgl. hierzu auch Feldgen, Pauschale Einkommensteuer auf Geschenke unterliegt Abzugsverbot, eNews Steuern, Ausgabe 23/2017 v. 12.6.2017).
2) BMF v. 19.5.2015, IV C 6 - S 2297-b/14/10001, BStBl I 2015, 468, Rz. 25.
3) BFH v. 7.11.2013, IV R 4/12, BStBl II 2014, 306.
4) FG Köln v. 24.11.2016, 10 K 659/16, EFG 2017, 377 mit Anm. Hennigfeld.
5) BFH v. 22.2.2017, III R 9/16, BStBl II 2017, 698.

Wochenenden nutzbare Schreibtischarbeitsplatz in einem Praxisraum sei als anderer Arbeitsplatz im Sinne der gesetzlichen Vorgabe anzusehen.

> **Anmerkung:**
> Der BFH führt weiter aus, dass das für Tatsachenfeststellungen zuständige Finanzgericht beurteilen muss, ob ein selbständig Tätiger einen Arbeitsplatz in seiner Praxis in dem konkret erforderlichen Umfang und in der konkret erforderlichen Art und Weise zumutbar nutzen kann. Dazu sind die objektiven Umstände des Einzelfalls heranzuziehen. Anhaltspunkte können sich auf die Beschaffenheit des Arbeitsplatzes, wie z.B. die Größe, Lage und Ausstattung, beziehen. Zu berücksichtigen sind aber auch die Rahmenbedingungen der Nutzung, wie z.B. die Ausgestaltung der Betriebsräume, die Verfügbarkeit des Arbeitsplatzes sowie die zumutbare Möglichkeit der Einrichtung eines außerhäuslichen Arbeitsplatzes.

b) Vermietung eines häuslichen Arbeitszimmers als Einkünfte aus Gewerbebetrieb

291 Der BFH hatte über einen Fall zu entscheiden, in dem eine angestellte Sekretärin neben ihrer Beschäftigung als Arbeitnehmerin einer Klinik im Rahmen einer **gewerblichen Nebentätigkeit** Gutachten für den Chefarzt schrieb. Das für diese Nebentätigkeit genutzte Arbeitszimmer im Einfamilienhaus der Sekretärin vermietete sie an den Chefarzt.

Da die Vermietung des häuslichen Arbeitszimmers ohne die gewerbliche Tätigkeit der Sekretärin nicht erfolgt wäre, beurteilt der BFH die daraus erzielten Einkünfte nicht als solche aus Vermietung und Verpachtung, sondern als Einkünfte aus Gewerbebetrieb.[1]

Die durch das häusliche Arbeitszimmer entstandenen Aufwendungen unterliegen jedoch, so der BFH weiter, der **Abzugsbeschränkung** des § 4 Abs. 5 Satz 1 Nr. 6b EStG. Da als häusliches Arbeitszimmer nur ein Zimmer qualifizieren kann, das durch eine feste bauliche Abgrenzung von den privat genutzten Teilen der Wohnung getrennt ist, versagte der BFH die Berücksichtigung der Aufwendungen. Denn im Streitfall handelte es sich lediglich um eine Arbeitsecke ohne bauliche Abgrenzung.

> **Beratungshinweis:**
> Zu einem **anderen Ergebnis** kam der BFH in dem Fall, in dem ein **Arbeitnehmer** ein Arbeitszimmer in der privaten Wohnung an den Arbeitgeber vermietet. Erfolgt die Vermietung im überwiegenden Interesse des Arbeitgebers, werden aus der Vermietung Einkünfte aus Vermietung und Verpachtung erzielt. Die mit der Vermietung einhergehenden Aufwendungen unterliegen dann nicht der Abzugsbeschränkung des § 4 Abs. 5 Satz 1 Nr. 6b EStG.[2] Die unterschiedliche steuerliche Behandlung der Aufwendungen im vorliegenden Streitfall sieht der BFH jedoch ausdrücklich als gerechtfertigt an.

6. Steuerstundungsmodell i.S.d. § 15b EStG

292 Verluste, die im Zusammenhang mit einem Steuerstundungsmodell anfallen, dürfen mit anderen Einkünften weder im Verlustentstehungsjahr ausgeglichen, noch in der Folgezeit von anderen positiven Einkünften abgezogen werden. Die Verluste können lediglich von positiven Einkünften aus derselben Einkunftsquelle, die in den folgenden Wirtschaftsjahren erzielt werden, abgezogen werden.

Der BFH stellt jedoch mit Urteil vom 17.1.2017[3] klar, dass nicht bereits das bloße Aufgreifen einer bekannten Geschäftsidee die Annahme eines Steuerstundungsmodells

---
1) BFH v. 13.12.2016, X R 18/12, BStBl II 2017, 450 = HFR 2017, 498 mit Anm. Hübner (vgl. hierzu auch Feldgen, Vermietung eines häuslichen Arbeitszimmers an den Auftraggeber eines Gewerbetreibenden, eNews Steuern, Ausgabe 13/2017 v. 3.4.2017).
2) So z.B. BFH v. 19.10.2001, VI R 131/00, BStBl II 2002, 300.
3) BFH v. 17.1.2017, VIII R 7/13, BStBl II 2017, 700 (vgl. hierzu auch Feldgen, Zum Vorliegen eines Steuerstundungsmodells i.S.d. § 15b EStG, eNews Steuern, Ausgabe 19/2017 v. 15.5.2017).

rechtfertigt. Vielmehr ist ein **vorgefertigtes Konzept** erforderlich, das bereits vor der eigentlichen Investitionsentscheidung vorliegt und von einer dritten Person erstellt wurde.

Im Streitfall wurde zwar eine in Fachkreisen bekannte Gestaltungsidee aufgegriffen. Diese entwickelte jedoch der Berater des Stpfl. weiter. Darauf aufbauend wurde eine individuell auf Belange des Stpfl. zugeschnittene Investition getätigt. Folglich bejahte der BFH eine uneingeschränkte Verlustverrechnung der aus der Investition resultierenden Verluste mit anderen Einkünften.

> **Beratungshinweis:**
> Die Entscheidung des BFH zeigt, dass nicht bereits das bloße Aufgreifen von Gestaltungsideen Dritter zur Annahme eines Steuerstundungsmodells führen muss. Es dürfte letztlich aber auf den Einzelfall ankommen, inwiefern die Gestaltungsidee auf den Einzelfall angepasst oder lediglich auf diesen angewendet wurde.

7. Betriebsausgabenabzugsverbot für Gewerbesteuer

Der BFH hat sowohl im Fall eines Personenunternehmens[1] als auch im Fall einer Kapitalgesellschaft[2] das Betriebsausgabenabzugsverbot der Gewerbesteuer gemäß § 4 Abs. 5b EStG für verfassungskonform erklärt.[3] Eine hiergegen beim BVerfG eingelegte Verfassungsbeschwerde wurde nicht zur Entscheidung angenommen.[4]

293

Laut gleich lautenden Erlassen der Obersten Finanzbehörden der Länder vom 28.10.2016[5] sind sämtliche Festsetzungen des Gewerbesteuermessbetrags für Erhebungszeiträume **ab 2008** hinsichtlich der Nichtabziehbarkeit der Gewerbesteuer und der darauf entfallenden Nebenleistungen als Betriebsausgaben **endgültig durchzuführen**.

8. Steuerliche Anerkennung von Verträgen zwischen nichtehelichen Lebensgefährten

Vertragliche Vereinbarungen zwischen nahen Angehörigen werden steuerlich nur anerkannt, wenn sie eindeutig und ernstlich getroffen wurden. Auch muss das Vereinbarte tatsächlich so vollzogen werden. Nach ständiger finanzgerichtlicher Rechtsprechung ist bei Angehörigenverträgen zudem zu überprüfen, ob die Vereinbarung dem entspricht, was zwischen fremden Dritten üblich ist.

294

Ob diese Grundsätze auch auf Vertragsverhältnisse in anderen Näheverhältnissen zu übertragen sind, wird hingegen unterschiedlich beurteilt. So hat dies z.B. der IV. Senat des BFH im Fall einer nichtehelichen Lebensgemeinschaft verneint.[6] Der X. Senat überprüft hingegen eine vertragliche Regelung zwischen Lebensgefährten darauf hin, ob diese dem zwischen Fremden Üblichen entspricht.[7]

Das FG Niedersachsen sieht bei einer Vereinbarung zwischen Partnern einer (ehemaligen) nichtehelichen Lebensgemeinschaft **keinen Grund zur Anwendung der Grundsätze für Verträge zwischen nahen Angehörigen**.[8] Allgemein sei von gegensätzlichen wirtschaftlichen Interessen zwischen den Vertragspartnern auszugehen. Allenfalls käme eine Überprüfung unter Missbrauchsaspekten in Betracht, wenn hierfür besondere und schwerwiegende Anhaltspunkte vorliegen würden, die eine Versagung der steuerlichen Anerkennung rechtfertigen könnten.

---
1) BFH v. 10.9.2015, IV R 8/13, BStBl II 2015, 1046.
2) BFH v. 16.1.2014, I R 21/12, BStBl II 2014, 531.
3) Vgl. dazu auch Ebner Stolz/BDI, Änderungen im Steuer- und Wirtschaftsrecht 2016/2017, Rz. 279.
4) BVerfG v. 12.7.2016, 2 BvR 1559/14, BStBl II 2016, 812.
5) BStBl I 2016, 1114.
6) BFH v. 14.4.1988, IV R 225/85, BStBl II 1988, 670.
7) BFH v. 17.7.2013, X R 31/12, BStBl II 2013, 1015.
8) FG Niedersachsen v. 16.11.2016, 9 K 316/15, EFG 2017, 482 (rkr.) mit Anm. Kreft.

Damit erkennt das FG Niedersachsen die Vereinbarung an, wonach die ehemalige Lebensgefährtin für ihre Arbeitnehmertätigkeit im Rahmen eines Minijobs statt eines Barlohns ein betriebliches Fahrzeug auch zur privaten Nutzung überlassen erhält. Der geldwerte Vorteil der Privatnutzung wurde nach der 1 %-Methode ermittelt und war mit dem andernfalls als Barlohn zu zahlenden Entgelt von monatlich 400 Euro zu bewerten.

> **Beratungshinweis:**
>
> Werden an den Lebensgefährten, der im gemeinsamen Hausstand lebt, überhöhte Gehaltszahlungen geleistet, geht der BFH allerdings wegen gemeinsamer Interessen vom Vorliegen einer verdeckten Gewinnausschüttung aus.[1]

9. Steuerliche Anerkennung von Goldfinger-Modellen

295 Bei der als Goldfinger-Modell bezeichneten Gestaltung beteiligen sich im Inland ansässige natürliche Personen an einer im Ausland ansässigen Personengesellschaft. Die Personengesellschaft erwirbt Goldbarren oder andere Edelmetalle, um diese in einem anderen Veranlagungszeitraum wieder zu veräußern. Sofern die Erträge aus der Beteiligung an der ausländischen Personengesellschaft im Sinne des anzuwendenden Doppelbesteuerungsabkommens als Unternehmensgewinne qualifizieren, sind diese regelmäßig im Inland von der Besteuerung freigestellt. Allerdings beeinflussen sie über den Progressionsvorbehalt den individuellen Einkommensteuersatz der inländischen Gesellschafter.

Unterliegt die ausländische Personengesellschaft keiner Buchführungspflicht und ist somit ihr Gewinn nach der Einnahmenüberschussrechnung zu ermitteln, erwirtschaftet sie im Veranlagungszeitraum des Erwerbs des Goldes einen Verlust in Höhe der Anschaffungskosten. Durch diesen Verlust wird im Wege des negativen Progressionsvorbehalts die inländische Steuerlast gemindert. Wird das Gold in einem späteren Veranlagungszeitraum veräußert, wird ein Gewinn erzielt. Dieser erhöht zwar infolge des anzuwendenden positiven Progressionsvorbehalts den individuellen Einkommensteuersatz. Dennoch ergibt sich ein steuerlicher Vorteil, wenn geringere im Inland steuerpflichtige Einkünfte erzielt werden als im Verlustjahr.

> **Anmerkung:**
>
> Diese Gestaltung wurde bereits durch eine **gesetzliche Modifizierung** des Progressionsvorbehalts unterbunden, die auf **Ankäufe nach dem 28.2.2013 anzuwenden** ist. Die Anschaffungskosten können demnach für Zwecke des Progressionsvorbehalts erst dann als Betriebsausgaben berücksichtigt werden, wenn die Veräußerung erfolgt.

Für **Altfälle** kommt der BFH jedoch mit Urteil vom 19.1.2017[2] zu dem Ergebnis, dass die **Goldfinger-Modelle** in der oben beschriebenen Weise **steuerlich wirken**. Dem stehe auch nicht die Regelung nach § 4 Abs. 3 Satz 4 Variante 3 EStG entgegen, wonach Anschaffungskosten von nicht verbrieften Forderungen oder Rechten, die Wertpapieren vergleichbar sind, erst im Zeitpunkt der Veräußerung als Betriebsausgaben zu berücksichtigen sind. Goldbarren stellen nach Auffassung des BFH keine solchen Forderungen dar.

---

1) BFH v. 14.3.2017, VIII R 32/14, BFH/NV 2017, 1174 (vgl. hierzu auch Köster, DStZ 2017, 584).
2) BFH v. 19.1.2017, IV R 50/14, BStBl II 2017, 456 (vgl. hierzu auch Feldgen, Goldfinger-Modell: Gestaltungen betreffend gewerblicher Verluste durch Ankauf physischen Goldes, eNews Steuern, Ausgabe 15/2017 v. 18.4.2017).

> **Anmerkung:**
> Ebenso akzeptiert der BFH in einem weiteren Urteil vom 19.1.2017[1] jedenfalls für Altfälle das Goldfinger-Modell in der inlandsbezogenen Gestaltungsform.

III. Personengesellschaften

1. Abschreibung eines abnutzbaren Wirtschaftsguts bei Erwerb des Mitunternehmeranteils

Laut Urteil des BFH vom 20.11.2014[2] ist bei einem Gesellschafterwechsel und der Aufstellung einer positiven Ergänzungsbilanz für den Erwerber des Mitunternehmeranteils die AfA eines abnutzbaren Wirtschaftsguts des Gesellschaftsvermögens nach der **im Zeitpunkt des Anteilserwerbs geltenden Restnutzungsdauer** vorzunehmen. **296**

Nach Auffassung des BMF ist diese Rechtsprechung nicht nur separat auf die in der Ergänzungsbilanz ausgewiesenen Mehrwerte anzuwenden. Laut Schreiben vom 19.12.2016[3] ist vielmehr die AfA auf Basis der Restnutzungsdauer zum Zeitpunkt des Anteilserwerbs hinsichtlich der **gesamten, auf den Mitunternehmer entfallenden Anschaffungskosten** zu ermitteln, so dass sowohl die in der Ergänzungsbilanz ausgewiesenen Mehrwerte, als auch anteilig die in der Gesellschaftsbilanz angesetzten Anschaffungs- bzw. Herstellungskosten heranzuziehen sind.

> **Beratungshinweis:**
> Nicht auszuschließen ist, dass das BMF eine eigene AfA-Berechnung für den Erwerber auch hinsichtlich der Wirtschaftsgüter für erforderlich hält, zu denen kein Ausweis eines Mehrwerts in der Ergänzungsbilanz vorzunehmen ist.

2. Sonderbetriebsausgabenabzug bei Vorgängen mit Auslandsbezug

Zur Verhinderung eines doppelten Betriebsausgabenabzugs bei Personengesellschaften wurde mit dem sog. Ersten BEPS-Umsetzungsgesetz[4] in § 4i EStG eine spezielle Regelung für Sonderbetriebsausgaben eingeführt, die ab dem VZ 2017 zu beachten ist.[5] Demnach ist die Berücksichtigung von Aufwendungen eines Gesellschafters einer Personengesellschaft als Sonderbetriebsausgaben **im Inland ausgeschlossen**, soweit diese Aufwendungen **auch die Steuerbemessungsgrundlage in einem anderen Staat mindern**. Das Abzugsverbot soll nach den Gesetzgebungsmaterialien unabhängig davon greifen, ob die Aufwendungen in dem anderen Staat in demselben oder in einem vorgehenden bzw. nachfolgenden Besteuerungszeitraum abgezogen wurden. **297**

Das Abzugsverbot kommt allerdings dann nicht zur Anwendung, wenn die Aufwendungen Erträge des Stpfl. mindern, die sowohl der inländischen, als auch der Besteuerung in dem anderen Staat unterliegen.

3. Kapitalkonto i.S.d. § 15a Abs. 1 EStG

a) Umfang des Kapitalkontos

Dem Kommanditisten zuzurechnende Verluste der Kommanditgesellschaft können grundsätzlich nur bis zur Höhe seines Kapitalkontos unbeschränkt steuermindernd **298**

---

1) BFH v. 19.1.2017, IV R 10/14, BStBl II 2017, 466 (vgl. hierzu auch Fischer, jurisPR-SteuerR 27/2017 Anm. 2).
2) BFH v. 20.11.2014, IV R 1/11, BStBl II 2017, 34, s. dazu auch Ebner Stolz/BDI, Änderungen im Steuer- und Wirtschaftsrecht 2015/2016, Rz. 300.
3) BMF v. 19.12.2016, IV C 6 – S 2241/15/10005, BStBl I 2017, 34 (vgl. dazu auch Ley, kösdi 2017, 20278).
4) Gesetz v. 20.12.2016, BGBl. I 2016, 3000 = BStBl I 2017, 5.
5) Vgl. zur Einführung den Sonderbetriebsausgabenabzug bei Vorgängen mit Auslandsbezug Feldgen in Fuhrmann/Kraeusel/Schiffers, eKomm, Ab VZ 2017, § 4i EStG, Rz. 1 ff. (Aktualisierung v. 5.7.2017).

berücksichtigt werden. Soweit durch die Verlustzuweisung ein negatives Kapitalkonto entsteht oder sich erhöht, ist ein Verlustausgleich mit anderen Einkünften aus Gewerbebetrieb oder mit Einkünften aus anderen Einkunftsarten nach § 15a Abs. 1 EStG nicht möglich. Dies kann auch nicht durch eine bloße Verpflichtung zur Verlustübernahme vermieden werden. Eine solche stellt aus steuerlicher Sicht eine ausstehende Einlageverpflichtung dar, so dass der übernommene Verlust unverändert das Kapitalkonto vermindert.

Die OFD Frankfurt/Main setzt sich mit Rundverfügung vom 9.12.2016[1] mit dem Umfang des Kapitalkontos auseinander. Demnach umfasst das Kapitalkonto i.S.d. § 15a Abs. 1 EStG neben dem Kapitalkonto des Gesellschafters in der Steuerbilanz **auch dessen Mehr- oder Minderkapital aus einer Ergänzungsbilanz**. Kapitalersetzende Darlehen und Finanzplandarlehen sind hingegen dem Fremdkapital zuzuordnen und somit bei der Ermittlung des Kapitalkontos unberücksichtigt zu lassen.

> **Beratungshinweis:**
>
> Damit besteht **Einklang** in der Rechtsauffassung der Finanzverwaltung und der Finanzgerichtsbarkeit. So geht der BFH zuletzt mit Urteil vom 24.4.2014 davon aus, dass das Volumen für ausgleichsfähige Verlustanteile des Kommanditisten durch eine positive Ergänzungsbilanz erhöht wird.[2]
>
> Wird das Kapitalkonto des Kommanditisten unter Berücksichtigung einer negativen Ergänzungsbilanz negativ, kommt der BFH folgerichtig aber auch zu dem Ergebnis, dass die Verluste, die zu einer Erhöhung des Negativsaldos führen, nicht ausgleichsfähig sind.[3]

b) Ausgleichsfähiger Verlust durch vorgezogene Einlage

299 Laut BFH ist für Einlagen, die zum Ausgleich eines negativen Kapitalkontos geleistet und im Wirtschaftsjahr der Einlage nicht durch ausgleichsfähige Verluste verbraucht werden (vorgezogene Einlagen), ein Korrekturposten zu bilden. Bis zur Höhe dieses Korrekturpostens sind Verluste späterer Wirtschaftsjahre abweichend vom Wortlaut des § 15a Abs. 1 Satz 1 EStG als ausgleichsfähig zu behandeln.[4]

> **Anmerkung:**
>
> Diese Rechtsprechungsgrundsätze gelten allerdings nur für Einlagen, die **vor dem 25.12.2008 getätigt** worden sind. Bei später getätigten Einlagen schließt § 15a Abs. 1a EStG die Ausgleichs- oder Abzugsfähigkeit von Verlusten in Höhe der getätigten Einlagen aus.

Mit Urteil vom 2.2.2017[5] präzisiert der BFH seine Rechtsprechungsgrundsätze für vor dem 25.12.2008 getätigte Einlagen. Als Einlagen in diesem Sinne kommen **nur Leistungen** des Kommanditisten **in das Gesamthandsvermögen** in Betracht.

4. Ergänzungsbilanz eines persönlich haftenden Gesellschafters einer KGaA

300 Wird ein Gesellschaftsanteil an einer Personengesellschaft entgeltlich erworben, ist die Differenz der Anschaffungskosten des Erwerbers und dem für ihn in der Gesellschaftsbilanz fortzuführenden Kapitalkonto des Veräußerers in einer Ergänzungsbilanz auszu-

---

1) OFD Frankfurt/Main v. 9.12.2016, S 2241a A – 005 – St 213, StEd 2017, 42.
2) BFH v. 24.4.2014, IV R 18/10, BFH/NV 2014, 1516.
3) BFH v. 18.5.2017, IV R 36/14, BStBl II 2017, 905 (vgl. hierzu auch Feldgen, Kein Verlustausgleich bei negativem Kapitalkonto infolge der Aufstellung einer negativen Ergänzungsbilanz, eNews Steuern, Ausgabe 28/2017 v. 17.7.2017).
4) Z.B. zuletzt BFH v. 20.9.2007, IV R 10/07, BStBl II 2008, 118.
5) BFH v. 2.2.2017, IV R 47/13, BStBl II 2017, 391 (vgl. hierzu auch Feldgen, Ausgleichsfähiger Verlust aufgrund vorgezogener Einlage nur bei Leistung in das Gesamthandsvermögen – Gewinnfeststellung und Feststellung des verrechenbaren Verlustes nach § 15a Abs. 4 EStG, eNews Steuern, Ausgabe 12/2017 v. 27.3.2017).

weisen. Entsprechend ist vorzugehen, wenn ein weiterer Gesellschafter in eine bereits bestehende Gesellschaft eintritt und eine Einlage in das Gesellschaftsvermögen leistet, die sein bilanziell auszuweisendes Kapitalkonto übersteigt.

Der BFH wendet diese für Mitunternehmerschaften geltenden Grundsätze laut Urteil vom 15.3.2017[1)] auch auf den persönlich haftenden Gesellschafter einer KGaA an. Zwar wird der persönlich haftende Gesellschafter einer KGaA im Gesetz nicht als Mitunternehmer bezeichnet. Jedoch ergibt sich aus den gesetzlichen Vorgaben, dass dieser **"wie ein Mitunternehmer"** zu behandeln ist.

> **Beratungshinweis:**
>
> Aus einer solchen Ergänzungsbilanz folgende **Gewinnminderungen und Gewinnerhöhungen** wirken sich weder auf den Betriebsvermögensvergleich der KGaA aus, noch gehen sie in die Ermittlung des Gewerbeertrags der KGaA ein. Vielmehr sind diese Gewinnminderungen und Gewinnerhöhungen ausschließlich bei der **Ermittlung der gewerblichen Einkünfte des persönlich haftenden Gesellschafters** zu berücksichtigen und unterliegen ggf. auf Ebene des Gesellschafters der Gewerbesteuer.

5. Realteilung bei Ausscheiden eines Mitunternehmers

301 Entgegen der bisherigen Auffassung der Finanzverwaltung bejahte der BFH mit Urteil vom 17.9.2015[2)] die Anwendung der Realteilungsgrundsätze, wenn ein Mitunternehmer unter Mitnahme eines Teilbetriebs aus der Mitunternehmerschaft ausscheidet und diese **von den verbleibenden Mitunternehmern fortgeführt** wird.[3)] Dieser Auffassung schließt sich nun das **BMF** mit Schreiben vom 20.12.2016[4)] an.

> **Beratungshinweis:**
>
> Auf einvernehmlichen Antrag aller Mitunternehmer der real geteilten Mitunternehmerschaft ist die neue Rechtsauffassung des BMF auf Realteilungen nicht anzuwenden, die vor dem 1.1.2016 stattgefunden haben. Somit besteht bei einem **vor dem 1.1.2016** erfolgten Ausscheiden eines Mitunternehmers aus einer fortbestehenden Mitunternehmerschaft unter Mitnahme eines Teilbetriebs ein **Wahlrecht**, ob nach der bisherigen Rechtsauffassung des BMF von einer Realisierung der stillen Reserven auszugehen ist oder ob der Vorgang nach der neuen Rechtsauffassung im Einklang mit dem BFH als steuerneutral behandelt wird.
>
> Das BMF überarbeitet darüber hinaus seine bisherigen Verlautbarungen in seinem Schreiben vom 28.2.2006[5)] und geht u.a. auf die Auswirkungen eines Spitzen- oder Wertausgleichs auf die Realteilung ein.

302 Allerdings **verneint** das BMF mit Schreiben vom 20.12.2016[6)] weiterhin das Vorliegen einer Realteilung, wenn ein Mitunternehmer **ohne Mitnahme eines Teilbetriebs** aus der danach fortgeführten Mitunternehmerschaft ausscheidet. Dies gelte auch dann, wenn der ausscheidende Mitunternehmer wesentliche Betriebsgrundlagen des Gesamthandsvermögens, die jedoch keinen Teilbetrieb darstellen, erhalte.

Der **BFH** vertritt hingegen mit Urteil vom 30.3.2017[7)] die gegenteilige Auffassung. Darin **bejaht** er das Vorliegen einer **Realteilung** und damit die Buchwertfortführung, wenn der ausscheidende Gesellschafter lediglich **Einzelwirtschaftsgüter ohne sog. Teilbetriebseigenschaft erhält**. § 16 Abs. 3 EStG verdränge damit im Falle des Ausscheidens als speziellere Regelung die Vorgaben des § 6 Abs. 5 Satz 3 EStG.

---

1) BFH v. 15.3.2017, I R 41/16, DStR 2017, 1976.
2) BFH v. 17.9.2015, III R 49/13, BStBl II 2017, 37 = HFR 2016, 340 mit Anm. Pflaum.
3) Vgl. auch Ebner Stolz/BDI, Änderungen im Steuer- und Wirtschaftsrecht 2016/2017, Rz. 293.
4) BMF v. 20.12.2016, IV C 6 – S 2242/07/10002 :004, BStBl I 2017, 36.
5) BMF v. 28.2.2006, IV B 2 – S 2242 – 6/06, BStBl I 2006, 228.
6) BMF v. 20.12.2016, IV C 6 – S 2242/07/10002 :004, BStBl I 2017, 36.
7) BFH v. 30.3.2017, IV R 11/15, DStR 2017, 1376 = HFR 2017, 711 (vgl. hierzu auch Pfützenreuter, jurisPR-SteuerR 34/2017 Anm. 4).

Anmerkung:

In einem weiteren Urteil vom 16.3.2017[1] bezeichnet der BFH die Fälle, in denen eine Mitunternehmerschaft aufgelöst und das Betriebsvermögen auf die Gesellschafter aufgeteilt wird, explizit als „**echte Realteilung**". Scheidet mindestens ein Gesellschafter unter Mitnahme von Wirtschaftsgütern des Gesellschaftsvermögens aus der zwischen den übrigen Gesellschaftern fortbestehenden Gesellschaft aus, wertet der BFH dies als „**unechte Realteilung**". In beiden Fällen kommen nach Auffassung des BFH die Realteilungsgrundsätze gleichermaßen zur Anwendung.

6. Gewerbliche Infektion einer vermögensverwaltenden Personengesellschaft

303 Ist eine vermögensverwaltende Personengesellschaft **an einer gewerblich tätigen Gesellschaft beteiligt**, werden nach Auffassung des FG Baden-Württemberg die Einkünfte der vermögensverwaltenden Personengesellschaft infiziert, wenn dieser Einkünfte aus der Beteiligung zugerechnet werden. Dabei lehnt das FG die Anwendung der von der Rechtsprechung entwickelten **Bagatellgrenze** für die Abfärbung originär gewerblicher Einkünfte einer Personengesellschaft ab. Diese Bagatellgrenze komme nicht zur Anwendung, wenn der vermögensverwaltenden Gesellschaft Einkünfte aus Beteiligungen an gewerblich tätigen Gesellschaften zuzurechnen seien.[2]

Praxistipp:

Nach Auffassung des FG Baden-Württemberg ist die Annahme der Infektion der Einkünfte der vermögensverwaltenden Personengesellschaft ohne Berücksichtigung einer Bagatellgrenze verhältnismäßig, da diese Rechtsfolge durch die Gründung einer weiteren personenidentischen Schwestergesellschaft, die die Beteiligung halte, vermieden werden könnte. Gegen das Urteil ist ein Revisionsverfahren beim BFH anhängig (Az. IV R 30/16).

7. Gewerbliche Prägung einer Einheits-GmbH & Co. KG

304 Eine Kommanditgesellschaft gilt auch im Fall einer vermögensverwaltenden Tätigkeit, sofern diese mit Einkünfteerzielungsabsicht durchgeführt wird, als Gewerbebetrieb, wenn die Voraussetzungen einer gewerblich geprägten Personengesellschaft erfüllt sind. Dazu ist erforderlich, dass ausschließlich eine oder mehrere Kapitalgesellschaften persönlich haftende Gesellschafter sind und nur diese oder Personen, die nicht Gesellschafter sind, zur Geschäftsführung befugt sind. Somit liegt eine gewerblich geprägte Personengesellschaft vor, wenn bei einer GmbH & Co. KG die GmbH als einziger Komplementär entsprechend den handelsrechtlichen Vorgaben allein zur Geschäftsführung befugt ist. Grundsätzlich können diese Voraussetzungen auch von einer sog. Einheits-GmbH & Co. KG erfüllt werden, bei der die Anteile an der Komplementär-GmbH von der KG selbst gehalten werden.

Der BFH hatte darüber zu entscheiden, ob die Neufassung des Gesellschaftsvertrags, wonach die **Komplementär-GmbH von der Geschäftsführung der KG ausgeschlossen** ist, **soweit** es um die Wahrung der Rechte aus oder an den Anteilen an sich selbst geht, schädlich für die gewerbliche Prägung ist. Insoweit wurde die Geschäftsführungsbefugnis zur Vermeidung eines zumindest faktischen Interessenkonflikts auf die Kommanditisten übertragen.

Aus der Entstehungsgeschichte sowie aus dem Sinn und Zweck der Regelung zur gewerblichen Prägung folgert der BFH mit Urteil vom 13.7.2017[3], dass eine solche

---
1) BFH v. 16.3.2017, IV R 31/14, DStR 2017, 1381 = HFR 2017, 714 (zu dieser Entscheidung und zur Entscheidung – IV R 11/15 – vgl. auch Schiffers, Buchwertfortführung bei Ausscheiden aus Personengesellschaft gegen Übertragung von Einzelwirtschaftsgütern, eNews Steuern, Ausgabe 25/2017 v. 26.6.2017).
2) FG Baden-Württemberg v. 22.4.2016, 13 K 3651/13, EFG 2016, 1246 mit Anm. Brock.
3) BFH v. 13.7.2017, IV R 42/14, DStR 2017, 2031 (vgl. hierzu auch Feldgen, Gewerbliche Prägung einer „Einheits-GmbH & Co. KG", eNews Steuern, Ausgabe 37/2017 v. 18.9.2017).

A. Unternehmensbesteuerung

Einschränkung der Geschäftsführungsbefugnis **unschädlich** ist. Die Einheits-GmbH & Co. KG ist dennoch als gewerblich geprägte Personengesellschaft zu behandeln.

> **Anmerkung:**
> Wäre die gewerbliche Prägung infolge der Neufassung des Gesellschaftsvertrags entfallen, hätte der Betrieb der Einheits-GmbH & Co. KG zwangsweise als aufgegeben gegolten, so dass die im Betriebsvermögen ruhenden stillen Reserven aufzudecken gewesen wären.

8. Mitunternehmerschaft durch Gewinngemeinschaftsvertrag zwischen Schwesterkapitalgesellschaften

Der BFH entschied, dass durch den Abschluss eines Vertrags über die Bildung einer Gewinn- und Verlustgemeinschaft (Gewinngemeinschaft) i.S.d. § 292 Abs. 1 Nr. 1 AktG zwischen Schwesterkapitalgesellschaften innerhalb eines Konzerns **nicht ausgeschlossen** werden kann, dass eine **Mitunternehmerschaft** zwischen den Vertragspartnern begründet **wird**.[1] Zahlungen zwischen den Schwestergesellschaften zum Ausgleich der Gewinne und Verluste stellen nach dieser Auffassung Einlagen und Entnahmen im Rahmen der Mitunternehmerschaft dar. Das Finanzamt behandelte die Zahlungen hingegen als verdeckte Gewinnausschüttungen und verdeckte Einlagen.

305

Ob tatsächlich eine Mitunternehmerschaft begründet worden ist oder aber verdeckte Gewinnausschüttungen vorliegen, sei allerdings – so der BFH in seiner Entscheidung – **im Rahmen des Verfahrens zur gesonderten und einheitlichen Feststellung** der Einkünfte **zu entscheiden**. Dieses müsse auch dann durchgeführt werden, wenn zweifelhaft ist oder es nur möglich erscheint, dass Einkünfte mehreren Personen steuerlich zuzurechnen sind. Aus diesem Grund verwies der BFH die Sache an das erstinstanzliche FG zurück.

> **Beratungshinweis:**
> Sollte eine Mitunternehmerschaft zwischen den Schwesterkapitalgesellschaften auf Grund des Gewinngemeinschaftsvertrags anzuerkennen sein, käme es faktisch zu einem Ausgleich etwaiger Verluste einer der Gesellschaften. Eine „**Querorganschaft**" zwischen den Schwesterkapitalgesellschaften mit der Folge einer steuerwirksamen Berücksichtigung der (Ausgleichs-)Zahlungen, wie mit Verweis auf EU-rechtliche Gründe im Streitfall beantragt wurde, **lehnte der BFH hingegen ab**.

9. Keine Thesaurierungsbegünstigung bei negativem zu versteuernden Einkommen

Sofern in dem zu versteuernden Einkommen nicht entnommene Gewinne u.a. aus Gewerbebetrieb enthalten sind, berechnet sich die Einkommensteuer für diese Gewinne auf entsprechenden Antrag des Stpfl. ganz oder teilweise mit einem Steuersatz von 28,25 %. Diese Thesaurierungsbegünstigung gemäß § 34a EStG kann allerdings nicht mehr in Anspruch genommen werden, wenn **zwar begünstigungsfähige Einkünfte** bestehen, das **zu versteuernde Einkommen** jedoch **negativ** ist, so der BFH in seinem Urteil vom 20.3.2017.[2]

306

> **Anmerkung:**
> Der BFH stellt auf die Gesetzessystematik ab, wonach bei § 34a EStG zunächst ein Verlustausgleich vorzunehmen ist, der auch diejenigen Einkünfte einbezieht, die nach § 34a EStG begünstigungsfähig wären, so dass nach einem Verlustausgleich keine begünstigungsfähigen Einkünfte verbleiben können. Damit teilt der BFH die Auffassung der Finanzverwaltung.[3]

---

1) BFH v. 22.2.2017, I R 35/14, DStR 2017, 1527 = HFR 2017, 952 (vgl. hierzu auch Feldgen, Gewinngemeinschaftsvertrag als Mitunternehmerschaft – Voraussetzungen für die Anwendung des § 15 Abs. 1 Satz 1 Nr. 2 EStG, eNews Steuern, Ausgabe 28/2017 v. 17.7.2017).
2) BFH v. 20.3.2017, X R 65/14, BStBl II 2017, 958.
3) BMF v. 11.8.2008, IV C 6 – S 2290-a/07/10001, BStBl I 2008, 838.

IV. Kapitalgesellschaften

1. Besteuerung von Streubesitzdividenden verfassungswidrig?

307 Das FG Hamburg äußert mit Gerichtsbescheid vom 6.4.2017[1] **Bedenken**, ob die Besteuerung von Streubesitzdividenden **verfassungskonform** ist. Nach § 8b Abs. 4 KStG unterliegen Dividenden, die eine Kapitalgesellschaft nach dem 28.2.2013 aus einer Beteiligung von weniger als 10 % am Grund- oder Stammkapital einer anderen Kapitalgesellschaft bezieht, in vollem Umfang der Körperschaftsteuer. Diese Regelung könnte eine nicht folgerichtige Ausgestaltung der in § 8b Abs. 1 und 2 KStG zum Ausdruck kommenden Grundentscheidung des Gesetzgebers sein, wonach in Beteiligungsstrukturen erwirtschaftete Gewinne nur einmal bei der erwirtschaftenden Körperschaft und erst im Fall der Ausschüttung an natürliche Personen als Anteilseigner mit Einkommensteuer besteuert werden. Zudem entspreche die Besteuerung von Streubesitzdividenden nicht dem Gebot steuerlicher Lastengleichheit i. S. einer gleich hohen Besteuerung bei gleicher Leistungsfähigkeit.

Allerdings könne – so das FG Hamburg weiter – die Regelung gerechtfertigt und damit verfassungsrechtlich zulässig sein.

Da das FG Hamburg nicht von der Verfassungswidrigkeit der Regelung überzeugt ist, legte es diese nicht dem BVerfG zur Überprüfung vor.

> **Praxistipp:**
> Gegen das Urteil des FG Hamburg wurde **Revision beim BFH** eingelegt (Az. I R 29/17). Sofern in einem Körperschaftsteuerbescheid Streubesitzdividenden in vollem Umfang der Besteuerung unterworfen werden, sollte gegen den Bescheid mit Verweis auf das anhängige BFH-Verfahren **Einspruch** eingelegt werden.

2. Schachtelstrafe

a) Anwendung bei nach DBA steuerfrei gestellten Dividenden

308 Dividenden, die eine Kapitalgesellschaft bezieht, sind unabhängig davon, wo die ausschüttende Kapitalgesellschaft ansässig ist, nach **nationalem Recht** körperschaftsteuerfrei, wobei 5 % der Dividenden als nichtabziehbare Betriebsausgaben berücksichtigt werden (sog. **Schachtelstrafe**, § 8b Abs. 5 KStG). In zahlreichen **Doppelbesteuerungsabkommen** (DBA), die Deutschland mit anderen Staaten abgeschlossen hat, ist zudem in Abhängigkeit vom Vorliegen einer bestimmten Mindestbeteiligung eine **vollständige Steuerbefreiung** der von der inländischen Kapitalgesellschaft bezogenen Dividenden vorgesehen.

Ungeachtet der vollständigen Steuerbefreiung nach den Vorgaben eines DBA bejaht der BFH die Anwendung der Schachtelstrafe in Höhe von 5 % der Dividenden.[2]

> **Anmerkung:**
> Weder sieht der BFH in der Anwendung der nationalen Schachtelstrafe ein sog. Treaty Override, also ein etwaig unzulässiges Überschreiben des DBA.[3] Noch sei dadurch das abkommensrechtliche Schachtelprivileg verletzt. Vielmehr stünden das nationale und abkommensrechtliche Schachtelprivileg selbständig nebeneinander.

---

1) FG Hamburg v. 6.4.2017, 1 K 87/15, EFG 2017, 1117 mit Anm. Neblung.
2) BFH v. 22.9.2016, I R 29/15, BFH/NV 2017, 324 (vgl. hierzu auch Kersten, Hinzurechnung von nicht abziehbaren Betriebsausgaben nach § 8b Abs. 5 KStG – Freistellung nach nationalem Recht und nach Abkommensrecht, eNews Steuern, Ausgabe 5/2017 v. 6.2.2017).
3) S. hierzu BVerfG v. 15.12.2015, 2 BvL 1/12, HFR 2016, 405 mit Anm. Bopp, wonach dieses verfassungsrechtlich grundsätzlich zulässig ist; vgl. dazu auch Ebner Stolz/BDI, Änderungen im Steuer- und Wirtschaftsrecht 2016/2017, Rz. 452.

A. Unternehmensbesteuerung

b) Anwendung auf nach § 3 Nr. 41 Buchst. a EStG steuerfreie Gewinnausschüttungen

Sind im Inland unbeschränkt Stpfl. zu mehr als 50 % an einer ausländischen Gesellschaft beteiligt, die niedrig besteuerte passive Einkünfte erzielt, greift die **Hinzurechnungsbesteuerung nach dem Außensteuergesetz** (AStG). Entsprechend der Beteiligungshöhe sind die Einkünfte der ausländischen Gesellschaft bei dem jeweiligen unbeschränkt Stpfl. wie inländische Einkünfte zu behandeln und unterliegen in vollem Umfang der Besteuerung in Deutschland. **309**

> **Anmerkung:**
> Zwar werden gemäß den Regelungen des AStG Dividendenerträge fingiert. Allerdings werden keine damit normalerweise einhergehenden Steuerbegünstigungen, wie z.B. § 8b KStG, gewährt. Dies gilt unabhängig davon, ob der Hinzurechnungsbetrag im Inland bei einer natürlichen Person in deren Betriebs- oder Privatvermögen oder bei einer Kapitalgesellschaft zu berücksichtigen ist. Vielmehr wird der Hinzurechnungsbetrag wie originär erzielte Einkünfte besteuert.

Um eine Doppelbesteuerung der Hinzurechnungsbeträge zu vermeiden, ist eine vollumfängliche Steuerbefreiung von tatsächlichen Ausschüttungen dieser ausländischen Gesellschaft vorgesehen. Konkret sind nach § 3 Nr. 41 Buchst. a EStG **Ausschüttungen steuerfrei**, wenn aus dieser Beteiligung im **Wirtschaftsjahr der Ausschüttung** oder den **vorangegangenen sieben Wirtschaftsjahren** Hinzurechnungsbeträge nach den Vorgaben des AStG berücksichtigt wurden.

Ist der Empfänger dieser Ausschüttungen jedoch eine **Kapitalgesellschaft**, werden laut Urteil des BFH vom 26.4.2017[1)] die nach § 3 Nr. 41 Buchst. a EStG steuerfreien Gewinnausschüttungen von der Schachtelstrafe nach § 8b Abs. 5 Satz 1 KStG erfasst. Somit ist eine Erhöhung des steuerpflichtigen Gewinns in Höhe von 5 % der Gewinnausschüttungen vorzunehmen.

3. Änderungen für Finanzunternehmen

Mit einer Änderung des § 8b Abs. 7 Satz 2 KStG durch das sog. Erste BEPS-Umsetzungsgesetz[2)] soll einem Gestaltungsmissbrauch entgegen gewirkt werden. Konkret geht es darum, zu verhindern, dass innerhalb eines Unternehmensverbunds **Gewinnminderungen aus Beteiligungen** durch die Nutzung der für **Finanzunternehmen** geltenden Sonderregelung steuerlich geltend gemacht werden können. Sind die Voraussetzungen des § 8b Abs. 7 Satz 2 KStG erfüllt, kommt die 95 %-ige Steuerbefreiung von Erträgen und Veräußerungsgewinnen aus Kapitalgesellschaftsanteilen nicht zur Anwendung, so dass im Umkehrschluss auch Gewinnminderungen in vollem Umfang steuermindernd zu berücksichtigen sind. **310**

Von einem Finanzunternehmen ist ab dem Veranlagungszeitraum 2017 nur noch dann auszugehen, wenn an diesem **Kreditinstitute oder Finanzdienstleistungsinstitute unmittelbar oder mittelbar zu mehr als 50 % beteiligt** sind. Zudem werden aus dem Anwendungsbereich des § 8b Abs. 1 bis 6 KStG nur die Finanzinstrumente ausgenommen, die im Zeitpunkt des Zugangs zum Betriebsvermögen als Umlaufvermögen auszuweisen sind. Davon erfasst werden Anteile, die dem Betriebsvermögen nach dem 31.12.2016 zugehen (§ 34 Abs. 5 Satz 2 KStG).

Im Einkommensteuerrecht wurde die Ausnahmeregelung vom Teileinkünfteverfahren in § 3 Nr. 40 Satz 3 EStG mit Wirkung ab dem Veranlagungszeitraum 2017 entsprechend modifiziert.

---

1) BFH v. 26.4.2017, I R 84/15, DStR 2017, 2035 (vgl. hierzu auch Kersten, Anwendung de § 8b Abs. 5 Satz 1 KStG auf nach § 3 Nr. 41 Buchst. a EStG steuerfreie Gewinnausschüttungen nach vorheriger Hinzurechnungsbesteuerung, eNews Steuern, Ausgabe 37/2017 v. 18.9.2017).
2) Gesetz v. 20.12.2016, BGBl. I 2016, 3000 = BStBl I 2017, 5. Vgl. zu § 8b KStG in der Fassung des Ersten BEPS-Umsetzungsgesetz bereits Stelzer/Zöller, eKomm, Ab VZ 2017, § 8b KStG, Rz. 1 ff., Rz. 146.1 (Aktualisierung v. 19.9.2017).

> **Anmerkung:**
> Darüber hinaus kommt die für Kreditinstitute und Finanzdienstleistungsinstitute geltende Ausnahmeregelung in § 8b Abs. 7 Satz 1 KStG nur noch auf Anteile zur Anwendung, die dem Handelsbestand i.S.d. § 340e Abs. 3 HGB zuzuordnen sind.

4. Keine nachträglichen Anschaffungskosten aus eigenkapitalersetzenden Finanzierungshilfen

311 Entgegen der langjährigen Rechtsprechung[1] des BFH führt die Inanspruchnahme des Gesellschafters einer Kapitalgesellschaft im Insolvenzverfahren als Bürge für Verbindlichkeiten der Gesellschaft nicht mehr zu nachträglichen Anschaffungskosten auf seine Beteiligung.[2]

Mit der **Aufhebung des Eigenkapitalersatzrechts** durch das am 1.11.2008 in Kraft getretene Gesetz zur Modernisierung des GmbH-Rechts und zur Bekämpfung von Missbräuchen (MoMiG)[3] sieht der BFH **keine gesetzliche Grundlage mehr** für die bisherige Annahme von nachträglichen Anschaffungskosten. Von nachträglichen Anschaffungskosten der Beteiligung könne nur noch nach Maßgabe der handelsrechtlichen Begriffsdefinition in § 255 HGB ausgegangen werden.

Wird der Gesellschafter aus einer Bürgschaft in Anspruch genommen und fällt er mit seiner Regressforderung aus, kann er somit den Forderungsausfall nicht mehr als nachträgliche Anschaffungskosten im Rahmen eines Veräußerungs- oder Auflösungsgewinns bzw. -verlusts berücksichtigen.

> **Beratungshinweis:**
> Erstmals sieht ein Fachsenat des BFH aus Gründen des Vertrauensschutzes eine **zeitliche Anwendungsregelung** vor. So kann sich der Gesellschafter auf die bisherige Rechtsprechung berufen, wenn er eine eigenkapitalersetzende Finanzierungshilfe bis 27.9.2017 (Veröffentlichungsdatum des Urteils) geleistet hat oder eine Finanzierungshilfe bis 27.9.2017 eigenkapitalersetzend geworden ist.

5. Gesellschafterdarlehen bei Liquidation der Tochterkapitalgesellschaft

312 Hat eine Mutterkapitalgesellschaft ihrer Tochterkapitalgesellschaft ein Darlehen gewährt und wird die Tochtergesellschaft aufgelöst und liquidiert, **ohne** dass die Muttergesellschaft **ausdrücklich den Forderungsverzicht** hinsichtlich der Darlehensforderung erklärt hat, stellt sich die Frage, welche bilanziellen Folgen dies hat.

Die obersten Finanzbehörden des Bundes und der Länder vertreten dazu laut Verfügung der OFD Frankfurt vom 30.6.2017[4] die Auffassung, dass in der Beantragung der Liquidation der Tochtergesellschaft oder der Zustimmung zu dieser **kein konkludenter Forderungsverzicht** der Muttergesellschaft gesehen werden kann, die zu einem steuerpflichtigen Ertrag bei der Tochtergesellschaft führen würde.

Ergänzend wird darauf hingewiesen, dass allein eine aus der Liquidationsschlussbilanz der Tochtergesellschaft ersichtliche Vermögenslosigkeit keinen Einfluss auf die Pflicht zur Passivierung der Verbindlichkeit in der Handels- und Steuerbilanz hat. Auch ist kein besonderer Umstand gegeben, der einen Ausweis der Verbindlichkeit mit einem Wert unterhalb des Nennwerts begründet. Etwas anderes gilt dann, wenn bei **objektiver Würdigung der Verhältnisse** davon auszugehen ist, dass die Muttergesellschaft die Forderung nicht mehr geltend machen wird.

---

1) Z.B. BFH v. 19.8.2008, IX R 63/05, BStBl II 2009, 5.
2) BFH v. 11.7.2017, IX R 36/15, DStR 2017, 2098.
3) Gesetz v. 23.10.2008, BGBl.I 2008, 2016.
4) OFD Frankfurt v. 30.6.2017, S 2743 A – 12 – St 525, DStR 2017, 2056 = StEd 2017, 506.

A. Unternehmensbesteuerung

> **Beratungshinweis:**
> Wird ein **Rangrücktritt** vereinbart, ändert auch dieser nichts an dem Bilanzausweis der Verbindlichkeit, sofern die Vereinbarung die **Tilgung aus sonstigem freien Vermögen** vorsieht. Wurde ein qualifizierter Rangrücktritt zur Vermeidung einer insolvenzrechtlichen Überschuldung der Tochtergesellschaft erklärt, ist auch hier die Verbindlichkeit weiter auszuweisen. Entsprechendes gilt, wenn sich die Tochtergesellschaft im Insolvenzverfahren befindet.

6. Verlustnutzungsbeschränkung nach § 8c KStG

a) Anteiliger Wegfall des Verlustvortrags verfassungswidrig

313 Werden innerhalb von fünf Jahren **mehr als 25 %, aber nicht mehr als 50 %**, der Anteile an einer Kapitalgesellschaft an einen Erwerber übertragen (**schädlicher Beteiligungserwerb**), sind bis dahin nicht genutzte Verluste, soweit sie rechnerisch auf die übertragenen Anteile entfallen, nicht mehr abziehbar (§ 8c Abs. 1 Satz 1 KStG).

Laut Beschluss des BVerfG vom 29.3.2017[1] ist diese Regelung nicht mit dem allgemeinen Gleichheitssatz (Art. 3 Abs. 1 GG) vereinbar. Die Verfassungsrichter sehen in der Verlustabzugsbeschränkung eine Ungleichbehandlung, für die ein sachlicher Grund fehlt, der diese Ungleichbehandlung rechtfertigen könnte.

Diese Gründe, die zur Verfassungswidrigkeit führen, treffen – neben der Vorgängerregelung in § 8c Satz 1 KStG a.F. – auf die derzeit geltende Regelung in § 8c Abs. 1 Satz 1 KStG **zumindest bis zum 31.12.2015** zu. Ob sich durch die Einführung des fortführungsgebundenen Verlustvortrags nach § 8d KStG (→ Rz. 317) mit Wirkung ab 1.1.2016 ein davon abweichendes Ergebnis einer verfassungsrechtlichen Überprüfung ergeben würde, bedarf laut BVerfG einer gesonderten Betrachtung.[2]

> **Beratungshinweis:**
> Das BVerfG gibt dem Gesetzgeber auf, den festgestellten Verfassungsverstoß **bis zum 31.12.2018 rückwirkend** für die Zeit vom 1.1.2008 bis 31.12.2015 durch eine **Neuregelung** der Verlustabzugsbeschränkung zu beseitigen. Sollte der Gesetzgeber dieser Verpflichtung nicht nachkommen, tritt am 1.1.2019 im Umfang der festgestellten Unvereinbarkeit rückwirkend auf den Zeitpunkt des Inkrafttretens der jeweiligen Regelung die Nichtigkeit des § 8c Satz 1 KStG a.F. sowie des § 8c Abs. 1 Satz 1 KStG ein. Es bleibt somit die Reaktion des Gesetzgebers abzuwarten.
>
> Nicht betroffen von der Rechtsprechung des BVerfG ist der schädliche Beteiligungserwerb nach § 8c Abs. 1 Satz 2 KStG, bei dem infolge des Erwerbs von mehr als 50 % der Anteile innerhalb von fünf Jahren der komplette Verlustvortrag untergeht.

b) Verfassungsrechtliche Überprüfung der Regelung zum vollständigen Verlustuntergang

314 Das FG Hamburg legt dem BVerfG mit Beschluss vom 29.8.2017[3] die Regelung des § 8c Satz 2 KStG a.F. (jetzt § 8c Absatz 1 Satz 2 KStG) zur verfassungsrechtlichen Überprüfung vor. Nach der Überzeugung des **FG Hamburg** ist die Regelung, wonach der Verlustvortrag einer Kapitalgesellschaft vollständig wegfällt, wenn innerhalb von fünf Jahren mehr als 50 % der Anteile übertragen werden, ebenso **nicht mit dem Grundgesetz vereinbar**, wie dies das BVerfG bereits für die Regelung des anteiligen Verlustuntergangs nach § 8c Satz 1 KStG a.F. (jetzt § 8c Abs. 1 Satz 1 KStG) entschieden hat (vorgehend → Rz. 313).

---

1) BVerfG v. 29.3.2017, 2 BvL 6/11, HFR 2017, 636 mit Anm. Bopp (vgl. hierzu auch Demuth, BeSt 2017, 25 ff.).
2) Zu verfassungsrechtlichen Zweifeln auch an dieser neu eingeführten Regelung vgl. z.B. Demuth, BeSt 2017, 25, 26 oder Mirbach, kösdi 2017, 20330, 20341 Tz. 39
3) FG Hamburg v. 29.8.2017, 2 K 245/17.

c) Schädlicher Beteiligungserwerb durch eine Erwerbergruppe

315 Ein schädlicher Beteiligungserwerb liegt nicht nur dann vor, wenn der Erwerb durch einen Erwerber erfolgt. Als Erwerber in diesem Sinne gilt auch eine **Gruppe von Erwerbern mit gleichgerichteten Interessen** (§ 8c Abs. 1 Satz 3 KStG).

Die Finanzverwaltung vertrat bislang die Auffassung, dass von einer Erwerbergruppe regelmäßig auszugehen ist, wenn eine Abstimmung zwischen den Erwerbern stattgefunden hat. Ein Vertrag muss hierfür nicht vorliegen. Die Verfolgung eines gemeinsamen Zwecks reiche aus, sei aber nicht Voraussetzung.[1]

Dem widerspricht der **BFH** mit Urteil vom 22.11.2016.[2] Eine Erwerbergruppe sei nur anzunehmen, wenn mehrere Erwerber bei dem Erwerb der Anteile zusammenwirken und sie **auf der Grundlage einer im Erwerbszeitpunkt bestehenden Absprache** im Anschluss an den Erwerb einen beherrschenden Einfluss in dieser Gesellschaft ausüben können, z.B. durch Stimmbindungsvereinbarungen, Konsortialverträge oder andere verbindliche Abreden. Lediglich die Möglichkeit des Beherrschens genüge nicht.

d) Verlustrücktrag trotz schädlichem Beteiligungserwerb möglich

316 Auch wenn infolge der Übertragung von mehr als 25 % der Anteile an einer Kapitalgesellschaft innerhalb von fünf Jahren ein schädlicher Beteiligungserwerb gegeben ist, bejaht das FG Münster dennoch die Möglichkeit des Verlustrücktrags.[3]

Entgegen der Auffassung der Finanzverwaltung[4] beabsichtige die Regelung - so das FG Münster - nach ihrem **Sinn und Zweck** lediglich, dass früher entstandene Verluste nicht durch einen Beteiligungserwerb wirtschaftlich übertragen und durch personell veränderte Gesellschaften genutzt werden können. Davon ausgehend werde der Verlustrücktag nicht berührt, da nur diejenigen Anteilseigner den Verlustanteil nutzen, die ihn während ihres wirtschaftlichen Engagements getragen haben. Gegen das Urteil des FG Köln wurde Revision eingelegt (Az. I R 61/16).

7. Fortführungsgebundener Verlustvortrag

317 Der anteilige (→ Rz. 313) oder vollständige (→ Rz. 314) Untergang des Verlustvortrags nach § 8c KStG kann neben der Anwendung der sog. Konzernklausel und der Stille-Reserven-Klausel auch durch Anwendung des sog. fortführungsgebundenen Verlustvortrags vermieden werden. Diese mit dem Gesetz zur Weiterentwicklung der steuerlichen Verlustverrechnung bei Körperschaften vom 20.12.2016[5] eingeführte Ausnahmeregelung in § 8d KStG kommt bereits rückwirkend auf schädliche Beteiligungserwerbe, die nach dem 31.12.2015 erfolgen, in Betracht (§ 34 Abs. 6a KStG).

Auf Antrag kann damit trotz Vorliegens der Voraussetzungen des § 8c KStG ein Verlustvortrag weiterhin genutzt werden, sofern die Körperschaft seit ihrer Gründung oder zumindest seit Beginn des dritten Veranlagungszeitraums, der dem Veranlagungszeitraum des schädlichen Beteiligungserwerbs vorausgeht, ausschließlich **denselben Geschäftsbetrieb unterhält**. Explizit nicht zur Anwendung kommt die Regelung, wenn die Körperschaft zu Beginn dieses Dreijahreszeitraums Organträger oder an einer Mitunternehmerschaft beteiligt war und wenn Verluste aus der Zeit vor einer Einstellung oder Ruhendstellung des Geschäftsbetriebs bestanden.

---

1) BMF v. 4.7.2008, IV C 7 – S 2745-a/08/10001, BStBl I 2008, 736, Tz. 27.
2) BFH v. 22.11.2016, I R 30/15, BStBl II 2017, 921 (vgl. hierzu auch Märtens, jurisPR-SteuerR 31/2017 Anm. 5 und Frase, BeSt 2017, 37 f.).
3) FG Münster v. 21.7.2016, 9 K 2794/15 K,F, EFG 2016, 1546 mit Anm. Oellerich.
4) BMF v. 4.7.2008, IV C 7 – S 2745-a/08/10001, BStBl I 2008, 736, Tz. 30.
5) Gesetz v. 20.12.2016, BGBl. I 2016, 2998 = BStBl I 2017, 3.

> **Beratungshinweis:**
> Was unter einem Geschäftsbetrieb zu verstehen ist, wird in § 8d Abs. 1 Satz 3 und 4 KStG definiert. Maßgeblich ist die Bewertung qualitativer Merkmale im Rahmen einer Gesamtbetrachtung.

Wird die Anwendung der Ausnahmeregelung beantragt, ist der gesamte Verlustvortrag, der zum Schluss des Veranlagungszeitraums verbleibt, in dem der schädliche Beteiligungserwerb erfolgt, als fortführungsgebundener Verlustvortrag festzustellen. Dieser geht in der Folgezeit in vollem Umfang unter, sofern er noch nicht mit Gewinnen verrechnet werden konnte und nicht durch stille Reserven gedeckt ist, wenn einer der in § 8d Abs. 2 Satz 2 KStG definierten **schädlichen Umstände** eintritt. Schädlich sind demnach:

- die Einstellung des Geschäftsbetriebs,
- die Ruhendstellung des Geschäftsbetriebs,
- die Zuführung des Geschäftsbetriebs zu einer andersartigen Zweckbestimmung,
- die Aufnahme eines zusätzlichen Geschäftsbetriebs,
- die Beteiligung an einer Mitunternehmerschaft,
- die Einnahme der Stellung eines Organträgers,
- die Übertragung von Wirtschaftsgütern zu einem geringeren als dem gemeinen Wert.

> **Praxistipp:**
> Insb. bei einem zuvor schädlichen Anteilseignerwechsel von mehr als 25 %, aber nicht mehr als 50 % sollte sorgfältig geprüft werden, wie wahrscheinlich die Fortführungsvoraussetzungen bis zur vollständigen Nutzung des fortführungsgebundenen Verlustvortrags erfüllt werden können. Denn steht infolge des Anteilseignerwechsels nur der anteilige Untergang des Verlustvortrags im Raum, könnte durch einen Verstoß gegen die Fortführungsvoraussetzungen der gesamte Verlustvortrag steuerlich nicht mehr genutzt werden.

Die Regelungen zum fortführungsgebundenen Verlustvortrag finden entsprechende Anwendung auf den gewerbesteuerlichen Verlustvortrag sowie auf den Zinsvortrag (§ 10a Satz 10 GewStG, § 8a Abs. 1 Satz 3 KStG).

8. Anerkennung einer körperschaftsteuerlichen Organschaft

Erwirbt der Organträger unterjährig die Anteile an einer zuvor **unterjährig gegründeten Vorratsgesellschaft**, verneint der BFH mit Urteil vom 10.5.2017[1] **mangels finanzieller Eingliederung** eine körperschaftsteuerliche Organschaft im ersten Wirtschaftsjahr der Organgesellschaft. Das Erfordernis der finanziellen Eingliederung der Organgesellschaft in den Organträger, die vom Beginn des Wirtschaftsjahres der Organgesellschaft ununterbrochen bestehen muss, ist nach Auffassung des BFH auch unter Geltung einer umwandlungssteuerrechtlichen Rückwirkung nicht gegeben.

Im Streitfall wurden Teile des Vermögens des Organträgers als Gesamtheit im Wege der Umwandlung durch Ausgliederung mit steuerrechtlicher Rückwirkung zum 1.1. des Streitjahres auf die Organgesellschaft übertragen. Etwas anderes hätte gegolten, wenn die Organgesellschaft durch die spätere Organträgerin nicht erworben, sondern im Rahmen der Umwandlung gegründet worden wäre, da dann die finanzielle Eingliederung von Beginn an vorgelegen hätte.

---

1) BFH v. 10.5.2017, I R 19/15, DStR 2017, 2112 (vgl. hierzu auch Feldgen, Mindestlaufzeit eines Ergebnisabführungsvertrags, eNews Steuern, Ausgabe 39/2017 v. 2.10.2017).

> **Beratungshinweis:**
>
> 319 Allerdings kann – so der BFH weiter – die umwandlungssteuerrechtliche Rückwirkung bei der Berechnung der für die steuerliche Anerkennung der Organschaft erforderlichen **fünfjährigen Mindestlaufzeit des Gewinnabführungsvertrags** beachtlich sein. Dies gelte auch dann, wenn die Rückwirkungsfiktion auf einen Zeitpunkt vor Gründung der Organgesellschaft wirkt.

In einem weiteren Urteil geht der BFH darauf ein, ob bei der Prüfung der **Mindestlaufzeit des Gewinnabführungsvertrags** nur solche Zeiträume berücksichtigt werden dürfen, in denen die weiteren Tatbestandsvoraussetzungen der körperschaftsteuerlichen Organschaft erfüllt sind. Mit Urteil vom 10.5.2017[1] verneint er dies und stellt lediglich darauf ab, dass der Gewinnabführungsvertrag auf mindestens fünf Jahre **abgeschlossen** und während seiner gesamten Geltungsdauer tatsächlich **durchgeführt** wird.

> **Anmerkung:**
>
> Im Streitfall war die Organschaft zwischenzeitlich mangels tauglichen Organträgers steuerlich nicht anzuerkennen, der sein Vermögen innerhalb der ersten fünf Jahre des Gewinnabführungsvertrags auf den jetzigen Organträger als Gesamtrechtsnachfolger übertrug. Der BFH sieht somit eine „Unterbrechung der Organschaft" als unschädlich für die Mindestvertragsdauer an.

9. Negative Einkünfte des Organträgers i.S.v. § 14 Abs. 1 Satz 1 Nr. 5 KStG

320 Negative Einkünfte des Organträgers oder der Organgesellschaft bleiben nach § 14 Abs. 1 Satz 1 Nr. 5 KStG bei der inländischen Besteuerung unberücksichtigt, soweit sie in einem ausländischen Staat steuerlich berücksichtigt werden. Für die Anwendung dieser mit dem Gesetz zur Umsetzung des EuGH-Urteils vom 20. Oktober 2011 in der Rechtssache C-284/09 (sog. Streubesitzdividendengesetz) vom 20.2.2013[2] geänderten und in allen noch nicht bestandskräftig veranlagten Fällen anzuwendenden Vorschrift ist laut Urteil des BFH vom 12.10.2016[3] auf die konsolidierten Einkünfte des Organträgers nach der Zurechnung des Einkommens der Organgesellschaft abzustellen. Eine Abzugsbeschränkung negativer Einkünfte kommt somit nur dann in Betracht, wenn sich **nach Saldierung aller Einkünfte innerhalb einer Organschaft** insgesamt auf Ebene des Organträgers negative Einkünfte ergeben.

> **Beratungshinweis:**
>
> Die Abzugsbeschränkung kommt laut BFH nicht bereits dann zur Anwendung, wenn sich z.B. negative Einkünfte einer Organgesellschaft auch im Ausland steuermindernd ausgewirkt haben, soweit auf Ebene des Organträgers nach Saldierung mit dessen Einkünften und den Einkünften etwaiger weiterer Organgesellschaften positive Einkünfte zu verzeichnen sind.

Darüber hinaus führt die Regelung **nicht** dazu – so der BFH weiter –, dass **einzelne beim Organträger angefallene Betriebsausgaben**, sofern sich auf dessen Ebene insgesamt positive Einkünfte ergeben, der Abzugsbeschränkung unterliegen. Im Streitfall war an dem Organträger, einer in Deutschland ansässigen GmbH & Co. KG, mittelbar über eine niederländische Personengesellschaft eine niederländische BV beteiligt. Eine Darlehensverbindlichkeit der BV zur Fremdfinanzierung ihrer mittelbaren Einlage in die GmbH & Co. KG ist laut BFH dem Sonderbetriebsvermögen II zuzuordnen. Zinsaufwendungen stellen somit Sonderbetriebsausgaben der BV im Rahmen ihrer Beteiligung an der GmbH & Co. KG dar. Ungeachtet der steuerlichen Behandlung dieser Zinsaufwendungen in den Niederlanden, steht der Berücksichtigung als Betriebsausgaben

---

1) BFH v. 10.5.2017, I R 51/15, DStR 2017, 2109.
2) Gesetz v. 20.2.2013, BGBl. I 2013, 285 = BStBl I 2013, 344.
3) BFH v. 12.10.2016, I R 92/12, HFR 2017, 299 (vgl. hierzu Feldgen, Doppelstöckige Personengesellschaft – Zuordnung von Sonderbetriebsvermögen II eines im Ausland ansässigen Gesellschafters, eNews Steuern, Ausgabe 10/2017 v. 13.3.2017).

aufgrund der positiven Einkünfte der Organschaft § 14 Abs. 1 Satz 1 Nr. 5 KStG nicht entgegen.

> **Beratungshinweis:**
>
> Zu einem anderen Ergebnis dürfte jedoch die ab dem Veranlagungszeitraum 2017 geltende Abzugsbeschränkung für Sonderbetriebsausgaben in § 4i EStG führen, mit der ein doppelter Betriebsausgabenabzug bei Personengesellschaften sowohl im In- als auch im Ausland verhindert werden soll (→ Rz. 297).

10. Gesellschafter-Geschäftsführer

a) Steuerliche Anerkennung einer Pensionszusage

aa) Überversorgung

Eine gegenüber einem beherrschenden Gesellschafter-Geschäftsführer erteilte Pensionszusage ist u.a. steuerlich nicht anzuerkennen, wenn eine sog. Überversorgung vorliegt. Nach der bisherigen Rechtsprechung liegt eine **Überversorgung** vor, wenn mit der Pensionszusage ein bestimmter **Festbetrag** eingeräumt worden ist und soweit dieser in Addition mit der Anwartschaft aus der gesetzlichen Rentenversicherung **75 % der** am Bilanzstichtag **bezogenen Aktivbezüge übersteigt**.[1] An dieser Rechtsprechung hält der BFH auch mit Urteil vom 20.12.2016[2] fest und widerspricht damit der Auffassung des FG Berlin-Brandenburg[3], das in erster Instanz entschieden hat. **321**

> **Beratungshinweis:**
>
> Im Falle einer Überversorgung ist die Pensionsrückstellung entsprechend anteilig zu kürzen. Eine darüber hinausgehende Zuführung zur Pensionsrückstellung ist nicht als Betriebsausgabe zu berücksichtigen.

Werden die Aktivbezüge z.B. durch den **Wechsel von einer Vollzeit- zu einer Teilzeittätigkeit** dauerhaft herabgesetzt, kann es laut BFH geboten sein, den Maßstab für eine Überversorgung zu korrigieren. Dabei sind die geminderten Aktivbezüge bezogen auf die Gesamttätigkeitsdauer nur zeitanteilig bei der Ermittlung des neuen Grenzwerts zu berücksichtigen.[4]

Darüber hinaus stimmt der BFH dem BMF[5] darin zu, dass neben den Festbezügen auch **variable Gehaltsbestandteile** zu berücksichtigen sind. Maßgebend hierfür ist eine Durchschnittsberechnung, die sich auf die vergangenen fünf Jahre beziehen kann.

bb) Erdienenszeitraum

Weiter ist für die steuerliche Anerkennung einer Pensionszusage zu prüfen, ob der **zehnjährige Erdienenszeitraum** erfüllt wird. Wird einem Gesellschafter-Geschäftsführer in einer Pensionszusage ein Wahlrecht eingeräumt, die Pensionszahlungen bereits vor Erreichen der vereinbarten Altersgrenze zu beziehen, ist hierzu laut Urteil des FG Berlin-Brandenburg vom 6.9.2016[6] auf den **frühestmöglichen Zeitpunkt** abzustellen. **322**

---

1) Vgl. zuletzt BFH v. 26.6.2013, I R 39/12, BStBl II 2014, 174.
2) BFH v. 20.12.2016, I R 4/15, BStBl II 2017, 678.
3) FG Berlin-Brandenburg v. 2.12.2014, 6 K 6045/12, EFG 2015, 321.
4) So auch schon BMF v. 3.11.2004, IV B 2-S 2176 – 13/04, BStBl I 2004, 1045, Tz. 19.
5) Ebenso im Ergebnis BMF v. 3.11.2004, IV B 2-S 2176–13/04, BStBl I 2004, 1045, Tz. 11.
6) FG Berlin-Brandenburg v. 6.9.2016, 6 K 6168/13, EFG 2016, 1916 (NZB BFH: I B 104/16) mit Anm. Rätke.

Beratungshinweis:

Somit würde zwar der zehnjährige Erdienenszeitraum noch erfüllt, wenn der Geschäftsführer bei Erteilung der Pensionszusage 51 Jahre alt war und die Pensionszahlungen grundsätzlich erst mit Vollendung des 65. Lebensjahres beginnen. Ist der Bezug jedoch frühestens mit Vollendung des 60. Lebensjahres möglich, wäre auf diesen Fall des vorzeitigen Pensionsantritts abzustellen.

Die Pensionszusage ist somit nach Auffassung des FG steuerlich nicht anzuerkennen und führt zu verdeckten Gewinnausschüttungen an den Gesellschafter-Geschäftsführer. Dies gelte auch dann, wenn bei vorzeitigem Pensionsantritt eine prozentuale Kürzung der Pension vorgesehen sei.

b) Übernahme einer Pensionsverpflichtung gegen Ablösungszahlung

323 Die Übernahme einer Pensionsverpflichtung gegen Ablösungszahlung führt laut Urteil des BFH vom 18.8.2016[1)] beim versorgungsberechtigten Arbeitnehmer **nicht zum Zufluss von Arbeitslohn**, sofern diesem **kein Wahlrecht** zusteht, den Ablösungsbetrag alternativ an sich selbst auszahlen zu lassen.

Beratungshinweis:

Der Entscheidung lag der Fall zugrunde, dass die dem Mehrheitsgesellschafter und alleinigen Geschäftsführer einer GmbH in der Vergangenheit erteilte Pensionszusage, im Vorgriff auf die geplante Veräußerung der GmbH-Anteile, auf eine weitere GmbH des Gesellschafter-Geschäftsführers gegen Zahlung einer Vergütung übertragen wurde. Der BFH sieht darin (noch) keine wirtschaftliche Erfüllung künftiger Pensionszahlungen.

Zu einem anderen Ergebnis kam der BFH mit Urteil vom 12.4.2007.[2)] Dort bejahte er den Zufluss von Arbeitslohn, weil der Ablösungsbetrag aufgrund eines dem Arbeitnehmer eingeräumten **Wahlrechts**, die Zahlung an sich selbst oder an eine GmbH gegen Übernahme der Pensionsverpflichtung zu verlangen, auf dessen Verlangen hin an diese GmbH gezahlt wurde.

Beratungshinweis:

Das BMF weist mit Schreiben vom 4.7.2017[3)] darauf hin, dass das BFH-Urteil vom 18.8.2016 zu dem speziellen Fall der Ablösung einer Pensionszusage eines Gesellschafter-Geschäftsführers ergangen ist, der nicht unter das Betriebsrentengesetz fällt. In gleichgelagerten Fällen ist demnach das BFH-Urteil anzuwenden und vom Zufluss von Arbeitslohn erst im Zeitpunkt der Auszahlung der späteren Versorgungsleistungen auszugehen.

Hingegen geht das BMF vom Zufluss von Arbeitslohn im Zeitpunkt der Zahlung eines Ablösungsbetrags aus, wenn der Durchführungsweg nach dem Betriebsrentengesetz von einer Pensions-/Direktzusage oder von einer Versorgungszusage über eine Unterstützungskasse auf einen Pensionsfonds, eine Pensionskasse oder eine Direktversicherung gewechselt wird.

11. Antrag zum Teileinkünfteverfahren bei verdeckten Gewinnausschüttungen

324 Der an einer Kapitalgesellschaft zu mindestens 25 % oder zu mindestens 1 % beteiligte Anteilseigner, der zudem durch seine berufliche Tätigkeit für die Gesellschaft auf diese maßgeblichen unternehmerischen Einfluss ausüben kann, kann beantragen, Dividenden der Gesellschaft statt mit der Abgeltungsteuer nach dem Teileinkünfteverfahren zu besteuern (vgl. auch → Rz. 490). In diesem Fall unterliegen 60 % der Dividenden dem individuellen Einkommensteuersatz des Anteilseigners. Der **Antrag** ist **spätestens zusammen mit der Einkommensteuererklärung** für den Veranlagungszeitraum zu stellen, in dem die Dividende zugeflossen ist (§ 32d Abs. 2 Nr. 3 Satz 4 EStG).

---

1) BFH v. 18.8.2016, VI R 18/13, BStBl II 2017, 730 = HFR 2016, 1067 mit Anm. Teller (vgl. hierzu auch Fuhrmann, BeSt 2017, 1 f.).
2) BFH v. 12.4.2007, VI R 6/02, BStBl II 2007, 581.
3) BMF v. 4.7.2017, IV C 5 – S 2333/16/10002, BStBl I 2017, 883.

Diese Frist ist laut Urteil des FG München vom 15.6.2016[1] **nicht anzuwenden**, wenn dem Anteilseigner aus der Beteiligung ausschließlich verdeckte Gewinnausschüttungen zugeflossen sind, die er in seiner Einkommensteuererklärung bislang als Einnahmen bei anderen Einkünften erklärt hat und die in Folge der Feststellungen durch eine Betriebsprüfung nachträglich in Kapitalerträge umqualifiziert wurden. Das FG München vertritt die Auffassung, dass die Fristenregelung hier teleologisch zu reduzieren ist, so dass das Wahlrecht solange ausgeübt werden kann, bis der Einkommensteuerbescheid des betroffenen Veranlagungszeitraums formell und materiell bestandskräftig ist.

12. Kapitalertragsteuer bei fehlender Steuerbescheinigung gemäß § 27 Abs. 3 Satz 1 KStG

Eine Kapitalgesellschaft hat im Falle der Ausschüttung an ihre Anteilseigner Kapitalertragsteuer einzubehalten, sofern keine Freistellungsbescheinigung des Anteilseigners vorliegt und die **Ausschüttung keine Einlagenrückgewähr** darstellt. Für die Feststellung einer Einlagenrückgewähr ist **auf die Steuerbescheinigung abzustellen**, die die Kapitalgesellschaft nach § 27 Abs. 3 Satz 1 KStG auszustellen hat. Liegt eine solche Bescheinigung bis zum Tag der Bekanntgabe der erstmaligen Feststellung des steuerlichen Einlagekontos zum Schluss des Wirtschaftsjahrs der Leistung nicht vor, gilt der Betrag der Einlagenrückgewähr als mit 0 Euro bescheinigt (§ 27 Abs. 5 Satz 2 KStG). Es liegt somit eine kapitalertragsteuerpflichtige Leistung vor, für die die Kapitalgesellschaft die Kapitalertragsteuer anzumelden und abzuführen hat.

Zu diesem Ergebnis kommt das FG Baden-Württemberg auch dann, wenn die Ausschüttung **an einen nicht anrechnungsberechtigten Anteilseigner**, im Streitfall an die Stadt, erfolgt. Auch in diesem Fall ist die Kapitalgesellschaft als Entrichtungsschuldner der Kapitalertragsteuer in Anspruch zu nehmen.[2]

> **Beratungshinweis:**
> Die Entscheidung des FG zeigt, dass eine Steuerbescheinigung auch im Fall von nicht anrechnungsberechtigten Anteilseignern nicht entbehrlich ist. In der Praxis sollte deshalb stets auf eine fristgerechte Ausstellung der Steuerbescheinigung geachtet werden.

V. Sonstige Themen der Unternehmensbesteuerung

1. Kontierungsvermerk auf elektronisch übermittelten Eingangsrechnungen

Elektronische Dokumente müssen nach den **GoBD** (Grundsätze zur ordnungsgemäßen Führung und Aufbewahrung von Büchern, Aufzeichnungen und Unterlagen in elektronischer Form sowie zum Datenzugriff[3]) im Originalzustand jederzeit lesbar gemacht werden können und prüfbar sein. Werden die Dokumente bearbeitet oder verändert, z.B. durch das Anbringen von Buchungsvermerken, muss dies protokolliert und mit dem Dokument gespeichert werden. Aus einer entsprechenden Verfahrensdokumentation muss sich ergeben, wie die elektronischen Belege erfasst, empfangen, verarbeitet, ausgegeben und aufbewahrt werden.

Mit Verfügung vom 20.1.2017[4] geht das Bayerische Landesamt für Steuern (BayLfSt) auf die konkrete Anwendung der für Veranlagungszeiträume ab 2014 zu beachtenden GoBD bei Kontierung von elektronisch übermittelten Eingangsrechnungen ein. Anders als beim Papierbeleg müssen demnach Angaben zur Kontierung, zum Ordnungskriterium für die Ablage und zum Buchungsdatum nicht zwingend auf dem Beleg ange-

---

1) FG München v. 15.6.2016, 9 K 190/16, EFG 2016, 1503; Rev. BFH: VIII R 20/16.
2) FG Baden-Württemberg v. 12.4.2016, 6 K 2703/15, EFG 2016, 1994 mit Anm. Schmitz-Herscheidt; Rev. BFH: I R 30/16.
3) BMF v. 14.11.2014, IV A 4 – S 0316/13/10003, BStBl I 2014, 1450. Vgl. hierzu u.a. Elster/Johrden, Stbg 2014, 299 und Korth, Stbg 2015, 224).
4) BayLfSt v. 20.1.2017, S 0316.1.1–5/3 St42, StEd 2017, 78 = DStR 2017, 547

bracht werden. Es genügt zur Erfüllung der Belegfunktion, wenn der **elektronische Beleg mit einem entsprechenden Datensatz elektronisch verbunden** wird.

> **Beratungshinweis:**
> Das BayLfSt verweist dazu beispielhaft auf die in den GoBD genannten Möglichkeiten der Verwendung eines eindeutigen Indexes oder eines Barcodes.

2. Manipulierbarkeit eines PC-gestützten Kassensystems

327 Mit Urteil vom 29.3.2017 befasste sich das FG Münster[1] mit der Frage, unter welchen Voraussetzungen ein PC-gestütztes Kassensystem als nicht manipulierbar anzuerkennen ist (zur gesetzlichen Neuregelung durch das Gesetz zum Schutz vor Manipulationen an digitalen Grundaufzeichnungen[2] → Rz. 251 ff.). Im Streitfall wurde ein auf der Software Microsoft Access basierendes Kassensystem verwendet. Das FG holte zur Frage der Manipulierbarkeit ein Sachverständigengutachten ein. In diesem wurde festgestellt, dass das verwendete System zwar aufgrund der Verknüpfung verschiedener Datenbankdateien nur schwierig zu manipulieren sei. Jedoch könnten Veränderungen zumindest durch IT-Spezialisten so vorgenommen werden, dass diese nicht mehr zurück zu verfolgen wären. Zudem wurden keine Programmierprotokolle für die Kasse vorgelegt, sondern lediglich darauf verwiesen, dass diese in Dateiform im System gespeichert seien.

Das FG sieht zum einen im Fehlen der Programmierprotokolle jedenfalls bei bargeldintensiven Betrieben einen **gewichtigen formellen Mangel**. Basierend auf den Ergebnissen des Sachverständigengutachtens kam das FG zu der Überzeugung, dass an dem Kassensystem **Manipulationen vorgenommen werden können**. Dabei sei unerheblich, von wem und mit welchem Aufwand diese möglich seien.

> **Beratungshinweis:**
> Das FG-Urteil zeigt, dass hohe Anforderungen an den Nachweis gestellt werden, ein PC-gestütztes Kassensystem sei nicht manipulierbar. Andernfalls können Hinzuschätzungen von Umsatz drohen. Ab 1.1.2020 sind neue elektronische Aufzeichnungssysteme zwingend mit einer zertifizierten technischen Sicherheitseinrichtung auszustatten (→ ,Rz. 258).

3. Betriebsaufgabe nach Betriebsunterbrechung oder -verpachtung

328 Ein Gewerbebetrieb oder ein Mitunternehmeranteil gilt im Falle der Betriebsunterbrechung oder der Betriebsverpachtung unwiderruflich als nicht aufgegeben, sofern die Aufgabe nicht ausdrücklich gegenüber dem Finanzamt erklärt wird oder dem Finanzamt Tatsachen bekannt werden, aus denen sich die Betriebsaufgabe ergibt (§ 16 Abs. 3b Satz 1 EStG).

Das BMF nimmt mit Schreiben vom 22.11.2016[3] Stellung zu dieser Regelung, die auf nach dem 4.11.2011 erfolgte Betriebsaufgaben anzuwenden ist. Die Ausführungen des BMF sind in allen offenen Fällen anzuwenden. Die Finanzverwaltung geht darin u. a. auf die Form der **Aufgabeerklärung** durch den Stpfl. ein. Diese kann **formlos** erfolgen.

> **Praxistipp:**
> Es empfiehlt sich jedoch **aus Beweisgründen die Schriftform** unter Angabe eines Aufgabedatums. Allein in der Deklaration von Einkünften aus Vermietung und Verpachtung im Rahmen der Steuererklärung ist nach Ansicht des BMF keine Aufgabeerklärung zu sehen.

---

1) FG Münster v. 29.3.2017, 7 K 3675/13 E,G,U, EFG 2017, 846 mit Anm. Kister; NZB BFH: X B 65/17.
2) Gesetz v. 22.12.2016, BGBl. I 2016, 3152 = BStBl I 2017, 21.
3) BMF v. 22.11.2016, IV C 6 – S 2242/12/10001, BStBl I 2016, 1326.

Ist von einer Betriebsaufgabe infolge der hiervon erlangten Kenntnis des Finanzamts auszugehen, ist der Aufgabegewinn in dem Veranlagungszeitraum der Kenntniserlangung zu erfassen, wenn für den Veranlagungszeitraum der tatsächlich erfolgten Betriebsaufgabe bereits Festsetzungs- oder Feststellungsverjährung eingetreten ist.

4. Betriebsveräußerung unter Überlassung einer eingeführten Bezeichnung mittels Franchisevereinbarung

Wird im Rahmen einer Betriebsveräußerung eine eingeführte Bezeichnung für einen Betrieb nicht mitverkauft, sondern lediglich im Rahmen eines Franchisevertrages zur Nutzung überlassen, sind gemäß Entscheidung des BFH vom 20.3.2017[1] **nicht alle wesentlichen Betriebsgrundlagen übertragen** worden. Dies hatte im Urteilsfall zur Folge, dass der Gewinn aus der Veräußerung als laufender Gewinn und nicht gemäß §§ 16, 34 EStG ermäßigt zu besteuern war. **329**

5. Sanierungserträge

a) Rechtswidrigkeit des Sanierungserlasses

Die Finanzverwaltung gewährte bislang auf Antrag die Stundung und ggf. den Erlass der auf Sanierungsgewinne entfallenden Steuer, sofern die Voraussetzungen des sog. Sanierungserlasses[2] erfüllt waren. Dieser Verwaltungspraxis widersprach der **BFH** und kam mit dem **am 8.2.2017 veröffentlichten Beschluss** vom 28.11.2016[3] zu dem Ergebnis, dass der Sanierungserlass rechtswidrig ist. **330**

b) Weitere Anwendung des Sanierungserlasses laut BMF

Das **BMF** reagierte auf diesen Beschluss mit Schreiben vom 27.4.2017[4] und erläutert, wie in **Altfällen** mit Sanierungsgewinnen umzugehen ist: **331**

– Wurde ein **Forderungsverzicht bis 8.2.2017 endgültig vollzogen**, kommt der Sanierungserlass nach Auffassung des BMF uneingeschränkt weiter zur Anwendung.

– Liegt eine **bis 8.2.2017 erteilte verbindliche Auskunft** vor, gilt diese weiterhin, sofern der Forderungsverzicht bis zur Entscheidung über die etwaige Aufhebung ganz oder im Wesentlichen vollzogen wurde.

– Eine **nach dem 8.2.2017 erteilte verbindliche Auskunft** ist hingegen grundsätzlich zurückzunehmen, es sei denn, der Forderungsverzicht ist bis zur Entscheidung über die Rücknahme vollzogen.

Der **BFH** kommt hingegen mit Urteilen vom 23.8.2017[5] zu dem Ergebnis, dass entgegen der Auffassung des Finanzverwaltung der **Sanierungserlass in Altfällen**, d.h. in Fällen, in denen die an der Sanierung beteiligten Gläubiger bis 8.2.2017 endgültig auf ihre Forderungen verzichtet haben, **nicht anwendbar** ist. **332**

> **Beratungshinweis:**
>
> In Altfällen besteht somit derzeit Rechtsunsicherheit. Es bleibt abzuwarten, ob ggf. der Gesetzgeber auch für diese Fälle eine gesetzliche Regelung schafft, die dann jedoch wiederum unter EU-rechtlichen Gesichtspunkten zu überprüfen wäre (→ Rz. 333).

---

1) BFH v. 30.3.2017, X R 11/16, BStBl II 2017, 992 (vgl. hierzu auch Feldgen, Bezeichnung als wesentliche Betriebsgrundlage, Geldeinwurfautomaten als Kassen, Begründungspflicht eines (Un-)Sicherheitszuschlags, eNews Steuern, Ausgabe 34/2017 v. 28.8.2017).
2) BMF v. 27.3.2003, IV A 6 – S 2140 – 8/03, BStBl I 2003, 240.
3) BFH v. 28.11.2016, GrS 1/15, BStBl II 2017, 393 (vgl. hierzu auch Frase, BeSt 2017, 18 ff.).
4) BMF v. 27.4.2017, IV C 6 – S 2140/13/10003, BStBl I 2017, 741.
5) BFH v. 23.8.2017, I R 52/14, DStR 2017, 2322; X R 38/15, DStR 2017, 2326.

Weiter äußert sich das BMF aber auch zu **laufenden bzw. künftigen Sanierungsfällen**. Ist bis 8.2.2017 noch kein endgültiger Forderungsverzicht erfolgt und liegt auch noch keine verbindliche Auskunft vor, gewährt die Finanzverwaltung auch künftig **auf Antrag die Stundung** des auf den Sanierungsgewinn entfallenden Steuerbetrags. Allerdings erfolgt die Stundung **unter dem Vorbehalt des Widerrufs**. Eine Entscheidung über den Erlassantrag wird hingegen zurückgestellt. Die Stundung ist in diesen Fällen zu widerrufen, wenn die EU-Kommission bis 31.12.2018 festgestellt hat, dass keine EU-rechtswidrige staatliche Beihilfe vorliegt (→ Rz. 333).

c) Gesetzliche Neuregelung

333 Mit dem Gesetz gegen schädliche Steuerpraktiken im Zusammenhang mit Rechteüberlassungen[1]) wurde eine gesetzliche Regelung der Steuerfreiheit von Sanierungserträgen eingeführt. Bei einer unternehmensbezogenen Sanierung ist **der Sanierungsertrag unabhängig von einer Antragstellung steuerfrei** (§ 3a Abs. 1 Satz 1 EStG). Entsprechend den Voraussetzungen zur Anwendung des bisherigen Sanierungserlasses ist von einer unternehmensbezogenen Sanierung auszugehen, wenn das Unternehmen sanierungsbedürftig sowie sanierungsfähig ist und die Sanierungseignung des betrieblich begründeten Schuldenerlasses sowie die Sanierungsabsicht der Gläubiger nachgewiesen ist (§ 3a Abs. 2 EStG).

> **Beratungshinweis:**
>
> Die Steuerfreiheit von Sanierungserträgen greift bereits in den Fällen, in denen die **Schulden nach dem 8.2.2017 erlassen** wurden. Allerdings steht das **Inkrafttreten** der Regelungen noch **unter dem Vorbehalt des von der EU-Kommission einzuholenden Beschlusses**, dass darin keine staatliche Beihilfe gesehen wird.[2]) Somit besteht derzeit noch Rechtsunsicherheit, ob die gesetzliche Neuregelung tatsächlich zur Anwendung kommt. Zwar kann bis zur Klärung hinsichtlich der auf Sanierungserträge entfallenden Steuer eine Stundung beantragt werden (→ Rz. 332), allerdings fallen dadurch Stundungszinsen an.

Greift die Steuerfreiheit des Sanierungsertrags, sind zur Vermeidung steuerschädlicher Gestaltungen im Sanierungsjahr und im Folgejahr **steuerliche Wahlrechte gewinnmindernd auszuüben**. Insb. ist ein niedrigerer Teilwert anzusetzen (§ 3a Abs. 1 Sätze 2 und 3 EStG).

334 Zur Ermittlung des steuerfreien Sanierungsertrags sind Betriebsvermögensmehrungen oder Betriebseinnahmen, die aus einem Schuldenerlass resultieren, um damit in unmittelbarem wirtschaftlichem Zusammenhang stehende **Betriebsvermögensminderungen oder Betriebsausgaben** im Sanierungsjahr und im Veranlagungszeitraum vor dem Sanierungsjahr **zu mindern** (§ 3a Abs. 3 Satz 1 i.V.m. § 3c Abs. 4 Satz 1 EStG). Weiter sind in einer bestimmten, gesetzlich vorgegebenen Reihenfolge **Verluste bzw. Verlustvorträge abzuziehen**, bis der Sanierungsertrag auf Null reduziert ist (§ 3a Abs. 3 Satz 2 EStG). Soweit Verluste und Verlustvorträge vom Sanierungsertrag abgezogen wurden, sind sie folglich steuerlich nicht mehr weiter zu nutzen.

Sollte der Sanierungsertrag nach Abzug aller vorgenannten Positionen weiterhin positiv sein, ist zur Vermeidung von schädlichen Gestaltungen zudem ein Abzug von **Verlusten einer nahestehenden Person** vorgesehen. Dies gilt allerdings nur dann, wenn die nahestehende Person die im Rahmen der Sanierung erlassenen Schulden innerhalb der vorgehenden fünf Jahre auf das zu sanierende Unternehmen übertragen hat (§ 3a Abs. 3 Satz 3 EStG). Ein weiterhin verbleibender Sanierungsertrag ist steuerfrei.

---

1) Gesetz v. 27.6.2017, BGBl. I 2017, 2074 = BStBl I 2017, 1202; zur erstmaligen Anwendbarkeit der Vorschrift vgl. § 52 Abs. 4a EStG i.d.F. des ÄndG. Vgl. zur neuen Vorschrift bereits die Kommentierung von Feldgen in Fuhrmann/Kraeusel/Schiffers, eKomm, Ab VZ 2017, § 3a EStG (Entwurf), Rz. 1 ff. (Aktualisierung v. 31.8.2017); Korn/Strahl, kösdi 2017, 20517, Tz. 11 ff.
2) Vgl. Art. 6 Abs. 2 Satz 1 des Gesetzes v. 27.6.2017, BGBl. I 2017, 2074 = BStBl I 2017, 1202.

A. Unternehmensbesteuerung

In der Folge nach dem Sanierungsjahr entstehende Betriebsvermögensminderungen, die in unmittelbarem wirtschaftlichem Zusammenhang mit dem steuerfreien Sanierungsertrag stehen, sind steuerlich nicht abziehbar, soweit ein noch verbleibender Sanierungsertrag besteht (§ 3c Abs. 4 Satz 4 EStG).

335 Parallel zu den im Einkommensteuergesetz eingefügten Regelungen wurden ebenfalls durch das Gesetz gegen schädliche Steuerpraktiken im Zusammenhang mit Rechteüberlassungen (vgl. Art. 4 Nr. 2 des Gesetzes) auch im **Gewerbesteuergesetz** entsprechende Regelungen gefasst (§ 7b GewStG). Auch hier steht das **Inkrafttreten** der Regelung noch **unter dem Vorbehalt des von der EU-Kommission einzuholenden Beschlusses**, dass darin keine staatliche Beihilfe gesehen wird (→ Rz. 333).

336 Die Vorgaben zur Steuerfreiheit von Sanierungserträgen nach § 3a EStG kommen grundsätzlich auch für Zwecke der **Körperschaftsteuer** zur Anwendung. Darüber hinaus wird geregelt, dass zunächst zu prüfen ist, ob Verluste infolge eines schädlichen Beteiligungserwerbs nach § 8c Abs. 1 KStG nicht mehr genutzt werden können. Danach weiterhin bestehende Verluste sind in die Berechnung des Sanierungsertrags nach § 3a Abs. 3 EStG einzubeziehen (§ 8c Abs. 2 KStG). Ist ein fortführungsgebundener Verlustvortrag gegeben, ist dieser vorrangig vor anderen Verlustvorträgen bei der Ermittlung des Sanierungsertrags abzuziehen (§ 8d Abs. 1 Satz 9 KStG). Schließlich wird die Ermittlung des steuerfreien Sanierungsertrags im Falle einer ertragsteuerlichen Organschaft durch die eingefügten Bestimmungen in § 15 Satz 1 Nr. 1a sowie § 15 Sätze 2 und 3 KStG angepasst. Demnach ist zunächst der Sanierungsertrag auf Ebene des sanierten Unternehmens zu ermitteln. Handelt es sich dabei um eine Organgesellschaft, ist der Sanierungsertrag zuerst um vororganschaftliche Beträge zu mindern. Anschließend sind Verluste und Verlustvorträge des Organträgers zum Abzug zu bringen.

6. Steuerermäßigung bei Einkünften aus Gewerbebetrieb
a) Aufteilung bei unterjährigem Gesellschafterwechsel

337 Werden gewerbliche Einkünfte erzielt, wird für die zu zahlende Gewerbesteuer eine pauschale Einkommensteuerermäßigung in Höhe des 3,8-fachen des Gewerbesteuermessbetrags gewährt (§ 35 EStG). Mit Schreiben vom 3.11.2016[1] überarbeitet das BMF seine bisherigen Verlautbarungen zu dieser Steuerermäßigung. Darin geht die Finanzverwaltung u.a. auf die für Zwecke der Berechnung der Steuerermäßigung vorzunehmende **Aufteilung des Gewerbesteuermessbetrags** im Falle eines **unterjährigen Wechsels der Gesellschafter** einer Personengesellschaft ein.

Im Einklang mit der Rechtsprechung des BFH[2] vertritt das BMF nunmehr die Auffassung, dass der Gewerbesteuermessbetrag nur auf die Gesellschafter aufzuteilen ist, die zum Ende des Erhebungszeitraums noch an der Personengesellschaft beteiligt sind. Unterjährig ausgeschiedenen Gesellschaftern ist demnach kein anteiliger Gewerbesteuermessbetrag zuzurechnen.

> **Beratungshinweis:**
> Die **bisherige Verwaltungsauffassung**, wonach eine anteilige Zurechnung des Gewerbesteuermessbetrags auch an den ausgeschiedenen Gesellschafter erfolgte, kann auf einheitlichen Antrag aller zum Ende des Erhebungszeitraums noch beteiligter Mitunternehmer **noch bis zum Veranlagungszeitraum 2017** angewendet werden.

b) Ermäßigungshöchstbetrag

338 Die Steuerermäßigung bei Einkünften aus Gewerbebetrieb ist auf den Betrag an Einkommensteuer gedeckelt, der auf die gewerblichen Einkünfte entfällt. Auch auf die

---
1) BMF v. 3.11.2016, IV C 6 – S 2296-a/08/10002:003, BStBl I 2016, 1187, Tz. 28.
2) BFH v. 14.1.2016, IV R 5/14, BStBl II 2016, 875; vgl. auch Ebner Stolz/BDI, Änderungen im Steuer- und Wirtschaftsrecht 2016/2017, Rz. 295.

Ermittlung des Ermäßigungshöchstbetrags geht das BMF mit vorgenanntem Schreiben ein und ändert hier seine bisherige Verlautbarung.[1] Der Ermäßigungshöchstbetrag ergibt sich aus dem Verhältnis der Summe der positiven gewerblichen Einkünfte zu der Summe aller positiven Einkünfte multipliziert mit der geminderten tariflichen Steuer. Laut BMF sind dabei – entgegen seiner bisherigen Rechtsauffassung – negative mit positiven Einkünften innerhalb einer Einkunftsart auszugleichen (**horizontaler Verlustausgleich**). Ein über die Einkunftsarten hinweggreifender Verlustausgleich (vertikaler Verlustausgleich) wird unverändert abgelehnt.

> **Beratungshinweis:**
>
> Entgegen der grundsätzlichen Anwendbarkeit des Schreibens auf alle offenen Fälle ist diese geänderte Rechtsauffassung auf Antrag des Stpfl. **erst ab dem Veranlagungszeitraum 2016** anzuwenden.

c) Begrenzung auf zu zahlende Gewerbesteuer

339 Zudem ist die Steuerermäßigung bei Einkünften aus Gewerbebetrieb auf die Höhe der tatsächlich zu zahlenden Gewerbesteuer begrenzt (§ 35 Abs. 1 Satz 5 EStG).

Stammen die gewerblichen Einkünfte aus mehreren gewerblichen Unternehmen oder aus Beteiligungen an verschiedenen Mitunternehmerschaften des Stpfl., ist laut Urteil des BFH vom 20.3.2017[2] die Begrenzung des Steuerermäßigungsbetrags auf die zu zahlende Gewerbesteuer **betriebsbezogen** und nicht unternehmerbezogen zu ermitteln (so bereits auch das BMF[3]).

> **Beratungshinweis:**
>
> Bei mehrstöckigen Mitunternehmerschaften folgt daraus, dass der für den Schlussgesellschafter festgestellte anteilige Gewerbesteuermessbetrag auf die verschiedenen Mitunternehmerschaften aufzuteilen und daraus der Steuerermäßigungsbetrag zu ermitteln ist. Dieser ist dann jeweils auf die anteilige zu zahlende Gewerbesteuer der jeweiligen Mitunternehmerschaft begrenzt.

7. Vermeidung von „Cum/Cum treaty shopping"

340 Die volle oder teilweise Entlastung von auf Kapitalerträgen im Inland einbehaltener Quellensteuer wird ungeachtet der DBA-Regelungen nach einer durch das sog. Erste BEPS-Umsetzungsgesetz[4] eingeführten Regelung nur noch gewährt, wenn der Gläubiger der Kapitalerträge

– während einer Mindesthaltedauer ununterbrochen wirtschaftlicher Eigentümer des Stammrechts ist,

– während der Mindesthaltedauer ununterbrochen das Mindestwertänderungsrisiko trägt und

– nicht verpflichtet ist, die Kapitalerträge einer anderen Person zu vergüten (§ 50j Abs. 1 EStG).

> **Anmerkung:**
>
> Mit der ab dem Veranlagungszeitraum 2017 anzuwendenden Regelung soll dem sog. „Cum/Cum treaty shopping" entgegengewirkt werden.[5] Darunter sind Gestaltungen zu verstehen, in denen

---

1) BMF v. 3.11.2016, IV C 6 – S 2296-a/08/10002:003, BStBl I 2016, 1187, Tz. 16.
2) BFH v. 20.3.2017, X R 12/15, DStR 2017, 1917 (vgl. hierzu Feldgen, Betriebsbezogene Ermittlung der Begrenzung nach § 35 Abs. 1 Satz 5 EStG, eNews Steuern, Ausgabe 36/2017 v. 11.9.2017).
3) BMF v. 3.11.2016, IV C 6 – S 2296-a/08/10002:003, BStBl I 2016, 1187, Tz. 9, 25 f.
4) Gesetz v. 20.12.2016, BGBl. I 2016, 3000 = BStBl I 2017, 5.
5) Vgl. hierzu auch Höreth/Stelzer, DStZ 2017, 62, 68 f.

A. Unternehmensbesteuerung

sich ein Empfänger einer aus Deutschland zufließenden Dividende mittels einer künstlichen Gestaltung einen niedrigen DBA-Quellensteuersatz verschafft, auf den er ohne die Gestaltung keinen Anspruch hätte (zur Beschränkung der Anrechenbarkeit der Kapitalertragsteuer bei Cum/Cum-Gestaltungen → Rz. 493).

Als **Mindesthaltedauer** ist ein Zeitraum von **45 Tagen innerhalb eines Zeitraums von 45 Tagen vor und 45 Tagen nach der Fälligkeit der Kapitalerträge** definiert (§ 50j Abs. 2 EStG).

Von einem **Mindestwertänderungsrisiko** ist auszugehen, wenn der Gläubiger der Kapitalerträge das Risiko aus einem sinkenden Wert zu mindestens 70 % trägt (§ 50j Abs. 3 EStG). Die Regelungen sind allerdings nur anzuwenden, wenn die Kapitalerträge nach den Bestimmungen des einschlägigen DBA einer geringeren Steuer als 15 % unterliegen und es sich um Streubesitzdividenden handelt, die einer beschränkt steuerpflichtigen Kapitalgesellschaft von einer unbeschränkt steuerpflichtigen Kapitalgesellschaft zufließen (§ 50j Abs. 4 EStG).

8. Verfassungsmäßigkeit des Zinssatzes auf Steuerforderungen

In einer vom BdSt unterstützten Musterklage kommt das FG Münster zu dem Ergebnis, dass der Steuerzinssatz von 6 % p. a. für den Zeitraum vom 1.4.2012 bis zum 15.1.2016 für Steuernachzahlungen aus den Streitjahren 2010 und 2011 **noch verfassungsgemäß** ist.[1] Die Revision zum BFH wurde zugelassen, die wahrscheinlich auch eingelegt wird.

341

Ebenso entschied der VGH München in seinem Beschluss vom 10.8.2017[2], dass Nachzahlungszinsen auf aus einer Betriebsprüfung resultierenden höheren Gewerbesteuerbelastung für die Jahre 2005 und 2006 jedenfalls für den Zeitraum bis Ende 2014 trotz der anhaltenden Niedrigzinsphase keinen verfassungsrechtlichen Bedenken unterlägen.

Beratungshinweis:
Derzeit sind beim BFH unter den Az. I R 77/15 und III R 10/16 Verfahren zur Frage der Verfassungskonformität des Zinssatzes anhängig. Dabei geht es in beiden Verfahren um Streitjahre bis 2011. Bislang hat der **BFH** einen **Verfassungsverstoß für Zeiträume bis 2011 abgelehnt** (zuletzt BFH-Urteil vom 14.4.2015[3]).

Das FG Köln legte mit Beschluss vom 12.10.2017 dem BVerfG die Frage vor, ob der Rechnungszinsfuß von 6 % zur Ermittlung von Pensionsrückstellungen nach § 6a Abs. 3 Satz 3 EStG im Jahr 2015 verfassungskonform sei. Nach Auffassung des FG Köln hätte der Gesetzgeber, da sich in dem heutigen Zinsumfeld der gesetzlich vorgeschriebene Zinsfuß so weit von der Realität entfernt hat, diesen überprüfen müssen. In der fehlenden Überprüfung und Anpassung sieht das FG Köln einen Verfassungsverstoß. Diese rechtliche Überprüfung könnte auch Ausstrahlungswirkung auf die Frage der Verfassungskonformität des Zinssatzes auf Steuerforderungen haben.

9. Erhöhte Anforderungen an Steuerberater bei drohender Insolvenz des Mandanten

Bislang vertrat der BGH die Auffassung, dass der Steuerberater nicht verpflichtet ist, seinen Mandanten auf das Vorliegen eines möglichen Insolvenzgrundes hinzuweisen, sofern eine solche Prüfung nicht ausdrücklich Gegenstand des Beratungsauftrags ist.[4]

342

An dieser Rechtsauffassung hält der BGH jedoch nicht mehr fest. Mit Urteil vom 26.1.2017[5] kommt er vielmehr zu dem Ergebnis, dass der Steuerberater, der mit der

---
1) FG Münster v. 17.8.2017, 10 K 2472/16 (Rev. wurde zugelassen).
2) VGH München v. 10.8.2017, 4 ZB 17.279.
3) BFH v. 14.4.2015, IX R 5/14, BStBl II 2015, 986.
4) BGH v. 7.3.2013, IX ZR 64/12, DStR 2013, 1151 = HFR 2013, 746.
5) BGH v. 26.1.2017, IX ZR 285/14, BB 2017, 685 = HFR 2017, 442.

Erstellung des Jahresabschlusses beauftragt ist, den Mandanten **konkret über Zweifel an der Zahlungsfähigkeit und dem Fortbestand des Unternehmens zu informieren hat**. Außerdem sieht der BGH den Steuerberater in der Pflicht, bei der Erstellung des Jahresabschlusses **nur dann Fortführungswerte anzusetzen, wenn** keine Zweifel an der Unternehmensfortführung bestehen bzw. solche ausgeräumt sind. Indizien für entsprechende Zweifel sind z.B. erhebliche Verluste, eine zu geringe Eigenkapitalausstattung, Liquiditätsschwierigkeiten oder eine bilanzielle Überschuldung.

Der Steuerberater hat somit zu prüfen, ob sich solche Zweifel aus den ihm zur Verfügung stehenden Unterlagen und aus den ihm sonst bekannten tatsächlichen und rechtlichen Umständen ergeben. Er hat den Mandanten darauf hinzuweisen, wenn anzunehmen ist, dass dem Mandanten dies nicht bewusst ist. Dabei sieht der BGH den Steuerberater in der Pflicht, offene Fragen mit dem Mandanten kritisch zu klären. Auf bloße gegenteilige Aussagen darf sich der Steuerberater nicht verlassen, vielmehr ist konkret vom Mandanten eine Fortführungsprognose anzufordern. Hingegen wird der Steuerberater weiterhin nicht in die Pflicht genommen, von sich aus eine solche Fortführungsprognose zu erstellen, wenn dazu kein entsprechender Auftrag vorliegt.

> **Beratungshinweis:**
>
> Durch den Rechtsprechungswandel werden die Anforderungen an den Steuerberater deutlich erhöht, seinen Mandanten bei auftragsgemäßer Erstellung eines Jahresabschlusses konkret auf mögliche Insolvenzgründe hinzuweisen bzw. Zweifel auszuräumen. Um die Erstellung des Jahresabschlusses zu Fortführungswerten sicherzustellen, ist deshalb die Kooperation des Mandanten erforderlich.

VI. Umstrukturierungen und Unternehmenskäufe

1. Gewinnermittlungsmethode bei Einbringung in eine Personengesellschaft

343 Wird eine freiberufliche Mitunternehmerschaft, die ihren **Gewinn durch Einnahmenüberschussrechnung ermittelt**, real geteilt, besteht **keine Verpflichtung zur Erstellung einer Realteilungsbilanz** nebst Übergangsgewinnermittlung. Zu diesem Ergebnis kommt der BFH, wenn die Buchwerte fortgeführt werden und die Mitunternehmer den Gewinn aus ihrer weiteren beruflichen Tätigkeit in Einzelpraxen ebenso durch Einnahmenüberschussrechnung ermitteln.[1]

Nach der auf Bund-Länder-Ebene abgestimmten Verfügung der OFD Niedersachsen vom 3.3.2017[2] gilt **für den umgekehrten Fall Entsprechendes**. Wird ein Betrieb, Teilbetrieb oder Mitunternehmeranteil, für den die Gewinnermittlung bislang durch Einnahmenüberschussrechnung vorgenommen wurde, in eine Personengesellschaft eingebracht, ist ebenso wenig der Übergang zur Gewinnermittlung durch Betriebsvermögensvergleich erforderlich. Voraussetzungen sind wiederum, dass die Einbringung zu Buchwerten erfolgt und die aufnehmende Personengesellschaft ihren Gewinn auch durch Einnahmenüberschussrechnung ermittelt.

> **Beratungshinweis:**
>
> Die bisherige Auffassung der Finanzverwaltung ist damit überholt.[3] Eine Bilanzierungspflicht besteht folglich nur dann, wenn bei der Einbringung ein Zwischenwert oder ein gemeiner Wert angesetzt wird oder die aufnehmende Personengesellschaft bereits eine Bilanz erstellt bzw. dazu künftig verpflichtet ist.

---

1) BFH v. 11.4.2013, III R 32/12, BStBl II 2014, 242.
2) OFD Niedersachsen v. 3.3.2017, S 1978d – 10 – St 243, DB 2017, 819.
3) BMF v. 11.11.2011, IV C 2 – S 1978-b/08/10001, BStBl I 2011, 1314 Rdnr. 24.03 (UmwStE 2011).

2. Ende der Antragsfrist für einen abweichenden Wertansatz bei Einbringung und Anteilstausch

Im Fall der Einbringung oder des Anteilstauschs kann die übernehmende Gesellschaft **344** unter bestimmten Voraussetzungen beantragen, die Einbringungsgegenstände nicht mit dem gemeinen Wert, sondern mit einem Buch- oder Zwischenwert anzusetzen. Der Antrag ist **bis zur erstmaligen Abgabe der steuerlichen Schlussbilanz** zu stellen (§ 20 Abs. 2 Satz 3 UmwStG).

Laut Urteil des BFH vom 15.6.2016[1)] ist mit der „steuerlichen Schlussbilanz" die nächste **auf den Einbringungszeitpunkt folgende steuerliche Jahresschlussbilanz** der übernehmenden Gesellschaft gemeint, in der der Einbringungsgegenstand erstmals anzusetzen ist.

> **Anmerkung:**
>
> In entsprechender Weise hatte der BFH bereits zur Antragsfrist nach der früheren Fassung des UmwStG (§ 20 Abs. 2 Satz 1 UmwStG 1995) entschieden.[2)] Im Einklang mit der Fachliteratur sieht der BFH keinen tragfähigen Grund, warum unter Geltung des aktuellen Gesetzes etwas anderes gelten sollte.

3. Buchwertansatz bei grenzüberschreitender Abwärtsverschmelzung

Nach Auffassung der **Finanzverwaltung** sind bei einer grenzüberschreitenden **345** Abwärtsverschmelzung die Anteile an der übernehmenden Körperschaft (Tochtergesellschaft), die von der übertragenden Körperschaft (Muttergesellschaft) gehalten werden, **nicht mit dem Buchwert anzusetzen, soweit** das Recht Deutschlands zur Besteuerung von Gewinnen aus der Veräußerung der übertragenen Wirtschaftsgüter beim Anteilseigner der Muttergesellschaft nicht sichergestellt ist.[3)] Die Finanzverwaltung geht somit davon aus, dass zwar nach § 11 Abs. 2 Satz 2 UmwStG die Anteile an der übernehmenden Körperschaft mindestens mit dem Buchwert und höchstens mit dem gemeinen Wert anzusetzen sind. Dieses Wahlrecht sei jedoch nach § 11 Abs. 2 Satz 1 UmwStG u.a. eingeschränkt, wenn das Besteuerungsrecht Deutschlands nicht sichergestellt ist.

Dem **widerspricht** das FG Düsseldorf mit Urteil vom 22.4.2016.[4)] Es sieht in § 11 Abs. 2 Satz 2 UmwStG eine abschließende Bewertungsregel für die Anteile an der übernehmenden Körperschaft, so dass der **Buchwertansatz** dieser Anteile in der steuerlichen Übertragungsbilanz der Muttergesellschaft **möglich** ist.

VII. Gewerbesteuer

1. Beginn der Gewerbesteuerpflicht

a) Unbeachtliche Vorbereitungshandlungen versus Beginn der werbenden Tätigkeit einer Personengesellschaft

Vermögensverwaltende Tätigkeiten einer gewerblich geprägten Personengesell- **346** **schaft**, die mit Einkünfteerzielungsabsicht unternommen werden, stellen keine bloßen Vorbereitungshandlungen einer werbenden originär gewerblichen Tätigkeit, sondern eine eigenständige werbende Tätigkeit dar. Dies entschied der BFH mit Urteil vom 13.4.2017[5)] unter der Prämisse, dass die Tätigkeiten das **Maß dessen überschreiten**,

---

1) BFH v. 15.6.2016, I R 69/15, BStBl II 2017, 75.
2) BFH v. 28.5.2008, I R 98/06, BStBl II 2008, 916.
3) BMF v. 11.11.2011, IV C 2 – S 1978-b/08/10001, BStBl I 2011, 1314, Rdnr. 11.19 (UmwStE 2011).
4) FG Düsseldorf v. 22.4.2016, 6 K 1947/14 K, G, EFG 2016, 951 mit Anm. Rode; Rev. BFH: I R 31/16.
5) BFH v. 13.4.2017, IV R 49/15, DStR 2017, 1428 = HFR 2017, 739 (vgl. hierzu auch Bäßler, Abgrenzung gewstl. unbeachtlicher Vorbereitungshandlungen vom Beginn einer werbenden Tätigkeit bei einer Schiffsgesellschaft, eNews Steuern, Ausgabe 25/2017 v. 26.6.2017).

was zur Aufnahme der originär gewerblichen Tätigkeit erforderlich und üblich ist. Die hieraus erzielten Einkünfte unterliegen demzufolge der Gewerbesteuerpflicht.

> **Beratungshinweis:**
>
> Damit grenzt sich der BFH von einer anderen Entscheidung ab, wonach allein die Anlage der für den Erwerb von Beteiligungen eingeworbenen Gelder durch eine gewerblich geprägte Obergesellschaft noch nicht die Annahme des Beginns des Gewerbebetriebs rechtfertigt.[1] Sofern allerdings die vermögensverwaltenden Tätigkeiten das Maß dessen überschreiten, was zur Aufnahme der originär gewerblichen Tätigkeit erforderlich und üblich ist, handele es sich um die Ingangsetzung eines Gewerbebetriebs, der mit der Aufnahme der Vermögensanlage beginne.

b) Gewerbesteuerpflicht einer vermögensverwaltenden Kapitalgesellschaft vor Handelsregistereintragung

347 Auch wenn eine GmbH erst mit der Eintragung in das Handelsregister entsteht, unterliegt bereits die **Vorgesellschaft**, also die Kapitalgesellschaft nach Abschluss des notariellen Gesellschaftsvertrags, aber vor der Eintragung, nach ständiger Rechtsprechung des BFH der Gewerbesteuer. Erforderlich ist hierzu lediglich, dass die Registereintragung nachfolgt und die Vorgesellschaft eine **nach außen in Erscheinung tretende geschäftliche Tätigkeit aufgenommen** hat.[2]

Der BFH wendet diese Grundsätze auch auf eine **vermögensverwaltend tätige Kapitalgesellschaft** an. Die Vorgesellschaft unterliegt somit bereits der Gewerbesteuer, wenn sie in dem Zeitraum zwischen Gründung und Handelsregistereintragung vermögensverwaltende Tätigkeiten entfaltet, die über den Kreis bloßer Vorbereitungshandlungen hinausgehen.[3]

> **Anmerkung:**
>
> Soweit aus dem BFH-Urteil vom 18.7.1990 abgeleitet worden ist, dass das Vorliegen einer Vorgesellschaft stets eine originär gewerbliche Tätigkeit voraussetzt, hält der BFH hieran nicht mehr fest.

c) Gewerblichkeit der Einkünfte einer klinische Studien durchführenden Fachkrankenschwester

348 Der BFH hatte sich in seinem Urteil vom 25.4.2017[4] mit der Frage auseinander zu setzen, ob eine Fachkrankenschwester als Clinical Research Associate II (CRA) gewerbesteuerpflichtige Einkünfte erzielt hat. Dazu führte er aus, dass sich nach ertragsteuerlichen Grundsätzen bestimmt, ob ein im Vergleich zu einem Katalogberuf i.S.d. § 18 Abs. 1 Nr. 1 S. 2 EStG ähnlicher Beruf vorliegt. Nicht hingegen komme es auf die im Zusammenhang mit der richtlinienkonformen Auslegung des § 4 Nr. 14 UStG entwickelten Maßstäbe an.

Nach Auffassung des BFH ist eine im Wesentlichen auf die Planung, Durchführung und Evaluation klinischer Studien ausgerichtete Tätigkeit einer Fachkrankenschwester der eines Krankengymnasten bzw. Physiotherapeuten nicht ähnlich. Sie sei weder therapeutischer Natur noch weise sie einen hinreichend konkreten, unmittelbaren Zusammenhang zu einer Heilbehandlungstätigkeit auf. Demnach qualifizierte der BFH die fragliche Tätigkeit nicht als freiberuflich, sondern als gewerblich.

---

1) BFH v. 12.5.2016, IV R 1/13, BStBl II 2017, 489 (vgl. hierzu auch Pfützenreuter, jurisPR-SteuerR 3/2017 Anm. 4).
2) Z.B. BFH v.18.7.1990, I R 98/87, BStBl II 1990, 1073.
3) BFH v. 24.1.2017, I R 81/15, DStR 2017, 1591 = HFR 2017, 840 (vgl. hierzu auch Märtens, jurisPR-SteuerR 37/2017 Anm. 4).
4) BFH v. 25.4.2017, VIII R 24/14, BStBl II 2017, 908.

A. Unternehmensbesteuerung

2. Zur Frage der Gewerbesteuerpflicht von Einkaufszentren

Der BFH entschied mit Urteil vom 14.7.2016[1], dass es sich bei der Vermietung eines Einkaufszentrums auch bei vermieterseitiger Erbringung umfangreicher Sonderleistungen nicht um die Ausübung eines Gewerbebetriebes, sondern um eine **nicht zur Gewerbesteuerpflicht führende Vermögensverwaltung** handelt.

349

Im Urteilsfall waren durch den Vermieter oder ihm nahestehende Servicegesellschaften u.a. Centermanagementleistungen, Reinigungs- und Überwachungsleistungen für Allgemeinflächen sowie Werbeleistungen gegenüber den Mietern erbracht worden. Laut BFH kommt es für die Beurteilung, ob eine Tätigkeit als über den Rahmen der Vermögensverwaltung hinausgehend anzusehen ist, entscheidend darauf an, ob die Tätigkeit nach dem **Gesamtbild der Verhältnisse** und der **Verkehrsanschauung** dem Bild entspricht, das einen Gewerbebetrieb ausmache und einer Vermögensverwaltung fremd sei. Hierbei sei u.a. darauf abzustellen, ob die vom Vermieter erbrachten Leistungen bei objektbezogener Betrachtung nach Art des Vermietungsobjekts noch üblich, mithin gebräuchlich und verbreitet seien. Daher müssten bei einer gewerblichen Großimmobilie solche Leistungen als unschädlich behandelt werden, die nicht über das hinausgehen, was die Nutzung der Räume zu dem von den Mietern vorausgesetzten gewerblichen Zweck ermöglicht, und nicht als eigenständiges Herantreten an den Markt verstanden werden können.

Praxistipp:

Vielerorts wird das BFH-Urteil bereits plakativ mit dem Slogan „Keine Gewerbesteuer bei Einkaufszentren" beworben. Bei einer solch vereinfachenden Betrachtung ist allerdings Vorsicht geboten. In dem Urteil zugrundeliegenden Sachverhalt hatten die Stpfl. **umfangreiche steuerliche Strukturierungsmaßnahmen** vorgenommen, ohne die auch im Sinne des BFH-Urteils zweifelsohne gewerbliche Einkünfte vorgelegen hätten. Diese zum Teil rechtsform-, struktur- und tätigkeitsabhängigen Merkmale sollten bei der Übertragung der begrüßenswerten Urteilsgründe auf andere Immobilienstrukturen zwingend beachtet werden. Andernfalls könnte durchaus ein der Gewerbesteuer unterliegender Gewerbebetrieb vorliegen.

3. Gewerbesteuerliche Hinzurechnung von Finanzierungsanteilen

a) Zinsen für durchlaufende Kredite

Seit 2008 ist bei der Frage der Hinzurechnung von Entgelten für Schulden nicht mehr danach zu differenzieren, ob lang- oder kurzfristige Verbindlichkeiten vorliegen (§ 8 Nr. 1 Buchst. a GewStG). Vielmehr sind **sämtliche Entgelte für Schulden** bei der Ermittlung des Gewerbeertrags zu einem Viertel hinzuzurechnen. Mit Verweis auf diesen **weiten Wortlaut** der Regelung bejaht das FG Hamburg in seinem Urteil vom 15.4.2016[2] die Hinzurechnung für Zinsen, die für durchlaufende Kredite entrichtet wurden.

350

Beratungshinweis:

Gegen das Urteil wurde Revision beim BFH eingelegt.[3] Mit besonderer Spannung werden insb. **Finanzierungsgesellschaften** einer Unternehmensgruppe die Entscheidung des BFH erwarten. Hier stehen den Zinsaufwendungen oftmals Zinserträge in entsprechender Höhe gegenüber. Infolge der Hinzurechnung der Zinsaufwendungen werden dadurch aber letztlich Scheingewinne besteuert (zur etwaigen Anwendung des sog. Bankenprivilegs → Rz. 356).

---

1) BFH v. 14.7.2016, IV R 34/13, BStBl II 2017, 175.
2) FG Hamburg v. 15.4.2016, 3 K 145/15, EFG 2016, 1460 mit Anm. Wissing.
3) Az. des BFH: I R 39/16.

b) Anmietung von Ausstellungsflächen in Messehallen

351 Im Einklang mit seiner bisherigen Rechtsprechung setzt der BFH in seinem Urteil vom 25.10.2016[1)] für die Hinzurechnung von Mietzinsen für unbewegliche Wirtschaftsgüter nach § 8 Nr. 1 Buchst. e GewStG voraus, dass die **Wirtschaftsgüter dem Anlagevermögen des Mieters oder Pächters zuzuordnen sind**, wenn dieser Eigentümer der Wirtschaftsgüter wäre. Konkret verneinte der BFH deshalb die Hinzurechnung von Entgelten für die Überlassung von Ausstellungsflächen in Messehallen, die eine sog. **Durchführungsgesellschaft** an ausländische Messegesellschaften zahlte. Denn bei der Prüfung, ob die angemieteten Messeflächen dem (funktionalen) Anlagevermögen zuzurechnen sind, sei auf die **konkrete Geschäftstätigkeit des Gewerbebetriebs** abzustellen.

> **Anmerkung:**
>
> In dem speziellen Fall, über den der BFH zu entscheiden hatte, wurde die Durchführungsgesellschaft aufgrund der **auftragsbezogenen Weisung** ihrer Auftraggeber, die Bundesrepublik Deutschland und der Freistaat Bayern, über die Teilnahme an einer konkreten Messe gegenüber dem dortigen Messeveranstalter tätig. Sie bot Unternehmen die Teilnahme an diesen Messen in Gemeinschaftsständen gegen eine Kostenbeteiligung an. Nach Auffassung des BFH wären die Ausstellungsflächen nicht ihrem Anlagevermögen zuzurechnen, wenn sich diese in ihrem Eigentum befänden, denn diese müssten nicht ständig für den Gebrauch in ihrem Betrieb vorgehalten werden.

c) Kurzfristige Anmietung von Konzertsälen

352 Mit Urteil vom 8.12.2016[2)] bejaht der BFH bei einem Konzertveranstalter die gewerbesteuerliche Hinzurechnung von Mietaufwendungen für die kurzfristige Anmietung von Konzertsälen. Voraussetzung der Hinzurechnung ist, dass die Wirtschaftsgüter als Anlagevermögen des Mieters oder Pächters zu beurteilen wären, wenn er ihr Eigentümer wäre (s. auch vorgehend → Rz. 351).

Dabei ergibt sich laut BFH eine **voraussetzungslose Fiktion der Eigentümerstellung** bereits aus der Hinzurechnungsvorschrift. Ob zudem auch **fiktives Anlagevermögen** zu bejahen ist, sei anhand des **Geschäftsgegenstands des Unternehmens** zu prüfen. Maßgeblich sei dabei nicht die Dauer der Benutzung des Wirtschaftsguts. So stehe der Hinzurechnung nicht entgegen, wenn das Wirtschaftsgut – wie im Streitfall – nur kurzfristig gemietet oder gepachtet wird, selbst wenn sich das Miet- oder Pachtverhältnis nur auf Tage oder Stunden erstreckt. Abzustellen sei auf den Umstand, ob der Stpfl. das Wirtschaftsgut **ständig für den Gebrauch in seinem Betrieb hätte vorhalten müssen**. Der BFH sieht es dabei auch als unbeachtlich an, ob mehrmals derselbe Gegenstand oder vergleichbare Gegenstände angemietet oder gepachtet werden.

> **Beratungshinweis:**
>
> Der BFH grenzt diesen Fall von der Anmietung von Messeflächen durch eine Durchführungsgesellschaft ab[3)] (vorgehend → Rz. 351) und weist darauf hin, dass es sich dort um einen Sonderfall gehandelt habe, bei dem nach dem Geschäftsgegenstand der Gesellschaft Messeflächen, anders als bei einem Konzertveranstalter Konzertsäle, nicht ständig im Betrieb vorgehalten werden müssten.

---

1) BFH v. 25.10.2016, I R 57/15, HFR 2017, 154 (vgl. hierzu auch Bäßler, Keine gewerbesteuerliche Hinzurechnung von Aufwendungen für die Anmietung von Messeflächen bei einer Durchführungsgesellschaft, eNews Steuern, Ausgabe 1/2017 v. 9.1.2017).
2) BFH v. 8.12.2016, IV R 24/11, HFR 2017, 620 (vgl. hierzu auch Bäßler, Gewerbesteuerliche Hinzurechnung gemä § 8 Nr. 1 Buchst. e GewStG von Aufwendungen für die kurzfristige Anmietung von Konzerthallen durch Veranstalter, eNews Steuern, Ausgabe 20/2017 v. 22.5.2017).
3) BFH v. 25.10.2016, I R 57/15, HFR 2017, 154.

A. Unternehmensbesteuerung

d) Zwischenvermietung

Der BFH bejaht ebenso die **fiktive Zuordnung einer Immobilie zum Anlagevermögen** des Mieters oder Pächters, wenn diese an eine weitere Person vermietet wird. Somit steht auch eine Weitervermietung der gewerbesteuerlichen Hinzurechnung der Miet- und Pachtzinsen nicht entgegen.[1]

353

> **Anmerkung:**
> Damit schloss sich der IV. Senat der Auffassung des I. Senats des BFH an. Dieser bejahte bereits mit Urteil vom 4.6.2014[2] die Hinzurechnung im Fall einer weitervermieteten Immobilie. Darüber hinaus sind sich die beiden Senate auch einig, dass in der gewerbesteuerlichen Hinzurechnung keine Verfassungsverstöße zu erkennen sind.

e) Franchiseentgelte

Laut Urteil des BFH vom 12.1.2017[3] unterliegen **Aufwendungen für gesetzlich ungeschütztes Erfahrungswissen** technischer, gewerblicher, wissenschaftlicher oder auch betriebswirtschaftlicher Art (Know-how) **nicht der gewerbesteuerlichen Hinzurechnung** nach § 8 Nr. 1 Buchst. f GewStG, da es sich nicht um Aufwendungen für die zeitlich befristete Überlassung von Rechten handelt.

354

Zu diesem Ergebnis kam der BFH bei der Beurteilung eines Franchisevertrags, mit dem u.a. ein solches Know-how entgeltlich zur Verfügung gestellt wurde. Ist allerdings auch die Überlassung gewerblicher Schutzrechte Gegenstand der Franchisevereinbarung, unterliegt der entsprechende Teil des einheitlichen Franchiseentgelts der gewerbesteuerlichen Hinzurechnung.

> **Beratungshinweis:**
> Der auf die Überlassung gewerblicher Schutzrechte entfallende Anteil des einheitlichen Entgelts ist ggf. durch Schätzung zu ermitteln.

f) Vorläufige Festsetzung des Gewerbesteuermessbetrags

Gegenüber den Hinzurechnungen von Finanzierungsanteilen zum Gewerbeertrag nach § 8 Nr. 1 Buchstaben a, d, e oder f GewStG wurden bereits mehrfach Einwände vorgebracht, diese Bestimmungen seien nicht mit dem Grundgesetz vereinbar. Laut gleich lautenden Erlassen vom 28.10.2016[4] der Obersten Finanzbehörden der Länder sind deshalb sämtliche Festsetzungen des Gewerbesteuermessbetrags **für Erhebungszeiträume ab 2008** hinsichtlich dieser Hinzurechnungen **vorläufig** gemäß § 165 Abs. 1 Satz 2 Nr. 3 AO durchzuführen.

355

4. Anwendung des Bankenprivilegs auf Konzernfinanzierungsgesellschaften

Entgelte für Schulden und diesen gleichgestellte Finanzierungsanteile unterliegen nicht der gewerbesteuerlichen Hinzurechnung, wenn das sog. Bankenprivileg gemäß § 19 GewStDV greift. Hierunter fallen Kreditinstitute und diesen gleich gestellte Gewerbebetriebe, soweit die Verbindlichkeiten nicht der Finanzierung von bestimmten Anlagevermögen dienen.

356

In seinem Urteil vom 6.12.2016[5] kommt der BFH zu dem Ergebnis, dass dieses Bankenprivileg auch auf Konzernfinanzierungsgesellschaften zur Anwendung kommen kann.

---

1) BFH v. 8.12.2016, IV R 55/10, BStBl II 2017, 722 (vgl. hierzu auch Mirbach, BeSt 2017, 33 ff.).
2) BFH v. 4.6.2014, I R 70/12, BStBl II 2015, 289.
3) BFH v. 12.1.2017, IV R 55/11, BStBl II 2017, 725.
4) BStBl I 2016, 1114.
5) BFH v. 6.12.2016, I R 79/15, HFR 2017, 420.

Voraussetzung für die Anwendung des Bankenprivilegs ist, so der BFH in seiner Urteilsbegründung, dass Bankgeschäfte gewerbsmäßig oder in einem Umfang betrieben werden, der einen **in kaufmännischer Weise eingerichteten Geschäftsbetrieb** erfordert. **Unbeachtlich** sei hingegen, ob eine **Erlaubnis der Aufsichtsbehörde** nach den bankenaufsichtsrechtlichen Vorgaben bestehe bzw. beantragt worden sei. Auch ändere an dieser Wertung die bankenaufsichtsrechtliche Bestimmung nichts, wonach Unternehmen, die Bankgeschäfte ausschließlich mit ihrem Mutterunternehmen, ihren Tochter- oder Schwestergesellschaften betreiben, nicht als Kreditinstitute gelten. Dennoch sei eine Konzernfinanzierungsgesellschaft als Kreditinstitut i.S. des Bankenprivilegs zu werten.

> **Beratungshinweis:**
> Durch die Anwendung des Bankenprivilegs auf Konzernfinanzierungsgesellschaften wird eine bisher von der Finanzverwaltung praktizierte Doppelbesteuerung beseitigt. Denn Konzernfinanzierungsgesellschaften unterliegen mit den Finanzierungserträgen durch die Gewährung von Darlehen an Konzerngesellschaften der Gewerbesteuer und wären zudem durch die anteilige Hinzurechnung der Refinanzierungskosten mit Gewerbesteuer belastet.

5. Hinzurechnungsbeträge nach AStG als Einkünfte einer inländischen Betriebsstätte

357 Mit Urteil vom 11.3.2015 entschied der **BFH**, dass der Hinzurechnungsbetrag i.S.d. § 10 AStG als Gewinn nach § 7 GewStG zu behandeln ist, der auf eine nicht im Inland belegene Betriebsstätte entfällt und deshalb nach § 9 Nr. 3 Satz 1 GewStG **zu kürzen** ist.[1]

Der Gesetzgeber reagierte hierauf im Rahmen des sog. Ersten BEPS-Umsetzungsgesetzes[2] und regelt mit Wirkung ab 1.1.2017 in § 7 Satz 7 GewStG explizit, dass Hinzurechnungsbeträge i.S.d. § 10 Abs. 1 AStG Einkünfte sind, die **in einer inländischen Betriebsstätte anfallen**.

Als Einkünfte einer inländischen Betriebsstätte gelten ab dem Erhebungszeitraum 2017 zudem Einkünfte i.S.d. § 20 Abs. 2 Satz 1 AStG, die also in einer **ausländischen Betriebsstätte** erzielt werden und Zwischeneinkünfte darstellen würden, falls die Betriebsstätte eine ausländische Gesellschaft wäre (§ 7 Satz 8, § 36 Abs. 2a GewStG).

> **Anmerkung:**
> Davon ist allerdings eine Ausnahme vorgesehen, soweit für die ausländischen Einkünfte eine damit verbundene tatsächliche wirtschaftliche Tätigkeit im EU/EWR-Ausland nachgewiesen werden kann (§ 7 Satz 9 GewStG).

6. Erweiterte Grundstückskürzung bei Beteiligung an einer grundstücksverwaltenden Personengesellschaft

358 Dem Großen Senat des BFH wurde mit Beschluss vom 21.7.2016[3] die Frage vorgelegt, ob einer grundstücksverwaltenden Gesellschaft, die als **gewerblich geprägte Personengesellschaft** kraft ihrer Rechtsform gewerbliche Einkünfte erzielt, die erweiterte Kürzung nach § 9 Nr. 1 Satz 2 GewStG zu gewähren ist, wenn sie **an** einer gleichfalls **grundstücksverwaltenden, aber nicht gewerblich geprägten Personengesellschaft beteiligt** ist.

Die erweiterte Grundstückskürzung ist dann zu gewähren, wenn der Grundbesitz der Personengesellschaft, an der eine Beteiligung besteht, **steuerlich eigenem Grundbesitz**

---

1) BFH v. 11.3.2015, I R 10/14, BStBl II 2015, 1049; vgl. auch Ebner Stolz / BDI, Änderungen im Steuer- und Wirtschaftsrecht 2015/2016, Rz. 323.
2) Gesetz v. 20.12.2016, BGBl. I 2016, 3000 = BStBl I 2017, 5.
3) BFH v. 21.7.2016, IV R 26/14, BStBl II 2017, 202.

der die Beteiligung haltenden Gesellschaft gleichzustellen ist. Hierzu werden innerhalb der Senate des BFH unterschiedliche Auffassungen vertreten, weshalb der Große Senat zur Klärung angerufen wurde.

Nach Ansicht des **I. Senats des BFH** fehlt es an der Verwaltung und Nutzung eigenen Grundbesitzes, wenn ein grundstücksverwaltendes Unternehmen an einer ebenfalls grundstücksverwaltenden, aber gewerblich geprägten Personengesellschaft beteiligt ist.[1]

> **Anmerkung:**
> Beim I. Senat des BFH ist zudem die Revision gegen das Urteil des FG München vom 29.2.2016[2] anhängig.[3] Das FG München gewährt die erweiterte Grundstückskürzung trotz der Beteiligung der grundstücksverwaltenden GmbH an einer vermögensverwaltend tätigen, nicht gewerblich geprägten GmbH & Co. KG. Das Finanzgericht sieht darin keinen Verstoß gegen das Ausschließlichkeitsgebot, wonach ausschließlich eigener Grundbesitz oder neben eigenem Grundbesitz eigenes Kapitalvermögen verwaltet werden darf. Dem stehe nicht entgegen, dass sich das Grundvermögen der vermögensverwaltenden KG zivilrechtlich in deren Eigentum befindet. Denn maßgeblich sei nicht das zivilrechtliche Eigentum, sondern wem die Wirtschaftsgüter ertragsteuerlich zuzurechnen sind. Da somit der Grundbesitz der KG entsprechend ihrer Beteiligung an der GmbH zuzurechnen ist, handele es sich um eigenen Grundbesitz i.S.v. § 9 Nr. 1 Satz 2 GewStG.

Der **IV. Senat** führt in seinem Beschluss vom 21.7.2016 hingegen aus, dass er als eigenen Grundbesitz der gewerblich geprägten Personengesellschaft auch den zum Betriebsvermögen gehörenden Grundbesitz einer nicht gewerblichen Tochterpersonengesellschaft ansieht. Der Begriff des eigenen Grundbesitzes sei in diesem Sinne steuerrechtlich abweichend vom zivilrechtlichen Eigentumsbegriff auszulegen.

> **Anmerkung:**
> Beim IV. Senat des BFH ist zudem die Revision gegen das Urteil des FG Schleswig-Holstein vom 25.5.2016[4] anhängig.[5] Das FG Schleswig-Holstein versagte einer GmbH & Co. KG, die eigenen Grundbesitz verwaltete und nutzte, die erweiterte Kürzung des Gewerbeertrags, weil sie zudem an einer gewerblich geprägten Personengesellschaft beteiligt war. Zwar verwaltete und nutzte auch diese Personengesellschaft ausschließlich eigenen Grundbesitz und erhielt deshalb selbst die erweiterte Kürzung des Gewerbeertrags. Auf Ebene der GmbH & Co. KG sei jedoch mangels ausschließlicher Nutzung eigenen Grundbesitzes die erweiterte Kürzung nicht zu gewähren. Die Beteiligung stelle weder eine Verwaltung und Nutzung eigenen Grundbesitzes dar, noch handele es sich um eine kürzungsunschädliche Tätigkeit.

7. Bestimmung einer ausländischen Betriebsstätte für gewerbesteuerliche Zwecke

Der Gewerbeertrag unterliegt nicht der Gewerbesteuer, soweit er auf eine nicht im Inland belegene Betriebsstätte entfällt (§ 9 Nr. 3 GewStG). Bei der Bestimmung der Betriebsstätte ist gemäß Urteil des BFH vom 20.7.2016[6] nicht auf die Definition des jeweils einschlägigen DBA, sondern auf die **Vorgaben zur Betriebsstätte nach § 12 AO** abzustellen. Damit bestätigt der BFH seine bisherige Rechtsprechung. Die Finanzverwaltung hat sich zwischenzeitlich dieser Rechtsauffassung angeschlossen (AEAO zu § 12, Nr. 4[7]).

359

---

1) U.a. BFH v. 19.10.2010, I R 67/09, BStBl II 2011, 367.
2) FG München v. 29.2.2016, 7 K 1109/14, EFG 2016, 932.
3) Az. des BFH: I R 21/16.
4) FG Schleswig-Holstein v. 25.5.2016, 1 K 50/15, DStRE 2017, 467.
5) Az. des BFH: IV R 45/16.
6) BFH v. 20.7.2016, I R 50/15, BStBl II 2017, 230.
7) BMF v. 7.8.2017, IV A 3 – S 0062/17/10001, BStBl I 2017, 1257.

> **Anmerkung:**
> Im Streitfall war somit für gewerbesteuerliche Zwecke von einer Betriebsstätte in der Türkei auszugehen. Zwar ist ein Einkaufsbüro nach dem DBA Türkei nicht als Betriebsstätte zu würdigen. Nach § 12 Satz 2 Nr. 6 AO stellt dieses jedoch eine Betriebsstätte dar.

8. Anwendung der Schachtelstrafe im Organkreis

360 Bezieht eine Organgesellschaft Dividenden, sind die Dividenden nach Auffassung des BFH im Rahmen der Gewerbeertragsermittlung im Organkreis bislang in vollem Umfang gewerbesteuerfrei. Die Schachtelstrafe nach § 8b Abs. 5 KStG kommt nach § 15 Abs. 1 Satz 1 Nr. 2 Satz 2 KStG auf Ebene der Organgesellschaft nicht zur Anwendung. Auf Ebene des Organträgers ist in §§ 8 und 9 GewStG der Ansatz einer Schachtelstrafe nicht vorgesehen.[1]

Diesem Ergebnis wurde durch die Einführung der **Sonderregelung in § 7a GewStG** im Rahmen des sog. Ersten BEPS-Umsetzungsgesetzes[2] mit Wirkung für Gewinne aus Anteilen, die **nach dem 31.12.2016 zufließen**, entgegengewirkt.[3] Demnach erfolgt auf Ebene der Organgesellschaft keine Kürzung der Dividende, so dass die bezogenen Dividenden in deren Gewerbeertrag enthalten sind. Mit den Dividenden in unmittelbarem Zusammenhang stehende Finanzierungsaufwendungen sind auf Ebene der Organgesellschaft nicht hinzuzurechnen. Auf Ebene des Organträgers kommt es dann unter entsprechender Anwendung des § 15 Satz 1 Nr. 2 Sätze 2 bis 4 KStG zur Kürzung der Dividenden nach § 8b KStG (somit um 95 %) oder nach dem Teileinkünfteverfahren (somit zu 40 %). Im Anschluss daran ist zu prüfen, ob die Kürzung der Dividenden nach § 9 Nr. 2a, 7 oder 8 GewStG Bestand hat oder ob damit in unmittelbaren Zusammenhang stehende Aufwendungen nach § 8 Nr. 1 GewStG hinzuzurechnen sind.

9. Erklärungspflichten bei atypisch stiller Beteiligung an einer Personengesellschaft

361 Der BFH hatte die Frage zu klären, ob im Falle der atypisch stillen Beteiligung an einer Personengesellschaft diese als nur eine Mitunternehmerschaft zu behandeln ist, bei der neben den Gesellschaftern der Personengesellschaft der atypisch stille Gesellschafter als weiterer Mitunternehmer hinzutritt. Dies hätte zur Folge, dass nur eine Gewerbesteuererklärung abzugeben wäre. Der BFH lehnt dies jedoch mit Urteil vom 8.12.2016[4] ab.

Durch die im Streitfall gegebene Beteiligung eines atypisch stillen Gesellschafters an einer GmbH & Co. KG entsteht laut BFH eine **doppelstöckige Personengesellschaft** mit der GmbH & Co. KG als Obergesellschaft und der GmbH & Co. KG & Still als Untergesellschaft. Für beide Mitunternehmerschaften seien **separate Gewerbesteuererklärungen** abzugeben und entsprechende Gewerbesteuermessbescheide zu erlassen.

> **Beratungshinweis:**
> Im Rahmen der Festsetzung des Gewerbesteuermessbetrags für die GmbH & Co. KG & Still kann somit ein vor der Beteiligung des atypisch stillen Gesellschafters von der GmbH & Co. KG erlittener Verlust nicht als Verlustvortrag zum Abzug gebracht werden.

---

1) BFH v. 17.12.2014, I R 39/14, BStBl. II 2015, 1052; vgl. auch Ebner Stolz / BDI, Änderungen im Steuer- und Wirtschaftsrecht 2015/2016, Rz. 322.
2) Gesetz v. 20.12.2016, BGBl. I 2016, 3000 = BStBl I 2017, 5.
3) Zur neuen Sonderregelung des § 7a GewStG vgl. bereits die Kommentierung von Geiermann, eKomm, Ab EZ 2017, § 7a GewStG, Rz. 1 (Aktualisierung v. 6.6.2017).
4) BFH v. 8.12.2016, IV R 8/14, BStBl II 2017, 538 (vgl. hierzu Schießl, jurisPR-SteuerR 13/2017 Anm. 4).

A. Unternehmensbesteuerung

10. Gewerbesteuerliche Verlustnutzung bei gewerblich geprägter Personengesellschaft

Nach ständiger Rechtsprechung des BFH setzt der Abzug von gewerbesteuerlichen Verlusten aus vorangegangenen Erhebungszeiträumen die Unternehmens- und Unternehmeridentität voraus (§ 10a GewStG). Dies gilt auch für eine gewerblich geprägte Personengesellschaft im Sinne von § 15 Abs. 3 Nr. 2 Satz 1 EStG, so der BFH mit Urteil vom 4.5.2017.[1] Demnach ist die **Unternehmensidentität** als Voraussetzung für den Abzug des Gewerbeverlusts zu prüfen, auch wenn eine solche Personengesellschaft keinen Gewerbebetrieb (mehr) betreibt. Dies kann z.B. der Fall sein, wenn sie ihre werbende Tätigkeit einstellt und eine anders gelagerte Tätigkeit aufnimmt.

362

> **Beispiel:**
> Die Unternehmensidentität kann fehlen, wenn eine Personengesellschaft zunächst originär gewerblich tätig ist, anschließend Einkünfte aus Gewerbebetrieb kraft gewerblicher Prägung erzielt und dabei Vorbereitungshandlungen in Bezug auf eine künftig (wieder) originär gewerbliche Tätigkeit vornimmt. Derartige Vorbereitungshandlungen können nicht dazu dienen, eine durchgängig originär gewerbliche Tätigkeit der Gesellschaft und damit eine Unternehmensidentität zu begründen.

VIII. Grunderwerbsteuer

1. Grenzen für die Annahme eines einheitlichen Vertragswerks

Wird ein bislang unbebautes Grundstück im Rahmen eines einheitlichen Vertragswerks erworben, in dem neben dem Grundstückserwerb die Bebauung vorgesehen ist, sind die Gebäudeherstellungskosten in die Bemessungsgrundlage der Grunderwerbsteuer einzubeziehen.

363

Der BFH geht mit Urteil vom 8.3.2017[2] auf die Grenzen für die Annahme eines solchen einheitlichen Vertragswerks ein. So ist **kein einheitliches Vertragswerk** mehr gegeben, wenn der zunächst angebotene **Generalübernehmervertrag** zur Bebauung des Grundstücks nach Abschluss des Grundstückskaufvertrags **in wesentlichen Punkten geändert** wird. Als Indizien für eine wesentliche Abweichung benennt der BFH im Streitfall eine Änderung der Flächengrößen und/oder der Baukosten um mehr als 10 %. Die Errichtung eines zusätzlichen Gebäudes, das nicht nur Nebengebäude ist, kann ebenfalls ein solches Indiz sein.

> **Beratungshinweis:**
> Der BFH hebt in seiner Entscheidung hervor, dass es für die Frage des Vorliegens eines objektiven sachlichen Zusammenhangs immer auf die konkreten Umstände des Einzelfalls ankommt.

2. Bemessungsgrundlage der Grunderwerbsteuer beim Erwerb eines Grundstücks zur Errichtung einer Windkraftanlage

Bei dem Erwerb eines Grundstücks zur Errichtung einer Windkraftanlage gehört eine Entschädigungszahlung, die der Käufer an den Verkäufer für An- und Durchschneidungen und ggf. notwendige Baulasten und Dienstbarkeiten auf anderen Grundstücken des Verkäufers zahlt, nicht zur grunderwerbsteuerlichen Bemessungsgrundlage. Dies entschied der BFH mit Urteil vom 10.5.2017.[3]

364

---

1) BFH v. 4.5.2017, IV R 2/14, DStR 2017, 2038 (vgl. hierzu Bäßler, Untergang des vortragsfähigen Gewerbeverlustes aufgrund Wegfall der Unternehmensidentität auch bei einer gewerblich geprägten Personengesellschaft, eNews Steuern, Ausgabe 38/2017 v. 25.9.2017).
2) BFH v. 8.3.2017, II R 38/14, BStBl II 2017 = 1005, HFR 2017, 742 mit Anm. Meßbacher-Hönsch (vgl. hierzu auch Figatowski, jurisPR-SteuerR 32/2017 Anm. 4).
3) BFH v. 10.5.2017, II R 16/14, BStBl II 2017, 964 = HFR 2017, 947 mit Anm. Fumi (vgl. hierzu auch Loose, jurisPR-SteuerR 41/2017 Anm. 5).

Als Gegenleistung ist bei einem Kauf der Kaufpreis heranzuziehen (§ 9 Abs. 1 Nr. 1 GrEStG). Dieser ist in Übereinstimmung mit § 433 Abs. 2 BGB das Entgelt für den Kaufgegenstand „Grundstück". Dazu gehört alles, was der Käufer vereinbarungsgemäß an den Verkäufer leisten muss, um den Kaufgegenstand zu erhalten. Das gelte – so der BFH – auch für „Entschädigungen", die der Verkäufer für mit dem Verlust des Grundstücks verbundene negative wirtschaftliche Folgen erhält.

> **Anmerkung:**
> So gehört zum Kaufpreis etwa der Betrag, den sich der Verkäufer eines Grundstücks vom Käufer zum Ausgleich einer zu erwartenden Wertminderung der ihm verbleibenden Nachbargrundstücke bezahlen lässt.

Als Gegenleistung bei einem Kauf gelten nach § 9 Abs. 1 Nr. 1 GrEStG zudem die vom Käufer übernommenen sonstigen Leistungen und somit alle Verpflichtungen des Käufers, die zwar nicht unmittelbar Kaufpreis für das Grundstück im bürgerlich-rechtlichen Sinne, aber gleichwohl Entgelt für den Erwerb des Grundstücks sind. Maßgeblich sei die kausale Verknüpfung zwischen Grundstückserwerb und Gegenleistung.

Leistungen des Erwerbers, die **nicht den der Grunderwerbsteuer unterliegenden Rechtsvorgang** betreffen, die insbesondere also für eine **andere Leistung** aufgewendet werden als für die Verpflichtung, Besitz und Eigentum an dem Grundstück zu verschaffen, scheiden demgegenüber aus der Gegenleistung aus.

> **Anmerkung:**
> Dementsprechend war im Streitfall der auf die benachbarten Grundstücke des Landes entfallende Anteil am Entschädigungswert nicht in die Bemessungsgrundlage der Grunderwerbsteuer einzubeziehen. Diesen Betrag habe die Klägerin nicht bezahlt, um das Eigentum an dem gekauften Grundstück zu erhalten, sondern für davon zu unterscheidende Leistungen des Landes, nämlich die Bestellung der für den Betrieb der Windkraftanlage erforderlichen Baulasten und Dienstbarkeiten an den ihm verbleibenden Grundstücken und die Duldung von An- und Durchschneidungen dieser Grundstücke. Es handelt sich laut BFH somit nicht um eine Entschädigung für eine bloße Wertminderung dieser Grundstücke.

3. Keine Steuerbefreiung der Anteilsvereinigung infolge Einbringung der schenkweise erhaltenen Anteile

365 Der Erbschaft- und Schenkungsteuer unterliegende Grundstückserwerbe sind von der Besteuerung mit Grunderwerbsteuer befreit (§ 3 Nr. 2 Satz 1 GrEStG). Entsprechendes gilt auch für mittelbare Grundstückserwerbe in Form einer Anteilsvereinigung. Somit unterliegt z.B. die Schenkung einer Beteiligung von mindestens 95 % an einer grundstückshaltenden Personengesellschaft insoweit nicht der Grunderwerbsteuer.

Zu einem anderen Ergebnis kommt der BFH, wenn **erst nach der Schenkung** der Anteile aufgrund weiterer Rechtsvorgänge eine **Anteilsvereinigung** im Sinne des Grunderwerbsteuergesetzes **erfolgt**.[1]

Im Streitfall schenkte der Alleingesellschafter einer grundbesitzenden GmbH seinen vier Töchtern jeweils 25 % der Anteile. Diese waren verpflichtet, ihre Anteile in eine GmbH & Co. KG einzubringen. In einem solchen Fall – so der BFH – werde nicht ein Grundstückserwerb von den einbringenden Gesellschaftern (Töchter), sondern ein Grundstückserwerb von der grundbesitzenden Gesellschaft (GmbH) fingiert. Dieser Erwerb erfülle jedoch nicht die Voraussetzungen des Steuerbefreiungstatbestands, weswegen die Übertragung sowohl der Schenkungsteuer, als auch der Grunderwerbsteuer unterliegen müsse.

---

1) BFH v. 22.2.2017, II R 52/14, BStBl II 2017, 653 (vgl. hierzu auch Loose, jurisPR-SteuerR 25/2017 Anm. 4).

A. Unternehmensbesteuerung

Anmerkung:
Auch lehnt der BFH eine Steuerbefreiung nach § 5 Abs. 1 GrEStG ab, die bei Übertragung eines Grundstücks von mehreren Miteigentümern auf eine Gesamthand gewährt wird.

4. Beihilfecharakter der Steuerbegünstigung nach § 6a GrEStG?

Geht das Betriebsvermögen einer Grundbesitz haltenden Personen- oder Kapitalgesellschaft im Rahmen eines Umwandlungsvorgangs auf eine andere Gesellschaft über, wird keine Grunderwerbsteuer erhoben, wenn die Voraussetzungen der Steuerbegünstigung nach § 6a GrEStG erfüllt sind. Demnach dürfen an dem Rechtsvorgang ausschließlich ein herrschendes Unternehmen und ein oder mehrere Gesellschaften beteiligt sein, an denen das herrschende Unternehmen zu mindestens 95 % beteiligt ist. Die Steuerbegünstigung greift zudem auch dann, wenn an dem Rechtsvorgang nur mehrere von einem herrschenden Unternehmen in diesem Sinne abhängige Gesellschaften beteiligt sind.

366

Mit Beschluss vom 30.5.2017[1)] hat der BFH dem **EuGH** die Frage zur **Vorabentscheidung** vorgelegt, ob diese Steuerbegünstigung eine EU-rechtswidrige Beihilfe darstellt.

Der **BFH** führt allerdings in seinem Beschluss **beachtenswerte Gründe** auf, warum § 6a GrEStG nicht als selektive Beihilfe anzusehen sein könnte. Nach seiner Auffassung erscheint die Steuerbegünstigung als gerechtfertigt.

Beratungshinweis:
Sollte der EuGH zu dem Ergebnis kommen, dass die Steuerbegünstigung des § 6a GrEStG eine EU-rechtswidrige Beihilfe darstellt, wäre die Regelung bis zu einer Entscheidung der Europäischen Kommission über die EU-rechtliche Vereinbarkeit der Beihilfe nicht anwendbar. Entscheidungen über noch nicht per Bescheid entschiedene Steuerfälle müssten bis dahin ausgesetzt werden.

Sollte die Europäische Kommission von einer Unvereinbarkeit ausgehen, wären Steuervergünstigungen durch den deutschen Fiskus von den betroffenen Stpfl. grundsätzlich ungeachtet bestandskräftiger Bescheide nachzufordern.

IX. Steuerstrafrecht

1. Verlängerung der Zahlungsverjährungsfrist

Mit dem Steuerumgehungsbekämpfungsgesetz[2)] wurde die Verlängerung der Zahlungsverjährungsfrist **von bislang fünf auf nun zehn Jahre** bei hinterzogenen Steuern verlängert (§ 228 Satz 2 AO). Die Verlängerung gilt für alle am 25.6.2017 noch nicht abgelaufenen Verjährungsfristen (Art. 97 § 14 Abs. 5 EGAO).

367

2. Tax Compliance Management System als Indiz gegen Steuerverkürzung

Im AEAO zu § 153 vom 23.5.2016[3)] äußerte sich das BMF zur Berichtigung von unrichtigen Angaben in (Steuer-)Erklärungen nach § 153 AO und der Abgrenzung von steuerstrafrechtlich vorwerfbarem Verhalten.[4)] Darin wird unter anderem in Tz. 2.8. klargestellt, dass bei einem Fehler, „der unter Würdigung der Gesamtumstände des Einzelfalls weder auf einer vorsätzlichen, noch leichtfertigen Handlung (auch durch Unterlassen) beruht, weder eine Steuerstraftat, noch eine leichtfertige Steuerverkürzung vorliegt".

368

---

1) BFH v. 30.5.2017, II R 62/14, BStBl II 2017, 916.
2) Gesetz v. 23.6.2017, BGBl. I 2017, 1682 = BStBl I 2017, 865.
3) AEAO zu § 153 i.d.F. des BMF-Schreibens v. 23.5.2016, IV A 3 – S 0324/15/10001 / IV A 4 – S 0324/14/10001, BStBl I 2016, 490.
4) Vgl. dazu auch Ebner Stolz / BDI, Änderungen im Steuer- und Wirtschaftsrecht 2016/2017, Rz. 342.

Als **Indiz für das Fehlen des Vorsatzes oder einer leichtfertigen Handlung** kann gemäß Tz. 2.6 des Schreibens die Einrichtung eines **innerbetrieblichen Kontrollsystems** angesehen werden, das der Erfüllung der steuerlichen Pflichten dient. Dennoch befreit das bloße Vorliegen eines solchen Systems nicht von der Prüfung des konkreten Einzelfalls.

Das Institut der Wirtschaftsprüfer Deutschland e.V. (**IDW**) hat am 31.5.2017 den **Praxishinweis 1/2016** „Ausgestaltung und Prüfung eines Tax Compliance Management Systems gemäß IDW PS 980" veröffentlicht. Gemäß Tz. 3 des IDW Praxishinweises versteht sich der Begriff „innerbetriebliches Kontrollsystem" als ein „auf die Einhaltung steuerlicher Vorschriften gerichteter Teilbereich eines Compliance Management Systems (CMS)", auch als **Tax Compliance Management System** (Tax CMS), bezeichnet.

> **Beratungshinweis:**
>
> Somit kann in der Einrichtung eines Tax CMS ein Indiz gesehen werden, mit dem Vorsatz oder leichtfertiges Handeln und damit die Verwirklichung eines Steuerstraftatbestands widerlegt werden kann. Allerdings entbindet dies nicht von der Prüfung, ob im konkreten Einzelfall nicht dennoch ein steuerstrafrechtlich vorwerfbares Verhalten gegeben ist.

Das IDW führt in seinem Praxishinweis u.a. unter Tz. 39 aus, dass ein Tax CMS **keine separate Aufbau- oder Ablauforganisation** voraussetzt, aus entsprechenden organisatorischen Maßnahmen bestehen und oft auch Teil eines integrierten Corporate Governance Systems sein kann.

369 Hinsichtlich der **Ausgestaltung des Tax CMS** hebt Tz. 19 zunächst die Verantwortung der gesetzlichen Vertreter sowohl für das Tax CMS als auch für die Inhalte der Beschreibung des Tax CMS hervor und stellt dann in Tz. 21 klar, dass nicht nur interne Personen oder Organisationseinheiten, sondern auch Externe, wie Wirtschaftsprüfer, Steuerberater oder andere externe Dienstleister, entsprechende Rollen und Verantwortlichkeiten innerhalb des Tax CMS haben können.

> **Beratungshinweis:**
>
> Ausgangsbasis für die Ausgestaltung eines Tax CMS sind laut Abschnitt 4 des Praxishinweises die sieben allgemeinen Grundelemente eines Compliance Management Systems:
>
> – Compliance-Ziele,
> – Compliance-Risiken,
> – Compliance-Programm,
> – Compliance-Organisation,
> – Compliance-Kommunikation,
> – Compliance-Überwachung und Verbesserung,
> – Compliance-Kultur.
>
> Dabei stellt der Praxishinweis in Tz. 24 und 25 auch klar, dass die konkrete Ausgestaltung des Tax CMS wesentlich von den Gegebenheiten des konkreten Unternehmens abhängig ist.

370 In Abschnitt 5 geht der Praxishinweis auf die **Prüfung** des Tax CMS ein. Mit der Prüfung des Tax CMS sollen Stpfl. die Möglichkeit haben, einen Nachweis zur Angemessenheit und Wirksamkeit des Tax CMS gegenüber den Finanzbehörden zu erbringen.

Der Inhalt der Prüfung eines Tax CMS ist – wie bereits im IDW PS 980 für CMS generell ausgeführt – **zweistufig** ausgestaltet. Die Prüfung kann sich zum einen auf die **„reine" Angemessenheit** beziehen. Damit würde im Ergebnis nachgewiesen, dass die spezifische Ausgestaltung beim Stpfl. grundsätzlich geeignet ist, entsprechende Fehler aufzudecken. Bei der **Wirksamkeitsprüfung** wird darüber hinausgehend geprüft, ob das Tax CMS auch tatsächlich wirksam ist. Naturgemäß sind die Prüfungen aber keine vollumfänglichen Einzelfallprüfungen, sondern stellen Systemprüfungen dar.

> **Beratungshinweis:**
>
> Die Zielsetzung einer solchen Prüfung ist weder darauf ausgerichtet, „Sicherheit über die tatsächliche Einhaltung von steuerrechtlichen Vorschriften im Einzelfall zu erreichen, noch darauf, die Angemessenheit der von der Geschäftsführung gewählten Steuerstrategie im Einzelnen zu beurteilen" (Tz. 59 des Praxishinweises).
>
> Der Prüfungsbericht ist zur Information des geprüften Unternehmens über das Ergebnis der Prüfung bestimmt. Es obliegt der Entscheidung des Unternehmens, ob der Bericht der Finanzverwaltung zugänglich gemacht wird (Tz. 68 des Praxishinweises).

3. Länderübergreifender Datenabruf

371 Im Rahmen des Gesetzes zur Modernisierung des Besteuerungsverfahrens vom 18.7.2016[1]) wurde mit Wirkung ab 1.1.2017 für den länderübergreifenden Abruf und die Verwendung von Daten zwischen den zuständigen Finanzbehörden verschiedener Bundesländer eine **gesetzliche Grundlage** geschaffen. Zur Verhütung, Ermittlung oder Verfolgung länderübergreifender Steuerverkürzungen bzw. Steuerverkürzungen von internationaler oder erheblicher Bedeutung können von Finanzbehörden im Besteuerungs- oder Steuerstrafverfahren gespeicherte Daten zum Datenabruf bereitgestellt und von der zuständigen Finanzbehörde ungeachtet des Steuergeheimnisses abgerufen und verwendet werden (§ 88b Abs. 1 AO).[2])

Die Frage der Zuständigkeit der Finanzbehörden auf Landesebene wird noch durch entsprechende Rechtsverordnungen der Landesregierungen geklärt (§ 88b Abs. 3 AO).

> **Kritische Stellungnahme:**
>
> Die Neuregelung ermöglicht es, Daten automatisiert zwischen den Finanzverwaltungen des Bundes und der Länder nicht nur abzurufen, sondern auch abzugleichen, zu überprüfen, zu verwenden und zu speichern. Voraussetzung hierfür ist lediglich die Verhütung, Ermittlung oder Verfolgung von bestimmten Steuerverkürzungen. Damit droht der Einzug einer anlasslosen Rasterfahndung in das Steuerverfahrensrecht.[3])

X. Verfahrensrechtliche Änderungen

1. Modifizierung des Amtsermittlungsgrundsatzes

372 Mit dem Gesetz zur Modernisierung des Besteuerungsverfahrens vom 18.7.2016[4]) wurde als eines der Kernstücke der Amtsermittlungsgrundsatz mit Wirkung ab 1.1.2017 modifiziert. Zwar gilt grundsätzlich weiterhin, dass die Finanzbehörden den für die Besteuerung maßgeblichen **Sachverhalt von Amts wegen zu ermitteln** haben. So bestimmen sich die Art und der Umfang der Ermittlungen nach den Grundsätzen der Gleichmäßigkeit, Gesetzmäßigkeit und Verhältnismäßigkeit, was nun explizit in § 88 Abs. 2 Satz 1 AO geregelt ist. Auch konnten bereits bislang **Zweckmäßigkeitserwägungen** berücksichtigt werden.[5]) Diese bestimmen neben Erwägungen der Wirtschaftlichkeit sowie allgemeinen Erfahrungswerten der Finanzverwaltung die Art und den Umfang der Amtsermittlungen (§ 88 Abs. 2 Satz 2 AO).

Neu eingeführt wurde die Möglichkeit einer **gruppenbezogenen Entscheidung** zur Amtsermittlung. Die obersten Finanzbehörden können für bestimmte oder bestimmbare Fallgruppen Weisungen über Art und Umfang der Ermittlungen sowie der Verarbeitung von erhobenen oder erhaltenen Daten erteilen.

---

1) Gesetz v. 18.7.2016, BGBl. I 2016, 1679 = BStBl I 2016, 694.
2) Die Vorschrift ist gemäß Art. 97 § 1 Abs. 11 EGAO auf alle am 23.6.2017 anhängigen Verfahren anzuwenden (vgl. hierzu Roser in Beermann/Gosch, § 88b AO Rz. 3).
3) Gläser/Schöllhorn, DStR 2016, 1577, 1579.
4) Gesetz v. 18.7.2016, BGBl. I 2016, 1679 = BStBl I 2016, 694.
5) Vgl. BVerfG v. 20.6.1973, 1 BvL 9–10/71, BStBl II 1973, 720, BFH v. 5.3.2007, IX B 29/06, BFH/NV 2007, 1174.

> **Anmerkung:**
> Um zu verhindern, dass Stpfl. ihr Erklärungsverhalten an solchen Anweisungen ausrichten, dürfen diese allerdings nicht veröffentlicht werden, soweit die Gleichmäßigkeit und Gesetzmäßigkeit der Besteuerung gefährdet werden könnte (§ 88 Abs. 3 AO).

2. Datenübermittlungspflichten Dritter

a) Rahmenregelungen

373 Für Besteuerungszeiträume nach 2016 oder Besteuerungszeitpunkte nach dem 31.12.2016 wurden die bislang in den einzelnen Steuergesetzen enthaltenen Bestimmungen zu Datenübermittlungspflichten Dritter durch das Gesetz zur Modernisierung des Besteuerungsverfahrens[1)] in die allgemeinen Rahmenregelungen nach § 93c AO überführt.[2)] Darin geregelt werden u.a. die **Form** und die **Fristen** der Datenübermittlung sowie die **Rechte und Pflichten** der mitteilungspflichtigen Stellen und der Stpfl. Demnach hat die mitteilungspflichtige Stelle die Daten nach Ablauf des Besteuerungszeitraums bis zum letzten Tag des Monats Februar des Folgejahres nach amtlich vorgeschriebenem Datensatz durch Datenfernübertragung zu ermitteln. Der Datensatz hat u.a. den Namen, die Anschrift und die Steuer-Identifikationsnummer der mitteilungspflichtigen Stelle sowie den Namen, den Geburtstag, die Anschrift und die Steuer-Identifikationsnummer des Stpfl. zu enthalten.

> **Beratungshinweis:**
> Werden Daten durch Dritte tatsächlich übermittelt, kann der Stpfl. künftig auf entsprechende eigene Angaben in seiner Steuererklärung verzichten.[3)]

Die Vollständigkeit und Richtigkeit der ab 1.1.2017 übermittelten Daten gewinnt an Bedeutung, sofern diese über das BZSt oder die Deutsche Rentenversicherung Bund als zentrale Stelle nach § 81 EStG an die zuständigen Landesfinanzbehörden weiterzuleiten sind. Nach bisherigem Recht ist das BZSt verpflichtet, die ihm für Besteuerungszwecke übermittelten Daten an die Landesfinanzbehörden weiterzuleiten. Künftig kann auf die **Weiterleitung verzichtet** werden, soweit das BZSt oder die zentrale Stelle die zugegangenen Daten einem bestimmten Stpfl. oder einem bestimmten Finanzamt nicht oder nur mit unverhältnismäßigem Aufwand zuordnen kann (§ 88 Abs. 4 AO).

b) Neue Korrekturvorschrift

374 Der Übermittlung von Daten durch Dritte kommt nicht die rechtliche Wirkung von Grundlagenbescheiden zu, so dass eine Änderung des darauf aufbauenden, formell bestandskräftigen Steuerbescheids nicht nach § 175 Abs. 1 Satz 1 Nr. 1 AO erfolgen kann.

Für Besteuerungszeiträume nach 2016 wurde jedoch durch das Gesetz zur Modernisierung des Besteuerungsverfahrens vom 18.7.2017[4)] mit **§ 175b Abs. 1 AO** eine neue Korrekturvorschrift eingeführt (vgl. Art. 97 § 27 Abs. 2 EGAO). Demnach ist es möglich, soweit die von der mitteilungspflichtigen Stelle übermittelten Daten nicht oder nicht zutreffend berücksichtigt wurden oder wenn eine Einwilligung des Stpfl. für die Datenübermittlung erforderlich ist, den darauf aufbauenden Steuerbescheid entsprechend zu

---
1) Gesetz v. 18.7.2016, BGBl. I 2016, 1679 = BStBl I 2016, 694.
2) Zur neu eingeführten Vorschrift vgl. bereits die Kommentierung von Roser in Beermann/Gosch, § 93c AO Rz. 1 ff. Zur Anwendung vgl. auch AEAO zu § 93c, Nr. 3 i.d.F. des BMF-Schreibens v. 12.1.2017, IV A 3 – S 0062/16/10005, BStBl I 2017, 51.
3) Gläser/Schöllhorn, DStR 2016, 1577, 1578 mit Verweis auf die Beschlussempfehlung und Bericht des Finanzausschusses v. 11.5.2016, BT-Drucks. 18/8434, S. 122.
4) BGBl. I 2016, 1679 = BStBl I 2016, 694.

ändern. Damit wurde faktisch eine ähnliche Wirkung wie die eines Grundlagenbescheids geschaffen.[1]

Sind die übermittelten Daten im Steuerbescheid zu Ungunsten des Stpfl. berücksichtigt, ist der Bescheid aufzuheben oder zu ändern, sofern der Stpfl. keine von den übermittelten Daten abweichende Angaben in Freitextfeldern gemacht hat (§ 175b Abs. 2 AO).

> **Anmerkung:**
> Flankiert wird die neue Korrekturvorschrift durch eine **neue Ablaufhemmung** der Festsetzungsfrist. Soweit den Finanzbehörden die übermittelten Daten innerhalb von sieben Kalenderjahren nach dem Besteuerungszeitraum zugegangen sind, endet die Festsetzungsfrist nicht vor Ablauf von zwei Jahren nach Zugang der Daten (§ 171 Abs. 10a AO).

3. Aufbewahrungsfrist für empfangene Lieferscheine

Laut einer Modifizierung durch das Zweite Bürokratieentlastungsgesetz[2] **endet** die Aufbewahrungsfrist für empfangene Lieferscheine **mit dem Erhalt der Rechnung**. Bei abgesandten Lieferscheinen endet die Aufbewahrungsfrist mit dem Versand der Rechnung. **375**

Dies gilt allerdings nicht, wenn die abgesandten Lieferscheine Buchungsbelege bzw. Bestandteile einer Rechnung darstellen (§ 147 Abs. 3 Sätze 3 und 4 AO).

> **Anmerkung:**
> Die Verkürzung der Aufbewahrungsfrist gilt für alle Lieferscheine, deren Aufbewahrungsfrist am 31.12.2016 noch nicht abgelaufen ist (Art. 97 § 19a EGAO).

4. Modifikationen zu verbindlichen Auskünften

Um die Bearbeitung von verbindlichen Auskünften zu beschleunigen, wurde mit dem Gesetz zur Modernisierung des Besteuerungsverfahrens[3] für nach dem 31.12.2016 eingegangene Anträge auf verbindliche Auskunft die Regelung eingefügt, dass über den Antrag **innerhalb von sechs Monaten** ab Eingang des Antrags bei der Finanzbehörde **zu entscheiden** ist (vgl. Art. 97 § 25 Abs. 2 Satz 1 EGAO). Wird diese Frist nicht eingehalten, bedarf es einer Mitteilung an den Antragsteller unter Angabe der Gründe (§ 89 Abs. 2 Satz 4 AO). **376**

Zudem ist bei Antragstellung nach dem 22.7.2016 für die verbindliche Auskunft, die **gegenüber mehreren Antragstellern einheitlich** erteilt wird, nur **eine Gebühr** zu erheben, für die alle Antragsteller als Gesamtschuldner haften (§ 89 Abs. 3 Satz 2 AO).[4]

5. Vorhalte- statt Vorlagepflicht von Bescheinigungen

Durch das Gesetz zur Modernisierung des Besteuerungsverfahrens[5] werden für Veranlagungszeiträume ab 2017 Vorlagepflichten von Bescheinigungen durch Vorhaltepflichten ersetzt. **377**

So ist der Steuerabzug von **Kapitalertragsteuer** bei Überprüfung der Abgeltungsteuer bzw. bei der Günstigerprüfung nicht mehr davon abhängig, dass die Steuerbescheini-

---

1) Höreth/Stelzer, DStZ 2016, 520, 522.
2) Gesetz vom 30.6.2017, BGBl. I 2017, 2143 = BStBl I 2017, 890 (Auszug).
3) Gesetz v. 18.7.2016, BGBl. I 2016, 1679 = BStBl I 2016, 694.
4) Vgl. zur Anwendung von § 89 Abs. 3 Satz 2 AO vgl. Art. 97 § 25 Abs. 2 Satz 2 EGAO.
5) Gesetz v. 18.7.2016, BGBl. I 2016, 1679 = BStBl I 2016, 694.

gung eingereicht wird. Es genügt, wenn die Bescheinigung auf Verlangen des Finanzamts vorgelegt wird (§ 36 Abs. 2 Nr. 2 Satz 3 EStG). Zudem kann die Bescheinigung bereits erstmals im Veranlagungszeitraum 2016 elektronisch an den Gläubiger der Kapitalerträge übermittelt werden (§ 45a Abs. 2 Satz 2 EStG).

Ebenso setzt der Abzug von **Spenden**, die dem Zuwendungsempfänger nach dem 31.12.2016 zufließen, nicht mehr voraus, dass ein Zuwendungsnachweis beim Finanzamt eingereicht wird. Es genügt, wenn der Zuwendende eine Zuwendungsbestätigung nach amtlich vorgeschriebenen Vordruck ausgestellt hat, die vom Zuwendenden auf Verlangen der Finanzbehörde vorzulegen ist (§ 50 Abs. 8 Satz 1 EStDV). Flankierend dazu ist eine Aufbewahrungsfrist der Zuwendungsbestätigungen von einem Jahr nach Bekanntgabe der Steuerfestsetzung vorgesehen (§ 50 Abs. 8 Satz 2 EStDV). Alternativ zum Vorhalten der Zuwendungsbestätigung kann der Zuwendende künftig den Zuwendungsempfänger bevollmächtigen, die Zuwendungsbestätigung nach amtlich vorgeschriebenem Datensatz per Datenfernübertragung an das zuständige Finanzamt zu übermitteln (§ 50 Abs. 2 EStDV).

6. Elektronische Bekanntgabe von Verwaltungsakten

378 Nach dem 31.12.2016 erlassene Verwaltungsakte (vgl. Art. 97 § 28 Satz 1 EGAO) können mit Einwilligung des Beteiligten oder der von ihm bevollmächtigten Person nach einer mit dem Gesetz zur Modernisierung des Besteuerungsverfahrens[1] neu eingefügten Regelung auch dadurch **bekannt gegeben** werden, dass sie **zum Datenabruf durch Datenfernübertragung bereitgestellt** werden (§ 122a Abs. 1 AO).[2] Dazu ist ein sicheres Verfahren für die Datenbereitstellung zu verwenden. Zudem ist erforderlich, dass sich die abrufberechtigte Person authentisiert (§ 87a Abs. 8 AO). Die elektronische Benachrichtigung über die Bereitstellung der Daten zum Abruf muss dabei aber nicht zwingend verschlüsselt übermittelt werden (§ 87a Abs. 1 Satz 5 AO).

> **Anmerkung:**
> Ein zum Abruf bereitgestellter Verwaltungsakt gilt **am dritten Tag nach Absendung der Benachrichtigung** an die abrufberechtigte Person als bekannt gegeben (§ 122a Abs. 4 Satz 1 AO). Bei bereits bislang möglicher elektronischer Übermittlung des Verwaltungsakts gilt dieser hingegen am dritten Tag nach der Absendung als bekannt gegeben (§ 122 Abs. 2a AO).

7. Vollautomatische Steuerfestsetzung

379 Mit Wirkung ab 1.1.2017 wurde der Finanzverwaltung mit dem Gesetz zur Modernisierung des Besteuerungsverfahrens[3] die Möglichkeit eingeräumt, Steuerfestsetzungen **vollautomatisch vorzunehmen**, zu berichtigen, zurückzunehmen, zu widerrufen, aufzuheben oder zu ändern, **soweit kein Anlass besteht**, dass diese durch einen Amtsträger bearbeitet werden (§ 155 Abs. 4 AO).

Um beurteilen zu können, ob ein solcher Anlass besteht, wird ein **Risikomanagementsystem** eingesetzt. Dieses soll sicherstellen, dass durch Zufallsauswahl eine hinreichende Anzahl von Fällen zur Prüfung durch Amtsträger ausgewählt wird, prüfungsbedürftige Sachverhalte zur Prüfung durch Amtsträger ausgesteuert und Fälle zur umfassenden Prüfung durch Amtsträger ausgewählt werden können. Das Risikomanagementsystem ist regelmäßig auf die Zielerfüllung hin zu überprüfen (§ 88 Abs. 5 Sätze 1 und 2 AO). Um zu verhindern, dass Stpfl. ihr Erklärungsverhalten nach den verwendeten Risikoparametern zur Aussteuerung von Bearbeitungsfällen ausrichten, dürfen Einzelheiten hierzu nicht veröffentlicht werden (§ 88 Abs. 5 Satz 3 AO).[4]

---

1) Gesetz v. 18.7.2016, BGBl. I 2016, 1679 = BStBl I 2016, 694.
2) Vgl. hierzu bereits die Kommentierung von Wargowske in Beermann/Gosch, § 122a AO Rz. 1 ff.
3) Gesetz v. 18.7.2016, BGBl. I 2016, 1679 = BStBl I 2016, 694.
4) Zur Verankerung eines sog. RMS durch das Gesetz zur Modernisierung des Besteuerungsverfahrens vgl. auch Fischer, jurisPR-SteuerR 40/2016 Anm. 1 und Roser in Beermann/Gosch, § 88 AO Rz. 57 ff.

Im Zusammenhang mit der Möglichkeit der vollautomatischen Steuerfestsetzung werden in den amtlich vorgeschriebenen Vordruck oder Datensatz für Steuererklärungen 2017 **qualifizierte Freitextfelder** aufgenommen. Der Stpfl. kann durch darin vorgenommene Eintragungen, wie z.B. die Erklärung, bei den Angaben von der Auffassung der Finanzverwaltung abgewichen zu sein, erreichen, dass die Steuerfestsetzung nicht vollautomatisch, sondern durch einen Amtsträger erfolgt. Soweit Angaben in Freitextfeldern gemacht wurden, besteht Anlass zur Aussteuerung aus der vollautomatischen Bearbeitung (§ 150 Abs. 7 Satz 1, § 155 Abs. 4 Satz 3 AO). Entsprechend kann der Stpfl. auch eine Überprüfung der von mitteilungspflichtigen Stellen übermittelten Daten erreichen. Diese gelten zunächst als Angaben des Stpfl. (§ 150 Abs. 7 Satz 2 AO). Durch davon abweichende und ergänzende Angaben in einem Freitextfeld wird veranlasst, dass insoweit eine Bearbeitung durch einen Amtsträger erfolgt.

8. Schreib- und Rechenfehler in der Steuererklärung

Sind in einem Verwaltungsakt offenbare Unrichtigkeiten enthalten, können diese nach § 129 AO jederzeit berichtigt werden. Hierunter fallen aber nur Schreib- und Rechenfehler der Finanzverwaltung. Bei Fehlern des Stpfl. ist nach ständiger Rechtsprechung eine Änderung nach § 129 AO nur dann möglich, wenn sich die Finanzverwaltung die Fehler zu eigen macht (sog. Übernahmefehler).[1] **380**

Mit dem Gesetz zur Modernisierung des Besteuerungsverfahrens[2] wurde für Fehler des Steuerpflichtigen eine **eigene Änderungsvorschrift** eingefügt (§ 173a AO)[3], die auf nach dem 31.12.2016 erlassene Verwaltungsakte anzuwenden ist (vgl. Art. 97 § 9 Abs. 4 EGAO). Soweit dem Stpfl. bei der Erstellung seiner Steuererklärung Schreib- oder Rechenfehler unterlaufen und er deshalb der Finanzbehörde bestimmte Tatsachen nicht oder mit einem unzutreffenden Wert mitgeteilt hat, ist eine entsprechende Berichtigung möglich. Dazu ist eine **Hemmung des Fristablaufs** vorgesehen, die für alle am 31.12.2016 noch nicht abgelaufenen Festsetzungsfristen gilt (Art. 97 § 10 Abs. 14 EGAO). Die Festsetzungsfrist endet in diesem Falle nicht vor Ablauf eines Jahres nach Bekanntgabe des unrichtigen Steuerbescheids (§ 171 Abs. 2 Satz 2 AO).

B. Arbeitnehmerbesteuerung

I. Lohnversteuerung

1. Vom Arbeitnehmer selbst getragene Kraftstoffkosten bei Anwendung der 1 %-Methode

Im Einklang mit der Finanzverwaltung[4] vertrat der BFH bislang die Auffassung, dass der geldwerte Vorteil für die Privatnutzung eines Dienstwagens, der nach der 1 %-Methode ermittelt wird, nicht um die vom Arbeitnehmer übernommenen Kraftstoffkosten zu mindern ist.[5] **381**

Davon rückt der BFH nun mit Urteil vom 30.11.2016[6] ab und lässt bei Anwendung der 1 %-Methode den **Abzug** der vom Arbeitnehmer **übernommenen einzelnen (individuellen) Kosten** zu. Lediglich der Differenzbetrag aus der Ermittlung des geldwerten Vorteils nach der 1 %-Methode und den vom Arbeitnehmer getragenen Kraftstoffkosten war im Streitfall als steuerpflichtiger Arbeitslohn zu behandeln. Voraussetzung der vor-

---

1) BFH v. 27.5.2009, X R 47/08, BStBl II 2009, 946.
2) Gesetz v. 18.7.2016, BGBl. I 2016, 1679 = BStBl I 2016, 694.
3) Vgl. hierzu die Kommentierung von v. Wedelstädt in Beermann/Gosch, § 173a AO Rz. 1 ff.
4) BMF v. 19.4.2013, IV C 5 – S 2334/11/10004, BStBl I 2013, 513.
5) BFH v. 18.10.2007, VI R 96/04, BStBl II 2008, 198.
6) BFH v. 30.11.2016, VI R 2/15, BStBl II 2017, 1014 = HFR 2017, 314 mit Anm. Geserich (vgl. hierzu auch Feldgen, Steuerliche Berücksichtigung vom Arbeitnehmer selbst getragener Kosten bei Firmenwagengestellung, eNews Steuern, Ausgabe 7/2017 v. 20.2.2017 und Geserich in jurisPR-SteuerR 10/2017 Anm. 1).

teilsmindernden Berücksichtigung der Kraftstoffkosten ist allerdings, dass der Arbeitnehmer diese im Einzelnen **umfassend darlegt und belastbar nachweist.**

Mit Schreiben vom 21.9.2017[1]) schließt sich das **BMF** dieser Rechtsauffassung an und führt dazu aus, dass bei Anwendung der 1 %-Regelung vom Arbeitnehmer übernommene einzelne Kraftfahrzeugkosten mindernd zu berücksichtigen sind.

> **Beratungshinweis:**
>
> Hierunter fallen die Kosten, die zu den Gesamtkosten des Fahrzeugs gehören, z.B. Treibstoffkosten, Wartungs- und Reparaturkosten, Kfz-Steuer, Beiträge für Halterhaftpflicht- und Fahrzeugversicherung, Garagen- und Stellplatzmieten. Weiterhin unberücksichtigt bleiben jedoch einzelnen Nutzungen zuzuweisende Kosten, wie z.B. Straßenbenutzungsgebühren oder Parkgebühren.
>
> Das BMF geht ergänzend darauf ein, wie sich die Übernahme einzelner Kraftfahrzeugkosten bei Ermittlung des Nutzungswerts der Privatnutzung nach der **Fahrtenbuchmethode** auswirken. Grundsätzlich mindern sich die Gesamtkosten des Kfz, die auf betriebliche und private Fahrten aufzuteilen sind, um die vom Arbeitnehmer getragenen Kraftfahrzeugkosten. Es wird allerdings **nicht beanstandet**, wenn auch hier die Gesamtkosten einschließlich der vom Arbeitnehmer getragenen Kosten zugrunde gelegt und die vom Arbeitnehmer getragenen Kosten als Nutzungsentgelt behandelt werden.

Übersteigen allerdings die Eigenleistungen des Arbeitnehmers den geldwerten Vorteil aus der Privatnutzung des Dienstwagens, ist der Differenzbetrag **weder als negativer Arbeitslohn, noch als Werbungskosten** zu berücksichtigen. Zu diesem Ergebnis kommt der BFH in einem weiteren Urteil vom 30.11.2016[2]), in dem der Arbeitnehmer ein pauschal ermitteltes monatliches Nutzungsentgelt zu entrichten hatte und der geldwerte Vorteil nach der Fahrtenbuchmethode ermittelt wurde. Wie aus den Entscheidungsgründen des Urteils hervorgeht, käme der BFH zum gleichen Ergebnis, wenn der Arbeitnehmer einzelne Kosten übernommen hätte und der geldwerte Vorteil nach der 1 %-Methode ermittelt worden wäre.[3])

2. Dienstwagenbesteuerung in Leasingfällen

382 Laut BFH[4]) sind beim sog. Behördenleasing, bei dem das vom Arbeitgeber geleaste Fahrzeug dem Arbeitnehmer auf Grund einer Sonderrechtsbeziehung (im Streitfall der Gemeinderatsbeschluss) im Innenverhältnis zuzurechnen ist, nicht die Grundsätze der Dienstwagenbesteuerung (Ermittlung des geldwerten Vorteils der Privatnutzung nach der 1 %-Methode oder der Fahrtenbuch-Methode) anzuwenden. Vielmehr führen die vom Arbeitgeber an den Arbeitnehmer weitergegebenen vergünstigten Leasingkonditionen zu lohnsteuerpflichtigem geldwerten Vorteil.

Zwischenzeitlich kamen Zweifel auf, ob diese Rechtsprechung auch auf **Leasingfälle außerhalb des Behördenleasings** übertragbar ist. Dazu nimmt das BMF nun mit Schreiben vom 15.12.2016[5]) Stellung. Least der Arbeitgeber ein Fahrzeug und überlässt es dem Arbeitnehmer auch zur privaten Nutzung, liegt demnach jedenfalls dann keine vom Arbeitsvertrag unabhängige Sonderrechtsbeziehung vor und sind die **Grundsätze der Dienstwagenbesteuerung anzuwenden, wenn**

– die Kraftfahrzeugüberlassung im Rahmen einer steuerlich anzuerkennenden Gehaltsumwandlung erfolgt oder

---
1) BMF v. 21.9.2017, IV C 5 S 2334/11/10004–02, BStBl I 2017, 1336.
2) BFH v. 30.11.2016, VI R 49/14, BStBl II 2017, 1011 = HFR 2017, 317 mit Anm. Krüger (vgl. hierzu auch Feldgen, Steuerliche Berücksichtigung vom Arbeitnehmer selbst getragener Kosten bei Firmenwagengestellung, eNews Steuern, Ausgabe 7/2017 v. 20.2.2017).
3) Ebenso BMF v. 21.9.2017, IV C 5 – S 2334/11/10004–02, BStBl I 2017, 1336.
4) BFH v. 18.12.2014, VI R 75/13, BStBl II 2015, 670.
5) BMF v. 15.12.2016, IV C 5 – S 2334/16/10003, BStBl I 2016, 1424.

- die Kraftfahrzeugüberlassung arbeitsvertraglicher Vergütungsbestandteil ist, wovon insb. auszugehen ist, wenn von vornherein eine entsprechende Regelung vereinbart wurde oder die Beförderung in eine höhere Gehaltsklasse mit der Überlassung eines betrieblichen Fahrzeugs verbunden ist.

3. Begünstigungen für Elektromobilität

Mit dem Gesetz zur steuerlichen Förderung von Elektromobilität im Straßenverkehr[1] wurden Steuerbegünstigungen für arbeitgeberseitig gewährte Vorteile in Bezug auf vom Arbeitnehmer genutzte Elektrofahrzeuge eingeführt.[2] **383**

Gewährt der Arbeitgeber seinem Arbeitnehmer zusätzlich zu dem ohnehin geschuldeten Arbeitslohn Vorteile für das **elektrische Aufladen eines Elektro- oder Hybridelektrofahrzeugs** an einer ortsfesten betrieblichen Einrichtung des Arbeitgebers oder eines verbundenen Unternehmens, sind diese Vorteile einkommensteuerfrei und unterliegen somit auch nicht der Lohnversteuerung. Entsprechendes gilt für die **zur privaten Nutzung überlassene betriebliche Ladevorrichtung** (§ 3 Nr. 46 EStG). Die Steuerbefreiungen sind zeitlich befristet auf Vorteile anzuwenden, die in einem nach dem 31.12.2016 und vor dem 1.1.2021 endenden Lohnzahlungszeitraum gewährt werden (§ 52 Abs. 4 Satz 10 EStG).

> **Beispiele:**
>
> Kann der Arbeitnehmer sein privates E-Fahrzeug während der Arbeitszeit auf dem Mitarbeiterparkplatz unentgeltlich aufladen, wird dieser geldwerte Vorteil künftig nicht der Lohnversteuerung unterworfen, wenn der kostenfreie Ladevorgang zusätzlich zum bisherigen Arbeitsentgelt gewährt wird.
>
> Der Arbeitnehmer kann sein betriebliches E-Fahrzeug, das er auch für Privatfahrten nutzen darf, kostenlos beim Arbeitgeber aufladen. Da die Steuerfreiheit nicht auf private Elektrofahrzeuge beschränkt ist und somit auch für betriebliche Fahrzeuge gilt, sind die Stromkosten für das Aufladen des betrieblichen Fahrzeugs nicht bei den Gesamtkosten zur Ermittlung des geldwerten Vorteils für die Privatnutzung nach der Fahrtenbuchmethode zu berücksichtigen.

Übereignet der Arbeitgeber seinem Arbeitnehmer zusätzlich zu dem ohnehin geschuldeten Arbeitslohn **unentgeltlich oder verbilligt die Ladevorrichtung** für Elektro- oder Hybridelektrofahrzeuge, besteht für Vorteile, die nach dem 31.12.2016, aber vor dem 1.1.2021 gewährt werden, die Möglichkeit, dass der Arbeitgeber diesen Vorteil pauschal mit 25 % Lohnsteuer versteuert. Die pauschale Besteuerung steht ebenso für einen entsprechenden Zuschuss des Arbeitgebers zu den Aufwendungen des Arbeitnehmers für den Erwerb und die Nutzung dieser Ladevorrichtung offen (§ 40 Abs. 1 Satz 1 Nr. 6 EStG). **384**

> **Beispiel:**
>
> Gewährt der Arbeitgeber dem Mitarbeiter für die Installation einer Ladestation für das private E-Fahrzeug an dessen Wohnhaus einen Zuschuss, kann die Besteuerung des Zuschusses dadurch abgegolten werden, dass der Arbeitgeber diesen pauschal mit 25 % zuzüglich Zuschlagsteuern versteuert. Dies gilt allerdings nicht im Fall der Gehaltsumwandlung.

4. Lohnsteuerliche Behandlung von Deutschkursen

Berufliche Fort- oder Weiterbildungsleistungen des Arbeitgebers führen nicht zu Arbeitslohn, wenn sie im ganz überwiegenden betrieblichen Interesse des Arbeitgebers durchgeführt werden (R 19.7 LStR). Bei Flüchtlingen und anderen Arbeitnehmern, **385**

---

[1] Gesetz v. 7.11.2016, BGBl. I 2016, 2498 = BStBl I 2016, 1211.
[2] Zu den Neuerungen vgl. Welz, UVR 2016, 306 und Mader, B+P 2017, 40.

deren Muttersprache nicht Deutsch ist, bejaht das BMF mit Schreiben vom 4.7.2017[1]) das **ganz überwiegende betriebliche Interesse**, wenn der Arbeitgeber die Sprachkenntnisse in dem für den Arbeitnehmer vorgesehenen Aufgabengebiet verlangt. Von Arbeitslohn ist demnach nur dann auszugehen, wenn konkrete Anhaltspunkte für den Belohnungscharakter der Maßnahme vorliegen.

5. Prämie für Verbesserungsvorschlag

386 Eine Prämie für einen Verbesserungsvorschlag stellt **keine Entlohnung für eine mehrjährige Tätigkeit** dar, wenn sie nicht nach dem Zeitaufwand des Arbeitnehmers, sondern nach der **Kostenersparnis des Arbeitgebers** in einem bestimmten künftigen Zeitraum bemessen wird. Dies entschied der BFH mit Urteil vom 31.8.2016[2]) und lehnte eine ermäßigte Besteuerung gemäß § 34 Abs. 2 Nr. 4 EStG ab.

6. Veräußerungsgewinne aus sog. Managementbeteiligungen

387 Der Veräußerungsgewinn aus einer Kapitalbeteiligung an einem Unternehmen führt nach Auffassung des BFH **nicht allein deshalb zu Einkünften aus nichtselbständiger Arbeit**, weil die sog. Managementbeteiligung von einem Arbeitnehmer der Unternehmensgruppe gehalten und nur leitenden Mitarbeitern angeboten worden war.[3]) Auch aus vereinbarten Ausschluss- und Kündigungsrechten hinsichtlich der Kapitalvereinbarung für den Fall der Beendigung des Arbeitsverhältnisses kann nicht ohne weiteres geschlossen werden, dass dem Arbeitnehmer durch die Gewährung der Möglichkeit zur Beteiligung am Unternehmen Lohn zugewendet werden soll.

Deshalb verneint der BFH in Anlehnung an seine bisherige Rechtsprechung[4]) einen Veranlassungszusammenhang zwischen den Veräußerungsgewinnen aus Managementbeteiligungen und dem Dienstverhältnis. Folglich handelt es sich nicht um Einnahmen aus nichtselbständiger Arbeit.

II. Werbungskosten

1. Entfernungspauschale verfassungskonform

388 Mit Urteilen vom 15.11.2016[5]) kommt der BFH zu dem Ergebnis, dass die Regelung der Entfernungspauschale verfassungskonform ist. Es bestehen **weder verfassungsrechtliche Bedenken** dagegen, dass durch die Entfernungspauschale **sämtliche gewöhnliche sowie außergewöhnliche Aufwendungen** für Fahrten zwischen Wohnung und regelmäßiger Arbeitsstätte **abgegolten** sind. Noch ist ein **Verstoß gegen den Gleichheitsgrundsatz** nach Art. 3 Abs. 1 GG darin zu sehen, dass Benutzer öffentlicher Verkehrsmittel von der Anwendung der Abzugsbeschränkung ausgenommen sind. Die unterschiedliche Behandlung beruhe auf außerfiskalischen Förderungs- und Lenkungszielen und sei aus Gründen des Gemeinwohls verfassungsrechtlich gerechtfertigt.

2. Mangels Bestimmung durch den Arbeitgeber keine erste Tätigkeitsstätte

389 Ein Arbeitnehmer kann aufgrund der Bestimmung durch den Arbeitgeber eine erste Tätigkeitsstätte haben. Fehlt eine solche Bestimmung, greifen die **gesetzlich vorgegebenen quantitativen Merkmale**. Verfügt ein Arbeitnehmer jedoch auch danach über keine erste Tätigkeitsstätte, kann dennoch ein **vom Arbeitgeber festgelegter Ort wie**

---

1) BMF v. 4.7.2017, IV C 5 – S 2332/09/10005, BStBl I 2017, 882.
2) BFH v. 31.8.2016, VI R 53/14, BStBl II 2017, 322 = HFR 2017, 219 mit Anm. Nusser (vgl. hierzu auch Geserich, jurisPR-SteuerR 7/2017 Anm. 5).
3) BFH v. 4.10.2016, IX R 43/15, BStBl II 2017, 790 (vgl. hierzu Schießl, jurisPR-SteuerR 11/2017 Anm. 4).
4) U.a. BFH v. 21.5.2014, I R 42/12, BStBl II 2015, 4.
5) BFH v. 15.11.2016, VI R 4/15, BStBl II 2017, 228; v. 15.11.2016, VI R 48/15, BFH/NV 2017, 284.

eine erste Tätigkeitsstätte zu behandeln sein. Dies ist dann zu bejahen, wenn der Arbeitgeber bestimmt, dass sich der Arbeitnehmer dauerhaft, typischerweise arbeitstäglich, an einem festgelegten Ort, der die Kriterien für eine erste Tätigkeitsstätte nicht erfüllt, einfinden soll, um von dort aus seine unterschiedlichen Einsatzorte aufzusuchen. Die Fahrten des Arbeitnehmers von seiner Wohnung zu diesem arbeitgeberseitig festgelegten Ort können somit nur mit der Entfernungspauschale steuerlich berücksichtigt werden.

Nach Auffassung des FG Nürnberg[1] **genügt** es jedoch **nicht**, dass der Arbeitnehmer gemäß der Weisung des Arbeitgebers dauerhaft typischerweise einmal pro Woche die betriebliche Einrichtung seines Arbeitgebers aufsuchen muss. Im Streitfall hatte der Arbeitnehmer einmal pro Woche in der betrieblichen Einrichtung berufliche Tätigkeiten auszuüben, wie z.B. das Beladen des Firmenfahrzeugs und die Abgabe von Stundenzetteln oder Urlaubsanträgen. Im Übrigen war er auf verschiedenen Baustellen tätig, die er direkt von seiner Wohnung aus aufsuchte. Nach Auffassung des FG reichen die Tätigkeiten in der betrieblichen Einrichtung zwar aus, um eine Zuordnungsentscheidung des Arbeitgebers zu dieser Tätigkeitsstätte zu rechtfertigen. Verzichtet der Arbeitgeber jedoch auf eine solche Zuordnung, ergibt sich aus dem regelmäßigen Aufsuchen einmal pro Woche keine konkludente Zuordnung.

> **Beratungshinweis:**
> Somit konnte der Arbeitnehmer im Streitfall die Fahrten zwischen seiner Wohnung und der betrieblichen Einrichtung nach Reisekostengrundsätzen steuerlich geltend machen.

3. Häusliches Arbeitszimmer
a) Personenbezogene Anwendung des Höchstbetrags

Aufwendungen für ein häusliches Arbeitszimmer können in begrenztem Umfang steuerlich geltend gemacht werden, wenn sich der Mittelpunkt der beruflichen (und ggf. betrieblichen) Tätigkeit zwar nicht im häuslichen Arbeitszimmer befindet, aber kein anderer Arbeitsplatz zur Verfügung steht. Der Abzug ist auf jährlich 1 250 Euro begrenzt. **390**

Bislang vertrat der BFH die Auffassung, dass die Aufwendungen für ein häusliches Arbeitszimmer objektbezogen und damit für das Arbeitszimmer nur einmalig bis maximal 1 250 Euro geltend gemacht werden können.[2] An dieser Rechtsprechung hält der BFH jedoch nicht mehr fest. Vielmehr wendet er nun den Höchstbetrag **personenbezogen** an.

In einem Streitfall nutzten Ehegatten ein häusliches Arbeitszimmer in einem Einfamilienhaus, das **im jeweils hälftigen Miteigentum der Ehegatten** stand. Der BFH ordnete jedem Ehegatten die auf das Arbeitszimmer entfallenden Aufwendungen hälftig zu. Jeder der Ehegatten konnte die Aufwendungen somit bis zu einem Betrag von 1 250 Euro geltend machen, sofern jeder von beiden die Abzugsvoraussetzungen erfüllte.[3]

> **Anmerkung:**
> In einem weiteren Fall nutzten zwei **Lebenspartner** in einer **gemeinsam angemieteten Wohnung** das einzige in der Wohnung vorhandene Arbeitszimmer gemeinsam. Auch hier bejaht der BFH den Abzug der von den Lebenspartnern jeweils getragenen Aufwendungen bis zu einem Höchstbetrag von 1 250 Euro. Der Abzug bis zum Höchstbetrag komme dabei unabhängig vom jeweiligen Nutzungsumfang der Lebenspartner in Betracht, sofern diesem kein anderer Arbeitsplatz zur Verfügung steht.[4]

---
1) FG Nürnberg v. 8.7.2016, 4 K 1836/15, EFG 2016, 1692 (rkr.).
2) Z.B. BFH v. 20.11.2003, IV R 30/03, BStBl II 2004, 775.
3) BFH-Urteil vom 15.12.2016, Az. VI R 53/12, HFR 2017, 285.
4) BFH v. 15.12.2016, VI R 86/13, HFR 2017, 288.

> Der Auffassung des BFH schloss sich nun auch die Finanzverwaltung an und wendet den Höchstbetrag ebenso personenbezogen an.[1]

b) Einmaliger Höchstbetrag bei Nutzung mehrerer Arbeitszimmer

391 Nutzt ein Stpfl. mehrere häusliche Arbeitszimmer, kann er die Aufwendungen nur einmalig bis zu dem Höchstbetrag von 1 250 Euro steuerlich geltend machen. Zu diesem Ergebnis kommt der BFH mit Urteil vom 9.5.2017[2] und begründet dies damit, dass der Höchstbetrag personenbezogen (→ Rz. 390) und nicht raumbezogen anzuwenden ist.

c) Nutzung eines häuslichen Arbeitszimmers für mehrere Einkunftsarten

392 Mit Urteil vom 25.4.2017[3] hatte der BFH zu entscheiden, ob der für häusliche Arbeitszimmer geltende Höchstbetrag von 1 250 Euro bei der Nutzung eines häuslichen Arbeitszimmers im Rahmen mehrerer Einkunftsarten nach den zeitlichen Nutzungsanteilen in Teilhöchstbeträge aufzuteilen ist und verneinte dies.

Nach Auffassung des BFH ist der Höchstbetrag von 1 250 Euro **nicht einkünftebezogen** zu verstehen. Stattdessen seien lediglich die für die Nutzung des häuslichen Arbeitszimmers entstandenen Aufwendungen zeitanteilig aufzuteilen und den verschiedenen Einkunftsarten zuzuordnen. Sofern die so zugeordneten Aufwendungen bei den einzelnen Einkunftsarten dem Grunde nach als Aufwendungen für ein häusliches Arbeitszimmer berücksichtigt werden können, ist der Abzug in Höhe von insgesamt maximal 1 250 Euro möglich. Dieser Rechtsauffassung schließt sich auch die Finanzverwaltung an.[4]

4. Pauschalen für Verpflegungsmehraufwendungen und Übernachtungskosten bei Auslandsdienstreisen

393 Mit Schreiben vom 14.12.2016[5] gab das BMF die **ab 1.1.2017 geltenden Pauschalen** für Verpflegungsmehraufwendungen und Übernachtungskosten bei beruflich veranlassten Auslandsreisen bekannt. Gegenüber den seit 1.1.2016 geltenden Pauschalen wurden u. a. die Pauschalen für Dienstreisen nach Algerien, Teilbereiche Chinas, Griechenland, Rumänien, Teilbereiche Russlands, Slowenien, Taiwan, Ukraine und Ungarn geändert.

5. Steuerliche Anerkennung von Umzugskosten

394 **Umzugsbedingte Unterrichtskosten** für ein Kind nach § 9 Abs. 2 BUKG können gemäß BMF-Schreiben vom 18.10.2016[6] bei Beendigung des Umzugs seit 1.3.2016 in Höhe von 1 882 Euro sowie seit 1.2.2017 in Höhe von 1 926 Euro geltend gemacht werden. Weiter ist in diesem Schreiben festgelegt, dass der Pauschbetrag für **sonstige Umzugsauslagen** nach § 10 Abs. 1 BUKG für Verheiratete, Lebenspartner und Gleichgestellte bei Beendigung des Umzugs seit 1.3.2016 1 493 Euro bzw. seit 1.2.2017 1 528 Euro beträgt.

6. Von Dritten getragene Unterbringungskosten am Studienort

395 Aufwendungen können als **vorab entstandene Werbungskosten** steuerlich zu berücksichtigen sein, wenn ein ausreichend bestimmter wirtschaftlicher Zusammenhang mit den später zu erzielenden Einkünften besteht. So kommt der Werbungskostenabzug

---

1) BMF v. 6.10.2017, IV C 6 – S 2145/07/10002 :019, BStBl I 2017, 1320, Tz. 21.
2) BFH v. 9.5.2017, VIII R 15/15, DStR 2017, 1581 = HFR 2017, 805 (vgl. hierzu auch Urbach, BeSt 2017, 44 f.).
3) BFH v. 25.4.2017, VIII R 52/13, DStR 2017, 1693 (vgl. hierzu auch Urbach, BeSt 2017, 44 f.).
4) BMF v. 6.10.2017, IV C 6 – S 2145/07/10002 :019, BStBl I 2017, 1320, Tz. 19 f.
5) BMF v. 14.12.2016, IV C 5 – S 2353/08/10006 :007, BStBl I 2016, 1438.
6) BMF v. 18.10.2016, IV C 5 – S 2353/16/10005, BStBl I 2016, 1147.

für durch das Studium veranlasste Kosten in Betracht, wenn ein solcher Zusammenhang mit künftigen Einkünften hergestellt werden kann.

Das FG Niedersachsen hatte darüber zu entscheiden, ob die durch den Vater einer Studierenden aufgewendete Maklerprovision für die Anmietung einer Wohnung am Studienort sowie die ebenso vom Vater getragenen Mietzahlungen als vorab entstandene Werbungskosten der Studierenden zu berücksichtigen sind.

> **Anmerkung:**
>
> Zur Frage, ob nicht zu berücksichtigender Drittaufwand oder eigener Aufwand vorliegt, hatte der BFH bereits in einem früheren Verfahren entschieden, dass es sich um eigenen Aufwand des Stpfl. handelt, wenn die Leistungen von einem Dritten aufgrund eines abgekürzten Vertrags- oder Zahlungswegs erbracht werden. Hiervon sei auszugehen, wenn die Zuwendung eines Geldbetrags an den Stpfl. in der Weise verstanden wird, dass der Zuwendende im Einvernehmen mit dem Stpfl. dessen Schuld tilgt, statt ihm den Geldbetrag unmittelbar zu überlassen.[1]

Das FG Niedersachsen ging von **eigenem Aufwand der Studierenden** aus und bejahte auch die **Abzugsfähigkeit** der vom Vater übernommenen **Maklerkosten** als vorab entstandene Werbungskosten.[2] Hingegen verneinte das FG die Berücksichtigung der Mietzahlungen, da die Grundsätze des abgekürzten Vertragswegs nach der BFH-Rechtsprechung auf Dauerschuldverhältnisse keine Anwendung finden.[3]

III. Betriebliche Altersversorgung

1. Sonderzahlung des Arbeitgebers an eine externe Versorgungseinrichtung

Infolge der anhaltenden Niedrigzinsphase mit ihren Auswirkungen auf die weltweiten Finanzmärkte kommt es häufiger zu Zahlungen von Arbeitgeber an externe Versorgungseinrichtungen der betrieblichen Altersversorgung, um die Finanzierung der Versorgungsanwartschaften und -verpflichtungen gegenüber den Arbeitnehmern sicherzustellen. Die OFD Nordrhein-Westfalen geht mit Kurzinformation vom 2.12.2016[4] auf die steuerlichen Folgen solcher Sonderzahlungen ein.

396

Demnach gehören Zahlungen des Arbeitgebers **nicht zum Arbeitslohn**, wenn sie **neben den laufenden Beiträgen und Zuwendungen** an die Versorgungseinrichtung erbracht werden. Als weitere Voraussetzung müssen die Zahlungen bei der Versorgungseinrichtung entweder der **Wiederherstellung einer angemessenen Kapitalausstattung** nach unvorhersehbaren Verlusten oder der Finanzierung der **Verstärkung der Rechnungsgrundlagen** aufgrund einer unvorhersehbaren und nicht nur vorübergehenden Änderung der Verhältnisse dienen.

Nach der auf Bundesebene abgestimmten Verwaltungsauffassung sind diese Voraussetzungen erfüllt bei

- Einbruch am Kapitalmarkt,
- Anstieg der Invaliditätsfälle,
- gestiegener Lebenserwartung und
- Niedrigzinsumfeld.

---

1) BFH v. 24.2.2000, IV R 75/98, BStBl II 2000, 314.
2) FG Niedersachsen v. 25.2.2016, 1 K 169/15, EFG 2016, 891 (rkr.).
3) So bereits BFH v. 24.2.2000, IV R 75/98, BStBl II 2000, 314.
4) OFD Nordrhein-Westfalen v. 2.12.2016, Kurzmeldung Lohnsteuer Nr. 04/2016.

2. Keine Steuerermäßigung für vertragsgemäße Kapitalauszahlung aus Pensionsfonds

397 Gemäß Urteil des BFH vom 20.9.2016[1] unterliegt die **einmalige Kapitalabfindung** laufender Ansprüche gegen eine der betrieblichen Altersversorgung dienende Pensionskasse jedenfalls dann dem **regulären Einkommensteuertarif**, wenn das Kapitalwahlrecht bereits in der ursprünglichen Versorgungsregelung enthalten war. Ermäßigt zu besteuernde außerordentliche Einkünfte lägen nicht vor, da sie nicht als „außerordentlich" zu betrachten seien. Die Einkommensteuerpflicht tritt laut BFH schon dann in voller Höhe ein, wenn die früheren Beitragszahlungen gemäß § 3 Nr. 63 EStG steuerfrei gestellt waren.

3. Gesellschafter-Geschäftsführern erteilte Pensionszusagen: maßgebendes Pensionsalter

398 In seinem Urteil vom 11.9.2013[2] kam der BFH zu dem Ergebnis, dass bei der Bewertung einer gegenüber einem Gesellschafter-Geschäftsführer erteilten Pensionszusage **ausschließlich auf den darin vorgesehenen Zeitpunkt des Eintritts des Versorgungsfalls abzustellen** ist. Ein Mindestpensionsalter sei gesetzlich nicht vorgesehen.

Das **BMF** schließt sich dieser Auffassung mit Schreiben vom 9.12.2016[3] an und hebt seine gegenteilige Aussage in R 6a Abs. 8 Satz 1 EStR auf. Dabei räumt das BMF ein **Wahlrecht** ein, das in der Bilanz des Wirtschaftsjahres, das nach dem 9.12.2016 beginnt, letztmals ausgeübt werden kann, wenn nach der bisherigen Verlautbarung der Finanzverwaltung der vertraglich vereinbarte frühere Pensionsbeginn nicht berücksichtigt wurde. Sofern mit einer Beschäftigung des Pensionsberechtigten bis zu dem Mindestpensionsalter nach R 6a Abs. 8 Satz 1 EStR gerechnet werden kann, kann dieser spätere Pensionseintritt zur Bewertung herangezogen werden.

> **Anmerkung:**
> Weiter geht das BMF auf die Ermittlung einer vGA bei Pensionszusagen an Gesellschafter-Geschäftsführer von Kapitalgesellschaften ein. Demnach ist bei einer Neuzusage nach dem 9.12.2016 davon auszugehen, dass bereits dem Grunde nach eine vGA vorliegt, wenn eine vertragliche Altersgrenze von weniger als 62 Jahren vorgesehen ist. Bei beherrschenden Gesellschafter-Geschäftsführern liegt insoweit wegen Unangemessenheit eine vGA der Höhe nach vor, wenn eine vertragliche Altersgrenze von weniger als 67 Jahren vereinbart wird.

399 Mit der Frage des maßgeblichen Pensionsalters hat sich zudem auch das BAG auseinandergesetzt. Laut Urteilen vom 15.5.2012[4] und vom 13.1.2015[5] ist die **Bezugnahme in einem Gesamtversorgungssystem auf die Vollendung des 65. Lebensjahres vor Inkrafttreten des RV-Altersgrenzenanpassungsgesetzes** vom 20.4.2007 dahingehend auszulegen, dass die Regelaltersgrenze in der gesetzlichen Rentenversicherung heranzuziehen ist. Nach Auffassung des BMF[6] bleibt bilanzsteuerrechtlich jedoch grundsätzlich das schriftlich fixierte Pensionseintrittsalter maßgebend.

IV. Sonstige Themen der Arbeitnehmerbesteuerung

1. Pauschalierungswahlrecht nach § 37b EStG: Ausübung und Widerruf

400 Die Pauschalierungswahlrechte nach § 37b Abs. 1 Satz 1 EStG für Sachzuwendungen an Nichtarbeitnehmer und nach § 37b Abs. 2 Satz 1 EStG für Sachzuwendungen an

---

1) BFH v. 20.9.2016, X R 23/15, BStBl II 2017, 347 (vgl. hierzu Feldgen, Keine Steuerermäßigung für vertragsgemäße Kapitalauszahlung aus einer Pensionskasse, eNews Steuern, Ausgabe 2/2017 v. 16.1.2017).
2) BFH v. 11.9.2013, I R 72/12, BStBl II 2016, 1008.
3) BMF v. 9.12.2016, IV C 6 – S 2176/07/10004 :003, BStBl I 2016, 1427.
4) BAG v. 15.5.2012, 3 AZR 11/10, ZIP 2012, 1983.
5) BAG v. 13.1.2015, 3 AZR 897/12, ZIP 2015, 1244.
6) BMF v. 9.12.2016, IV C 6 – S 2176/07/10004 :003, BStBl I 2016, 1427.

Arbeitnehmer können laut Urteil des BFH vom 15.6.2016[1]) unabhängig voneinander ausgeübt werden. Er schränkt aber ein, dass das jeweilige Pauschalierungswahlrecht für **sämtliche Sachzuwendungen an Nichtarbeitnehmer einerseits** und für **sämtliche Sachzuwendungen an Arbeitnehmer andererseits nur einheitlich ausgeübt** werden kann.

> **Beratungshinweis:**
> Die Ausübung beider Pauschalierungswahlrechte erfolgt durch die Abgabe der Lohnsteueranmeldung, in der die pauschale Einkommensteuer als Lohnsteuer ausgewiesen und abgeführt wird.

Zwar ist die Ausübung der Pauschalierungswahlrechte nach Auffassung des BFH widerruflich. Allerdings kann der Stpfl. den **Widerruf nicht formlos** erklären. Vielmehr ist die Abgabe einer geänderten Pauschalsteueranmeldung gegenüber dem Betriebsstättenfinanzamt erforderlich. Eine formlose Erklärung des Stpfl. im Klageverfahren erkannte der BFH hingegen nicht an.

2. Lohnsteuer-Anmeldungen

Die **Grenze für die vierteljährliche Abgabe** von Lohnsteuer-Anmeldungen wurde durch das Zweite Bürokratieentlastungsgesetz[2]) rückwirkend zum 1.1.2017 von 4 000 Euro auf **5 000 Euro** angehoben (§ 41a Abs. 2 Satz 2 EStG). **401**

3. Kurzfristige Beschäftigung

Bei kurzfristig beschäftigten Arbeitnehmern kann die Lohnsteuer pauschal mit 25 % erhoben werden. Laut einer Änderung durch das Zweite Bürokratieentlastungsgesetz[3]) gilt diese Regelung, wenn der **durchschnittliche Tageslohn 72 Euro nicht übersteigt**. Bislang gilt hier eine Tageslohngrenze von 68 Euro (§ 40a Abs. 1 Satz 2 Nr. 1 EStG). Die Anhebung trat rückwirkend zum 1.1.2017 in Kraft. **402**

C. Umsatzsteuer

I. Besteuerung der Umsätze

1. Innergemeinschaftliches Verbringen: Steuerfreiheit trotz Fehlens der USt-IdNr. des Bestimmungslandes

Mit Urteil vom 20.10.2016[4]) kommt der EuGH in einer deutschen Rechtssache zu dem Ergebnis, dass das Finanzamt die Steuerbefreiung für eine innergemeinschaftliche Verbringung eines Gegenstandes – im Streitfall ein Pkw – nicht mit der Begründung versagen darf, der Stpfl. habe keine vom Bestimmungsmitgliedstaat erteilte USt-IdNr. mitgeteilt. **403**

Sofern die **materiellen Voraussetzungen** für die Steuerbefreiung vorliegen, muss laut EuGH die **Steuerbefreiung gewährt** werden. Dies gilt selbst dann, wenn ein formelles Kriterium, wie im Streitfall die sich aus deutschem Recht ergebende Pflicht zur Dokumentation der USt-IdNr. im Rahmen des Buchnachweises, nicht vorliegt. Das Verbringen des Pkw sowie dessen unternehmerische Verwendung konnte im Urteilsfall anhand des CMR-Frachtbriefes sowie der Rechnung über den Verkauf in Spanien nachgewiesen werden.

---

1) BFH v. 15.6.2016, VI R 54/15, BStBl II 2016, 1010 = HFR 2016, 1087 mit Anm. Geserich.
2) Gesetz v. 30.6.2017, BGBl. I 2017, 2143 = BStBl I 2017, 890 (Auszug).
3) Gesetz vom 30.6.2017, BGBl. I 2017, 2143 = BStBl I 2017, 890 (Auszug).
4) EuGH v. 20.10.2016, Josef Plöckl, C-24/15, HFR 2016, 1157.

> **Beratungshinweis:**
>
> In Bestätigung seiner bisherigen Rechtsprechung sieht der EuGH in der USt-IdNr. des Bestimmungslandes nur ein formelles Erfordernis für die Steuerbefreiung. Die Steuerbefreiung wegen Nichteinhaltung der formellen Voraussetzungen kann nach der Rechtsprechung des EuGH nur dann versagt werden, wenn konkrete Anhaltspunkte für eine Steuerhinterziehung bestehen oder der Nachweis der tatsächlichen Verbringung nicht (anderweitig) erbracht werden kann. Dabei kann der Nachweis über das Vorliegen der materiellen Voraussetzungen nach der Rechtsprechung des BFH nicht durch Zeugenbeweis geführt werden.[1]

2. Innergemeinschaftliche Lieferung: Steuerfreiheit trotz fehlender Registrierung im MIAS

404 Der **EuGH** hält auch weiterhin an seiner Rechtsprechung fest, dass die Mehrwertsteuerfreiheit einer innergemeinschaftlichen Lieferung nicht mit Verweis auf die formellen Anforderungen an den Buch- und Belegnachweis versagt werden darf. Steht fest, dass die **materiellen Voraussetzungen der Steuerfreiheit** vorliegen, ist diese zu gewähren.

So verwarf der EuGH in seinem Urteil vom 9.2.2017[2] die Versagung der Mehrwertsteuerbefreiung in einem portugiesischen Verfahren. Dort besaß der spanische Erwerber zwar eine gültige USt-IdNr., jedoch war er zum Zeitpunkt der Lieferung weder im Mehrwertsteuer-Informationsaustauschsystem (MIAS), noch in Spanien für innergemeinschaftliche Umsätze registriert.

Im Streitfall bestanden keine ernsthaften Anhaltspunkte für eine Steuerhinterziehung. Zwar wusste der Verkäufer von der fehlenden Registrierung zum Zeitpunkt der Leistung, er konnte jedoch davon ausgehen, dass der Erwerber diese zu einem späteren Zeitpunkt rückwirkend erlangen wird.

> **Praxistipp:**
>
> Damit verfestigt sich die Rechtsauffassung, dass für die Steuerfreiheit einer innergemeinschaftlichen Lieferung zwar die materiellen Voraussetzungen nach Art. 138 MwStSystRL gegeben sein müssen, ein fehlender Nachweis der formellen Voraussetzungen der Steuerfreiheit jedoch nicht entgegensteht. Nichtsdestotrotz sollte aus Gründen der Rechtssicherheit und der Vermeidung von Streitigkeiten mit der Finanzverwaltung bei innergemeinschaftlichen Lieferungen stets weiterhin geprüft werden, ob auch die formellen Voraussetzungen des Buch- und Belegnachweises vollständig erfüllt werden. Dies ist insbesondere vor dem Hintergrund zu beachten, dass eine sehr viel restriktivere Rechtsprechungstendenz in Fällen von drohender Steuerhinterziehung festzustellen ist (auch → Rz. 403).

3. Ort der Lieferung bei kurzem Einlagern in einem Konsignationslager

405 Der Ort der Lieferung bestimmt sich im Versendungsfall (sog. bewegte Lieferung) nach dem Ort, an dem die Versendung beginnt (§ 3 Abs. 6 UStG). Bei ruhenden Lieferungen ist hingegen die Verschaffung der Verfügungsmacht maßgeblich für die Lieferortbestimmung (§ 3 Abs. 7 UStG). Insbesondere bei Lieferungen mit Unterbrechungen in Konsignationslagern ist daher stets zu prüfen, nach welcher Vorschrift die Lieferortbestimmung zu erfolgen hat. Der BFH hat mit zwei Urteilen hierzu Stellung genommen. So steht der Umstand der **Zwischenlagerung von Waren in einem sog. Konsignationslager** einer **bewegten Lieferung dann nicht entgegen, wenn** der Abnehmer bereits vor Beginn der Versendung in das Lager feststeht und dieser zumindest ein vertraglich eingeräumtes uneingeschränktes Zugriffsrecht auf die Waren hat.[3]

---

1) BFH v. 19.3.2015, V R 14/14, BStBl II 2015, 912.
2) EuGH v. 9.2.2017, Euro Tyre BV, C-21/16, HFR 2017, 264.
3) BFH v. 20.10.2016, V R 31/15, HFR 2017, 348 (vgl. hierzu auch Eversloh, jurisPR-SteuerR 13/2017 Anm. 6).

Mit einem weiteren Urteil konkretisiert der BFH diese Rechtsprechung.[1] Demnach muss der **Abnehmer bei Beginn der Versendung in der Weise feststehen, dass** der Lieferer auf Grund eines Rechtsverhältnisses dem Abnehmer die Ware zu übergeben hat. Wird – wie im Streitfall – erst mit der Entnahme der Ware aus dem Konsignationslager ein verbindlicher Kaufvertrag geschlossen, sind die Voraussetzungen für eine bewegte Lieferung nicht erfüllt, so dass sich der Ort der Lieferung am Ort des Konsignationslagers befindet. Im Streitfall gelangte die Ware aus dem EU-Ausland ins Inland, so dass bei Verkauf aus dem Lager eine steuerpflichtige Inlandslieferung und vorgelagert ein innergemeinschaftliches Verbringen des ausländischen Lieferers vorlagen.

> **Beratungshinweis:**
>
> Mit dem Schreiben vom 10.10.2017[2] schließt sich nun das BMF der Rechtsauffassung des BFH an und passt den Umsatzsteueranwendungserlass entsprechend an (vgl. dazu auch Pläne auf EU-Ebene → Rz. 173).
>
> Zwar sind die im Schreiben des BMF enthaltenen Grundsätze bereits in allen offenen Fällen anzuwenden. Die **Finanzverwaltung beanstandet** es jedoch für den Vorsteuerabzug des Abnehmers **nicht, wenn für Umsätze bis 31.12.2017 noch die bisherigen Regelungen** des Umsatzsteueranwendungserlasses zur Anwendung kommen und somit von einem innergemeinschaftlichen Verbringen und einer anschließenden steuerpflichtigen Lieferung im Inland ausgegangen wird.
>
> Da es nach Auffassung der Finanzverwaltung nur dann zu einer Direktlieferung ohne vorgelagertes Verbringen kommen soll, wenn die Ware schon vor Beginn des Transports verbindlich bestellt oder bezahlt wurde, bleibt abzuwarten, ob die Grundsätze tatsächlich in einer Vielzahl von Fällen zur Anwendung kommen werden. Sofern keine verbindliche Bestellung oder Bezahlung vorliegt, bleibt es beim innergemeinschaftlichen Verbringen.

4. Umsatzsteuerliche Beurteilung von Sale-and-lease-back-Geschäften

406 Ein Sale-and-lease-back-Geschäft wird je nach dessen konkreter vertraglicher Ausgestaltung umsatzsteuerlich als Lieferung mit nachfolgender Rücküberlassung oder als steuerfreie Kreditgewährung beurteilt (Abschn. 3.5 Abs. 7 Sätze 1 bis 5 UStAE). Davon abweichend sieht das BMF in Übereinstimmung mit dem BFH[3] nun in der Mitwirkung des Käufers und Leasinggebers eine **steuerpflichtige sonstige Leistung** nach § 3 Abs. 9 Satz 1 UStG, wenn das Geschäft darauf gerichtet ist, dem Verkäufer und Leasingnehmer eine **vorteilhafte bilanzielle Gestaltung zu ermöglichen**.[4]

Diese abweichende umsatzsteuerliche Beurteilung greift in den entsprechenden Fällen, sofern die Steuerfestsetzung noch nicht formell bestandskräftig ist.

5. Ort der sonstigen Leistung im Zusammenhang mit Grundstücken

407 Eine sonstige Leistung im Zusammenhang mit einem Grundstück wird **dort ausgeführt, wo das Grundstück liegt**. Die Finanzverwaltung konkretisierte bereits bislang in Abschn. 3a.3 UStAE, welche sonstigen Leistungen hierunter als grundstücksbezogene Leistungen fallen.

Mit Schreiben vom 10.2.2017[5] nimmt das BMF hieran punktuelle Änderungen vor. Klarstellend wird darauf hingewiesen, dass die Leistung in **engem Zusammenhang** mit einem **ausdrücklich bestimmten Grundstück** erbracht werden muss. So muss z.B. bei Ingenieur- oder Planungsleistungen der Standort des Grundstücks zum Zeitpunkt der Leistungserbringung bereits feststehen (Abschn. 3a.3 Abs. 8 Satz 2 UStAE). Auch kann die Überlassung von Personal eine grundstücksbezogene Leistung darstellen, wenn

---
1) BFH v. 16.11.2016, V R 1/16, HFR 2017, 752 (vgl. hierzu auch Prätzler, jurisPR-SteuerR 23/2017 Anm. 6).
2) BMF v. 10.10.2017, III C 3 – S 7103-a/15/10001, DStR 2017, 2286.
3) BFH v. 6.4.2016, V R 12/15, BStBl II 2017, 188 = HFR 2016, 999 mit Anm. Pflaum (vgl. hierzu auch Prätzler, jurisPR-SteuerR 37/2016 Anm. 6).
4) BMF v. 3.2.2017, III C 2 – S 7100/07/10031 :006, BStBl I 2017, 180.
5) BMF v. 10.2.2017, III C 3 – S 7117-a/16/10001, BStBl I 2017, 350.

gleichzeitig eine bestimmte Leistung oder ein bestimmter Erfolg des überlassenen Personals im Zusammenhang mit einem Grundstück geschuldet wird (Abschn. 3a.3 Abs. 8 Satz 3 Nr. 8 UStAE). Demgegenüber liegt eine allgemeine Dienstleistung vor, wenn die Verantwortung für die Durchführung der Arbeiten beim Leistungsempfänger liegt und damit das Personal entsprechend dessen Weisungsrechts eingesetzt wird (Abschn. 3a.9 Abs. 18a UStAE). Fehlt insoweit die Grundstücksbezogenheit der Personalgestellung, liegt der Ort der Leistung beim Leistungsempfänger, sofern dieser Unternehmer ist und die Leistung für sein Unternehmen bezieht (§ 3a Abs. 2 und Abs. 4 Satz 2 Nr. 7 UStG).

Weiter nimmt das BMF dazu Stellung, wann von einer grundstücksbezogenen Leistung durch die **Verwaltung von Grundstücken** auszugehen ist. Hierunter fallen z.B. die Mietzinsverwaltung, Buchhaltung und Verwaltung der laufenden Aufgaben. Nicht hingegen erfasst wird die Portfolioverwaltung im Zusammenhang mit Eigentumsanteilen an Grundstücken (Abschn. 3a.3 Abs. 9 Nr. 2a UStAE).

Werden Maschinen oder Ausrüstungsgegenstände gewartet, die wesentlicher Bestandteil des Grundstücks sind, liegt eine grundstücksbezogene Leistung auch dann vor, wenn die **Wartung** z.B. in Form einer Fernwartung erfolgt, sofern der Schwerpunkt der Wartung dennoch vor Ort erbracht wird (Abschn. 3a.3 Abs. 9 Nr. 6 UStAE).

6. Berichtigung des unrichtigen Steuerausweises durch Abtretung

408 Mit seinem Urteil vom 12.10.2016[1] bestätigt der BFH die bisherige Rechtsprechung, wonach der leistende Unternehmer die Steuer nach § 14c Abs. 1 Satz 1 UStG schuldet, wenn in einer Rechnung Umsatzsteuer offen ausgewiesen wird, obwohl der Leistungsempfänger Steuerschuldner ist.[2] Durch eine **Berichtigung des Steuerbetrags gegenüber dem Leistungsempfänger** (§ 14c Abs. 1 Satz 2 UStG) kann der leistende Unternehmer eine definitive Belastung mit dieser Steuerschuld vermeiden. Dies erfolgt durch Berichtigungserklärung gegenüber dem Leistungsempfänger sowie Rückzahlung des Mehrbetrages.

Offen war bisher, ob **statt der geforderten Rückzahlung** des Mehrbetrages eine **Abtretung** erfolgen kann. Dies hat der BFH nunmehr erstmals ausdrücklich als ausreichend anerkannt. Die im Übrigen erforderliche Berichtigungserklärung sah der BFH mit der in der Abtretungsanzeige enthaltenen Abtretungserklärung des leistenden Unternehmers als erfüllt an. Allerdings muss hierzu die dem Leistungsempfänger zugegangene **Abtretungserklärung spezifisch und eindeutig** auf eine (oder mehrere) ursprüngliche Rechnung(en) bezogen sein und aus ihr klar hervorgehen, dass der leistende Unternehmer über seine Leistungen nur noch ohne Umsatzsteuer abrechnen will. Einer Rechnungsberichtigung in Fällen des § 14c Abs. 1 UStG kommt, so der BFH, jedoch keine Rückwirkung zu.

> **Beratungshinweis:**
> Diese höchstrichterliche Klärung dürfte in der Praxis zukünftig § 14c Abs. 1 UStG Korrekturen erleichtern, da die bisher geforderte Rückzahlung zu einer nicht unerheblichen finanziellen Belastung des leistenden Unternehmers geführt hat. Bei der Berichtigung mittels Abtretung ist allerdings zu beachten, dass grundsätzlich nur ein sich aufgrund einer Umsatzsteuervoranmeldung ergebender Umsatzsteuererstattungsanspruch ganz oder teilweise abgetreten werden kann.

7. Kein unberechtigter Steuerausweis durch Bezugnahme

409 Wird in einer Rechnung ein Umsatzsteuerbetrag gesondert ausgewiesen, obwohl der Rechnungsaussteller nicht zum gesonderten Steuerausweis berechtigt ist, schuldet die-

---

1) BFH v. 12.10.2016, XI R 43/14, HFR 2017, 238 (vgl. hierzu auch Kirch, Unrichtiger Steuerausweis in einer Rechnung; Berichtigung einer Rechnung durch Abtretungsanzeige, eNews Steuern, Ausgabe 5/2017 v. 6.2.2017).
2) So bereits BFH v. 19.11.2014, V R 41/13, HFR 2015, 393.

ser den ausgewiesenen Steuerbetrag (§ 14c Abs. 2 UStG). Der Annahme eines solchen unberechtigten Steuerausweises aufgrund einer **unzutreffenden Bezeichnung des Leistenden** steht es jedoch entgegen, wenn eine Gutschrift auf einen Vertrag verweist, aus dem sich die Person des Leistenden ergibt. Dies entschied der BFH mit Urteil vom 16.3.2017.[1)] Dazu führt er aus, dass eine Berücksichtigung derartiger **Bezugnahmen** auch unionsrechtlich geboten sei.

> **Beratungshinweis:**
>
> Wenn der tatsächliche Inhalt einer Rechnung durch Bezugnahmen geklärt und die Gefahr eines unberechtigten Steuerausweises ausgeschlossen werden kann, entfällt die Gefährdung des Steueraufkommens, so der BFH. Unionsrechtlich sei darüber hinaus zu berücksichtigen, dass sich die Steuerverwaltung gemäß Urteil des EuGH vom 15.9.2016[2)] nicht auf die Prüfung der Rechnung selbst beschränken darf. Vielmehr seien auch die vom Stpfl. beigebrachten zusätzlichen Informationen zu berücksichtigen.

8. Sollbesteuerung vor dem EuGH

Nach dem umsatzsteuerlichen Regelbesteuerungsverfahren erfolgt die Berechnung der Steuer nach vereinbarten Entgelten (§ 16 Abs. 1 UStG). Sofern zwischen Vereinbarung und vertragsgemäßer Vereinnahmung ein längerer Zeitraum liegt, wird der leistende **Unternehmer durch** diese sog. Sollbesteuerung mit der **Vorfinanzierung der Umsatzsteuer erheblich belastet**. Der BFH hegt nun Zweifel an der bislang uneingeschränkt angenommenen Pflicht zur Vorfinanzierung der Umsatzsteuer durch den zur Sollbesteuerung verpflichteten Unternehmer und wendet sich mit Beschluss vom 21.6.2017[3)] in einem Vorabentscheidungsverfahren an den EuGH.

410

Gemäß dem Vorlagebeschluss des BFH soll der EuGH vor allem entscheiden, ob der Steuerpflichtige verpflichtet ist, die für die Leistung geschuldete Steuer für einen Zeitraum von zwei Jahren vorzufinanzieren, wenn er die Vergütung für seine Leistung zum Teil erst zwei Jahre nach der Entstehung des Steuertatbestands erhalten kann.

> **Beratungshinweis:**
>
> Dem BFH geht es dabei in erster Linie um **bedingte Vergütungsansprüche**, aber auch um **befristete Zahlungsansprüche**, etwa beim Ratenverkauf im Einzelhandel oder bei einzelnen Formen des Leasings. Auch hier besteht für den der Sollbesteuerung unterliegenden Unternehmer die Pflicht, die Umsatzsteuer für die Warenlieferung bereits mit der Übergabe der Ware vollständig abzuführen.
>
> Die Entscheidung des EuGH, die erhebliche praktische Relevanz haben wird, bleibt abzuwarten. Dabei wird der EuGH die Sollbesteuerung insb. anhand des EU-rechtlichen Gleichheitsgrundsatzes für die Umsatzbesteuerung überprüfen.

9. EU-rechtliche Überprüfung der Margenbesteuerung und des ermäßigten Steuersatzes

Mit Beschluss vom 3.8.2017[4)] legte der BFH dem EuGH[5)] zwei Fragen betreffend die Überlassung von Ferienwohnungen zur Vorabentscheidung vor. Dabei geht es zum einen um die Frage, ob der EuGH weiterhin an seiner Rechtsprechung[6)] festhält, wonach die **Überlassung von Ferienwohnungen** durch im eigenen Namen und nicht als Vermittler handelnde Reisebüros der **Margenbesteuerung** unterliegt. Zweifel an der

411

---

1) BFH v. 16.3.2017, V R 27/16, HFR 2017, 857.
2) EuGH v. 15.9.2016, Barlis 06, C-516/14, HFR 2016, 1031.
3) BFH v. 21.6.2017, V R 41/16, DStR 2017, 2049.
4) BFH v. 3.8.2017, V R 60/16, DStR 2017, 2119 (vgl. hierzu auch Kirch, BFH: EuGH-Vorlage zur Margenbesteuerung, eNews Steuern, Ausgabe 38/2017 v. 25.9.2017).
5) Az. des EuGH: C-552/17.
6) EuGH v. 12.11.1992, C-163/91, EuGHE II 1992, I-5723–5754; v. 9.12.2010, Minerva Kulturreisen, C-31/10, HFR 2011, 232.

Anwendbarkeit der Sonderregelung sind dem BFH aufgrund neuerer EuGH-Rechtsprechung zur Haupt- und Nebenleistung gekommen. Bleibt der EuGH hingegen bei seiner Auffassung, stellt der BFH weiter die Frage, ob die Marge dann mit dem **ermäßigten Steuersatz für die Beherbergung in Ferienunterkünften** i.S.v. § 12 Abs. 2 Nr. 11 UStG zu versteuern ist.

> **Beratungshinweis:**
>
> Sollte der EuGH in seiner Entscheidung zur kumulativen Anwendung der Margenbesteuerung und der Steuersatzermäßigung kommen, könnte sich dies auch auf weitere Sondervorschriften, wie beispielsweise die Differenzbesteuerung, auswirken.

II. Vorsteuerabzug

1. Rückwirkung einer Rechnungsberichtigung

412 Unter Aufgabe seiner bisherigen Rechtsprechung und mit Verweis auf das Urteil des EuGH vom 15.9.2016[1] **bejaht der BFH** mit Urteil vom 20.10.2016[2] die **Rückwirkung einer Rechnungsberichtigung**.

Im Streitfall enthielt die ursprüngliche Rechnung keine ordnungsgemäße Leistungsbeschreibung. Während des Klageverfahrens vor dem FG wurde eine entsprechend berichtigte Rechnung vorgelegt. Laut BFH ist der Vorsteuerabzug bereits in dem Jahr, in dem die Rechnung erstmals ausgestellt wurde – und nicht erst im Jahr der Rechnungsberichtigung – zu gewähren. Damit **entfällt** die **bisherige Problematik der Verzinsung** der Steuernachzahlung infolge der Berichtigung des bereits im Jahr der erstmaligen Rechnungsausstellung in Anspruch genommenen Vorsteuerabzugs.

> **Beratungshinweis:**
>
> **413** Die Rückwirkung der Rechnungsberichtigung kommt laut BFH jedenfalls dann in Betracht, wenn die **ursprüngliche Rechnung zumindest Angaben**
>
> – zum Rechnungsaussteller,
> – zum Leistungsempfänger,
> – zur Leistungsbeschreibung,
> – zum Entgelt und
> – zur gesondert ausgewiesenen Umsatzsteuer enthält.
>
> Fehlt eine dieser Mindestangaben, ist fraglich, ob auch dann eine Rückwirkung der Berichtigung vorliegen kann. In Bezug auf die Mindestangaben genügt es, wenn diese in der ursprünglichen Rechnung enthalten sind. Anders wäre es nur, wenn diese Angaben in so hohem Maße unbestimmt, unvollständig oder offensichtlich unzutreffend sind, dass sie einer fehlenden Angabe gleichstehen.

Im Streitfall wurde hinsichtlich der Leistungsbeschreibung die Bezugnahme auf einen nicht weiter bestimmten Beratervertrag, die Bezeichnung „allgemeine wirtschaftliche Beratung" oder „betriebswirtschaftliche Beratung" für die Anerkennung der Mindestangabe als ausreichend anerkannt.

> **Beratungshinweis:**
>
> Unionsrechtlich **offen** ist bislang, **wie lange eine Rechnung berichtigt werden kann**. Laut BFH ist dies jedenfalls bis zum Schluss der letzten mündlichen Verhandlung vor dem FG möglich.

---

1) EuGH v. 15.9.2016, Senatex, C-518/14, HFR 2016, 1029.
2) BFH v. 20.10.2016, V R 26/15, HFR 2017, 164 mit Anm. Pflaum (vgl. hierzu auch Korn, BeSt 2017, 13 ff.).

In einem weiteren Urteil vom 20.10.2016[1] konnte es der BFH wegen der Rückwirkung **414** der Rechnungsberichtigung dahin stehen lassen, ob die Angaben zum Leistungsempfänger in der ursprünglichen Rechnung unzutreffend waren, weil auf die Angabe des Rechtsformzusatzes verzichtet worden bzw. dieser falsch und unter der Postanschrift des Leistungsempfängers eine Schwestergesellschaft mit einem ähnlichen Namen ansässig war. Denn durch die Berichtigung der Rechnung bestand der Anspruch auf Vorsteuerabzug jedenfalls bereits zum Zeitpunkt der ursprünglichen Ausstellung.

> **Praxistipp:**
> Unabhängig von der Anerkennung der Rückwirkung einer Rechnungsberichtigung bestätigt der BFH seine bisherige Rechtsprechung, wonach der **Besitz einer Rechnung materiell-rechtliche Voraussetzung** für den Vorsteuerabzug ist. Stpfl. ist daher weiterhin anzuraten, Eingangsrechnungen auf ihre Ordnungsmäßigkeit zu überprüfen und die Umsatzsteuerzahlung ggf. zurückzuhalten.

2. Vorsteuerabzugsberechtigung: Angabe der Anschrift des Leistenden

Der **EuGH** hatte mit Urteil vom 22.10.2015[2] entschieden, dass die Angabe der vollständigen Anschrift des leistenden Unternehmers keine Anschrift voraussetzt, unter der **415** wirtschaftliche Tätigkeiten entfaltet werden. Der **BFH** vertrat hingegen in seiner bisherigen ständigen Rechtsprechung die Auffassung, dass die Angabe der Anschrift, unter der der Unternehmer zwar postalisch erreichbar ist (sog. **Briefkastensitz**), jedoch dort keine wirtschaftlichen Aktivitäten entfaltet, den Anforderungen an eine ordnungsgemäße Rechnung nicht genügt.[3] Da Zweifel bestehen, ob diese Rechtsauffassung noch im Einklang mit der EuGH-Rechtsprechung steht, hat der BFH dem EuGH diese Frage zur Vorabentscheidung vorgelegt.

In seinen nun vorliegenden Schlussanträgen vom 5.7.2017[4] vertritt der **Generalanwalt beim EuGH** die Auffassung, dass die **Angabe der Adresse der wirtschaftlichen Tätigkeit nicht nötig** ist, um zum Vorsteuerabzug berechtigt zu sein.

> **Beratungshinweis:**
> Die formellen Rechnungsvoraussetzungen wurden in den letzten Jahren vor allem von der Finanzverwaltung tendenziell sehr restriktiv ausgelegt. Nunmehr besteht Hoffnung auf eine Lockerung. Diese Entwicklung ist insbesondere vor dem Hintergrund des Grundprinzips der Neutralität der Umsatzsteuer sehr zu begrüßen. Werden die materiellen Voraussetzungen für den Vorsteuerabzug erfüllt, sollte dieser auch gewährt werden, auch wenn bestimmte formelle Mängel vorliegen.

3. Vorsteuerabzug bei unternehmerischer Nutzung unter 10 % aus Leistungen bis 31.12.2015

Der Vorsteuerabzug für Eingangsleistungen wird durch **§ 15 Abs. 1 Satz 2 UStG** insgesamt ausgeschlossen, wenn diese zu weniger als 10 % für die unternehmerische Tätigkeit **416** genutzt werden. Der EuGH wertete diese Regelung mit Urteil vom 15.9.2016[5] als **EU-rechtswidrig**. Dem ist der **BFH** mit Urteil vom 16.11.2016[6] für das Streitjahr 2008 gefolgt.

Im Streitjahr 2008 war Deutschland zwar ermächtigt, Ausgaben für Gegenstände und Dienstleistungen vom Abzug der Mehrwertsteuer auszuschließen, die zu mehr als 90 % für private Zwecke des Unternehmers, seines Personals oder allgemein für unterneh-

---

1) BFH v. 20.10.2015, V R 54/14, BFH/NV 2017, 488 (vgl. hierzu Korn, BeSt 2017, 13 ff.).
2) EuGH v. 22.10.2015, PPUH Stehcemp, C-277/14, HFR 2015, 1182.
3) BFH v. 6.4.2016, V R 25/15, HFR 2016, 1010, sowie XI R 20/14, HFR 2016, 1014.
4) Generalanwalt des EuGH v. 5.7.2017, Geissel, C-374/16, und Butin, C-375/16, MwStR 2017, 624.
5) EuGH v. 15.9.2016, Landkreis Potsdam-Mittelmark, C-400/15, MwStR 2016, 835.
6) BFH v. 16.11.2016, XI R 15/13, HFR 2017, 167 (vgl. hierzu Pohl, jurisPR-SteuerR 25/2017 Anm. 6).

mensfremde Zwecke genutzt werden. Eine **Beschränkung des Vorsteuerabzugs** wegen einer nichtwirtschaftlichen Tätigkeit **umfasste die Ermächtigung gerade nicht**.

> **Beratungshinweis:**
> Demnach können sich Unternehmer zumindest für Leistungsbezüge aus Anschaffungen **bis zum 31.12.2015** auf Art. 168 Buchst a MwStSystRL berufen und den Vorsteuerabzug aus Eingangsleistungen geltend machen, soweit diese im Übrigen für nichtwirtschaftliche Tätigkeiten genutzt werden.
>
> Mit Wirkung zum 1.1.2016 wurde die Ermächtigung Deutschlands zu einer abweichenden Regelung beim Vorsteuerabzug um Fälle einer nichtwirtschaftlichen Tätigkeit von mehr als 90 % erweitert, so dass **seit 1.1.2016** der **Ausschluss des Vorsteuerabzugs** nach § 15 Abs. 1 Satz 2 UStG **EU-rechtskonform** ist.

4. Vorsteuerabzug bei Ehrung eines einzelnen Jubilars

417 Bei **Betriebsveranstaltungen**[1] ist aus umsatzsteuerlicher Sicht eine **Freigrenze von 110 Euro** zu beachten (Abschn. 1.8 Abs. 4 Satz 3 Nr. 6 UStAE). Wird diese überschritten, sind die Vorsteuerbeträge aus den bezogenen Leistungen anlässlich der Betriebsveranstaltung nicht abzugsfähig.

Auf Anfrage mehrerer Verbände hin, stellt das BMF mit Schreiben vom 18.5.2017[2] klar, dass **Feiern zur Ehrung eines einzelnen Jubilars keine Betriebsveranstaltung** darstellen.

> **Anmerkung:**
> Aus lohnsteuerlicher Sicht gilt somit nicht die Freibetragsregelung nach § 19 Abs. 1 Satz 1 Nr. 1a EStG, sondern die Freigrenzenregelung nach R 19.3 Abs. 2 Nr. 3 LStR 2015. Die Aufwendungen anlässlich der Ehrung eines einzelnen Jubilars stellen somit nur dann keinen Arbeitslohn dar, wenn sie einschließlich Umsatzsteuer nicht mehr als 110 Euro je teilnehmender Person betragen.

Da die Ehrung eines einzelnen Jubilars keine Betriebsveranstaltung darstellt, ist umsatzsteuerlich auch nicht die Freibetragsgrenze von 110 Euro anzuwenden. **Vorsteuerbeträge** aus bezogenen Leistungen für die Jubilarsfeier sind **nicht abzugsfähig**, wenn bei Bezug der Leistungen bereits feststeht, dass diese für eine unentgeltliche Wertabgabe (Jubilarsfeier) verwendet werden. Sofern bei Bezug der Leistungen die Verwendung für die Jubilarsfeier noch nicht feststeht, kann in einem ersten Schritt der Vorsteuerabzug nach den allgemeinen Regelungen geltend gemacht werden. Werden die bezogenen Leistungen anschließend aber für die Jubilarsfeier verwendet, liegt eine unentgeltliche Wertabgabe vor, die wiederum der Umsatzsteuer zu unterwerfen ist.

> **Beratungshinweis:**
> Der Ausschluss des Vorsteuerabzugs gilt lediglich dann nicht, wenn die **Aufmerksamkeitsgrenze von 60 Euro** nach Abschn. 1.8 Abs. 3 Satz 2 UStAE nicht überschritten wird. Für diese Aufmerksamkeiten ist der Vorsteuerabzug entsprechend der wirtschaftlichen Gesamttätigkeit des Arbeitgebers möglich, ohne dass eine Besteuerung einer unentgeltlichen Wertabgabe ausgelöst wird.

5. Kleinbetragsrechnungen

418 Mit dem Zweiten Bürokratieentlastungsgesetz[3] wurde die umsatzsteuerliche Wertgrenze für Kleinbetragsrechnungen **rückwirkend zum 1.1.2017** von einem Gesamtbetrag von bis zu **250 Euro** statt bisher 150 Euro angehoben (§ 33 Satz 1 UStDV).

---
1) Zum Betriebsausgabenabzug sowie zur lohnsteuerlichen und sozialversicherungsrechtlichen Behandlung vgl. Ebner Stolz / BDI, Änderungen im Steuer- und Wirtschaftsrecht 2016/2017, Rz. 280 und Rz. 357.
2) BMF v. 18.5.2017, III C 2 – S 7109/15/10001, MWStR 2017, 554.
3) Gesetz vom 30.6.2017, BGBl. I 2017, 2143 = BStBl I 2017, 890 (Auszug).

C. Umsatzsteuer

> **Beratungshinweis:**
> Liegt eine Kleinbetragsrechnung vor, genügt als Voraussetzung für den Vorsteuerabzug, wenn die Rechnung den vollständigen Namen und die vollständige Anschrift des leistenden Unternehmers, das Ausstellungsdatum, Menge und Art der gelieferten Gegenstände bzw. der sonstigen Leistungen und neben dem Entgelt sowie dem darauf entfallenden Steuerbetrag den Steuersatz enthält.

6. Vorsteuerabzugsberichtigung nach Insolvenzanfechtung

419 Streitig war, ob eine erfolgreiche Durchsetzung von Anfechtungsansprüchen zu einer Vorsteuerberichtigung führt und die daraus resultierende Minderung des Vorsteuerabzugs eine (vor Insolvenzeröffnung zu berücksichtigende) Insolvenzforderung oder eine (nach Insolvenzeröffnung zu berücksichtigende) Masseverbindlichkeit darstellt.

Werden einem Insolvenzschuldner von einem Gläubiger Beiträge nach Eröffnung des Insolvenzverfahrens aufgrund einer erfolgreichen Insolvenzanfechtung in die Insolvenzmasse zurückgezahlt, ist der **Insolvenzverwalter** im Zeitpunkt der Rückzahlung verpflichtet, den **Vorsteuerabzug zu berichtigen**, so der BFH mit Urteil vom 29.3.2017.[1] Aufgrund der durch die Insolvenzanfechtung erfolgten Rückgewähr der gezahlten Beiträge sind die Entgelte der Gläubiger für an das insolvente Unternehmen erbrachte Leistungen laut BFH **nachträglich uneinbringlich** geworden. Aufgrund der Rückgewähr leben nach Auffassung des BFH die ursprünglichen Zahlungsansprüche der Gläubiger des Unternehmers wieder auf. Diese Ansprüche seien Insolvenzforderungen, die aufgrund der Insolvenz uneinbringlich sind. Damit haben die Unternehmensgläubiger ihre Umsatzsteuer zu berichtigen. Zugleich ist **beim insolventen Unternehmen der Vorsteuerabzug** für die bezogenen Leistungen **zu korrigieren** (§ 17 Abs. 2 Nr. 1 Satz 2 UStG). Dies stellt gemäß den Ausführungen des BFH eine Masseverbindlichkeit im Sinne von § 55 Abs. 1 Nr. 1 InsO dar, da sie im Rahmen der Masseverwaltung entstanden sind.

> **Beratungshinweis:**
> Der BFH wendet auf die Insolvenzanfechtung die Grundsätze des § 17 UStG an, mit der Folge, dass eine **Berichtigung** in Form der Minderung des Vorsteuerabzugs **erst bei Zahlung** zu erfolgen hat. Konsequenterweise bejaht der BFH das Vorliegen einer Masseverbindlichkeit, die im Gegensatz zu einer Insolvenzforderung nicht nur quotal zu bedienen ist. Das Wiederaufleben der Zahlungsansprüche des Gläubigers führt hingegen nur zu einer Insolvenzforderung, die maximal in Höhe der Quote bedient wird. Einen Verstoß gegen den Grundsatz der Gläubigergleichbehandlung oder ein ungerechtfertigtes Privileg des Fiskus verneint der BFH.
>
> Die Finanzverwaltung folgt der Auffassung des BFH und fügte eine entsprechende Anweisung in den Umsatzsteuer-Anwendungserlass ein (Abschn. 17.1 Abs. 17 UStAE).[2]

7. Vorsteuer-Vergütungsverfahren für nicht in der EU ansässige Unternehmer

420 Unternehmer, die nicht in der EU ansässig sind und im Inland keine umsatzsteuerpflichtigen Umsätze erzielen, können die Vergütung der ihnen im Inland in Rechnung gestellten Vorsteuer beantragen. Dazu ist jeweils **bis zum 30.6. des Folgejahres** ein Vergütungsantrag nach amtlich vorgeschriebenem Datensatz an das BZSt zu übermitteln.

> **Praxistipp:**
> Der Vorsteuer-Vergütungsantrag für 2017 ist somit bis spätestens 30.6.2018 elektronisch zu stellen. Im Fall eines in der EU ansässigen Unternehmers ist eine Vorsteuervergütung für 2017 bis 30.9.2018 zu beantragen.

---

1) BFH v. 29.3.2017, XI R 5/16, BStBl II 2017, 738 (vgl. hierzu Koisiak, Zeitpunkt der Berichtigung des Vorsteuerabzuges infolge erfolgreicher Insolvenzanfechtung, eNews Steuern, Ausgabe 22/2017 v. 6.6.2017).
2) Vgl. BMF v. 3.7.2017, III C 2 – S 7330/09/10001 :004, BStBl I 2017, 885.

Da die elektronische Übermittlung des Vergütungsantrags seit 1.7.2016 die bisherige Antragstellung in Papierform ersetzt, passt das BMF seine Ausführungen zum Vergütungsverfahren im Umsatzsteuer-Anwendungserlass an.[1]

Zu beachten ist, dass trotz elektronischer Übermittlung des Antrags weiterhin die **Rechnungen und Einfuhrbelege im Original vorzulegen** sind. Eine Nachreichung ist allenfalls bis zum Ende der Antragsfrist möglich. Über die zu vergütenden Vorsteuerbeträge ist mit dem Antrag eine Einzelaufstellung zu übermitteln.

> **Beratungshinweis:**
> Nicht erforderlich ist allerdings zu belegen, für welche konkrete unternehmerische Tätigkeit der Gegenstand oder die Leistung, für den bzw. die die Vorsteuervergütung beantragt wird, verwendet wurde. Vielmehr genügen pauschale Erklärungen, die die Art der unternehmerischen Tätigkeit erkennen lassen (z.B. grenzüberschreitende Güterbeförderungen im Monat Oktober 2017).

III. Umsatzsteuerliche Organschaft

1. Organisatorische Eingliederung

421 Neben der finanziellen und wirtschaftlichen Eingliederung ist auch die organisatorische Eingliederung der Organgesellschaft in den Organträger erforderlich, damit eine umsatzsteuerliche Organschaft vorliegt. Die organisatorische Eingliederung im Sinne einer engen Verflechtung mit Über- und Unterordnung liegt dabei jedenfalls dann vor, wenn Personenidentität in den Leitungsgremien von Organträger und Organgesellschaft besteht. Der **BFH** bejaht mit Urteil vom 12.10.2016[2] die organisatorische Eingliederung jedoch auch **ohne Personenidentität**.

Ausreichend war im Streitfall, dass nach dem Anstellungsvertrag zwischen der Organgesellschaft und ihrem bestellten Geschäftsführer dieser die Weisungen der Gesellschafterversammlung sowie eines angestellten Dritten zu befolgen hatte, der auf die Willensbildung der Gesellschafterversammlung einwirken kann und der zudem alleinvertretungsberechtigter Geschäftsführer des Organträgers ist. Dadurch seien **in ausreichendem Maße institutionell abgesicherte unmittelbare Eingriffsmöglichkeiten des Organträgers** in die Organgesellschaft gegeben. Nach den Feststellungen der Vorinstanz führte nicht der bestellte Geschäftsführer, sondern der angestellte Dritte, der zugleich Geschäftsführer des Organträgers war, die Geschäfte.

> **Anmerkung:**
> Damit weitet der XI. Senat des BFH die Möglichkeiten des Vorliegens einer organisatorischen Eingliederung ohne Personenidentität in den Leitungsgremien entgegen der restriktiveren Rechtsprechung des V. Senats des BFH wieder aus, ohne hierauf explizit einzugehen. Der V. Senat sieht das Bestehen von Weisungsrechten, Berichtspflichten oder eines Zustimmungsvorbehalts zugunsten der Gesellschafterversammlung oder des Mehrheitsgesellschafters als nicht ausreichend für die Begründung der organisatorischen Eingliederung an. Vielmehr sei regelmäßig eine personelle Verflechtung erforderlich.[3]

422 Die **Finanzverwaltung** folgt dem weiteren Rechtsverständnis und bejaht eine organisatorische Eingliederung **auch ohne personelle Verflechtung**, wenn institutionell abgesicherte unmittelbare Eingriffsmöglichkeiten in den Kernbereich der laufenden Geschäftsführung der Organgesellschaft bestehen (Abschn. 2.8 Abs. 10 Satz 2 UStAE). Eine solche Eingriffsmöglichkeit bejaht das BMF mit Schreiben vom 26.5.2017[4] bei

---

1) BMF v. 21.3.2017, III C 3 – S 7359/16/10003, BStBl I 2017, 482.
2) BFH v. 12.10.2016, XI R 30/14, BStBl II 2017, 597 (vgl. hierzu auch Urbach, BeSt 2017, 23 f.).
3) BFH v. 2.12.2015, V R 15/14, BStBl II 2017, 553.
4) BMF v. 26.5.2017, III C 2 – S 7105/15/10002, BStBl I 2017, 790 (vgl. hierzu auch Kirch, BMF: Umsatzsteuerliche Organschaft und Umfang des Vorsteuerabzugs beim Erwerb sowie im Zusammenhang mit dem Halten von gesellschaftsrechtlichen Beteiligungen, eNews Steuern, Ausgabe 22/2017 v. 6.6.2017).

Abschluss eines Beherrschungsvertrags zwischen der Organgesellschaft und dem Organträger. Mit der Eintragung des Beherrschungsvertrags in das Handelsregister ist dann von einer organisatorischen Eingliederung auszugehen.

> **Beratungshinweis:**
>
> Laut Schreiben des BMF vom 26.5.2017[1)] ist für die Annahme der organisatorischen Eingliederung erforderlich, dass der Organträger seinen **Willen** in der Organgesellschaft **aktiv durchsetzen** kann (z.B. durch Einzelgeschäftsführungsbefugnis, Letztentscheidungsrechte). Die Vermeidung einer abweichenden Willensbildung genügt damit ausdrücklich nicht mehr (Abschn. 2.8 Abs. 7 Sätze 2 und 3 UStAE). Diese Vorgaben sind zwar erst auf nach dem 31.12.2018 ausgeführte Umsätze anzuwenden. Eine frühere Anwendung wird jedoch nicht beanstandet, wenn sich die am Organkreis Beteiligten übereinstimmend auf diese Regelungen berufen.

423

2. Personengesellschaft als Organgesellschaft

Der Rechtsprechung des EuGH[2)] folgend sieht der BFH auch eine Personengesellschaft als taugliche Organgesellschaft an, wobei die Rechtsauffassungen zwischen den zuständigen Senaten in Details divergieren.[3)]

424

Mit Schreiben des BMF vom 26.5.2017[4)] erkennt auch die Finanzverwaltung eine Personengesellschaft ausnahmsweise als Organgesellschaft an, wenn diese **entsprechend einer juristischen Person finanziell eingegliedert** ist. Während es bei juristischen Personen jedoch ausreicht, dass der Organträger die Mehrheit der Stimmrechte an der Organgesellschaft besitzt, müssen bei der Beurteilung der Eingliederung einer Personengesellschaft **alle Gesellschafter** ebenfalls in das Unternehmen des Organträgers **finanziell eingegliedert** sein (z.B. durch Mehrheitsbeteiligung des Organträgers an allen Gesellschaftern der Personengesellschaft, vgl. Abschn. 2.8 Abs. 5a UStAE).[5)] Damit schließt sich das BMF der engen Sichtweise des V. Senats des BFH[6)] an, wonach GmbH & Co. KGs nicht grundsätzlich – wie vom XI. Senat des BFH zugelassen[7)] – als Organgesellschaften in Frage kommen können. Die Finanzverwaltung erkennt aber damit letztlich auch andere Personengesellschaften, wie z.B. die OHG, als taugliche Organgesellschaften an.

> **Beratungshinweis:**
>
> Diese Rechtsauffassung der Finanzverwaltung findet zwar erst auf Umsätze Anwendung, die nach dem 31.12.2018 ausgeführt werden. Jedoch kann bereits die neue Sichtweise angewendet werden, wenn sich die an der Organschaft Beteiligten hierüber einig sind und sich auf die Vorgaben des BMF berufen.

3. Beendigung der umsatzsteuerlichen Organschaft infolge Insolvenz

Mit der Insolvenzeröffnung über das Vermögen des Organträgers oder über das Vermögen der Organgesellschaft endet die umsatzsteuerliche Organschaft. Zu diesem Ergebnis kommt der **BFH** mit Urteil vom 15.12.2016[8)] und bestätigt damit seine Rechtsprechung, die er bereits unter Geltung der ehemals anzuwendenden Konkursordnung

425

---

1) BMF v. 26.5.2017, III C 2 – S 7105/15/10002, BStBl I 2017, 790.
2) EuGH v. 16.7.2015, Laurentia + Minerva, C-108/14, C-109/14, HFR 2015, 901.
3) Vgl. detailliert hierzu Ebner Stolz / BDI, Änderungen im Steuer- und Wirtschaftsrecht 2016/2017, Rz. 116 und Rz. 387.
4) BMF v. 26.5.2017, III C 2 – S 7105/15/10002, BStBl I 2017, 790 (vgl. hierzu auch Prätzler, jurisPR-SteuerR 28/2017 Anm. 1).
5) Ebenso OFD Frankfurt/M. v. 11.7.2017, S 7105 A – 22 – St 110, StEd 2017, 524.
6) BFH v. 2.12.2015, V R 25/13, BStBl II 2017, 547.
7) BFH v. 19.1.2016, XI R 38/12, BStBl II 2017, 567.
8) BFH v. 15.12.2016, V R 14/16, BStBl II 2017, 600 (vgl. hierzu auch Grube, jurisPR-SteuerR 20/2017 Anm. 6).

gefasst hat. Der BFH begründet seine Rechtsauffassung damit, dass **mit der Eröffnung des Insolvenzverfahrens** der Insolvenzverwalter die Befugnisse über das jeweilige Vermögen übernimmt und somit die Eingliederung der Organschaft in das Unternehmen des Organträgers nicht mehr gegeben ist.

Dieser Rechtsauffassung folgt auch das **BMF** mit Schreiben vom 26.5.2017.[1] Sofern ein **vorläufiger Insolvenzverwalter** des Organträgers oder der Organgesellschaft wirksame rechtsgeschäftliche Verfügungen des Schuldners aufgrund eines Zustimmungsvorbehalts nach § 21 Abs. 2 Nr. 2 Alt. 2 InsO verhindern kann, endet demnach die Organschaft sofort, da eine Beherrschung des Organträgers nicht mehr möglich ist. Dies gilt auch, wenn für den Organträger und die Organgesellschaft ein personenidentischer Sachwalter, vorläufiger Insolvenzverwalter oder Insolvenzverwalter bestellt ist (Abschn. 2.8 Abs. 12 UStAE).

IV. Sonstige umsatzsteuerliche Themen

1. Unternehmereigenschaft von juristischen Personen des öffentlichen Rechts

a) Gesetzliche Neuregelung

426 Mit dem Steueränderungsgesetz 2015[2] wurde § 2b UStG eingeführt. Danach gilt eine juristische Person des öffentlichen Rechts (j.P.d.ö.R.) für nach dem 31.12.2016 ausgeführte Umsätze grundsätzlich als Unternehmer. Im Wege einer Ausnahmeregelung gilt eine j.P.d.ö.R. jedoch nicht als Unternehmer, **soweit sie Tätigkeiten** ausübt, die ihr **im Rahmen der öffentlichen Gewalt** obliegen (§ 2b Abs. 1 Satz 1 UStG).

> **Beratungshinweis:**
> Die juristische Person des öffentlichen Rechts konnte einmalig **bis 31.12.2016** dem Finanzamt gegenüber **erklären**, dass sie die bisher anzuwendende Unternehmerregelung nach § 2 Abs. 3 UStG a.F. für sämtliche nach dem 31.12.2016 und vor dem 1.1.2021 ausgeführte Leistungen weiterhin anwendet. Ein **Widerruf dieser Erklärung** ist auch vor dem Ablauf des Übergangszeitraums, allerdings nur mit Wirkung zu Beginn eines auf die Abgabe des Widerrufs folgenden Kalenderjahrs möglich (§ 27 Abs. 22 UStG, zur Möglichkeit des rückwirkenden Widerrufs → Rz. 429).[3]

Die Regelung des § 2b UStG kommt jedoch nicht zur Anwendung, wenn die Behandlung als Nichtunternehmer zu **größeren Wettbewerbsverzerrungen** führen würde (Rückausnahme). In nicht abschließender Aufzählung werden als unwiderlegbare Vermutungen größerer Wettbewerbsverzerrungen genannt, dass der im Kalenderjahr aus gleichartigen Tätigkeiten erzielte Umsatz voraussichtlich 17 500 Euro übersteigt oder vergleichbare, auf privatrechtlicher Grundlage erbrachte Leistungen nicht steuerbefreit sind oder als steuerbefreite Leistungen der Option zur Umsatzsteuerpflicht unterliegen (§ 2b Abs. 2 UStG).

Bei Leistungen an andere juristische Personen des öffentlichen Rechts werden größere Wettbewerbsverzerrungen vor allem in den in § 2b Abs. 3 UStG genannten Fällen ausgeschlossen, damit insb. in Fällen der Zusammenarbeit öffentlicher Einrichtungen.

Wiederum **stets als Unternehmer** gelten juristische Personen des öffentlichen Rechts, wenn eine der in § 2b Abs. 4 UStG abschließend aufgezählten Tätigkeiten vorliegt, z.B. die Tätigkeit der Notare oder die Leistungen der Vermessungs- und Katasterbehörden.

b) Anwendungsschreiben der Finanzverwaltung

427 Mit Schreiben vom 16.12.2016[4] geht das BMF auf Anwendungsfragen des § 2b UStG ein. Ausführlich nimmt es darin Stellung zum Tatbestandsmerkmal „**im Rahmen der**

---

1) BMF v. 26.5.2017, III C 2 – S 7105/15/10002, BStBl I 2017, 790.
2) Gesetz v. 2.11.2015, BGBl. I 2015, 1834 = BStBl I 2015, 846.
3) BMF v. 19.4.2016, III C 2 - S 7106/07/10012–06, BStBl I 2016, 481.
4) BMF v. 16.12.2016, III C 2 – S 7107/16/10001, BStBl I 2016, 1435.

öffentlichen Gewalt". Nur wenn eine j.P.d.ö.R. auf Grundlage einer öffentlich-rechtlichen Sonderregelung tätig wird, ist grundsätzlich der Anwendungsbereich des § 2b UStG und damit die Nichtunternehmereigenschaft für eine wirtschaftliche Leistung dieser j.P.d.ö.R. eröffnet. Leistungen, die auf privatrechtlicher Grundlage erbracht werden, werden von § 2b UStG nicht erfasst. Als Beispiele für öffentlich-rechtliche Sonderregelungen nennt das BMF öffentlich-rechtliche Satzungen, Staatsverträge, Verwaltungsabkommen und -vereinbarungen sowie öffentlich-rechtliche Verträge (z.B. nach § 54 Satz 1 VwVfG).

Hilfsgeschäfte, wie z.B. die Veräußerung von Gegenständen, die im nichtunternehmerischen Bereich einer j.P.d.ö.R. eingesetzt werden, werden in der Regel auf privatrechtlicher Grundlage erbracht. Das BMF stellt in seinem Schreiben nochmals klar, dass durch solche Tätigkeiten die Unternehmereigenschaft nicht begründet wird, wenn sie nicht nachhaltig erbracht werden. Die Nachhaltigkeit verneint das BMF selbst dann, wenn diese Tätigkeiten wiederholt oder mit einer gewissen Regelmäßigkeit ausgeführt werden. Als weiteres Beispiel für ein Hilfsgeschäft nennt das BMF die Überlassung von im nichtunternehmerischen Bereich eingesetzten Kraftfahrzeugen an Arbeitnehmer zur privaten Nutzung.

Auch das Tatbestandsmerkmal *„größere Wettbewerbsverzerrungen"* wird im Anwendungsschreiben ausführlich dargestellt. Ebenso behandelt es die Regelungen in § 2b Abs. 2 und 3 UStG, die eine nicht abschließende Aufzählung von Fällen enthalten, in denen keine größeren Wettbewerbsverzerrungen vorliegen können. **428**

> **Anmerkung:**
> Insbesondere wurden hier die Ausführungen zu den Tatbestandsmerkmalen des § 2b Abs. 3 Nr. 2 UStG erwartet, mit denen der Gesetzgeber die Grundlage für die Nichtbesteuerung der Beistandsleistungen gelegt hat. Leider bleibt das BMF-Schreiben an diesem Punkt sehr vage. Dies gilt besonders für die Frage, wann eine Leistung dem Erhalt der öffentlichen Infrastruktur und der Wahrnehmung einer allen Beteiligten obliegenden öffentlichen Aufgabe dient. Beispielhaft nennt hier das Anwendungsschreiben lediglich die von einer j.P.d.ö.R. auf öffentlich-rechtlicher Vereinbarung erbrachte Bezüge- und Entgeltfestsetzung in Gänze für die Gemeinden sowie die in Gänze übernommenen Aufgaben des Bauhofs einer Gemeinde durch eine Nachbargemeinde. Es bleibt abzuwarten, ob das BMF hierzu zeitnah noch ausführlicher Stellung nehmen wird.

Als für den **Übergangszeitraum bis 31.12.2020** wichtige und erfreuliche Inhalte des BMF-Schreibens sind zu nennen: **429**

- Die Optionserklärung zur Weiteranwendung des alten Rechts, die bis zum 31.12.2016 abzugeben war, kann auch rückwirkend widerrufen werden (z.B. im Jahr 2018 zum 1.1.2017, sofern die Umsatzsteuerfestsetzung 2017 noch nicht materiell bestandskräftig ist).
- Vorsteuerberichtigungsmöglichkeiten nach Übergang zur Neuregelung werden eröffnet.
- Vorsteuerabzugsmöglichkeiten bereits im Übergangszeitraum (und ggf. in der Vergangenheit) im Hinblick auf eine umsatzsteuerpflichtige Verwendung nach Übergang zur Neuregelung werden aufgezeigt.

> **Praxistipp:**
> Die meisten j.P.d.ö.R. haben die sog. Optionserklärung abgegeben, so dass derzeit noch die Umsatzbesteuerung nach altem Recht (§ 2 Abs. 3 UStG) fortgeführt wird. Nun gilt es, den Übergangszeitraum bis zum 31.12.2020 nicht untätig verstreichen zu lassen, sondern den aufwändigen Umstellungsprozess zielgerichtet anzugehen. Insbesondere auch die vorstehend genannten erfreulichen Inhalte sollten zum Anlass genommen werden, diesen Prozess zeitnah einzuleiten. Nur so kann sichergestellt werden, dass die Chancen des § 2b UStG im Bereich des Vorsteuerabzugs genutzt und die zukünftigen Risiken minimiert werden.

2. Voller Mehrwertsteuersatz auf E-Books EU-rechtskonform

430 Der EuGH bestätigt die Anwendung des vollen Mehrwertsteuersatzes auf E-Books in einem das polnische Umsatzsteuerrecht betreffenden Verfahren.[1] Zwar erkennt der EuGH in der Richtlinienvorgabe, wonach die Lieferung von gedruckten Büchern oder auf einem physischen Datenträger gespeicherten Büchern einerseits dem ermäßigten Steuersatz, die Lieferung von E-Books andererseits dem allgemeinen Steuersatz unterliegt, eine **Ungleichbehandlung** von zwei vergleichbaren Sachverhalten. Jedoch verstoße dies nicht gegen den in der Charta der Grundrechte der EU verankerten Grundsatz der Gleichbehandlung, denn die Ungleichbehandlung sei **sachlich gerechtfertigt**. Es sollten für auf elektronischem Weg erbrachte Dienstleistungen klare, einfache und einheitliche Regeln geschaffen werden, die für die Wirtschaftsteilnehmer leicht anzuwenden seien und von den zuständigen nationalen Behörden einfach kontrolliert werden könnten.

> **Beratungshinweis:**
>
> Für betroffene Unternehmer besteht dennoch Anlass zur Hoffnung. So stimmte das Europäische Parlament am 1.6.2017 einer **Richtlinienänderung** zu, wonach der ermäßigte Steuersatz insb. auch auf E-Books zur Anwendung kommen kann. Es bleibt abzuwarten, ob Deutschland von der Möglichkeit einer entsprechenden Änderung des UStG Gebrauch machen wird.

3. Bauträgerfälle: Korrektur der Umsatzsteuerfestsetzung

431 Die Umsatzbesteuerung in Bauträgerfällen beschäftigt weiterhin sowohl die finanzgerichtliche Rechtsprechung als auch die Finanzverwaltung. Klärungsbedarf besteht bei **Altfällen**, also in **vor dem 15.2.2014 erbrachten Leistungen**, in denen der leistende Unternehmer und der Leistungsempfänger entgegen der früheren Rechtslage von der Steuerpflicht des Leistungsempfängers ausgegangen sind. Der BFH hat erstmalig in einem Hauptsacheverfahren über die Möglichkeit einer geänderten Umsatzsteuerfestsetzung gegenüber dem leistenden (Bau-)Unternehmer entschieden und diese unter Anwendung des § 27 Abs. 19 UStG grundsätzlich bejaht.[2] Dies soll jedoch nur gelten, wenn dem leistenden Unternehmer ein **abtretbarer Anspruch auf Zahlung gegen den Leistungsempfänger** zusteht.

Im Streitfall bejahte der BFH einen Anspruch gegen den Bauträger auf Vertragsanpassung nach § 313 Abs. 1 BGB. Denn wäre den Parteien bewusst gewesen, dass sie die umsatzsteuerlichen Folgen ihrer vertraglichen Vereinbarung falsch beurteilt haben, hätten sie den Vertrag nicht in der tatsächlich vereinbarten Form geschlossen. Eine andere Betrachtungsweise aufgrund schutzwürdiger Interessen des Bauträgers war nach Ansicht des BFH auch nicht gegeben, da das Interesse an der Ausnutzung eines „steuerlichen Zufallsgewinns" unter Berücksichtigung der beiderseitigen Interessen in keiner Weise schutzwürdig sei.

Auch das weitere Erfordernis der Abtretbarkeit sah der BFH trotz vereinbartem Abtretungsverbot als erfüllt an, da dieses nach § 354a HGB suspendiert wurde. Darüber hinaus sei das Finanzamt verpflichtet, die ihm angebotene Abtretung anzunehmen, soweit der leistende Unternehmer die Abtretung seines gegen den Bauträger bestehenden Anspruchs ordnungsgemäß anbietet. Selbst eine Tilgung stehe einer solchen Abtretung nicht entgegen, da § 27 Abs. 19 Satz 3 UStG eine Ersetzungsbefugnis normiert, die faktisch zu einem Wiederaufleben der Steuerschuld führe. Das Vorliegen einer ordnungsgemäßen Rechnung sei hingegen keine notwendige Voraussetzung für das Vorliegen des Anspruchs auf Abtretung.

---

1) EuGH v. 7.3.2017, RPO, C-390/15, HFR 2017, 452.
2) BFH v. 23.2.2017, V R 16/16, V R 24/16, BStBl II 2017, 760 (vgl. hierzu Koisiak, Auslegung der Regelung des § 27 Abs. 19 UStG bei Bauträgerfällen, eNews Steuern, Ausgabe 14/2017 v. 10.4.2017 und zur Entscheidung – V R 16/16 – Grube, jurisPR-SteuerR 24/2017 Anm. 5).

Das **BMF** schließt sich mit Schreiben vom 26.7.2017[1)] im Wesentlichen der Rechtsprechung des BFH an und gibt weitere Hinweise zur Abwicklung derartiger Fälle. **432**

Dem BFH folgend scheint auch das BMF die ursprünglich in Betracht gezogene Abwicklung der Bauträgerfälle über § 17 Abs. 2 Nr. 1 UStG aufgegeben zu haben. Danach wäre eine Verzinsung des Erstattungsanspruchs beim Bauträger nicht möglich gewesen. Auch sollen zivilrechtlich vereinbarte Abtretungsverbote regelmäßig wegen § 354a Abs. 1 Satz 1 HGB keine Wirkung entfalten.

Steuerfestsetzungen des bauleistenden Unternehmers sind daher **zu ändern, wenn** diesem ein **abtretbarer Anspruch** auf Zahlung der Umsatzsteuer gegenüber dem Bauträger zusteht oder zugestanden hat. Dieser Anspruch ergibt sich regelmäßig (zivilrechtlich) aus § 313 Abs. 1 BGB, wenn – so die Finanzverwaltung –

- die Parteien bei Leistungserbringung von einer Steuerschuldnerschaft des Leistungsempfängers ausgingen,
- in der Rechnung des leistenden Unternehmers keine Steuer ausgewiesen wurde und ein ausdrücklicher Verweis auf § 13b UStG enthalten ist und
- die Umsatzsteuer vom Leistungsempfänger entsprechend abgeführt wurde.

Das Bestehen eines zivilrechtlichen Anspruchs und dessen Abtretbarkeit sind vom zuständigen Finanzamt im Rahmen des Festsetzungsverfahrens zu klären. In Zweifelsfällen ist vom Bestehen des Anspruchs des leistenden Unternehmers auszugehen. Dies gilt beispielsweise auch dann, wenn er seine Mitwirkungspflichten verletzt.

Die Finanzverwaltung muss ein **Abtretungsangebot** des leistenden Unternehmers **annehmen**,

- wenn die ursprüngliche Annahme der Steuerschuld des Leistungsempfängers auf Vertrauen auf eine Verwaltungsanweisung beruhte und
- der leistende Unternehmer bei der Durchsetzung seines zivilrechtlichen Anspruchs mitwirkt.

Die Abtretung wirkt nur dann **an Zahlungs statt**, wenn

- der leistende Unternehmer seine Rechnung unter gesondertem Ausweis von Umsatzsteuer berichtigt,
- die Abtretung an das Finanzamt wirksam bleibt,
- dem Bauträger die Abtretung unverzüglich mit dem Hinweis angezeigt wird, dass eine Zahlung an den leistenden Unternehmer keine schuldbefreiende Wirkung mehr hat und
- der leistende Unternehmer seinen Mitwirkungspflichten nachkommt.

Die Entscheidung über den Erstattungsanspruch des Bauträgers soll bis zum Vorliegen einer (wirksamen) Abtretung des bauleistenden Unternehmers zurückgestellt werden. Den Anträgen soll nur stattgegeben werden, wenn eine Aufrechnung möglich ist oder der Bauträger die Umsatzsteuer an den leistenden Unternehmer gezahlt hat. Andernfalls sollen sie abgelehnt werden.

> **Anmerkung:**
> Das BMF-Schreiben folgt überwiegend den Vorgaben des BFH. Während der BFH jedoch hinsichtlich der Annahme der Abtretung des leistenden Unternehmers durch die Finanzverwaltung von einer „Ermessensreduktion auf Null" ausgegangen ist und auch nur so die Aushebelung des Vertrauensschutzes als gerechtfertigt ansah, will die Finanzverwaltung die Annahme der Abtretung sowie deren Wirksamkeit vom Einhalten der Mitwirkungspflichten des leistenden Unternehmers abhängig machen. Zu hoffen bleibt, dass die Finanzverwaltung nicht über diese Hintertür versucht, Risiken auf den leistenden Unternehmer über zu wälzen.

---

1) BMF v. 26.7.2017, III C 3 – S 7279/11/10002–09 / IV A 3 – S 0354/07/10002–10, BStBl I 2017, 1001.

4. Ausübung und Rücknahme der Option zur Umsatzsteuer

433 Unternehmer können auf gewisse Steuerbefreiungen (z.B. für bestimmte Finanzdienstleistungen, Grundstücksveräußerungen und -vermietungen) verzichten und den Umsatz steuerpflichtig behandeln (§ 9 UStG). Hierdurch können Vorsteuern aus Eingangsleistungen geltend gemacht werden, die im Zusammenhang mit diesen Umsätzen stehen. Diese sog. Option zur Umsatzsteuerpflicht kann auch widerrufen werden.

Jahrelang bestand Uneinigkeit zwischen dem BFH und der Finanzverwaltung zu den zeitlichen Vorgaben der Ausübung und auch des Widerrufs einer Option zur Umsatzsteuerpflicht. Mit Schreiben vom 2.8.2017[1] hat die Finanzverwaltung diese Diskrepanz zwischen BFH-Rechtsprechung und Verwaltungspraxis grundsätzlich beseitigt.

Die **Finanzverwaltung** erkennt nunmehr an, dass sowohl die **Ausübung der Option**, als auch ihr **Widerruf solange möglich sind, wie** die Steuerfestsetzung für das Jahr der Leistungserbringung anfechtbar oder auf Grund eines Vorbehalts der Nachprüfung nach § 164 AO noch änderbar ist. Damit gibt die Finanzverwaltung ihre umstrittene Verwaltungspraxis auf, wonach sowohl die Optionsausübung, als auch deren Widerruf nur bis zur formellen Bestandskraft der jeweiligen Jahressteuerfestsetzung möglich war, und schließt sich insoweit vollumfänglich der weitergehenden Auffassung des BFH aus dem Jahr 2013 an.[2]

Bei **Grundstückslieferungen** außerhalb eines Zwangsversteigerungsverfahrens ist **einschränkend** zu beachten, dass soweit die Optionsausübung in diesen Fällen nach § 9 Abs. 3 Satz 2 UStG der notariellen Form bedarf, dies nur in dem der Grundstückslieferung zu Grunde liegenden notariell zu beurkundenden Vertrag möglich sein soll.

> **Beratungshinweis:**
> Damit bestätigt die Finanzverwaltung die – umstrittene – Rechtsprechung des XI. Senats des BFH[3], der mit Verweis auf die – unbestritten unglückliche – Gesetzesbegründung eine (nachträgliche) Optionsausübung über eine notarielle Ergänzung oder Änderung des Grundstückskaufvertrages ablehnte. Gleiches gilt für die Rücknahme des Verzichts auf die Umsatzsteuerbefreiung.

Das BMF-Schreiben gilt grundsätzlich **in allen noch offenen Fällen**. Für die Optionsausübung im Zusammenhang mit Grundstückslieferungen kann sich der Unternehmer laut BMF-Schreiben jedoch auf die für ihn teilweise günstigere Verwaltungsauffassung berufen.

> **Beratungshinweis:**
> Da es für **Zeiträume bis zum 31.10.2010** seitens der Finanzverwaltung weder Form- noch Fristvorgaben gab, wird die Wirksamkeit der Option in Fällen von notariellen Vertragsergänzungen oder -änderungen, die nach dem 31.3.2004 bis zum 31.10.2010 erfolgten, bis zur materiellen Bestandskraft der Jahressteuerfestsetzung nicht beanstandet. Hierfür muss sich der Unternehmer auf das für ihn günstigere BMF-Schreiben vom 31.3.2004[4] berufen.
>
> Für **Zeiträume vom 1.11.2010 bis zum 31.12.2017** gilt ein Vertrauensschutz in Fällen von notariellen Vertragsergänzungen oder -änderungen bis zur formellen Bestandskraft der betreffenden Jahressteuerfestsetzung, soweit die Umsatzsteuererklärung vor dem 1.1.2018 abgegeben wurde bzw. wird.

---

1) BMF v. 2.8.2017, III C 3 – S 7198/16/10001, BStBl I 2017, 1240.
2) BFH v. 19.12.2013, V R 6/12, HFR 2014, 666, und V R 7/12, HFR 2014, 669.
3) BFH. v. 21.10.2015, XI R 40/13, HFR 2016, 386.
4) BMF v. 31.3.2004, IV D 1 – S 7279 - 107/04, BStBl I 2004, 453.

D. Internationales Steuerrecht

I. Doppelbesteuerungsabkommen

1. Stand am 1.1.2017

Wie alljährlich üblich, veröffentlichte das BMF kurz nach Beginn des Jahres 2017[1] den Stand der Doppelbesteuerungsabkommen am 1.1.2017.

434

2. DBA Australien

Am 4.1.2017 erfolgte die Bekanntmachung über das Inkrafttreten des neuen DBA mit Australien vom 7.12.2016.[2] Die darin enthaltenen Regelungen lösen mit Wirkung ab 1.1.2017 das DBA aus dem Jahr 1972 ab. Die wesentlichen Neuerungen sind u.a.:

435

- überarbeitete Betriebsstättendefinition,
- spezielle Regelungen für hybride Gesellschaften,
- keine Begünstigung doppelt ansässiger Gesellschaften, wenn der Ort der tatsächlichen Geschäftsleitung nicht bestimmt werden kann,
- reduzierte Quellensteuersätze auf Dividenden (0,5 bzw. 15 %), Zinsen (0 bzw. 10 %) und Lizenzgebühren (5 %),
- erweiterte Regelungen zu Verständigungs- und Schiedsverfahren,
- umfassender Informationsaustausch.

3. DBA China

Das neue DBA zwischen Deutschland und China wurde in Deutschland am 29.12.2015 durch Verkündung im Bundesgesetzblatt[3] ratifiziert. Laut Bekanntmachung vom 15.7.2016[4] ist es am 6.4.2016 in Kraft getreten und somit ab dem 1.1.2017 anzuwenden (Art. 32 Abs. 2 DBA China neu).

436

Änderungen zum bisherigen DBA ergeben sich insb. in folgenden Bestimmungen:

- Eine Montagebetriebsstätte wird künftig erst ab einer Dauer von mehr als zwölf Monaten (statt bisher sechs Monaten) angenommen (Art. 5 Abs. 3 Buchst. a DBA China neu).
- Eine Dienstleistungsbetriebsstätte ist künftig gegeben, wenn die Tätigkeiten innerhalb eines Zwölf-Monats-Zeitraums mehr als 183 Tage andauern (statt bisher sechs Monate, Art. 5 Abs. 3 Buchst. b DBA China neu).
- Die Begründung einer Betriebsstätte durch einen abhängigen Vertreter wird konkretisiert (Art. 5 Abs. 6 Satz 2 DBA China neu).
- Bei steuerwirksamen Gewinnkorrekturen aus grenzüberschreitenden Geschäftsbeziehungen verbundener Unternehmen, die wegen Verstoßes gegen den Fremdvergleichsgrundsatz erfolgen, ist eine Berichtigung der Steuererhebung im anderen Staat vorgesehen (Art. 9 Abs. 2 DBA China neu).
- Die Quellensteuer auf Dividenden an eine unmittelbar zu mindestens 25 % beteiligte Kapitalgesellschaft reduziert sich auf 5 %, bzw. in anderen Fällen auf 10 % oder 15 % (bisher stets 10 %, Art. 10 Abs. 2 DBA China neu).
- Die Vorgaben für Zinsen wurden umfassend überarbeitet und modifiziert (Art. 11 DBA China neu).

---

1) BMF v. 18.1.2017, IV B 2 – S 1301/07/10017–08, BStBl I 2017, 140.
2) Bekanntmachung v. 4.1.2017, BGBl. II 2017, 48.
3) BGBl. II 2015, 1647.
4) Bekanntmachung v. 15.7.2016, BGBl. II 2016, 1005.

- Die Quellensteuer auf Lizenzgebühren für die Benutzung oder das Recht auf Benutzung industrieller, gewerblicher oder wissenschaftlicher Ausrüstung beträgt künftig 10 % von 60 % des Bruttobetrags der Lizenzgebühren (statt bislang generell 10 % des Bruttobetrags der Lizenzgebühren, Art. 12 Abs. 2 Buchst. b DBA China neu).
- Das Besteuerungsrecht für Gewinne aus der Veräußerung von Gesellschaftsanteilen wird explizit in Art. 13 Abs. 4 und 5 DBA China neu geregelt.
- Bei der Prüfung der 183-Tage-Regelung bei selbständiger Tätigkeit und nicht selbständiger Arbeit ist künftig nicht mehr auf das Kalenderjahr, sondern auf einen Zeitraum von zwölf Monaten abzustellen (Art. 14 Abs. 1 Buchst. b, Art. 15 Abs. 2 Buchst. a DBA China neu). Zudem wird die Zählweise in eine taggenaue Betrachtung geändert.
- Die Anrechnung deutscher Steuer auf Dividenden einer deutschen an eine chinesische Gesellschaft auf die chinesische Steuer setzt künftig eine Mindestbeteiligung von 20 % (statt bisher 10 %) voraus (Art. 23 Abs. 1 Buchst. b DBA China neu).
- Dividenden einer chinesischen an eine deutsche Gesellschaft sind nur bei einer Mindestbeteiligung von 25 % (statt bisher 10 %) von der Besteuerung in Deutschland ausgenommen (Art. 23 Abs. 2 Buchst. a DBA China neu).
- Statt der Freistellungs- kommt die Anrechnungsmethode zum Zuge, wenn die in Deutschland ansässige Person nicht nachweist, dass die in China erzielten Unternehmensgewinne oder Dividenden aktive Einkünfte i.S.v. § 8 Abs. 1 Nr. 1 bis 6 AStG darstellen (Art. 23 Abs. 2 Buchst. c DBA China neu).
- Die Anrechnung fiktiver chinesischer Steuer auf die deutsche Steuer nach Art. 24 Abs. 2 Buchst. c DBA China alt entfällt.

4. DBA Costa Rica

437 Laut Bekanntmachung vom 28.9.2016[1] ist das erstmalig zwischen Deutschland und Costa Rica abgeschlossene DBA am 10.8.2016 in Kraft getreten. Es ist ab 1.1.2017 anzuwenden.

5. DBA Israel

438 Am 11.10.2016 erfolgte die Bekanntmachung, wonach die Neufassung des DBA Israel am 20.5.2016 in Kraft getreten und somit ab 1.1.2017 anzuwenden ist.[2]

Durch die Neufassung des DBA ergeben sich u.a. folgende Änderungen:

- Die Anrechnung fiktiver israelischer Quellensteuer auf die deutsche Steuer wird abgeschafft.
- Der Quellensteuersatz für die Besteuerung von Zinsen und Dividenden wird von 25 % auf 10 % bzw. 5 % herabgesetzt.
- Eine Quellenbesteuerung von Lizenzgebühren wird grundsätzlich ausgeschlossen.
- Der Informationsaustausch zwischen den Staaten wird in Umsetzung der Vorgaben des OECD-Musterabkommens verbessert.

6. DBA Japan

439 Das DBA zwischen Deutschland und Japan ist am 28.10.2016 in Kraft getreten.[3] Somit ist dieses ab 1.1.2017 anzuwenden.

---

1) Bekanntmachung v. 28.9.2016, BGBl. II 2016, 1159.
2) Bekanntmachung v. 11.10.2016, BGBl. II 2016, 1160.
3) Bekanntmachung v. 13.10.2016, BGBl. II 2016, 1230.

In dem neuen Abkommen ist u.a. geregelt:

- die Zurechnung der Betriebsstättengewinne nach dem sog. „Authorized OECD Approach" (**AOA**), wonach Betriebsstätten gleich einem selbständigen, unabhängigen Unternehmen behandelt werden,
- die Quellensteuerfreiheit auf Dividenden bei einer unmittelbaren Mindestbeteiligung von 25 % über eine Mindesthaltedauer von 18 Monaten, wobei Personengesellschaften hiervon ausgenommen werden,
- die Einführung einer **Anti-Treaty-Shopping-Klausel**, wonach nur eine im DBA definierte „berechtigte Person" in den Genuss von Abkommensvorteilen kommt.

II. BEPS-Umsetzung

1. Local File

Mit dem sog. Ersten BEPS-Umsetzungsgesetz[1] wurden die Vorgaben zur Verrechnungspreisdokumentation umfassend neu geregelt. Für **Wirtschaftsjahre, die nach dem 31.12.2016 beginnen**, ist neben der bereits bisher erforderlichen Darstellung der wirtschaftlichen und rechtlichen Grundlagen zur Ermittlung der Verrechnungspreise zudem eine Sachverhaltsdokumentation erforderlich. In der weiterhin zu erstellenden Angemessenheitsdokumentation sind zudem insb. Informationen zum Zeitpunkt der Verrechnungspreisbestimmung und zur Auswahl sowie zur Anwendung der verwendeten Verrechnungspreismethode zu machen (§ 90 Abs. 3 Satz 2 AO).[2] Dies hat in Umsetzung der Empfehlung der OECD im Rahmen des sog. BEPS[3]-Projekts in Form einer **landesspezifischen, unternehmensbezogenen Dokumentation** (sog. Local File) zu erfolgen. **440**

In der neu gefassten Gewinnabgrenzungsaufzeichnungsverordnung (**GAufzV**) vom 12.7.2017[4] finden sich detaillierte Vorgaben zum erforderlichen Inhalt des Local Files. Nach § 4 GAufzV umfassen diese

- allgemeine Informationen über die Beteiligungsverhältnisse,
- den Geschäftsbetrieb und den Organisationsaufbau,
- Aufzeichnungen über Geschäftsbeziehungen des Unternehmens,
- eine Funktions- und Risikoanalyse sowie
- eine Verrechnungspreisanalyse.

2. Master File

Ebenso mit dem sog. Ersten BEPS-Umsetzungsgesetz[5] wurde die Verrechnungspreisdokumentation für **Wirtschaftsjahre, die nach dem 31.12.2016 beginnen**, um einen sog. Master File ergänzt. Unternehmen, die Teil einer multinationalen Unternehmensgruppe sind, haben darin einen **Überblick** über die Art der weltweiten Geschäftstätigkeit der Unternehmensgruppe und über die von ihr angewandte Systematik der Verrechnungspreisbestimmung zu geben (§ 90 Abs. 3 Sätze 3 und 4 AO). Die Verpflichtung trifft allerdings nur Unternehmen, die **441**

---

1) Gesetz v. 20.12.2016, BGBl. I 2016, 3000 = BStBl I 2017, 5.
2) Zum durch das sog. Erste BEPS-Umsetzungsgesetz komplett neu gefassten § 90 Abs. 3 AO sowie zur Neufassung der GAufzV v. 12.7.2017 vgl. die Kommentierung von Roser in Beermann/Gosch, § 90 AO Rz. 71 ff.
3) Base erosion and profit shifting.
4) GAufzV v. 12.7.2017, BGBl. I 2017, 2367 = BStBl I 2017, 2017, 1220.
5) Gesetz v. 20.12.2016, BGBl. I 2016, 3000 = BStBl I 2017, 5.

- gewerbliche Einkünfte i.S.d. § 15 Abs. 1 Satz 1 Nr. 1 EStG erzielen,
- zumindest eine Geschäftsbeziehung i.S.d. § 1 Ab. 4 AStG haben und
- im vorangegangenen Wirtschaftsjahr **mindestens einen Umsatz von 100 Mio. Euro** erzielt haben.

Der Master File hat laut § 5 der neu gefassten **GAufzV** vom 12.7.2017[1] u.a. zu enthalten

- eine grafische Darstellung des Organisationsaufbaus der Unternehmensgruppe,
- eine Übersicht über bedeutende Faktoren für den Gesamtgewinn der Unternehmensgruppe sowie
- Beschreibungen der Lieferketten für die Produkte oder Dienstleistungen der Unternehmensgruppe, auf die jeweils mehr als 5 % der Umsatzerlöse der Gruppe entfallen.

3. Country-by-Country-Report

442 Eine inländische Konzernobergesellschaft ist laut der mit dem sog. Ersten BEPS-Umsetzungsgesetz[2] eingeführten Regelung in § 138a AO[3] verpflichtet, für ein Wirtschaftsjahr nach dessen Ablauf einen **länderbezogenen Bericht des Konzerns** (Country-by-Country-Report) zu erstellen und an das Bundeszentralamt für Steuern (BZSt) zu übermitteln, wenn

- der Konzernabschluss mindestens ein ausländisches Unternehmen oder eine ausländische Betriebsstätte umfasst und
- die im Konzernabschluss ausgewiesenen, **konsolidierten Umsatzerlöse** im vorangegangenen Wirtschaftsjahr **mindestens 750 Mio. Euro** betragen.

Die Verpflichtung zur Erstellung des Country-by-Country-Report besteht allerdings dann nicht, wenn die inländische Konzernobergesellschaft in den Konzernabschluss eines anderen Unternehmens einbezogen wird (§ 138a Abs. 1 AO).

Ist die Konzernobergesellschaft im Ausland ansässig, ist zwar ein in den Konzern einbezogenes inländisches Unternehmen grundsätzlich nicht verpflichtet, einen Country-by-Country-Report für den Konzern abzugeben. Jedoch kann die ausländische Konzernobergesellschaft die einbezogene inländische Gesellschaft beauftragen, den Bericht als beauftragte Gesellschaft an das BZSt zu übermitteln (§ 138a Abs. 3 AO). Eine Übermittlungspflicht der einbezogenen inländischen Konzerngesellschaft besteht allerdings dann, wenn das BZSt von der ausländischen Konzernobergesellschaft keinen Country-by-Country-Report erhält, obwohl diese, wäre sie eine inländische Konzernobergesellschaft, dazu verpflichtet wäre (§ 138a Abs. 4 AO).

> **Anmerkung:**
> Die Regelungen sind bereits erstmals für **Wirtschaftsjahre** anzuwenden, die **nach dem 31.12.2015 beginnen**. Jedoch besteht die Erklärungspflicht erstmals für Wirtschaftsjahre, die nach dem 31.12.2016 beginnen, wenn eine einbezogene inländischen Konzerngesellschaft berichtspflichtig ist, weil der Country-by-Country-Report von der ausländischen Konzernobergesellschaft nicht fristgerecht an das BZSt übermittelt wurde (§ 138a Abs. 4 AO). Ebenso besteht erstmals für nach dem 31.12.2016 beginnende Wirtschaftsjahre die Pflicht, im Rahmen der Steuererklärung Angaben zu machen, so dass die Reportingzuständigkeit geprüft werden kann (§ 138a Abs. 5 AO, Art. 97 § 31 EGAO).

---

1) GAufzV v. 12.7.2017, BGBl. I 2017, 2367 = BStBl I 2017, 1220.
2) Gesetz v. 20.12.2016, BGBl. I 2016, 3000 = BStBl I 2017, 5.
3) Vgl. zur neu eingeführten Vorschrift des § 138a AO u.a. Höreth/Stelzer, DStZ 2017, 62, 63 und die Kommentierung von Grotherr in Beermann/Gosch, § 138a AO Rz. 1 ff. (bereits unter Berücksichtigung des BMF-Schreibens zum Country-by-Country Report v. 11.7.2017, IV B 5 – S 1300/16/10010 :002, BStBl I 2017, 974). Zu diesem Schreiben nachfolgend → Rz. 444.

D. Internationales Steuerrecht

443 Wie international abgestimmt, ist der Country-by-Country-Report zwingend im **XML-Format** dem BZSt zur Verfügung zu stellen. Folglich haben die reportingpflichtigen Unternehmen dafür Sorge zu tragen, dass sie die technischen Anforderungen erfüllen, um dieses Datenformat erstellen zu können.

Die in das XML-Format umgewandelten Report-Daten sind derzeit noch bis voraussichtlich Ende 2018 an das BZSt mit einer **De-Mail** an die Mailadresse CbCR@bzst.de-mail.de zu übermitteln. Das Senden einer einfachen E-Mail mit Anhang wird nicht akzeptiert. Erst ab voraussichtlich 2019 können die Daten über eine noch einzurichtende Datenschnittstelle an das BZSt übermittelt werden.

> **Praxistipp:**
>
> Reportingpflichtige Unternehmen sollten deshalb prüfen, ob sie über die erforderliche Software verfügen, um den Country-by-Country-Report im XML-Format zu erstellen.
>
> Zudem sollte eine Registrierung bei einem Anbieter von De-Mails erfolgen und dort ein entsprechendes Konto eingerichtet werden. Da dies dem Vernehmen nach mehrere Wochen in Anspruch nehmen kann, besteht hier bei einer Übermittlungspflicht bis Ende 2017 dringender Handlungsbedarf.

444 Der Report enthält eine **nach Steuerhoheitsgebieten gegliederte Übersicht**, wie sich die Geschäftstätigkeit des Konzerns auf diese Gebiete verteilt. Hierzu sind u.a. Angaben zu Umsatzerlösen und sonstigen Erträgen getrennt nach Geschäftsvorfällen mit nahestehenden und fremden Unternehmen, Ertragsteuern, Jahresergebnis vor Ertragsteuern, Zahl der Beschäftigten und materiellen Vermögenswerten zu machen. Weiter sind alle Unternehmen und Betriebsstätten nach Steuerhoheitsgebieten gegliedert unter Angabe ihrer wichtigsten Geschäftstätigkeiten aufzulisten. Schließlich sind zusätzliche Informationen beizufügen, die zum Verständnis der Übersicht und der Auflistung erforderlich sind (§ 138a Abs. 2 AO).

Der Country-by-Country-Report ist **spätestens ein Jahr nach Beendigung des Wirtschaftsjahrs** zu erstellen und per Datenfernübertragung an das BZSt zu übermitteln (§ 138a Abs. 6 AO).

> **Beratungshinweis:**
>
> Mit Schreiben vom 11.7.2017[1)] geht das **BMF** auf die Anforderungen an den Report ein. Dieser ist nach dem XML-Format zu erstellen und an das BZSt zu übermitteln. Der Bericht kann insgesamt in englischer Sprache übermittelt werden.
>
> Das BMF führt in Tabellen, die dem Schreiben vom 11.7.2017 als Anlagen beigefügt sind, ergänzend zu den gesetzlichen Vorgaben in § 138a AO auf, welche Angaben der Country-by-Country Report enthalten muss bzw. welche zusätzlichen Informationen (diese aber zwingend in englischer Sprache) gemacht werden können.

445 Das BZSt leitet die Berichte sowohl an die jeweils **zuständigen inländischen Finanzbehörden,** als auch an die **zuständigen Behörden der Staaten** weiter, mit denen entsprechende völkerrechtliche Vereinbarungen zum Informationsaustausch geschlossen wurden, wenn für diese Staaten länderbezogene Angaben enthalten sind (§ 138a Abs. 7 AO, § 7 Abs. 10 EU-Amtshilfegesetz).

> **Anmerkung:**
>
> Wird einer in § 138a AO enthaltenen Mitteilungspflicht nicht, nicht vollständig oder nicht rechtzeitig nachgekommen, erfüllt dies den Tatbestand der Steuergefährdung und wird somit bei vorsätzlichem oder leichtfertigem Handeln als Ordnungswidrigkeit geahndet (§ 379 Abs. 2 Nr. 1c AO). Dabei kann eine Geldbuße von bis zu 10 000 Euro festgesetzt werden (§ 379 Abs. 5 AO i.V.m. § 379 Abs. 2 Nr. 1c AO).

446

---

1) BMF v. 11.7.2017, IV B 5 – S 1300/16/10010 :002, BStBl I 2017, 974.

4. Informationsaustausch über grenzüberschreitende Vorbescheide und Vorabverständigungen

447 Nach dem 31.12.2016 erteilte, getroffene, geänderte oder erneuerte grenzüberschreitende Vorbescheide oder Vorabverständigungen über die Verrechnungspreisgestaltung (sog. **Tax Rulings**)[1] sind im Wege des automatischen Informationsaustauschs an die zuständigen Behörden aller anderen EU-Mitgliedstaaten sowie der EU-Kommission mit gewissen Einschränkungen zu übermitteln, sofern sie nicht ausschließlich die Steuerangelegenheiten einer oder mehrerer natürlicher Personen betreffen (§ 7 Abs. 3 und 6 EU-Amtshilfegesetz). Dieser Informationsaustausch wurde in Umsetzung der BEPS-Vorgaben der OECD durch das sog. Erste BEPS-Umsetzungsgesetz[2] in nationales Recht umgesetzt und erfolgt seit dem 1.1.2017.

Der Umfang der **zu übermittelnden Informationen** wird in § 7 Abs. 7 EU-Amtshilfegesetz geregelt und umfasst u.a.

– Angaben zur Person und ggf. zu der Personengruppe, der sie angehört,

– eine Zusammenfassung des Inhalts des Vorbescheids oder der Vorabverständigung,

– den Betrag der Transaktion sowie

– Angaben zu den zugrunde gelegten Kriterien bzw. Verfahren.

Anmerkung:

448 Zu Vorbescheiden und Vorabverständigungen, die **zwischen dem 1.1.2012 und dem 31.12.2016 erteilt**, getroffen, geändert oder erneuert wurden, ist ebenso ein automatischer Informationsaustausch vorgesehen. Dabei gilt die Regelung bei Vorbescheiden und Verständigungsverfahren, die im Zeitraum 1.1.2012 bis 31.12.2013 erteilt, getroffen, geändert oder erneuert wurden, nur, wenn diese am 1.1.2014 noch gültig waren. Von diesem Informationsaustausch werden zudem vor dem 1.4.2016 erteilte Vorbescheide oder Vorabverständigungen für Unternehmen mit einem gruppenweiten Jahresnettoumsatzerlös von weniger als 40 Mio. Euro ausgenommen. Dabei gilt diese Ausnahmeregelung allerdings nicht für Personen oder eine Gruppe von Personen, die hauptsächlich Finanz- und Investitionstätigkeiten ausüben (§ 7 Abs. 4 EU-Amtshilfegesetz).

449 Der automatische Informationsaustausch erfolgt **nicht**, wenn ein internationales Steuerabkommen, in dessen Rahmen bilaterale oder multilaterale Vorabverständigungen über die Verrechnungspreisgestaltung mit Drittstaaten ausgehandelt wurden, eine Weitergabe an Dritte nicht erlaubt. Hier werden ggf. Informationen nach § 8 EU-Amtshilfegesetz ausgetauscht (§ 7 Abs. 5 EU-Amtshilfegesetz).

III. EU-Recht

1. Kein Abzug sog. finaler Verluste einer ausländischen Betriebsstätte

450 Mit seinem Urteil vom 17.12.2015[3] änderte der **EuGH** seine Rechtsprechung zum Abzug von Verlusten einer ausländischen Betriebsstätte. Bislang vertrat der EuGH die Auffassung, dass durch den Ausschluss der Berücksichtigung von Betriebsstättenverlusten im EU-Ausland die Niederlassungsfreiheit beschränkt wird. Diese Beschränkung konnte zwar grundsätzlich gerechtfertigt werden. Daran fehlte es aber, sofern und soweit die Verluste im Quellenstaat nachweislich steuerlich unter keinen Umständen anderweitig verwertbar waren. Somit sah der EuGH die Berücksichtigung sog. finaler Verluste einer EU-Betriebsstätte im Ansässigkeitsstaat des Stammhauses für erforderlich an.[4]

---

1) Vgl. hierzu das BMF-Merkblatt zum verpflichtenden automatischen und spontanen Austausch verbindlicher Auskünfte, verbindlicher Zusagen und Vorabzusagen zu Verrechnungspreisen im Zusammenhang mit grenzüberschreitenden Sachverhalten v. 17.8.2017, IV B 6 – S 1320/16/10002 :014, BStBl I 2017, 1228 und als Anlage hierzu das Formular für den spontanen Informationsaustausch zu „Rulings" nach dem BEPS-Aktionspunkt 5.
2) Gesetz v. 20.12.2016, BGBl. I 2016, 3000 = BStBl I 2017, 5.
3) EuGH v. 17.12.2015, Timac Agro Deutschland, C-388/14, BStBl II 2016, 362.
4) Z.B. EuGH v. 15.5.2008, Lidl Belgium, C-414/06, BStBl II 2009, 692.

In seinem Urteil zur Rechtssache Timac Agro **verneint** der EuGH nun jedoch bereits einen **Verstoß gegen das Verbot der Beschränkung der Niederlassungsfreiheit**. Da dem Sitzstaat im Fall der abkommensrechtlichen Freistellung der ausländischen Betriebsstätteneinkünfte keine Besteuerungsbefugnis zukommt, mangelt es nach Ansicht des EuGH bereits tatbestandlich an der Vergleichbarkeit mit der Behandlung reiner Inlandsfälle. Auf eine etwaige Rechtfertigung einer Beschränkung der Niederlassungsfreiheit kommt es somit nicht mehr an.

Der **BFH** folgt mit Urteil vom 22.2.2017[1]) der geänderten Rechtsprechung des EuGH. Ist in dem anzuwendenden Doppelbesteuerungsabkommen die Freistellung der ausländischen Betriebsstätteneinkünfte im Inland vorgesehen, ist für einen **Abzug des Verlustes der ausländischen Betriebsstätte** als Betriebsausgabe im Inland **weder einfachrechtlich, noch** – bei Vorliegen finaler Verluste – **aus Gründen des Unionsrechts** eine Rechtsgrundlage gegeben.

> **Beratungshinweis:**
>
> Der BFH hat zwar zugestanden, dass die aus dem EuGH-Urteil zu ziehenden Rechtsfolgen umstritten sind, er sieht jedoch explizit davon ab, die Rechtsfrage (nochmals) dem EuGH zur Vorabentscheidung vorzulegen. Damit dürfte davon auszugehen sein, dass im Falle der abkommensrechtlichen Freistellung von Betriebsstätteneinkünften ausländische Betriebsstättenverluste im Inland auch nicht mehr in Ausnahmefällen Berücksichtigung finden.
>
> Allerdings ist derzeit unter Az. I R 17/16 noch ein **weiteres BFH-Verfahren anhängig**, in dem es abermals um die Frage des Abzugs ausländischer Betriebsstättenverluste geht. Die Vorentscheidung des FG Hamburg[2]) ist noch unter der alten Auffassung des EuGH ergangen. Ob der BFH hier zu einem anderen Ergebnis als im Urteil vom 22.2.2017 kommt, ist zwar zweifelhaft. Zumindest besteht jedoch die Möglichkeit, mit Verweis auf dieses Verfahren bereits anhängige Einspruchsverfahren weiter offen zu halten.

2. § 6b-Rücklage: Ersatzwirtschaftsgut in einer EU-Betriebsstätte

Voraussetzung für die Übertragung einer § 6b-Rücklage ist, dass die angeschafften oder hergestellten Ersatzwirtschaftsgüter zum Anlagevermögen einer inländischen Betriebsstätte des Stpfl. gehören. Zur Beseitigung unionsrechtlicher Bedenken wurde mit dem StÄndG 2015 eine Regelung in § 6b Abs. 2a EStG eingeführt, wenn das Ersatzwirtschaftsgut in einer in der EU oder im EWR belegenen Betriebsstätte angeschafft oder hergestellt wird. Zwar ist hier nicht die Übertragung der § 6b-Rücklage auf das Ersatzwirtschaftsgut wie im Inlandsfall möglich, jedoch kann die auf den Veräußerungsgewinn des ursprünglichen inländischen Wirtschaftsguts entfallende **Einkommensteuer gestundet** werden, indem die Steuer in fünf gleichen Jahresraten entrichtet wird. Der BFH entschied nun in seinem Urteil vom 22.6.2017[3]), dass diese Regelung **unionsrechtlich nicht zu beanstanden** ist.

> **Anmerkung:**
>
> Ergänzend führt der BFH aus, dass bei Veräußerung eines nach § 6b EStG begünstigten Wirtschaftsguts in einem Wirtschaftsjahr vor Inkrafttreten des StÄndG 2015 am 6.11.2015 ein Stundungsantrag auch nachträglich genügt.

3. Eindämmung der überschießenden Wirkung des § 50i EStG

Hat ein Stpfl. Wirtschaftsgüter oder Anteile i.S.v. § 17 EStG vor dem 29.6.2013 steuerneutral in das Betriebsvermögen einer gewerblich geprägten oder gewerblich infizier-

---

1) BFH v. 22.2.2017, I R 2/15, BStBl II 2017, 709 (vgl. hierzu auch Märtens, jurisPR-SteuerR 29/2017 Anm. 3 und Frase, BeSt 2017, 27 ff.).
2) FG Hamburg v. 6.8.2014, 2 K 355/12, EFG 2014, 2084.
3) BFH v. 22.6.2017, VI R 84/14, HFR 2017, 904 mit Anm. Geserich.

ten Personengesellschaft übertragen und verlagert dann seinen Wohnsitz oder gewöhnlichen Aufenthalt ins Ausland, unterliegt der Gewinn aus einer späteren Veräußerung oder Entnahme der Wirtschaftsgüter oder Anteile der inländischen Besteuerung (**§ 50i Abs. 1 EStG**). Die Anwendung dieser Regelung wurde wegen EU-rechtlicher Bedenken gegenüber der bisherigen Regelung mit dem sog. Ersten BEPS-Umsetzungsgesetz[1] auf diejenigen Fälle zurückgenommen, in denen der **Ausschluss oder die Beschränkung des Besteuerungsrechts Deutschlands** hinsichtlich der Besteuerung des Gewinns aus der Veräußerung oder Entnahme der Wirtschaftsgüter oder Anteile **vor dem 1.1.2017** eingetreten ist. Für spätere Vorgänge, also insb. für Fälle des Wegzugs nach dem 31.12.2016, gelten somit die allgemeinen Entstrickungsregelungen.[2]

Zudem werden die überschießenden Wirkungen des **§ 50i Abs. 2 EStG** bereinigt, denen bislang durch das BMF-Schreiben vom 21.12.2015[3] im Wege von Billigkeitsregelungen Rechnung getragen wurde. Für Einbringungen nach § 20 UmwStG (Einbringung von Unternehmensteilen in eine Kapitalgesellschaft) gilt, dass Wirtschaftsgüter und Anteile i.S.d. § 50i Abs. 1 EStG mit dem gemeinen Wert anzusetzen sind, soweit das **Besteuerungsrecht Deutschlands** hinsichtlich eines Gewinns aus der Veräußerung der erhaltenen Anteile **ausgeschlossen oder beschränkt** ist. Durch die Bezugnahme auf Wirtschaftsgüter und Anteile wird klargestellt, dass konkret bei diesen und nicht bei der Sachgesamtheit, also z.B. dem eingebrachten Betrieb, gemeine Werte anzusetzen sind. Auch ist die Regelung damit künftig nicht mehr auf Einbringungen in eine Personengesellschaft oder auf unentgeltliche Übertragungen anzuwenden.

> **Beratungshinweis:**
>
> Die Modifizierungen des § 50i Abs. 1 EStG sind **rückwirkend auf nach dem 29.6.2013** stattfindende Veräußerungen oder Entnahmen von Wirtschaftsgütern oder Anteilen anzuwenden (§ 52 Abs. 48 Satz 1 EStG).
>
> § 50i Abs. 2 EStG gilt **rückwirkend** für Einbringungen, bei denen der Einbringungsvertrag **nach dem 31.12.2013** geschlossen worden ist (§ 52 Abs. 48 Satz 4 EStG). Mit Schreiben vom 5.1.2017[4] stellt das BMF explizit klar, dass infolge der Neuregelung die zuvor geltende, weitergehende Regelung des § 50i Abs. 2 EStG a.F. zu keinem Zeitpunkt anzuwenden ist.

4. Gewerbesteuerliches Schachtelprivileg europarechtswidrig?

453 Ausschüttungen, die einer Kapitalgesellschaft zufließen, sind unter bestimmten Voraussetzungen gewerbesteuerfrei (§ 9 Nr. 2a oder Nr. 7 GewStG). Dieses gewerbesteuerliche Schachtelprivileg stellt jedoch im Fall von Ausschüttungen ausländischer Tochtergesellschaften höhere Anforderungen als bei Ausschüttungen inländischer Tochtergesellschaften. So wird bei Tochtergesellschaften in Drittstaaten neben einer Mindestbeteiligungshöhe zudem vorausgesetzt, dass diese bestimmte Tätigkeitserfordernisse erfüllen. Darin sieht das **FG Münster** eine **Verletzung der Kapitalverkehrsfreiheit**, die auch gegenüber Drittstaaten zu beachten ist. Das Gericht legt dem EuGH deshalb mit Beschluss vom 20.9.2016[5] die Anforderungen des gewerbesteuerlichen Schachtelprivilegs im Fall einer **nicht in der EU ansässigen Tochtergesellschaft** zur Prüfung vor.

Neben den unterschiedlichen Voraussetzungen der Gewährung des gewerbesteuerlichen Schachtelprivilegs im In- und Auslandsfall äußert das FG Münster zudem Zweifel daran, ob die Kapitalverkehrsfreiheit dadurch verletzt werden könnte, dass das wirtschaftliche Engagement in Form einer ausländischen Tochtergesellschaft im Vergleich zu einer ausländischen Betriebsstätte steuerlich nachteilig wäre, weil im Fall der

---
1) Gesetz v. 20.12.2016, BGBl. I 2016, 3000 = BStBl I 2017, 5.
2) Vgl. zum neuen § 50i EStG u.a. Strahl, KSp 29, J. Gestaltungen mit internationalem Bezug, Tz. 2.
3) BMF v. 21.12.2015, IV B 5 S 1300/14/10007, BStBl. I 2016, 7
4) BMF v. 5.1.2017, IV B 5 – S 1300/14/10007, BStBl I 2017, 32.
5) FG Münster v. 20.9.2016, 9 K 3911/13 F, EFG 2017, 323 mit Anm. Oellerich (Az. des EuGH: C 685/16).

Betriebsstätte eine Kürzung des Gewerbeertrags in Höhe des auf die Betriebsstätte entfallenden Teils erfolgen würde.

> **Beratungshinweis:**
>
> Somit wird der EuGH in erster Linie zu prüfen haben, ob das auf Ausschüttungen von außerhalb der EU ansässigen Tochtergesellschaften anzuwendende gewerbesteuerliche Schachtelprivileg gegen die Kapitalverkehrsfreiheit verstößt. Es bleibt abzuwarten, ob aus der Entscheidung des EuGH auch **Rückschlüsse** auf die Europarechtskonformität des auf **Ausschüttungen von EU-Tochtergesellschaften** anzuwendenden gewerbesteuerlichen Schachtelprivilegs gezogen werden können. Denn im Fall der Beteiligung an einer Kapitalgesellschaft im EU-Ausland könnte die Regelung statt an der Kapitalverkehrsfreiheit an der Niederlassungsfreiheit zu messen sein, so dass eine Entscheidung des EuGH im vorliegenden Fall nicht ohne weiteres auch Folgewirkungen auf den EU-Fall haben könnte.

5. EU-rechtskonforme Auslegung der Regelung zur Einlagenrückgewähr

Wie bereits der I. Senat des BFH[1] bejaht nun auch der VIII. Senat des BFH[2] grundsätzlich das Vorliegen von Kapitaleinkünften i.S.d. § 20 Abs. 1 Nr. 1 EStG in Form einer **Sachausschüttung**, wenn ein US-amerikanisches Unternehmen Aktien aus seinem eigenen Bestand herauslöst und seinen Aktionären zuteilt (sog. **Spin-off**). Allerdings ist die Sachausschüttung nach § 20 Abs. 1 Nr. 1 Satz 3 EStG dann nicht steuerbar, wenn es sich um **Einlagenrückgewähr** handelt, wozu auf die Vorgaben zur Einlagenrückgewähr gemäß § 27 KStG verwiesen wird. **454**

Für **Körperschaften in der EU** ist in § 27 Abs. 8 KStG eine **explizite Regelung** vorgesehen, unter welchen Umständen von einer nicht steuerbaren Einlagenrückgewähr auszugehen ist. Für **Körperschaften in Nicht-EU-Staaten fehlt** hingegen eine gesetzliche Regelung.

Der BFH entschied dazu mit Urteil vom 13.7.2016[3], dass die Regelung zur Einlagenrückgewähr in § 20 Abs. 1 Nr. 1 Satz 3 EStG **unionsrechtskonform** auszulegen ist. Demnach müsse auch eine Kapitalgesellschaft in einem Nicht-EU-Staat eine Einlagenrückgewähr tätigen können.

> **Beratungshinweis:**
>
> Die **Voraussetzungen**, unter denen von einer solchen Einlagenrückgewähr auszugehen ist, führt der BFH in einem weiteren Urteil vom 13.7.2016[4] aus. Demnach sei eine Qualifizierung als Einlagenrückgewähr u.a. dann möglich, soweit die Leistungen der Kapitalgesellschaft im Wirtschaftsjahr das Nennkapital und den im Vorjahr festgestellten ausschüttbaren Gewinn übersteigen oder wenn sich dies aus der nach ausländischem Recht aufgestellten Bilanz der ausschüttenden Gesellschaft ergibt.

6. Erneute EuGH-Vorlage zur Kapitalertragsteuerentlastung

Eine ausländische Gesellschaft hat keinen Anspruch auf völlige oder teilweise Entlastung von Kapitalertragsteuer, soweit Personen an ihr beteiligt sind, denen die Erstattung oder Freistellung nicht zustünde, wenn sie die Einkünfte unmittelbar erzielten. Weiter dürfen die von der ausländischen Gesellschaft im betreffenden Wirtschaftsjahr erzielten Bruttoerträge nicht aus eigener Wirtschaftstätigkeit stammen und in Bezug **455**

---
1) BFH v. 20.10.2010, I R 117/08, HFR 2011, 409.
2) BFH v. 13.7.2016, VIII R 47/13, HFR 2016, 1077 (vgl. hierzu auch Jachmann-Michel, jurisPR-SteuerR 4/2017 Anm. 5 und Höring, Besteuerung der Einlagenrückgewähr einer Drittstaatengesellschaft verstößt gegen Unionsrecht, eNews Steuern, Ausgabe 21/2016 v. 17.10.2016).
3) BFH v. 13.7.2016, VIII R 47/13, HFR 2016, 1077.
4) BFH v. 13.7.2016, VIII R 73/13, HFR 2016, 1093 mit Anm. Werth (vgl. hierzu auch Jachmann-Michel, jurisPR-SteuerR 7/2017 Anm. 3).

auf diese Erträge für die Einschaltung der ausländischen Gesellschaft müssen wirtschaftliche oder sonst beachtliche Gründe fehlen. Alternativ darf die ausländische Gesellschaft nicht mit einem für ihren Geschäftszweck angemessen eingerichteten Geschäftsbetrieb am allgemeinen wirtschaftlichen Verkehr teilnehmen (§ 50d Abs. 3 EStG).

> **Anmerkung:**
> Das **FG Köln** hatte bereits mit Vorlagebeschlüssen vom 8.7.2016[1] sowie vom 31.8.2016[2] **Zweifel daran geäußert**, ob § 50d Abs. 3 EStG mit der Niederlassungsfreiheit und mit der Mutter-Tochter-Richtlinie vereinbar ist. Damals ging es um § 50d Abs. 3 EStG in der Fassung des Jahressteuergesetzes 2007.

Mit Beschluss vom 17.5.2017[3] hat das FG Köln dem EuGH **weitere Fragen zur EU-Rechtmäßigkeit** der seit 1.1.2012 geltenden Fassung dieser Bestimmung zur Entscheidung vorgelegt.

> **Anmerkung:**
> In dem zur Entscheidung vorgelegten Fall streitet eine in den Niederlanden ansässige Holdinggesellschaft mit eigenen Büroräumen und eigenem Personal mit dem BZSt um die Erstattung von Kapitalertragsteuer. Die Anteile an der Holdinggesellschaft werden zu 100 % von einer in Deutschland ansässigen Kapitalgesellschaft gehalten (sog. Mäander-Struktur). Die niederländische Holdinggesellschaft beantragte 2013 beim BZSt die Erstattung von Kapitalertragsteuer, die eine deutsche Tochter-GmbH (93 %-Beteiligung) auf Gewinnausschüttungen einbehalten hatte. Die Kapitalertragsteuererstattung wurde vom BZSt unter Hinweis auf § 50d Abs. 3 EStG versagt. Hiergegen macht das Gericht europarechtliche Bedenken geltend. Insbesondere wird bezweifelt, ob die Gesetzesänderung dem Verhältnismäßigkeitsgrundsatz Rechnung trägt, da die in der EU-ansässige Holdinggesellschaft doch über ausreichend Substanz verfüge.

7. Modifizierungen des § 50d Abs. 9 EStG

456 Eine in einem DBA vorgesehene Freistellung von Einkünften eines unbeschränkt Stpfl. war nach § 50d Abs. 9 EStG a.F. nicht zu berücksichtigen, wenn die Einkünfte im anderen Staat nicht oder nur einer geringen Besteuerung unterliegen. Mit Wirkung ab dem Veranlagungszeitraum 2017 wurde die Regelung durch das sog. Erste BEPS-Umsetzungsgesetz[4] dahingehend modifiziert, dass sie nur anzuwenden ist, **soweit eine Nicht- oder Niedrigbesteuerung vorliegt** (§ 50d Abs. 9 Satz 1 EStG).

Damit reagierte der Gesetzgeber auf die Rechtsprechung des BFH, wonach die Freistellung der ausländischen Einkünfte nicht einzuschränken war, wenn der andere Staat zumindest hinsichtlich eines Teils der Einkünfte sein abkommensrechtlich zugewiesenes Besteuerungsrecht wahrgenommen hat.[5] Nach der Neuregelung greift damit die Ausnahme von der Freistellung zumindest soweit, als das Besteuerungsrecht nicht wahrgenommen wird.

> **Beratungshinweis:**
> Diese Regelung ist auf alle DBA-Regelungen anwendbar, die die Einbeziehung von Teilen von Einkünften nicht bereits ausdrücklich vorsehen (§ 50d Abs. 9 Satz 4 EStG).

---

1) FG Köln v. 8.7.2016, 2 K 2995/12, EFG 2016, 1801, anhängige Rs. beim EuGH: C-504/16.
2) FG Köln v. 31.8.2016, 2 K 721/13, EFG 2017, 51, anhängige Rs. beim EuGH: C-613/16.
3) FG Köln v. 17.5.2017, 2 K 773/16, EFG 2017, 1518 mit Anm. Linkermann; Az. des EuGH: C-440/17 (vgl. zur EuGH-Vorlage des FG Köln auch Höring, FG Köln: EuGH-Vorlage zur aktuellen Fassung des § 50d Abs. 3 EStG, eNews Steuern, Ausgabe 33/2017 v. 21.8.2017).
4) Gesetz v. 20.12.2016, BGBl. I 2016, 3000 = BStBl I 2017, 5.
5) BFH v. 20.5.2015, I R 68/14, BStBl II 2016, 90, und I R 69/14, BFH/NV 2015, 1395.

D. Internationales Steuerrecht

IV. Außensteuerrecht

1. Verwaltungsgrundsätze zur Betriebsstättengewinnaufteilung

Mit Schreiben vom 22.12.2016[1] modernisiert das BMF seine Verwaltungsgrundsätze zur Betriebsstättengewinnaufteilung (VWG BsGa) und ersetzt damit die bisherigen Verwaltungsgrundsätze zu Betriebsstätten aus 1999.

457

Die Finanzverwaltung nimmt in den VWG BsGa Stellung zur Anwendung des Fremdvergleichsgrundsatzes nach § 1 Abs. 5 AStG, in dem nun der sog. Authorised OECD Approach (**AOA**) verankert ist, wonach **Betriebsstätten für Zwecke der Gewinnaufteilung wie rechtlich selbständige Einheiten** zu behandeln sind.

> **Beratungshinweis:**
>
> Die Betriebsstättengewinnaufteilungsverordnung (BsGaV)[2], deren Regelungen mit den Verwaltungsgrundsätzen erläutert werden, ist für Wirtschaftsjahre anzuwenden, die nach dem 31.12.2014 beginnen. Die VWG BsGa enthalten Ausführungen zu den **Auswirkungen des AOA auf Zeiträume vor dem 1.1.2013** sowie zu dessen Anwendung nach dem gesetzlich vorgesehenen Erstanwendungszeitpunkt, somit **nach dem 31.12.2012, aber vor** der erstmaligen Anwendbarkeit der Betriebsstättengewinnaufteilungsverordnung.

Weiter geht die Finanzverwaltung auf die Anwendung der Vorgaben der Betriebsstättengewinnaufteilungsverordnung auf die **Einkünftezuordnung** von ausländischen Betriebsstätten eines inländischen Unternehmens bzw. von inländischen Betriebsstätten eines ausländischen Unternehmens ein. Hier geht es u.a. um die Zuordnung von Personalfunktionen, Vermögenswerten sowie Geschäftsvorfällen sowie den daraus resultierenden Chancen und Risiken zur Ermittlung des der Betriebsstätte zuzurechnenden Gewinns. Auch wird detailliert auf die dazu erforderliche Hilfs- und Nebenrechnung und die Ermittlung des Dotationskapitals der Betriebsstätte eingegangen.

458

> **Beratungshinweis:**
>
> Mit der Vorlage der finalen Fassung der VWG BsGa hat die Finanzverwaltung auf zahlreiche Anwendungsfragen zur Betriebsstättengewinnaufteilung geantwortet. **Keine Ausführungen** enthält die Verlautbarung hingegen zu der vorgelagerten Frage, **wann eine Betriebsstätte begründet** wird.
>
> Es ist damit zu rechnen, dass nun eine intensive Schulung der Außenprüfer auf Themenstellungen zur Betriebsstättengewinnaufteilung erfolgt und somit spätestens in Außenprüfungen ab 2018 ein deutliches Augenmerk hierauf gerichtet sein wird. Für die Praxis bedeutet dies, dass damit der Startschuss gegeben wurde, über die Hilfs- und Nebenrechnung eine Dokumentation der steuerlichen Verhältnisse von Betriebsstätten vorzuhalten – mit vergleichbaren Mehranstrengungen für die Unternehmen, wie diese bereits aus der Verrechnungspreisdokumentation resultieren.

459

2. Hinzurechnung nach § 1 AStG europarechtskonform?

Halten die für eine Geschäftsbeziehung zwischen einem inländischen und einem ausländischen verbundenen Unternehmen vereinbarten Geschäftsbedingungen nicht dem Fremdvergleichsgrundsatz stand, ist eine Hinzurechnung zu den inländischen Einkünften in Höhe der Differenz einer zwischen unabhängigen Dritten zu vereinbarenden Vergütung und der tatsächlich vereinbarten Vergütung vorgesehen (§ 1 Abs. 1 Satz 1 AStG).

460

Dem FG Rheinland-Pfalz liegt der Streitfall zur Entscheidung vor, dass ausländische Konzerngesellschaften gegenüber den finanzierenden Banken für die in Deutschland

---

1) BMF v. 22.12.2016, IV B 5 – S 1341/12/10001–03, BStBl I 2017, 182. Vgl. hierzu auch Höring, BMF veröffentlicht Verwaltungsgrundsätze zur Betriebsstättengewinnaufteilung (VWG BsGa), eNews Steuern, Ausgabe 1/2017 v. 9.1.2017.
2) Verordnung v. 13.10.2014, BGBl. I 2014, 1603, zuletzt geändert durch Art. 5 der Vierten Verordnung zur Änderung steuerlicher Verordnungen v. 12.7.2017, BGBl. I 2017, 2360 = BStBl I 2017, 892.

ansässige Konzerngesellschaft unentgeltlich Patronatserklärungen abgegeben haben. Hierfür waren nach Auffassung der Finanzverwaltung fiktive Haftungsvergütungen hinzuzurechnen.

Mit Beschluss vom 28.6.2016[1] legte das FG Rheinland-Pfalz dem EuGH[2] die Frage zur **Vorabentscheidung** vor, **ob** in der Hinzurechnung einer fiktiven Vorteilsgewährung ein **Verstoß gegen die Niederlassungsfreiheit** zu sehen ist, weil bei gleichem Sachverhalt zwischen zwei deutschen verbundenen Unternehmen eine solche Einkünftekorrektur nicht erfolgen würde.

> **Beratungshinweis:**
> Der EuGH kam jedoch in einem vergleichbaren Streitfall zu Verrechnungspreisen nach belgischem Recht zu dem Ergebnis, dass darin keine Unionsrechtswidrigkeit zu sehen ist.[3] Da jedoch die belgische Regelung nicht deckungsgleich mit der deutschen Regelung ist, hat nun der EuGH Gelegenheit, die Unionsrechtskonformität des § 1 AStG zu überprüfen.

3. Namensnutzung im Konzern

461 Laut BFH begründet die **bloße Namensnutzung** im Konzern **keine Geschäftsbeziehung i.S.d. § 1 Abs. 4 AStG a.F.**, für die einkommenserhöhend ein Korrekturbetrag zu berücksichtigen wäre. Das Einkommen der Konzernmutter ist somit nicht um einen entsprechenden Korrekturbetrag zu erhöhen. Zu einem anderen Ergebnis kommt der BFH nur dann, wenn sich die Nutzung des Konzernnamens zugleich als Nutzung eines produktbezogenen Markenrechts darstellt, dem ein eigenständiger Wert beizumessen ist.[4]

Mit Schreiben vom 7.4.2017[5] stimmt das **BMF** grundsätzlich der Rechtsprechung des BFH zu. Allerdings sei von einer bloßen Namensnutzung **nur dann** auszugehen, wenn sich **allein aus der Namensnutzung keine wirtschaftlichen Vorteile** ergeben, für die unter Anwendung des Fremdvergleichsgrundsatzes zwischen voneinander unabhängigen Dritten ein Entgelt zu zahlen wäre. Besteht ein ausschließliches Recht zur Namensnutzung, stelle die Erlaubnis oder Duldung der Namensnutzung die Nutzungsüberlassung eines immateriellen Wertes dar. Hierfür bestehe eine Vergütungspflicht, sofern ein fremder Dritten hierfür eine Vergütung zahlen würde.

Auch wenn mit der Namensnutzung durch ein Unternehmen einer multinationalen Unternehmensgruppe die Überlassung eines immateriellen Wertes einhergehen sollte, kann laut BMF **unter Umständen dennoch kein Entgelt** zu berücksichtigen sein. Vertreibt das nutzende Unternehmen ausschließlich und erkennbar Produkte der Unternehmensgruppe, komme der Verwendung eines Unternehmenskennzeichens, einer Firma oder einer Marke keine eigenständige Bedeutung zu. Dies sei vielmehr in den von dem Vertriebsunternehmen zu zahlenden Einkaufspreisen der Waren bereits enthalten.

> **Beratungshinweis:**
> Die Grundsätze des BMF-Schreibens sind auf alle vergleichbaren grenzüberschreitenden Sachverhalte anzuwenden, unabhängig davon, ob Lizenznehmer oder Lizenzgeber in- oder ausländische Unternehmen sind.

---

1) FG Rheinland-Pfalz v. 28.6.2016, 1 K 1472/13, EFG 2016, 1678 mit Anm. Hennigfeld (vgl. hierzu auch Höring, EU-rechtswidrige Hinzurechnung unentgeltlicher Vorteilsgewährungen im Konzern (Patronatserklärungen) nach § 1 AStG 2003, eNews Steuern, Ausgabe 13/2016 v. 22.8.2016).
2) Anhängige Rs. unter C-382/16.
3) EuGH v. 21.1.2010, SGI, C-311/08, IStR 2010, 144 = HFR 2010, 305.
4) BFH v. 21.1.2016, I R 22/14, BStBl II 2017, 336; vgl. auch Ebner Stolz / BDI, Änderungen im Steuer- und Wirtschaftsrecht 2016/2017, Rz. 459.
5) BMF v. 7.4.2017, IV B 5 – S 1341/16/10003, BStBl I 2017, 701.

D. Internationales Steuerrecht

4. Hinzurechnungsbesteuerung von Zwischeneinkünften mit Kapitalanlagecharakter auf dem Prüfstand

Der **BFH äußert Zweifel** an der EU-Rechtskonformität der Hinzurechnungsbesteuerung von Zwischeneinkünften mit Kapitalanlagecharakter, die von einer Schweizer Kapitalgesellschaft erzielt wurden. Mit Beschluss vom 12.10.2016[1)] legte der BFH dem EuGH deshalb die Frage vor, ob die Hinzurechnungsregelung in § 7 Abs. 6 AStG gegen die **auch in Drittstaatenfällen anzuwendende Kapitalverkehrsfreiheit** verstößt.

462

Dabei ist vorab zu klären, ob dem die sog. Standstill-Klausel entgegensteht. Demnach ist die Kapitalverkehrsfreiheit nicht anzuwenden, wenn es sich um eine am 31.12.1993 bereits bestehende Rechtsvorschrift für den Kapitalverkehr mit Drittstaaten im Zusammenhang mit Direktinvestitionen handelt.

> **Beratungshinweis:**
>
> Die Entscheidung des EuGH könnte über den entschiedenen Einzelfall hinaus auch allgemein für Beteiligungen an Gesellschaften mit Sitz außerhalb der EU/EWR von Bedeutung sein. So könnte für diese die Hinzurechnungsbesteuerung in deutlich weniger Fällen zur Anwendung kommen.

5. Wegzugsbesteuerung: Keine Berücksichtigung fiktiver Veräußerungsverluste

Gibt eine natürliche Person, die mindestens zehn Jahre im Inland unbeschränkt steuerpflichtig war, ihren Wohnsitz oder gewöhnlichen Aufenthalt im Inland auf, unterliegt ein Vermögenszuwachs bei Anteilen an Kapitalgesellschaften i.S.d. § 17 EStG der Besteuerung im Inland (§ 6 AStG). Diese Wegzugsbesteuerung erfasst laut Urteil des BFH vom 26.4.2017[2)] **nur Fälle**, in denen der gemeine Wert der Anteile die Anschaffungskosten übersteigt, mithin ein **fiktiver Veräußerungsgewinn** vorliegt. Ein Wertverlust bei Wegzug ist hingegen nicht zu berücksichtigen, so dass es auch **nicht zu einer Saldierung von fiktiven Veräußerungsgewinnen und Wertverlusten** unterschiedlicher Anteile zum Zeitpunkt des Wegzugs kommt.

463

> **Anmerkung:**
>
> Der BFH bestätigt damit seine bisherige Rechtsauffassung[3)] auch nach den Modifikationen der Wegzugsbesteuerung durch das SEStEG[4)].

V. Mitarbeiterentsendung

1. Aufteilung des nicht direkt zuordenbaren Arbeitslohns

Bereits mit Schreiben vom 12.11.2014[5)] gab das BMF vor, dass nicht direkt der Tätigkeit im In- oder Ausland zuordenbarer Arbeitslohn (z.B. Weihnachts- und Urlaubsgeld) sowohl im Lohnsteuerabzugsverfahren, als auch in der Einkommensteuerveranlagung **nach den im In- und Ausland verbrachten tatsächlichen Arbeitstagen** aufzuteilen ist. Diese Aufteilung kann für Zwecke des laufenden Lohnsteuerabzugs laut Schreiben des BMF vom 14.3.2017[6)] **alternativ nach den tatsächlichen Arbeitstagen im gesamten Beschäftigungszeitraum** innerhalb eines Kalenderjahres oder **nach den tatsächlichen Arbeitstagen im einzelnen Lohnzahlungszeitraum** erfolgen. Allerdings kann die Aufteilung auch anhand einer **Prognose** nach den vereinbarten Arbeitstagen für den Beschäftigungszeitraum oder den Lohnzahlungszeitraum erfolgen, die im Falle einer

464

---

1) BFH v. 12.10.2016, I R 80/14, BStBl II 2017, 615 (vgl. hierzu Weber, DStR 2017, 1302).
2) BFH v. 26.4.2017, I R 27/15, HFR 2017, 894 (vgl. hierzu auch Höring, Wegzugsbesteuerung – Keine Berücksichtigung fiktiver Veräußerungsverluste, eNews Steuern, Ausgabe 36/2017 v. 11.9.2017).
3) BFH v. 28.2.1990, I R 43/86, BStBl II 1990, 615.
4) Gesetz v. 7.12.2006, BGBl. I 2006, 2782 = BStBl I 2007, 4.
5) BMF v. 12.11.2014, IV B 2 – S 1300/08/10027, BStBl I 2014, 1467.
6) BMF v. 14.3.2017, IV C 5 – S 2369/10/10002, BStBl I 2017, 473.

Änderung zumindest für folgende Lohnzahlungszeiträume anzupassen ist. Die Aufteilung darf innerhalb eines Dienstverhältnisses während des Kalenderjahres stets nur einheitlich nach einer der Alternativlösungen erfolgen.

> **Beratungshinweis:**
>
> Der Arbeitgeber muss unabhängig von der gewählten Alternativlösung am Ende des Kalenderjahres oder bei Beendigung des Dienstverhältnisses die tatsächlichen In- und Auslandstage ermitteln und ggf. den Lohnsteuerabzug korrigieren. Dies gilt grundsätzlich unabhängig davon, ob der Arbeitnehmer unbeschränkt oder beschränkt steuerpflichtig ist.

465 Weiter führt das BMF aus, dass bei Anwendung des Auslandstätigkeitserlasses vom 31.10.1983[1] die **nicht direkt der Tätigkeit im In- oder Ausland zuzuordnenden sonstigen Bezüge** nach tatsächlichen Arbeitstagen innerhalb eines Kalenderjahres aufzuteilen sind. Konkret geht es um Zulagen, Prämien und Zuschüsse des Arbeitgebers für Aufwendungen des Arbeitnehmers. Zwar können diese regelmäßig der steuerfreien Auslandstätigkeit oder der steuerpflichtigen Inlandstätigkeit direkt zugeordnet werden. Ist eine solche Zuordnung jedoch nicht möglich, greift die Aufteilungsregelung. Bei Weihnachtszuwendungen, Urlaubsgeld bzw. Urlaubsabgeltung und Tantiemen ist eine direkte Zuordnung regelmäßig nicht möglich, so dass hier die Aufteilungsregelung entsprechend zur Anwendung kommt.

> **Anmerkung:**
>
> Zudem stellt das BMF klar, dass die Beschränkungen der Steuerfreistellung ausländischer Arbeitseinkünfte im Inland gemäß § 50d Abs. 8 und 9 EStG aus Vereinfachungsgründen im Lohnsteuerabzugsverfahren keine Anwendung finden.

2. Besteuerungsrecht hinsichtlich der Abfindung für frühere Tätigkeit

466 Der BFH kam mit Urteil vom 10.6.2015[2] zu dem Ergebnis, dass für Abfindungen, die anlässlich der Beendigung eines in Deutschland ausgeübten Dienstverhältnisses an eine Person gezahlt werden, die **zum Zeitpunkt der Auszahlung in einem anderen Staat ansässig** ist, nicht Deutschland, sondern der **Ansässigkeitsstaat das Besteuerungsrecht** hat. Damit wich der BFH von den Ausführungen des OECD-Musterkommentars ab.

Als Reaktion hierauf wurde mit dem sog. Ersten BEPS-Umsetzungsgesetz[3] mit Wirkung **ab dem Veranlagungszeitraum 2017** in § 50d Abs. 12 EStG explizit geregelt, dass Abfindungen, die anlässlich der Beendigung eines Dienstverhältnisses gezahlt werden, für Zwecke der Anwendung eines DBA als für die frühere Tätigkeit geleistetes zusätzliches Entgelt zu behandeln sind. Damit behält der **frühere Tätigkeitsstaat** grundsätzlich das **Besteuerungsrecht**. Dies gilt allerdings nicht, soweit das Abkommen dazu eine spezielle Regelung trifft.

VI. Automatischer Austausch von Informationen über Finanzkonten
1. Informationsaustausch nach dem Finanzkonten-Informationsaustauschgesetz

467 **Erstmalig zum 30.9.2017** wurden nach den Vorgaben des Finanzkonten-Informationsaustauschgesetzes (FKAustG)[4] Informationen über Finanzkonten in Steuersachen zwi-

---
1) BMF v. 31.10.1983, IV B 6-S 2293–50/83, BStBl I 1983, 470.
2) BFH v. 10.6.2015, I R 79/13, BStBl II 2016, 326 (vgl. hierzu auch Märtens, jurisPR-SteuerR 45/2015 Anm. 1).
3) Gesetz v. 20.12.2016, BGBl. I 2016, 3000 = BStBl I 2017, 5 (Art. 6 des Gesetzes).
4) Gesetz v. 21.12.2015, BGBl. I 2015, 2531; geändert durch Gesetz v. 20.12.2016, BGBl. I 2016, 3000 = BStBl I 2017, 5.

schen den teilnehmenden Staaten ausgetauscht. Dazu waren dem BZSt von den meldenden Finanzinstituten die Finanzkontendaten zu den meldepflichtigen Konten nach amtlich vorgeschriebenen Datensatz elektronisch erstmals zum 31.7.2017 zu übermitteln.

Anwendungsfragen im Zusammenhang mit dem dazu entwickelten gemeinsamen Meldestandard klärte das BMF bereits mit Schreiben vom 1.2.2017.[1] Mit weiterem Schreiben vom 22.6.2017[2] gab das BMF die finale **Staatenaustauschliste** bekannt, mit denen ein automatischer Informationsaustausch zum 30.9.2017 erfolgen sollte. Darin finden sich neben den EU-Mitgliedstaaten z.B. auch Cayman Islands, Liechtenstein und San Marino.

2. Informationsaustausch nach dem FATCA-Abkommen

Gegenüber den USA erfolgt der automatische Informationsaustausch über Finanzkonten nach dem sog. FATCA-Abkommen. Dazu bestehende Anwendungsfragen wurden ebenso durch das Schreiben des BMF vom 1.2.2017 geklärt.[3] Auf die erstmals für das Kalenderjahr 2016 zu übermittelnden Meldungen der Finanzinstitute ging das BMF zudem mit Schreiben vom 2.6.2017[4] ein. Darin wurde der amtlich vorgeschriebene **Datensatz** veröffentlicht.

468

E. Erbschaft- und Schenkungsteuer

I. Steuerpflichtige Erwerbe

1. Verdeckte Einlage einzelner Gesellschafter in die gesamthänderische Rücklage

Das FG Baden-Württemberg bejaht im Rahmen des vorläufigen Rechtsschutzes mit Beschluss vom 1.3.2017[5] das Vorliegen einer schenkungsteuerpflichtigen **Zuwendung an die Gesellschafter** einer Personengesellschaft, wenn nur einzelne Gesellschafter eine verdeckte Einlage in die gesamthänderische Rücklage der Gesellschaft leisten.

469

Trotz der Rechtsprechung des BGH zur Teilrechtsfähigkeit der GbR im Zivilrecht[6] hält das FG Baden-Württemberg daran fest, dass die Personengesellschaft im Erbschaft- und Schenkungsteuerrecht als transparent zu behandeln ist. Somit seien nicht die Personengesellschaft, sondern deren **Gesellschafter als schenkungsteuerliche Bereicherungsempfänger** anzusehen.[7] An dieser Wertung ändere sich auch dadurch nichts, dass die einzelnen Gesellschafter der gesamthänderischen Bindung unterliegen und somit über einzelne zum Gesellschaftsvermögen gehörende Gegenstände nicht verfügen können.

Zudem sieht das FG in der verdeckten Einlage keinen gesellschaftsrechtlich veranlassten Beitrag, sondern eine **freigebige Zuwendung**. Eine gesellschaftsrechtliche Veranlassung scheide aus, wenn nur einzelne Gesellschafter eine unentgeltliche Leistung erbringen, die der Gesamtheit der Gesellschafter zugutekommt. Dies sei zu bejahen, wenn – wie im Streitfall – einzelne Gesellschafter eine im Gesellschaftsvertrag nicht

---

1) BMF v. 1.2.2017, IV B 6 – S 1315/13/10021 :044, BStBl I 2017, 305.
2) BMF v. 22.6.2017, IV B 6 – S 1315/13/10021 :046, BStBl I 2017, 878.
3) BMF v. 1.2.2017, IV B 6 – S 1315/13/10021 :044, BStBl I 2017, 305.
4) BMF v. 2.6.2017, IV B 6 – S 1316/11/10052 :124, BStBl I 2017, 877.
5) FG Baden-Württemberg v. 1.3.2017, 7 V 2515/16, EFG 2017, 734 (rkr.) mit Anm. Wigand (vgl. hierzu auch Höreth, Verdeckte Einlage einzelner Gesellschafter in eine Personengesellschaft kann freigebige Zuwendung zugunsten der übrigen Gesellschafter sein, eNews Steuern, Ausgabe 15/2017 v. 18.4.2017).
6) BGH v. 29.1.2001, II ZR 331/00, NJW 2001, 1056.
7) Entsprechend auch Niedersächsisches FG v.18.3.2015, 3 K 174/14, EFG 2016, 1096 mit Anm. Lutter (Rev. BFH: II R 46/15), zur Frage, wer als Schenker anzusehen ist (vgl. zur Entscheidung des FG auch Feldgen, Schein-Arbeitsverträge mit Fußballspielern, eNews Steuern, Ausgabe 4/2016 v. 20.6.2016).

vorgesehene verdeckte Einlage in die KG leisten und die übrigen Gesellschafter dadurch einen Mehrwert erhalten, zu dem sie nichts beitragen müssen.

2. Zinsloses Darlehen an den Lebenspartner

470 Nach Auffassung des FG München ist die unentgeltliche Kapitalnutzung in Form der Gewährung eines Darlehens durch den Lebenspartner, für das weder Zinsen vereinbart wurden, noch anderweitige Gegenleistungen erfolgten, schenkungsteuerlich als **freigebige Zuwendung** zu beurteilen.[1]

Das als Darlehen gewährte Kapital diente der Finanzierung von Sanierungs- und Umbaukosten des sanierungsbedürftigen, gemeinsam von den Lebensgefährten bewohnten Wohnhauses. Zwar könne – so das FG weiter – die Gewährung eines Mitnutzungsrechts an den Wohnräumen eine Gegenleistung für die Kapitalnutzung darstellen. Jedoch beruhe im Streitfall die Mitnutzung in erster Linie auf der lebenspartnerschaftlichen Beziehung. Die Motivation der Kreditgewährung durch dieses lebenspartnerschaftliche Verhältnis und den Umstand des gemeinsamen Wohnens führe jedoch noch nicht zur Entgeltlichkeit. Daran ändere sich auch nichts dadurch, dass dem darlehensgewährenden Lebenspartner das Recht eingeräumt wurde, den Umbau mitzugestalten.

> **Beratungshinweis:**
>
> Die freigebige Zuwendung wurde mit dem **jährlichen Zinsvorteil** eines auf zwölf Jahre laufenden zinslosen Darlehens mit 5,5 % bewertet. Das FG billigte diese Bewertung, weil der Kapitalmarktzins im Zeitpunkt der Darlehensaufnahme in der Nähe dieser 5,5 % lag.

3. Geerbter Pflichtteilsanspruch

471 Ein Pflichtteilsanspruch gilt erst dann als Erwerb von Todes wegen und unterliegt zu diesem Zeitpunkt der Erbschaftsteuer, wenn der **Pflichtteilsberechtigte den Anspruch geltend macht** (§ 3 Abs. 1 Nr. 1, 1. Alt ErbStG). Das bloße Entstehen des Anspruchs führt noch nicht dazu, dass Erbschaftsteuer anfällt. Dadurch soll ausgeschlossen werden, dass der Pflichtteilsberechtigte bereits mit Erbschaftsteuer belastet wird, wenn er seinen Anspruch zunächst nicht erhebt. Verzichtet er dauerhaft auf die Geltendmachung des Anspruchs, hätte er zu keinem Zeitpunkt Erbschaftsteuer auf den Anspruch zu zahlen.

Zu einem **anderen Ergebnis** kommt der BFH jedoch mit Urteil vom 7.12.2016[2], wenn ein **Pflichtteilsanspruch geerbt** wird. Anders als bei einem originären Pflichtteilsanspruch des Pflichtteilsberechtigten werde bei einem geerbten (derivativen) Pflichtteilsanspruch die Besteuerung nicht bis zu dessen Geltendmachung verzögert. Denn beim originär erworbenen Pflichtteilsanspruch sei die Entschließungsfreiheit des Pflichtteilsberechtigten, ob und wann er den Anspruch geltend macht, zu respektieren. Dies rechtfertige das zeitliche Hinausschieben der Besteuerung. Dadurch soll dem persönlichen Näheverhältnis zwischen dem Pflichtteilsberechtigten und dem Erblasser Rechnung getragen werden. Da dieses Näheverhältnis aber mit dem Tod des Pflichtteilsberechtigten erloschen sei, entfalle dieser Rechtfertigungsgrund, ungeachtet eines vergleichbaren Näheverhältnisses seines Erben.

---

1) FG München v. 25.2.2016, 4 K 1984/14, EFG 2016, 728 mit Anm. Welzel (rkr.); vgl. zu dieser Entscheidung auch Podewils, jurisPR-SteuerR 25/2016 Anm. 6.
2) BFH v. 7.12.2016, II R 21/14, HFR 2017, 416 mit Anm. Riehl (vgl. zu dieser Entscheidung auch Stelzer, Besteuerung eines durch Erbanfall erworbenen Pflichtteilsanspruchs, eNews Steuern, Ausgabe 13/2017 v. 3.4.2017 und Meßbacher-Hönsch, jurisPR-SteuerR 23/2017 Anm. 4).

E. Erbschaft- und Schenkungsteuer

Kritische Stellungnahme:

Zwar verweist der BFH auf die zivilrechtliche Lage, wonach der Erbe im Rahmen der Gesamtrechtsnachfolge in die rechtliche Position des Erblassers eintritt. Damit im Widerspruch dürfte u.E. jedoch stehen, dass er dann die Entschließungsfreiheit des Erben, ob und wann er den geerbten Pflichtteilsanspruch geltend macht, erbschaftsteuerlich nicht mehr für beachtlich ansieht.

4. Abfindung für den Verzicht auf einen künftigen Pflichtteilsanspruch unter Geschwistern

Verzichtet ein gesetzlicher Erbe gegen eine von seinen Geschwistern zu zahlende Abfindung auf seinen Pflichtteilsanspruch, ist laut BFH – entgegen seiner bisherigen Rechtsprechung – danach zu unterscheiden, ob der Verzicht bereits zu Lebzeiten oder erst nach dem Tod des Erblassers vereinbart wird.[1] Danach unterliegt nunmehr der Verzicht zwischen Geschwistern **zu Lebzeiten des Erblassers der Steuerklasse II**, so dass die für den Stpfl. günstigere **Steuerklasse I** dann nur noch bei einem **Verzicht nach dem Tod des Erblassers** anzuwenden ist.

472

Bisher war der BFH davon ausgegangen, dass in derartigen Fällen für die Besteuerung der Abfindungen nicht das Verhältnis des Zuwendungsempfängers (Verzichtenden) zum Zahlenden, sondern dasjenige zum künftigen Erblasser maßgebend ist. Dahinter stand die Intention, den gegen Abfindung vereinbarten Pflichtteilsverzicht sowohl vor, als auch nach dem Eintritt des Erbfalls im Ergebnis gleich zu behandeln. Dies kann aber insbesondere dann nicht erreicht werden, wenn der Pflichtteilsverzicht gegenüber mehreren Personen erklärt wird und/oder Vorschenkungen des (künftigen) Erblassers an den Verzichtenden vorliegen. Bei einem vor Eintritt des Erbfalls vereinbarten Pflichtteilsverzicht gegen Abfindung sind daher laut geänderter Rechtsauffassung des BFH die erbschaftsteuerrechtlichen Vorschriften anwendbar, die im Verhältnis des Zahlungsempfängers zu den Zahlenden gelten.

5. Keine Ersatzerbschaftsteuer bei nichtrechtsfähiger Stiftung

Familienstiftungen unterliegen nach § 1 Abs. 1 Nr. 4 ErbStG in Zeitabständen von je 30 Jahren der Ersatzerbschaftsteuer. Diese Regelung greift laut Urteil des BFH vom 25.1.2017[2] nicht, wenn es sich um eine nichtrechtsfähige Stiftung handelt.

473

Zwar finden sich im Wortlaut des § 1 Abs. 1 Nr. 4 ErbStG keine Anhaltspunkte, wonach zwischen einer rechtsfähigen und einer nichtrechtsfähigen Stiftung zu differenzieren wäre. Da aber eine nichtrechtsfähige Stiftung **nicht Träger von eigenem Vermögen** sein kann, der Ersatzerbschaftsteuer aber das Vermögen der Stiftung unterliegt, finde die Regelung – so der BFH – auf Stiftungen ohne Rechtsfähigkeit keine Anwendung.

Im Fall einer nichtrechtsfähigen Stiftung ist der zivilrechtliche Eigentümer des Vermögens der Träger der Stiftung, der das Vermögen im Rahmen eines besonderen Treuhandverhältnisses hält. Wirtschaftlicher Eigentümer des Vermögens ist nicht der Träger der Stiftung, sondern die Stiftung selbst. Für die Anwendung der Ersatzerbschaftsteuer ist jedoch nach Auffassung des BFH nicht die wirtschaftliche Betrachtungsweise maßgeblich, sondern allein auf die **Zivilrechtslage** abzustellen.

Beratungshinweis:

Damit unterliegt im Ergebnis die unentgeltliche Übertragung von Vermögen auf eine nichtrechtsfähige Stiftung **einmalig** zum Zeitpunkt der Schenkung bzw. des Erbfalls der Erbschaftsteuer. Die Ersatzerbschaftsteuer kommt hingegen nicht zur Anwendung.

---

1) BFH v. 10.5.2017, II R 25/15, HFR 2017, 957 mit Anm. Kugelmüller-Pugh (vgl. hierzu auch Höreth, Abfindung für den Verzicht auf einen künftigen Pflichtteilsanspruch, eNews Steuern, Ausgabe 32/2017 v. 14.8.2017).
2) BFH v. 25.1.2017, II R 26/16, HFR 2017, 414 mit Anm. Kugelmüller-Pugh (vgl. hierzu auch Stelzer, Nichtrechtsfähige Stiftung unterliegt nicht der Ersatzerbschaftsteuer, eNews Steuern, Ausgabe 11/2017 v. 20.3.2017).

II. Steuerbegünstigungen

1. Ländererlasse zur Erbschaftsteuerreform 2016

a) Erbschaftsteuerliche Begünstigungen für Betriebsvermögen

474 Die Finanzverwaltungen der Länder geben mit dem koordinierten Ländererlasse vom 22.6.2017[1] erste Hinweise zur Anwendung der durch die Erbschaftsteuerreform 2016[2] geänderten Regelungen.

> **Beratungshinweis:**
>
> Die koordinierten (nicht: gleichlautenden!) Ländererlasse sind unter **allen Bundesländern mit Ausnahme Bayerns** abgestimmt. Sie gelten somit nicht in Bayern. Dem Vernehmen wurde Bayern zwischenzeitlich von der Finanzministerkonferenz der Länderfinanzminister aufgefordert, der von den übrigen 15 Ländern vertretenen Rechtsauffassung zu folgen, so dass die Erhebung der Erbschaftsteuer gemäß der gemeinsam vereinbarten Grundsätze vollzogen werden kann. Ob Bayern dieser Aufforderung folgt, bleibt abzuwarten.

Die Ländererlasse kommentieren die Neuregelungen zur Begünstigung von Betriebsvermögen gemäß §§ 13a bis 13c ErbStG, zur Verschonungsbedarfsprüfung bei Erwerb eines großen Vermögens gemäß § 28 ErbStG sowie zur Stundung gemäß § 28a ErbStG.[3] Dementsprechend sind die ErbStR 2011 überholt und für Erwerbe nach dem 30.6.2016 mit Ausnahme Bayerns nicht mehr anwendbar. Für alle anderen Bestimmungen des ErbStG und des BewG bleiben die ErbStR 2011 weiterhin in Kraft.

> **Anmerkung:**
>
> Inhaltlich gehen die Erlasse u.a. auf den Ablauf des Verwaltungsvermögenstests im neuen Recht, den Aufbau der Verbundvermögensaufstellung und auf die Verschonungsbedarfsprüfung ein.

b) Anwendung des neuen Kapitalisierungsfaktors im vereinfachten Ertragswertverfahren

475 Mit der Erbschaftsteuerreform 2016[4] wurde für das vereinfachte Ertragswertverfahren ein **Kapitalisierungsfaktor von 13,75** vorgeschrieben. Dieser gilt bereits **rückwirkend auf Bewertungsstichtage nach dem 31.12.2015**, auch wenn mit der Reform im Übrigen die erbschaftsteuerlichen Regelungen bei Übertragung von Betriebsvermögen erst für Erwerbe nach dem 30.6.2016 geändert wurden.

Laut den gleichlautenden Erlassen der obersten Finanzbehörden der Länder vom 11.5.2017[5] sind grundsätzlich alle **nicht bestandskräftigen Wertfeststellungen** für Bewertungsstichtage **nach dem 31.12.2015 und vor dem 1.7.2016 zu ändern**. Bei einer Änderung zu Ungunsten eines Beteiligten sind jedoch die Vorgaben des Vertrauensschutzes zu beachten.

Die so zu ändernden Feststellungsbescheide für Bewertungsstichtage nach dem 31.12.2015 und vor dem 1.7.2016 sind grundsätzlich der Festsetzung der Erbschaft- und Schenkungsteuer zugrunde zu legen. Sollte sich der neu festgestellte gemeine Wert jedoch bei der Anwendung der früheren Verschonungsregelungen negativ auswirken, ist im Einzelfall **auf Antrag eine abweichende Steuerfestsetzung** vorzunehmen.

---

1) BStBl I 2017, 902.
2) Gesetz v. 4.11.2016, BGBl. I 2016, 2464 = BStBl I 2016, 1202.
3) Vgl. hierzu Jochum in Götz/Meßbacher-Hönsch, eKomm, Ab 1.7.2016, § 28 ErbStG, Rz. 26, 28 (Aktualisierung v. 26.9.2017).
4) Gesetz v. 4.11.2016, BGBl. I 2016, 2464 = BStBl I 2016, 1202.
5) BStBl I 2017, 751 (vgl. hierzu auch Halaczinsky, UVR 2017, 204).

> **Praxistipp:**
> Bei Erwerben nach dem 31.12.2015 und vor dem 1.7.2016 kann somit auf Antrag für die Prüfung der Verwaltungsvermögensquote von 50 % bzw. 10 % und der Berechnung des Sockelbetrags für die Finanzmittel noch der bisherige Kapitalisierungsfaktor von 17,8571 bei der Ermittlung des Werts des Betriebsvermögens angewendet werden. Entsprechend kann auch im Rahmen von Feststellungen für nachgeordnete Gesellschaften vorgegangen werden.

2. Auf den überlebenden Ehegatten übergegangenes Familienheim

476 Geht das Familienheim im Falle des Versterbens eines Ehegatten auf den überlebenden Ehegatten über, ist dieser Erwerb von der Erbschaftsteuer befreit (§ 13 Abs. 1 Nr. 4b Satz 1 ErbStG). Um als Familienheim zu qualifizieren, muss die Immobilie aber **bis zum Erbfall durch den Erblasser zu eigenen Wohnzwecken genutzt** worden sein. Laut rechtskräftigem Urteil des FG München vom 24.2.2016[1] genügt hierbei **nicht die bloße Absicht** des Erblassers, in diese Wohnung umzuziehen.

An dieser Wertung ändere sich auch dadurch nichts, dass der Erblasser durch eine schwere Erkrankung daran gehindert war. Zwar sei eine schwere Erkrankung geeignet, einen zwingenden objektiven Hinderungsgrund im Sinne der Befreiungsvorschrift darzustellen. Eine Selbstnutzung durch den Erblasser bis zum Eintritt des Erbfalls könne dadurch aber nur ersetzt werden, wenn die Wohnung zumindest zu einem früheren Zeitpunkt selbst genutzt wurde.

> **Beratungshinweis:**
> Somit greift die Befreiungsvorschrift zwar dann, wenn der Erblasser die Wohnung zunächst selbst genutzt hat, er die Selbstnutzung jedoch vor dem Erbfall wegen des Aufenthalts in einem Pflegeheim aufgeben musste. Dem stellt das FG München jedoch nicht den Fall gleich, dass z.B. eine Eigentumswohnung zur Nutzung für eigene Wohnzwecke vom Erblasser erworben wird, die Selbstnutzung jedoch an der schweren Erkrankung des Erblassers scheitert.

3. Erwerb von Wohneigentum durch ein Kind

477 Nicht der Erbschaftsteuer unterliegt der Erwerb des Familienheims von Todes wegen durch ein Kind (§ 13 Abs. 1 Nr. 4c ErbStG). Dies setzt allerdings voraus, dass die zuvor vom Erblasser zu eigenen Wohnzwecken genutzte Immobilie **beim erwerbenden Kind unverzüglich zur Selbstnutzung** zu eigenen Wohnzwecken bestimmt ist. Nutzt das Kind die Immobilie nicht selbst, liegen die Voraussetzungen der Erbschaftsteuerbefreiung nicht vor. Dies gilt laut Urteil des BFH vom 5.10.2016[2] auch dann, wenn die Immobilie einem **nahen Angehörigen unentgeltlich zur Nutzung** überlassen wird.

> **Anmerkung:**
> Im Streitfall nutzte nicht das erwerbende Kind, sondern die Mutter des Kindes nach dem Versterben des Vaters die bislang von Vater und Mutter genutzte Eigentumswohnung weiterhin für eigene Wohnzwecke. Das Kind übernachtete lediglich gelegentlich dort und nutzte einen Raum der Wohnung zur Verwaltung des Nachlasses.

---

1) FG München v. 24.2.2016, 4 K 2885/14, EFG 2016, 731 (rkr.) mit Anm. Welzel.
2) BFH v. 5.10.2016, II R 32/15, BStBl II 2017, 130 = HFR 2017, 51 mit Anm. Kugelmüller-Pugh (vgl. hierzu auch Stelzer, Keine Erbschaftsteuerbefreiung für den Erwerb von Wohneigentum durch ein Kind ohne Selbstnutzung, eNews Steuern, Ausgabe 29/2016 v. 12.12.2016 und Meßbacher-Hönsch, jurisPR-SteuerR 8/2017 Anm. 4).

4. Anerkennung einer Kunststiftung als gemeinnützig

478 In seinem Urteil vom 23.2.2017[1)] kam der BFH zu dem Ergebnis, dass eine Kunststiftung, die Kunstwerke **in privaten, nicht öffentlich zugänglichen Räumen aufbewahrt und nur gelegentlich öffentlich ausstellt, nicht** die Voraussetzungen für die Anerkennung der Gemeinnützigkeit erfüllt.

Der BFH begründet seine Entscheidung insb. mit der fehlenden Selbstlosigkeit der Stiftung. Denn durch die Gründung der Stiftung habe sich – so der BFH – für die Stifter faktisch nichts geändert. Die Kunstwerke befanden sich noch immer in deren unmittelbarem Besitz und durch eine entsprechende Regelung in der Satzung war das Stiftungsvermögen für die nächsten zwei Generationen an die Familie gebunden. Damit habe die Stiftung die eigennützigen Interessen der Stifter verwirklicht und somit nicht selbstlos i.S.d. § 55 Abs. 1 AO gehandelt.

> **Anmerkung:**
> Die Entscheidung des BFH erging zwar zur Frage der Körperschaftsteuerpflicht. Sie führt aber auch dazu, dass die Zuwendungen an die Stiftung nicht als erbschaft- und schenkungsteuerbefreit zu behandeln sind.
>
> Kritisch zu hinterfragen ist das Urteil dahingehend, ob die Argumentation des BFH zur Selbstlosigkeit nicht über den Gesetzeswortlaut hinausgeht, indem es eine Opferwilligkeit verlangt, die so dem Gesetzeswortlaut nicht zu entnehmen ist.[2)] Als die Entscheidung tragendes Argument dürfte aber die fehlende Förderung der Allgemeinheit heranzuziehen sein, da die Kunstwerke der Öffentlichkeit faktisch nicht zugänglich waren.[3)]

5. Persönliche Freibeträge bei beschränkter Steuerpflicht

a) Gesetzliche Neuregelung

479 In Reaktion auf die Rechtsprechung des EuGH[4)] wurde mit dem Steuerumgehungsbekämpfungsgesetz[5)] die Gewährung des persönlichen Freibetrags nach § 16 Abs. 1 ErbStG auch auf beschränkt Stpfl. ausgedehnt.[6)] Somit ist für Erwerbe, für die die Steuer nach dem 24.6.2017 entsteht, der persönliche Freibetrag sowohl für unbeschränkt als auch für beschränkt Stpfl. in gleicher Höhe zu berücksichtigen. Bei beschränkt Stpfl. ist der **Freibetrag** allerdings **um den Teilbetrag** des gesamten Vermögensanfalls innerhalb von zehn Jahren, der nicht der beschränkten Steuerpflicht unterliegt, **zu mindern** (§ 16 Abs. 2 ErbStG).

b) Altfälle

480 Mit Urteil vom 10.5.2017[7)] kommt der BFH zu dem Ergebnis, dass einem beschränkt Stpfl. bei der Ermittlung der Erbschaftsteuer für den Erwerb nach dem Tod seines Ehegatten anstelle des in § 16 Abs. 2 ErbStG a.F. vorgesehenen Freibetrags von 2 000 Euro der **Freibetrag** nach § 16 Abs. 1 Nr. 1 ErbStG **in Höhe von 500 000 Euro** zu gewähren ist.

Zur Beseitigung der EU-Rechtswidrigkeit sieht der BFH die Anwendung des für Ehegatten im Falle der unbeschränkten Steuerpflicht vorgesehenen Freibetrags in voller

---

1) BFH v. 23.2.2017, V R 51/15, HFR 2017, 668 = BFH/NV 2017, 882 (vgl. hierzu auch Feldgen, Keine Gemeinnützigkeit einer Kunststiftung bei Unterbringung der Kunstwerke in nicht öffentlich zugänglichen Privaträumen, eNews Steuern, Ausgabe 18/2017 v. 8.5.2017).
2) Hüttemann, Gemeinnützigkeits- und Spendenrecht, 2015, 304 ff.
3) Vgl. auch Egelhof/Mirbach, DStRK 2017, 206.
4) EuGH v. 8.6.2016, Hünnebeck, C-479/14, DStR 2016, 1360–1366.
5) Gesetz v. 23.6.2017, BGBl. I 2017, 1682 = BStBl I 2017, 865.
6) Vgl. zur Änderung von § 16 ErbStG bereits die Kommentierung von Götz in Götz/Meßbacher-Hönsch, eKomm, Ab 25.6.2017, § 16 ErbStG, Rz. 1 ff. (Aktualisierung v. 5.9.2017).
7) BFH v. 10.5.2017, II R 53/14, BFH/NV 2017, 1389 (vgl. hierzu auch Stelzer, Erbschaftsteuerlicher Ehegattenfreibetrag bei beschränkter Steuerpflicht, eNews Steuern, Ausgabe 33/2017 v. 21.8.2017).

Höhe für erforderlich an. **Unbeachtlich** sei dabei, ob und in welchem Umfang neben dem inländischen Vermögen auch nicht der beschränkten Steuerpflicht unterliegendes ausländisches Vermögen erworben worden sei. Eine einschränkende Anwendung der Freibetragsregelung würde die Grenzen einer zulässigen Auslegung der Gesetzesnorm überschreiten.

> **Anmerkung:**
>
> Für Erwerbe, für die die Steuer **nach dem 24.6.2017** entsteht, ist allerdings die **gesetzliche Neuregelung** zu beachten, wonach der Ehegattenfreibetrag in Höhe von 500 000 Euro grundsätzlich auch im Falle der beschränkten Steuerpflicht gewährt wird, jedoch nach dem Verhältnis der nicht der beschränkten Steuerpflicht unterliegenden Vermögensvorteile zum Wert des gesamten erworbenen Vermögens zu kürzen ist (→ Rz. 479).

6. Besonderer Versorgungsfreibetrag bei beschränkter Steuerpflicht

Zudem wurde mit dem Steuerumgehungsbekämpfungsgesetz[1] die Anwendbarkeit des besonderen Versorgungsfreibetrags auf Fälle von beschränkt Stpfl. mit Wirkung für Erwerbe, für die die Steuer nach dem 24.6.2017 entsteht, ausgedehnt. Allerdings gilt dies nur, wenn der Ansässigkeitsstaat des Erblassers oder des Erwerbers **Amtshilfe** leistet (§ 17 Abs. 3 ErbStG).[2] **481**

> **Anmerkung:**
>
> Für frühere Fälle kommt die Anwendung des besonderen Versorgungsfreibetrags auch bei beschränkt Stpfl. in Betracht, soweit der entsprechende Steuerbescheid noch nicht bestandskräftig ist (§ 37 Abs. 13 ErbStG).

III. Sonstige erbschaftsteuerliche Themen

1. Festsetzung der Schenkungsteuer gegen den Schenker

Der Schenker und der Beschenkte sind **Gesamtschuldner** der Schenkungsteuer (§ 20 Abs. 1 Satz 1 ErbStG). Es steht deshalb im Ermessen der Finanzbehörde, welchen Schuldner sie in Anspruch nimmt. Der BFH hatte darüber zu entscheiden, ob es ermessensfehlerhaft ist, wenn an den Beschenkten ein Bescheid über Schenkungsteuer ergangen ist, darin aber der Steuerbetrag zu niedrig festgesetzt wurde, und nun der noch nicht gezahlte Steuerbetrag gegenüber dem Schenker festgesetzt wird. Hat sich der **Schenker** im Verhältnis zum Beschenkten **vertraglich zur Entrichtung der Schenkungsteuer verpflichtet**, erkennt der BFH darin **keinen Ermessensfehler**.[3] **482**

> **Beratungshinweis:**
>
> Der Schenker kann sich nicht mit Verweis auf einen etwaig bereits bestandskräftigen Steuerbescheid gegenüber dem Beschenkten gegen seine Inanspruchnahme wehren. Ein solcher Steuerbescheid entfaltet keine Wirkung gegenüber dem Schenker. Eine Steuerfestsetzung gegenüber dem Schenker ist allerdings in Höhe der bereits durch den Beschenkten geleisteten Zahlung nicht mehr möglich.

---

1) Gesetz v. 23.6.2017, BGBl. I 2017, 1682 = BStBl I 2017, 865.
2) Vgl. zur Änderung von § 17 Abs. 3 ErbStG bereits die Kommentierung von Götz in Götz/Meßbacher-Hönsch, eKomm, Ab 25.6.2017, § 17 ErbStG, Rz. 1 ff. (Aktualisierung v. 5.9.2017).
3) BFH v. 8.3.2017, II R 31/15, HFR 2017, 624 mit Anm. Kugelmüller-Pugh (vgl. hierzu auch Stelzer, Festsetzung der Schenkungsteuer gegen den Schenker, eNews Steuer, Ausgabe 20/2017 v. 22.5.2017 und Loose, jurisPR-SteuerR 29/2017 Anm. 5).

2. Keine Steuerermäßigung bei nach ausländischem Recht besteuertem Vorerwerb

483 Erben Personen der Steuerklasse I Vermögen, das in den letzten zehn Jahren vor dem Erwerb bereits von Personen dieser Steuerklasse erworben wurde und war für dieses Vermögen Erbschaftsteuer zu erheben (sog. Vorerwerb), ermäßigt sich nach § 27 ErbStG der auf dieses Vermögen entfallende Steuerbetrag. Dies gilt jedoch nicht bei einem nach ausländischem Recht besteuerten Vorerwerb, wie der BFH mit Urteil vom 27.9.2016[1] mit Verweis auf die Rechtsprechung des EuGH[2] entschied.

3. Anzeigepflicht eines inländischen Kreditinstituts mit Zweigniederlassung im Ausland

484 Der BFH legte dem EuGH die Frage zur Vorabentscheidung vor, ob die erbschaftsteuerliche Anzeigepflicht eines inländischen Kreditinstituts mit einer Zweigniederlassung im EU-Ausland gegen EU-Recht verstößt. Nachdem der EuGH diese Frage verneinte[3], bejaht der BFH in seinem Urteil vom 16.11.2016[4] die **Pflicht des inländischen Kreditinstituts**, in die Anzeige nach § 33 Abs. 1 ErbStG **auch die Vermögensgegenstände und Forderungen** einzubeziehen, die von einer unselbständigen Zweigstelle **im Ausland** verwahrt werden. Dem steht nicht entgegen, wenn im Ansässigkeitsstaat der Zweigniederlassung – wie im Streitfall in Österreich – ein strafbewehrtes Bankgeheimnis zu beachten ist.

Um eine daraus resultierende Pflichtenkollision zu vermeiden, ist es dem inländischen Kreditinstitut nach Auffassung des BFH zumutbar, die Eröffnung von Konten und Depots in der ausländischen Zweigstelle davon abhängig zu machen, dass sich der inländische Inhaber im Fall seines Todes mit der Auskunftserteilung einverstanden erklärt.

> **Beratungshinweis:**
> Der Streitfall betraf eine unselbständige Zweigstelle im EU-Ausland. Jedoch dürfte die Anzeigepflicht auch im Fall einer unselbständigen Zweigstelle außerhalb der EU zu bejahen sein, da der BFH sowohl EU-rechtliche als auch völkerrechtliche Bedenken verwarf.

F. Besteuerung von Privatpersonen

I. Kapitaleinkünfte

1. Rückabwicklung einer Anteilsveräußerung

485 Wurde ein Kaufvertrag über einen Anteil an einer Kapitalgesellschaft noch nicht von beiden Vertragsparteien vollständig erfüllt, stellt die Rückabwicklung aus Sicht des früheren Veräußerers keine Anschaffung der zurückübertragenen Anteile dar. Zu diesem Ergebnis kommt der BFH mit Urteil vom 6.12.2016[5] im Fall der Veräußerung eines Anteils i.S.d. § 17 EStG und der anschließenden Rückabwicklung. Die Richter erkennen darin ein **rückwirkendes Ereignis**, das zum rückwirkenden Wegfall eines bereits entstandenen Veräußerungsgewinns führt.

---

1) BFH v. 27.9.2016, II R 37/13, BStBl II 2017, 411 (vgl. hierzu Meßbacher-Hönsch, jurisPR-SteuerR 15/2017 Anm. 6).
2) EuGH v. 30.6.2016, Feilen, C-123/15, BStBl II 2017, 424.
3) EuGH v. 14.4.2016, Sparkasse Allgäu, C-522/14, HFR 2016, 674.
4) BFH v. 16.11.2016, II R 29/13, BStBl II 2017, 413 (vgl. hierzu auch Stelzer, Erbschaftsteuerliche Anzeigepflicht eines inländischen Kreditinstituts mit ausländischer Zweigstelle, eNews Steuern, Ausgabe 5/2017 v. 6.2.2017).
5) BFH v. 6.12.2016, IX R 49/15, BStBl II 2017, 673 (vgl. hierzu auch Bodden, BeSt 2017, 32 ff.).

F. Besteuerung von Privatpersonen

> **Beratungshinweis:**
> Zu einer ggf. anderen Wertung käme der BFH jedoch, wenn die Gegenleistung bereits vollständig erfüllt worden wäre. Hier würde die Rückabwicklung nur dann zurückwirken, wenn der Rechtsgrund für die spätere Änderung im ursprünglichen Rechtsgeschäft angelegt wäre.[1]
>
> Auch ging der I. Senat des BFH von einem weiteren Veräußerungsgeschäft aus, wenn die Anteilsveräußerung wegen Täuschung über den Wert der Beteiligung rückabgewickelt wird und der gezahlte Kaufpreis nicht zurückerlangt werden kann.[2] Auf Anfrage teilte der I. Senat dem hier entscheidenden IX. Senat mit, dass er unter vergleichbaren Umständen nicht mehr an seiner abweichenden Rechtsprechung festhält.

486

2. Barausgleichs des Stillhalters

Laut Urteil des BFH vom 20.10.2016[3] führt der im Rahmen des Basisgeschäfts gezahlte Barausgleich des Stillhalters bei Optionsgeschäften sowohl vor, als auch nach Einführung der Abgeltungsteuer zu steuerlich zu berücksichtigenden Verlusten.

487

Sofern der Barausgleich für Optionen erfolgte, die **vor der Einführung der Abgeltungsteuer** eingeräumt und die Optionen innerhalb der dann noch geltenden einjährigen Spekulationsfrist ausgeübt wurden, führt dieser zu einem **Verlust aus privaten Veräußerungsgeschäften**, der nur mit positiven Einkünften i.S.d. § 23 EStG verrechnet werden kann. Zum Zeitpunkt des Übergangs zur Abgeltungsteuer noch nicht vorhandene Altverluste aus privaten Veräußerungsgeschäften können im Rahmen einer Übergangsregelung mit Kapitaleinkünften im Sinne des § 20 Abs. 2 EStG verrechnet werden.

Der Barausgleich für Optionen, die in den **Anwendungszeitraum der Abgeltungsteuer** fallen, ist entgegen der Auffassung der Finanzverwaltung[4] als **Verlust aus einem Termingeschäft** nach § 20 Abs. 2 Satz 1 Nr. 3 Buchst. a EStG zu behandeln. Dieser Verlust kann auch mit positiven Kapitaleinkünften nach § 20 Abs. 1 EStG verrechnet werden.

3. Keine Anwendung des Progressionsvorbehalts bei ausländischen Kapitaleinkünften

Erzielt ein Stpfl., der im Ausland ansässig ist bzw. bei doppeltem Wohnsitz seinen Lebensmittelpunkt im Ausland hat und **auf Antrag der unbeschränkten Steuerpflicht** im Inland unterliegt, Kapitaleinkünfte in seinem Wohnsitzstaat, sind diese nicht im Rahmen des Progressionsvorbehalts zu berücksichtigen, sofern die Kapitaleinkünfte bei einem entsprechenden inländischen Sachverhalt der **Abgeltungsteuer oder dem Kapitalertragsteuereinbehalt mit abgeltender Wirkung unterlegen** hätten. Die Kapitaleinkünfte führen somit nicht zu einer Erhöhung des individuellen Einkommensteuersatzes. Zu diesem Ergebnis kommt das FG Münster mit Urteil vom 7.12.2016[5] und begründet dies damit, dass Kapitalerträge, die der Abgeltungsteuer unterliegen, nach der Sonderregelung des § 2 Abs. 5b EStG nicht als Einkünfte im Sinne des Progressionsvorbehalts gelten.

488

Zu einem anderen Ergebnis käme das FG Münster jedoch, wenn die Kapitaleinkünfte nicht der Abgeltungsteuer unterliegen würden, sondern mit dem tariflichen Einkommensteuersatz zu versteuern wären. In diesem Fall erhöhen die ausländischen Kapitaleinkünfte durch Anwendung des Progressionsvorbehalts den individuellen Einkommensteuersatz. Hiervon kann jedoch nicht bereits deshalb ausgegangen werden, weil

---

1) BFH v. 19.8.2003, VIII R 67/02, BStBl II 2004, 107.
2) BFH v. 21.10.1999, I R 43/98, I R 44/98, BStBl II 2000, 424.
3) BFH v. 20.10.2016, VIII R 55/13, BStBl II 2017, 264 = HFR 2017, 213 mit Anm. Werth (vgl. hierzu auch Feldgen, Besteuerung von Stillhalterprämien und steuerliche Berücksichtigung des vom Stillhalter gezahlten Barausgleichs, eNews Steuern, Ausgabe 5/2017 v. 6.2.2017).
4) BMF v. 18.1.2016, IV C 1 – S 2252/08/10004 :017, BStBl I 2016, 85, Tz. 26; ergänzt durch BMF v. 3.5.2017, IV C 1 – S 2252/08/10004 :020, BStBl I 2017, 739.
5) FG Münster v. 7.12.2016, 11 K 2115/15 E, EFG 2017, 294 (rkr.) mit Anm. Pichler (vgl. hierzu auch Höring, Ausländische Kapitaleinkünfte unterliegen nicht dem Progressionsvorbehalt, eNews Steuern, Ausgabe 3/2017 v. 23.1.2017).

wegen des geringen individuellen Einkommensteuersatzes der Antrag auf Günstigerprüfung im reinen Inlandsfall steuerlich vorteilhaft wäre. Denn die Ausübung des Wahlrechts, einen solchen Antrag zu stellen, ist laut FG Münster keiner Fiktion zugänglich.

> **Beratungshinweis:**
>
> Aus dem Urteil kann jedoch nicht geschlossen werden, dass ausländische Kapitaleinkünfte, die im Inlandsfall der Abgeltungsteuer unterliegen würden, stets nicht in den Progressionsvorbehalt einzubeziehen sind. Ist der **Stpfl. im Inland ansässig**, ist zu prüfen, ob das anzuwendende Doppelbesteuerungsabkommen die Einkünfte im Inland steuerbefreit. Ist dies zu bejahen, unterliegen diese Einkünfte dem Progressionsvorbehalt. Sieht das Doppelbesteuerungsabkommen ein Besteuerungsrecht Deutschlands vor, erfolgt ohnehin die Besteuerung in Deutschland, so dass sich die Frage der Anwendung des Progressionsvorbehalts nicht stellt.

4. Abgeltungsteuer

a) Anwendung der Abgeltungsteuer auf Zinseinkünfte bei mittelbarer Beteiligung

489 Zinseinkünfte unterliegen der Abgeltungsteuer. Dies gilt jedoch nicht, wenn es sich um Zinsen einer Kapitalgesellschaft für ein Darlehen handelt, welches von einem **Gesellschafter** gewährt wurde, der zu **mindestens 10 % an der Kapitalgesellschaft beteiligt** ist. Laut Urteil des BFH vom 20.10.2016[1]) greift diese Regelung jedoch **nicht**, wenn das Darlehen nicht durch den unmittelbar, sondern durch den **mittelbar beteiligten** Gesellschafter gewährt wird.

> **Beratungshinweis:**
>
> Zwar würde die Ausnahme von der Anwendung der Abgeltungsteuer auch greifen, wenn der Gläubiger der Kapitalerträge eine dem unmittelbaren Anteilseigner (Muttergesellschaft) nahestehende Person ist. Der Darlehensgeber ist allerdings nur dann eine nahe stehende Person in diesem Sinne, wenn er mehrheitlich an der Muttergesellschaft beteiligt ist. Dies war im Streitfall zu keinem Zeitpunkt der Fall.

b) Ausnahmeregelung bei Dividendenerträgen

490 Laufende Erträge aus der Beteiligung an einer Kapitalgesellschaft (insb. Dividenden) unterlagen bislang auf Antrag nicht der Abgeltungsteuer, wenn der Stpfl. entweder zu mindestens 25 % an der Gesellschaft beteiligt ist oder zu mindestens 1 % an der Gesellschaft beteiligt und beruflich für diese tätig ist (§ 32d Abs. 2 Satz 1 Nr. 3 EStG a.F.). Hinsichtlich der Anwendung der zweiten Alternative entschied der **BFH** mit Urteil vom 25.8.2015[2]), dass dem Wortlaut der gesetzlichen Regelung **weder qualitative noch quantitative Anforderungen an die berufliche Tätigkeit** des Anteilseigners für die Kapitalgesellschaft zu entnehmen sind.

Dem wurde durch eine Modifikation des Wortlauts der Regelung im Rahmen des Ersten BEPS-Umsetzungsgesetzes[3]) entgegengewirkt, indem Anträge auf Nichtanwendung der Abgeltungsteuer für Veranlagungszeiträume ab 2017 nur noch gestellt werden können, wenn neben der Mindestbeteiligung von 1 % **durch eine berufliche Tätigkeit für die Gesellschaft maßgeblicher unternehmerischer Einfluss** auf deren wirtschaftliche Tätigkeit genommen werden kann (§ 32d Abs. 2 Satz 1 Nr. 3 Buchst. b EStG).

---

1) BFH v. 20.10.2016, VIII R 27/15, BStBl II 2017, 441 = HFR 2017, 511 mit Anm. Stahl (vgl. hierzu auch Jachmann-Michel, jurisPR 27/2017 Anm. 3).
2) BFH v. 25.8.2015, VIII R 3/14, BStBl II 2015, 892 = HFR 2015, 1040 mit Anm. Werth.
3) Gesetz v. 20.12.2016, BGBl. I 2016, 3000 = BStBl I 2017, 5.

F. Besteuerung von Privatpersonen

c) Übergangsregelung zur Verrechnung von Altverlusten verfassungskonform

491 Vor Einführung der Abgeltungsteuer und damit vor dem 1.1.2009 entstandene Verluste aus der Veräußerung von Aktien (Altverluste) konnten nur innerhalb einer fünfjährigen Frist mit Aktiengewinnen verrechnet werden. Sofern Altverluste somit **bis 31.12.2013 nicht zur Verrechnung genutzt** werden konnten, sind diese nach der Übergangsregelung in § 52 Abs. 1 Satz 11 EStG a.F. **steuerlich irrelevant**.

Hiergegen vorgebrachte verfassungsrechtliche Bedenken verwarf der BFH mit Urteil vom 6.12.2016.[1] Da die Verlustverrechnung von Altverlusten durch die Übergangsregelung nicht vollständig ausgeschlossen wurde, sieht der BFH keinen Verstoß gegen den allgemeinen Gleichheitssatz. Die vorgesehene Fünf-Jahres-Frist zur Nutzung der Altverluste wird als ausreichend und angemessen angesehen.

d) Verlustausgleich bei der Abgeltungsteuer unterliegenden negativen Kapitaleinkünften

492 Negative Einkünfte aus Kapitalvermögen, die der Abgeltungsteuer unterliegen, können laut Urteil des BFH vom 30.11.2016[2] **mit positiven Kapitaleinkünften**, die nach dem progressiven **Regeltarif** zu besteuern sind, verrechnet werden. Erforderlich hierfür ist, dass der Stpfl. die sog. **Günstigerprüfung beantragt**.

Entgegen der Auffassung der Finanzverwaltung[3] bejaht der BFH die Verlustverrechnung, da infolge des Antrags auf Günstigerprüfung die der Abgeltungsteuer unterliegenden negativen Kapitaleinkünfte nun der tariflichen Einkommensteuer unterworfen werden. Folglich sei eine Verlustverrechnung mit anderen positiven, der Regelbesteuerung unterliegenden Kapitaleinkünften möglich. Dem stehe auch nicht § 20 Abs. 6 EStG entgegen, da hierdurch nur der Verlustausgleich mit Einkünften aus anderen Einkunftsarten versagt werde.

> **Beratungshinweis:**
>
> Die positiven Kapitaleinkünfte resultierten im Streitfall aus der Anwendung des § 32d Abs. 2 Nr. 1 EStG. Laut BFH ist in diesem Fall jedoch der Abzug des Sparer-Pauschbetrags nach dem Gesetzeswortlaut ausgeschlossen (§ 32d Abs. 2 Nr. 1 Satz 2 EStG). Vielmehr können nur tatsächlich angefallene Werbungskosten berücksichtigt werden.

5. Beschränkung der Anrechenbarkeit der Kapitalertragsteuer nach § 36a EStG

493 Bei Kapitalerträgen aus sammelverwahrten Aktien und aktienähnlichen Genussscheinen, die **nach dem 1.1.2016 zufließen**, unterliegt die Anrechenbarkeit der Kapitalertragsteuer der Beschränkung nach § 36a EStG, mit der sog. Cum/Cum-Gestaltungen unterbunden werden sollen (zur Vermeidung von sog. „Cum/Cum treaty shopping" s. auch → Rz. 340). Demnach setzt die volle Anrechnung voraus, dass der Stpfl. **während des Zeitraums von 45 Tagen vor und 45 Tagen nach** der Fälligkeit der Kapitalerträge ununterbrochen **mindestens 45 Tage lang** Eigentümer der zugrunde liegenden Anteile oder Genussrechte war. Zudem muss er während dieser Mindesthaltedauer ununterbrochen das Mindestwertänderungsrisiko getragen haben. Schließlich darf er nicht verpflichtet sein, die Kapitalerträge ganz oder überwiegend unmittelbar oder mittelbar anderen Personen zu vergüten. Die Vorgaben sind insb. dann nicht zu beachten, wenn diese Kapitalerträge im Veranlagungszeitraum nicht mehr als 20 000 Euro betragen oder der Stpfl. bei deren Zufluss seit mindestens einem Jahr ununterbrochen wirtschaftlicher Eigentümer der Aktien oder Genussscheine ist.

---

1) BFH v. 6.12.2016, IX R 48/15, BStBl II 2017, 313 (vgl. hierzu auch Schießl, jurisPR-SteuerR 15/2017 Anm. 4).
2) BFH v. 30.11.2016, VIII R 11/14, BStBl II 2017, 443 = HFR 2017, 606 mit Anm. Levedag (vgl. hierzu auch Feldgen, Verlustausgleich bei abgeltend besteuerten negativen Einkünften aus Kapitalvermögen im Wege der Günstigerprüfung, eNews Steuern, Ausgabe 15/2017 v. 18.4.2017).
3) BMF v. 18.1.2016, IV C 1 – S 2252/08/10004 :017, BStBl I 2016, 85, Tz. 119 a.

> **Beratungshinweis:**
> Vor der Anwendbarkeit der gesetzlichen Regelungen, somit bei Kapitalerträgen, die im Rahmen einer Cum/Cum-Transaktion vor dem 1.1.2016 zugeflossen sind, prüft das BMF laut Schreiben vom 17.7.2017[1] grundsätzlich in allen noch offenen Fällen, ob ein Gestaltungsmissbrauch i.S.d. § 42 Abs. 2 AO gegeben ist. Anhand von Beispielen erläutert das BMF in seinem Schreiben, welche Rechtsfolgen sich ergeben, wenn die Gestaltung als missbräuchlich zu beurteilen ist.

494 Das **BMF** geht mit Schreiben vom 3.4.2017[2] ausführlich auf die einzelnen Kriterien der Anrechnungsbeschränkung nach § 36a EStG ein. Von besonderer praktischer Bedeutung dürften dabei die Ausführungen zum **Mindestwertänderungsrisiko** sein. Der Stpfl. muss dazu unter Berücksichtigung von gegenläufigen Ansprüchen und Ansprüchen nahe stehender Personen das Risiko aus einem sinkenden gemeinen Wert der Anteile oder Genussscheine im Umfang von mindestens 70 % tragen.

Laut BMF **fehlt** es u.a. bei der Wertpapierleihe, einem Wertpapierpensionsgeschäft und bei einem Aktien-Swapvertrag, bei denen der Vertragspartner eine Ausgleichszahlung bei Wertminderung der Aktie zugesagt hat, generell an einem Wertänderungsrisiko.

Als bei der Ermittlung des Wertänderungsrisikos zu berücksichtigende **gegenläufige Ansprüche** benennt das BMF u.a. Optionen, Futures, Forwards sowie Investmentanteile, Zertifikate oder andere Derivate, die die Wertentwicklung einer Aktie oder mehrerer Aktien umgekehrt proportional abbilden, so dass der Anleger bei fallenden Kursen profitiert. Auch Rechtspositionen aus Stillhaltergeschäften werden als gegenläufige Ansprüche berücksichtigt.

Weiter geht das BMF detailliert auf die **Berechnung** des Wertänderungsrisikos sowie auf die Zuordnung gegenläufiger Ansprüche zu den Anteilen oder Genussscheinen ein.

Unter den Begriff der **nahe stehenden Personen**, deren Ansprüche ebenso bei der Ermittlung des Wertänderungsrisikos zu berücksichtigen sein können, fallen Personen i.S.d. § 1 Abs. 2 AStG. Erforderlich ist somit eine unmittelbare oder mittelbare Beteiligung von mindestens 25 % oder ein beherrschender Einfluss des Stpfl. an der Person bzw. umgekehrt.

> **Beratungshinweis:**
> Werden die Anrechnungsvoraussetzungen des § 36a EStG nicht erfüllt, ist die Anrechnung der Kapitalertragsteuer zu 3/5 ausgeschlossen. Diese kann jedoch auf Antrag bei der Ermittlung der Einkünfte abgezogen werden.

II. Einkünfte aus Vermietung und Verpachtung

1. Mietzuschuss im Rahmen einer Mietgarantie

495 Zu den Einkünften aus Vermietung und Verpachtung können auch Einnahmen zählen, die **von Dritten als Ersatz für entgangene Mieteinnahmen geleistet** werden. So beurteilte der BFH auch die Zahlungen des Generalunternehmers, der sich in einem Generalübernehmervertrag zur schlüsselfertigen Erstellung einer zu vermietenden Immobilie bis zu einem bestimmten Zeitpunkt verpflichtet hat, als Mieteinnahmen.[3]

---

1) BMF v. 17.7.2017, IV C 1 – S 2252/15/10030 :005, BStBl I 2017, 986. Vgl. hierzu auch Höring, BMF: Steuerliche Behandlung von Cum/Cum-Transaktionen, eNews Steuern, Ausgabe 29/2017 v. 24.7.2017. Bezugnehmend auf das BMF v. 17.7.2017 auch OFD Frankfurt a.M. v. 25.8.2017, S 2299 A – 002 – St 54, StEd 2017, 632.
2) BMF v. 3.4.2017, IV C 1 – S 2299/16/10002, BStBl I 2017, 726. Vgl. hierzu auch Höring, Beschränkte Anrechenbarkeit der Kapitalertragsteuer, eNews Steuern, Ausgabe 18/2017 v. 8.5.2017.
3) BFH v. 12.7.2016, IX R 56/13, BStBl II 2017, 253 = HFR 2017, 18 mit Anm. Malzahn (vgl. hierzu auch Schießl, jurisPR-SteuerR 5/2017 Anm. 2).

Zwar war eine Rückzahlungsverpflichtung vorgesehen, sofern in späteren Jahren dem Bauherrn Mieteinnahmen entstehen, die eine bestimmte Prognoserechnung übersteigen. Dadurch ändert sich nach Auffassung des BFH jedoch nichts an der Annahme einer Einnahme. Ist der Eintritt der Rückzahlungsverpflichtung von einer Bedingung abhängig, wonach nicht nur der Zeitpunkt der Rückzahlung ungewiss ist, sondern auch insgesamt die Entstehung der Verpflichtung an sich, könne nicht von einer Darlehensgewährung ausgegangen werden, die der Annahme einer Einnahme entgegensteht. Infolge der Bedingung könne nämlich nicht von der Überlassung einer Darlehensvaluta auf Zeit ausgegangen werden. Zudem spreche hiergegen, dass der Generalunternehmer das wirtschaftliche Risiko für das Entstehen der Rückgewährschuld übernommen hat.

2. Aufwendungen bei Kompletterneuerung von Einbauküchen in Mietwohnungen

Wird in einer vermieteten Immobilie eine bereits vorhandene Einbauküche mit Spüle, Herd, Einbaumöbeln und Elektrogeräten komplett erneuert, sind die Aufwendungen **nicht sofort als Werbungskosten** bei den Vermietungseinkünften abziehbar. Vielmehr wirken sich die Aufwendungen über einen Zeitraum von zehn Jahren im Wege der AfA aus. Zu diesem Ergebnis kommt der BFH mit Urteil vom 3.8.2016[1)] und gibt damit seine bisherige Rechtsprechung auf.

496

Dieser Rechtsauffassung folgt nun auch das **BMF** und wendet die Grundsätze des BFH-Urteils in allen offenen Fällen an.[2)]

> **Praxistipp:**
> Allerdings räumt das BMF die Möglichkeit ein, auf Antrag des Stpfl. bei Erstveranlagung bis einschließlich 2016 gemäß der bisherigen Rechtsprechung des BFH die Erneuerung der Spüle und des Herdes als sofort abzugsfähigen Erhaltungsaufwand zu berücksichtigen. Es sollte somit geprüft werden, ob dies für den Stpfl. in der Gesamtschau vorteilhaft ist.

3. Abgrenzung anschaffungsnaher Herstellungskosten von Werbungskosten

Die Finanzgerichte befassten sich in mehreren Entscheidungen mit der Abgrenzung anschaffungsnaher Gebäudeherstellungskosten. **Aufwendungen für Instandsetzungs- und Modernisierungsmaßnahmen**, die **innerhalb von drei Jahren** nach der Anschaffung des Gebäudes durchgeführt werden, sind dann als nachträgliche Herstellungskosten zu behandeln, wenn sie **mehr als 15 %** der Gebäudeanschaffungskosten betragen.

497

Hierzu entschied der BFH mit Urteil vom 9.5.2017[3)], dass **Aufwendungen zur Beseitigung eines Substanzschadens**, der nach Anschaffung einer vermieteten Immobilie durch einen Mieter schuldhaft herbeigeführt worden ist, keine anschaffungsnahen Herstellungskosten darstellen. Diese Aufwendungen fallen nach Auffassung des BFH nicht unter den Begriff der Instandsetzungs- und Modernisierungsmaßnahmen und können somit sofort als Werbungskosten bei den Vermietungseinkünften abgezogen werden.

> **Anmerkung:**
> Der BFH führt dazu aus, dass zwar sämtliche Aufwendungen für bauliche Maßnahmen, die im Rahmen einer mit der Anschaffung des Gebäudes zusammenhängenden Instandsetzung und Modernisierung anfallen, den anschaffungsnahen Herstellungskosten zuzurechnen sind. Selbst die

---

1) BFH v. 3.8.2016, IX R 14/15, BStBl II 2017, 437 (vgl. hierzu auch Schießl, jurisPR-SteuerR 4/2017 Anm. 3).
2) BMF v. 16.5.2017, IV C 1 – S 2211/07/10005:001, BStBl I 2017, 775.
3) BFH v. 9.5.2017, IX R 6/16, DStR 2017, 2161 (vgl. hierzu auch Schiffers, Kosten zur Beseitigung von nach Anschaffung mutwillig herbeigeführter Substanzschäden keine „anschaffungsnahe Herstellungskosten", eNews Steuern, Ausgabe 41/2017 v. 16.10.2017).

> Beseitigung verdeckter, zum Anschaffungszeitpunkt bereits vorhandener Mängel oder die Beseitigung von bei Anschaffung des Gebäudes angelegter, aber erst nach dem Erwerb auftretender altersüblicher Mängel und Defekte stellen anschaffungsnahe Herstellungskosten dar. Dies gilt aber nicht für Kosten zur Instandsetzung eines Schadens, der im Zeitpunkt der Anschaffung nicht vorhanden und auch nicht angelegt war, sondern nachweislich erst zu einem späteren Zeitpunkt schuldhaft durch einen Mieter am Gebäude verursacht worden ist.

Mit der Rechtsauffassung des BFH im Einklang stehend wertete auch das FG Düsseldorf in erster Instanz mit Urteil vom 21.1.2016[1] Aufwendungen zur Beseitigung von **Schäden**, die tatsächlich **nach der Anschaffung** des Gebäudes eingetreten sind, nicht als anschaffungsnahe Herstellungskosten, sondern als sofort abzugsfähige Aufwendungen.

498 Ebenso im Einklang mit der Auffassung des BFH kam das FG Düsseldorf mit rechtskräftigem Urteil vom 30.8.2016[2] zu dem Ergebnis, dass Aufwendungen für den **Austausch von Heizkörpern** als anschaffungsnahe Herstellungskosten zu behandeln sind. Denn auch Aufwendungen zur Beseitigung schon bei Erwerb vorliegender verdeckter Mängel oder nach dem Erwerb auftretender altersüblicher Defekte seien hiervon erfasst.

> **Anmerkung:**
>
> Das FG Düsseldorf lehnt es darüber hinaus ab, die Aufwendungen für den Austausch von Heizkörpern als üblicherweise jährlich anfallende Erhaltungsarbeiten zu behandeln, die bei der Prüfung der 15 %-Grenze nicht mit einzubeziehen wären.

4. Gebäudeabschreibung bei mittelbarer Grundstücksschenkung

499 Erhält der Beschenkte für den Erwerb einer zu vermietenden Eigentumswohnung vom Schenker einen Geldbetrag zur Finanzierung übertragen, liegt eine sog. mittelbare Grundstücksschenkung vor. Der BFH hatte zu klären, ob für die Berechnung der auf den Gebäudeanteil entfallenden Abschreibung auf die Anschaffungskosten abzustellen ist oder ob diese – wie von der Finanzverwaltung vertreten – um den geschenkten Geldbetrag zu kürzen sind.

Grundsätzlich können nur vom Stpfl. selbst getragene Aufwendungen als Anschaffungskosten berücksichtigt werden. Etwas anderes gilt im Fall eines unentgeltlich erworbenen Wirtschaftsguts des Privatvermögens. Hier sind die Anschaffungskosten des Rechtsvorgängers heranzuziehen, so dass die Abschreibung in entsprechendem Maße geltend gemacht werden kann (§ 11d Abs. 1 Satz 1 EStDV).

Nichts anderes gilt laut Urteil des BFH vom 4.10.2016[3] im Fall der mittelbaren Grundstücksschenkung. Auch hier sind die **(mittelbar) vom Schenker getragenen Anschaffungskosten heranzuziehen**. Entsprechend kann der Beschenkte den Abschreibungsbetrag bei den Einkünften aus Vermietung und Verpachtung zum Abzug bringen.

5. Verlust aus privaten Veräußerungsgeschäften bei Ratenzahlung

500 Der BFH hatte darüber zu entscheiden, ob der Verlust aus einem privaten Veräußerungsgeschäft bei Ratenzahlung des Veräußerungspreises über mehrere Jahre erst in dem Veranlagungszeitraum entsteht, in dem der Veräußerungspreis vollständig gezahlt

---

1) FG Düsseldorf v. 21.1.2016, 11 K 4274/13 E, EFG 2016, 630 mit Anm. Dickhöfer.
2) FG Düsseldorf v. 30.8.2016, 10 K 398/15 F, EFG 2016, 1774 (rkr.) mit Anm. Lürbke.
3) BFH v. 4.10.2016, IX R 26/15, BStBl II 2017, 343 (vgl. hierzu auch Schießl, jurisPR-SteuerR 12/2017 Anm. 2).

ist. Konkret ging es um die Veräußerung von Grundstücken des Privatvermögens innerhalb der zehnjährigen Veräußerungsfrist.

Nach Auffassung des BFH entsteht jedoch der Veräußerungsverlust bei Ratenzahlung **anteilig in den jeweiligen Veranlagungszeiträumen der Zahlungszuflüsse**. Der Veräußerungsverlust sei dazu anteilig nach dem Verhältnis der Teilzahlungsbeträge zu dem Gesamtveräußerungspreis aufzuteilen.[1]

> **Beratungshinweis:**
>
> Im umgekehrten Fall eines Veräußerungsgewinns vertritt der BFH hingegen bislang die Auffassung, dass ein Gewinn aus privatem Veräußerungsgeschäft dann anzunehmen ist, sobald die Ratenzahlungen des Kaufpreises die Anschaffungskosten übersteigen.[2]

III. Sonderausgaben

1. Selbstbehalt bei einer privaten Krankenversicherung

Gemäß Urteil des BFH vom 1.6.2016[3] ist der von einem Stpfl. bei einer privaten Krankenversicherung vereinbarte und getragene Selbstbehalt **kein Beitrag zu einer Krankenversicherung**. Aus diesem Grund kann der Selbstbehalt nicht als Sonderausgabe gemäß § 10 Abs. 1 Nr. 3 Satz 1 Buchst. a EStG abgezogen werden. Der BFH begründet seine Auffassung damit, dass die Selbstbeteiligung keine Gegenleistung für die Erlangung des Versicherungsschutzes darstellt. Deshalb sei die Selbstbeteiligung kein Beitrag „zu" einer Krankenversicherung.

501

> **Beratungshinweis:**
>
> Übersteigt der Selbstbehalt jedoch die zumutbare Belastung gemäß § 33 Abs. 3 EStG, kann er laut BFH als **außergewöhnliche Belastung** berücksichtigt werden.

2. Kostenerstattung der gesetzlichen Krankenkassen für Gesundheitsmaßnahmen

Mit Urteil vom 1.6.2016[4] entschied der BFH, dass sich die als Sonderausgaben **abziehbaren Krankenversicherungsbeiträge nicht mindern**, wenn eine gesetzliche Krankenkasse dem Versicherten im Rahmen eines Bonusprogramms einen Zuschuss für die von ihm getragenen Kosten für Gesundheitsmaßnahmen zahlt.

502

Entgegen seiner früheren Rechtsauffassung[5] geht nun auch das BMF davon aus, dass es sich hier nicht um eine Beitragsrückerstattung handelt und diese somit keinen Einfluss auf die Höhe der als Sonderausgaben abziehbaren Krankenversicherungsbeiträge hat.[6]

---

1) BFH v. 6.12.2016, IX R 18/16, BStBl II 2017, 676 = HFR 2017, 392 mit Anm. Schießl. Zur Thematik der zeitlichen Streckung der Kaufpreiszahlung bei Immobilientransaktionen, auch unter Bezugnahme der BFH-Entscheidung vgl. Mirbach, kösdi 2017, 20262.
2) BFH v. 13.4.1962, VI 194/61 U, BStBl III 1962, 306.
3) BFH v. 1.6.2016, X R 43/14, BStBl II 2017, 55 (vgl. hierzu Jachmann-Michel, jurisPR-SteuerR 6/2017 Anm. 3).
4) BFH v. 1.6.2016, X R 17/15, BStBl II 2016, 989 = HFR 2016, 967 mit Anm. Förster; vgl. dazu auch Ebner Stolz/BDI, Änderungen im Steuer- und Wirtschaftsrecht 2016/2017, Rz. 436.
5) BMF v. 19.8.2013, IV C 3 – S 2221/12/10010:004 / IV C 5 – S 2345/08/0001, BStBl I 2013, 1087, Tz. 72.
6) BMF v. 6.12.2016, IV C 3 – S 2221/12/10008 :008, BStBl I 2016, 1426.

> **Beratungshinweis:**
> Die Finanzverwaltung wendet die Urteilsgrundsätze in allen noch offenen Fällen an. Mit Schreiben vom 29.3.2017[1] stellt das BMF dazu noch klar, dass Einkommensteuerbescheide, die insoweit vorläufig ergangen sind, bei Vorlage einer Bescheinigung der gesetzlichen Krankenversicherung entsprechend geändert werden können. Leistungen aufgrund anderer Bonusprogramme werden hingegen weiterhin als Beitragsrückerstattungen behandelt.

3. Vom Erben nachgezahlte Kirchensteuer

503 Begleicht der Erbe zu zahlende Kirchensteuerbeträge des Erblassers, sind diese laut Urteil des BFH vom 21.7.2016[2] im Jahr der Zahlung **als Sonderausgaben beim Erben abziehbar**.

Der BFH begründet seine Auffassung damit, dass dem eindeutigen Gesetzeswortlaut eine Beschränkung auf Kirchensteuer auf das eigene steuerpflichtige Einkommen nicht zu entnehmen sei. Auch eine teleologische Reduktion des Gesetzeswortlauts schließt der BFH aus, da der Erbe wirtschaftlich belastet werde, weil er für Nachlassverbindlichkeiten, zu der auch die Kirchensteuer zählt, auch mit seinem eigenen Vermögen einzustehen habe.

4. Steuerliche Maßnahmen zur Förderung der Flüchtlingshilfe

504 Mit Schreiben vom 6.12.2016[3] **verlängert das BMF** den zeitlichen Anwendungsbereich des BMF-Schreibens vom 22.9.2015[4] über den 31.12.2016 hinaus um zwei Jahre auf alle Maßnahmen, die **bis 31.12.2018** durchgeführt werden.

Danach ist bis dahin u.a. der vereinfachte Zuwendungsnachweis für den Spendenabzug und die Möglichkeit der Arbeitslohnspende oder Aufsichtsratsvergütungsspende zur Förderung der Hilfe für Flüchtlinge möglich.

5. Kein Spendenabzug bei Schenkung unter Auflage

505 Laut Urteil des FG Düsseldorf vom 26.1.2017[5] ist ein Geldbetrag, den der Spendende **unter der Auflage geschenkt bekommen** hat, diesen **an eine gemeinnützige Organisation weiterzuleiten**, nicht als Spende abzugsfähig. Nach Auffassung des Gerichts mangelt es an den Merkmalen der Freiwilligkeit der Zuwendung und der wirtschaftlichen Belastung des Spendenden. Gegen die Entscheidung wurde Revision beim BFH eingelegt (Az. X R 6/17).

In ähnlich gelagerten Fällen hat der BFH jedoch bereits entschieden, dass Aufwendungen zur Erfüllung von Vermächtniszuwendungen an gemeinnützige Einrichtungen beim Erben nicht als Spenden nach § 10b Abs. 1 EStG abziehbar sind.[6]

> **Praxistipp:**
> Zur Vermeidung derartig steuerlich ungünstiger Konstellationen sollten spendenwillige Personen unmittelbar spenden und nicht – wie im Streitfall – den Beschenkten mittels Auflage oder – wie in den bereits vom BFH entschiedenen Fällen – den Erben testamentarisch das Spenden auferlegen.

---

1) BMF v. 29.3.2017, IV A 3 – S 0338/16/10004, BStBl I 2017, 421.
2) BFH v. 21.7.2016, X R 43/13, BStBl II 2017, 256 (vgl. hierzu auch Nöcker, jurisPR-SteuerR 21/2017 Anm. 3).
3) BMF v. 6.12.2016, IV C 4 – S 2223/07/0015:015, BStBl I 2016, 1425.
4) BMF v. 22.9.2015, IV C 4 – S 2223/07/0015 :015, BStBl I 2015, 745.
5) FG Düsseldorf v. 26.1.2017, 9 K 2395/15 E, EFG 2017, 460 (vgl. hierzu auch Feldgen, Kein Spendenabzug beim Erblasser bzw. der Ehefrau (als Gesamtrechtsnachfolgerin) im Fall eines vom Erblasser schenkweise an die Ehefrau überwiesenen Betrages, eNews Steuer, Ausgabe 7/2017 v. 20.2.2017).
6) BFH v. 22.9.1993, X R 107/91, BStBl II 1993, 874; BFH v. 23.10.1996, X R 75/94, BStBl II 1997, 239.

6. Spenden an kommunale Wählervereinigungen

Mit Urteil vom 20.3.2017[1] **verneint der BFH** die Abziehbarkeit von Spenden an kommunale Wählervereinigungen als Sonderausgaben nach § 10b Abs. 2 EStG. Dies sei verfassungsrechtlich unbedenklich und verletze nicht die Chancengleichheit auf kommunaler Ebene.

506

> **Beratungshinweis:**
> Somit können Spenden an kommunale Wählervereinigungen lediglich zu einer **Steuerermäßigung nach § 34g Satz 1 Nr. 2 EStG** führen. Sofern die dort genannten Voraussetzungen erfüllt sind, kann die tarifliche Einkommensteuer um 50 % der Ausgaben, höchstens um 825 Euro, gemindert werden.

IV. Außergewöhnliche Belastungen

1. Scheidungskosten

Scheidungskosten sind Aufwendungen für die Führung eines Rechtsstreits. Als solche Prozesskosten sind sie gemäß Urteil des BFH vom 16.5.2017[2] aufgrund der seit dem Veranlagungszeitraum 2013 anzuwendenden Regelung in § 33 Abs. 2 Satz 4 EStG **vom Abzug als außergewöhnliche Belastungen ausgeschlossen**.

507

Laut BFH fallen Scheidungskosten auch nicht unter den gesetzlich vorgesehenen Ausnahmetatbestand, da die Aufwendungen für ein Scheidungsverfahren regelmäßig nicht zur Sicherung der Existenzgrundlage und lebensnotwendigen Bedürfnisse erbracht werden.

2. Keine verteilte Berücksichtigung außergewöhnlicher Belastungen

Aufwendungen für außergewöhnliche Belastungen sind grundsätzlich in dem Veranlagungszeitraum zu berücksichtigen, in dem der Stpfl. sie geleistet hat. Daran ändert sich nach Auffassung des BFH auch dann nichts, wenn sich die Aufwendungen im Veranlagungszeitraum der Verausgabung nicht in vollem Umfang steuermindernd auswirken. So **versagte der BFH** mit Urteil vom 12.7.2017[3] die **Verteilung** der Aufwendungen für den behindertengerechten Umbau des Hauses wegen der Behinderung der Tochter in Höhe von ca. 166 000 Euro auf mehrere Veranlagungszeiträume. Auch die Voraussetzungen einer abweichenden Steuerfestsetzung aus Billigkeitsgründen sah der BFH nicht als gegeben an.

508

3. Stufenweise Ermittlung der zumutbaren Belastung

Außergewöhnliche Belastungen können steuermindernd geltend gemacht werden, soweit sie die zumutbare Belastung übersteigen (§ 33 EStG). Die Höhe der zumutbaren Belastung bemisst sich prozentual nach dem Gesamtbetrag der Einkünfte, wobei in Abhängigkeit von der Art der Veranlagung (Einzel- oder Zusammenveranlagung) und der Anzahl der Kinder drei Stufen vorgesehen sind.

509

Laut Urteil des BFH vom 19.1.2017[4] ist dabei allerdings **nur der Teil** des Gesamtbetrags der Einkünfte, der den im Gesetz genannten Stufengrenzbetrag übersteigt, mit

---

1) BFH v. 20.3.2017, X R 55/14, BFH/NV 2017, 1230 (vgl. hierzu auch Schuster, jurisPR-SteuerR 39/2017 Anm. 4).
2) BFH v. 16.5.2017, VI R 9/16, BStBl II 2017, 988 = HFR 2017, 931 mit Anm. Hettler (vgl. hierzu auch Feldgen, Kein Abzug von Scheidungskosten als außergewöhnliche Belastungen, eNews Steuern, Ausgabe 33/2017 v. 21.8.2017).
3) BFH v. 12.7.2017, VI R 36/15, BStBl II 2017, 979 = HFR 2017, 935 mit Anm. Hettler (vgl. hierzu auch Geserich, jurisPR-SteuerR 41/2017 Anm. 3).
4) BFH v. 19.1.2017, VI R 75/14, BStBl II 2017, 684 = HFR 2017, 399 mit Anm. Teller (vgl. hierzu auch Feldgen, Ermittlung der zumutbaren Belastung nach § 33 Abs. 3 EStG – Altersvorsorgeaufwendungen als Sonderausgaben, eNews Steuern, Ausgabe 13/2017 v. 3.4.2017).

dem jeweils höheren Prozentsatz belastet. Der darunter liegende Teil des Gesamtbetrags der Einkünfte unterliegt dem jeweils niedrigeren Prozentsatz. Der BFH verweist zur Begründung seiner Rechtsauffassung auf den Wortlaut der gesetzlichen Vorgabe.

> **Beratungshinweis:**
>
> Bislang wurde in der Praxis z.B. bei zusammenveranlagten Ehegatten mit zwei Kindern und einem Gesamtbetrag der Einkünfte von 100 000 Euro eine zumutbare Belastung von 4 000 Euro (4 % von 100 000 Euro) berücksichtigt. Nach Auffassung des BFH beträgt die zumutbare Belastung jedoch nur 3 335 Euro ((2 % von 15 340 Euro = 306,80 Euro) + (3 % von 35 790 Euro = 1 073,70 Euro) + (4 % von 48 870 Euro = 1 954,80 Euro)).

V. Haushaltsnahe Dienstleistungen

1. Erweiterung des Katalogs von haushaltsnahen Dienstleistungen und Handwerkerleistungen

510 Mit Schreiben vom 9.11.2016[1] überarbeitete das BMF sein Anwendungsschreiben zu § 35a EStG vom 10.1.2014 und berücksichtigt darin die aktuelle Rechtsprechung des BFH.

Zu den **haushaltsnahen Dienstleistungen oder Handwerkerleistungen**, für die die Steuerermäßigung nach § 35a EStG gewährt wird, **zählen** demnach u.a. **auch**:

- Leistungen auf dem angrenzenden Grundstück, sofern sie dem eigenen Grundstück dienen (z.B. Winterdienst auf öffentlichen Gehwegen),
- Hausanschlusskosten für die Ver- und Entsorgungsnetze (im Detail s. dazu auch Anlage 1 des Schreibens),
- Prüfungen der ordnungsgemäßen Funktion einer Anlage (z.B. Dichtheitsprüfungen von Abwasserleitungen),
- mit der Betreuungspauschale abgegoltene Notrufsysteme für eine Wohnung im Rahmen des „Betreuten Wohnens",
- Versorgung und Betreuung von Haustieren innerhalb des Haushalts.

Das Schreiben vom 9.11.2016 ist grundsätzlich in allen noch offenen Fällen anzuwenden.

> **Beratungshinweis:**
>
> Die OFD Nordrhein-Westfalen stellt in diesem Zusammenhang klar, dass bei Heimbewohnern Aufwendungen für Reparatur- und Instandsetzungsarbeiten nur begünstigt sind, wenn konkrete tatsächlich erbrachte Handwerkerleistungen mit ihnen abgerechnet werden. Monatlich gezahlte, im Heimentgelt enthaltene kalkulatorisch ermittelte Beträge für Renovierungs- und Instandhaltungsarbeiten fallen nicht hierunter.[2]

2. Keine haushaltsnahe Dienstleistung des Immobilienmaklers

511 Maklerkosten, die anlässlich des Erwerbs eines Hauses zu eigenen Wohnzwecken angefallen sind, können nicht als haushaltsnahe Dienstleistungen im Sinne von § 35a EStG geltend gemacht werden. Gemäß rechtskräftigem Urteil des Hessischen FG vom 23.2.2017[3] **fehlt** es bei den Maklerkosten an einer **hinreichenden Nähe zur Haushaltsführung**. Weder die Vermittlung des Hauskaufs noch die Besichtigung eines zu erwerbenden Objekts erfolge in einem bereits bestehenden Haushalt.

---

1) BMF v. 9.11.2016, IV C 8 – S 2296-b/10003 :008, BStBl I 2016, 1213. Vgl. hierzu auch Feldgen, Erweiterung der Steuerermäßigung für haushaltsnahe Dienstleistungen und Handwerkerleistungen, eNews Steuern, Ausgabe 27/2016 v. 28.11.2016.
2) OFD Nordrhein-Westfalen v. 25.11.2016, Kurzinformation Einkommensteuer Nr. 23/2016, DB 2016, 2871.
3) Hessische FG v. 23.2.2017, 11 K 1660/16, DStRE 2017, 1220.

> **Anmerkung:**
> Um zum Haushalt zu gehören, reicht es zwar gemäß BMF-Schreiben vom 9.11.2016[1)] aus, dass der Steuerpflichtige einen Umzug beabsichtigt und er für diesen Zweck bereits eine Wohnung gemietet oder gekauft hat, sofern er tatsächlich dorthin umzieht. Aber auch nach dem BMF-Schreiben knüpft die Zuordnung zu einem vorhandenen Haushalt zeitlich an einen bereits erfolgten Kauf oder eine bereits erfolgte Anmietung an.

VI. Erhöhung des Grund- und Kinderfreibetrags und Anpassung des Tarifverlaufs

Durch das Erste BEPS-Umsetzungsgesetz[2)] wurde eine Erhöhung des Grund- und des Kinderfreibetrags sowie eine Anpassung des einkommensteuerlichen Tarifverlaufs, mit dem ein Ausgleich für die sog. kalte Progression erfolgen soll, vorgenommen.

512

Die Wertentwicklungen stellen sich wie folgt dar:

	2017	Ab 2018
	Euro	Euro
Grundfreibetrag (und Unterhaltshöchstbetrag)	8 820	9 000
Kinderfreibetrag (insg. für beide Elternteile)	4 716	4 788
Kindergeld		
– 1. und 2. Kind	192	194
– 3. Kind	198	200
– 4. Kind und weitere	223	225
Kinderzuschlag	max. 170	max. 170

G. Wirtschaftsprüfung

I. CSR-Richtlinie-Umsetzungsgesetz

1. Hintergrund

Mit dem Gesetz zur Stärkung der nichtfinanziellen Berichterstattung der Unternehmen in ihren Lage- und Konzernlageberichten (CSR-Richtlinie-Umsetzungsgesetz) vom 11.4.2017[3)] wurde die EU-Richtlinie 2014/95/EU[4)] in deutsches Recht umgesetzt.[5)] Danach werden bestimmte große kapitalmarktorientierte Kapitalgesellschaften und Konzerne verpflichtet, im Rahmen des Lageberichts bzw. Konzernlageberichts eine **Erklärung über nichtfinanzielle Aspekte**[6)] sowie eine um Angaben zum Diversitätskonzept **erweiterte Erklärung zur Unternehmensführung** abzugeben.

513

Das Gesetz sieht weitestgehend eine Eins-zu-eins-Umsetzung der Richtlinie vor. Die vorgesehenen Mitgliedstaatenwahlrechte werden mit dem Gesetz umgesetzt, um die betroffenen Unternehmen nicht über die Mindestvorgaben der Richtlinie hinaus zu belasten.

---

1) BMF v. 9.11.2016, IV C 8 – S 2296-b/10003 :008, BStBl I 2016, 1213, Tz. 3.
2) Gesetz v. 20.12.2016, BGBl. I 2016, 3000 = BStBl I 2017, 5.
3) Gesetz v. 11.4.2017, BGBl. I 2017, 802.
4) Sog. CSR-Richtlinie zur Offenlegung nicht finanzieller und die Diversität betreffende Informationen durch bestimmte große Gesellschaften und Konzerne, vgl. ABl.EU vom 15.11.2014, Nr. L 330, 1 ff.
5) Zum CSR-Richtlinie-Umsetzungsgesetz vgl. auch Kirsch, DStZ 2017, 363 und Böcking/Althoff in Baetge/Kirsch/Thiele, Fach Aktuelles, Das CSR-Richtlinie-Umsetzungsgesetz – Erweiterung der (Konzern-)Lageberichterstattung um Pre-Financial Performance Indicators.
6) Im Folgenden „nichtfinanzielle (Konzern-)Erklärung".

Die CSR-Richtlinie verfolgt das **Ziel**, das Vertrauen von Investoren sowie Verbrauchern in Unternehmen zu stärken, indem von bestimmten großen Unternehmen mehr als bisher über nichtfinanzielle Aspekte berichtet werden soll. Die Bedeutung der Offenlegung von Informationen zu sozialen und umweltbezogenen Faktoren durch die Unternehmen soll gestärkt werden, um somit Gefahren in Verbindung mit Nachhaltigkeitsaspekten darzustellen.[1]

Große Kapitalgesellschaften bzw. Konzerne sind bereits heute verpflichtet, im (Konzern-) Lagebericht über wesentliche nichtfinanzielle Leistungsindikatoren zu berichten, sofern diese für das Verständnis oder die Lage des Unternehmens bzw. des Konzerns von Bedeutung sind. Einige Unternehmen berichten darüber hinaus freiwillig sehr umfassend über das Thema Nachhaltigkeit in einem gesonderten Nachhaltigkeitsbericht.

Anmerkung:

Kernelemente des Umsetzungsgesetzes sind

– die neue **nichtfinanzielle (Konzern-)Erklärung**, in welcher über diverse nichtfinanzielle Aspekte zu berichten ist, sowie

– eine Erweiterung der (Konzern-)Erklärung zur Unternehmensführung um Angaben zum **Diversitätskonzept**.

Die Neuregelungen sind erstmals für Geschäftsjahre zu beachten, die nach dem 31.12.2016 beginnen.

---

2. Nichtfinanzielle (Konzern-)Erklärung

a) Betroffene Unternehmen

514 Eine nichtfinanzielle Erklärung haben nach § 289b Abs. 1 HGB Unternehmen zu erstellen, die

– große Kapitalgesellschaften im Sinne des § 267 HGB sind[2],

– kapitalmarktorientiert im Sinne des § 264d HGB sind und

– im Jahresdurchschnitt mehr als 500 Arbeitnehmer beschäftigen.

Damit ein Unternehmen der Berichtspflicht einer nichtfinanziellen Erklärung unterliegt, muss es an zwei aufeinander folgenden Abschlussstichtagen **mehr als 500 Arbeitnehmer** beschäftigen. Demgegenüber muss die Kapitalmarktorientierung i.S.d. § 264d HGB nicht an zwei aufeinanderfolgenden Stichtagen vorliegen.[3] Zu berücksichtigen ist an dieser Stelle, dass für Zwecke der nichtfinanziellen Erklärung die Fiktion, wonach kapitalmarktorientierte Unternehmen i.S.d. § 264d HGB stets als „groß" zu qualifizieren sind und somit die für große Kapitalgesellschaften geltenden Vorschriften anzuwenden haben, nicht gilt.[4]

Haftungsbeschränkte Personenhandelsgesellschaften, wie bspw. GmbH & Co KG, haben die oben beschriebenen Vorschriften entsprechend anzuwenden, sofern sie kapitalmarktorientiert sind.

---

1) Vgl. ABl.EU vom 15.11.2014, Nr. L 330, 1, Erwägungsgrund 3.
2) Nach § 267 Abs. 2 und 3 HGB ist ein Unternehmen als groß zu qualifizieren, wenn es an zwei aufeinanderfolgenden Abschlussstichtagen zwei der folgenden drei Kriterien überschreitet: Bilanzsumme von 20 Mio. Euro, Umsatzerlöse von 40 Mio. Euro in den zwölf Monaten vor dem Abschlussstichtag oder im Jahresdurchschnitt 250 Arbeitnehmer.
3) Vgl. Begründung zum RegE des CSR-RUG, BT-Drucks. 18/9982, S. 44; Kajüter, IRZ 2016, 508.
4) Vgl. Begründung zum RegE des CSR-RUG, BT-Drucks. 18/9982, S. 44; IDW Positionspapier, Pflichten und Zweifelsfragen zur nichtfinanziellen Erklärung als Bestandteil der Unternehmensführung, 11.

Ferner sind **Kreditinstitute und Versicherungsunternehmen**, unabhängig davon, ob sie kapitalmarktorientiert sind, von der Neuregelung betroffen, sofern sie große Gesellschaften im Sinne des § 267 HGB sind und mehr als 500 Arbeitnehmer beschäftigen.[1]

Die Regelung ist analog anzuwenden auf Konzernabschlüsse kapitalmarktorientierter Mutterunternehmen, sofern nachfolgende Schwellenwerte überschritten werden:

Schwellenwerte gemäß § 315b Abs. 1 HGB	Arbeitnehmerzahl konzernweit	Bilanzsumme (Mio. Euro)	Umsatzerlöse (Mio. Euro)
Bruttomethode	500	24	48
Nettomethode	500	20	40

> **Praxistipp:**
>
> Sollte das Mutterunternehmen dazu verpflichtet sein, eine nichtfinanzielle Erklärung auf Einzelabschlussebene sowie eine nichtfinanzielle Konzernerklärung abzugeben, besteht nach § 315b Abs.1 Satz 2 i.V.m. § 298 Abs. 2 HGB die Möglichkeit, sofern Lagebericht und Konzernlagebericht zusammengefasst werden, ebenfalls die nichtfinanzielle Erklärung auf Einzelabschlussebene und die nichtfinanzielle Konzernerklärung zusammenzufassen.
>
> Für den Fall, dass ein gesonderter nichtfinanzieller Bericht veröffentlicht wird, ist die Zusammenfassung der Berichterstattung unabhängig von der Zusammenfassung von Lagebericht und Konzernlagebericht möglich.
>
> Bei den genannten Möglichkeiten der Zusammenfassung ist indes darauf zu achten, dass klar hervorgeht, welche Angaben sich auf das Mutterunternehmen (Einzelabschlussebene) und welche sich auf den gesamten Konzern beziehen.

b) Mindestinhalte der nichtfinanziellen (Konzern-)Erklärung

Der nach § 289c bzw. 315c HGB[2] erforderliche **Mindestinhalt der nichtfinanziellen (Konzern-)Erklärung** wird im Folgenden dargestellt:[3]

Beschreibung des Geschäftsmodells, u. a. durch Angaben zu folgenden Punkten

- zum Geschäftsumfeld,
- zur Organisation und Struktur,
- zu den Märkten, auf denen sie tätig sind,
- zu ihren Zielen und Strategien,
- zu den wichtigsten Trends und Faktoren, die ihre künftige Entwicklung beeinflussen könnten.

---

1) Vgl. § 340a Abs. 1a und Abs. 1b und § 340i Abs. 5 und Abs. 6 HGB bzw. § 341a Abs. 1a und Abs. 1b und § 341j Abs. 4 und Abs. 5 HGB.
2) § 315c HGB verweist in weiten Teilen auf § 289c HGB, sodass im Folgenden nicht immer explizit auf § 315c HGB eingegangen wird.
3) Vgl. zu möglichen Berichtsinhalten und Leistungsindikatoren auch ABl. EU vom 5.7.2017, Nr. C 215, Abschnitt 4.6.

Nichtfinanzielle Aspekte	Erläuternde Angaben zu den jeweiligen Aspekten
Umweltbelange (z.B. Treibhausgasemissionen, Wasserverbrauch, Luftverschmutzung, Nutzung erneuerbarer und nicht erneuerbarer Energien, Schutz biologischer Vielfalt etc.) **Arbeitnehmerbelange** (z.B. Geschlechtergleichstellung Arbeitsbedingungen, Umsetzung der grundlegenden Übereinkommen der internationalen Arbeitsorganisation, Rechte der Arbeitnehmer und Gewerkschaften, Gesundheitsschutz, Sicherheit am Arbeitsplatz, sozialer Dialog, Mitarbeiterfluktuation etc.) **Sozialbelange** (z.B. Dialog auf kommunaler oder regionaler Ebene, Schutz und Entwicklung lokaler Gemeinschaften etc.) **Achtung der Menschenrechte** (z.B. Verhinderung von Menschenrechtsverletzungen, Geschäftstätigkeiten und Lieferanten mit einer erheblichen Gefahr der Verletzung von Menschenrechten, Barrierefreiheit von Räumlichkeiten, Unterlagen und Websites für Menschen mit Behinderungen etc.) **Bekämpfung von Korruption und Bestechung** (z.B. in der Korruptions- und Bestechungsbekämpfung eingesetzte Konzepte, Verfahren und Standards, Kriterien für die Bewertung von Korruptionsrisiken, interne Kontrollverfahren und für die Bekämpfung von Korruption und Bestechung eingesetzte Ressourcen, Einsatz von Whistleblowing-Systemen, Zahl wegen wettbewerbswidrigen Verhaltens anhängiger bzw. abgeschlossener Klagen etc.)	**Beschreibung** der verfolgten **Konzepte,** einschließlich der angestrebten Ziele, die zu ihrer Erreichung geplanten und ergriffenen Maßnahmen mit Aussagen zum Zeithorizont, des Einbezugs der Unternehmensführung in diese Maßnahmen sowie die ggf. angewandten **Due-Diligence-Prozesse**[1] **Ergebnisse** der verfolgten **Konzepte,** insbesondere das Ausmaß der Zielerreichung und der Stand der Maßnahmenumsetzung Wesentliche **Risiken** aus der **eigenen Geschäftstätigkeit,** die sehr wahrscheinlich schwerwiegende negative Auswirkungen haben oder haben werden Wesentliche **Risiken,** die mit den **Geschäftsbeziehungen, Produkten** und **Dienstleistungen** verknüpft sind und die sehr wahrscheinlich schwerwiegende negative Auswirkungen haben oder haben werden, soweit die Angaben von Bedeutung sind und die Berichterstattung über diese Risiken verhältnismäßig ist **Handhabung** der beschriebenen wesentlichen **Risiken** Bedeutsamste **nichtfinanzielle Leistungsindikatoren,** die für die Geschäftstätigkeit von Bedeutung sind Für das Verständnis erforderliche **Hinweise und Erläuterungen** zu den **im Jahresabschluss ausgewiesenen Beträgen,** bspw. Rückstellungen für Umwelt- oder Arbeitnehmerbelange.

Die erläuternden Angaben zu den einzelnen nichtfinanziellen Belangen sind indes nur erforderlich, wenn und soweit sie für das Verständnis

– des Geschäftsverlaufs, des Geschäftsergebnisses und der Lage des Unternehmens sowie

– der Auswirkungen der Unternehmenstätigkeit auf die einzelnen nichtfinanziellen Belange (wie Umwelt, Arbeitnehmer etc.) erforderlich sind.[2]

516 Insofern wird der Umfang der Berichterstattung nach § 289c bzw. § 315c HGB auf wesentliche, auch mit Geschäftsverlauf und Lage des berichterstattenden Unternehmens verbundene Aspekte sinnvoll beschränkt und erfordert eine zweistufige Wesentlichkeitsbeurteilung (**zweistufiger Wesentlichkeitsvorbehalt**).[3] Denn eine Berichterstattung, die sich lediglich auf die Auswirkungen der Unternehmenstätigkeit auf die einzelnen nichtfinanziellen Belange beschränkt, ohne dass diese Angaben für Geschäftsverlauf, Geschäftsergebnis oder Lage des Unternehmens bedeutsam sind, erfüllen nicht die Berichtsanforderungen des § 289c bzw. § 315c HGB. Vielmehr beziehen sich die nach § 289c bzw. § 315c HGB berichtspflichtigen Aspekte auf eine Teil-

---

1) Unter Due-Diligence-Prozessen sind Verfahren zu verstehen, im Rahmen derer das Unternehmen seinen Sorgfaltspflichten nachkommt und Risiken bezüglich nichtfinanzieller Informationen identifiziert und entsprechende Maßnahmen zu deren Minimierung, Vermeidung oder Beseitigung trifft. Vgl. hierzu DRSC, Ergebnisbericht der 55. Sitzung des IFRS-FA, 10. gemeinsame Sitzung der IFRS- und HGB-FA und 30. Sitzung des HGB-FA vom 30. November bis 1. Dezember 2016, 4.
2) Vgl. § 289c Abs. 3 bzw. § 315c Abs. 2 HGB.
3) Vgl. IDW Positionspapier, Pflichten und Zweifelsfragen zur nichtfinanziellen Erklärung als Bestandteil der Unternehmensführung, S. 6. Zum allgemeinen Wesentlichkeitsvorbehalt vgl. Rimmelspacher/Schäfer/Schönberger, KoR 2017, 228.

menge der schon nach § 289 Abs. 3 bzw. § 315 Abs. 3 HGB berichtspflichtigen Themen (vgl. in der nachfolgenden Grafik die Schnittmenge 2):[1]

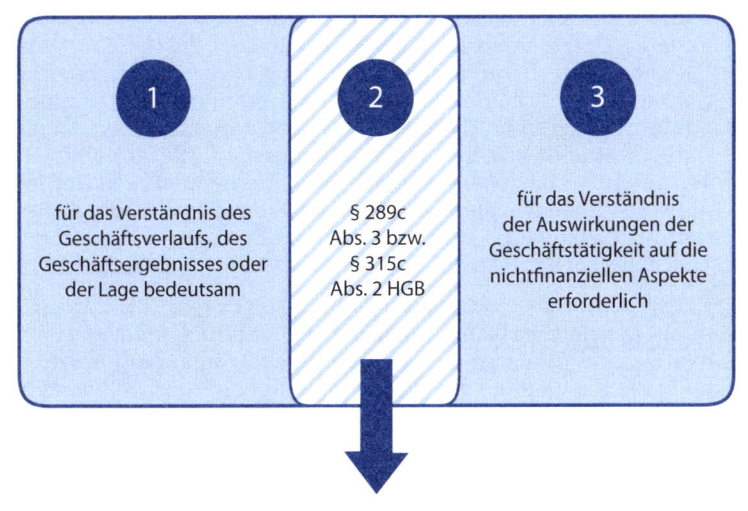

```
┌─────────────────────────────────────────────────────────────┐
│   ①              ②              ③                          │
│ für das      § 289c          für das                        │
│ Verständnis  Abs. 3 bzw.     Verständnis                    │
│ des          § 315c          der Auswirkungen               │
│ Geschäfts-   Abs. 2 HGB      der Geschäfts-                 │
│ verlaufs,                    tätigkeit auf die              │
│ des                          nichtfinanziellen              │
│ Geschäfts-                   Aspekte                        │
│ ergebnisses                  erforderlich                   │
│ oder der                                                    │
│ Lage                                                        │
│ bedeutsam                                                   │
└─────────────────────────────────────────────────────────────┘
                        ↓
        für das Verständnis des Geschäftsverlaufs,
        des Geschäftsergebnisses und der Lage
                      SOWIE
        der Auswirkungen ihrer Tätigkeit auf die
        nichtfinanziellen Aspekte erforderlich
```

Somit sind Angaben, die lediglich für das Verständnis der Auswirkungen der Geschäftstätigkeit auf die nichtfinanziellen Aspekte erforderlich sind, demgegenüber aber nicht auch für das Verständnis des Geschäftsverlaufs, des Geschäftsergebnisses oder der Lage des Unternehmens von Bedeutung sind, (vgl. Teilmenge 3 in obenstehender Grafik) vielmehr als mögliche Bestandteile eines Nachhaltigkeitsberichts anzusehen, aber nicht berichtspflichtig im Rahmen einer nichtfinanziellen (Konzern-)Erklärung.[2]

Im Kontext der bisherigen Berichtspraxis nach DRS 20 erscheinen die geforderten Mindestangaben nicht gänzlich unbekannt. Vielmehr wird durch das CSR-Richtlinie-Umsetzungsgesetz die Berichtspraxis nach DRS 20 zu den entsprechenden Themengebieten im Handelsgesetzbuch klarstellend geregelt und erhält dadurch eine deutlich höhere Relevanz.

Die inhaltliche Berichterstattung über Themen, wie die Achtung von Menschenrechten, Korruption und Bestechung sowie die Risiken für die Unternehmensumwelt, dürfte allerdings für viele Unternehmen Neuland darstellen. Ferner unterscheiden sich die Risikobegriffe des DRS 20 und der nichtfinanziellen (Konzern-)Erklärung. Denn im Rahmen der nichtfinanziellen (Konzern-)Erklärung ist lediglich auf wesentliche Risiken einzugehen, die sehr wahrscheinlich schwerwiegende negative Auswirkungen auf die im Gesetz genannten Nachhaltigkeitsaspekte haben können. Die **Risikoberichterstattung** im Rahmen der nichtfinanziellen Berichterstattung unterliegt somit einem dreistufigen Wesentlichkeitsvorbehalt. Denn über den zweistufigen Wesentlichkeitsvorbehalt des § 289c Abs. 3 bzw. § 315c Abs. 2 HGB hinaus, ist nur über wesentliche Risiken aus der eigenen Geschäftstätigkeit und Risiken, die mit den Geschäftsbeziehungen,

517

---

1) Vgl. Kajüter, DB 2017, 617, 620 f. sowie IDW Positionspapier, Pflichten und Zweifelsfragen zur nichtfinanziellen Erklärung als Bestandteil der Unternehmensführung, s. 6. Grafik in Anlehnung an Kajüter, DB 2017, 621.
2) Vgl. Kajüter, DB 2017, 617, 621.

Produkten und Dienstleistungen verknüpft sind, zu berichten, sofern diese sehr wahrscheinlich schwerwiegende negative Auswirkungen haben oder haben werden. Infolge der Berichterstattung über wesentliche Risiken, die mit den Geschäftsbeziehungen, Produkten und Dienstleistungen verknüpft sind, ist auch über **Risikoaspekte** zu berichten, die von anderen Unternehmen in der Lieferkette oder durch Subunternehmer verursacht wurden und demnach nur **mittelbar** durch das berichterstattende Unternehmen beeinflusst werden können. Die Berichtspflicht zu Risiken in Bezug auf die Lieferkette oder den Subunternehmen steht überdies unter dem Vorbehalt, dass Angaben zu diesen Risiken bedeutsam und verhältnismäßig sein müssen.[1] Dieser Vorbehalt impliziert, dass die Kosten der Informationsbeschaffung der Unternehmen und der Informationsnutzen der Adressaten in einem angemessenen Verhältnis zueinander stehen müssen.[2] Im Ergebnis ist der Risikobegriff im Sinne der nichtfinanziellen (Konzern-)Erklärung somit eingeschränkter als der Risikobegriff der handelsrechtlichen Finanzberichterstattung nach DRS 20.[3]

518 Die bisherige gesetzliche Verpflichtung zur Darstellung und Analyse nichtfinanzieller Leistungsindikatoren im (Konzern-)Lagebericht, die zur internen Steuerung herangezogen werden, bleibt unabhängig von den beschriebenen Neuregelungen unverändert bestehen und somit auch von der Prüfungspflicht umfasst.[4] Allerdings gehen die **Berichtsanforderungen** gemäß § 289c Abs. 3 Nr. 5 bzw. § 315c Abs. 2 HGB über die Berichtsanforderungen des DRS 20 hinaus, denn die nichtfinanziellen Leistungsindikatoren sind nicht nur in die Analyse der Lage und der künftigen Entwicklung einzubeziehen,[5] sondern zudem eigenständig darzustellen.[6]

519 Um die Angabe nichtfinanzieller Informationen zu erleichtern, forderte die CSR-Richtlinie die Europäische Kommission zur Veröffentlichung von unverbindlichen Leitlinien einschließlich der wichtigsten allgemeinen und sektorspezifischen nichtfinanziellen Leistungsindikatoren auf.[7] Mit Veröffentlichung der „**Leitlinien für die Berichterstattung über nichtfinanzielle Informationen** (Methode zur Berichterstattung über nichtfinanzielle Informationen)" am 26.6.2017 kam die Europäische Kommission dieser Forderung nach.[8] Die Leitlinien sollen den betroffenen Unternehmen dabei helfen, nichtfinanzielle Informationen auf relevante, zweckdienliche, einheitliche und vergleichbare Weise offenzulegen. Dabei sind die Leitlinien indes als unverbindlich anzusehen und schaffen keine neuen rechtlichen Verpflichtungen, sondern geben nur Berichtsempfehlungen und eine Vielzahl von Beispielen. Insofern können sich Unternehmen, die die Leitlinien der Europäischen Kommission verwenden, zusätzlich auf internationale, EU-basierte oder nationale Rahmenwerke stützen.[9]

520 Nach welchem Standard (nationale, europäische oder internationale Rahmenwerke) die Berichterstattung erfolgen sollte, ist in § 289d bzw. § 315c Abs. 3 HGB nicht explizit vorgeschrieben, allerdings ist das **verwendete Rahmenwerk** zu benennen bzw. sofern kein Rahmenwerk verwendet wird, ist dies explizit zu begründen („Apply-or-Explain"-Prinzip). In der Begründung zum Referentenentwurf wird bspw. auf die Leitlinien der OECD für multinationale Unternehmen, die Global Reporting Initiative mit G4, den Deutschen Nachhaltigkeitskodex oder das Umweltmanagement- und Umweltbetriebsprüfungssystem EIVIAS verwiesen. Dabei wird ausdrücklich darauf hingewiesen, dass

---

1) Vgl. Rimmelspacher/Schäfer/Schönberger, KoR 2017, 228.
2) Vgl. Begründung zum RegE des CSR-RUG, BT-Drucks. 18/9982, S. 50 f.; Kajüter, DB 2017, 617, 622; Rimmelspacher/Schäfer/Schönberger, KoR 2017, 228.
3) Vgl. IDW Positionspapier, Pflichten und Zweifelsfragen zur nichtfinanziellen Erklärung als Bestandteil der Unternehmensführung, 15; Kajüter, DB 2017, 617, 622.
4) Vgl. § 289 Abs. 3 und § 315 Abs. 3 HGB sowie DRS 20.105–109.
5) Vgl. IDW (Hrsg.), WP-Handbuch, 15. Aufl. 2017, HBd., Kap. F Rdn. 1403.
6) Vgl. Begründung zum RegE des CSR-RUG, BT-Drucks. 18/9982, S. 51; Rimmelspacher/Schäfer/Schönberger, KoR 2017, 229.
7) Vgl. ABl.EU vom 15.11.2014, Nr. L 330, 8, Art. 2.
8) Vgl. ABl.EU vom 5.7.017, Nr. C 215.
9) Vgl. kritisch zur Wahlfreiheit und der Gefahr des „Cherry-Pickings" Maniora, KoR 2015, 156.

diese Rahmenwerke lediglich Teilaspekte der von § 289c HGB geforderten Mindestangaben abdecken. Daher haben die betroffenen Gesellschaften bei Rückgriff auf solche Rahmenwerke sicherzustellen, dass sie in der Berichterstattung alle geforderten Mindestangaben abdecken. Diese Beurteilung kann jeweils nur auf Basis der Wesentlichkeit der einzelnen Aspekte für das berichterstattende Unternehmen erfolgen.[1]

> **Beratungshinweis:**
>
> Bei den Beispielen zu den angegebenen Mindestinhalten der nichtfinanziellen Erklärung handelt es sich um exemplarische Aufzählungen. Betroffene Unternehmen sollten daher umgehend analysieren, über welche nichtfinanziellen Aspekte unter Berücksichtigung der Wesentlichkeit zu berichten ist. Dies sollte in Abhängigkeit vom Geschäftsmodell, der Märkte und Länder, in welchen die Unternehmensgruppe tätig ist, beurteilt werden. Sollte sich im Zuge dieser Analyse herausstellen, dass Lücken in der Informationsbeschaffung bestehen, sind angemessene Informations- und Kennzahlensysteme zu implementieren, damit die notwendigen Informationen für die Berichterstattung für das Geschäftsjahr 2017 bereitstehen.
>
> Obgleich direkt lediglich große Unternehmen von öffentlichem Interesse sowie Kreditinstitute und Versicherungsunternehmen im Fokus der Neuregelung stehen, beziehen sich die Angaben in der nichtfinanziellen Konzernerklärung auf die ganze Unternehmensgruppe. Das heißt, die Berichtspflicht erstreckt sich grundsätzlich auch auf nationale und internationale Standorte und Tochtergesellschaften innerhalb und außerhalb der EU. Konzernobergesellschaften müssen daher sicherstellen, dass ihre internen Berichtsprozesse alle wesentlichen Aspekte konzernweit abdecken und die Daten zu den wichtigsten nichtfinanziellen Leistungsindikatoren an die Konzernobergesellschaft gemeldet werden. In diesem Zusammenhang ist es empfehlenswert, das interne Berichts- und Kontrollsystem für die Erstellung der nichtfinanziellen Erklärung (analog zum rechnungslegungsbezogenen internen Kontrollsystem) zu definieren und mit der Implementierung zu beginnen.

Bestimmte Informationen können nach § 289e Abs. 1 Nr. 1 und Nr. 2 bzw. § 315c Abs. 3 HGB in Ausnahmefällen von der Berichterstattung ausgenommen werden. Diese **Ausnahmetatbestände** sind allerdings nur erfüllt, wenn: **521**

– diese künftige Entwicklungen oder Belange betreffen, über die Verhandlungen geführt werden,

– die Angaben nach vernünftiger kaufmännischer Beurteilung der Geschäftsführung geeignet sind, dem Unternehmen einen erheblichen Nachteil zufügen und

– der Verzicht der Angaben ein den tatsächlichen Verhältnissen entsprechendes und ausgewogenes Verständnis des Geschäftsverlaufs, des Geschäftsergebnisses, der Lage des Unternehmens und der Auswirkungen ihrer Tätigkeit nicht verhindert.

Die Ausnahmetatbestände betreffen insofern also nur zukunftsbezogene Angaben, die allerdings nach § 289 Abs. 1 Satz 4 bzw. § 315 Abs. 1 Satz 5 HGB lageberichtspflichtig sein können. Demgegenüber werden wesentliche Angaben mit Vergangenheitsbezug nicht von den Ausnahmetatbeständen erfasst, auch wenn diese von erheblichem Nachteil für das berichterstattende Unternehmen sein können.[2]

Entfallen indes die Gründe für die Nichtaufnahme dieser Informationen nach der Veröffentlichung der nichtfinanziellen Erklärung, sind sie nach § 289e Abs. 2 bzw. § 315c Abs. 1 HGB in die nichtfinanzielle Erklärung des darauf folgenden Geschäftsjahres aufzunehmen. Hierdurch wird einer willkürlichen Inanspruchnahme der Ausnahmetatbestände entgegengewirkt.[3]

---

[1] Vgl. Begründung zum RegE des CSR-RUG, BT-Drucks. 18/9982, S. 42.
[2] Vgl. IDW Positionspapier, Pflichten und Zweifelsfragen zur nichtfinanziellen Erklärung als Bestandteil der Unternehmensführung, S. 22.
[3] Vgl. Kajüter, DB 2017, 617, 623.

Sofern das Unternehmen zu einzelnen Nachhaltigkeitsaspekten kein Konzept verfolgt, ist dies in der nichtfinanziellen Erklärung klar und begründet zu erläutern („Comply-or-Explain"-Prinzip).[1]

c) Alternativen bei der Erstellung und Offenlegung

522   Gemäß § 289b und § 315b HGB bestehen nachfolgende Alternativen bei der Erstellung und Offenlegung:[2]

– An geeigneten **Stellen im (Konzern-)Lagebericht** (integrierte Berichterstattung).
– Besonderer **Abschnitt im (Konzern-)Lagebericht**.
– In einem **gesonderten nichtfinanziellen Bericht** außerhalb des (Konzern-)Lageberichts, welcher die geforderten Mindestangaben enthält, auf dem im (Konzern-)Lagebericht Bezug genommen wird und dieser entweder:
  – **zusammen** mit dem (Konzern-)Lagebericht nach § 325 HGB im Bundesanzeiger **offengelegt** wird oder
  – auf der **Internetseite** des Unternehmens **spätestens vier Monate nach** dem **Abschlussstichtag** für mindestens zehn Jahre veröffentlicht wird.[3]

Aufgrund der Neuregelungen kann es zu Redundanzen von Berichtspflichten insbesondere mit Blick auf Risiken und nichtfinanzielle Leistungsindikatoren kommen. So sind Aussagen zu wesentlichen bedeutsamen Risiken und deren Handhabung durch die Gesellschaft sowie den wichtigsten nichtfinanziellen Leistungsindikatoren, die für die Geschäftstätigkeit von Bedeutung sind, in der nichtfinanziellen Erklärung sowie auch allgemein im Lagebericht erforderlich. Diesem Umstand hat der Gesetzgeber dadurch Rechnung getragen, dass bspw. in dem Fall, in dem die nichtfinanzielle (Konzern-)Erklärung in einem besonderen Abschnitt des (Konzern-)Lageberichts enthalten ist, es erlaubt ist, auf andere Stellen im (Konzern-)Lagebericht zu verweisen.[4] Diese Verweismöglichkeit besteht ebenfalls bei einem gesonderten nichtfinanziellen Bericht, der außerhalb des (Konzern-)Lagebericht öffentlich zugänglich gemacht wird.[5]

> **Beratungshinweis:**
>
> Nach § 170 Abs. 1 Satz 3 AktG hat der Vorstand dem Aufsichtsrat die nichtfinanzielle (Konzern-)Erklärung **gesondert** vorzulegen. Insofern sind die Berichterstattung im (Konzern-)Lagebericht innerhalb eines besonderen Abschnittes oder ein gesonderter nichtfinanzieller Bericht der integrierten Berichterstattung vorzuziehen.[6] Dabei ist die **Berichterstattung im (Konzern-)Lagebericht innerhalb eines besonderen Abschnittes zu präferieren**, da sich hierdurch der Vorteil bietet, dass die Angaben zeitgleich mit den Abschlussinformationen und mit diesen verbunden vorliegen und darüber hinaus keine separate Veröffentlichungspflicht[7] zu berücksichtigen ist. Zudem erleichtert die Berichterstattung in einem besonderen Abschnitt es dem Aufsichtsrat, seinen Prüfungspflichten bzgl. der nichtfinanziellen (Konzern-)Erklärung aus § 171 Abs. 1 Satz 4 AktG nachzukommen. Überdies ergeben sich keine Abgrenzungsprobleme zu den Pflichtangaben nach § 289 und § 315 HGB.[8]

---

1) Vgl. § 289c Abs. 4 bzw. § 315c Abs. 1 HGB.
2) Sollte eine Offenlegung innerhalb des (Konzern-)Lageberichtes erfolgen, ist die vier monatige Veröffentlichungsfrist für kapitalmarktorientierte Unternehmen nach § 325 Abs. 4 HGB zu beachten.
3) Gemäß Begründung zum RegE des CSR-RUG, BT-Drucks. 18/9982, S. 45 ist bei der Veröffentlichung im Internet im (Konzern-)Lagebericht die Internetadresse anzugeben, unter der die Veröffentlichung abgerufen werden kann.
4) Vgl. § 289b Abs. 1 Satz 3 bzw. § 315b Abs. 1 Satz 3 HGB.
5) Vgl. § 289b Abs. 3 Satz 2 bzw. § 315b Abs. 3 Satz 2 HGB.
6) Vgl. auch Haaker, der sich insgesamt gegen eine integrierte Berichterstattung im oben genannten Sinne ausspricht: Haaker, DB 2017, 922.
7) Veröffentlichungspflicht innerhalb von vier Monaten nach § 289b Abs. 3 Satz 1 Nr. 2 Buchst. b. bzw. § 315b Abs. 3 Satz 1 Nr. 2 Buchst. b. HGB.
8) Vgl. Kajüter, IRZ 2016, 509; Kajüter, DB 2017, 617, 619 und 624; Rimmelspacher/Schäfer/Schönberger, KoR 2017, 226.

Sofern schon bisher ein freiwilliger Nachhaltigkeitsbericht erstellt wird, kann die Berichterstattung über die Mindestinhalte der nichtfinanziellen Erklärung als separates Kapitel im **gesonderten Nachhaltigkeitsbericht** eine sinnvolle Alternative darstellen. In diesem Fall ist sicherzustellen, dass die Veröffentlichung auf der Internetseite der Gesellschaft innerhalb der Vier-Monats-Frist erfolgt und dies schon frühzeitig bei der Planung des Erstellungsprozesses für das Geschäftsjahr 2017 beachtet wird. Darüber hinaus muss identifiziert werden, inwieweit die bisherige Berichterstattung im Nachhaltigkeitsbericht zu ergänzen ist, um den gesetzlichen Anforderungen zu entsprechen.

d) Umfang der Prüfungspflicht

Der Abschlussprüfer muss prüfen, ob die nichtfinanzielle Erklärung oder der gesonderte nichtfinanzielle Bericht vorgelegt wurde (**Vorlageprüfung**).[1)] Eine **inhaltliche Prüfung** der Angaben ist **nicht verpflichtend**, kann aber freiwillig erfolgen.[2)] Wird eine freiwillige Prüfung durchgeführt, kann das Unternehmen den Prüfungsumfang selbst bestimmen, muss hingegen aber das Prüfungsergebnis veröffentlichen.[3)] Dabei sieht § 289b Abs. 4 HGB bzw. § 315b Abs. 4 HGB in diesem Fall die Veröffentlichung des Prüfungsurteils in gleicher Weise wie die nichtfinanzielle (Konzern-)Erklärung oder der gesonderte nichtfinanzielle Bericht vor. Allerdings gilt diese Veröffentlichungspflicht erst für Geschäftsjahre, die nach dem 31.12.2018 beginnen.

523

Sofern die nichtfinanzielle (Konzern-)Erklärung in einem gesonderten nichtfinanziellen Bericht außerhalb des (Konzern-)Lageberichts erstellt und nicht spätestens vier Monate nach dem Abschlussstichtag auf der Internetseite des Unternehmens veröffentlicht wird, hat der Abschlussprüfer eine ergänzende Prüfung (**Nachtragsprüfung**) – und entsprechend § 316 Abs. 3 Satz 2 HGB eine Ergänzung des Bestätigungsvermerks – vorzunehmen, ob der Bezug im (Konzern-)Lagebericht hinsichtlich der Nichtveröffentlichung des gesonderten nichtfinanziellen Berichts innerhalb der Vier-Monatsfrist zutreffend erfolgt ist.[4)]

> **Beratungshinweis:**
>
> Nach der Aufstellung hat die Unternehmensleitung dem Aufsichtsrat den Lagebericht einschließlich der nichtfinanziellen (Konzern-)Erklärung bzw. den gesonderten nichtfinanziellen Bericht weiterzuleiten.
>
> Der **Aufsichtsrat** hat die nichtfinanzielle (Konzern-)Erklärung gemäß § 171 Abs. 1 AktG unabhängig von der Aufstellungs- und Offenlegungsvariante auch **inhaltlich zu prüfen**, wodurch eine Einbeziehung in das Corporate Governance System des Unternehmens erfolgt. Die Prüfung der Erklärung hat dabei in der gleichen Intensität zu erfolgen wie die Prüfung des Abschlusses und des (Konzern-)Lageberichts, wodurch die hohe Bedeutung der Norm hervorgehoben wird. Eine Prüfung lediglich durch den Prüfungsausschuss ist nicht ausreichend. Zwar kann der Prüfungsausschuss eine vorbereitende Prüfung der nichtfinanziellen (Konzern-)Erklärung vornehmen, allerdings darf der Gesamtaufsichtsrat dessen Prüfungsergebnis nicht ungeprüft übernehmen. Für die Gesellschaft mit beschränkter Haftung gilt dies nach § 52 Absatz 1 GmbHG entsprechend, wenn sie einen Aufsichtsrat hat.
>
> Eine gesetzlich verpflichtende inhaltliche Prüfung der (Konzern-)Erklärung durch den Abschlussprüfer besteht nicht, er hat lediglich die Abgabe der Erklärung zu prüfen. Allerdings kann der Inhalt der nichtfinanziellen (Konzern-)Erklärung freiwillig durch den Abschlussprüfer geprüft werden, wodurch der Aufsichtsrat in seiner Kontrollfunktion unterstützt und die Qualität der Informationen gegenüber den Adressaten untermauert werden kann.

---

1) Vgl. § 317 Abs. 2 Satz 4 und Satz 5 HGB.
2) Vgl. § 111 Abs. 2 Satz 4 AktG.
3) Vgl. auch Kajüter, DB 2017, 617, 624; Rimmelspacher/Schäfer/Schönberger, KoR 2017, 231.
4) Vgl. § 317 Abs. 2 Satz 5 HGB.

e) Befreiungstatbestände

524 Ein Unternehmen wird nach § 289b Abs. 2 HGB von der Aufstellung und Offenlegung einer nichtfinanziellen Erklärung **befreit**,[1] wenn das Unternehmen in den, im Einklang mit dem nationalen Recht eines EU-Mitglieds- oder -Vertragsstaats und der EU-Bilanzrichtlinie 2013/34/EU erstellten, **Konzernlagebericht einbezogen** ist und dieser Konzernlagebericht eine nichtfinanzielle Erklärung enthält.[2] Es ist dabei nicht erforderlich, dass das Mutterunternehmen seinen satzungsgemäßen Sitz in einem Mitgliedsstaat der EU oder einem EWR-Vertragsstaat hat, denn auch Mutterunternehmen aus Drittstaaten können eine befreiende nichtfinanzielle (Konzern-)Erklärung abgeben.[3] Sofern das Mutterunternehmen stattdessen einen gesonderten nichtfinanziellen Konzernbericht nach diesen Grundsätzen erstellt und veröffentlicht, genügt auch die Einbeziehung des Tochterunternehmens in diesen Bericht. Die Befreiung gilt nach § 315b Abs. 2 HGB auch für die nichtfinanzielle Konzernerklärung eines Mutterunternehmens, das selbst wiederum in einen nach diesen Grundsätzen erstellten Konzernlagebericht bzw. gesonderten nichtfinanziellen Konzernbericht eines Mutterunternehmens einbezogen wird. Insgesamt muss die nichtfinanzielle (Konzern-)Erklärung entweder in deutscher oder englischer Sprache veröffentlicht werden.

> **Anmerkung:**
>
> Bei Inanspruchnahme der Konzernbefreiung durch ein Tochterunternehmen hat dieses in seinem (Konzern-)Lagebericht auf die Befreiung hinzuweisen und konkret anzugeben, welches Mutterunternehmen den Konzernlagebericht oder den gesonderten nichtfinanziellen Konzernbericht erstellt hat oder erstellen wird und wo dieser Bericht in deutscher oder englischer Sprache abgerufen werden kann.

f) Diversitätskonzept

525 Aufgrund des Gesetzes zur gleichberechtigten Teilhabe von Frauen und Männern in der Privatwirtschaft und im öffentlichen Dienst vom 24.4.2015 ist in der **(Konzern-)Erklärung zur Unternehmensführung** über die Festlegungen bzw. gesetzlichen Mindestanteile der Frauen und Männer im Aufsichtsrat, in der Geschäftsleitung und in den beiden Ebenen darunter zu berichten.[4]

Aktiengesellschaften im Sinne des bisherigen § 289a Abs. 1 bzw. § 315 Abs. 5 HGB (börsennotierte Aktiengesellschaften sowie bestimmte andere Aktiengesellschaften mit Kapitalmarktzugang) müssen nach § 289f und § 315d HGB darüber hinausgehend für Geschäftsjahre, die nach dem 31.12.2016 beginnen, erstmalig ihre Erklärung zur Unternehmensführung durch eine **Beschreibung des Diversitätskonzepts** hinsichtlich der Zusammensetzung des vertretungsberechtigten Organs und des Aufsichtsrats des Unternehmens ergänzen. Dabei ist nicht nur auf die Verteilung der Geschlechter, sondern auch auf andere Aspekte wie Alter, Bildungs- und Berufshintergrund sowie auf die Ziele des Diversitätskonzepts einzugehen. Neben der Beschreibung sind die Art und Weise seiner Umsetzung und die im Geschäftsjahr erreichten Ergebnisse darzustellen. Sollten die verfolgten Diversitätsziele nicht erreicht werden, sollte das Unternehmen erläutern, wie es künftig beabsichtigt, die entsprechenden Ziele zu erreichen und welcher zeitliche Rahmen dazu vorgesehen ist.

---

1) Diese Regelung gilt entsprechend, wenn das Mutterunternehmen einen gesonderten nichtfinanziellen Konzernbericht gemäß § 315b Abs. 3 HGB oder nach nationalen Recht eines EU- oder EWR-Staates in Einklang mit der RL 2013/34/EU erstellt und veröffentlicht.
2) Analoge Regelungen gelten für Teilkonzerne gemäß § 315b Abs. 2 HGB.
3) Vgl. § 289b Abs. 3 und 315b Abs. 3 HGB sowie Beschlussempfehlung und Bericht des Rechtsausschusses CSR-RUG, BT-Drucks. 18/11450, S. 49.
4) Vgl. § 289f Abs. 2 Nr. 6 und § 315d Satz 2 HGB.

Ziel der Regelung ist es unter anderem, dass Unternehmen spezifische und messbare Ziele für die einschlägigen Diversitätsaspekte offenlegen. Dabei wird es als zielführend angesehen, wenn quantitative Ziele und Zeitrahmen, insbesondere in Verbindung mit dem Geschlechtergleichgewicht, festgelegt werden. Hiermit soll die Transparenz der verfolgten Diversitätskonzepte erhöht werden. Sofern die Gesellschaft kein Diversitätskonzept verfolgt, hat sie dies explizit zu erläutern („Comply-or-Explain"-Prinzip).[1]

> **Anmerkung:**
> Bezüglich der Konzernerklärung zur Unternehmensführung können die Angaben zur Diversität auf die Mitglieder des Vorstandes und des Aufsichtsrates des Mutterunternehmens beschränkt werden, weshalb grundsätzlich keine inhaltlichen Abweichungen zwischen der Erklärung zur Unternehmensführung auf Einzelabschlussebene und der Konzernerklärung zur Unternehmensführung bestehen werden.[2]

Unverändert zur bisherigen Regelung sind die Inhalte der Erklärung zur Unternehmensführung nicht Gegenstand der Abschlussprüfung. Allerdings besteht – neben der Überprüfung der formellen Bestandteile der Erklärung – eine kritische Lesepflicht durch den Abschlussprüfer und bei festgestellten Unstimmigkeiten eine Redepflicht gegenüber dem Aufsichtsrat.

Unternehmen, die nach § 289f Abs. 4 HGB bzw. § 315d Satz 2 HGB lediglich Angaben zu den Zielgrößen für den Frauenanteil abgeben müssen und somit nicht dazu verpflichtet sind, eine vollumfängliche (Konzern-)Erklärung zur Unternehmensführung zu publizieren, sind hingegen von den neuen Berichtspflichten nicht betroffen.[3]

II. Konzerneigenkapitalspiegel nach DRS 22

1. Anwendung des DRS 22

Mutterunternehmen, die nach § 290 HGB oder § 11 PublG verpflichtet sind, einen Konzernabschluss aufzustellen, müssen DRS 22 erstmals für nach dem 31.12.2016 beginnende Geschäftsjahre anwenden, bei einem kalenderjahrgleichen Geschäftsjahr also für den **Konzernabschluss 2017**. Mutterunternehmen, die einen Konzernabschluss nach § 11 PublG freiwillig um einen Konzerneigenkapitalspiegel ergänzen, wird die Anwendung von DRS 22 empfohlen.

526

> **Anmerkung:**
> Der DRS 22 erhält seine Bedeutung u. a. dadurch, dass der Gesetzgeber die genaue Ausgestaltung des nach § 297 Abs. 1 HGB verpflichtend aufzustellenden Konzerneigenkapitalspiegels dem DRSC überlassen hat. Seit der Bekanntmachung des DRS 22 im Bundesanzeiger am 23.2.2016 genießt dieser nun die gesetzliche Vermutung, dass mit seiner Berücksichtigung die Grundsätze ordnungsmäßiger Konzernrechnungslegung beachtet werden.

2. Struktur des Konzerneigenkapitalspiegels

Die Struktur des Konzerneigenkapitalspiegels bestimmt sich zukünftig stets **nach der Rechtsform des Mutterunternehmens**.

527

---

1) Vgl. § 289f Abs. 5 und § 315d Satz 2 HGB.
2) Vgl. Rimmelspacher/Schäfer/Schönberger, KoR 2017, 231 mit Verweis auf Grottel/Rohm-Kottmann, in: Grottel u.a. (Hrsg.), Beck'scher Bilanz-Kommentar, 10. Aufl. 2016, § 315 HGB, Rn. 265; Schäfer/Rimmelspacher, DB 2015, Beilage 5, 59.
3) Vgl. Rimmelspacher/Schäfer/Schönberger, KoR 2017, 231.

Rechtsform des Mutterunternehmens	Kapitalgesellschaft	Personenhandelsgesellschaft
Mögliche Posten	– Gezeichnetes Kapital – Eigene Anteile – Nicht eingeforderte ausstehende Einlagen – Kapitalrücklage – Gewinnrücklagen – Gewinnvortrag/Verlustvortrag – Konzernjahresüberschuss/ -fehlbetrag – Eigenkapitaldifferenz aus der Währungsumrechnung (soweit diese auf die Gesellschafter des Mutterunternehmens entfallen) – Nicht beherrschende Anteile.	– Kapitalanteile – Rücklagen (sofern relevant) – Gewinnvortrag/Verlustvortrag – Konzernjahresüberschuss/ -fehlbetrag – Eigenkapitaldifferenz aus der Währungsumrechnung (soweit diese auf die Gesellschafter des Mutterunternehmens entfallen) – Nicht beherrschende Anteile.

Des Weiteren sind **unabhängig von der Rechtsform des Mutterunternehmens** folgende Regelungen zu beachten:

– Für den Posten „Nicht beherrschende Anteile" wird eine gesonderte Darstellung der auf ihn entfallenden Teile des Konzernjahresüberschusses/-fehlbetrags und der Eigenkapitaldifferenz aus der Währungsumrechnung empfohlen.

– Die Spalten des Konzerneigenkapitalspiegels müssen mit den entsprechenden Posten der Konzernbilanz abstimmbar sein.

– Weitere Untergliederungen des Eigenkapitals in entsprechender Anwendung von § 265 Abs. 5 i.V.m. § 298 Abs. 1 HGB sowie zusätzliche Posten beispielsweise für stille Beteiligungen, Genussrechtskapital oder andere Mezzanine-Kapitalien sind in den Konzerneigenkapitalspiegel zu übernehmen.

– Die Zeile „Konzernjahresüberschuss / -fehlbetrag" muss dem in der Konzern-GuV ausgewiesenen Posten entsprechen.

– Bei Aufstellung der Konzernbilanz unter vollständiger oder teilweiser Verwendung des Konzernjahresüberschusses/ -fehlbetrages tritt an die Stelle der Posten „Jahresüberschuss/Jahresfehlbetrag" und „Gewinnvortrag/Verlustvortrag" entsprechend § 268 Abs. 1 HGB i.V.m. § 298 Abs. 1 HGB der Posten „Bilanzgewinn/Bilanzverlust". Es wird empfohlen, eine Konzernergebnisverwendung aufzustellen.

– Die Eigenkapitalveränderungen sind jeweils unsaldiert auszuweisen. Die Aufstellung eines Konzerneigenkapitalspiegels für das Vorjahr wird empfohlen.

Anmerkung:

Die Strukturanpassungen sind zu befürworten, da hierdurch eine einfachere Abstimmung der Spalten des Konzerneigenkapitalspiegels mit den Posten der Konzernbilanz ermöglicht wird.

3. Abbildung von Eigenkapitalveränderungen

528 DRS 22 sieht in den Anlagen 1 und 2 **beispielhaft** folgende Zeilen für die Abbildung möglicher Eigenkapitalveränderungen vor:

G. Wirtschaftsprüfung

Rechtsform des Mutterunternehmens	Kapitalgesellschaft	Personenhandelsgesellschaft
Mögliche Zeilen	– Stand am Bilanzstichtag des Vorjahres	– Stand am Bilanzstichtag des Vorjahres
	– Kapitalerhöhung/-herabsetzung (z.B. Ausgabe von Anteilen, Erwerb/Veräußerung eigener Anteile, Einziehung von Anteilen, Kapitalerhöhung aus Gesellschaftsmitteln) – Einforderung/Einzahlung bisher nicht eingeforderter Einlagen – Einstellung in/Entnahme aus Rücklagen – Ausschüttung – Währungsumrechnung – Sonstige Veränderungen – Änderungen des Konsolidierungskreises – Konzernjahresüberschuss/-fehlbetrag	– Erhöhung/-herabsetzung der Kapitalanteile – Einforderung/Einzahlung bisher nicht eingeforderter Einlagen – Gutschrift auf Gesellschafterkonten im Fremdkapital – Einstellung in/Entnahme aus Rücklagen – Währungsumrechnung – Sonstige Veränderungen – Änderungen des Konsolidierungskreises – Konzernjahresüberschuss/-fehlbetrag
	– Weitere Veränderungen des Eigenkapitals aus der laufenden Ergebnisverwendung (siehe nächste Abbildung)	– Weitere Veränderungen des Eigenkapitals aus der laufenden Ergebnisverwendung (siehe nächste Abbildung)
	– Stand am Bilanzstichtag	– Stand am Bilanzstichtag

Nach DRS 22.55 steht die Zeile „**Sonstige Veränderungen**" für folgende Sachverhalte zur Verfügung:

– Umstellungseffekte bei Anwendung neuer oder geänderter Rechnungslegungsvorschriften

– Korrekturen der Erwerbsbilanzierung nach § 301 Abs. 2 Satz 2 HGB innerhalb einer Zwölfmonatsfrist

– Erfolgsneutral erfasste Veränderungen des Konzerneigenkapitals im Zusammenhang mit Auf- und Abstockungen von Anteilen an Tochterunternehmen ohne Statuswechsel.

Entsprechend DRS 22.58 steht die Zeile „Änderungen des Konsolidierungskreises" für erfolgsneutral erfasste Effekte aus Erst-, Ent- und Übergangskonsolidierungen zur Verfügung.

> **Anmerkung:**
> Die Konkretisierung der Zuordnung von Sachverhalten zu den „Sonstigen Veränderungen" und den „Änderungen des Konsolidierungskreises" ist zu begrüßen.

4. Abbildung der Ergebnisverwendung des laufenden Jahres

DRS 22.20 regelt darüber hinaus die Darstellung der Ergebnisse des Mutterunternehmens und der in den Konzernabschluss einbezogenen Tochterunternehmen.

529

Die Ergebnisverwendung des laufenden Jahres könnte sich u. E. wie folgt in möglichen weiteren Zeilen nach dem Konzernjahresüberschuss/-fehlbetrag darstellen lassen:

Rechtsform des Mutterunternehmens	Kapitalgesellschaft	Personenhandelsgesellschaft
	– Einstellung in Rücklagen (soweit bereits bei der Jahresabschlusserstellung des Mutterunternehmens berücksichtigt)	– Einstellungen in Rücklagen – Auflösung von Rücklagen – Gutschrift auf Gesellschafterkonten im Fremdkapital (für die laufende Ergebnisverwendung des Mutterunternehmens)
	– Vorabausschüttung (des Mutterunternehmens oder der Tochterunternehmen an andere Gesellschafter)	– Vorabausschüttung (der Tochterunternehmen an andere Gesellschafter)

Demnach wird für Mutterunternehmen in der Rechtsform einer Personengesellschaft im Sinne des § 264a HGB nach DRS 22.23 ein übereinstimmender Ausweis der Kapitalanteile der Gesellschafter und, sofern der Betrag der bedungenen Einlage erreicht ist, der Verbindlichkeiten gegenüber den Kommanditisten im Konzernabschluss mit dem entsprechenden Ausweis im Jahresabschluss des Mutterunternehmens gefordert. Eine vom Jahresabschluss des Mutterunternehmens **abweichende Darstellung der Ergebnisverwendung im Konzernabschluss** wird somit **ausgeschlossen**.

Das Konzernjahresergebnis ist im Regelfall aufgrund der Einbeziehung von Tochterunternehmen sowie aufgrund von Konsolidierungsmaßnahmen nicht identisch mit dem Jahresergebnis der Muttergesellschaft. DRS 22.24 sieht für diese Fälle folgende Darstellungsempfehlungen vor:

– Erwirtschaftetes Konzernergebnis > Ergebnis des Mutterunternehmens (beispielsweise aufgrund von thesaurierten Ergebnissen der einbezogenen Tochterunternehmen)
  → Empfehlung zur Einstellung des Differenzbetrages in die Konzerngewinnrücklagen
– Erwirtschaftetes Konzernergebnis < Ergebnis des Mutterunternehmens (beispielsweise aufgrund von Zwischenerfolgseliminierungen im Konzern)
  → Empfehlung zur Verrechnung des Differenzbetrages mit vorhandenen Konzerngewinnrücklagen, soweit diese ausreichen
  → ansonsten Darstellung in einem gesonderten Posten mit entsprechender Bezeichnung innerhalb des Konzerneigenkapitals.

Wird das Konzerneigenkapital beispielsweise aufgrund von Verlusten von Tochterunternehmen insgesamt negativ, wird der Ausweis eines Postens auf der Aktivseite unter der Bezeichnung „Nicht durch Konzerneigenkapital gedeckter Fehlbetrag" empfohlen.

In die Anlage 3 des Standards wurden entsprechende Beispielsfälle zur Verdeutlichung aufgenommen.

> **Anmerkung:**
> U.E. empfiehlt es sich, die Ergebnisverwendung des laufenden Jahres nach der Zeile Konzernjahresüberschuss/-fehlbetrag vorzunehmen.

5. Bilanzierung eigener Anteile

530 DRS 22.29 f. regelt des Weiteren Fragen der **Rücklagenverrechnung beim Erwerb und bei der Veräußerung eigener Anteile**. Besonderheiten, die daraus resultieren, dass der

Konzernabschluss – im Gegensatz zum Jahresabschluss – keine Ausschüttungsbemessungsfunktion beinhaltet, werden hierbei berücksichtigt. DRS 22.30 stellt klar, dass die Verrechnung des Unterschiedsbetrags zwischen dem Nennwert oder dem rechnerischen Wert und den Anschaffungskosten der eigenen Anteile im Konzernabschluss nach § 272 Abs. 1a i.V.m. § 298 Abs. 1 HGB nicht auf die frei verfügbaren Rücklagen beschränkt ist. Zu den frei verfügbaren Rücklagen i.S.v. § 272 Abs. 1a HGB zählen neben der Kapitalrücklage gemäß § 272 Abs. 2 Nr. 4 HGB auch die anderen Gewinnrücklagen und satzungsgemäße Rücklagen, soweit der Zweck dieser Rücklagen den Erwerb zulässt, sowie der Teil des Jahresergebnisses, der nach § 58 Abs. 2 AktG oder § 58 Abs. 1 AktG in die anderen Gewinnrücklagen eingestellt werden darf oder einzustellen ist. Bei GmbHs dürfen auch Kapitalrücklagen nach § 272 Abs. 2 Nr. 1 bis 3 HGB zur Verrechnung herangezogen werden.

Sofern auf Konzernabschlussebene keine Konzernrücklagen mehr in ausreichendem Umfang zur Verrechnung zur Verfügung stehen, soll entsprechend DRS 22.35 eine Verrechnung zu Lasten des Konzernbilanzgewinns/-verlusts vorgenommen werden.

> **Anmerkung:**
> DRS 22.B32 sieht die Beachtung des Stetigkeitsgrundsatzes bei der Rücklagenverrechnung vor.

6. Bilanzierung von Rückbeteiligungen

Rückbeteiligungen sind in der Konzernbilanz **als eigene Anteile** des Mutterunternehmens **zu behandeln**. 531

DRS 22.50 empfiehlt die **differenzierte Angabe** von eigenen Anteilen, die durch das Mutterunternehmen gehalten werden, und für Rückbeteiligungen im Konzernanhang.

DRS 22 geht außerdem auf folgende spezielle Fragestellungen ein:

- Rückbeteiligungen des persönlich haftenden Gesellschafters einer Personenhandelsgesellschaft bei Ausgestaltung als Einheitsgesellschaft
- Rückbeteiligungen von Tochterunternehmen, die nicht vollständig im Besitz des Mutterunternehmens sind, und
- Ausweis von Anteilen an übergeordneten Mutterunternehmen in Teilkonzernabschlüssen.

7. Ergänzende Angaben zum Konzerneigenkapitalspiegel

DRS 22.60 empfiehlt folgende Angaben zu den Posten Kapitalrücklage, Gewinnrücklagen, Gewinnvortrag/Verlustvortrag und zum Posten Konzernjahresüberschuss/-fehlbetrag, der dem Mutterunternehmen zuzurechnen ist, zu machen: 532

- Betrag, der am Stichtag zur Gewinnausschüttung an die Gesellschafter zur Verfügung steht
- Betrag, der gesetzlichen Ausschüttungs- oder Abführungssperren unterliegt
- Betrag, der gemäß Satzung oder Gesellschaftsvertrag einer Ausschüttungssperre oder anderen Verfügungsbeschränkungen unterliegt.

> **Anmerkung:**
> Die ergänzenden Angaben sind geschlossen unter dem Eigenkapitalspiegel oder im Anhang zu machen

8. Hinweise zur erstmaligen Erstanwendung von DRS 22

533 DRS 22.65 empfiehlt den im Posten „Kumuliertes übriges Konzernergebnis" ausgewiesene Saldo der erfolgsneutral erfassten Veränderungen des Konzerneigenkapitals auf folgende Posten aufzugliedern:

- Währungsumrechnungsdifferenzen sind gemäß § 308a HGB in den Posten Eigenkapitaldifferenz aus der Währungsumrechnung einzustellen.
- Übrige Beträge sind in die zweckentsprechenden Konzernrücklagen um zu gliedern.

> **Anmerkung:**
>
> DRS 22.21 empfiehlt eine Erstellung des Konzerneigenkapitalspiegels sowohl für das Berichtsjahr als auch für das Vorjahr.
>
> Unternehmen, die bislang einen von diesem Standard abweichenden Konzerneigenkapitalspiegel aufgestellt haben, sollen nach DRS 22.63 bei erstmaliger Anwendung dieses Standards Beträge der Vorperiode jedoch nur angeben, wenn sie diese nach den Regeln dieses Standards ermittelt haben.

III. Kapitalkonsolidierung nach DRS 23

1. Konkretisierungen durch DRS 23

534 DRS 23 **konkretisiert die Vorschriften zur Kapitalkonsolidierung** gemäß §§ 301, 307 und 309 HGB. Insbesondere die Einbeziehung von Tochterunternehmen nach der Erwerbsmethode, die Behandlung bestehender Anteile anderer Gesellschafter sowie die Bilanzierung von Geschäfts- oder Firmenwerten und passiver Unterschiedsbeträge aus der Kapitalkonsolidierung werden hiervon umfasst. Des Weiteren werden Anwendungsfragen, die sich aus der Erst-, Folge-, Ent- und Übergangskonsolidierung ergeben, behandelt. Dem Themenbereich der Transaktionen unter gemeinsamer Beherrschung (transactions under common control) hat sich das DRSC im DRS 23 noch nicht angenommen.

2. Anwendung des DRS 23

535 Mutterunternehmen, die nach § 290 HGB oder § 11 PublG verpflichtet sind, einen Konzernabschluss aufzustellen, müssen die Regelungen des DRS 23 erstmals für die Erstkonsolidierung von Unternehmen in **Geschäftsjahren, die nach dem 31.12.2016 beginnen**, anwenden. Die Regelungen für Maßnahmen der Folge-, Ent- und Übergangskonsolidierung einbezogener Tochterunternehmen sind – unabhängig vom Zeitpunkt der Erstkonsolidierung – erstmals für Geschäftsjahre anzuwenden, die nach dem 31.12.2016 beginnen.

3. Erstkonsolidierung

a) Zeitpunkt der erstmaligen Einbeziehung

536 Die Einbeziehung eines Tochterunternehmens in den Konzernabschluss hat grundsätzlich **ab dem Zeitpunkt** zu erfolgen, von dem an die **Voraussetzungen des § 290 HGB erstmals vorliegen**. Maßgeblich sind die Wertverhältnisse zu diesem Zeitpunkt. Abweichungen von diesem Grundsatz sind nach wie vor bei erstmaliger Aufstellung eines Konzernabschlusses möglich.

Bei Erwerb von Anteilen an einem Tochterunternehmen zu verschiedenen Zeitpunkten (**sukzessiver Anteilserwerb**), ist bei der erstmaligen Kapitalkonsolidierung grundsätzlich ebenfalls der Zeitpunkt zugrunde zu legen, zu dem das Mutter-Tochter-Verhältnis entstanden ist. Eine tranchenweise Kapitalkonsolidierung unter Zugrundelegung von historischen Wertverhältnissen wird ebenso abgelehnt wie die Neubewertung bereits vorhandener Anteile (Alterwerbe) zum Zeitpunkt des Erwerbs weiterer Anteile an einem verbundenen Unternehmen.

b) Anteile des Mutterunternehmens

In die Kapitalkonsolidierung sind sämtliche dem **Mutterunternehmen zuzurechnende Anteile** an einem Tochterunternehmen in entsprechender Anwendung des § 290 Abs. 2 und Abs. 3 HGB einzubeziehen. Hierzu können in Einzelfällen auch schuldrechtliche Ansprüche mit Eigenkapitalcharakter gehören. 537

DRS 23 enthält Hinweise zum Umgang mit folgenden Sachverhalten, die bei der Bewertung der dem Mutterunternehmen zuzurechnenden Anteile an einem Tochterunternehmen im Rahmen der Erstkonsolidierung zu beachten sind:

Sachverhalt	Hinweise zur Erstkonsolidierung aus DRS 23
Tauschvorgänge	Anschaffungskosten für Zwecke der Konsolidierung sind die beizulegenden Zeitwerte der hingegebenen Vermögensgegenstände, höchstens jedoch der beizulegende Zeitwert der erlangten Anteile.
Übernahme von Schulden oder Zahlung einer Rente	Relevanz der Anschaffungskosten im Zugangszeitpunkt aus dem Jahresabschluss des einbezogenen Unternehmens; Unzulässigkeit der Neubewertung der Verpflichtung für Zwecke der Erstkonsolidierung.
Negativer Kaufpreis	Die vom Verkäufer der Anteile aufgrund eines Restrukturierungs- oder Sanierungsstaus im Erwerbszeitpunkt geleistete Zahlung ist beim Mutterunternehmen regelmäßig in einen passiven Sonderposten einzustellen. Der Sonderposten ist wie zusätzliches Eigenkapital des zu konsolidierenden Tochterunternehmens in die Erstkonsolidierung einzubeziehen.
Vorläufige Kapitalkonsolidierung	Können im Rahmen der Kaufpreisallokation die Wertansätze der Vermögensgegenstände, Schulden, Rechnungsabgrenzungsposten und Sonderposten im Zeitpunkt der Begründung eines Mutter-Tochter-Verhältnisses nicht endgültig ermittelt werden, sind sie innerhalb der darauf folgenden zwölf Monate anzupassen (§ 301 Abs. 2 Satz 2 HGB). Das anzuwendende Wertaufhellungsprinzip bezieht sich auf das Mengen- und das Wertgerüst des Tochterunternehmens im Erwerbszeitpunkt.
Kaufpreisanpassungsklauseln	Zahlungen aufgrund von Wertsicherungsklauseln zwischen Käufer und Verkäufer stellen nachträgliche Anschaffungskosten oder Anschaffungspreisminderungen dar. Vereinbarte „earn-out-Klauseln" sind – sofern sie verlässlich bewertet werden können und ihr Eintritt wahrscheinlich ist – als Rückstellung zu passivieren und als Erhöhung der Anschaffungskosten der Anteile im Erwerbszeitpunkt zu berücksichtigen. Unbeachtlich des Wertaufhellungsprinzips nach § 301 Abs. 2 Satz 2 HGB stellen, bei einer Kaufpreiskonkretisierung erst nach Ablauf eines Jahres, Zahlungen des Käufers ebenfalls nachträgliche Anschaffungskosten der Anteile dar, die bei der Kapitalkonsolidierung zu berücksichtigen sind.

c) Eigenkapital des Tochterunternehmens

DRS 23 enthält Hinweise zum Umgang mit folgenden Sachverhalten, die bei der Bewertung des Eigenkapitals des Tochterunternehmens im Rahmen der Erstkonsolidierung zu beachten sind: 538

Sachverhalt	Hinweise zur Erstkonsolidierung aus DRS 23
Beteiligungsquote	Für die Berechnung der Beteiligungsquote ist generell die unmittelbare bzw. mittelbare Kapitalbeteiligung am Tochterunternehmen ausschlaggebend. Bestehen Differenzen hinsichtlich der Kapitalbeteiligung und der Beteiligung an den laufenden Ergebnissen, ist das zu konsolidierende Eigenkapital anhand der **„wirtschaftlichen Beteiligungsquote"** zu ermitteln.
Vollständigkeit der Neubewertungsbilanz	Vollständige Berücksichtigung aller Vermögensgegenstände, Schulden, Rechnungsabgrenzungsposten und Sonderposten des Tochterunternehmens sowie Einzelerfassung.

Sachverhalt	Hinweise zur Erstkonsolidierung aus DRS 23
Nicht bilanzierungspflichtige Ansprüche	Bisher nicht bilanzierungspflichtige Ansprüche und Verpflichtungen sind anzusetzen, soweit diese verlässlich bewertbar sind (z.B. Finanzderivate, schuldrechtliche Haftungsverhältnisse, Besserungsabreden aus erklärten Darlehensverzichten).
Restrukturierungsrückstellungen	Restrukturierungsrückstellungen sind nur dann zu passivieren, wenn im Zeitpunkt der erstmaligen Einbeziehung eine Außenverpflichtung bereits besteht.
Change of control Klauseln	Verpflichtungen gegenüber Organmitgliedern, Arbeitnehmern oder sonstigen fremden Dritten, deren Entstehung aufschiebend bedingt vom Kontrollwechsel abhängig ist (change of control Klauseln), sind – soweit diese nicht der Abgeltung für eine künftige (Arbeits-)Leistung dienen – als Verbindlichkeiten in der Neubewertungsbilanz zu berücksichtigen.

Anmerkung:

Für steuerliche Be- oder Entlastungen, die aus dem Abbau abzugsfähiger oder zu versteuernder temporärer Differenzen der in der Neubewertungsbilanz angesetzten Vermögens- und Schuldposten sowie aus der Nutzung eines steuerrechtlichen Verlustvortrags resultieren, sind **latente Steuern** anzusetzen. Latente Steuern aus Neubewertungsvorgängen sind mit dem unternehmensindividuellen Steuersatz des betreffenden Tochterunternehmens zu bewerten und dürfen nicht abgezinst werden.

4. Behandlung verbleibender Unterschiedsbeträge

a) Geschäfts- oder Firmenwert

539 Ein **Geschäfts- oder Firmenwert** ergibt sich auf Konzernabschlussebene als positiver Unterschiedsbetrag aus der Kapitalkonsolidierung und ist innerhalb der immateriellen Vermögensgegenstände des Anlagevermögens gesondert auszuweisen.

Ein **passiver Unterschiedsbetrag** aus der Kapitalkonsolidierung ist in einem gesonderten Posten als „Unterschiedsbetrag aus der Kapitalkonsolidierung" nach dem Konzerneigenkapital auszuweisen.

Der Geschäfts- oder Firmenwert ist **planmäßig abzuschreiben**. Die Abschreibungen sind über die voraussichtliche Nutzungsdauer zu verteilen. Die Nutzungsdauer ist anhand objektiv nachvollziehbarer Kriterien festzulegen.

DRS 23 enthält **Anhaltspunkte zur Schätzung der voraussichtlichen Nutzungsdauer** des Geschäfts- oder Firmenwertes:

- Voraussichtliche Bestandsdauer und Entwicklung des erworbenen Unternehmens einschließlich der gesetzlichen oder vertraglichen Regelungen
- Lebenszyklus der Produkte des erworbenen Unternehmens
- Auswirkungen von zu erwartenden Veränderungen der Absatz- und Beschaffungsmärkte sowie der wirtschaftlichen, rechtlichen und politischen Rahmenbedingungen auf das erworbene Tochterunternehmen
- Höhe und zeitlicher Anfall von Erhaltungsaufwendungen, die erforderlich sind, um den erwarteten ökonomischen Nutzen des erworbenen Unternehmens zu realisieren sowie die Fähigkeit des Unternehmens, diese Aufwendungen aufzubringen
- Laufzeit wesentlicher Absatz- und Beschaffungsverträge des erworbenen Unternehmens
- Voraussichtliche Dauer der Tätigkeit wichtiger Schlüsselpersonen für das erworbene Tochterunternehmen
- Erwartetes Verhalten von (potentiellen) Wettbewerbern des erworbenen Unternehmens
- Branche und deren zu erwartende Entwicklung.

> **Anmerkung:**
> Kann die Nutzungsdauer nicht geschätzt werden, ist die planmäßige Abschreibung über einen Zeitraum von zehn Jahren durchzuführen.
>
> Im Konzernanhang ist entsprechend § 314 Abs. 1 Nr. 20 HGB eine Erläuterung des Zeitraumes, über den ein entgeltlich erworbener Geschäfts- oder Firmenwert abgeschrieben wird, anzugeben. Eine Zusammenfassung kommt u. E. nur bei gleichen Gründen und gleichen betrieblichen Nutzungsdauern in Betracht.

Entfällt der Geschäfts- oder Firmenwert auf ein Tochterunternehmen, welches seinen Abschluss in **Fremdwährung** aufstellt, richtet sich die Zuordnung entsprechend DRS 23 nach der Währung, in der die im Geschäfts- oder Firmenwert berücksichtigten künftigen Erfolgsbeiträge mehrheitlich realisiert werden. Sofern Erfolgsbeiträge in ausländischer Währung realisiert werden, erfolgt die Umrechnung in der Folgekonsolidierung mit dem Devisenkassamittelkurs am Abschlussstichtag.

Bei voraussichtlich **dauernder Wertminderung** ist der Wertansatz des Geschäfts- oder Firmenwerts um **außerplanmäßige Abschreibungen** zu mindern.

DRS 23 enthält Anhaltspunkte, die auf eine voraussichtlich dauerhafte Wertminderung hinweisen können.

- Außerplanmäßige Abschreibung der Beteiligung im Jahresabschluss
- Substantielle Hinweise des internen Berichtswesens, dass die zu erwartende Ertrags- und Kostenentwicklung des Tochterunternehmens schlechter ist oder sein wird
- Nachhaltige operative Verluste in der Vergangenheit (über mindestens 3 Jahre)
- Wesentliche Faktoren, die für die Bestimmung der betriebsgewöhnlichen Nutzungsdauer relevant sind, haben sich im Vergleich zur ursprünglichen Annahme tatsächlich ungünstiger entwickelt.
- Schlüsselpersonen aus den verschiedenen Bereichen (Management; Forschung) scheiden früher als erwartet aus.
- Signifikante Veränderungen mit nachteiligen Folgen für das Unternehmen/den Tätigkeitsbereich im technischen, marktbezogenen, ökonomischen, rechtlichen oder gesetzlichen Umfeld sind in der laufenden Periode eingetreten oder werden in der nächsten Zukunft eintreten.
- Veränderung von Marktzinssätzen oder anderen Marktrenditen mit Auswirkung auf die Berechnung von beizulegenden Zeitwerten (Abzinsungssatz)
- Buchwert des Nettovermögens des Tochterunternehmens ist größer als seine Marktkapitalisierung.
- Technische Veränderungen oder Veränderungen des rechtlichen Umfelds führen zu einer Verkürzung des Lebenszyklus der erworbenen Produktlinien.
- Unvorhergesehener Wegfall von Teilmärkten und daraus folgend wesentliche Verringerung des Marktpotentials wichtiger Produktlinien.

Sofern ein oder mehrere der genannten Anhaltspunkte oder andere objektive Hinweise für eine voraussichtlich dauerhafte Wertminderung vorliegen und diese nicht widerlegt werden können, ist die Werthaltigkeit des Geschäfts- oder Firmenwerts anhand weitergehender Berechnungen zu prüfen und die Höhe der außerplanmäßigen Abschreibung zu ermitteln.

Die Höhe der außerplanmäßigen Abschreibung ergibt sich grundsätzlich aus dem Vergleich des Buchwerts des am Abschlussstichtag ausgewiesenen Geschäfts- oder Firmenwerts (Buchwert GoFW) mit dem zu diesem Zeitpunkt ermittelten beizulegenden Zeitwert des Geschäfts- oder Firmenwerts.

Allgemeine Erläuterungen:

Beizulegender Zeitwert der Beteiligung des Mutterunternehmens am Tochterunternehmen (Zeitwert Bet $_{MU/TU}$)

abzüglich anteiliger beizulegender Zeitwert des Nettovermögens i.S.v. § 301 Abs. 1 Satz 2 HGB des Tochterunternehmens

= Beizulegender Zeitwert des Geschäfts- oder Firmenwerts

Zur Ermittlung des außerplanmäßigen Abschreibungsbedarfs sind folgende Verfahren denkbar[1]:

Grundsätzliche Konzeption (implizierter GoFW)	Zeitwert Bet$_{MU/TU}$	<	Buchwert Reinvermögen	+	Sämtliche stille Reserven/ stille Lasten	+ Buchwert GoFW
Vereinfachtes alternatives Verfahren auf der Basis von Buchwerten	Zeitwert Bet$_{MU/TU}$	<	Buchwert Reinvermögen			+ Buchwert GoFW
Alternatives Verfahren unter Berücksichtigung wesentlicher stiller Reserven/stiller Lasten	Zeitwert Bet$_{MU/TU}$	<	Buchwert Reinvermögen	+	Wesentliche stille Reserven/ stille Lasten	+ Buchwert GoFW

Die Verfahren erfordern teilweise analog zur Vorgehensweise bei der Erstkonsolidierung eine vollständige bzw. eine teilweise Neubewertung des Vermögens des Tochterunternehmens im Betrachtungszeitraum.

Der niedrigere Wertansatz ist aufgrund des **Wertaufholungsverbots** auch an künftigen Abschlussstichtagen beizubehalten.

Beratungshinweis:

Sofern das Tochterunternehmen aus **mehreren Geschäftsfeldern** besteht, wird empfohlen, den Geschäfts- oder Firmenwert bzw. den passiven Unterschiedsbetrag einem oder mehreren Geschäftsfeldern zuzuordnen. Sofern eine Aufteilung auf mehrere Geschäftsfelder des Tochterunternehmens erfolgt ist, sind für die einzelnen Geschäftsfelder jeweils gesonderte Abschreibungen vorzunehmen.

b) Passiver Unterschiedsbetrag

540 Ein passiver Unterschiedsbetrag kann Eigen- oder Fremdkapitalcharakter haben. Ein **passiver Unterschiedsbetrag mit Fremdkapitalcharakter** ergibt sich aus erwarteten künftigen Aufwendungen oder Verlusten. Er ist bei tatsächlichem Eintritt dieser Aufwendungen oder Verluste ergebniswirksam aufzulösen.

Ein **passiver Unterschiedsbetrag mit Eigenkapitalcharakter** resultiert aus einem günstigen Gelegenheitskauf (sog. lucky-buy). Er ist planmäßig über die gewichtete durchschnittliche Restnutzungsdauer der erworbenen abnutzbaren Vermögensgegenstände zu vereinnahmen.

Technische passive Unterschiedsbeträge können sich bei Auseinanderfallen des Zeitpunkts der Entstehung des Mutter-Tochter-Verhältnisses und des Zeitpunkts der erstmaligen Einbeziehung des Tochterunternehmens in den Konzernabschluss ergeben. Sie resultieren aus während dieser Zeitspanne thesaurierten Gewinnen, entstandenen stillen Reserven oder stillen Lasten sowie bei Begründung des Mutter-Tochter-Verhältnisses im Rahmen einer Sacheinlage aus der Einbringung der Beteiligung unterhalb ihres beizulegenden Wertes.

5. Auf- und Abstockung von Anteilen an Tochterunternehmen

541 Werden nach Erlangung des beherrschenden Einflusses weitere Anteile an einem Tochterunternehmen erworben (Aufstockung) oder veräußert (Abstockung), ohne dass

---
[1] Stibi/Kirsch/Engelke, WPg 2016, 603 ff.

sich eine Statusänderung ergibt, können diese Transaktionen wahlweise **als Erwerbs- bzw. Veräußerungsvorgang oder als Kapitalvorgang abgebildet** werden. Die gewählte Methode ist konzernweit einheitlich für alle Auf- und Abstockungsfälle anzuwenden und stetig beizubehalten.

Bei Einordnung als Erwerbsvorgang ist eine Neubewertung für die Vermögensgegenstände und Schulden anteilig in Höhe des Zuerwerbs durchzuführen. Ein sich nach der Verrechnung der Anschaffungskosten der weiteren Anteile mit dem auf diese Anteile entfallenden neubewerteten Eigenkapital ergebender Unterschiedsbetrag ist entsprechend als Geschäfts- oder Firmenwert oder als passiver Unterschiedsbetrag auszuweisen.

Bei einer Interpretation als Kapitalvorgang findet keine Neubewertung statt. Die Anschaffungskosten der weiteren Anteile sind mit dem hierauf entfallenden Anteil anderer Gesellschafter am Eigenkapital zum Zeitpunkt des Erwerbs dieser Anteile zu verrechnen, ein sich ergebender Unterschiedsbetrag ist erfolgsneutral mit dem Konzerneigenkapital zu verrechnen.

6. Entkonsolidierung

Endet der beherrschende Einfluss des Mutterunternehmens auf das Tochterunternehmen, ist dieses nicht länger in den Konzernabschluss einzubeziehen. 542

Das auf das Tochterunternehmen entfallende Reinvermögen ist **zu Konzernbuchwerten bis zum Zeitpunkt der Beendigung** des Mutter-Tochter-Verhältnisses fortzuschreiben und anschließend in voller Höhe als Abgang auszubuchen.

Der Unterschiedsbetrag zwischen dem Veräußerungspreis und dem fortgeschriebenen Reinvermögen ist ergebniswirksam als Veräußerungsgewinn oder -verlust zu erfassen.

7. Übergangskonsolidierung

Für den abgehenden Teil des Tochterunternehmens gelten die Regelungen zur Entkonsolidierung. 543

Sofern ein Tochterunternehmen zu einem Gemeinschaftsunternehmen wird und dieses künftig im Wege der Quotenkonsolidierung in den Konzernabschluss einbezogen werden soll, ist der verbleibende Anteil des Reinvermögens quotal in den Konzernabschluss einzubeziehen.

Bei Anwendung der Equity-Methode gilt das entsprechende Reinvermögen zu Konzernbuchwerten im Zeitpunkt des Abgangs als Anschaffungskosten der Beteiligung.

8. Kapitalkonsolidierung im mehrstufigen Konzern

DRS 23 empfiehlt, die Kapitalkonsolidierung im mehrstufigen Konzern mittels der „**Kettenkonsolidierung**" vorzunehmen. Daneben sind auch andere technische Methoden, wie z.B. die „Simultankonsolidierung", zulässig. 544

Bei der Kettenkonsolidierung erfolgt die Konsolidierung der Tochterunternehmen schrittweise, so dass die in der Konzernhierarchie am weitesten von dem Mutterunternehmen entfernten Tochterunternehmen zuerst konsolidiert werden.

Bei Erwerb eines bisher nicht konsolidierten Tochterunternehmens durch ein bereits in den Konsolidierungskreis einbezogenes Tochterunternehmen sind der Kapitalkonsolidierung im Erstkonsolidierungszeitpunkt die direkten Beteiligungsverhältnisse zugrunde zu legen. Bei Erwerb eines bereits konsolidierten Tochterunternehmens durch ein anderes in den Konsolidierungskreis einbezogenes Tochterunternehmen sind die bisherigen Konzernbuchwerte im Konzernabschluss des obersten Mutterunternehmens fortzuführen.

Bei Erwerb eines Teilkonzerns durch ein in den Konsolidierungskreis einbezogenes Mutter- bzw. Tochterunternehmen sind die mit den Anschaffungskosten zu bewertenden Anteile an dem Teilkonzernmutterunternehmen mit dem auf sie entfallenden Teilkonzerneigenkapital zu verrechnen.

Zur Ermittlung des Teilkonzerneigenkapitals wird bei der Konsolidierung der Kapitalverflechtungen im erworbenen Teilkonzern empfohlen, jeweils die direkten Beteiligungsverhältnisse zugrunde zu legen. Der Beteiligungswert des unmittelbar hierarchisch übergeordneten Teilkonzernunternehmens sollte mit dem auf die Beteiligung entfallenden Eigenkapital des hierarchisch nachgelagerten Tochterunternehmens verrechnet werden („additive Methode"). Das Teilkonzerneigenkapital kann durch eine Konsolidierung aller Unternehmen des erworbenen Teilkonzerns auf Grundlage der Wertverhältnisse im Erwerbszeitpunkt ermittelt werden.

Alternativ kann auch ein bestehender (Teil-)Konzernabschluss als Ausgangsgröße für die Ermittlung der Neubewertungsbilanz verwendet werden. Der nicht auf Anteile anderer Gesellschafter entfallende Teil des Währungsausgleichspostens ist dabei dem konsolidierungspflichtigen Eigenkapital zuzurechnen. In diesem Fall sind bisher ausgewiesene Geschäfts- oder Firmenwerte bzw. passive Unterschiedsbeträge mit dem Teilkonzerneigenkapital zu verrechnen.

IV. Bilanzierung und Bewertung immaterieller Vermögensgegenstände im Konzernabschluss nach DRS 24

1. Anwendung des DRS 24

545 Mutterunternehmen, die nach § 290 HGB oder § 11 PublG verpflichtet sind, einen Konzernabschluss aufzustellen, müssen den DRS 24 erstmals für nach dem 31.12.2016 beginnende Geschäftsjahre anwenden, bei einem kalenderjahrgleichen Geschäftsjahr also auf den **Konzernabschluss 2017**.

Der Standard ist nur für immaterielle Vermögensgegenstände, unabhängig davon, ob eine Zuordnung zum Anlage- oder Umlaufvermögen erfolgt, anzuwenden. Ausdrücklich ausgeschlossen ist jedoch der Geschäfts- oder Firmenwert.[1]

2. Ansatzregeln

a) Übersicht

546 Aus dem Zusammenspiel des allgemeinen Vollständigkeitsgebots und der speziellen Ansatzvorschriften für selbst geschaffene immaterielle Vermögensgegenstände des Anlagevermögens[2] sind nach DRS 24 folgende Fragen für die Klärung der Ansatzfrage entscheidend:

---

[1] Vgl. DRS 24.3. Die Bilanzierung eines erworbenen Geschäfts- oder Firmenwerts im Konzernabschluss wird in DRS 23 „Kapitalkonsolidierung (Einbeziehung von Tochterunternehmen in den Konzernabschluss)" geregelt.
[2] § 246 Abs. 1 i.V.m. § 248 Abs. 2 HGB

G. Wirtschaftsprüfung

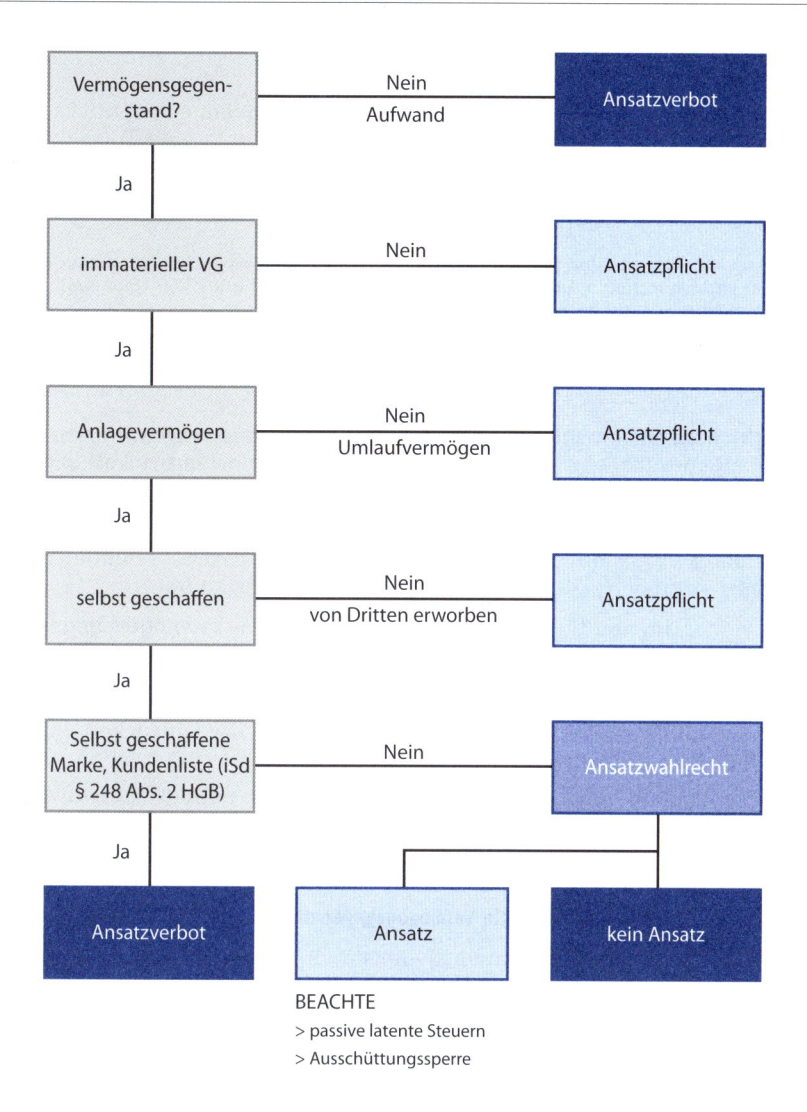

```
Vermögensgegen-     Nein
stand?         ─────────────→  Ansatzverbot
               Aufwand
    │ Ja
    ▼
immaterieller VG    Nein
               ─────────────→  Ansatzpflicht
    │ Ja
    ▼
Anlagevermögen      Nein
               ─────────────→  Ansatzpflicht
               Umlaufvermögen
    │ Ja
    ▼
selbst geschaffen   Nein
               ─────────────→  Ansatzpflicht
               von Dritten erworben
    │ Ja
    ▼
Selbst geschaffene  Nein
Marke, Kundenliste ─────────────→ Ansatzwahlrecht
(iSd § 248 Abs. 2 HGB)                │
    │ Ja                        ┌─────┴─────┐
    ▼                           ▼           ▼
Ansatzverbot                 Ansatz     kein Ansatz
```

BEACHTE
> passive latente Steuern
> Ausschüttungssperre

b) Vermögensgegenstand oder Aufwand?

Ein Vermögensgegenstand liegt vor, wenn das selbst erstellte Gut nach der Verkehrsauffassung **einzeln verwertbar** ist, d.h. die wirtschaftlichen Vorteile des Gutes auf Dritte grundsätzlich übertragbar sind. Somit sind die wirtschaftlichen Vorteile wie z.B. ein gutes Arbeitsklima, die Organisationsstruktur oder der Standortvorteil nicht als Vermögensgegenstände zu qualifizieren, da sie nicht vom Unternehmen getrennt verwertet werden können. **547**

c) Anlagevermögen oder Umlaufvermögen?

Die Legaldefinition des § 247 Abs. 2 HGB fordert für die Zuordnung zum Anlagevermögen neben dem Kriterium der Dauerhaftigkeit insbesondere auch das Kriterium der betrieblichen Zweckbestimmung. Diese liegt vor, wenn der Vermögensgegenstand der Art und der branchenüblichen Funktion nach grundsätzlich geeignet ist, dem Betrieb des Unternehmens zu dienen und eine derartige Nutzung auch tatsächlich beabsichtigt ist. **548**

d) Erworben oder selbst geschaffen?

549 **Erworben** gilt ein immaterieller Vermögensgegenstand im Sinne des DRS 24, wenn das Unternehmen das wirtschaftliche Eigentum an diesem durch eine Transaktion (Kauf, Tausch etc.) **von einem Dritten** entgeltlich oder unentgeltlich erlangt hat.

> **Anmerkung:**
> Nach abweichender Auffassung des IDW sind nicht entgeltlich erworbene wie selbst geschaffene immaterielle Vermögensgegenstände zu behandeln, da ihr Wert aufgrund der Unentgeltlichkeit der Transaktion nicht am Markt bestätigt wurde.
>
> Ein Ausweis als erworbener Vermögensgegenstand hätte zur Folge, dass keine Ausschüttungssperre (§ 268 Abs. 8 Satz 2 HGB) anwendbar ist.

Ein **selbst geschaffener** immaterieller Vermögensgegenstand entsteht, wenn ein Unternehmen **auf eigenes Risiko** den Vermögensgegenstand selbst **entwickelt bzw. herstellt** oder durch einen Dritten entwickeln bzw. herstellen lässt, also das Herstellungsrisiko trägt.

Die Abgrenzung zwischen „Erwerb" und „selbst geschaffen" orientiert sich nach DRS 24 daran, wer das Herstellungs- bzw. Entwicklungsrisiko trägt.

Wurde das wirtschaftliche Eigentum an dem immateriellen Vermögensgegenstand

- von Dritten auf Basis eines Werkvertrags erlangt, gilt dieser in diesem Sinne als erworben.[1]
- von Dritten auf Basis eines Dienstvertrags hergestellt bzw. entwickelt, gilt dieser in diesem Sinne als selbst geschaffen.[2]
- durch eine eigene Entwicklung bzw. Herstellung[3] erlangt, gilt dieser bereits begrifflich selbstgeschaffene Vermögensgegenstand auch im Sinne des DRS 24 als selbst geschaffen.

e) Ansatzgebot für erworbene immaterielle Vermögensgegenstände

550 Für erworbene immaterielle Vermögensgegenstände besteht eine **Aktivierungspflicht**.

Bei Unternehmenszusammenschlüssen gehen dem Konzern immaterielle Vermögensgegenstände zu, die – unabhängig von einem etwaigen Ansatzverbot im Einzelabschluss – im Konzernabschluss als erworben anzusehen (Erwerbsfiktion) und demzufolge in der Konzernbilanz verpflichtend anzusetzen sind. Entsprechend gilt dies auch für im Rahmen eines Unternehmenszusammenschlusses zugegangene Forschungs- und Entwicklungsprojekte, die die Ansatzkriterien für Vermögensgegenstände erfüllen.

f) Ansatzwahlrecht für selbst geschaffene immaterielle Vermögensgegenstände

551 Für selbst geschaffene immaterielle Vermögensgegenstände besteht, mit Ausnahme der in § 248 Abs. 2 Satz 2 HGB aufgeführten immateriellen Vermögensgegenstände, seit dem Inkrafttreten des BilMoG ein Aktivierungswahlrecht. **Vom Aktivierungswahlrecht ausgeschlossen** sind somit selbst geschaffene Marken, Drucktitel, Verlagsrechte, Kundenlisten oder vergleichbare immaterielle Vermögensgegenstände des Anlagevermögens.

---

1) Bei dieser Vertragsform (inkl. eines entsprechend ausgestalteten Geschäftsbesorgungsvertrags) trägt der beauftragte Vertragspartner das Liefer-, Herstellungs- bzw. Entwicklungsrisiko über den fertigen Vermögensgegenstand.
2) Bei dieser Vertragsform (inkl. eines entsprechend ausgestalteten Geschäftsbesorgungsvertrags) trägt der beauftragende Vertragspartner das Herstellungs- bzw. Entwicklungsrisiko.
3) Diensterfindungen durch Arbeitnehmer gelten ebenfalls als durch das Unternehmen selbst geschaffen.

DRS 24.45 konkretisiert dieses **Aktivierungswahlrecht** in fünf kumulativ zu erfüllenden **Voraussetzungen**.

Hiernach dürfen selbst geschaffene immaterielle Vermögensgegenstände des Anlagevermögens aktiviert werden, wenn

- sie sich in der Entwicklung befinden,
- sie die Vermögensgegenstandseigenschaften aufweisen,
- mit hoher Wahrscheinlichkeit der angestrebte immaterielle Vermögensgegenstand entsteht,
- die Entwicklungskosten dem zu aktivierenden immateriellen Vermögensgegenstand verlässlich zugerechnet werden können und
- für den angestrebten immateriellen Vermögensgegenstand kein explizites Aktivierungsverbot (selbst geschaffene Marken, Drucktitel, Verlagsrechte, Kundenlisten und vergleichbare immaterielle Vermögensgegenstände des Anlagevermögens i.S.v. § 248 Abs. 2 Satz 2 HGB) besteht.

Der Beginn des Herstellungsvorgangs wird durch den klar definierten Eintritt von der Forschungsphase in die Entwicklungsphase bestimmt. Können Forschung und Entwicklung nicht verlässlich voneinander unterschieden werden, scheidet die Möglichkeit der Aktivierung aus.[1]

Die geforderte hohe Wahrscheinlichkeit, dass der angestrebte Vermögensgegenstand entsteht, konkretisiert DRS 24.50 wie folgt: Hiernach muss die Fertigstellung technisch realisierbar und beabsichtigt sein. Zudem müssen für die Fertigstellung adäquate technische, finanzielle und sonstige Ressourcen verfügbar sein.

> **Anmerkung:**
> Solange sich der immaterielle Vermögensgegenstand noch in der Herstellung, d.h. in der Entwicklungsphase befindet, müssen die o.g. fünf Ansatzkriterien an jedem Bilanzstichtag überprüft werden. Liegen die Voraussetzungen nicht mehr vor, sind nach DRS 24.54 die gesamten aktivierten Aufwendungen erfolgswirksam auszubuchen.

3. Weiterentwicklungen und Veränderungen von immateriellen Vermögensgegenständen

Entscheidend für die Behandlung weiterer Investitionen im Zusammenhang mit der Weiterentwicklung von immateriellen Vermögensgegenständen ist die **Differenzierung zwischen Modifikation und Wesensänderung**.

552

	Modifikation	Wesensänderung
Definition	Die Veränderung führt zu einer Erweiterung oder zu einer über den ursprünglichen Zustand hinausgehenden, wesentlichen Verbesserung des immateriellen Vermögensgegenstandes, ohne dass die ursprüngliche Zweckbestimmung abgewandelt wird.[2]	Die Veränderung führt zu einer Wandlung der Funktion und damit der Zweckbestimmung des immateriellen Vermögensgegenstands, so dass ein neuer Vermögensgegenstand entsteht.
Rechtsfolge	Die Aufwendungen sind unabhängig davon, wer das Risiko trägt, zu aktivieren. Erweitert also ein Unternehmen eine erworbene Software auf eigenes Risiko, z.B. durch eigene Mitarbeiter oder Dritte auf Basis eines Dienstleistungsvertrages, sind die Erweiterungsaufwendungen aktivierungspflichtig.	Trägt im Falle der Wesensänderung eines aktivierten immateriellen Vermögensgegenstands des Anlagevermögens ein Dritter das Herstellungsrisiko, besteht für den neuen immateriellen Vermögensgegenstand eine Aktivierungspflicht. Wird das Herstellungsrisiko jedoch vom Unternehmen übernommen, besteht nach § 248 Abs. 2 Satz 1 HGB ein Aktivierungswahlrecht.

---

1) Vgl. § 255 Abs. 2a Satz 4 HGB.
2) Vgl. § 255 Abs. 2 Satz 1 HGB.

	Modifikation	**Wesensänderung**
Anmerkung	Wurde der modifizierte selbstgeschaffene Vermögensgegenstand in Anwendung des Aktivierungswahlrechts des § 248 Abs. 2 HGB nicht aktiviert, sind auch die Aufwendungen für die Erweiterungs- oder Verbesserungsmaßnahmen nicht zu aktivieren.	

> **Beratungshinweis:**
> Nach abweichender Auffassung des IDW ist bzgl. der Beurteilung der Aktivierungsfähigkeit entscheidend, wer das Risiko einer erfolgreichen Modifikation trägt. Liegt das wirtschaftliche Risiko einer erfolgreichen Realisierung der Erweiterungs- oder Verbesserungsmaßnahmen beim bilanzierenden Unternehmen bzw. Konzern, liegen nachträgliche Herstellungskosten vor, für die unter den Voraussetzungen des § 248 Abs. 2 Satz 1 HGB und unter Beachtung des Stetigkeitsgebotes ein Aktivierungswahlrecht besteht.

4. Bewertung

553 Für die Zugangs- und Folgebewertung gelten die allgemeinen gesetzlichen Regelungen der §§ 253 und 255 HGB.

Nach DRS 24 sind in die Herstellungskosten eines selbst geschaffenen immateriellen Vermögensgegenstands **alle bei dessen Entwicklung anfallenden Aufwendungen** einzubeziehen, die ab dem Zeitpunkt der Erfüllung der Ansatzkriterien (→ Rz. 546) entstehen.

> **Anmerkung:**
> Für die Entwicklungskosten, die vor der Erfüllung der Aktivierungsvoraussetzungen angefallen sind, wird ein Aktivierungswahlrecht eingeräumt, soweit die Entwicklungskosten noch nicht in einem Abschluss (Vorjahresabschluss, Halbjahresfinanzbericht) als Aufwand erfasst wurden.

In Bezug auf die Folgebewertung weist DRS 24 darauf hin, dass eine **zeitlich unbegrenzte Nutzung**, die zum Verbot einer planmäßigen Abschreibung führen würde, nur in Ausnahmefällen angenommen werden darf.

Nach § 253 Abs. 3 Satz 5 HGB ist auf immaterielle Vermögensgegenstände des Anlagevermögens eine **außerplanmäßige Abschreibung** auf einen am Abschlussstichtag vorliegenden, niedrigeren beizulegenden Zeitwert vorzunehmen, sofern eine **voraussichtlich dauernde Wertminderung** vorliegt. Diese ist nach DRS 24 anzunehmen, wenn die Wertminderung voraussichtlich über mehr als die Hälfte der Restnutzungsdauer oder über mehr als fünf Jahre bestehen bleibt.

§ 255 Abs. 4 HGB legt die Hierarchie der anzuwendenden Verfahren für die Ermittlung des beizulegenden Zeitwerts fest. Hierbei wird der Marktpreis als der bestmögliche objektive Hinweis für den **beizulegenden Zeitwert**" angesehen. Im Gegensatz dazu können die anerkannten Bewertungsmethoden nur eine Annäherung an den Marktpreis bewirken.

Allgemein anerkannte Bewertungsverfahren nach DRS 24:

- Marktpreisorientierte Verfahren,
  z.B. die marktorientierte Vergleichswertmethode (Analogiemethode)
- Kapitalwertorientierte Verfahren,
  z.B. die Methode der Lizenzpreisanalogie (Relief-from-Royalty Method)
- Kostenorientierte Verfahren,
  z.B. die Reproduktionskosten- oder die Wiederbeschaffungskostenmethode

5. Ausweis

Der Ausweis immaterieller Vermögensgegenstände wird in § 266 Abs. 2 HGB geregelt. Hiernach sind selbst geschaffene immaterielle Vermögensgegenstände des Anlagevermögens in dem Posten A. I. 1. „Selbst geschaffene gewerbliche Schutzrechte und ähnliche Rechte und Werte" auszuweisen.

554

Bei wesentlichen in der Entwicklung befindlichen immateriellen Vermögensgegenständen des Anlagevermögens wird ein entsprechender Davon-Vermerk bzw. ein gesonderter Bilanzposten innerhalb des Postens A. I. „Immaterielle Vermögensgegenstände" empfohlen.[1]

Für entgeltlich erworbene immaterielle Vermögensgegenstände des Anlagevermögens sieht § 266 Abs. 2 HGB einen gesonderten Ausweis in Posten A. I. 2. „Entgeltlich erworbene Konzessionen, gewerbliche Schutzrechte und ähnliche Rechte und Werte sowie Lizenzen an solchen Rechten und Werten" vor.

> **Beratungshinweis:**
> Da es nach DRS 24 für die Abgrenzung „selbst geschaffen" und „erworben" nicht auf die Entgeltlichkeit ankommt, sind auch unentgeltlich erworbene immaterielle Vermögensgegenstände des Anlagevermögens in dem Posten A. I. 2. oder gesondert auszuweisen. Bei einer Einbeziehung in den Posten A. I. 2. ist die Postenbezeichnung sachgerecht anzupassen.

6. Anhangangaben

Nach DRS 24[2] ist neben den Angaben zu den angewandten Bilanzierungs- und Bewertungsmethoden im Anhang auch der **Anlagenspiegel für immaterielle Vermögensgegenstände** beizufügen. In den Gesamtbetrag der Forschungs- und Entwicklungskosten des Geschäftsjahres, der bei Ausübung des Aktivierungswahlrechts des § 248 Abs. 2 Satz 1 HGB anzugeben ist, sind die durch den Verbrauch von Gütern oder die Inanspruchnahme von Diensten für die Forschungs- und Entwicklungstätigkeit angefallenen Aufwendungen einzubeziehen.

555

V. Entgelttransparenzgesetz – Auswirkungen auf den Jahresabschluss

1. Überblick

Am 6.7.2017 ist das Gesetz zur Förderung der Transparenz von Entgeltstrukturen (Entgelttransparenzgesetz, kurz EntgTranspG)[3] in Kraft getreten. Ziel des Gesetzes ist es, ein Entgeltgleichheitsgebot im Sinne von „gleiches Entgelt für gleiche oder gleichwertige Arbeit" von Frauen und Männern durchzusetzen.[4]

556

Die wesentlichen Neuerungen durch das EntgTranspG werden in der folgenden Tabelle zusammengefasst:[5]

Entgeltgleichheitsgebot	In § 7 EntgTranspG wird das Gebot „gleiches Entgelt für gleiche oder gleichwertige Arbeit" für alle Arbeitnehmer gesetzlich festgelegt.
Auskunftsanspruch	Gemäß §§ 10 bis 16 EntgTranspG erhalten alle Arbeitnehmer bei Arbeitgebern mit in der Regel mehr als 200 Beschäftigten einen individuellen Auskunftsanspruch über das durchschnittliche Entgelt ihrer Kollegen des anderen Geschlechts und über die Kriterien für die Festlegung des eigenen Entgelts und des Entgelts der Kollegen bei gleichwertiger Arbeitstätigkeit.

---
1) DRS 24.121.
2) DRS 24, 134 ff.
3) Gesetz v. 30.6.2017, BGBl. I 2017, 2152.
4) Vgl. § 1 EngtTranspG.
5) Vgl. auch Kuhn/Schwindling, DB 2017, 785.

Prüfverfahren	Nach §§ 17 bis 20 EntgTranspG sind Arbeitgeber mit in der Regel mehr als 500 Beschäftigten dazu aufgefordert, ein betriebliches Prüfverfahren über die Entgeltgleichheit zu implementieren.
Berichtspflicht	§§ 21 und 22 EntgTranspG kodifizieren eine Berichtspflicht für Arbeitgeber, die in der Regel mehr als 500 Beschäftigte aufweisen und zudem einen Lagebericht aufstellen müssen, wonach in einer Anlage zum Lagebericht zur Gleichstellung und Entgeltgleichheit Stellung zu nehmen ist.

Die Arbeitnehmer erhalten durch das EntgTranspG einen individuellen Auskunftsanspruch über die Entgeltstrukturen in ihrem Unternehmen. Demgegenüber kommen auf den Arbeitgeber durch das EntgTranspG fakultative Prüfverfahren und neue Berichtspflichten zu. Das Gesetz betrifft laut Bundesministerium für Familie, Senioren, Frauen und Jugend rund 14 Mio. Beschäftigte in Deutschland. Kleine und mittelständische Unternehmen unterliegen – anders als zunächst geplant – durch die Definition von Schwellenwerten teilweise nicht den Regelungen zu Auskunftsanspruch, Prüfverfahren oder Berichtspflicht.[1]

557 Herzstück des Gesetzes ist grundsätzlich der **individuelle Auskunftsanspruch** des Arbeitnehmers ab einer Unternehmensgröße von 201 Beschäftigten. Jedem Arbeitnehmer muss das durchschnittliche Entgelt (statistischer Median) der Arbeitnehmer des anderen Geschlechts mitgeteilt werden, die eine Vergleichstätigkeit ausüben. Unter dem Aspekt des Schutzes personenbezogener Daten greift der Auskunftsanspruch allerdings nur, wenn die Vergleichstätigkeit von mehr als fünf Personen des jeweils anderen Geschlechts ausgeübt wird.[2]

Zu beachten ist bei der Berechnung der **Zahl der Beschäftigten**, dass das EntgTranspG eine andere Vorgehensweise vorsieht als das HGB. § 5 Abs. 2 EntgTranspG definiert als Beschäftigte zunächst Arbeitnehmerinnen und Arbeitnehmer. Überdies unterliegen auch Beamtinnen und Beamte, Richterinnen und Richter, Soldatinnen und Soldaten sowie Auszubildende und in Heimarbeit Beschäftigte dem EntgTranspG. Das EntgTranspG legt den Arbeitnehmerbegriff nicht selbst fest, sondern rekurriert auf die in der arbeitsgerichtlichen Rechtsprechung entwickelte Definition und die damit verbundenen Abgrenzungskriterien.[3] Nach § 611a Abs. 1 Sätze 1 bis 6 BGB ist Arbeitnehmer, wer unter Eingliederung in die betriebliche Organisation des Arbeitgebers fremdbestimmt tätig wird und dabei bezogen auf Ort, Zeit und Inhalt der Arbeitsleistung den Weisungen des Arbeitgebers zu folgen hat.[4] Durch die Formulierung „in der Regel" wird verdeutlicht, dass auf die üblicherweise beim Arbeitgeber angestellte Zahl der Beschäftigten bei normaler betrieblicher Auslastung abzustellen ist.[5] Dies stellt einen Unterschied zum handelsrechtlichen Arbeitnehmerbegriff dar, beispielsweise für Zwecke der Anhangangabe nach § 285 Nr. 7 i.V.m. § 267 Abs. 5 HGB zur durchschnittlichen Arbeitnehmerzahl.

2. Bericht zur Gleichstellung und Entgeltgleichheit

558 Im Folgenden wird auf die rechnungslegungsbezogenen Regelungen durch die neu eingeführte Berichtspflicht aus §§ 21 und 22 EntgTranspG eingegangen. Nach § 21

---

1) Vgl. auch Langemann/Wilking, BB 2017, 502 f.; Kuhn/Schwindling, DB 2017, 785.
2) § 12 Abs. 3 EntgTranspG.
3) Diesen folgend wurde jüngst in § 611a Abs. 1 BGB eine – allerdings sehr allgemeine – Formulierung aufgenommen.
4) Nach Kuhn und Schwindling sind Mitarbeiter in Elternzeit voraussichtlich mit in die Berechnung einzubeziehen, wohingegen Leiharbeiter nicht zu berücksichtigen seien. Vgl. Kuhn/Schwindling, DB 2017, 785. Demgegenüber sind nach dem Willen des Gesetzgebers für die Berechnung der statistischen Angaben gemäß § 21 Abs. 2 Nr. 1 und Nr. 2 EntgTranspG auch Leiharbeitnehmer zu berücksichtigen. Ob der Gesetzgeber bei der Berechnung der Schwellenwerte hinsichtlich des Auskunftsanspruchs, des Prüfverfahrens und der Berichtspflicht die Leiharbeitnehmer ebenfalls mit einbeziehen wollte, lassen die entsprechenden Gesetzesmaterialien offen.
5) Vgl. auch Kuhn/Schwindling, DB 2017, 785.

Abs. 1 Satz 1 EntgTranspG haben Arbeitgeber mit in der Regel mehr als 500 Beschäftigten, die zudem zur Erstellung eines Lageberichtes nach §§ 264 ff. und 289 HGB verpflichtet sind, einen **Bericht zur Gleichstellung und Entgeltgleichheit** zu erstellen. In diesem Bericht sind folgenden Punkte darzustellen (§ 21 Abs. 1 Satz 1 Nr. 1 und Nr. 2 EntgTranspG):

– Maßnahmen zur Förderung der Gleichstellung von Frauen und Männern und deren Wirkungen sowie
– Maßnahmen zur Herstellung von Entgeltgleichheit für Frauen und Männer.

> **Beratungshinweis:**
> Ist ein Unternehmen nach den Bestimmungen des HGB von der Lageberichtspflicht befreit oder von dieser nicht betroffen, besteht auch keine Berichtspflicht nach dem EntgTranspG. Hierunter fallen z.B. Tochterunternehmen, die in einen Konzernabschluss einbezogen wurden, und somit nach § 264 Abs. 3 HGB von der Lageberichtspflicht befreit sind.

Die Gesetzesbegründung führt beispielhaft die Benennung der grundlegenden Entgeltregelungen und Arbeitsbewertungsverfahren zu den Maßnahmen zur Herstellung von Entgeltgleichheit auf, da beide als maßgebend für eine faire und transparente Entlohnung der Beschäftigten angesehen werden.[1]

Sollte der Arbeitgeber **keine** Maßnahmen im Sinne des § 21 Abs. 1 S. 1 Nr. 1 und Nr. 2 EntgTranspG durchführen, ist dies im Bericht zur Gleichstellung und Entgeltgleichheit zu begründen (**Comply-or-explain-Prinzip**).[2] Laut Gesetzesbegründung darf dies indes nicht rein formelhaft erfolgen, sondern es ist glaubhaft darzulegen, warum es dem Arbeitgeber nicht möglich war, im Berichtszeitraum Maßnahmen im Sinne der Nummer 1 oder Nummer 2 zu ergreifen.[3]

Ferner sind gemäß § 21 Abs. 2 Nr. 1 und Nr. 2 EntgTranspG nach dem Geschlecht aufgeschlüsselte Angaben in den Bericht aufzunehmen:

– zu der durchschnittlichen Gesamtzahl der Beschäftigten sowie
– zu der durchschnittlichen Zahl der Vollzeit- und Teilzeitbeschäftigten.[4]

Die Regelungen zum **Berichtszeitraum** und zur Veröffentlichung ergeben sich aus § 22 EntgTranspG. Danach sind die betroffenen Arbeitgeber dazu verpflichtet, alle fünf Jahre (tarifgebunden oder -anwendend) oder alle drei Jahre (alle andere Arbeitgeber) einen Bericht zur Gleichstellung und Entgeltgleichheit als Anlage zum Lagebericht zu veröffentlichen. Der Berichtszeitraum hinsichtlich der Maßnahmen beträgt dabei für tarifgebundene oder tarifanwendende Arbeitgeber fünf Jahre und für alle anderen Arbeitgeber, die unter die Berichtspflicht fallen, drei Jahre.[5] Erstere sind durch ein längeres Berichterstattungsintervall privilegiert, da bei diesen Arbeitgebern schon ein Schutz vor Entgeltdiskriminierung besteht.

559

Die Angaben nach § 21 Abs. 2 Nr. 1 und Nr.2 EntgTranspG beziehen sich im Unterschied zu den Angaben bezüglich der Maßnahmen zur Förderung der Gleichstellung bzw. der Maßnahmen zur Herstellung von Entgeltgleichheit nur auf das letzte Kalenderjahr des Berichtszeitraums. Im Rahmen der Folgeberichterstattung zu den Angaben nach § 21 Abs. 2 Nr. 1 und Nr.2 EntgTranspG ist lediglich darzustellen, wie sich die geschlechterspezifischen Beschäftigtenzahlen gegenüber dem vorhergehenden Berichtszeitraum verändert haben.[6]

---
1) Vgl. BT-Drucks. 18/11133, S. 73.
2) Vgl. auch Langemann/ Wilking, BB 2017, 505; Kuhn/Schwindling, DB 2017, 789.
3) Vgl. BT-Drucks. 18/11133, S. 73.
4) In den statistischen Angaben nach § 21 Abs. 2 Nr. 1 und Nr. 2 EntgTranspG sind auch Leiharbeitnehmer zu berücksichtigen. Vgl. BT-Drucks. 18/11133, S. 73; Kuhn/Schwindling, DB 2017, 789.
5) Vgl. § 22 Abs. 1 Satz 2 und Abs. 2 Satz 2 EntgTranspG.
6) Vgl. § 22 Abs. 3 Satz 2 EntgTranspG.

560 Der Bericht zur Gleichstellung und Entgeltgleichheit ist dem nächsten Lagebericht nach § 289 HGB, der dem jeweiligen Berichtszeitraum folgt, **als Anlage beizufügen**. Überdies unterliegt der Bericht zur Gleichstellung und Entgeltgleichheit einer **Veröffentlichungspflicht** im Bundesanzeiger.[1] Er gehört laut Gesetzesbegründung damit nicht zu den Jahresabschlussunterlagen und zum Lagebericht, so dass die entsprechenden Vorschriften und damit verbundenen Rechtsfolgen, insbesondere nach dem Handelsgesetzbuch, nicht greifen.[2] Der Bericht ist insofern auch nicht durch einen Abschlussprüfer zu prüfen. Eine Berichtspflicht auf Konzernebene ist vom Gesetzgeber nicht vorgesehen.

561 Die Berichtspflicht greift aufgrund der Übergangsregelung nach § 25 Abs. 2 EntgTranspG erst im Jahr 2018. Der Berichtszeitraum wird für diese erste Berichterstattung nach § 25 Abs. 3 EntgTranspG nur ein Kalenderjahr umfassen und zwar das letzte abgeschlossene Kalenderjahr, das dem Kalenderjahr 2017 vorausgeht. Das ist das Kalenderjahr 2016.[3] Der Bericht zur Gleichstellung und Entgeltgleichheit für das Jahr 2016 ist demnach dem Lagebericht für das Geschäftsjahr 2017 als Anlage beizufügen. Erst für nachfolgende Berichterstattungen greift der in § 22 Abs. 1 Satz 2 und Abs. 2 Satz 2 definierte Berichtszeitraum.

VI. Einzelfragen zum Handelsrecht
1. Bilanzierung bestrittener Steuerforderungen und Steuerschulden nach HGB

562 In der Praxis werden von der Finanzverwaltung festgesetzte Steuermehrbelastungen (z.B. nach Betriebsprüfungen) häufig vom Stpfl. bestritten und Rechtsmittel eingelegt, sofern dieser (erhebliche berechtigte) Zweifel an der Rechtmäßigkeit oder Höhe der festgesetzten Steuerforderung hat. Der Stpfl. hat die Möglichkeit, die festgesetzten Zahlungen (unter Vorbehalt) zu leisten oder die Aussetzung der Vollziehung zu beantragen und, soweit dem Antrag stattgegeben wird, die Zahlungen zu unterlassen.

Grundsätzlich **entstehen Ansprüche des Fiskus** aus einem Steuerschuldverhältnis, sobald der Tatbestand verwirklicht ist, an den das Gesetz die Leistungspflicht knüpft (§ 38 AO). Nach überwiegend geäußerter Auffassung in der steuerrechtlichen Kommentierung und Rechtsprechung gilt dies aber **nur**, sofern es sich hierbei um **dem Grunde und der Höhe nach gesetzesmäßige Steueransprüche** handelt. Wird im Rahmen eines Steuerbescheids eine höhere als die gesetzmäßige Steuerschuld festgesetzt, entsteht insofern keine Steuerschuld nach § 38 AO. Gleichwohl besteht auch für den übersteigenden (rechtswidrig festgesetzten) Teil eine Zahlungsverpflichtung des Stpfl.

Bislang wurden hinsichtlich der bilanziellen Behandlung solcher bestrittener Steuerschulden zum Teil unterschiedliche Auffassungen vertreten. Hierzu hat der Hauptfachausschuss (HFA) des Instituts der Wirtschaftsprüfer (IDW) in seiner Berichterstattung über die 247. Sitzung des HFA Stellung genommen.

Danach hat der Stpfl., sofern **keine Zahlung geleistet** wurde, die bestrittene (potenzielle) Steuerschuld **stets als Rückstellung** auszuweisen. Ein Ausweis als Verbindlichkeit kommt erst nach formeller Bestandskraft des Steuerbescheids in Betracht.

Ob eine Rückstellung für die bestrittene Steuerschuld zu bilden ist, hängt letztlich (neben den weiteren Ansatzkriterien) von der **Wahrscheinlichkeit deren Bestehens** ab. Dabei kommt es auf die Einschätzung des Stpfl. und nicht die Sichtweise der Finanzverwaltung an. Insofern stellt auch die auf Antrag gewährte Aussetzung der Vollziehung durch die Finanzverwaltung kein Indiz für eine hohe Erfolgswahrscheinlichkeit eingelegter Rechtsmittel dar. Eine Rückstellung für bestrittene Steuerschulden ist zu bilden, wenn die Gründe für eine Inanspruchnahme stärker wiegen als die Gründe dagegen. Umgekehrt muss für einen möglicherweise rechtswidrigen Teil der Steuer

---
1) Vgl. § 22 Abs. 4 EntgTranspG.
2) Vgl. BT-Drucks. 18/11133, S. 74; Kuhn/Schwindling, DB 2017, 789.
3) Vgl. auch Langemann/Wilking, BB 2017, 505.

keine Rückstellung gebildet werden, falls dieser Teil mit hinreichender Wahrscheinlichkeit später entfällt. Eine generelle Passivierung einer bestrittenen Steuerschuld unabhängig von einer Betrachtung der Erfolgsaussichten am Ende des gesamten Rechtsweges ist nach Auffassung des HFA abzulehnen. Letztendlich hat die Bildung einer Steuerrückstellung nach den allgemeinen handelsrechtlichen Grundsätzen zur Passivierung von Rückstellungen zu erfolgen.

> **Praxistipp:**
>
> Angesichts der aktuellen Niedrigzinsphase kann es für Stpfl. mit guter Liquiditätslage in Anbetracht der meist recht langen Verfahrensdauern durchaus attraktiv sein, trotz guter Erfolgsaussichten für ein Obsiegen keinen Antrag auf Aussetzung der Vollziehung zu stellen und stattdessen den nachgeforderten Betrag zunächst an das Finanzamt zu zahlen. Im Falle eines Obsiegens wird das Steuerguthaben dann attraktiv mit 6 % verzinst. Im Fall der Erfolglosigkeit der Rechtsmittel fallen keine Nachzahlungszinsen an, die ebenso mit 6 % zu berechnen wären und zudem nicht als steuerliche Betriebsausgaben ansetzbar sind.

Falls der Stpfl. die festgesetzte **Steuer insgesamt zahlt**, erlischt der rechtmäßige Teil der Steuerschuld. In Höhe der über die gesetzmäßige Steuerschuld hinausgehenden Zahlung entsteht ein Anspruch auf Erstattung rechtsgrundlos gezahlter Steuern. Zweifelsfrei entsteht ein solcher Steuerrückerstattungsanspruch aus rechtsgrundlos gezahlten Steuern erst, wenn der angegriffene Steuerbescheid später im Rechtsbehelfs-/Klageverfahren geändert bzw. aufgehoben wird. Sofern ein solcher Verwaltungsakt noch nicht erlassen wurde, ist eine **Aktivierung** von auf gesetzlichen Regelungen basierenden Ansprüchen nur nach allgemeinen handelsrechtlichen Grundsätzen zulässig. Dies setzt aber voraus, dass das Vorliegen der Anspruchsvoraussetzungen an mit Sicherheit grenzender Wahrscheinlichkeit festgestellt werden kann. Solche quasi sicheren Ansprüche sind jedoch bei bestrittenen Steuerforderungen bis auf wenige Ausnahmen (z.B. im Falle von offenbaren Unrichtigkeiten) regelmäßig nicht gegeben. **563**

> **Anmerkung:**
>
> Diese handelsrechtliche Betrachtungsweise führt zu dem wenig befriedigenden Ergebnis, dass bei Steuerrechtsstreitigkeiten, die mit überwiegender Wahrscheinlichkeit für den Stpfl. positiv ausgehen werden, vor Zahlung der von den Finanzbehörden geforderten Summe keine Rückstellung zu bilden ist, nach Zahlung jedoch – trotz unveränderter Erfolgsaussichten – keine Steuererstattungsforderung aktiviert werden kann.

2. Bildung von Rückstellungen für Entsorgungspflichten nach dem Elektro- und Elektronikgerätegesetz

Rückstellungen für Verpflichtungen, ab dem 13.8.2005 in Verkehr gebrachte Energiesparlampen zu entsorgen, können nach einem Urteil des BFH[1] in der Steuerbilanz erst gebildet werden, wenn sich diese Pflichten durch den **Erlass einer Abholanordnung nach § 16 Abs. 5 ElektroG hinreichend konkretisiert** haben. Für die Verpflichtung zur Entsorgung von vor dem 13.8.2005 in Verkehr gebrachten Energiesparlampen können mangels hinreichenden Vergangenheitsbezugs keine Rückstellungen gebildet werden. **564**

> **Anmerkung:**
>
> In dem Streitfall, das dem Urteil zugrunde lag, waren für die Entsorgungskosten der in der Zeit vom 13.8.2005 bis zum 31.12.2009 in Verkehr gebrachten und gemeldeten Energiesparlampen keine Rückstellungen zu bilden, da die Voraussetzungen für eine Rückstellungsbildung nach Auffassung des BFH nicht gegeben waren.

---

1) BFH v. 25.1.2017, I R 70/15, BStBl II 2017, 780 (vgl. hierzu auch Märtens, jurisPR-SteuerR 30/2017 Anm. 5 und Schiffers, Bildung von Rückstellungen für Entsorgungspflichten nach dem Elektro- und Elektronikgerätegesetz, eNews Steuern, Ausgabe 21/2017 v. 29.5.2017).

Für die Bildung einer Rückstellung auf Grundlage einer öffentlich-rechtlichen Verpflichtung bedarf es am Abschlussstichtag einer Konkretisierung in dem Sinne, dass sie hinreichend bestimmt, in zeitlicher Nähe zum Bilanzstichtag zu erfüllen sowie sanktionsbewehrt ist.[1)] Die Begründung des BFH, dass die Voraussetzungen für eine Rückstellungsbildung nicht vorlagen, knüpft insbesondere an die Voraussetzung der hinreichenden Konkretisierung der Verpflichtung am Bilanzstichtag an. Der BFH stellt klar, dass sich die Abhol- und Entsorgungsverpflichtung der Hersteller zwar als **abstrakte Rechtspflicht** aus dem ElektroG ergibt, sich diese aber erst durch den Erlass einer zusätzlichen **Abholverfügung hinreichend konkretisiert**. Demnach können Rückstellungen für Verpflichtungen, ab dem 13.8.2005 in Verkehr gebrachte Energiesparlampen zu entsorgen, erst gebildet werden, wenn sich diese Pflichten durch den Erlass einer Abholanordnung nach § 16 Abs. 5 ElektroG hinreichend konkretisiert haben.

> **Beratungshinweis:**
>
> Für die Verpflichtung zur Entsorgung von **vor** dem 13.8.2005 in Verkehr gebrachten Energiesparlampen können mangels hinreichenden Vergangenheitsbezugs keine Rückstellungen gebildet werden. Die Verpflichtung bemisst sich gemäß § 14 Abs. 5 Satz 2 ElektroG nämlich am Anteil der vom Hersteller in Verkehr gebrachten Menge an der im jeweiligen Kalenderjahr insgesamt (alle Hersteller) in Verkehr gebrachten Menge an Elektro- und Elektronikgeräten pro Geräteart. Die Verpflichtung zur Rücknahme und Entsorgung sowie zur Kostentragung ergibt sich danach nicht aus einem in der Vergangenheit im Wesentlichen realisierten Tatbestand, sondern knüpft an die aktuelle Marktteilnahme an. Der Streitfall unterscheidet sich damit von dem Sachverhalt, dass aufgrund einer Selbstverpflichtungserklärung des brancheneigenen Zentralverbandes eine unbedingte faktische Rücknahmeverpflichtung begründet wird, die auf den Verkauf als wesentliche wirtschaftliche Ursache zurückzuführen ist.[2)] Der Hersteller ist im Übrigen lediglich nach § 6 Abs. 3 ElektroG zur Stellung einer kautionsähnlichen Garantie für den Fall des Ausscheidens aus der kollektiven Entsorgungsverpflichtung im Umlageverfahren verpflichtet. Auch hierfür ist aber nur eine Rückstellung zu bilden, sofern der Eintritt dieser Bedingung überwiegend wahrscheinlich ist.

3. Rückstellungen für künftige Wartungsaufwendungen

565 Mit Urteil vom 9.11. 2016[3)] hat der BFH über die Frage entschieden, ob Rückstellungen für künftige Wartungsaufwendungen an Flugzeugen in der Handels- und Steuerbilanz gebildet werden dürfen. Er hat dies im Urteilsfall **mit Bezug auf öffentlich-rechtliche Verpflichtungen** zur Wartung von Flugzeugen wegen einer fehlenden wirtschaftlichen Verursachung zum Bilanzstichtag **verneint**. Demgegenüber wurde eine Rückstellungsbildung **infolge einer privatrechtlichen Verpflichtung** aufgrund der wirtschaftlichen Belastung durch Wartungsrücklagen-Garantiebeträge für notwendig erachtet, da ein Rückerstattungsanspruch seitens der Klägerin bei fehlender Inanspruchnahme ausgeschlossen war und diese sich ihrer Verpflichtung am Bilanzstichtag nicht entziehen konnte.

> **Anmerkung:**
>
> Die Klägerin sowie ihre Tochter-GmbH, die eine körperschaftsteuerliche Organschaft bilden, bieten Luftfahrtdienstleistungen an. Die entsprechenden Luftfahrzeuge betreibt jede Gesellschaft auf Grundlage von Leasingverträgen mit einem (externen) Leasing-Unternehmen. Nach der Betriebsordnung für Luftgeräte (LuftBO) waren Lufttransportunternehmen gesetzlich dazu verpflichtet, nach Erreichen einer bestimmten Anzahl an Betriebsstunden das Fluggerät zu warten bzw. einer Generalüberholung zu unterziehen (§§ 6 a.F. und 7 a.F. LuftBO). Neben dieser öffentlich-rechtlichen Verpflichtung waren beide Gesellschaften zudem über die abgeschlossenen Leasingverträge privatrechtlich dazu verpflichtet, an den Leasinggeber – neben den regulären Leasingraten – entweder monatliche Zahlungen für Wartungsrücklagen-Garantiebeträge zu leisten oder wahlweise hierfür

---

1) Vgl. Hommel in Baetge/Kirsch/Thiele, Bilanzrecht, § 249 HGB, Rz. 55.
2) Vgl. dazu BFH v. 10.1.2007, I R 53/05, BFH/NV 2007, 1423.
3) BFH v. 9.11.2016, I R 43/15, BStBl II 2017, 379 (vgl. hierzu auch Schiffers, Bildung einer Rückstellung für künftige Wartungsaufwendungen an Flugzeugen, eNews Steuern, Ausgabe 11/2017 v. 20.3.2017 und Pfützenreuter, jurisPR-SteuerR 19/2017 Anm. 3).

> eine Bankbürgschaft zu stellen. Eine Rückerstattung eventuell zu viel geleisteter Rücklagenbeträge war vertraglich ausgeschlossen. Ebenfalls ausgeschlossen war eine Rückerstattung der Beträge bei vorzeitiger Beendigung des Leasingvertrages (z.B. vor der ersten Pflichtwartung). In diesem Fall wurde die Verpflichtung dadurch erfüllt, dass der Leasinggeber die zuvor gezahlten Wartungsrücklagenbeträge vereinnahmte oder die Bankbürgschaft in Anspruch nahm.
>
> Die Klägerin bildete Rückstellungen für die künftige öffentlich-rechtliche Wartungsverpflichtung nach LuftBO. Sie machte zudem von der Stellung einer Bankbürgschaft Gebrauch (keine bilanzielle Erfassung). Die Tochter-GmbH leistete Zahlungen in die Wartungsrücklage, die sie als laufenden Aufwand erfasste. Das Finanzamt erkannte die Rückstellungsbildung bei der GmbH & Co. KG mit der Begründung nicht an, dass die künftigen Wartungsverpflichtungen am Bilanzstichtag wirtschaftlich noch nicht verursacht worden seien. Zum anderen seien die Zahlungen der Tochter-GmbH in die Wartungsrücklage als Forderung bzw. sonstige Vermögensgegenstände im Sinne einer Kaution zu aktivieren.

566 Grundsätzlich sind die nach den **handelsrechtlichen Grundsätzen** ordnungsmäßiger Buchführung gemäß § 249 HGB anzusetzenden Kriterien für die Bildung von Rückstellungen auch in der Steuerbilanz maßgeblich, soweit steuerliche Sondervorschriften dem nicht entgegenstehen (bspw. § 5 Abs. 2a, 3, 4, 4a, 4b EStG).[1] Insbesondere beim Ansatz für Rückstellungen aufgrund ungewisser Verbindlichkeiten ist es nach beiden gesetzlichen Vorschriften erforderlich, dass

– eine Außenverpflichtung am Bilanzstichtag besteht,
– der Grund und/oder die Höhe der Verpflichtung ungewiss ist,
– mit der tatsächlichen Inanspruchnahme ernsthaft zu rechnen ist und
– diese rechtlich oder wirtschaftlich zum Bilanzstichtag bereits verursacht worden ist.[2]

Beruht eine Verpflichtung auf öffentlich-rechtlichen Vorschriften (hier: LuftBO), erfordert die Rückstellungsbildung eine Konkretisierung in dem Sinne, dass sie inhaltlich hinreichend bestimmt, zeitnah zum Bilanzstichtag zu erfüllen sowie sanktionsbewehrt ist.[3] Ist die Verpflichtung nicht nur der Höhe nach ungewiss, sondern auch dem Grunde nach rechtlich noch nicht entstanden, so kann eine Rückstellung nur unter der weiteren Voraussetzung gebildet werden, dass sie in der abgelaufenen Zeit bis zum Bilanzstichtag wirtschaftlich verursacht wurde.[4]

567 Im vorliegenden Sachverhalt ist insbesondere das Kriterium der **wirtschaftlichen Verursachung** Gegenstand der Urteilsbegründung. Wendet man die vorstehenden Grundsätze auf den Streitfall an, scheidet die Bildung einer Rückstellung unter dem Aspekt einer öffentlich-rechtlichen Verpflichtung aus, da es an einer wirtschaftlichen Verursachung vor bzw. zum Bilanzstichtag fehlt. Nach der Rechtsprechung des BFH ist eine wirtschaftliche Verursachung dann gegeben, wenn der Tatbestand, dessen Rechtsfolge die Verpflichtung ist, im Wesentlichen vor dem Bilanzstichtag verwirklicht wird bzw. wenn die Ereignisse, die zum Entstehen der Verpflichtung führen, wirtschaftlich dem abgelaufenen Geschäftsjahr oder den vorherigen Geschäftsjahren zuzurechnen sind.[5] Zwar besteht im vorliegenden Sachverhalt unstrittig eine Verpflichtung zur Wartung im Sinne der LuftBO (in der zum Zeitpunkt der Außenprüfung geltenden Fassung), allerdings liegt die wirtschaftliche Ursache hierfür in der Zukunft, nämlich im Erreichen einer bestimmten Zahl an Betriebsstunden, die eine gesetzliche Wartungsverpflichtung nach sich zieht. Insofern wurde die Wartungsverpflichtung wirtschaftlich nicht in der Vergangenheit verursacht. Vielmehr wird der Luftfahrtdienstleister der gesetzlichen

---
1) Vgl. R 5.7 Abs. 1 EStR 2012; Schubert in Beck'scher Bilanz-Kommentar, 10. Aufl. 2016, § 249 HGB Rz. 14.
2) Vgl. Hommel in Baetge/Kirsch/Thiele, Bilanzrecht, § 249 HGB Rz. 31; Schubert in Beck'scher Bilanz-Kommentar, 10. Aufl. 2016, § 249 HGB Rz. 24 sowie R 5.7 Abs. 2 EStR 2012.
3) Vgl. Hommel in Baetge/Kirsch/Thiele, Bilanzrecht, § 249 HGB Rz. 55.
4) Vgl. BFH v. 6.2.2013, I R 8/12, BStBl II 2013, 686.
5) Vgl. Schubert in Beck'scher Bilanz-Kommentar, 10. Aufl. 2016, § 249 HGB Rz. 34.

Wartungsverpflichtung nachkommen, damit er das Flugzeug auch in Zukunft betreiben kann.

> **Anmerkung:**
> Auch lehnt der BFH die Bildung einer Rückstellung aus einer öffentlich-rechtlichen Verpflichtung für den bis zum Bilanzstichtag „verdienten Teil" ab. Hierzu führt der BFH klarstellend aus, dass die Verpflichtung nicht nur an vergangene Ereignisse anknüpfen muss (der Tatbestand für die Überprüfung in der Zukunft knüpft an Vergangenes an, da er nach und nach durch das Ansammeln der Betriebsstunden in der Vergangenheit geschaffen wird), sondern auch Vergangenes abgelten muss.[1] Das ist bei öffentlich-rechtlichen Wartungsverpflichtungen nicht der Fall. Denn bis zur Erreichung der zulässigen Betriebszeiten entspricht ihr Betrieb den luftfahrttechnischen Bestimmungen. Schließlich führt der BFH klarstellend aus, dem Grundsatz der Periodisierung bzw. dem Grundsatz der Abgrenzung der Sache nach folgend,[2] dass die Ausgaben für die Flugzeugwartung der Erzielung künftiger Erträge dienen, da ohne die Wartung die Betriebserlaubnis erlöschen würde, während die bereits erzielten Umsätze der Vergangenheit auch dann dem Unternehmer erhalten bleiben würden, wenn keine Wartung durchgeführt und/oder der Flugbetrieb eingestellt würde.[3]

568 Der BFH bejaht aber eine **Rückstellungsbildung aufgrund einer privatrechtlichen Verpflichtung**, weil der Leasingnehmer durch den Leasingvertrag stets mit den privatrechtlich vereinbarten Wartungsrücklagen-Garantiebeträgen belastet bleibt. Dieser Verpflichtung kann er sich nicht, anders als im Bereich der öffentlich-rechtlichen Wartungsverpflichtung, durch Einstellung des Flugbetriebs entziehen. Denn auch bei Beendigung des Leasingvertrages vor Durchführung der nächsten fälligen Wartung hat der Leasingnehmer die vertraglich vereinbarte Wartungsverpflichtung wirtschaftlich zu tragen. Ziel der vertraglichen Regelung ist der Ausgleich der Wertminderung des Luftfahrtzeuges im Zeitablauf durch Übernahme betriebszeitabhängiger Wartungskosten. Ausschlaggebend für die Klassifizierung als ungewisse Verpflichtung ist, dass die wirtschaftliche Verursachung für die monatlich zu leistenden Einzelbeträge in der Vergangenheit liegt. Die Verpflichtung knüpft an Vergangenes an (Ansammeln der Betriebsstunden in der Vergangenheit) und findet auch Vergangenes ab (Ersatz der verursachten Wertminderung). Entscheidendes Kriterium ist, dass bei Beendigung des Vertrages **kein Anspruch auf Rückerstattung der Beträge** besteht und der Leasingnehmer (Klägerin) stets mit den vereinbarten Beträgen belastet bleibt. Insofern ist eine wirtschaftliche Verursachung zum Bilanzstichtag gegeben, die eine Rückstellungsbildung notwendig werden lässt.

4. Rückstellung für zusätzliche Kammerbeiträge

569 Laut Urteil des BFH vom 5.4.2017[4] dürfen für Kammerbeiträge, im Speziellen Zusatzbeiträge, für künftige Beitragsjahre keine Rückstellungen für ungewisse Verbindlichkeiten gebildet werden. Der Kammerbeitrag, im Streitfall zur Handwerkskammer und damit einer Körperschaft des öffentlichen Rechts, setzt sich aus einem Grundbeitrag und einem Zusatzbeitrag zusammen (zur Beitragspflicht → Rz. 614). Bemessungsgrundlage für den Zusatzbeitrag ist der Gewerbeertrag nach dem GewStG oder der nach dem EStG bzw. KStG ermittelte Gewinn. Als Bemessungsgrundlage für den Zusatzbeitrag wurde jeweils das drei Jahre vor dem Beitragsjahr liegende Steuerjahr herangezogen. Dieser wird, wie auch der Grundbeitrag, im letzten Quartal des Jahres für das kommende Beitragsjahr festgesetzt.

---

1) Vgl. Schubert in Beck'scher Bilanz-Kommentar, 10. Aufl. 2016, § 249 HGB Rz. 34 m.W.N.
2) Vgl. Baetge/Ziesemer/Schmidt in Baetge/Kirsch/Thiele, Bilanzrecht, § 252 HGB Rz. 225 ff. i.V.m. Rz. 187.
3) So im Ergebnis bereits BFH v. 19.5.1987, VIII R 327/83, BStBl II 1987, 848.
4) BFH v. 5.4.2017, X R 30/15, BStBl II 2017, 900 = HFR 2017, 901 mit Anm. Hübner (vgl. hierzu auch Schiffers, Ansparabschreibung nach Buchwerteinbringung in Personengesellschaft, eNews Steuern, Ausgabe 25/2017 v. 26.6.2017).

> **Anmerkung:**
> Im Streitfall bildete ein Einzelunternehmer zum 31.12.2009, da er aufgrund der langjährigen gleichbleibenden Praxis auch künftig mit Zusatzbeiträgen von 1,5 % des maßgeblichen Gewerbeertrags rechnete, für die entsprechende öffentlich-rechtliche Verpflichtung eine Rückstellung für die Jahre 2010 bis 2012. Das Finanzamt und letztlich der BFH erkannten diese Rückstellungen nicht an.

Nach der Rechtsprechung des BFH sind öffentlich-rechtliche Verpflichtungen nur rückstellungsfähig, falls diese **der Höhe nach, nicht jedoch dem Grunde** nach ungewiss sind.[1] Zusätzlich müssen laut Rechtsprechung des BFH öffentlich-rechtliche Verpflichtungen hinreichend konkretisiert (z.B. durch einen Verwaltungsakt) sein, d.h. ein inhaltlich bestimmtes Handeln vorsehen, ein Handeln innerhalb eines bestimmten Zeitraums erfordern und Sanktionen nach sich ziehen.[2]

Falls eine Verpflichtung nicht nur der Höhe nach ungewiss, sondern dem Grunde nach **noch nicht rechtlich entstanden** ist, darf eine Rückstellung dennoch gebildet werden, falls sie **wirtschaftlich bis zum Bilanzstichtag verursacht** ist (vorgehend → Rz. 566). Laut BFH sind die Zusatzbeiträge jedoch an die Kammerzugehörigkeit geknüpft und damit rechtlich vor dem Bilanzstichtag noch nicht entstanden. Die Beitragspflicht für Folgejahre ist zudem nicht bis zum Bilanzstichtag ausreichend wirtschaftlich verursacht. Der Vergangenheitsbezug durch den Gewerbeertrag des drittletzten Jahres als Bemessungsgrundlage stellt keinen hinreichenden Vergangenheitsbezug dieser Verpflichtungen dar.

5. Teilwertabschreibung auf den Grund und Boden bei gesunkenem Bodenrichtwert

Mit Urteil vom 21.12.2016[3] entschied das FG Hessen über die Frage, ob die Voraussetzungen für eine Teilwertabschreibung auf den Grund und Boden eines bebauten Grundstücks gemäß § 6 Abs. 1 Nr. 2 Satz 2 EStG durch das Absinken des Bodenrichtwertes hinreichend erfüllt sind. Das Gericht hat dies im Urteilsfall verneint und betont, dass die wesentliche Voraussetzung zur Vornahme einer Teilwertabschreibung eine **voraussichtlich dauernde Wertminderung** ist.[4] Da der Bodenrichtwert regelmäßig konjunkturellen Preisschwankungen unterliegt, die sich langfristig wahrscheinlich nivellieren, ist dieser nach Auffassung des FG Hessen nur bedingt zur Begründung einer voraussichtlich dauernden Wertminderung geeignet.

570

Entsprechend der Rechtsprechung des BFH ist für das Wirtschaftsgut Grund und Boden grundsätzlich **zu vermuten, dass der Teilwert den Anschaffungskosten entspricht**, da es keinem Verbrauch unterliegt, unbegrenzt nutzbar ist sowie im Regelfall langfristig genutzt wird.[5] Mithin sind die Anforderungen zur Widerlegung dieser Präsumtion umso strenger, je näher Anschaffungs- und Bewertungszeitpunkt beieinander liegen.[6]

Von einer voraussichtlich dauernden Wertminderung ist dagegen auszugehen, wenn der Teilwert nicht nur vorübergehend, sondern nachhaltig unter dem maßgeblichen Buchwert liegt und deshalb zum Bilanzstichtag aufgrund objektiver Anzeichen mit einem langfristigen Anhalten der Wertminderung gerechnet werden muss.[7] Nach Auffassung des BFH erfordert dies eine an der Eigenart des Wirtschaftsgutes ausgerichtete **Prognose**, deren Fundament die Preisentwicklung im Zeitraum zwischen

---

1) Kritisch dazu vgl. ADS, Auflage 0,06, § 249 HGB Rz. 51 m.w.N.
2) Vgl. Schubert in Beck'scher Bilanz-Kommentar, 10. Aufl. 2016, § 249 HGB Rz. 33.
3) FG Hessen v. 21.12.2016, 4 K 520/13.
4) Vgl. u.a. BFH v.7.11.1990, I R 116/86, BStBl II 1991, 342; vgl. BFH v. 15.6.2009, I B 46/09, BFH/NV 2009, 1843.
5) Vgl. BFH v. 7.11.1990, I R 116/86, BStBl II 1991, 342; vgl. BFH v. 7.2.2002, IV R 87/99, BStBl II 2002, 294.
6) Vgl. BFH v. 13.4.1988, I R 104/86, BStBl II 1988, 892; vgl. BFH v. 4.3.1998, X R 151/94, BFH/NV 1998, 1086; ablehnend ebenso FG Nürnberg v. 3.9.2014, 7 K 1452/11, Ubg 2015, 614 (Kurzwiedergabe).
7) Vgl. BFH v. 23.4.2009, IV R 62/06, BStBl II 2009, 778; vgl. BFH v. 21.12.2011, I R 7/11, BFH/NV 2012, 310.

Anschaffung und Bewertungsstichtag, an dem die Teilwertabschreibung vorgenommen werden soll, ist.[1] Die exakte Festlegung eines allgemeingültigen Prognosezeitraums ist nach der derzeitigen Auffassung des BFH weder möglich noch zielführend. Vielmehr hat eine Würdigung des jeweiligen Einzelfalles im Hinblick auf die zum Bilanzstichtag bestehenden Prognosemöglichkeiten zu erfolgen, die je nach Art des Wirtschaftsgutes sowie der die Wertminderung auslösenden Ursache variieren.[2]

> **Anmerkung:**
> Das FG Baden-Württemberg bejahte in einem Streitfall die Teilwertabschreibung auf den Grund und Boden und sah dabei als entscheidend an, dass die Bodenrichtwerte nach der Anschaffung seit einer Dekade bis zum Bilanzstichtag gesunken waren.[3]

Gleichwohl müssen zum Bilanzstichtag mehr Gründe für den Fortbestand der Wertminderung sprechen als dagegen.[4] Hierfür ist zu klären, ob tatsächlich ein nachhaltiger Preisrückgang gegeben ist, welcher regelmäßig auf besondere Umstände zurückgeführt werden kann, die vom Stpfl. darzulegen sind. Handelt es sich hingegen um einen Preisrückgang, der auf konjunkturellen Schwankungen beruht, so ist nicht von einer dauernden Wertminderung auszugehen, da sich dieser in den nächsten Phasen des Konjunkturzyklus wahrscheinlich nivellieren wird.

Nach Anwendung der oben angeführten Voraussetzungen kam das FG Hessen zu dem Schluss, dass im vorliegenden Fall lediglich konjunkturelle Preisschwankungen vorliegen.

> **Anmerkung:**
> Laut FG Hessen kann dabei keine Parallele zu Teilwertabschreibungen auf Beteiligungen, insbesondere Aktien, gezogen werden, da sich diese Wirtschaftsgüter in ihren jeweiligen Charakteristika grundlegend unterscheiden. Während Beteiligungen im Regelfall im hohen Maße fungibel sind, unterliegen Grundstücke einer oftmals geringeren Marktgängigkeit und somit längeren Veräußerungsdauern. Folglich ist die Anwendung der 5 %-Bagatellgrenze, die der BFH in seiner Rechtsprechung für börsennotierte Aktien festgelegt hat, bei Grund und Boden nicht anwendbar.[5]

6. Keine Abführungssperre durch Ausschüttungssperre nach § 253 Abs. 6 HGB

571 Mit der Neuregelung in § 253 Abs. 2 HGB zur Ermittlung des handelsrechtlichen Ansatzes von Rückstellungen für Altersvorsorgeverpflichtungen wurde eine Ausschüttungssperre in § 253 Abs. 6 HGB eingeführt, wonach der sich durch die Neubewertung ergebende höhere Gewinn (Abstockungsgewinn) nicht ausgeschüttet werden darf.

Bei Gewinnabführungsverträgen wurde **hingegen keine korrespondierende Abführungssperre geregelt**. Die Bestimmung des Höchstbetrags der Gewinnabführung ist in § 301 AktG unverändert geblieben. Um die steuerliche Anerkennung einer ertragsteuerlichen Organschaft sicher zu stellen, ist somit laut Schreiben des BMF vom 23.12.2016[6] die **Abführung des gesamten Gewinns der Organgesellschaft** an den Organträger, ungeachtet eines ausschüttungsgesperrten Betrags nach § 253 Abs. 6 HGB erforderlich.

---

1) Vgl. BFH v. 14.3.2006, I R 22/05, BStBl II 2006, 680; vgl. BFH v. 9.9.2010, IV R 38/08, BFH/NV 2011, 423.
2) Vgl. u.a. BFH v. 16.9.2007, I R 58/06, BStBl II 2009, 294.
3) Vgl. FG Baden-Württemberg v. 21.10.2013, 6 K 1107/12.
4) Vgl. u.a. BFH v. 29.7.2014, I B 188/13, BFH/NV 2014, 1742.
5) Vgl. BFH v. 21.9.2011, I R 89/10, BStBl II 2014, 612.
6) BMF v. 23.12.2016, IV C 2 – S 2770/16/10002, BStBl I 2017, 41 (vgl. hierzu auch Schiffers, BMF: Änderung des § 253 HGB durch das Gesetz zur Umsetzung der Wohnimmobilienkreditrichtlinie und zur Änderung handelsrechtlicher Vorschriften; Auswirkung auf die Anerkennung steuerlicher Organschaften, eNews Steuern, Ausgabe 2/2017 v. 16.1.2017).

Allenfalls kann eine Einstellung des Differenzbetrages in eine Rücklage unter den Voraussetzungen des § 14 Abs. 1 Satz 1 Nr. 4 KStG zu einer Abführungssperre führen. Die Zulässigkeit der Bildung einer solchen Rücklage ist im jeweiligen Einzelfall zu würdigen.

Die Finanzverwaltung beanstandet es jedoch nicht, wenn eine **vor dem 23.12.2016 unterlassene Abführung des Abstockungsgewinns** spätestens in dem nächsten nach dem 31.12.2016 aufzustellenden Jahresabschluss **nachgeholt** wird. 572

> **Kritische Stellungnahme:**
> Die auf Ebene der Organgesellschaft unmittelbar bestehende Ausschüttungssperre wirft bei voller Abführung des Ergebnisses an den Organträger auf dessen Ebene Fragen auf, da das Gesetz keine mittelbare Ausschüttungssperre auf Ebene des Organträgers vorsieht.

7. Angabe des Abschlussprüferhonorars im Anhang

Das IDW hat den IDW RS HFA 36 n. F. zu Anhangangaben über das Abschlussprüferhonorar verabschiedet. Die Stellungnahme befasst sich vor dem Hintergrund der Offenlegung von Honoraren in Abschlüssen und Transparenzberichten mit Fragen der Abgrenzung von Prüfungs- und Beratungsleistungen und soll zu einem einheitlichen Verständnis der § 285 Nr. 17 und § 314 Abs. 1 Nr. 9 HGB beitragen. 573

Angabepflichtig ist das **Gesamthonorar des bestellten Wirtschaftsprüfers** i.S.v. § 318 HGB, das das für das Geschäftsjahr berechnete Honorar einschließlich des Auslagenersatzes umfasst. Einzubeziehen ist dabei das im Geschäftsjahr in der Gewinn- und Verlustrechnung unter Berücksichtigung einer erforderlichen Rückstellungsdotierung erfasste Gesamthonorar. Durchlaufende Posten, wie z.B. Umsatzsteuer und zurechenbare Versicherungsprämien, sind nicht zu berücksichtigen. Die in einem Verbund oder einem Netzwerk berechneten Honorare sind nicht verpflichtend einzurechnen; bei einer freiwilligen Angabe wird empfohlen, die Einrechnung durch eine Davon-Angabe kenntlich zu machen.

Das Gesamthonorar ist gemäß § 285 Nr. 17, § 314 Abs. 1 Nr. 9 HGB in folgende Leistungskategorien aufzugliedern:

(a) Abschlussprüferleistungen,

(b) Andere Bestätigungsleistungen,

(c) Steuerberatungsleistungen und

(d) Sonstige Leistungen.

Negativanzeigen sind nicht erforderlich.

Unter den Abschlussprüferleistungen sind – entgegen der bisherigen Auffassung des IDW – alle Leistungen abzubilden, die unmittelbar durch die Jahresabschlussprüfung veranlasst oder im Rahmen der Abschlussprüfung erbracht worden sind. Durch die Abschlussprüfung veranlasst sind solche Leistungen, die von IDW-Prüfungsstandards oder durch Gesetz (z.B. Prüfung des Risikofrüherkennungssystems bei börsennotierten Unternehmen) gefordert werden. IDW RS HFA 36 n.F. enthält eine Anlage mit ausführlichen Beispielen für die Leistungen der einzelnen Kategorien.

Gemäß § 285 Nr. 17 letzter Satzteil HGB brauchen die Angaben im Anhang des Jahresabschlusses nicht gemacht zu werden, soweit die Angaben in einem die Kapitalgesellschaft einbeziehenden **Konzernabschluss enthalten** sind. Im Falle der Inanspruchnahme dieser Erleichterung empfiehlt es sich, im Anhang des Jahresabschlusses darauf hinzuweisen. 574

Ist der Prüfer des Jahresabschlusses eines Mutterunternehmens auch Prüfer des Konzernabschlusses, ist im Anhang zum Jahresabschluss auch das für die Konzernabschlussprüfung zu leistende Honorar unter Kategorie a) anzugeben.

575 Die **anderen Bestätigungsleistungen** umfassen sämtliche übrigen berufstypischen Leistungen des Wirtschaftsprüfers, die außerhalb der Leistungskategorie Abschlussprüfungsleistungen erbracht worden sind.

Unter den **Steuerberatungsleistungen** sind sowohl Honorare für erbrachte Steuerdeklarationsberatungsleistungen als auch Honorare für erbrachte Steuergestaltungsberatungsleistungen anzugeben.

Honorare für vom Abschlussprüfer zulässigerweise erbrachte **Bewertungsleistungen** sind als sonstige Leistungen auszuweisen.

576 Bei der Angabe der Gesamthonorare i.S.v. § 314 Abs. 1 Nr. 9 HGB und den Leistungskategorien für Konzernabschlussprüfungen **beschränkt** sich die Angabepflicht auf Leistungen an das Mutterunternehmen, an vollkonsolidierte Tochterunternehmen oder an quotal konsolidierte Gemeinschaftsunternehmen. Honorarbestandteile, die auf Leistungen an Gemeinschaftsunternehmen entfallen, sind nur entsprechend der Beteiligungsquote aufzunehmen.

Entsprechend ist in der Kategorie Abschlussprüfungsleistungen sowohl das berechnete Honorar für die Prüfung des Konzernabschlusses als auch die berechneten Honorare für die **gesetzliche oder freiwillige Prüfung** der Jahresabschlüsse der in den Konzernabschluss einbezogenen Unternehmen zu berücksichtigen. Es ist nicht erforderlich, dass für jede Gesellschaft die Angaben getrennt gemacht werden.

8. Bilanzierung bei qualifiziertem Rangrücktritt

577 Nach bisheriger Auffassung des Hauptfachausschusses (HFA) des IDW entfällt bei einem qualifizierten Rangrücktritt die Passivierungspflicht im sogenannten Überschuldungsstatus (der Überschuldungsbilanz). Hingegen führt in der Handelsbilanz die Vereinbarung eines qualifizierten Rangrücktritts **nicht zu einer Ausbuchung der Verbindlichkeit**. Die Verbindlichkeit ist weiterhin mit dem Rückzahlungsbetrag zu passivieren, da der Rangrücktritt lediglich zu einer inhaltlichen Umgestaltung der Forderung im Sinne des pactum de non petendo führt, nicht jedoch zum Erlöschen der Forderung. Vor diesem Hintergrund verbietet das Vorsichtsprinzip nach der bisherigen Rechtsauffassung des HFA die ergebniswirksame Ausbuchung der Verbindlichkeit.

In einem Urteil des BGH vom 5.3.2015[1]) wurde konkretisiert, welche **Anforderungen** an einen qualifizierten Rangrücktritt zu stellen sind, damit die zugrunde liegende Verbindlichkeit **nicht in den Überschuldungsstatus** nach § 19 Abs. 2 InsO aufgenommen werden muss. Für den Entfall der Passivierungspflicht im Überschuldungsstatus ist erforderlich, dass

– die subordinierte Forderung in der Insolvenz mindestens so zu behandeln ist, als komme sie erst nach den Rangfolgen des § 39 Abs. 1 bis 5 InsO zum Zuge (vgl. § 39 Abs. 2 InsO),

– die Rangrücktrittserklärung ein rechtsgeschäftliches Zahlungsverbot des Inhalts enthält, dass die Forderung auch „außerhalb des Insolvenzverfahrens nur aus ungebundenem Vermögen und in der Insolvenz nur im Rang nach den Forderungen sämtlicher normaler Insolvenzgläubiger (§ 38 InsO) befriedigt werden darf",

– der Gläubiger dauerhaft – also auch vor Eröffnung des Insolvenzverfahrens – gehindert ist, seine Forderung geltend zu machen.

Zudem legt der BGH dar, dass es sich bei einem diesen Anforderungen entsprechenden Rangrücktritt weder um einen bedingten Forderungserlass noch um ein pactum de non

---
1) BGH v. 5.3.2015, IX ZR 133/14, BB 2015, 973.

petendo, sondern – jedenfalls soweit nachträglich vereinbart – um einen verfügenden Schuldänderungsvertrag gemäß § 311 Abs. 1 BGB handelt. Ferner führt der BGH aus, dass es sich beim Rangrücktritt um einen Vertrag zugunsten der vorrangigen (gegenwärtigen und zukünftigen) Gläubiger der Gesellschaft handelt. Die Vereinbarung über den Rangrücktritt kann nur dann ohne Zustimmung der Gläubiger wieder aufgehoben werden, wenn eine Insolvenzreife nicht (mehr) vorliegt.

> **Anmerkung:**
> Der BGH hat mit seinem Urteil vom 5.3.2015 die insolvenzrechtliche Problematik im Überschuldungsstatus geklärt, jedoch Grundsatzfragen bezüglich der Berücksichtigung des Rangrücktritts in der Handelsbilanz aufgeworfen. Entsprechend der von Teilen des handelsrechtlichen Schrifttums vertretenen Meinung scheidet die Auflösung von Verbindlichkeiten aus, da das Konzept des qualifizierten Rangrücktritts die gegenwärtige wirtschaftliche Belastung der Verbindlichkeit fortbestehen lässt. Demgegenüber wird mitunter im handelsrechtlichen Schrifttum auch die Auffassung vertreten, dass eine mit einem qualifizierten Rangrücktritt versehene Verbindlichkeit weder im Überschuldungsstatus noch in der Handelsbilanz passiviert werden darf.

Vor diesem Hintergrund hat der HFA im September 2016 in seiner 245. Sitzung noch einmal zum Ausdruck gebracht, dass er an seiner bisherigen Auffassung festhält und die Verbindlichkeit in der Handelsbilanz weiterhin mit dem Erfüllungsbetrag zu passivieren ist. Auch das BGH-Urteil vom 5.3.2015 ändere nichts daran, dass die Verpflichtung des Schuldners zivilrechtlich fortbesteht. Insofern verbietet das handelsrechtliche Vorsichtsprinzip nach Auffassung des HFA auch weiterhin die Ausbuchung der Verbindlichkeit in der Handelsbilanz.

9. Berichtspflichten im Lagebericht über die Einhaltung der Geschlechterquoten

Mit dem am 1.5.2015 in Kraft getretenen Gesetz für die gleichberechtigte Teilhabe von Frauen und Männern an Führungspositionen in der Privatwirtschaft und im öffentlichen Dienst[1] wurde eine gesetzliche Regelung für die Bestimmung und künftige Einhaltung einer ausgeglichenen Geschlechterverteilung in den Führungs- und Aufsichtsratspositionen eingeführt.

Über den Stand der **Umsetzung der Geschlechterquoten** haben Unternehmen im Rahmen der Erklärung zur Unternehmensführung zu berichten, sei es in einem gesonderten Abschnitt im Lagebericht oder durch Veröffentlichung auf der Internetseite der Gesellschaft mit entsprechendem Verweis darauf im Lagebericht (§ 289f Abs. 1 Satz 2 und Satz 3 HGB,[2] → Rz. 525 im Kontext mit dem CSR-Richtlinie-Umsetzungsgesetz).

Börsennotierte Unternehmen mit paritätischer Mitbestimmung haben in der Erklärung zur Unternehmensführung anzugeben, ob die fixe Geschlechterquote von 30 % für den Aufsichtsrat im Bezugszeitraum eingehalten wurde. Bei Nichteinhaltung sind die Gründe für das Zurückbleiben hinter der Mindestquote zu benennen (§ 289f Abs. 2 Nr. 5, Abs. 3 HGB).

Erstmalig ist die Regelung bei ab dem 1.1.2016 erforderlich werdenden Neuwahlen und Entsendungen zu beachten.

Börsennotierte oder mitbestimmungspflichtige Unternehmen haben jährlich in der Erklärung zur Unternehmensführung die festgelegten Zielgrößen und -erreichungsfristen für den Frauenanteil im Aufsichtsrat, im Vorstand und den beiden darunter liegenden Führungsebenen anzugeben (§ 289f Abs. 2 Nr. 4, Abs. 3, Abs. 4, § 336 Abs. 2 Satz 1 Nr. 3 HGB). Nach Ablauf der Zielerreichungsfristen ist zu berichten, ob die festgelegten

---
1) BGBl. I 2015, 642.
2) Die bisher in § 289a HGB enthaltenen Vorgaben über die Erklärung zur Unternehmensführung wurden mit dem CSR-Richtlinie-Umsetzungsgesetz vom 18.4.2017 in einen neuen § 289f HGB verschoben und zugleich um die Angaben zum Diversitätskonzept bei der Besetzung von Aufsichtsrats-, Verwaltungs- und Leitungsorganen von großen börsennotierten AG, KaAG und SE ergänzt.

Zielgrößen während des Bezugszeitraums erreicht wurden bzw. auf welchen Gründen die Nichterreichung beruht. Eine inhaltliche Zwischenberichterstattung zum jeweiligen Stand der Zielerreichung vor Ablauf der Zielerreichungsfristen sieht die Regelung nicht vor.

Erstmalig waren die jeweiligen Zielgrößen bis zum 30.9.2015 mit Zielerreichungsfristen bis zum 30.6.2017 festzulegen (u. a. § 25 Abs. 1 EGAktG, § 5 EGGmbHG, § 168 GenG). Somit ist in Erklärungen zur Unternehmensführung, die sich auf Geschäftsjahre mit einem am oder nach dem 30.6.2017 liegenden Abschlussstichtag beziehen, über die Einhaltung bzw. die Gründe der Nichteinhaltung der erstmalig festgelegten Zielgrößen sowie über die neu festgelegten Zielgrößen und -erreichungsfristen zu berichten. Die neuen Zielerreichungsfristen dürfen jeweils nicht länger als fünf Jahre betragen (u.a. §§ 76 Abs. 4 Satz 4, 111 Abs. 5 Satz 4 AktG, §§ 36 Satz 4, 52 Abs. 2 Satz 5 GmbHG, § 9 Abs. 3 Satz 4, Abs. 4 Satz 4 GenG).

> **Beratungshinweis:**
> Unternehmen, die nicht zur Offenlegung eines Lageberichts, aber zur Festlegung von Zielgrößen und -erreichungsfristen für den Frauenanteil im Aufsichtsrat, im Vorstand und den beiden darunter liegenden Führungsebenen verpflichtet sind, haben gemäß § 289f Abs. 4 Satz 2 HGB eine eigenständige Erklärung zur Unternehmensführung zu erstellen und auf ihrer Internetseite zu veröffentlichen. Alternativ wird den nicht offenlegungspflichtigen Unternehmen in § 289f Abs. 4 Satz 3 HGB die Möglichkeit eingeräumt, ihre Berichtspflicht durch die Offenlegung eines freiwillig erstellten Lageberichts, der die entsprechenden Angaben enthält, zu erfüllen.
>
> Die Regelungen gelten auch für Mutterunternehmen im Sinne des § 298f Abs. 1 und Abs. 3 HGB, die eine Erklärung zur Unternehmensführung auf Konzernebene abzugeben haben (§§ 315d[1], 289f Abs. 1 und Abs. 3 HGB).

VII. Internationale Rechnungslegung

1. Überblick zu den Angabepflichten in einem EU-IFRS-Konzernabschluss zum 31.12.2017

579 Bei der Erstellung und Prüfung des Konzernabschlusses sollte ein besonderes Augenmerk auf die **vollständigen Anhangangaben** zu neuen/geänderten Standards gelegt werden. Dabei sind solche sowohl für die neu angewendeten Standards und Interpretationen (IAS 8.28), als auch die verabschiedeten, aber noch nicht neu angewandten Standards und Interpretationen zu machen (IAS 8.30). Im Folgenden wird ein Überblick über den derzeitigen Stand (August 2017) der durch das IASB verabschiedeten Standards und Interpretationen gegeben, über die gemäß IAS 8.28 und IAS 8.30 in einem EU-IFRS-Konzernabschluss zum 31.12.2017 zu berichten ist.

2. Auswirkungen neuer bzw. geänderter Standards oder Interpretationen (IAS 8.28)

580 IAS 8.28 verlangt die Angabe von neuen bzw. geänderten Standards und Interpretationen, wenn ihre erstmalige Anwendung Auswirkungen auf die Berichtsperiode oder eine frühere Periode hat. Der Anwendungsbereich von IAS 8.28 umfasst daher alle **Änderungen von Bilanzierungs- und Bewertungsmethoden**, die sich aus der erstmaligen Anwendung eines neuen oder geänderten Standards oder einer Interpretation ergeben. Die Anhangangaben müssen dann in Bezug auf den neuen Standard oder die Interpretation beispielsweise folgende Inhalte umfassen:

– Titel des Standards bzw. der Interpretation
– Falls zutreffend, eine Beschreibung der Übergangsvorschriften

---
1) § 315 Abs. 5 HGB wird mit der CSR-Richtlinie-Umsetzungsgesetz in einen neuen § 315d HGB verschoben, um deutlicher zu machen, dass die Konzernerklärung zur Unternehmensführung auch außerhalb des Konzernlageberichts stehen kann, und insoweit auch eine systematische Annäherung an die spiegelbildliche Regelung für die Erklärung zur Unternehmensführung zu erreichen.

G. Wirtschaftsprüfung

- Art und Änderung der Rechnungslegungsmethode
- Betrag der Änderung jedes betroffenen Abschlusspostens (einschließlich des Ergebnisses je Aktie) für den Beginn des Vorjahrs, für das Vorjahr und für das laufende Jahr, soweit praktikabel.

Ferner ist zu beachten, dass die Angaben nach IAS 8.28 auch bei einer frühzeitigen freiwilligen Anwendung neuer Standards oder Interpretationen erforderlich sind.

> **Anmerkung:**
>
> Nach dem derzeitigen Stand[1] der Übernahme in EU-Recht (EU-Endorsement) gibt es keine Standards und Interpretationen, die erstmals zum 1.1.2017 verpflichtend in der EU anzuwenden sind.
>
> Allerdings gibt es einzelne Standards, bei denen ein EU-Endorsement noch bis zum 31.12.2017 erwartet wird und bei denen dann der verpflichtende Erstanwendungszeitpunkt der 1.1.2017 ist.
>
> Die folgende Tabelle gibt für diese Standards einen Überblick über potenziell angabepflichtige Vorschriften nach IAS 8.28 in einem EU-IFRS Konzernabschluss zum 31.12.2017 sowie eine allgemeine Einschätzung hinsichtlich der Auswirkung auf die Bilanzierungspraxis. Eine Auflistung aller Vorschriften ist nicht erforderlich. Ggf. kann nach der Erläuterung der neuen Standards und Interpretationen mit Auswirkungen eine allgemeine Formulierung aufgenommen werden, dass bspw. die übrigen erstmals zum 1.1.2017 verpflichtend in der EU anzuwendenden Standards und Interpretationen keine wesentlichen Auswirkungen auf den Konzernabschluss haben.

Standard bzw. Interpretation	Titel	IASB Effective date*	Erstanwendungszeitpunkt in der EU*	Auswirkung**
Jährlicher Verbesserungsprozess (Zyklus 2014–2016)	Änderungen an IFRS 12	1.1.2017	sofern Endorsement bis Jahresende 2017 erfolgt: 1.1.2017	Branchen- bzw. unternehmensspezifische Bedeutung
Amend. IAS 7	Kapitalflussrechnung	1.1.2017	sofern Endorsement bis Jahresende 2017 erfolgt: 1.1.2017	Branchen- bzw. unternehmensspezifische Bedeutung
Amend. IAS 12	Anerkennung latenter Steuerforderungen für nicht realisierte Verluste	1.1.2017	sofern Endorsement bis Jahresende 2017 erfolgt: 1.1.2017	Branchen- bzw. unternehmensspezifische Bedeutung
Amend. IFRS 10, IFRS 12 und IAS 28	Investment Entities – Applying the Consolidation Exception	1.1.2016	1.1.2016	Branchen- bzw. unternehmensspezifische Bedeutung

*   Für Jahresabschlüsse, die am oder nach diesem Datum beginnen.
** Die allgemeine Einschätzung hinsichtlich der Auswirkung auf die Bilanzierungspraxis dient als Orientierung – die individuellen Auswirkungen auf das einzelne Unternehmen sind davon unabhängig zu erläutern.

Erläuterungen zu diesen geänderten Standards werden im nachfolgenden Abschnitt dargestellt.

3. Noch nicht angewendete neue bzw. geänderte Standards und Interpretationen (IAS 8.30)

Nach IAS 8.30 ist über bereits verabschiedete Standards oder Interpretationen des IASB zu berichten, sofern diese in dem Berichtszeitraum noch nicht verpflichtend anzuwenden sind und auch nicht vorzeitig angewandt werden.

581

Folgende Angaben im Anhang sind bspw. erforderlich:

- Titel des neuen Standards oder der neuen Interpretation,
- Art der bevorstehenden Änderung der Rechnungslegungsmethode,

---

[1] 26.9.2017.

Vierter Teil: Rechtsentwicklungen 2017

- Zeitpunkt, ab dem die Anwendung des Standards bzw. der Interpretation verpflichtend ist,
- Zeitpunkt, ab dem das Unternehmen die Anwendung des Standards bzw. der Interpretation beabsichtigt,
- Erwartete Auswirkungen auf den Abschluss oder wenn diese Auswirkungen unbekannt oder nicht verlässlich abzuschätzen sind, eine Erklärung mit diesem Inhalt.

> **Anmerkung:**
> Die folgende Tabelle gibt einen Überblick über potenziell angabepflichtige Vorschriften nach IAS 8.30 in einem EU-IFRS Konzernabschluss zum 31.12.2017. Es wird differenziert nach Vorschriften, bei denen ein EU-Endorsement erfolgt ist (ggf. vorzeitige freiwillige Anwendung) und solchen, bei denen ein EU-Endorsement noch nicht erfolgt ist. Ferner wird eine allgemeine Einschätzung hinsichtlich der Auswirkung auf die Bilanzierungspraxis vorgenommen. Auf Standards und Interpretationen mit grundsätzlicher Bedeutung sowie solche, bei denen eine Auswirkung erwartet wird, sollte im Anhang eingegangen werden. Eine vollständige Darstellung der nicht angewendeten neuen bzw. geänderten Standards und Interpretationen ist nicht erforderlich.
>
> Sofern sich bei mehreren neuen Standards oder Interpretation keine wesentlichen Auswirkungen auf ein Unternehmen ergeben, kann eine Formulierung verwendet werden, in der die betreffenden Standards und Interpretationen ohne wesentliche Auswirkung weder beschrieben noch aufgelistet werden. Dies könnte bspw. in Form einer Sammelaussage erfolgen, dass außer den ausführlich beschriebenen Standards und Interpretationen, die übrigen vom IASB verabschiedeten Standards und Interpretationen erwartungsgemäß keinen wesentlichen Einfluss auf den Konzernabschluss haben werden.
>
> Ferner kann zum Zeitpunkt der Anwendung des Standards oder der Interpretation durch das Unternehmen auch eine **Sammelaussage** getroffen werden, dass eine frühzeitige Anwendung der neuen Standards bzw. Interpretationen nicht geplant ist.

Standard	Titel	IASB Effective date*	vorauss. Erstanwendungszeitpunkt in der EU*	Auswirkung**
EU-Endorsement bis 26.9.2017 erfolgt				
IFRS 9	Finanzinstrumente	1.1.2018	1.1.2018	*Grundsätzliche Bedeutung*
IFRS 15	Erlöse aus Verträgen mit Kunden	1.1.2018	1.1.2018	*Grundsätzliche Bedeutung*
EU-Endorsement noch ausstehend (Stand 26.9.2017)				
Amend. IFRS 10 und IAS 28	Veräußerung oder Einbringung von Vermögenswerten zwischen einem Investor und einem assoziierten Unternehmen oder Joint Venture	Unbestimmt verschoben	verschoben	*Branchen- bzw. unternehmensspezifische Bedeutung*
IFRS 14	Regulatorische Abgrenzungsposten	1.1.2016	Keine Übernahme durch die EU	
Amend. IAS 7	Kapitalflussrechnung	1.1.2017	1.1.2017	*Branchen- bzw. unternehmensspezifische Bedeutung*
Amend. IAS 12	Anerkennung latenter Steuerforderungen für nicht realisierte Verluste	1.1.2017	1.1.2017	*Branchen- bzw. unternehmensspezifische Bedeutung*
Jährlicher Verbesserungsprozess (Zyklus 2014–2016)	Änderungen an IFRS 12	1.1.2017	1.1.2017	*Branchen- bzw. unternehmensspezifische Bedeutung*
Klarstellungen zu IFRS 15	Klarstellungen zu Erlöse aus Verträgen mit Kunden	1.1.2018	1.1.2018	*Grundsätzliche Bedeutung*
Amend. IFRS 2	Klarstellung und Bewertung von Geschäftsvorfällen mit anteilsbasierter Vergütung	1.1.2018	1.1.2018	*Branchen- bzw. unternehmensspezifische Bedeutung*

Standard	Titel	IASB Effective date*	vorauss. Erstanwendungszeitpunkt in der EU*	Auswirkung**
Amend. IFRS 4	Anwendung von IFRS 9 Finanzinstrumente mit IFRS 4 Versicherungsverträge	1.1.2018	1.1.2018	Branchen- bzw. unternehmensspezifische Bedeutung
Jährlicher Verbesserungsprozess (Zyklus 2014–2016)	Änderungen an IFRS 1 und IAS 28	1.1.2018	1.1.2018	Branchen- bzw. unternehmensspezifische Bedeutung
IFRIC 22	Transaktionen in fremder Währung und im Voraus gezahlte Gegenleistungen	1.1.2018	1.1.2018	Branchen- bzw. unternehmensspezifische Bedeutung
Amend. IAS 40	Klassifizierung noch nicht fertiggestellter Immobilien	1.1.2018	1.1.2018	Branchen- bzw. unternehmensspezifische Bedeutung
IFRIC 23	Unsicherheit bezüglich ertragsteuerlicher Behandlung	1.1.2019	1.1.2019	Branchen- bzw. unternehmensspezifische Bedeutung
IFRS 16	Leasing	1.1.2019	1.1.2019	Grundsätzliche Bedeutung
IFRS 17	Versicherungsverträge	1.1.2021	Ausstehend	Branchen- bzw. unternehmensspezifische Bedeutung

* Für Jahresabschlüsse, die am oder nach diesem Datum beginnen.

** Die allgemeine Einschätzung hinsichtlich der Auswirkung auf die Bilanzierungspraxis dient als Orientierung – die individuellen Auswirkungen auf das einzelne Unternehmen sind davon unabhängig zu erläutern.

a) IFRS 9 „Finanzinstrumente"

582 Das IASB schloss im Juli 2014 sein Projekt zur Ersetzung des IAS 39 „Finanzinstrumente: Ansatz und Bewertung" durch die Veröffentlichung der finalen Version des IFRS 9 „Finanzinstrumente" ab. IFRS 9 führt einen einheitlichen Ansatz zur Klassifizierung und Bewertung von finanziellen Vermögenswerten ein. Die Folgebewertung von finanziellen Vermögenswerten richtet sich somit nach drei Kategorien mit unterschiedlichen Wertmaßstäben und einer unterschiedlichen Erfassung von Wertänderungen. Die Kategorisierung ergibt sich dabei sowohl in Abhängigkeit der vertraglichen Zahlungsströme des Instruments, als auch des Geschäftsmodells, in dem das Instrument gehalten wird. Für finanzielle Verbindlichkeiten wurden die nach IAS 39 bestehenden Kategorisierungsvorschriften hingegen weitgehend in IFRS 9 übernommen. Ferner sieht IFRS 9 ein neues Wertminderungsmodell vor, das auf den zu erwartenden Kreditausfällen basiert.

IFRS 9 enthält zudem neue Regelungen zur Anwendung von Hedge Accounting, um die Risikomanagementaktivitäten eines Unternehmens besser abzubilden, insbesondere im Hinblick auf die Steuerung von nicht finanziellen Risiken. Ferner werden durch IFRS 9 zusätzliche Anhangangaben erforderlich (→ Rz. 222 ff.).

b) IFRS 15 „Erlöse aus Verträgen mit Kunden"

583 Der neue IFRS 15 ersetzt IAS 18 „Umsatzerlöse" und IAS 11 „Fertigungsaufträge" sowie die dazugehörigen Interpretationen. IFRS 15 legt einen umfassenden Rahmen zur Bestimmung fest, ob, in welcher Höhe und zu welchem Zeitpunkt Umsatzerlöse erfasst werden. Das Kernprinzip von IFRS 15 besteht darin, dass ein Unternehmen Erlöse erfassen soll, wenn die Lieferung von Gütern erfolgt ist bzw. die Dienstleistung erbracht wurde. Dieses Kernprinzip wird im Rahmen des Standards in einem Fünf-

Schritte-Modell umgesetzt (→ Rz. 213 ff.). Hierzu sind zunächst die relevanten Verträge mit dem Kunden und die darin enthaltenen Leistungsverpflichtungen zu identifizieren. Die Erlösrealisierung erfolgt dann in Höhe der erwarteten Gegenleistung für jede separate Leistungsverpflichtung zeitpunkt- oder zeitraumbezogen. Darüber hinaus enthält IFRS 15 detaillierte Anwendungsleitlinien zu einer Vielzahl von Einzelthemen (z.B. Vertragsänderungen, Veräußerungen mit Rückgaberecht, Behandlung von Vertragskosten, Verlängerungsoptionen, Lizenzerlöse, Prinzipal-Agent-Beziehungen, Bill-und-Hold-Vereinbarungen, Konsignationsvereinbarungen etc.). Zudem wird der Umfang der Anhangangaben erweitert, um Informationen über die Art, die Höhe, den zeitlichen Anfall sowie die Unsicherheit von Umsatzerlösen aus Verträgen mit Kunden einschließlich der hieraus resultierenden Zahlungsströme offenzulegen (→ Rz. 220).

Weiterhin hat das IASB am 12.4.2016 Klarstellungen an IFRS 15 veröffentlicht. Die Änderungen adressieren die Identifizierung von Leistungsverpflichtungen, Prinzipal/Agent – Erwägungen und Lizenzen und zielen auf Übergangsregelungen für modifizierte und abgeschlossene Verträge ab (→ Rz. 211).

c) **Änderungen an IFRS 10 und IAS 28 „Veräußerung oder Einbringung von Vermögenswerten zwischen einem Investor und einem assoziierten Unternehmen oder Joint Venture"**

584 Dieser Änderungsstandard sollte die Erfassung von **Ergebniseffekten aus Transaktionen** zwischen einem Investor und seinem assoziierten Unternehmen oder Gemeinschaftsunternehmen klarstellen. Die Erfassung der Ergebniseffekte sollte davon abhängig sein, ob ein Geschäftsbetrieb nach IFRS 3 übertragen wird oder nicht. Sofern die Transaktion einen Geschäftsbetrieb (entsprechend IFRS 3) betrifft, war eine vollständige Erlöserfassung beim Investor vorgesehen. Betrifft die Transaktion nur die Veräußerung von Vermögenswerten, die keinen Geschäftsbetrieb darstellen, wäre eine Teilerfolgserfassung vorzunehmen. Der Änderungsstandard sollte für **Geschäftsjahre ab dem 1.1.2016** angewendet werden.

Das IASB hatte eine Inkonsistenz zwischen den Regelungen des Änderungsstandards und den bestehenden Regelungen von IAS 28 festgestellt, die im Rahmen eines weiteren Änderungsstandards behoben werden sollten. Zwischenzeitlich hat sich das IASB jedoch dazu entschlossen, ein Forschungsprojekt zur Equity Methode zu beginnen und darin u.a. die Themen des vorgesehenen Änderungsstandards erneut zu behandeln sowie diesen daher nicht zu veröffentlichen.

Vor diesem Hintergrund wurde am 17.12.2015 ein weiterer Änderungsstandard zur Verschiebung des Erstanwendungszeitpunkts des Änderungsstandards (Änderungen an IFRS 10 und IAS 28) auf unbestimmte Zeit veröffentlicht. Dadurch soll vermieden werden, dass – auf Basis der Ergebnisse des Forschungsprojekts – unter Umständen innerhalb kurzer Zeit möglicherweise gegenläufige Änderungen an den Standards vorgenommen werden müssen. Die freiwillige vorzeitige Anwendung des Änderungsstandards ist jedoch weiterhin möglich.

Die Übernahme durch die EU wurde ebenfalls auf unbestimmte Zeit verschoben.

d) **IFRS 14 „Regulatorischer Abgrenzungsposten"**

585 IFRS 14 „Regulatorischer Abgrenzungsposten" ist als Zwischenlösung gedacht, bis das IASB sein umfassendes Projekt zu preisregulierten Geschäftsvorfällen abschließt. Der Interimsstandard bietet Bilanzierungsmöglichkeiten für **preisregulierte Geschäftsvorfälle** für IFRS-Erstanwender. Aufgrund des äußerst limitierten Anwenderkreises hat die Europäische Kommission beschlossen, diesen Standard nicht zu übernehmen.

e) **Änderungen an IAS 7 „Kapitalflussrechnung"**

586 Die Änderungen an IAS 7 „Kapitalflussrechnung" folgen der Zielsetzung, dass ein Unternehmen Angaben bereitzustellen hat, die es Adressaten von Abschlüssen ermöglichen, **Veränderungen in den Verbindlichkeiten aus Finanzierungstätigkeit** besser beurteilen zu können.

Unter der Prämisse von entscheidungsrelevanten Informationen für den Abschlussadressaten hat ein Unternehmen im Wesentlichen in folgenden Fällen Angaben zu Schulden aus der Finanzierungstätigkeit offenzulegen:

- zahlungswirksame Veränderungen,
- Änderungen aufgrund der Erlangung oder des Verlustes der Beherrschung über Tochterunternehmen oder andere Geschäftsbetriebe,
- Auswirkungen von Änderungen in den Wechselkursen,
- Änderungen von beizulegenden Zeitwerten.

Als mögliche Darstellung der geforderten Angaben zu Schulden aus Finanzierungstätigkeit sieht das IASB eine **Überleitungsrechnung** zwischen den Eröffnungs- und Schlussbilanzwerten vor. Die Überleitungsrechnung soll mindestens die aufgezählten Posten umfassen. Sie soll ferner so aufbereitet sein, dass der Bilanzadressat eine Verknüpfung zwischen den Werten in der Kapitalflussrechnung und den in der Bilanz ausgewiesenen Werten herstellen kann.

f) Änderungen an IAS 12 „Ansatz aktiver latenter Steuern auf unrealisierte Verluste"

Die Änderungen an IAS 12 „Ansatz aktiver latenter Steuern auf unrealisierte Verluste" **587** dienen zur Klarstellung diverser Fragestellungen in Bezug auf den Ansatz von aktiven latenten Steuern.

Hierbei geht es zum einem um den Ansatz **aktiver latenter Steuern für nicht realisierte Verluste**, die sich aus den Fair Value-Änderungen von Schuldinstrumenten (der Kategorie „available-for-sale") ergeben. Die Änderungen an IAS 12 stellen klar, dass ein nicht realisierter Verlust aus einem solchen Finanzinstrument zu einer abzugsfähigen temporären Differenz führt, wenn der steuerliche Wert des Schuldinstruments seinen Anschaffungskosten entspricht. Dies gilt unabhängig davon, ob der Halter erwartet, das Instrument bis zur Fälligkeit zu halten, um so den Nominalwert zu erzielen, oder ob er beabsichtigt, das Instrument zu veräußern.

Ferner werden in IAS 12 weitere Klarstellungen zur **Ermittlung** und zum **Ansatz** aktiver latenter Steuern vorgenommen.

- Grundsätzlich ist für alle temporären Differenzen insgesamt zu beurteilen, ob voraussichtlich ein ausreichendes zu versteuerndes Ergebnis zukünftig zur Verfügung stehen wird, so dass diese realisiert werden können und damit ein Ansatz aktiver latenter Steuern gerechtfertigt ist. Dies ist aber nur dann der Fall, wenn das geltende Steuerrecht die Verrechnung der steuerlichen Verluste nicht einschränkt. Sofern das Steuerrecht zwischen verschiedenen Arten von steuerbaren Gewinnen unterscheidet, ist für jeden Teil des steuerpflichtigen Gewinns eine eigenständige Beurteilung vorzunehmen, ob ein latenter Steueranspruch angesetzt werden kann.
- Nach dem neu eingefügten IAS 12.29A kann ein Unternehmen bei der Schätzung des künftigen zu versteuernden Gewinns annehmen, dass eine Realisierung eines Vermögenswerts über seinem Buchwert möglich ist, vorausgesetzt, eine solche Realisierung ist wahrscheinlich.
- Der zu versteuernde Gewinn, gegen den ein Unternehmen den Ansatz eines latenten Steueranspruchs prüft, ist das zu versteuernde Einkommen vor Umkehr abzugsfähiger temporärer Differenzen (vgl. IAS 12.29 (a) (i)), da es sonst zu doppelten Erfassungen kommt.

g) Änderungen an IFRS 2 „Klarstellung der Klassifizierung und Bewertung von Geschäftsvorfällen mit anteilsbasierter Vergütung"

588 Auf Grund der Tatsache, dass sich mangels konkreter Vorgaben im bisherigen IFRS 2 Interpretationsspielräume ergaben, hat das IASB zum 20.6.2016 Änderungen zu IFRS 2 „Anteilbasierte Vergütungen" veröffentlicht. Diese betreffen **drei spezifische Bereiche**, namentlich die Spezifizierung von relevanten Ausübungsbedingungen bei anteilsbasierten Vergütungen mit Barausgleich, die Klassifizierung von anteilsbasierten Vergütungen mit Nettoausgleich sowie die Erläuterung des Bilanzierungsvorgehens für eine Umgliederung von Vergütungen mit Barausgleich zu einem Ausgleich mittels Eigenkapitalinstrumenten.

h) Änderungen an IFRS 4: Anwendung von IFRS 9 mit IFRS 4 „Versicherungsverträge"

589 Die Änderungen des IASB an IFRS 4 vom 12.9.2016 sollen die Unsicherheiten aufgrund des zeitlichen Auseinanderfallens der Erstanwendungszeitpunkte von IFRS 4 „Versicherungsverträge" und IFRS 9 „Finanzinstrumente" auflösen und sind **zum 1.1.2018** erstmalig anzuwenden.

Den Unternehmen, die Versicherungsverträge im Anwendungsbereich von IFRS 4 begeben, wurden **zwei Optionen** eingeräumt.

Entsprechend dem Überlagerungsansatz können Unternehmen, die erstmalig IFRS 9 anwenden, bei der ersten Option einen Teil der aus qualifizierenden Vermögenswerten entstandenen Aufwendungen und Erträge aus der Gewinn- und Verlustrechnung in das sonstige Gesamtergebnis umklassifizieren. Damit wird es den Unternehmen ermöglicht, temporäre Volatilitäten, die aus der Anwendung von IFRS 9 vor der Anwendung von IFRS 17 entstehen, nicht in der Gewinn- und Verlustrechnung zu zeigen.

Die zweite Option gilt für Unternehmen, deren vorherrschende Geschäftstätigkeit das Begeben von Versicherungsverträgen im Anwendungsbereich von IFRS 4 ist. Diese können die Anwendung von IFRS 9 bis höchstens zum 1.1.2021 verschieben und bis dahin weiterhin IAS 39 anwenden (Aufschubansatz).

i) Jährlicher Verbesserungsprozess (2014–2016) – Änderungen an IFRS 1, IFRS 12 und IAS 28

590 Das IASB hat am 8.12.2016 die Annual Improvements to IFRS (2014–2016) veröffentlicht. Die Änderungen betreffen drei IFRS-Standards:

IFRS 1 „Erstmalige Anwendung der International Financial Reporting Standards":

Es erfolgte im Wesentlichen eine Streichung der kurzzeitigen Befreiungen für erstmalige Anwender, da diese durch Zeitablauf obsolet wurden.

IFRS 12 „Angaben zu Anteilen an anderen Unternehmen":

Aufgrund des Zusammenwirkens der Angabevorschriften von IFRS 5 und IFRS 12 bestand Unklarheit, ob die Angabevorschriften von IFRS 12 auch für Beteiligungen gelten, die als zur Veräußerung gehalten werden bzw. als zur Ausschüttung an Eigentümer sowie für Beteiligungen, die als aufgegebene Geschäftsbereiche qualifiziert werden. Es erfolgte nunmehr eine Klarstellung, dass die Angabevorschriften von IFRS 12 auch für Anteile gelten, die in den Anwendungsbereich des IFRS 5 fallen. Nur bei Anteilen an Tochterunternehmen, Gemeinschaftsunternehmen und assoziierten Unternehmen, die nach IFRS 5 als zur Veräußerung klassifiziert wurden, müssen diese Angaben nicht gemacht werden.

IAS 28 „Anteile an assoziierten Unternehmen und Gemeinschaftsunternehmen":

Nach IAS 28 besteht ein Wahlrecht zur Bewertung von bestimmten Beteiligungen. Hiernach kann eine Bewertung nach der Equity-Methode oder zum Fair Value mit Erfassung der Veränderungen in der Gewinn- und Verlustrechnung (FVTPL) vorgenommen werden. Bisher unklar war, ob die Anwendung der Fair Value-Option auf Basis der jeweiligen Beteiligung (investment-by-investment choice) oder als konsistente Rechnungslegungsmethode (consistent policy choice) vorgenommen werden soll. Durch die vorgeschlagene Änderung wird klargestellt, dass das Wahlrecht zur Bewertung einer Beteiligung an einem assoziierten Unternehmen oder Gemeinschaftsunternehmen, das von einer Wagniskapitalgesellschaft oder einem anderen qualifizierenden Unternehmen gehalten wird, je Beteiligung unterschiedlich ausgeübt werden kann.

> **Anmerkung:**
> Die Änderungen an IFRS 12 treten für Berichtsperioden in Kraft, die am oder nach dem 1.1.2017 beginnen. Dagegen sind die Änderungen an IFRS 1 und IAS 28 erst für Berichtsperioden anzuwenden, die am oder nach dem 1.1.2018 beginnen.

j) Änderungen an IFRIC 22 „Transaktionen in fremder Währung und im Voraus gezahlte Gegenleistungen"

591 Das IASB hat am 8.12.2016 den IFRIC 22 „Transaktionen in fremder Währung und im Voraus gezahlter Gegenleistungen" veröffentlicht. Der Entwurf soll Leitlinien zur Bestimmung des Wechselkurses bei Erlöstransaktionen in einer Fremdwährung gemäß IAS 21 „Auswirkungen von Wechselkursänderungen" geben bzw. bei Fremdwährungstransaktionen, bei denen Vorauszahlungen (nicht monetäre Posten) erfolgen.

Der **Interpretationsentwurf** legt für die Bestimmung des Wechselkurses bei erhaltenen oder geleisteten Anzahlungen fest, dass der relevante Zeitpunkt für die Verwendung des Wechselkurses der frühere der folgenden beiden **Zeitpunkte** ist:

– Tag der erstmaligen Erfassung des nicht monetären aktiven oder passiven Abgrenzungspostens und

– Tag der Erfassung des zugrundeliegenden Vermögenswerts, des Aufwands oder Ertrags (oder eines Teils davon) in der Bilanz bzw. der Gewinn- und Verlustrechnung.

> **Anmerkung:**
> IFRIC 22 ist insbesondere für die Bauindustrie relevant, da dort regelmäßig Anzahlungen für langfristige Fertigungsaufträge geleistet werden.

k) Änderungen an IAS 40 „Klassifizierung noch nicht fertiggestellter Immobilien"

592 Das IASB hat am 8.12.2016 eine Änderung an IAS 40 „Als Finanzinvestition gehaltene Immobilien" veröffentlicht.

Anlass für die Änderung war die bisher in IAS 40 abschließend formulierte Aufzählung von Sachverhalten, bei denen eine **Umgliederung in oder aus dem Bestand der als Finanzinvestition gehaltenen Immobilien** zulässig ist. Nach dem Wortlaut des Standards war damit eine Umgliederung nur in den ausdrücklich genannten Fällen zulässig, so dass beispielsweise nicht klar geregelt war, ob eine im Bau oder in der Entwicklung befindliche Immobilie aus dem Vorratsvermögen (IAS 2 Vorräte) in den Bestand der als Finanzinvestition gehaltenen Immobilien umgegliedert werden darf, wenn sich eine Nutzungsänderung belegen lässt. Durch die vorgenommenen Klarstellungen wurde die bisherige abschließende Aufzählung zu einer nicht abschließenden Liste von Beispielen erklärt.

> **Anmerkung:**
> Eine Nutzungsänderung liegt nur dann vor, wenn die Immobilie nicht mehr die Definition einer als Finanzinvestition gehaltenen Immobilie erfüllt. Eine bloße Änderung der Absichten der Unternehmensleitung in Bezug auf die Nutzung der Immobilie ist damit nicht ausreichend.

l) IFRIC 23 „Unsicherheiten bezüglich ertragsteuerliche Behandlung"

593 Das IASB hat die vom IFRS Interpretations Committee entwickelte Interpretation IFRIC 23 „Unsicherheiten bezüglich ertragsteuerlicher Behandlung" am 7.6.2017 veröffentlicht.

Hintergrund für die Entwicklung der Interpretation war, dass das Committee **Abweichungen in der Praxis** in Bezug auf den Ansatz und Bewertung von tatsächlichen Ertragsteuern, latenten Steueransprüchen und Steuerschulden, wie in IAS 12.5 definiert, festgestellt hat.

Die Interpretation gibt Leitlinien hinsichtlich der zu versteuernden Gewinne bzw. Verluste, Steuerbasis, nicht genutzten steuerlichen Verlusten sowie Steuergutschriften und Steuersätze, um mögliche Unsicherheiten bezüglich der ertragsteuerlichen Behandlung nach IAS 12 „Ertragsteuern" zu beseitigen.

m) IFRS 16 „Leasing"

594 Nach IFRS 16 **entfällt die bisherige Unterscheidung zwischen Operating- und Finanzierungsleasingverhältnissen beim Leasingnehmer**. Für alle Leasingverhältnisse bilanziert der Leasingnehmer ein Nutzungsrecht an einem Vermögenswert sowie eine Leasingverbindlichkeit. Das Nutzungsrecht wird nach den Vorschriften für immaterielle Vermögenswerte über die Vertragslaufzeit abgeschrieben. Die Bilanzierung der Leasingverbindlichkeit erfolgt entsprechend den Vorschriften für Finanzinstrumente nach IAS 39 bzw. zukünftig IFRS 9. Der Ausweis in der GuV wird gesondert als Abschreibungen auf den Vermögenswert und Zinsen aus der Verbindlichkeit vorgenommen. Für kurzfristige Leasingverhältnisse und Leasinggegenstände von geringem Wert gibt es Erleichterungen bei der Bilanzierung.

Die Angaben im Anhang werden sich erweitern und sollen den Adressaten in die Lage versetzen, den Betrag, den Zeitpunkt sowie die Unsicherheiten im Zusammenhang mit Leasingvereinbarungen zu beurteilen.

Beim Leasinggeber sind die Regelungen des neuen Standards dagegen ähnlich zu den bisherigen Vorschriften des IAS 17. Die Leasingverträge werden weiterhin entweder als Finanzierungs- oder Operating-Leasingverhältnisse klassifiziert (s. im Detail → Rz. 241).

n) IFRS 17 „Versicherungsverträge"

595 Das IASB hat am 18.5.2017 IFRS 17 „Versicherungsverträge" veröffentlicht, der IFRS 4 „Versicherungsverträge" ersetzen soll. Zielsetzung des neuen Standards ist es, durch eine konsistente und prinzipienbasierte Bilanzierung, **relevante Informationen** für Adressaten offen zu legen und eine einheitliche Darstellung und Bewertung von Versicherungsverträgen zu gewährleisten. Die neuen Ansatz-, Bewertungs- und Ausweisregelungen sind von Unternehmen anzuwenden mit:

– Versicherungsverträgen und aktiven Rückversicherungsverträgen,
– passiven Rückversicherungsverträgen und
– Kapitalanlageverträgen mit ermessensabhängiger Überschussbeteiligung, die ein Unternehmen im Bestand hält, vorausgesetzt, dass das Unternehmen ebenso Versicherungsverträge ausgibt.

Sofern der primäre Zweck eines Vertrags, der nach IFRS 17 einen Versicherungsvertrag darstellt, die Erbringung von Dienstleistungen gegen ein festes Entgelt ist, kann die Bilanzierung nach IFRS 15 „Erlöse aus Verträgen mit Kunden" anstatt nach IFRS 17 erfolgen.

H. Wirtschaftsprüfung und IT

I. Handels- und steuerrechtliche Anforderungen an die Archivierung von Eingangsrechnungen in Dokumentenmanagementsystemen

Einen Kernbestandteil der Digitalisierung unternehmensinterner Geschäftsprozesse bilden Dokumentenmanagementsysteme, kurz „DMS". Diese werden in Organisationen implementiert, um **interne Workflows effizienter zu gestalten**. DMS-Lösungen stellen heute weit mehr als eine reine Digitalisierung von Papierdokumenten dar. Verschiedene Add-ons, insbesondere Workflow-Lösungen, bieten die Möglichkeit, interne Prozesse bis hin zu Genehmigungsverfahren vollständig und transparent digital abzubilden. Dabei werden herkömmliche Prozesse, die sich am physischen Belegfluss orientiert haben, mit der Einführung eines DMS digitalisiert. Eine Aufbewahrung des Ursprungsbelegs in Papierform ist unter Berücksichtigung bestimmter rechtlicher Rahmenbedingungen nicht mehr notwendig.

596

Auch bei der papierersetzenden Digitalisierung von Eingangsrechnungen müssen handels- und steuerrechtliche Anforderungen berücksichtigt werden. Hinzu kommen zusätzlich zu beachtende weitere lex-specialis-Regelungen, die an die elektronische Aufbewahrung entsprechender Eingangsrechnungen geknüpft sind. Das BMF veröffentlichte am 14.11.2014 die Grundsätze zur ordnungsmäßigen Führung und Aufbewahrung von Büchern, Aufzeichnungen und Unterlagen in elektronischer Form sowie zum Datenzugriff[1], mit denen die früheren Vorgaben „GoBS" und „GDPdU" zum 1.1.2015 ersetzt und mit denen insbesondere bereits bestehende Regelungen konkretisiert sowie weitere Regelungsbereiche aufgenommen wurden. Das BMF definierte dabei unter anderem grundlegende Anforderungen an die datenbankgestützte Verwaltung von steuerrechtlich relevanten Papierdokumenten (insbesondere die Anforderungen an das papiergesetzte Scannen von Eingangsrechnungen).

597

Bei der Umsetzung der handels- und steuerrechtlichen Anforderungen, die an das DMS zu stellen sind, kommt es in erster Linie darauf an, die notwendigen Prozessschritte und -anpassungen in den operativen Geschäftsprozess zu integrieren. Dabei sollte zum einen der eigentliche Nutzen in Form der Arbeitserleichterung durch das DMS nicht beeinträchtigt und zum anderen dennoch die **handels- und steuerrechtliche Ordnungsmäßigkeit** effizient nachgewiesen werden können. Hieraus leitet sich ebenfalls ab, dass das DMS nicht isoliert als gesondertes System bei Ordnungsmäßigkeitsüberlegungen betrachtet werden darf, sondern vielmehr die operativen Geschäftsprozesse sowie das IT-Umfeld und den IT-Betrieb mit einzubeziehen sind.

Als Ausgangspunkt zum Nachweis der Ordnungsmäßigkeit und Nachvollziehbarkeit der gewählten Umsetzung dient eine aussagekräftige **Verfahrensdokumentation**, wie sie explizit in den GoBD gefordert wird. Mit dieser Verfahrensdokumentation sollte die tatsächliche Implementierung des DMS und die Verankerung in die Geschäftsprozesse sowie in den IT-Betrieb nachvollziehbar abgebildet werden.

> **Praxistipp:**
>
> In Projekten zur Beurteilung der ordnungsmäßigen Umsetzung des DMS erlebt man häufig zwei Extremfälle. Entweder werden ausgehend von im Internet gefundenen Verfahrensdokumentationsvorlagen die digitalen Prozesse 1:1 nach der Vorlage umgesetzt, ohne die Zielsetzung und den

---

1) GoBD, BMF v. 14.11.2014, IV A 4 – S 0316/13/10003, BStBl I 2014, 1450. Vgl. hierzu u.a. Elster/Johrden, Stbg 2014, 299 und Korth, Stbg 2015, 224).

> spezifischen Hintergrund der Vorlage zu hinterfragen. Dies führt meist zu nicht effizienten Prozessen. Oder das DMS wird nach Vorstellung eines extern beauftragten Dienstleisters ausgestaltet. In solchen Konstellationen spielen Ordnungsmäßigkeitsthemen eine eher untergeordnete Rolle. In diesem Fall wird meist statt einer Verfahrensdokumentation eine Arbeitsanweisung zum Scanprozess vom Dienstleister erstellt, die den Zweck der Verfahrensdokumentation als Nachweis der ordnungsgemäßen Implementierung verfehlt.

598 Neben den allgemein bekannten Anforderungen die an ein DMS zu stellen sind, wie z.B.

- die Unveränderbarkeit,
- die Wiederauffindbarkeit sowie
- die Sicherstellung der Verfügbarkeit der Dokumente und des Systems während der jeweilig vorgeschrieben Aufbewahrungsfrist,
- die sachgerechte Löschung der Daten auch entsprechend der datenschutzrechtlichen Vorgaben,

sind auch Vorgaben an das zugrundeliegende IT-Umfeld, im Speziellen an das IT-bezogene interne Kontrollsystem (**IKS**), zu stellen.

Dies geht von einem transparenten Change-Management-Prozess, der Änderungen am DMS ebenfalls nachvollziehbar und qualitätsgesichert abbildet, über eingeschränkte und protokollierte Zutritte zu den physischen Systemen, auf denen das DMS betrieben wird, bis hin zur Sicherstellung und Überwachung der Daten- und Systemverfügbarkeit. Gerade Letzteres ist für die meisten Unternehmen nicht in erster Linie ein Ordnungsmäßigkeitsthema, sondern vielmehr aufgrund der starken IT-Abhängigkeit in den operativen Geschäftsprozessen auch ein Thema der Aufrechterhaltung der Betriebsbereitschaft der gesamten Unternehmung.

599 Ein ordnungsgemäßer DMS-Betrieb erfordert zudem ein angemessenes **Berechtigungskonzept**. Dieses nimmt in zweifacher Weise Einfluss auf die Ordnungsmäßigkeit: Einerseits klassisch über die Beschränkung in Form des Datenzugriffs über eine dedizierte Berechtigungsstruktur. Hierüber können Benutzer entweder lesende oder schreibende Rechte auf vorab definierte Bereiche des DMS erhalten. Dabei sollten vor allem administrative Berechtigungen restriktiv vergeben werden. Andererseits werden über die Berechtigungen die DMS-gestützten Workflows (z.B. die Rechnungsfreigabe) gesteuert. Darüber hinaus ist zu beachten, dass der **Finanzverwaltung** eine Möglichkeit zum **unmittelbaren und mittelbaren Datenzugriff** ermöglicht werden muss. Änderungen und Anpassungen der System-Berechtigungen sollten jederzeit nachvollziehbar sein.

Zur revisionssicheren Implementierung des DMS gehört u.a. auch die Sicherstellung der **Unveränderbarkeit der digitalen Dokumente**. Dies kann entweder technisch durch entsprechende Speichermedien bzw. Speicherverbände, die keine Änderung an den Dateien zulassen, oder durch restriktive organisatorische Regelungen sichergestellt werden.

> **Praxistipp:**
> Der Nachweis der Revisionssicherheit kann bei technischen Lösungen deutlich einfacher geführt werden als bei organisatorischen Ansätzen. Nicht zu vergessen ist, dass die Erfüllung sowohl der technischen als auch der organisatorischen Anforderungen entsprechender Qualifikationen der beteiligten Mitarbeiter bedarf. Da sich die grundsätzlichen Anforderungen an ein DMS nicht wesentlich von generellen Anforderungen der IT-Compliance unterscheiden, liegt das entsprechende Know-how meistens bei den Unternehmen vor; allerdings sollten diese auch in Bezug auf das DMS im Unternehmen nachgewiesen werden können.

600 Für die Organisation der Fachbereiche ergeben sich durch die Einführung des DMS neue Anforderungen an die **Geschäftsprozesse**. Dies beginnt beim **Scanprozess**, der für die Mitarbeiter der Fachabteilungen eine klar definierte Rollenzuweisung und für die einzelnen Aufgaben eine Funktionstrennung benötigt.

> **Praxistipp:**
> So sind z.B. Mitarbeiter für den Scan von Dokumenten, die Erfassung der rechnungslegungsrelevanten Daten sowie die Qualitätskontrolle unter Beachtung der Funktionstrennung zu bestimmen.

Darüber hinaus müssen im weiteren operativen Geschäftsprozessablauf, der im DMS meist durch Workflow-Engines umgesetzt wird, die nun digitalen Prozessschritte **Mitarbeitern funktional zugewiesen** werden (z.B. Erfassung der Rechnungskontierungsdaten, sachliche und rechnerische Rechnungsfreigabe, Verbuchung sowie auch die Delegation und Weiterleitung von Dokumenten). Dies erfolgt nachvollziehbar dokumentiert meist durch die DMS-Lösung. Besonders sorgfältig sollte die Auswahl der **Systemadministratoren**, die für die Wartung und den Betrieb des DMS zuständig sind, erfolgen, da diese umfassende Rechte auch in der Steuerung von Dokumenten besitzen.

Neben den vorgenannten Prozessanpassungen und Sicherstellung der Funktionstrennung ist es von besonderer Bedeutung, das interne Kontrollsystem (IKS) im Unternehmen sachgerecht an die Anforderungen des digitalen Belegflusses anzupassen. Gerade im Bereich des **papierersetzenden Scannens** mit konsekutiver Vernichtung der papierbezogenen Eingangsrechnung sind effiziente Kontrollen im operativen Geschäftsprozess zur Sicherstellung der Voraussetzungen für den Vorsteuerabzug unumgänglich. Der Nachweis der bildlichen und inhaltlichen Unveränderbarkeit im Scanprozess ist nur aufgrund dessen im späteren Zeitverlauf zu erbringen. Der Nachweis der tatsächlichen Durchführung der internen Kontrollen kann durch den implementierten, journalisierten und nachvollziehbaren Workflow im DMS, aber auch durch manuelle, dann aber auf jeden Fall durch eine eindeutige Prüfspur, nachvollziehbare, Kontrolldokumentation erfolgen. Das interne Kontrollsystem als solches ist zusätzlich in der Verfahrensdokumentation zu beschreiben. **601**

Aufgrund der Besonderheit des papierersetzenden Scannens von Eingangsrechnungen gilt es, zusätzlich die folgenden **Anforderungen** zu berücksichtigen: **602**

- Die Aufbewahrungsdauer liegt bei zehn Jahren nach Ablauf des Geschäftsjahres, in dem der Beleg gebucht worden ist, § 257 Abs. 1 HGB und § 147 Abs. 3 AO.
- Die Voraussetzungen für den Vorsteuerabzug gemäß §§ 14, 15 UStG beinhalten die für die Vorsteuerabzugsberichtigung zu erfüllenden Mindestangaben in Eingangsrechnungen, die im Digitalisierungs-Workflow zu prüfen sind.
- Als Buchungsbelege unterliegen Eingangsrechnungen den Tz. 75 ff. GoBD. In diesen wird u. a. gefordert, dass
  - eine zeitnahe Verbuchung nach der Erfassung der Rechnungen erfolgt. Dies führt faktisch zu der Anforderung, eine Art Rechnungseingangsbuch zu führen,
  - für die Verarbeitung und Genehmigung von Eingangsrechnungen ein entsprechendes internes Kontrollverfahren, § 14 Abs. 1 UStG eingerichtet ist. Das Nichtvorhandensein eines solchen ist explizit jedoch alleine für sich genommen nicht ausreichend für die Versagung des Vorsteuerabzugs, soweit auf andere Art und Weise die inhaltliche und bildliche identische Wiedergabe des ursprünglichen Dokumentes sichergestellt ist (→ Rz. 597),
  - gescannte Belege die Anforderungen der Tz. 136 ff. GoBD erfüllen (Organisationsanweisung für das Verfahren, Farbwiedergabe, sofern Farbe buchhalterisch relevant, weitere Bearbeitung ausschließlich im digitalen Dokument, etc.),
  - eine retrograde und progressive Nachvollziehbarkeit vom Urbeleg bis zur Verbuchung gegeben ist.

Die jeweiligen Anforderungen sind dabei sehr vage gehalten. Fasst man die Anforderungen auf den kleinsten Nenner zusammen und legt dabei noch die Konkretisierung durch das BMF-Schreiben vom 2.7.2012 zur Vereinfachung der elektronischen Rechnungsstellung zum 1.7.2011 durch das Steuervereinfachungsgesetz 2011[1] zugrunde, lässt sich als zentrale Anforderung ausmachen, dass der Stpfl. über den gesamten Aufbewahrungszeitraum den Nachweis führen können muss, dass die Dokumente bildlich und inhaltlich unverändert dem Archiv zugeführt wurden und auf Dauer auch unverändert und wiederauffindbar zur Verfügung stehen. Dies gilt für elektronisch eingegangene oder papierersetzende gescannte Dokumente gleichermaßen.

> **Praxistipp:**
>
> Genau hier setzt, neben den bereits zuvor dargestellten GoBD-Anforderungen, die Anforderung nach einem in den operativen Geschäftsprozess integrierten **internen Kontrollsystem** an. In der Regel lassen sich viele Anforderungen bereits durch das Workflow-Modul der DMS-Lösungen abbilden. Es ist jedoch nicht unüblich, dass noch ergänzende manuelle Kontrollen notwendig werden. Die Ausgestaltung des internen Kontrollsystems ist in der Verfahrensdokumentation ebenfalls abzubilden.

II. Vervollständigung der BSI-Kritisverordnung

603 Die BSI-Kritisverordnung regelt den Anwendungsbereich jener Teile des IT-Sicherheitsgesetzes (IT-SiG), welche die Anforderungen an kritische Infrastrukturen („KRITIS") betreffen.

> **Anmerkung:**
>
> Zum Startschuss des Gesetzes im Juli 2015 war dieser Anwendungsbereich noch ungeregelt und sollte in Form zweier Rechtsverordnungen nachgeliefert werden.

Die erste Version der BSI-Kritisverordnung wurde knapp ein Jahr später, am 3.5.2016, in Kraft gesetzt. Hierdurch wurde für die **ersten vier KRITIS-Sektoren** Energie, Informationstechnik und Telekommunikation, Wasser sowie Ernährung vorgegeben, welche Anlagen den Betrieb einer kritischen Infrastruktur darstellen und somit unter die entsprechende Regulierung des IT-SiG fallen.

Für die **noch verbleibenden Sektoren**, d.h. Gesundheit, Finanz- und Versicherungswesen, Transport und Verkehr (Personen- und Güterverkehr), wurden mit Veröffentlichung der zweiten Verordnung im Bundesgesetzblatt am 29.6.2017[2] und Inkrafttreten zum 30.6.2017 nun ebenfalls Kriterien definiert, um zu prüfen, ob ein Unternehmen ein Betreiber einer kritischen Infrastruktur ist und damit betroffen ist. Gleichzeitig mit den nun fest definierten Kriterien erfolgten für die im Mai 2016 getätigten Festlegungen und Bestimmungen für die eingangs erwähnten vier Sektoren Ergänzungen und Klarstellungen hinsichtlich der Bestimmung einer KRITIS.

Bezüglich der **bereits bestehenden Regelungen** sind keine wesentlichen Anpassungen vorgesehen. Die einzigen Auswirkungen sind im Bereich des Sektors Wasser zu finden. Für die Trinkwasserversorgung wird der Bereich „Steuerung und Überwachung von Trinkwasser" ebenso mit aufgenommen wie die „Steuerung und Überwachung" in Bezug auf die Abwasserbeseitigung. Daneben werden in den Anhängen zu den Sektoren Energie, Wasser, Ernährung, Informationstechnik und Telekommunikation weiterführende Erläuterungen vorgenommen, ohne jedoch wesentliche Auswirkungen auf den Anwendungsbereich nach sich zu ziehen.

Die sonstigen Regelungen sehen die Ergänzung der §§ 6 bis 8 (Gesundheit, Finanz- und Versicherungswesen, Transport und Verkehr) sowie der diesbezüglichen Anlagen mit den konkreten Schwellenwerten in der BSI-KritisV vor.

---

1) BStBl I 2012, 726.
2) BGBl. I 2017, 1903.

Welche **Schwellenwerte** konkret für die einzelnen Bereiche angesetzt werden sollen, lässt sich im jeweiligen Verordnungsanhang nachlesen. Insgesamt gehen die Referate von etwas unter 2.000 betroffenen Anlagen in Deutschland aus. Per Gesetzesdefinition ist jede dieser Anlagen für das Funktionieren des Gemeinwesens von besonderer Bedeutung.

> **Beratungshinweis:**
> Einige Firmen und Organisationen haben sicherlich nach der Verabschiedung des IT-SiG geprüft, ob sie als kritische Infrastruktur eingestuft werden könnten. Weil die Implementierung von Prozessen und der Aufbau von Infrastrukturen Zeit benötigt, sollten Betreiber von betroffenen Branchen zeitnah verifizieren, inwiefern sie betroffen sind bzw. zukünftig betroffen sein könnten. Mit Inkrafttreten der Änderung sind die betroffenen Betreiber verpflichtet, dem BSI innerhalb von sechs Monaten eine zentrale Kontaktstelle zu benennen. Darüber hinaus ist innerhalb von zwei Jahren die Einhaltung eines Mindeststandards in der IT entsprechend dem IT-SiG nachzuweisen.

I. Wirtschaftsrecht

I. Vertragsrecht

1. Informationspflichten nach dem Verbraucherstreitbeilegungsgesetz

604 Nach dem Verbraucherstreitbeilegungsgesetz[1] müssen Unternehmen seit 1.2.2017 Verbraucher auf ihrer Internetseite und in ihren AGB darüber informieren, ob sie bereit sind, an einem **Verbraucherstreitbeilegungsverfahren** bei einer anerkannten Schlichtungsstelle teilzunehmen. Erklärt sich das Unternehmen grundsätzlich zur Teilnahme an einem solchen Schlichtungsverfahren bereit, ist auf der Internetseite und in den AGB zusätzlich die zuständige Schlichtungsstelle anzugeben.

Die Teilnahme an einem solchen Schlichtungsverfahren ist **nicht zwingend** vorgeschrieben. Möchte das Unternehmen an derartigen Schlichtungsverfahren nicht teilnehmen, ist ein entsprechender Hinweis auf der Internetseite und in den AGB aufzunehmen.

Diese seit dem 1.2.2017 geltenden Informationspflichten treffen alle Unternehmen, die zum 31.12. des Vorjahres mehr als zehn Beschäftigte haben.

> **Praxistipp:**
> Es sollte darauf geachtet werden, dass die Informationen **auf der Internetseite und in den AGB** des Unternehmens in leicht zugänglicher und verständlicher Weise enthalten sind. Bei fehlender oder mangelhafter Erfüllung der Informationspflichten drohen kostenintensive wettbewerbsrechtliche Abmahnungen.

2. Verbrauchereigenschaft einer GbR

605 Laut Urteil des BGH vom 30.3.2017[2] ist eine Gesellschaft bürgerlichen Rechts (GbR), deren **Gesellschafter eine natürliche Person und eine juristische Person** sind, **nicht Verbraucher** i.S.d. § 13 BGB in der bis zum 13.6.2014 geltenden Fassung. Zu diesem Ergebnis kommt der BGH unabhängig davon, ob die GbR lediglich zu privaten Zwecken und nicht gewerblich oder selbständig beruflich tätig ist.

Damit konnte sich die GbR in dem Rechtsstreit nicht auf besondere Vorschriften berufen, die nur für Verbraucher gelten.

---

1) Gesetz v. 19.2.2016, BGBl. I 2016, 254.
2) BGH v. 30.3.2017, VII ZR 269/15, ZIP 2017, 917.

> **Anmerkung:**
>
> Zwar bezieht sich die Entscheidung des BGH auf die bis 13.6.2014 geltende Definition des Verbrauchers. Jedoch dürfte das Gericht auch bei Anwendung des § 13 BGB in der aktuellen Fassung zu demselben Ergebnis kommen.
>
> Sind an einer rein vermögensverwaltenden GbR **ausschließlich natürliche Personen** als Gesellschafter beteiligt, kam der BGH in einer Entscheidung zum Verbraucherkreditgesetz zu einem gegenteiligen Ergebnis und bejahte die Verbrauchereigenschaft der GbR.[1]

3. Energieausweis: Informationspflichten in Immobilienanzeigen

606 Verkäufer, Vermieter, Verpächter oder Leasinggeber haben in Immobilienanzeigen, in denen sie die Immobilie in kommerziellen Medien bewerben, **Angaben u. a. zum Energiebedarf und zum wesentlichen Energieträger** für das Gebäude zu machen, sofern zu diesem Zeitpunkt ein Energieausweis vorliegt (§ 16a EnEV). Fehlen entsprechende Angaben in der Immobilienanzeige, kann darin ein **Wettbewerbsverstoß** liegen, gegen den mit einer Abmahnung, einem Antrag auf einstweilige Verfügung oder einer Unterlassungsklage vorgegangen werden kann.

Zu einem entsprechenden Ergebnis kam das OLG Hamm in zwei Urteilen[2], wobei hier die Unterlassungsklage nicht gegen den Verkäufer, sondern gegen den Makler gerichtet war, der eine entsprechende Immobilienanzeige ohne Angaben zum Energieausweis geschaltet hatte, obwohl ein solcher jeweils für die beworbene Immobilie vorlag.

> **Beratungshinweis:**
>
> In den Streitfällen hat das OLG Hamm in Bezug auf Makler zwar offen gelassen, ob ein Wettbewerbsverstoß allein wegen der Nichtbeachtung der Informationspflichten nach § 16a EnEV vorlag. Es beurteilte aber das Verhalten der Makler als wettbewerbswidriges Verhalten. Denn das Vorenthalten der Informationen zum Energieverbrauch sei geeignet, die Entscheidung des Verbrauchers zu beeinflussen, worin ein wettbewerbswidriges Verhalten im Sinne einer Irreführung zu sehen sei. Faktisch muss daher auch ein Immobilienmakler dafür sorgen, dass Verbraucher gemäß § 16a EnEV zumindest stichwortartig informiert werden.

4. Betriebskosten: Abrechnung innerhalb der Jahresfrist

607 Ein Vermieter ist verpflichtet, die Vorauszahlungen für Betriebskosten gegenüber dem Mieter jährlich abzurechnen, wobei die Abrechnung **spätestens bis zum Ablauf von zwölf Monaten nach dem Ende des Abrechnungszeitraums** zu erfolgen hat. Wird die Frist überschritten, kann der Vermieter keine Nachzahlung mehr einfordern, es sei denn, er hat die verspätete Geltendmachung nicht zu vertreten (§ 556 Abs. 3 Sätze 1 bis 3 BGB).

Die Abrechnung innerhalb dieser Jahresfrist hat laut Urteil des BGH vom 25.1.2017[3] **auch dann** zu erfolgen, wenn dem Vermieter einer Eigentumswohnung der **Beschluss der Wohnungseigentümer über die Jahresabrechnung noch nicht vorliegt**. Nach Ablauf der Jahresfrist kann der Vermieter eine Nachforderung nur im Falle des Nicht-Vertreten-Müssens geltend machen.

> **Beratungshinweis:**
>
> Der Vermieter hat den Verwalter der Wohnungseigentümergemeinschaft rechtzeitig vor Ablauf der Jahresfrist förmlich zur Erstellung und Übersendung der Jahresabrechnung aufzufordern. Kommt der Verwalter dem nicht nach, hat der Vermieter die Abrechnungen der Ver- und Entsorgungsunter-

---

1) BGH v. 23.10.2001, XI ZR 63/01, BKR 2002, 26.
2) OLG Hamm v. 4.8.2016, 4 U 137/15, WPR 2017, 750, und v. 30.8.2016, 4 U 8/16, GRUR-Prax 2016, 543.
3) BGH v. 25.1.2017, VIII ZR 249/15, NJW 2017, 2608.

nehmen beim Verwalter und ggf. auch direkt bei den Ver- und Entsorgungsunternehmen anzufordern. Bleiben die Bemühungen erfolglos, muss der Vermieter die Betriebskostenabrechnung auf Basis der ihm zur Verfügung stehenden Unterlagen innerhalb der Jahresfrist erstellen und kann sich mit Hinweis auf die fehlenden Unterlagen die Nachberechnung einzelner Positionen vorbehalten.[1]

Die Vereinbarung einer längeren Frist zur Abrechnung der Betriebskosten im Mietvertrag ist hingegen nicht möglich. Diese ist nach § 556 Abs. 4 BGB unwirksam.

5. Eigenbedarfskündigung eines Mietverhältnisses

a) Kündigungsrecht des GbR-Gesellschafters

Mit Urteil vom 14.12.2016[2] **bejaht der BGH** die Zulässigkeit der Kündigung eines Mietverhältnisses wegen Eigenbedarfs eines Gesellschafters einer Gesellschaft bürgerlichen Rechts (GbR) und bestätigt damit seine bisherige Rechtsprechung.

608

Nach Auffassung des BGH ist der auf natürliche Personen zugeschnittene **Kündigungstatbestand des § 573 Abs. 2 Nr. 2 BGB entsprechend anzuwenden**, wenn als Vermieterin eine teilrechtsfähige GbR auftritt. Den Einwand des Landgerichts in der vorgehenden Instanz, der Mieter sehe sich bei Anwendung des Kündigungstatbestands auf die Gesellschafter einer GbR einer unüberschaubaren Anzahl von Personen auf Vermieterseite gegenüberstehend, verwirft der BGH. Diesem Schutzinteresse des Mieters werde nicht durch § 573 Abs. 2 Nr. 2 BGB, sondern vielmehr durch die Kündigungssperre in § 577a BGB Rechnung getragen.

> **Beratungshinweis:**
> Der BGH hält in seiner Entscheidung vom 14.12.2016 nicht länger daran fest, dass das unterlassene Angebot einer anderen zur Verfügung stehenden Wohnung durch den Vermieter die Unwirksamkeit der Eigenbedarfskündigung zur Folge hat. Die dadurch erfolgte Verletzung der mietvertraglichen Rücksichtnahmepflichten löse lediglich **Schadensersatzansprüche** des Mieters gegenüber dem Vermieter aus.

b) Kein Kündigungsrecht wegen Berufs- oder Geschäftsbedarf

Der Vermieter kann eine ordentliche Kündigung des Mietvertrags über Wohnraum nur aussprechen, wenn er ein „berechtigtes Interesse" an der Beendigung des Mietverhältnisses hat (§ 573 Abs. 1 Satz 1 BGB). Darunter fällt insb. der Eigenbedarf. Mit Urteil vom 29.3.2017[3] hat der BGH entschieden, dass ein Berufs- oder Geschäftsbedarf des Vermieters, z.B. für eine freiberufliche Nutzung, nicht typischerweise ein „berechtigtes Interesse" darstellt.

609

Weder erfülle der Berufs- oder Geschäftsbedarf den Kündigungstatbestand des **Eigenbedarfs** (§ 573 Abs. 2 Nr. 2 BGB) **noch den der Verhinderung einer wirtschaftlichen Verwertung** (§ 573 Abs. 2 Nr. 3 BGB).

> **Beratungshinweis:**
> Der BGH hält es für geboten, im Einzelfall festzustellen, ob der Fortbestand des Wohnraummietverhältnisses für den Vermieter einen Nachteil von einigem Gewicht darstellt. Im Streitfall hat dies der BGH verneint. Es dürfte daher im Regelfall kein Kündigungsgrund vorliegen, wenn der Vermieter die Räumlichkeiten für berufliche Zwecke benötigt.

---

1) Vgl. BGH v. 12.12.2012, VIII ZR 264/12, MDR 2013, 208.
2) BGH v. 14.12.2016, VIII ZR 232/15, ZIP 2017, 122.
3) BGH v. 29.3.2017, VIII ZR 45/16, MDR 2017, 755.

6. Bausparverträge

a) Kündigungsrecht der Bausparkasse zehn Jahre nach Zuteilungsreife

610 Nach zahlreichen Urteilen der Landgerichte und Oberlandesgerichte zur Frage, ob eine Bausparkasse einen bereits seit zehn Jahren zuteilungsreifen Bausparvertrag kündigen darf[1], schafft der **BGH** nun Klarheit. Mit Urteilen vom 21.2.2017[2] bejaht er das Kündigungsrecht der Bausparkasse.

Der BGH sieht die **Voraussetzungen des gesetzlichen Kündigungsrechts** nach § 489 Abs. 1 Nr. 2 BGB für die Bausparkasse als Darlehensnehmerin als gegeben an, wenn der Bausparvertrag bereits mehr als zehn Jahre zuteilungsreif ist. Dies gilt unabhängig davon, ob die vereinbarte Summe voll angespart wurde.

> **Beratungshinweis:**
> Sofern nicht bereits geschehen, ist damit zu rechnen, dass die Bausparkassen Bausparverträge kündigen werden, die bereits seit zehn Jahren zuteilungsreif sind. Dadurch entfällt für die Bausparer die Möglichkeit, die regelmäßig im Vergleich zum derzeitigen Zinsniveau günstigere Verzinsung ihres Bauspargutghabens weiterhin zu nutzen.

b) Darlehensgebühr bei Auszahlung der Darlehenssumme

611 Nach Auffassung des BGH ist eine in Bausparverträgen vorformulierte Bestimmung über eine Darlehensgebühr in Höhe von 2 % der Darlehenssumme bei Auszahlung des Bauspardarlehens unwirksam, da sie der bei Verwendung Allgemeiner Geschäftsbedingungen **gegenüber Verbrauchern** vorgesehenen **Inhaltskontrolle** nach § 307 BGB **nicht standhält**.[3]

Der BGH führt dazu weiter aus, dass die Klausel vom wesentlichen Grundgedanken der gesetzlichen Regelung zu Darlehensverträgen abweiche. Die Darlehensgebühr in Höhe von 2 % der Darlehenssumme sei **nicht von der Laufzeit des Darlehens abhängig**. Gesetzliches Leitbild für Darlehensverträge ist jedoch, dass als Gegenleistung für die Darlehensgewährung ein laufzeitabhängiger Zins an den Darlehensgeber zu zahlen ist. Dieses Leitbild sei auch für Bauspardarlehensverträge maßgeblich.

Ebenso mit wesentlichen Grundgedanken der Rechtsordnung unvereinbar sei, wenn der **Aufwand für Tätigkeiten auf den Kunden abgewälzt** werde, zu denen der Darlehensgeber gesetzlich oder nebenvertraglich verpflichtet ist oder die er überwiegend im eigenen Interesse erbringt. Die Klausel sehe das jedoch vor.

> **Anmerkung:**
> Im Ergebnis sieht der BGH deshalb eine unangemessene Benachteiligung der Vertragspartner der Bausparkassen, da die Darlehensgebühr weder im kollektiven Gesamtinteresse der Bauspargemeinschaft erhoben werde, noch Individualvorteile des Bausparkunden gegenüberstünden. Der etwaige Vorteil günstiger Darlehenszinsen werde bereits durch die Abschlussgebühr ausgeglichen.

c) Jährliche Kontogebühr in der Darlehensphase

612 Mit Urteil vom 9.5.2017[4] entschied der BGH, dass die von einer Bausparkasse verwendete **vorformulierte Bestimmung** über eine Kontogebühr, die ein **Verbraucher** bei Gewährung des Bauspardarlehens in der Darlehensphase jährlich zu zahlen hat, **unwirksam** ist.

---

1) Vgl. auch Ebner Stolz/BDI, Änderungen im Steuer- und Wirtschaftsrecht 2016/2017, 542.
2) BGH v. 21.2.2017, XI ZR 185/16, ZIP 2017, 660, und XI ZR 272/16, EWiR 2017, 321.
3) BGH v. 8.11.2016, XI ZR 552/15, NJW 2017, 1461.
4) BGH v. 9.5.2017, XI ZR 308/15, NJW 2017, 2538.

I. Wirtschaftsrecht

Im Streitfall verwendete eine Bausparkasse in den von ihr mit Privatkunden abgeschlossenen Bausparverträgen eine Klausel, wonach der Bausparer in der Darlehensphase eine Kontogebühr von jährlich 9,48 Euro zu zahlen hat. Diese sog. Preisnebenabrede hält nach Auffassung des BGH einer gerichtlichen Kontrolle nicht stand, da sie den **Bausparkunden unangemessen benachteiligt** (§ 307 Abs. 1 Satz 1 und Abs. 2 Nr. 1 BGB).

Mit der Klausel werde von dem gesetzlichen Leitbild der vertragstypischen Pflichten beim Darlehensvertrag nach § 488 Abs. 1 Satz 2 BGB abgewichen. Denn durch die Kontogebühr werden **Kosten für Verwaltungstätigkeiten** von der Bausparkasse auf den Kunden **abgewälzt**, die von der Bausparkasse überwiegend in eigenem Interesse erbracht werden.

7. Preisklausel für sog. smsTAN

613 Der BGH entschied mit Urteil vom 25.7.2017[1], dass die **vorformulierte Klausel eines Kreditinstituts**, wonach „jede smsTAN (unabhängig vom Kontomodell) 0,10 Euro kostet" **Verbrauchern gegenüber unwirksam** ist.

Laut BGH ist die Klausel aufgrund ihres einschränkungslosen Wortlauts ("Jede smsTAN...") so auszulegen, dass sie ein Entgelt in Höhe von 0,10 Euro für jede TAN vorsieht, die per SMS an den Kunden versendet wird. Das Entgelt wird somit unabhängig davon fällig, ob die TAN im Zusammenhang mit der Erteilung eines Zahlungsauftrages eingesetzt wird oder ob mit der TAN zwar ein Zahlungsauftrag erteilt werden soll, dieser aber dem Kreditinstitut wegen einer technischen Fehlfunktion gar nicht zugeht.

Mit dieser ausnahmslosen Bepreisung von "smsTAN" **weicht** die Klausel **von einer gesetzlichen Regelung für Zahlungsdienstleister ab**. Nach dieser kann ein Zahlungsentgelt nur für die Erbringung eines Zahlungsdienstes verlangt werden. Zu den Zahlungsdiensten, für die ein Entgelt erhoben werden kann, gehört auch die Ausgabe von Zahlungsauthentifizierungsmitteln, wie es das Online-Banking mittels PIN und TAN darstellt. In diesem Rahmen kann die Ausgabe einer per SMS übersendeten TAN aber nur dann als Bestandteil der Hauptleistung bepreist werden, wenn sie auch tatsächlich der Erteilung eines Zahlungsauftrages dient und damit als Teil des Zahlungsauthentifizierungsinstruments „Online-Banking mittels PIN und TAN" fungiert.

8. Beitragspflicht für Pflichtmitglieder der Industrie- und Handelskammern

614 Die an die Pflichtmitgliedschaft in Industrie- und Handelskammern gebundene Beitragspflicht wird vom **BVerfG** mit Beschlüssen vom 12.7.2017[2] **verfassungsrechtlich nicht beanstandet**.

Das BVerfG sieht sowohl in der Beitragserhebung als auch in der Pflichtmitgliedschaft zwar Eingriffe in die nach Art. 2 Abs. 1 GG geschützte allgemeine Handlungsfreiheit, die jedoch gerechtfertigt sind. So entsprechen die in § 1 IHKG normierten Aufgaben der für die wirtschaftliche Selbstverwaltung typischen Verbindung von Interessenvertretung, Förderung und Verwaltungsaufgaben. Diese wurden vom BVerfG bereits mehrfach als legitimer Zweck für eine Pflichtmitgliedschaft angesehen. Gerade die Pflichtmitgliedschaft stellt sicher, so das BVerfG, dass alle regional Betroffenen ihre Interessen einbringen können und diese fachkundig vertreten werden. Die an die Pflichtmitgliedschaft gebundene Beitragspflicht verhilft den Kammern dazu, die Erfüllung ihrer Aufgaben zu ermöglichen.

---

1) BGH v. 25.7.2017, XI ZR 260/15.
2) BVerfG v. 12.7.2017, 1 BvR 2222/12, 1 BvR 1106/13, NVwZ 2017, 1282.

> **Anmerkung:**
> Das BVerfG erachtet eine freiwillige Mitgliedschaft als keine weniger belastende Alternative. Denn die Zielsetzung des Gesetzgebers, das Gesamtinteresse der regionalen Wirtschaft zu erfassen, ist notwendigerweise mit einer möglichst vollständigen Erfassung der Gewerbetreibenden und ihrer Interessen verbunden, die nach § 1 Abs. 1 IHKG „abwägend und ausgleichend" zu berücksichtigen sind (zur Bilanzierung künftiger Beitragszahlungen → Rz. 569).

II. Gesellschaftsrecht

1. Mitbestimmungsrecht EU-rechtskonform

615 Mit Urteil vom 18.7.2017[1)] entschied der EuGH, dass das Besetzen der **Aufsichtsräte** inländischer Unternehmen mit **nur im Inland tätigen Arbeitnehmervertretern**, wie im deutschen Mitbestimmungsgesetz vorgesehen, nicht gegen die Garantie der Arbeitnehmerfreizügigkeit verstößt.

Nach Auffassung des EuGH ist kein Verstoß gegen die Arbeitnehmerfreizügigkeit darin zu sehen, dass die außerhalb Deutschlands beschäftigten Arbeitnehmer eines Konzerns vom aktiven und passiven Wahlrecht für den Aufsichtsrat des Unternehmens ausgeschlossen sind. Würden in Deutschland beschäftigte Arbeitnehmer eines Konzerns ihre Stelle aufgeben, um in einen anderen Mitgliedstaat zu wechseln, liege im Verlust des aktiven und passiven Wahlrechts für den Aufsichtsrat keine Verletzung der Freizügigkeit. Denn diese Grundfreiheit garantiere einem Arbeitnehmer gerade nicht, dass ein Umzug in einen anderen Mitgliedstaat in sozialer Hinsicht neutral sei, so der EuGH.

Aufgrund der Unterschiede zwischen den Systemen und Rechtsvorschriften der Mitgliedstaaten könnten sich für Arbeitnehmer im Einzelfall Vorteile oder Nachteile ergeben. Die Arbeitnehmerfreizügigkeit gebe dem Arbeitnehmer aber nicht das Recht, sich in jedem Mitgliedstaat auf die Arbeitsbedingungen zu berufen, die ihm in seinem Herkunftsmitgliedstaat zugestanden hätten.

> **Anmerkung:**
> Der EuGH resümiert, dass es eine legitime Entscheidung des deutschen Gesetzgebers und keine Diskriminierung ist, dass das Mitbestimmungsgesetz die Mitgliedschaft eines Arbeitnehmervertreters im Aufsichtsrat an dessen Arbeit im Inland knüpft.

2. Einziehung eines GmbH-Geschäftsanteils bei Beendigung der Mitarbeit

616 Bereits mit Urteil vom 19.9.2005[2)] hatte der BGH entschieden, dass eine Satzungsbestimmung grundsätzlich zulässig ist, wonach die Einziehung eines GmbH-Geschäftsanteils, der maßgeblich wegen der partnerschaftlichen Mitarbeit des Gesellschafters in der Gesellschaft eingeräumt wurde, an die Beendigung der Mitarbeit geknüpft ist.

Das OLG München führt diese Rechtsprechung mit rechtskräftigem Urteil vom 5.10.2016[3)] fort und sieht eine **Satzungsbestimmung** aber dann als **unwirksam** an, wenn im Falle eines Streits über die Wirksamkeit der Kündigung des Arbeitsvertragsverhältnisses zwischen dem Gesellschafter und der Gesellschaft die **wirksame Beendigung fingiert** wird und deshalb eine Einziehung des Geschäftsanteils durch Gesellschafterbeschluss möglich sein soll. In der Fiktion einer Beendigung sieht das Gericht die Möglichkeit der willkürlichen Einziehung des Geschäftsanteils und beurteilt die Satzungsbestimmung deshalb als sittenwidrig.

---

1) EuGH v. 18.7.2017, Erzberger/TUI AG, C-566/15, AG 2017, 577 (vgl. hierzu auch Besgen, B+P 2017, 580).
2) BGH v. 19.9.2005, II ZR 342/03, ZIP 2005, 1920.
3) OLG München v. 5.10.2016, 7 U 3036/15, ZIP 2016, 2472.

I. Wirtschaftsrecht

> **Beratungshinweis:**
> Allerdings kann sich der Gesellschafter, so das OLG weiter, bei faktischer Beendigung der Mitarbeit nach Treu und Glauben dann nicht mehr auf die ungeklärte Beendigung des Vertragsverhältnisses berufen, wenn nach den Umständen des konkreten Falles eine Wiederaufnahme der Mitarbeit nicht mehr zu erwarten ist.

3. Unwirksamkeit einer Koppelungsklausel im Geschäftsführeranstellungsvertrag

Laut Urteil des OLG Karlsruhe vom 25.10.2016[1] ist eine Klausel im Geschäftsführeranstellungsvertrag unwirksam, die die sofortige Beendigung des Anstellungsvertrags mit Zugang der Bekanntgabe des Abberufungsbeschlusses vorsieht. Eine solche Regelung verstößt gegen das **Verbot der Vereinbarung einer kürzeren als der gesetzlichen Kündigungsfrist des Arbeitsverhältnisses** nach § 622 Abs. 5 Nr. 2 BGB.

617

> **Anmerkung:**
> Im Streitfall handelte es sich bei der Koppelungsvereinbarung um eine von der Gesellschaft verwendete Allgemeine Geschäftsbedingung, die **nicht (geltungserhaltend) reduziert** werden konnte und somit auch nicht dahingehend auszulegen war, dass das Arbeitsverhältnis erst nach Ablauf der gesetzlichen Mindestkündigungsfrist abgelaufen sei. Folglich bestand das Anstellungsverhältnis mit dem abberufenen Geschäftsführer weiterhin fort.

4. Nachhaftung eines ausgeschiedenen Komplementärs für Gewerbesteuer

Mit rechtskräftigem Beschluss vom 12.12.2016[2] stellte der Verwaltungsgerichtshof (VGH) München klar, dass es für die Begründung einer Verbindlichkeit des ausscheidenden Gesellschafters aus einer KG nach § 160 Abs. 1 Satz 1 HGB darauf ankommt, wann der Rechtsgrund hierfür gelegt wurde. Nachdem die Gewerbesteuer mit Ablauf eines Erhebungszeitraums, also des Kalenderjahres, entsteht, sind die Gewerbesteueransprüche mit Ablauf des jeweiligen Kalenderjahres kraft Gesetzes und unabhängig von deren Festsetzung entstanden.

618

Somit haftet der ausscheidende Gesellschafter nach § 160 Abs. 1 Satz 1 HGB für die **Gewerbesteuer, die vor seinem Ausscheiden entstanden** ist und **innerhalb von fünf Jahren nach seinem Ausscheiden festgesetzt** wird.

> **Anmerkung:**
> Die Haftung von ausgeschiedenen Gesellschaftern erstreckt sich laut VGH dabei auch auf die **steuerlichen Nebenleistungen** in Form von Nachforderungszinsen nach § 233a AO.

5. Firmierung einer inländischen Zweigniederlassung einer ausländischen Gesellschaft

Die inländische Zweigniederlassung einer ausländischen Gesellschaft ist im Handelsregister mit einem entsprechenden Zusatz einzutragen, falls der Firma der Zweigniederlassung ein Zusatz beigefügt ist (§ 13d Abs. 2, 2. Halbsatz HGB). Das OLG Düsseldorf schließt daraus in seinem rechtskräftigen Beschluss vom 22.2.2017[3], dass bei der Registereintragung ein **Zusatz, der die Einordnung als Zweigniederlassung ermöglicht, nicht erforderlich** ist, **solange** für die Zweigniederlassung keine eigene Firma verwendet wird. Eine solche Zusatzpflicht sei weder aus Gründen fehlender Kennzeichnungskraft noch aus dem Gesichtspunkt einer zu vermeidenden Irreführung des Rechtsverkehrs erforderlich.

619

---

1) OLG Karlsruhe v. 25.10.2016, 8 U 122/15, GmbHR 2017, 295; NZB beim BGH anhängig unter Az. II ZR 347/16.
2) Bay. VGH v. 12.12.2016, 4 CS 16.1324.
3) OLG Düsseldorf v. 22.2.2017, I-3 Wx 145/16, ZIP 2017, 879.

Folgerichtig sieht das OLG Düsseldorf auch kein Problem darin, dass die Verlegung der Zweigniederlassung eines niederländischen Unternehmens innerhalb Deutschlands in das Handelsregister eingetragen wird. Dem stehe nicht entgegen, dass die deutsche Zweigniederlassung wie die niederländischen Hauptniederlassung firmiere.

6. Einführung eines Transparenzregisters

a) Gesetzliche Regelung

620 Die Neufassung des Geldwäschegesetzes (GWG) durch Art. 1 des Gesetzes zur Umsetzung der Vierten EU-Geldwäscherichtlinie, zur Ausführung der EU-Geldtransferverordnung und zur Neuorganisation der Zentralstelle für Finanztransaktionsuntersuchungen[1], durch das u. a. das so genannte Transparenzregister (§§ 18 ff. GwG) eingerichtet wird, ist am 26.6.2017 in Kraft getreten. Das Transparenzregister soll Einblick gewähren, welche wirtschaftlich berechtigten natürlichen Personen hinter Gesellschaften, Vereinen, Stiftungen und trust-ähnlichen Konstrukten stehen. Erforderliche **Mitteilungen** an das Transparenzregister mussten **bis zum 1.10.2017** erfolgen, die **Einsichtnahme in das Register** ist **ab** am dem **27.12.2017** möglich.

b) Meldepflichtige

621 Das Gesetz unterscheidet bei den betroffenen Rechtsträgern, die Mitteilungen gegenüber dem Transparenzregister über die an ihnen wirtschaftlich Berechtigten zu machen haben, zwischen Vereinigungen (§ 20 GWG) und bestimmten Rechtsgestaltungen (§ 21 GWG).

Zu **Vereinigungen** gehören juristische Personen des Privatrechts und sowie eingetragene Personengesellschaften. Juristische Personen sind neben Kapitalgesellschaften (SE / AG / GmbH / UG) vor allem Vereine und rechtsfähige Stiftungen. Bei den Personengesellschaften sind nur solche erfasst, die „eingetragen" sind, also etwa oHGs und KGs. Die Gesellschaft bürgerlichen Rechts hingegen fällt nicht in den Anwendungsbereich. Die Formulierung „eingetragene Personengesellschaft" ist zumindest nach bisheriger Lesart wohl als „in einem dafür vorgesehenen Register eingetragene" Personengesellschaft zu verstehen, so dass die GbR auch nicht dadurch zur eingetragenen Personengesellschaft wird, dass sie als Grundstückseigentümerin im Grundbuch oder als Anteilseignerin in einer GmbH-Gesellschafterliste des Handelsregisters aufgenommen wird.

Etwas weicher formuliert sind die **bestimmten Rechtsgestaltungen** des § 21 GWG. Das Gesetz zielt an dieser Stelle im Wesentlichen auf rechtliche Gestaltungen mit Sitz in Deutschland ab, die üblicherweise schwer zu durchschauen sind, und benennt exemplarisch die Verwalter von Trusts (Trustees), die nichtrechtsfähigen Stiftungen, wenn der Stiftungszweck aus Sicht des Stifters eigennützig ist, und „Rechtsgestaltungen, die solchen Stiftungen in ihrer Struktur und Funktion entsprechen". Voraussetzung ist jedoch, dass der Wohnsitz oder Sitz des Verwalters, Treuhänders oder der Stiftung in Deutschland ist, nur dann trifft diese Vereinigungen eine Mitteilungspflicht.

> **Beratungshinweis:**
>
> Meldepflichtig gegenüber dem Transparenzregister sind die **Rechtsträger selbst**. Die erforderlichen Informationen haben sie zunächst bei den wirtschaftlich Berechtigten einzuholen, die Informationen aufzubewahren, auf aktuellem Stand zu halten und sodann unverzüglich dem Transparenzregister zur Eintragung elektronisch zu übermitteln

---

1) Gesetz v. 23.6.2017, BGBl. I 2017, 1822 = BStBl I 2017, 1158 (Auszug).

c) Erforderliche Angaben

Zu melden an das Transparenzregister ist, welche **natürlichen Personen wirtschaftlich an den Rechtsträgern berechtigt** sind, d.h. in wessen Eigentum oder unter wessen Kontrolle der Rechtsträger steht.

622

Bei Gesellschaften ist dies jede natürliche Person, die mehr als 25 % der Kapitalanteile oder der Stimmrechte hält oder „auf vergleichbare Weise Kontrolle ausübt". Unter vergleichbarer Kontrolle ist etwa auch eine Kontrolle durch Treuhandvereinbarungen oder Stimmbindungsvereinbarungen zu verstehen. Unklar ist, ob die Kontrolle auch durch eine (atypisch) stille Beteiligung erlangt werden kann; insoweit dürfte es wesentlich auf die Ausgestaltung des Beteiligungsvertrags und die dort gewährten Mitwirkungsrechte des stillen Gesellschafters ankommen.

Bei Stiftungen und Trusts definiert das Gesetz einen großen Kreis wirtschaftlich Berechtigter, namentlich Treugeber, Verwalter oder Protektoren eines Trusts, sowie bei einer Stiftung die Vorstandsmitglieder, alle Begünstigten und jede natürliche Person, die beherrschenden Einfluss auf Vermögen oder Ertrag ausüben kann.

Anzugeben zu den wirtschaftlich Berechtigten sind jeweils Vor- und Nachnamen, Geburtsdatum, Wohnort sowie Art und Umfang des wirtschaftlichen Interesses. Die Angaben sind jährlich zu überprüfen und eventuelle Änderungen zu melden.

> **Beratungshinweis:**
>
> Für Informationen über wirtschaftlich Berechtigte, die bereits **in elektronischen Registern vorgehalten** werden (z.B. Gesellschafterlisten im Handelsregister), greift eine **Meldefiktion**, so dass hier keine erneute Meldung erforderlich ist. In vielen Fällen wird diese Meldefiktion jedoch nicht greifen. So ist etwa im Fall von mittelbaren Beteiligungen gerade nicht die wirtschaftlich berechtigte natürliche Person, sondern lediglich die Beteiligungsgesellschaft aus der Gesellschafterliste ersichtlich, so dass in diesem Fall trotzdem eine Meldung an das Transparenzregister zu erfolgen hat.

d) Zur Einsichtnahme Berechtigte

Einsicht in das Transparenzregister haben neben **Aufsichts- und Strafverfolgungsbehörden** auch **diejenigen, die ihrerseits Meldungen an das Transparenzregister zu machen haben, wenn** dies der Erfüllung ihrer Sorgfaltspflichten dient. Darüber hinaus dürfen aber auch wirtschaftlich unbeteiligte Personen mit „berechtigtem Interesse" Einsicht nehmen. Dieser Rechtsbegriff ist aus dem Grundbuchrecht bekannt und im Gesetz nicht weiter definiert.

623

> **Beratungshinweis:**
>
> In der Gesetzesbegründung ist ausdrücklich ausgeführt, dass „jeder, der der registerführenden Stelle darlegt, dass er ein berechtigtes Interesse an der Einsichtnahme hat", ein Einsichtsrecht erhalten soll. Genannt werden etwa Nicht-Regierungsorganisationen und (Fach-) Journalisten, die an entsprechenden Publikationen arbeiten. Zwar soll das Einsichtsrecht im Einzelfall ganz oder teilweise beschränkt werden können, wenn „schutzwürdige Interessen" dies verlangen, dies dürfte aber nur für wenige Vereinigungen oder wirtschaftlich Berechtigte Anwendung finden.

III. IT-Recht – Wirksame Einwilligungserklärung zum Empfang von Werbe-E-Mails

Werbung wird in zunehmendem Umfang per E-Mail versendet. Wettbewerbsrechtlich **unproblematisch** ist dabei die Versendung von **Werbe-E-Mails an Bestandskunden**. Die im Rahmen des Geschäftskontakts angegebene E-Mail-Adresse kann zu Werbezwecken für eigene ähnliche Waren oder Dienstleistungen genutzt werden, solange dieser Verwendung nicht widersprochen wurde. Die Kunden müssen lediglich über die Möglichkeit des jederzeitigen Widerspruchs informiert werden.

624

Sollen allerdings mit Werbe-E-Mails **neue Kunden** gewonnen werden, sind weit höhere Anforderungen zu beachten. Im Einklang mit seiner bisherigen Rechtsprechung beurteilt der BGH mit Urteil vom 14.3.2017[1] die Versendung von Werbe-E-Mails an eine geschäftliche E-Mail-Adresse ohne wirksame Einwilligung des Empfängers als einen Eingriff in das Recht am eingerichteten und ausgeübten Gewerbebetrieb.[2]

Mit seiner Entscheidung **konkretisiert der BGH** die **Anforderungen** an eine wirksame Einwilligungserklärung des E-Mail-Empfängers. So muss dem Adressat der Einwilligungserklärung Klarheit darüber verschafft werden, dass seine Erklärung als Einverständnis gewertet werden wird und welche Werbung für welche Produkte und Dienstleistungen von welchem Unternehmen darunter fällt. Zudem unterliegt eine vorformulierte Einwilligungserklärung der für Allgemeine Geschäftsbedingungen geltenden Inhaltskontrolle.

> **Praxistipp:**
> Um Unterlassungsansprüche wegen der Übersendung von Werbe-E-Mails zu vermeiden, sollte darauf geachtet werden, dass zuvor eine wirksame Einwilligungserklärung eingeholt wird. Dabei sollte insb. darauf geachtet werden, dass in dieser die Produkte und Dienstleistungen, zu denen Werbe-E-Mails versendet werden sollen, möglichst prägnant benannt sind. Ggf. könnte der Hinweis auf eigene Produkte und Dienstleistungen genügen. Zielführend könnte auch sein, neue Produkte oder neue Leistungsangebote explizit in den Umfang der Einwilligungserklärung aufzunehmen.

IV. Arbeitsrecht

1. Gesetzlicher Mindestlohn

a) Erhöhung mit Wirkung zum 1.1.2017

625 Laut Beschluss der Bundesregierung vom 26.10.2016 wurde der gesetzliche Mindestlohn zum 1.1.2017 von 8,50 Euro auf **8,84 Euro** brutto je Zeitstunde angehoben.

> **Anmerkung:**
> Allerdings sind bis zum 31.12.2017 unter bestimmten Voraussetzungen noch abweichende tarifvertragliche Regelungen zum Mindeststundenentgelt möglich, wobei dafür ab 1.1.2017 eine Untergrenze von 8,50 Euro brutto je Zeitstunde gilt.

b) Rufbereitschaft keine mindestlohnpflichtige Arbeitszeit

626 Laut rechtskräftigem Urteil des LAG Hessen vom 21.11.2016[3] stellt die Rufbereitschaft des Arbeitnehmers keine mindestlohnpflichtige Arbeitszeit dar. Damit sind die **Zeiten der Rufbereitschaft** bei der Überprüfung, ob der gesetzliche Mindestlohn gezahlt wurde, **nicht einzubeziehen**.

Das LAG begründet seine Rechtsauffassung damit, dass der Arbeitnehmer während der Rufbereitschaft – in Abgrenzung zum Bereitschaftsdienst – nicht gezwungen ist, sich am Arbeitsplatz oder einer anderen vom Arbeitgeber bestimmten Stelle aufzuhalten. Er könne seinen Aufenthaltsort frei wählen und müsse lediglich sicherstellen, dass er jederzeit erreichbar ist, um auf Abruf des Arbeitgebers die Arbeit alsbald aufnehmen zu können.

---

1) BGH v. 14.3.2017, VI ZR 721/15, GRUR 2017, 748.
2) So bereits BGH v. 12.9.2013, I ZR 208/12, GRUR 2013, 1259.
3) LAG Hessen v. 21.11.2016, 16 Sa 1257/15, DStR 2017, 1173.

I. Wirtschaftsrecht

> **Anmerkung:**
>
> In seiner vor Inkrafttreten des gesetzlichen Mindestlohns zum 1.1.2015 ergangenen Entscheidung bewertet das BAG Zeiten des **Bereitschaftsdienstes** hingegen als vergütungspflichtige Arbeitszeit.[1] Folglich ist davon auszugehen, dass für den Bereitschaftsdienst der gesetzliche Mindestlohn zu zahlen ist.

c) Anrechnung von Vergütungsbestandteilen

Der gesetzliche Mindestlohnanspruch tritt eigenständig neben den arbeits- oder tarifvertraglichen Entgeltanspruch. Dabei ist der Anspruch auf den gesetzlichen Mindestlohn erfüllt, wenn die für den Kalendermonat gezahlte Bruttovergütung einen Betrag erreicht, der sich aus der Multiplikation der Anzahl der in diesem Monat tatsächlich geleisteten Arbeitsstunden mit dem gesetzlichen Mindestlohn ergibt. Der Mindestlohnanspruch ist dabei erfüllt, wenn das Bruttoarbeitsentgelt ausgezahlt ist. **627**

Neben dem monatlichen Bruttogehalt kommt auch **vorbehaltlos und unwiderruflich geleisteten Jahressonderzahlungen** pro Kalendermonat zu 1/12 Erfüllungswirkung zu. Dabei können auch verspätete Zahlungen Erfüllungswirkung haben, wie das BAG mit Urteil vom 25.5.2016[2] klarstellt.

> **Beratungshinweis:**
>
> Im Streitfall kamen somit neben dem monatlichen Bruttolohn auch den vorbehaltlos und unwiderruflich geleisteten Jahressonderzahlungen in Form eines in jedem Kalendermonat zu 1/12 auszuzahlenden Urlaubsentgelts und eines in jedem Kalendermonat auszuzahlenden Weihnachtsgelds Erfüllungswirkung zu.

Weiter entschied das BAG mit Urteil vom 21.12.2016[3], dass neben dem gezahlten Bruttomonatsgehalt auch **Wechselschichtzulagen, eine Funkprämie sowie Leistungsprämien**, die für die erbrachte Arbeitsleistung vorbehaltlos und unwiderruflich gezahlt wurden, auf den Mindestlohnanspruch anzurechnen sind. Angelehnt an die Rechtsprechung des EuGH zum Arbeitnehmerentsenderecht sind nach Auffassung des BAG alle zwingend und transparent geregelten Gegenleistungen des Arbeitgebers für die Arbeitsleistung des Arbeitnehmers Bestandteile des Mindestlohns. **628**

> **Beratungshinweis:**
>
> Keine Erfüllungswirkung kommt laut BAG hingegen Leistungen des Arbeitgebers zu, die ohne Rücksicht auf eine tatsächliche Arbeitsleistung des Arbeitnehmers erbracht werden oder die auf einer besonderen gesetzlichen Zweckbestimmung beruhen, wie z.B. Nachtarbeitszuschläge.

2. Nachbesserung am Tarifeinheitsgesetz erforderlich

Als Reaktion auf Arbeitskämpfe einzelner Berufsgruppen in Schlüsselpositionen, z.B. Piloten oder Lokführer, und der hierzu ergangenen Rechtsprechung des BAG hatte der Gesetzgeber im Jahr 2015 das Tarifeinheitsgesetz[4] geschaffen. Zentrale Regelung ist § 4a TVG, wonach nur der Tarifvertrag derjenigen Gewerkschaft anwendbar ist, die in dem jeweiligen Betrieb die meisten Mitglieder nachweisen kann. Hiergegen richteten sich mehrere Verfassungsbeschwerden. **629**

---

1) BAG v. 19.11.2014, 5 AZR 1101/12, MDR 2015, 403.
2) BAG v. 25.5.2016, 5 AZR 135/16, DStR 2016, 2574.
3) BAG v. 21.12.2016, 5 AZR 374/16, NJW 2017, 1050.
4) Gesetz v. 3.7.2015, BGBl. I 2017, 1130.

Mit Urteil vom 11.7.2017[1] kommt das BVerfG zu dem Ergebnis, dass das **Tarifeinheitsgesetz weitestgehend verfassungskonform** ist. Gleichwohl hat es den Gesetzgeber aufgefordert, **bis Ende 2018 verschiedene Nachbesserungen** vorzunehmen.

Somit bleibt derzeit die eigentliche Frage weiter offen, ob damit empfindliche **Streiks durch Spartengewerkschaften** rechtlich unterbunden werden. Denn nach den Ausführungen des BVerfG soll das in Art. 9 Abs. 3 GG geschützte Recht, mit den Mitteln des Arbeitskampfes auf den jeweiligen Gegenspieler Druck und Gegendruck ausüben zu können, durch das Tarifeinheitsgesetz nicht angetastet werden. Unsicherheiten über Mehrheitsverhältnisse, selbst wenn diese klar scheinen, seien als Haftungsrisiko nicht der jeweils zum Streik aufrufenden Gewerkschaft zuzuordnen. Notfalls hätten dies die Arbeitsgerichte sicherzustellen.

> **Anmerkung:**
> Kritisch sah das BVerfG auch, dass Gewerkschaften im Rahmen einer Arbeitskampfmaßnahme künftig verpflichtet sein könnten, ihre konkrete Mitgliederstärke gegenüber dem Arbeitgeber offenzulegen. Auch hier sieht es künftig in erster Linie die Arbeitsgerichte in der Pflicht, dies so weit wie möglich zu vermeiden.

Zudem sollen **bestimmte tarifliche Leistungen**, denen längerfristige Lebensplanungen der Mitarbeiter zugrunde liegen, künftig nicht verdrängt werden können. Der Gesetzgeber habe daher durch entsprechende Änderungen sicherzustellen, dass bspw. Leistungen zur Alterssicherung, Kündigungsverbote oder Regelungen zur Lebensarbeitszeit künftig von § 4a TVG **ausgenommen** sind.

Schließlich erlegte das BVerfG dem Gesetzgeber eine weitere Regelungsverpflichtung für **kleinere Berufsgruppen** auf. Führe eine Gesamtregelung dazu, dass diese kleineren Berufsgruppen vom Ergebnis her dort nicht ausreichend repräsentiert würden, müssten sie irgendeine Möglichkeit haben, eine wirksame Vertretung sicherzustellen.

> **Beratungshinweis:**
> Jedenfalls bis zum Abschluss der Nachbesserungen wird ein Arbeitgeber, der sich mit entsprechenden tariflichen Forderungen einer Spartengewerkschaft konfrontiert sieht, weiterhin kaum davon ausgehen können, in jedem Fall einen möglichen Arbeitskampf im einstweiligen Rechtsschutz unterbinden zu können.

3. Festlegung der Sonderzahlung durch Ratenauszahlung

630 In dem vom LAG Hamburg entschiedenen Fall war im Arbeitsvertrag geregelt, dass der Arbeitnehmer zusätzlich zu seinem Grundgehalt als freiwillige Leistung eine Weihnachtsgratifikation erhält. Deren Höhe wird jährlich vom Arbeitgeber bekanntgegeben. Bei Beginn des Arbeitsverhältnisses vor dem 1.4. eines Jahres soll auf die Gratifikation im Juni des Jahres ein Vorschuss in Höhe von bis zu einem halben Monatsgehalt gezahlt werden. Nachdem der Arbeitnehmer in den Vorjahren jeweils hälftig im Mai und November jeden Jahres einen Betrag in Höhe eines Bruttomonatsgehalts erhielt, wurde ihm im Mai des Streitjahres ein Betrag in Höhe von 784 Euro brutto gezahlt, der in der Entgeltabrechnung als „Abschl. J-Gratifikation" bezeichnet wurde. Da der Arbeitgeber im Oktober des Streitjahres erklärte, den zweiten Teil der Gratifikation nicht zahlen zu können, klagte der Arbeitnehmer die Zahlung ein.

Das LAG Hamburg erkannte dem Arbeitnehmer mit Urteil vom 12.12.2016[2] den Anspruch auf Zahlung der zweiten Hälfte der Gratifikation zu. Mit der Abschlagszah-

---
1) BVerfG v. 11.7.2017, 1 BvR 1571/15, 1 BvR 1588/15, 1 BvR 2883/15, 1 BvR 1043/16, 1 BvR 1477/16, NJW 2017, 2523.
2) LAG Hamburg v. 12.12.2016, 8 Sa 43/15, ArbAktuell 2017, 251; Revision beim BAG anhängig unter Az. 10 AZR 97/17.

lung im Mai habe der Arbeitgeber zum Ausdruck gebracht, dass die Höhe des Weihnachtsgeldes ein Monatsgehalt betragen werde. Er habe damit sein **Leistungsbestimmungsrecht ausgeübt**. Eine **Teilleistungsbestimmung** ist **nur bei** entsprechendem, gegenüber dem Arbeitnehmer erklärtem **Vorbehalt** zulässig.

> **Beratungshinweis:**
>
> Um einen Anspruch des Arbeitnehmers auf Zahlung der zweiten Rate der Gratifikation nicht entstehen zu lassen, sollte bei Zahlung der ersten Rate nochmals auf die Freiwilligkeit und die fehlende Bindungswirkung hinsichtlich eines Anspruchs auf die zweite Rate hingewiesen werden. Denn laut den Ausführungen des LAG ist das vergangene Verhalten entsprechend zu berücksichtigen und zudem zu beachten, dass die Leitungsbestimmung auch konkludent erfolgen kann.

4. Verfall von Urlaubsansprüchen

Nach den Bestimmungen des Bundesurlaubsgesetzes (§ 7 BUrlG) verfällt der im Urlaubsjahr nicht genommene Urlaub eines Arbeitnehmers **grundsätzlich am Ende des Urlaubsjahres**, sofern keine speziellen gesetzlich normierten Übertragungsgründe vorliegen. Vor diesem Hintergrund legte das BAG dem EuGH mit Beschluss vom 13.12.2016[1] die Fragen zur Entscheidung vor, ob EU-Recht der in § 7 BUrlG vorgesehenen Regelung entgegensteht. § 7 BUrlG sieht als Modalität für die Wahrnehmung des Anspruchs auf Erholungsurlaub vor, dass der **Arbeitnehmer den Urlaub** unter Angabe seiner Wünsche bezüglich der zeitlichen Festlegung **beantragen muss**, damit der Urlaubsanspruch am Ende des jeweiligen Urlaubsjahres nicht ersatzlos untergeht. Der Arbeitgeber ist dabei nicht verpflichtet, den Urlaub ohne einen Antrag oder Wunsch des Arbeitnehmers im Urlaubsjahr zu gewähren und somit dem Arbeitnehmer den Urlaub aufzuzwingen.

631

> **Anmerkung:**
>
> Bisher wurde die Frage, ob Unionsrecht § 7 BUrlG entgegensteht, vom EuGH noch nicht eindeutig beantwortet. Im Schrifttum wird aus dem EuGH-Urteil vom 30.6.2016[2] teilweise abgeleitet, dass der Arbeitgeber gemäß Art. 7 Abs. 1 der Richtlinie 2003/88/EG verpflichtet ist, den Erholungsurlaub von sich aus einseitig zeitlich festzulegen. Ein Teil der nationalen Rechtsprechung versteht die Ausführungen des EuGH im Urteil vom 12.6.2014[3] so, dass der Mindestjahresurlaub auch dann nicht mit Ablauf des Urlaubsjahres oder des Übertragungszeitraums verfallen darf, wenn der Arbeitnehmer in der Lage war, seinen Urlaubsanspruch wahrzunehmen.[4]

5. Befristungsabrede

a) Altersgrenze und Wunsch des Arbeitnehmers

In seinem Urteil vom 18.1.2017[5] hat das BAG die Anforderungen an eine Befristung des Arbeitsverhältnisses im Zusammenhang mit einer Altersgrenze konkretisiert. Im Streitfall hatte der Arbeitgeber der Mitarbeiterin im Rahmen eines speziellen Alterskonzeptes einen Änderungsvertrag angeboten. Dieser sah eine kapitalorientierte Alterssicherungsregelung bei gleichzeitiger Beendigung des Arbeitsverhältnisses zum 60. Lebensjahr vor. Die Mitarbeiterin hatte dieses Angebot im Alter von 52 Jahren zunächst angenommen. Später berief sie sich auf die Unwirksamkeit der dort enthaltenen Beendigungsregelung. Dem stimmte das BAG zu. Insbesondere wies das Gericht darauf hin, dass über die Unterschrift hinaus **deutliche Anhaltspunkte** vorliegen müss-

632

---

1) BAG v. 13.12.2016, 9 AZR 541/15 (A), NWB 2016, 3922.
2) EuGH v. 30.6.2016, Sobczyszyn, C-178/15, NZA 2016, 877.
3) EuGH v. 12.6.2014, Bollacke, C-118/13, NJW 2014, 2415.
4) So etwa LAG v. 22.4.2016, 4 Sa 1095/15, NZA-RR 2016, 466.
5) BAG v. 18.1.2017, 7 AZR 236/15, NZA 2017, 849.

ten, dass die entsprechende Aufhebungsvereinbarung **„auf Wunsch der Arbeitnehmerin"** abgeschlossen worden sei.

> **Beratungshinweis:**
>
> Die Entscheidung macht deutlich, dass insbesondere auch die Vereinbarung von Altersgrenzen dem Befristungsrecht unterliegt und nicht etwa als Aufhebungsvereinbarung einzuordnen ist. Auch die Anforderungen an den „Wunsch des Arbeitnehmers", wenn dieser eine Befristung im Sinne des Gesetzes über Teilzeitarbeit und befristete Arbeitsverträge (TzBfG) legitimieren soll, sind kaum zu unterschätzen. Da das BAG auf den Umfang der Kapitalausstattung kaum näher einging, ist fortan erhöhte Vorsicht bei vergleichbaren – in der Praxis durchaus üblichen – Vereinbarungen einer Beendigung jenseits der Regelaltersrente geboten.

b) Schriftform

633 Wird ein Arbeitsvertrag zeitlich befristet geschlossen, bedarf der Vertrag der Schriftform (§ 14 Abs. 4 TzBfG). Mit Verweis auf die zivilrechtlichen Vorgaben (§ 126 Abs. 2 Satz 2 BGB) sieht es das BAG dabei als ausreichend an, wenn im Falle mehrerer gleichlautender Urkunden jede Partei die **für die andere Partei bestimmte Urkunde unterzeichnet**.[1)]

Hingegen ist die Schriftform **nicht gewahrt**, wenn der **Arbeitgeber** dem Arbeitnehmer vor Vertragsbeginn eine von ihm **nicht unterzeichnete Vertragsurkunde**, in der die Befristungsabrede enthalten ist, **übergibt** und der Arbeitnehmer diese unterzeichnet an den Arbeitgeber zurückgibt. Nimmt der Arbeitnehmer zum vereinbarten Vertragsbeginn die Arbeit auf und geht ihm die vom Arbeitgeber unterzeichnete Vertragsurkunde erst zu einem späteren Zeitpunkt zu, kommt der Arbeitsvertrag zwar durch die Entgegennahme der Arbeitsleistung durch den Arbeitgeber zustande. Jedoch ist die Befristung mangels Schriftform unwirksam. Dies hat zur Folge, dass der Arbeitsvertrag als auf unbestimmte Zeit geschlossen gilt.

> **Praxistipp:**
>
> Im Falle einer Befristung sollte deshalb darauf geachtet werden, dass die Vorgaben der Schriftform vor Aufnahme der Tätigkeit des befristet beschäftigten Arbeitnehmers erfüllt sind. Im Streitfall hätte der Arbeitgeber den Arbeitsvertrag selbst unterschreiben und sodann die Unterschrift des Arbeitnehmers vor Tätigkeitsbeginn einholen sollen.

c) Schriftform bei Zusatz „i. A."

634 Mit Urteil vom 12.4.2017 hat das BAG[2)] eine **Klage** auf Abschluss eines unbefristeten Arbeitsvertrages **abgewiesen**. Der Kläger hatte dort geltend gemacht, die Befristungsabrede sei aufgrund der Verwendung des Zusatzes „i. A." und den damit verbundenen **Unklarheiten über die Vertretungssituation** mangels Schriftform unwirksam. Das BAG führte hingegen aus, dass im allgemeinen unjuristischen Sprachgebrauch häufig nicht hinreichend zwischen „Auftrag" und „Vertretung" unterschieden werde.

> **Beratungshinweis:**
>
> In der Praxis kommt es durchaus vor, dass nicht bereits vor Aufnahme einer befristeten Beschäftigung ein beidseits formal ordnungsgemäß unterschriebener Arbeitsvertrag vorliegt. Hierzu zählt beispielsweise auch der geltend gemachte Aspekt, dass eine mögliche Vertretung in der jeweiligen Vertragsurkunde ausdrücklich Anklang finden muss. Der eher praxisnahe Argumentationsansatz des BAG mag daher durchaus auch in vergleichbaren Konstellationen helfen, den einen oder anderen Fall noch zu „retten".

---

1) BAG v. 14.12.2016, 7 AZR 797/14, NZA 2017, 638.
2) BAG v. 12.4.2017, 7 AZR 446/15, NZA 2017, 1125.

I. Wirtschaftsrecht

6. Probezeit: Vereinbarung einer Kündigungsfrist

Im Arbeitsvertrag kann eine Probezeit von maximal sechs Monaten vereinbart werden. Innerhalb der Probezeit besteht eine **gesetzliche Kündigungsfrist von zwei Wochen**. Ist in einem vom Arbeitgeber vorformulierten Arbeitsvertrag **in einer weiteren Klausel eine längere Kündigungsfrist festgelegt** und fehlt eine Klarstellung, dass diese längere Kündigungsfrist erst nach dem Ende der Probezeit gelten soll, ist das Arbeitsverhältnis schon während der Probezeit nur mit der vereinbarten längeren Frist kündbar. Zu diesem Ergebnis kommt das BAG mit Urteil vom 23.3.2017.[1]

635

> **Beratungshinweis:**
> Sofern in einem Arbeitsvertrag eine von den gesetzlichen Kündigungsfristen abweichende Kündigungsfrist enthalten ist, sollte darauf geachtet werden, dass diese Kündigungsfrist **explizit erst nach dem Ende der Probezeit** gelten soll. Bei einer insoweit nicht klaren Formulierung geht das BAG davon aus, dass die verlängerte Kündigungsfrist auch bereits während der Probezeit gilt.

7. Altersdiskriminierung im Arbeitsangebot

Laut Urteil des BAG vom 11.8.2016[2] bewirkt die Formulierung in einer Stellenausschreibung, wonach die Tätigkeit in einem professionellen Umfeld „**mit einem jungen dynamischen Team**" geboten wird, eine unmittelbare Diskriminierung wegen des Alters i.S.v. § 3 Abs. 1 AGG. Die Formulierung sei deshalb geeignet, die Vermutung i.S.v. § 22 AGG zu begründen, dass der Bewerber im Stellenbesetzungsverfahren wegen seines Alters benachteiligt würde.

636

Um diese Vermutung zu widerlegen, trage der **Arbeitgeber die Darlegungs- und Beweislast** dafür, dass der Gleichbehandlungsgrundsatz nicht verletzt worden ist. Dazu sei erforderlich, dass er Tatsachen vorträgt und beweist, aus denen sich ergibt, dass ausschließlich andere als die in § 1 AGG genannten Diskriminierungsgründe zur Nichteinstellung des Bewerbers geführt haben. Hierfür gilt das Beweismaß des sog. Vollbeweises. Der Arbeitgeber muss somit nachweisen, dass der Bewerber nicht auf Grund der Rasse, der ethnischen Herkunft, des Geschlechts, der Religion oder Weltanschauung, einer Behinderung, des Alters oder der sexuellen Identität unberücksichtigt blieb.

> **Beratungshinweis:**
> Im Streitfall hob der BAG das abweisende Urteil des LAG auf. Das LAG hat nun zu klären, ob der Arbeitgeber die Vermutung einer Altersdiskriminierung widerlegen kann. Sollte dem Arbeitgeber der Nachweis nicht gelingen, hat der abgewiesene Bewerber Anspruch auf eine angemessene Entschädigung in Geld, die bis zu drei Monatsgehälter betragen kann. Es sollte deshalb bei der Gestaltung von Stellenanzeigen sorgfältig darauf geachtet werden, etwaig diskriminierende Formulierungen zu vermeiden.

8. Kopftuchverbot in privaten Unternehmen

Laut Urteil des EuGH vom 14.3.2017[3] stellt eine allgemeine Betriebsregelung, die das sichtbare Tragen jedes politischen, philosophischen oder religiösen Zeichens verbietet, **keine unmittelbare Diskriminierung** wegen der Religion oder der Weltanschauung dar. Indem allen Arbeitnehmer des privaten Unternehmens allgemein und undifferenziert vorgeschrieben wird, sich neutral zu kleiden, würden sie alle gleich behandelt.

637

Zu einem anderen Ergebnis kommt der EuGH allerdings, wenn sich erweisen sollte, dass die in der internen Regel enthaltene, dem Anschein nach neutrale Verpflichtung

---

1) BAG v. 23.3.2017, 6 AZR 705/15, NJW 2017, 1895.
2) BAG v. 11.8.2016, 8 AZR 406/14, BB 2017, 506.
3) EuGH v. 14.3.2017, G4S Secure Solutions, C-157/15, NJW 2017, 1087.

tatsächlich dazu führt, dass Personen mit einer bestimmten Religion oder Weltanschauung benachteiligt würden. Die daraus resultierende Ungleichbehandlung würde aber dann nicht zu einer mittelbaren Diskriminierung führen, wenn sie durch ein rechtmäßiges Ziel gerechtfertigt sowie das gewählte Mittel zur Zielerreichung angemessen und erforderlich wäre.

Als rechtmäßiges Ziel kommt dabei das allgemeine Gebot der Neutralität bei Arbeitnehmern mit Kundenkontakt in Betracht. Ein dazu angemessenes und erforderliches Mittel wäre die Beschränkung der internen Regel auf Arbeitnehmer mit Kundenkontakt.

> **Beratungshinweis:**
>
> Der EuGH sieht damit nicht jede interne Unternehmensregel, wonach alle Arbeitnehmer auf religiöse Zeichen zu verzichten haben, als rechtmäßig an. Vielmehr ist zu prüfen, ob sich aus einer solchen Regel faktisch eine Ungleichbehandlung ergibt, die aber bei Vorliegen entsprechender Gründe gerechtfertigt sein kann.
>
> Weist der Arbeitgeber eine Arbeitnehmerin individuell an, auf das Tragen eines Kopftuchs zu verzichten, um den Wünschen des Kunden zu entsprechen, sieht der EuGH darin jedenfalls keine Rechtfertigung einer Ungleichbehandlung der Arbeitnehmerin gegenüber anderen Arbeitnehmern.

9. Überwachung der Internetkommunikation am Arbeitsplatz

638 Der Europäische Gerichtshof für Menschenrechte (EGMR) hat Kriterien für eine zulässige Überwachung der Internetkommunikation am Arbeitsplatz aufgestellt. Danach dürfen Unternehmen die Internetkommunikation ihrer Mitarbeiter überwachen, sofern die Überwachung **verhältnismäßig** ist. Dies setzt gemäß dem Urteil des EGMR vom 5.9.2017[1]) u. a. voraus, dass der Beschäftigte **vorab** über die Möglichkeit, die Art und das Ausmaß von Kontrollen **informiert** wurde.

> **Anmerkung:**
>
> In dem zugrunde liegenden Fall ging es um einen rumänischen Vertriebsingenieur, dem gekündigt worden war, weil er am Arbeitsplatz den dienstlichen Internet-Account trotz betriebsinternen Verbots für private Zwecke genutzt hatte. Im Ergebnis stellte der EGMR eine Verletzung des Rechts auf Achtung des Privatlebens und der Korrespondenz (Art. 8 EMRK) durch die rumänischen Gerichte fest.

10. Neue Regeln der Arbeitnehmerüberlassungen

639 Durch das Gesetz zur Änderung des Arbeitnehmerüberlassungsgesetzes und anderer Gesetze[2]) wurden weitreichende Änderungen im Bereich Leiharbeit und Werkverträge vorgenommen. Diese sind zum 1.4.2017 in Kraft treten.

Folgende wesentliche Änderungen wurden durch das Gesetz vorgenommen:

– Der einzelne Leiharbeitnehmer darf grundsätzlich **nicht länger als 18 aufeinander folgende Monate überlassen** werden.

> **Beratungshinweis:**
>
> Das Verleihunternehmen muss somit vor Überschreiten dieses Zeitraums den Leiharbeitnehmer beim Kunden (Entleihunternehmen) abziehen. Erst nach einer mindestens dreimonatigen Pause kann dann derselbe Arbeitnehmer wieder bei dem Kunden tätig werden. Allerdings kann dem Kunden ein anderer Leiharbeitnehmer aus dem Verleihunternehmen zur Verfügung gestellt werden, der dann seinerseits wiederum maximal 18 Monate im Entleihunternehmen arbeiten darf.

---

1) EGMR v. 5.9.2017, 61496/08.
2) Gesetz v. 21.2.2017, BGBl. I 2017, 258.

I. Wirtschaftsrecht

- **Durch den Tarifvertrag** einzelner Einsatzbranchen kann – ohne Grenze nach oben – eine **längere Überlassungshöchstdauer** geregelt werden. Nicht tarifgebundene Entleihunternehmen haben die Möglichkeit, die Überlassungshöchstdauer dadurch zu verlängern, dass sie einen für ihre Branche ausgehandelten Tarifvertrag mit einer festgelegten Überlassungshöchstdauer mittels Betriebsvereinbarung nachzeichnen oder eine Öffnungsklausel in einem solchen Tarifvertrag für eine entsprechende Betriebsvereinbarung nutzen.

- Leiharbeitnehmer haben nach dem Grundsatz der Gleichstellung einen Anspruch auf sog. **Equal Pay**. Tarifvertraglich kann geregelt werden, dass dies für die ersten neun Monate der Überlassung nicht gilt. Längere Abweichungen durch tarifvertragliche Regelungen sind nur unter bestimmten Voraussetzungen und nur bis zu 15 Monate möglich. **640**

- Kapitalgesellschaften mit in der Regel mehr als 500 Arbeitnehmern haben einen Aufsichtsrat zu bilden, der zu einem Drittel aus Arbeitnehmervertretern besteht; Kapitalgesellschaften mit in der Regel mehr als 2 000 Arbeitnehmern müssen einen Aufsichtsrat bilden, der sich sogar zur Hälfte aus Arbeitnehmervertretern zusammensetzt. **Bei der Berechnung der Schwelle** von 500 bzw. 2 000 Arbeitnehmern sind nicht nur die im Unternehmen angestellten Mitarbeiter zu berücksichtigen sondern auch **Leiharbeitnehmer**, wenn deren Einsatzdauer im Unternehmen sechs Monate überschreitet. **641**

- Im Vertrag zwischen dem Ver- und Entleihunternehmen ist die **Arbeitnehmerüberlassung ausdrücklich als solche zu bezeichnen** und die Person des Leiharbeitnehmers vor der Überlassung zu konkretisieren. Anders als bisher kann damit im Fall der Falscheinordnung[1] eines Arbeitnehmerüberlassungsvertrags als Werk- oder Dienstvertrag eine vorliegende Arbeitnehmerüberlassungserlaubnis keine Wirkung mehr entfalten. **642**

> **Anmerkung:**
> Wegen des Verstoßes gegen das Verbot der verdeckten Arbeitnehmerüberlassung kommt ein Arbeitsverhältnis zwischen Leiharbeitnehmer und Entleihunternehmen zustande. Der Leiharbeitnehmer kann dies allerdings durch eine sog. Festhaltenserklärung verhindern.

11. Haftungsprivileg für Führungskräfte?

Können Führungskräfte für **Compliance-Verstöße** im Unternehmen auf **Schadensersatz** in Anspruch genommen werden? Diese Frage wird gegenwärtig kontrovers diskutiert. Es bestand Hoffnung, dass das BAG hierzu klare Worte finden würde - doch wurde aktuell keine Entscheidung getroffen: Mit Urteil vom 29.6.2017[2] hat das BAG einen Schadensersatzprozess im Zusammenhang mit Kartellbußen in Höhe 191 Mio. Euro zunächst an das zustände Landgericht zurückverwiesen. Die BAG-Entscheidung war insoweit mit Spannung erwartet worden, als sich die Praxis wertvolle Hinweise über die Anwendbarkeit von arbeitsrechtlichen Haftungserleichterungen für Führungskräfte erhoffte. **643**

> **Anmerkung:**
> Bereits das Urteil der Vorinstanz[3] hatte für Aufsehen gesorgt. Denn der Geschäftsführer einer GmbH war vor dem Hintergrund einer Kartellbuße auf einen Schadensersatzanspruch von 191 Mio. Euro verklagt worden.

---

1) Zur Abgrenzung von Arbeitnehmerüberlassung und dienstvertraglicher Vereinbarung vgl. auch BAG vom 20.9.2016, 9 AZR 735/15, BB 2017, 123.
2) BAG v. 29.6.2017, 8 AZR 189/15.
3) LAG Düsseldorf v. 20.1.2015, 16 Sa 459/14.

Im Streitfall wurde deshalb ein Arbeitsgericht angerufen, weil die Grundlage der Geschäftsführertätigkeiten in den Tochtergesellschaften des Arbeitgebers auf der Grundlage eines Anstellungsvertrages mit der Muttergesellschaft erfolgte. Da jedoch kartellrechtliche Vorfragen entscheidend für die Frage des Schadensersatzanspruchs waren, sind nach Auffassung des BAG die Arbeitsgerichte nicht zuständig.

Insoweit dürfte in Zukunft das Gros vermeintlicher Schadensersatzansprüche wegen Compliance-Verstößen mitunter in Millionenhöhe am Ende nicht von den Arbeitsgerichten entschieden werden.

> **Praxistipp:**
> Solange diese vorstehende Frage der Anwendung von Haftungsbeschränkungen noch ungeklärt ist, sollten sich Führungskräfte ebenfalls mit dem **Abschluss einer D&O-Versicherung** auseinandersetzen.

V. Sozialversicherungsrecht

1. Selbständige Tätigkeit eines Minderheitsgesellschafters

644 Laut ständiger Rechtsprechung des Bundessozialgerichts ist ein Gesellschafter-Geschäftsführer **nicht abhängig beschäftigt, wenn** er aufgrund seiner Gesellschafterstellung wesentlichen rechtlichen Einfluss auf die Willensbildung der Gesellschaft ausüben kann. Maßgeblich hierfür ist, dass er ihm **nicht genehme Weisungen** hinsichtlich seiner Tätigkeit **jederzeit verhindern** kann.[1]

Somit ist nicht nur ein Gesellschafter-Geschäftsführer mit einer Beteiligung von mindestens 50 % am Stammkapital der Gesellschaft, sondern auch ein Minderheitsgesellschafter-Geschäftsführer selbständig erwerbstätig, dem eine sog. echte Sperrminorität eingeräumt wurde. Dem steht **nicht entgegen**, dass der Minderheitsgesellschafter nach § 47 Abs. 4 GmbHG **Stimmrechtsverboten** unterliegt und somit bei Beschlussfassungen, die seiner Entlastung dienen, ihn von einer Verbindlichkeit befreien oder ein Rechtsgeschäft zwischen ihm und der Gesellschaft betreffen, sein Stimmrecht nicht ausüben darf. Denn laut Urteil des Landessozialgerichts Baden-Württemberg vom 23.11.2016[2] gelte dies nicht für Beschlüsse der Gesellschafterversammlung über Weisungen an den Geschäftsführer.

Damit im Einklang steht das Urteil des Landessozialgerichts Berlin-Brandenburg. Es beurteilte den Gesellschafter-Geschäftsführer einer Familiengesellschaft als abhängig Beschäftigten, weil ihm **keine umfassende Sperrminorität**, die alle den Geschäftsführer selbst betreffenden Angelegenheiten umfasst, eingeräumt worden war.[3] An dieser Wertung ändere sich auch dadurch nichts, dass der Gesellschafter-Geschäftsführer mit seinem Bruder privatschriftlich eine Stimmbindungsvereinbarung eingegangen ist und ihm vom Bruder eine Erwerbsoption eingeräumt wurde. Dieser komme jedoch angesichts der im Gesellschaftsvertrag vorgesehenen Mitverkaufspflicht aller Gesellschafter gegenüber weiteren Investoren nicht die Bedeutung eines bereits vollzogenen Anteilserwerbs zu.

Zudem stellt das Landessozialgericht Schleswig-Holstein mit Urteil vom 29.6.2017[4] klar, dass **nur gesellschaftsvertraglich geregelte Minderheitenrechte** sozialversicherungsrechtlich von Bedeutung sind. Nicht notariell beurkundete und nicht im Handelsregister eingetragene Vereinbarungen außerhalb des Gesellschaftsvertrags sind unbeachtlich.

---

1) Z.B. BSG v. 11.11.2015, B 12 KR 10/14 R, GmbHR 2016, 533.
2) LSG Baden-Württemberg v. 23.11.2016, L 5 R 50/16, NJW-Spezial 2017, 80.
3) LAG Berlin-Brandenburg v. 10.5.2017, L 1 KR 281/15; Rev. dazu anhängig unter Az.: B 12 KR 13/17.
4) LAG Schleswig-Holstein v. 29.6.2017, L 5 KR 20/15, DStR 2017, 2183.

I. Wirtschaftsrecht

2. Krankenversicherungsbeiträge auf Veräußerungsgewinn bei Betriebsaufgabe

Laut Urteil des Landessozialgerichts Baden-Württemberg vom 18.10.2016[1] ist zur Bemessung der Beiträge eines in der gesetzlichen Krankenversicherung freiwillig Versicherten auch ein der Besteuerung unterliegender Veräußerungsgewinn bei Betriebsaufgabe heranzuziehen. Das Gericht begründet dies damit, dass es sich um eine **Einnahme** handelt, die **zum Lebensunterhalt** verbraucht werden kann und somit beitragspflichtig ist.

645

> **Beratungshinweis:**
>
> Da Krankenversicherungsbeiträge nur bis zur monatlichen Beitragsbemessungsgrenze erhoben werden, ist die Rechtsfrage nur von Bedeutung, wenn diese Grenze nicht bereits mit dem laufenden Gewinn erreicht wurde.

---

[1] LSG Baden-Württemberg v. 18.10.2016, L 11 KR 739/16, NWB 2017, 561; Revision anhängig beim BSG unter Az. B 12 KR 22/16 R.

Anhänge

Anhang I: Tabellarische Übersicht zu wesentlichen Steueränderungen 2017/2018

Stand 31.10.2017

Gesetz/ Geänderte Vorschrift	Änderungsgesetz	Inkrafttreten/ Anwendungsregelung	BGBl.-/ BStBl-Fundstelle	Inhalt der Änderung und weiterführende Hinweise und Links
AO				
§ 30a AO	StUmgBG	25.6.2017	BGBl. I 2017, 1682 = BStBl I 2017, 865	Aufhebung Bankgeheimnis
§ 87a Abs. 1 Satz 5, Abs. 8 AO	Gesetz zur Modernisierung des Besteuerungsverfahrens	1.1.2017	BGBl. I 2016, 1679 = BStBl I 2016, 694	Bereitstellung zum Datenabruf (→ Rz. 378)
§ 88 AO	Gesetz zur Modernisierung des Besteuerungsverfahrens	1.1.2017	BGBl. I 2016, 1679 = BStBl I 2016, 694	Neufassung des Untersuchungsgrundsatzes (→ Rz. 372)
§ 89 Abs. 2 und 3 AO	Gesetz zur Modernisierung des Besteuerungsverfahrens	Besteuerungszeiträume nach 31.12.2016	BGBl. I 2016, 1679 = BStBl I 2016, 694	Modifikationen der verbindlichen Auskunft (→ Rz. 376)
§ 93 Abs. 1 AO	StUmgBG	25.6.2017	BGBl. I 2017, 1682 = BStBl I 2017, 865	Gesetzliche Regelung des Sammelauskunftsersuchens (→ Rz. 166)
§ 93 Abs. 7 AO	StUmgBG	1.1.2018	BGBl. I 2017, 1682 = BStBl I 2017, 865	Erweiterung des automatisierten Kontenabrufverfahrens (→ Rz. 166)
§ 93b AO	StUmgBG	25.6.2017	BGBl. I 2017, 1682 = BStBl I 2017, 865	Ergänzende Angaben bei Kontoabrufersuchen
§ 93c AO	Gesetz zur Modernisierung des Besteuerungsverfahrens	Besteuerungszeiträume nach 31.12.2016	BGBl. I 2016, 1679 = BStBl I 2016, 694	Datenübermittlung durch Dritte (→ Rz. 373)
§ 109 Abs. 2 AO	Gesetz zur Modernisierung des Besteuerungsverfahrens	Besteuerungszeiträume nach 31.12.2017	BGBl. I 2016, 1679 = BStBl I 2016, 694	Beschränkung der Gründe für Fristverlängerungen (→ Rz. 160)
§ 122a AO	Gesetz zur Modernisierung des Besteuerungsverfahrens	1.1.2017	BGBl. I 2016, 1679 = BStBl I 2016, 694	Bekanntgabe von Verwaltungskaten durch Bereitstellung zum Datenabruf (→ Rz. 378)

646

Anhänge

Gesetz/ Geänderte Vorschrift	Änderungsgesetz	Inkrafttreten/ Anwendungsregelung	BGBl.-/ BStBl-Fundstelle	Inhalt der Änderung und weiterführende Hinweise und Links
§ 138 AO	StUmgBG	Sachverhalte ab 1.1.2018	BGBl. I 2017, 1682 = BStBl I 2017, 865	Erweiterte Mitteilungspflichten über Auslandssachverhalte (→ Rz. 163)
§§ 138b AO	StUmgBG	25.6.2017	BGBl. I 2017, 1682 = BStBl I 2017, 865	Zusätzliche Mitteilungspflichten von Finanzinstituten über Beziehungen zu Drittstaat-Gesellschaften (→ Rz. 163)
§ 147a Abs. 2 AO	StUmgBG	Besteuerungszeiträume nach 31.12.2017	BGBl. I 2017, 1682 = BStBl I 2017, 865 (Auszug)	Erweiterte Aufbewahrungspflichten bei Drittstaaten-Bezug (→ Rz. 164)
§ 147 Abs. 3 Satz 3 und 4 AO	2. BürokratieEntlG	Am 31.12.2016 noch nicht abgelaufene Aufbewahrungsfristen	BGBl. I 2017, 2143 = BStBl I 2017, 890	Verkürzung der Aufbewahrungsfrist für empfangene Lieferscheine (→ Rz. 375)
§ 149 Abs. 2 und 3 AO	Gesetz zur Modernisierung des Besteuerungsverfahrens	Besteuerungszeiträume nach 31.12.2017	BGBl. I 2016, 1679 = BStBl I 2016, 694	Verlängerung der Steuererklärungsfristen (→ Rz. 159)
§ 149 Abs. 4 AO	Gesetz zur Modernisierung des Besteuerungsverfahrens	Besteuerungszeiträume nach 31.12.2017	BGBl. I 2016, 1679 = BStBl I 2016, 694	Vorabanforderung von Steuererklärungen (→ Rz. 161)
§ 152 Abs. 2 und 3 AO	Gesetz zur Modernisierung des Besteuerungsverfahrens	Besteuerungszeiträume nach 31.12.2018	BGBl. I 2016, 1679 = BStBl I 2016, 694	Pflicht zur Festsetzung eines Verspätungszuschlags (→ Rz. 162)
§ 154 AO	StUmgBG	Geschäftsbeziehungen ab 1.1.2018	BGBl. I 2017, 1682 = BStBl I 2017, 865	Erweiterte Legitimationsprüfung bei Kontoeröffnung
§ 155 Abs. 4 AO	Gesetz zur Modernisierung des Besteuerungsverfahrens	1.1.2017	BGBl. I 2016, 1679 = BStBl I 2016, 694	Vollautomatische Steuerfestsetzung (→ Rz. 379)
§ 170 Abs. 7 AO	StUmgBG	Nach dem 31.12.2017 beginnende Festsetzungsfristen	BGBl. I 2017, 1682 = BStBl I 2017, 865	Anlaufhemmung der Festsetzungsverjährung bei Drittstaaten-Beziehungen (→ Rz. 164)
§ 173a AO	Gesetz zur Modernisierung des Besteuerungsverfahrens	1.1.2017	BGBl. I 2016, 1679 = BStBl I 2016, 694	Schreib- oder Rechenfehler bei Erstellung der Steuererklärung (→ Rz. 380)

Anhang I: Tabellarische Übersicht zu wesentlichen Steueränderungen 2017/2018

Gesetz/ Geänderte Vorschrift	Änderungsgesetz	Inkrafttreten/ Anwendungsregelung	BGBl.-/ BStBl-Fundstelle	Inhalt der Änderung und weiterführende Hinweise und Links
§ 228 Satz 2 AO	StUmgBG	Am 25.6.2017 noch nicht abgelaufene Festsetzungsfristen	BGBl. I 2017, 1682 = BStBl I 2017, 865	Verlängerung der Zahlungsverjährung in Hinterziehungsfällen (→ Rz. 367)
§ 231 AO	StUmgBG	25.6.2017	BGBl. I 2017, 1682 = BStBl I 2017, 865	Neuordnung der Tatbestände zur Unterbrechung der Verjährung
§ 370 Abs. 3 Satz 2 AO	StUmgBG	25.6.2017	BGBl. I 2017, 1682 = BStBl I 2017, 865	Besonders schwerer Fall der Steuerhinterziehung bei Nutzung einer Drittstaat-Gesellschaft
§ 379 AO	StUmgBG	1.1.2020	BGBl. I 2017, 1682 = BStBl I 2017, 865	Erweiterung der Steuerordnungswidrigkeitstatbestände
AStG				
§ 10 Abs. 3 Satz 4 AStG	Gesetz gegen schädliche Steuerpraktiken	5.7.2017	BGBl. I 2017, 2074 = BStBl I 2017, 1202	Anpassung an die Einführung der Lizenzschranke
ErbStG				
§ 3 Abs. 2 Nr. 4 ErbStG	StUmgBG	25.6.2017	BGBl. I 2017, 1682 = BStBl I 2017, 865	Erwerb bei Verzicht auf Rechtsanspruch
§ 16 ErbStG	StUmgBG	25.6.2017	BGBl. I 2017, 1682 = BStBl I 2017, 865	Persönlicher Freibetrag bei beschränkter Steuerpflicht (→ Rz. 479)
§ 17 Abs. 3 ErbStG	StUmgBG	25.6.2017	BGBl. I 2017, 1682 = BStBl I 2017, 865	Besonderer Versorgungsfreibetrag bei beschränkter Steuerpflicht (→ Rz. 481)
EStG				
§ 3 Nr. 55 EStG	Betriebsrentenstärkungsgesetz	VZ 2018	BGBl. I 2017, 3214 = BStBl I 2017, 1278	Erweiterung der steuerlich begünstigten Übertragbarkeit von unverfallbaren Versorgungsanwartschaften (→ Rz. 171)
§ 3 Nr. 63 EStG	Betriebsrentenstärkungsgesetz	VZ 2018	BGBl. I 2017, 3214 = BStBl I 2017, 1278	Steuerfreier Höchstbetrag zur betrieblichen Altersversorgung (→ Rz. 169 f.)

Anhänge

Gesetz/ Geänderte Vorschrift	Änderungsgesetz	Inkrafttreten/ Anwendungsregelung	BGBl.-/ BStBl-Fundstelle	Inhalt der Änderung und weiterführende Hinweise und Links
§ 3 Nr. 63a EStG	Betriebsrentenstärkungsgesetz	VZ 2018	BGBl. I 2017, 3214 = BStBl I 2017, 1278	Steuerfreiheit von Sicherungsbeiträgen des Arbeitgebers
§ 3 Nr. 65 EStG	Betriebsrentenstärkungsgesetz	VZ 2018	BGBl. I 2017, 3214 = BStBl I 2017, 1278	Steuerfreie Fortsetzung von Rückdeckungsversicherungen
§ 3a EStG	Gesetz gegen schädliche Steuerpraktiken	Schuldenerlass nach 8.2.2017, vorbehaltlich Genehmigung durch EU-Kommission	BGBl. I 2017, 2074 = BStBl I 2017, 1202	Steuerbefreiung von Sanierungserträgen (→ Rz. 333)
§ 3c Abs. 4 EStG	Gesetz gegen schädliche Steuerpraktiken	Betriebsvermögensverminderungen, Betriebsausgaben nach 8.2.2017, vorbehaltlich Genehmigung durch EU-Kommission	BGBl. I 2017, 2074 = BStBl I 2017, 1202	Steuerbefreiung von Sanierungserträgen (→ Rz. 334)
§ 4j EStG	Gesetz gegen schädliche Steuerpraktiken	Aufwendungen nach 31.12.2017	BGBl. I 2017, 2074 = BStBl I 2017, 1202	Einführung einer Lizenzschranke (→ Rz. 150 ff.)
§ 6 Abs. 2 Satz 1 EStG	Gesetz gegen schädliche Steuerpraktiken	Wirtschaftsgüter, die nach 31.12.2017 angeschafft werden	BGBl. I 2017, 2074 = BStBl I 2017, 1202	Anhebung der Wertgrenze für GWG (→ Rz. 146)
§ 6 Abs. 2 Satz 4 EStG	2. BürokratieEntlG	Nach 31.12.2017 angeschaffte u. hergestellte Wirtschaftsgüter	BGBl. I 2017, 2143 = BStBl I 2017, 890	Anhebung der unteren Wertgrenze für GWG (→ Rz. 147)
§ 6 Abs. 2a EStG	Gesetz gegen schädliche Steuerpraktiken	Wirtschaftsgüter, die nach 31.12.2017 angeschafft werden	BGBl. I 2017, 2074 = BStBl I 2017, 1202	Anhebung der Eintrittsschwelle der Sammelpostenregelung (→ Rz. 148)
§ 9 Abs. 5 Satz 2 EStG	Gesetz gegen schädliche Steuerpraktiken	Aufwendungen nach 31.12.2017	BGBl. I 2017, 2074 = BStBl I 2017, 1202	Anwendung der Lizenzschranke im Bereich der Überschusseinkünfte (→ Rz. 158)
§ 22 Nr. 5 EStG	Betriebsrentenstärkungsgesetz	VZ 2018	BGBl. I 2017, 3214 = BStBl I 2017, 1278	Ermäßigte Besteuerung der Abfindung aus Altersvorsorgeverträgen
§ 22a EStG	Betriebsrentenstärkungsgesetz	VZ 2019	BGBl. I 2017, 3214 = BStBl I 2017, 1278	Erweiterung des Datensatzes der Rentenbezugsmitteilung; Folgeänderung

Anhang I: Tabellarische Übersicht zu wesentlichen Steueränderungen 2017/2018

Gesetz/ Geänderte Vorschrift	Änderungsgesetz	Inkrafttreten/ Anwendungsregelung	BGBl.-/ BStBl-Fundstelle	Inhalt der Änderung und weiterführende Hinweise und Links
§ 39b Abs. 2 EStG	StUmgBG	VZ 2018	BGBl. I 2017, 1682 = BStBl I 2017, 865	Permanenter Lohnsteuer-Jahresausgleich
§ 39e Abs. 3 Satz 3 EStG	StUmgBG	VZ 2018	BGBl. I 2017, 1682 = BStBl I 2017, 865	Programmgesteuerte Einreihung von Ehegatten in Steuerklasse IV
§ 40a Abs. 1 Satz 2 Nr. 1 EStG	2. BürokratieEntlG	VZ 2017	BGBl. I 2017, 2143 = BStBl I 2017, 890	Anhebung des Pauschbetrags für kurzfristig Beschäftigte (→ Rz. 402)
§ 41a Abs. 2 Satz 2 EStG	2. BürokratieEntlG	VZ 2017	BGBl. I 2017, 2143 = BStBl I 2017, 890	Anhebung der Grenzen für die vierteljährliche LSt-Anmeldung (→ Rz. 401)
§ 84 EStG	Betriebsrentenstärkungsgesetz	VZ 2018	BGBl. I 2017, 3214 = BStBl I 2017, 1278	Anhebung der Grundzulage zur Riester-Rente von 154 € auf 175 € (→ Rz. 172)
§ 100 EStG	Betriebsrentenstärkungsgesetz	VZ 2018	BGBl. I 2017, 3214 = BStBl I 2017, 1278	Förderbetrag zur betrieblichen Altersversorgung (→ Rz. 168)
GewStG				
§ 7b GewStG	Gesetz gegen schädliche Steuerpraktiken	Schuldenerlass nach 8.2.2017, vorbehaltlich Genehmigung durch EU-Kommission	BGBl. I 2017, 2074 = BStBl I 2017, 1202	Steuerbefreiung von Sanierungserträgen (→ Rz. 335)
InvStG				
Umfassende Änderung	Investmentsteuerreformgesetz	Ab 1.1.2018	BGBl. I 2016, 1730 = BStBl I 2016, 731	Umfassende Änderung der Besteuerung von Investmentfonds sowohl auf Ebene des Fonds als auch des Anlegers (→ Rz. 175 ff.)
KStG				
§ 8c Abs. 2 KStG	Gesetz gegen schädliche Steuerpraktiken	Im Ergebnis Schuldenerlass nach 8.2.2017, vorbehaltlich Genehmigung durch EU-Kommission	BGBl. I 2017, 2074 = BStBl I 2017, 1202	Steuerbefreiung von Sanierungserträgen (→ Rz. 336)
§ 8d Abs. 1 KStG	Gesetz gegen schädliche Steuerpraktiken	Im Ergebnis Schuldenerlass nach 8.2.2017, vorbehaltlich Genehmigung durch EU-Kommission	BGBl. I 2017, 2074 = BStBl I 2017, 1202	Vorrangige Anwendung bei Ermittlung der Sanierungserträge (→ Rz. 336)

Anhänge

Gesetz/ Geänderte Vorschrift	Änderungsgesetz	Inkrafttreten/ Anwendungsregelung	BGBl.-/ BStBl- Fundstelle	Inhalt der Änderung und weiterführende Hinweise und Links
§ 15 Satz 1 KStG	Gesetz gegen schädliche Steuerpraktiken	Im Ergebnis Schuldenerlass nach 8.2.2017, vorbehaltlich Genehmigung durch EU-Kommission	BGBl. I 2017, 2074 = BStBl I 2017, 1202	Anwendung der Steuerbefreiung von Sanierungserträgen im Organschaftsfall (→ Rz. 336)
UStG				
§ 13c Abs. 1 UStG	2. BürokratieEntlG	1.1.2017	BGBl. I 2017, 2143 = BStBl I 2017, 890	Gesetzliche Absicherung der Verwaltungsregelung zum Haftungsausschluss bei Factoring
UStDV				
§ 33 Satz 1 UStDV	2. BürokratieEntlG	1.1.2017	BGBl. I 2017, 2143 = BStBl I 2017, 890	Anhebung der Grenze für Kleinbetragsrechnungen (→ Rz. 418)

Anhang II: Steuerterminkalender 2018

Monat	Abgabetermin	Zahlungstermin[1]	Ende der Zahlungsschonfrist[2]	Lohnsteuer Monat	Lohnsteuer Quartal	Umsatzsteuer Monat	Umsatzsteuer Quartal	Gewerbesteuer	Grundsteuer	Einkommensteuer	Körperschaftsteuer	Sozialvers. Abgabe	Sozialvers. Fälligkeit[3]
Januar	10.	10.	15.	■	■	■	■					25.	29.
Februar	12.	12.	15.	■		■						22.	26.
		15.	19.					■	■				
März	12.	12.	15.	■		■			31.[4]	■	■	26.	28.
April	10.	10.	13.	■	■	■	■					24.	26.
Mai	11.	11.	14.	■		■						25.	29.
		15.	18.					■	■				
Juni	11.	11.	14.	■		■				■	■	25.	27.
Juli	10.	10.	13.	■	■	■	■					25.	27.
August	10.	10.	13.	■		■						27.	29.
		15./16.[5]	20.					■	■				
September	10.	10.	13.	■		■				■	■	24.	26.
Oktober	10.	10.	15.	■	■	■	■					24./25.[6]	26./29.[6]
November	12.	12.	15.	■		■						26.	28.
		15.	19.					■	■				
Dezember	10.	10.	13.	■		■				■	■	21.	27.
									15.[7]				

---

1) Bei Zahlung durch Scheck ist zu beachten, dass die Zahlung erst drei Tage nach Eingang des Schecks beim Finanzamt oder der Kommune (im Hinblick auf Grund- und Gewerbesteuer) als erfolgt gilt. Ist eine Steuer etwa am 10.1. fällig, muss der Scheck spätestens am 7.1. beim Finanzamt eingehen.
2) Erfolgt die Zahlung innerhalb der Schonfrist, setzt die Finanzverwaltung keinen Säumniszuschlag fest. Bei Zahlung durch Scheckeinreichung wird keine Zahlungsschonfrist gewährt.
3) Sozialversicherungsbeiträge sind einheitlich am drittletzten Bankarbeitstag des laufenden Monats zur Zahlung fällig.
4) Fristablauf für Antrag auf Grundsteuer-Erlass 2017.
5) 15.8.2018 Feiertag in Bayern und Saarland, dadurch entsprechende Verschiebung des Endes der Zahlungsschonfrist bzw. des Zahlungstermins.
6) 31.10.2018 Feiertag in Brandenburg, Mecklenburg-Vorpommern, Sachsen, Sachsen-Anhalt, Thüringen, dadurch entsprechende Verschiebung der Abgabefrist und der Fälligkeit.
7) Fristablauf für Antrag auf Abgeltungsteuer-Verlustbescheinigung bei den Kreditinstituten.

Durch regionale Feiertage können sich Abweichungen ergeben.
Die vorstehenden Angaben wurden sorgfältig zusammengestellt, erfolgen jedoch ohne Gewähr. Eine Haftung kann nicht übernommen werden.

Stichwortverzeichnis

Die Ziffern des Stichwortverzeichnisses verweisen auf die Randziffern.

1

183-Tage-Regelung
– Besteuerung des Arbeitsentgelts 118

18. Legislaturperiode
– Steuerpolitik 1

19. Legislaturperiode
– Aufgaben aus der Sicht der Wirtschaft 3
– Steuerpolitik 2 f.

1 %-Methode
– Kraftstoffkosten, vom Arbeitnehmer getragen 381

§

6b-Rücklage
– Ersatzwirtschaftsgut in EU-Betriebsstätte 451

§ 50d Abs. 9 EStG
– Modifizierung 456
– Nicht- oder Niedrigbesteuerung 456

§ 50i EStG
– BEPS-Umsetzungsgesetz 452
– rückwirkende Änderung 452
– überschießende Wirkung 452

A

A1-Bescheinigung
– Arbeitnehmerentsendung 274

Abfindung bei Verzicht auf Pflichtteilsanspruch
– Zeitpunkt des Verzichts 472

Abfindung für frühere Tätigkeit
– Ansässigkeitsstaat 466
– Besteuerungsrecht 466
– Tätigkeitsstaat 466

Abführungssperre
– Ausschüttungssperre 571 f.

Abgabefristen, verlängerte
– Steuererklärung 159

Abgeltungsteuer
– Ausnahme auf Antrag bei beruflicher Tätigkeit 490
– Ausnahme bei Beteiligung von mindestens 10 % 489
– Dividendeneinkünfte 490
– Steueroptimierung 82
– Verlustausgleich von Kapitaleinkünften 492
– Verrechnung von Altverlusten 491

– Verträge mit nahen Angehörigen 80
– Zinseinkünfte 489

Ablösungszahlung
– Pensionsverpflichtung 323
– Wahlrecht 323

Abrechnung
– Betriebskosten 607
– Jahresfrist 607

Abschlussprüferhonorar
– Anhangangaben 573
– Konzernabschluss, Anhang 574
– Leistungen des Abschlussprüfers 575
– Umfang der Honorare 576

Abschlussprüferreformgesetz
– Bestätigungsvermerk 203

Abschlussprüfung
– Bestätigungsvermerk 203 f.

Abschreibungsbeginn
– wirtschaftliches Eigentum 280

Abtretung
– Berichtigung unrichtiger Steuerausweis 408
– Steuerausweis, unberechtigter 408
– Umsatzsteuer 408

Abwärtsverschmelzung
– Buchwertansatz 345

AEAO zu § 153
– Berichtigung unrichtiger Angaben in (Steuer-)Erklärungen 368

Aktienoptionsprogramm
– Rückstellungsbildung 284

Altersdiskriminierung
– Arbeitsangebot 636
– Darlegungs- und Beweislast 636

Altersgrenze
– Befristungsabrede 632

Amtsermittlungsgrundsatz
– gruppenbezogene Entscheidung 372
– Modifizierung 372

Angabepflichten
– Ausweitung 240
– IFRS 9 240

Angabepflichten, erweiterte
– IFRS 15 220
– Konzernanhang 220

Anhangangaben
– Abschlussprüferhonorar 573 ff.

Stichwortverzeichnis

– IFRS 16 248
– immaterielle Vermögensgegenstände 555
– Konzernabschluss, Anhang 574

Anleger
– betrieblicher Anleger 183
– Investmentsteuerreform 180 ff., 187
– Privatanleger 182
– Publikums-Investmentfonds 180 ff.
– Spezial-Investmentfonds 187
– Teilfreistellung steuerpflichtiger Erträge 181 ff.
– Transparenzoption 187
– Vorabpauschale 180

Anrechnung Kapitalertragsteuer
– Cum/Cum-Transaktion 493 f.
– Mindestwertänderungsrisiko 494

Ansatzgebot
– immaterielle Vermögensgegenstände 550

Ansatzverbot
– immaterielle Vermögensgegenstände 551

Ansatzwahlrecht
– immaterielle Vermögensgegenstände 551

Anteile an Tochterunternehmen, Aufstockung
– Kapitalkonsolidierung 541

Anteiliger Wegfall des Verlustvortrags
– Verfassungswidrigkeit 313

Anteilsveräußerung
– Rückabwicklung 485

Anteilsvereinigung
– Grunderwerbsteuer 365

Antragsfrist
– Teileinkünfteverfahren 324

Antragsfrist bei abweichendem Wertansatz
– Einbringung 344

Anwendungsleitlinien
– IFRS 15 219

Anzeigepflicht Kreditinstitut
– Erbschaftsteuer 484
– Vermögensgegenstände im Ausland verwahrt 484
– Zweigniederlassung im Ausland 484

AOA
– Betriebsstätte 102

Arbeitnehmerentsendung
– A1-Bescheinigung 274

Arbeitnehmer-Pauschbetrag 131

Arbeitnehmerüberlassung
– Arbeitnehmervertretung 641
– Equal Pay-Anspruch 640
– Verbot der verdeckten Arbeitnehmerüberlassung 642

Arbeitnehmerüberlassungen
– Entleihdauer 639

Atypisch stille Beteiligung an Personengesellschaft
– Gewerbesteuererklärung 361

Aufbewahrungsfrist
– Lieferscheine 375

Aufbewahrungspflicht
– Auslandssachverhalt 164
– Geschäftsunterlagen 75

Aufladen eines Elektro- oder Hybridelektrofahrzeugs
– Lohnsteuerbefreiung 383

Aufwandsverteilungsposten
– Gebäudeanschaffungs- und Herstellungskosten 277

Ausgleichsteuer
– digitale Geschäftsmodelle 35 ff.
– Equilisation Levy, Indien 37
– EU-Kommission 38
– USA 36

Auskunftsanspruch, individueller
– Entgelttransparenzgesetz 557

Ausländische Betriebsstätte
– gewerbesteuerliche Kürzung 359

Ausländische Kapitaleinkünfte
– Progressionsvorbehalt 488

Ausländische Quellensteuer
– Anrechnung 73
– Betriebsprüfung 73

Ausländische Tochtergesellschaft
– Finanzierung 107

Auslandsbezug, Vorgänge
– Sonderbetriebsausgabenabzug 297

Auslandsdienstreisen
– Pauschalen 393

Auslandssachverhalt
– Mitteilungspflichten 74, 163
– Tax Compliance Management System 74

Ausscheiden eines Mitunternehmers
– Einzelwirtschaftsgüter 302
– Realteilung 301 f.
– Teilbetrieb 301

Ausschüttungsgleiche Erträge
– Besteuerung Anleger 188
– Investmentsteuerreform 188
– Spezial-Investmentfonds 188

Ausschüttungssperre, § 253 Abs. 6 HGB
– Abstockungsgewinn 571
– Nichtbeanstandungsregelung 572

Außergewöhnliche Belastung
– Scheidungskosten 507

– Zeitpunkt der Berücksichtigung 508
– zumutbare Belastung 509

Ausweis
– Immaterielle Vermögensgegenstände 554

Automatischer Informationsaustausch über Tax-Rulings
– BEPS-Umsetzung 447 ff.
– Informationsaustausch laut Steuerabkommen 449
– nach dem 31.12.2016 erteilte Tax-Rulings 447
– Vorbescheide und Vorabverständigungen, grenzüberschreitend 447 ff.
– zwischen dem 1.1.2012 und dem 31.12.2016 erteilte Tax-Rulings 448

Automatisiertes Kontenabrufverfahren
– Sammelauskunftsersuchen 166
– wirtschaftlich Berechtigter 166

B

Bagatellgrenze
– gewerbliche Infektion 303

Bankenprivileg
– gewerbesteuerliche Hinzurechnung 356
– Konzernfinanzierungsgesellschaft 356

Barausgleich
– Stillhalter 487

Bausparverträge
– AGB-Kontrolle 611 f.
– Darlehensgebühr 611
– Kontogebühr 612
– Kündigungsrecht der Bausparkasse 610
– Kündigungsrecht zehn Jahre nach Zuteilungsreife 610

Bauträgerfälle
– Finanzverwaltung 432
– Korrektur Umsatzsteuerfestsetzung 431 f.
– Rechtsprechung 431

Bauvertragsrecht
– Mängelhaftung 268
– Verbraucherbauvertrag 267

Bearbeitung, automationsgestützt
– Digitalisierung, Besteuerungsverfahren 52

Befristungsabrede
– Altersgrenze 632
– Schriftform 633 f.
– Unterschrift "i. A." 634

Beihilfecharakter
– Steuerbegünstigung nach § 6a GrEStG 366

Beihilferecht
– FuE-Förderung 17
– staatliche Begünstigungen 99

Bekanntgabe von Verwaltungsakten
– Bereitstellung zum Datenabruf 378

Belegvorhaltepflicht
– Digitalisierung, Besteuerungsverfahren 47

Bemessungsgrundlage
– Grunderwerbsteuer 363

BEPS-Projekts der OECD
– multilaterales Instrument 198

BEPS-Umsetzung
– automatischer Informationsaustausch über Tax-Rulings 447 ff.
– Country-by-Country-Report 442, 444 ff.
– Local File 440
– Master File 441

Bereitstellung zum Abruf von Verwaltungsakten
– Bekanntgabe des Verwaltungsakts 378

Bericht zur Gleichstellung und Entgeltgleichheit
– Berichtszeitraum 559
– Comply or explain-Prinzip 558
– erste Berichterstattung 561
– Inhalt 558
– Veröffentlichungspflicht 560

Berufs- oder Geschäftsbedarf
– Eigenbedarfskündigung 609
– wirtschaftliche Verwertung 609

Bestätigungsvermerk
– Abschlussprüfung 203 f.
– Anwendung, erstmalige 209 f.
– Hierarchiebildung 208
– Key Audit Matters 207
– Lagebericht 205
– Non-PIE 203, 209 f.
– PIE 203, 207, 209
– Prüfungsurteil 205
– Reform 203
– Standards 208
– Untergliederung 206

Betriebliche Altersversorgung
– Beiträge, sozialversicherungsfreie 170
– Beiträge, steuerfreie 169
– Förderbetrag 134, 168
– Gesellschafter-Geschäftsführer 323, 398
– Kapitalauszahlung 397
– Pensionszusage 323, 398
– Sonderzahlung 396
– steuerfreier Höchstbetrag für Beitragszahlungen 133
– Übertragung, steuerfreie 171

Betriebsausgabe
– Aufgabeerklärung 328

Betriebsausgabenabzug
– Geschenke an Geschäftsfreunde 288
– Kartellbußgeld 289

Betriebsausgabenabzugsverbot
– Gewerbesteuer 293

Stichwortverzeichnis

Betriebseröffnung
– Investitionsabzugsbetrag 287

Betriebskosten
– Abrechnung innerhalb Jahresfrist 607

Betriebsprüfungsschwerpunkt 69
– Anrechnung ausländischer Quellensteuer 73
– Betriebsveranstaltung 70 f.
– gewerbesteuerliche Hinzurechnung von Finanzierungsanteile 72

Betriebsrentenstärkungsgesetz
– betriebliche Altersversorgung, Anhebung des steuerfreien Höchstbetrags 133
– betriebliche Altersversorgung, Erhöhung der lohnsteuerfreien Beiträge 169
– betriebliche Altersversorgung, Förderbetrag 134
– betriebliche Altersversorgung, steuerfreie Übertragung 171
– Betriebsrenten in kleinen und mittleren Unternehmen 269
– erstmalige Anwendung 269
– Förderbetrag, Einführung 168
– Grundzulage zur Riester-Rente, Anhebung 172
– reine Beitragszusage 270

Betriebsstätte
– AOA 102
– Bau- und Montagebetriebsstätte 101, 104
– Dienstleistungsbetriebsstätte 105
– Kommissionärstätigkeit 103
– Lizenzschranke 153
– Voraussetzungen 100

Betriebsstättengewinnaufteilung
– AOA 457
– Außenprüfungsschwerpunkt 459
– Einkünftezuordnung 458
– Verwaltungsgrundsätze 457 ff.

Betriebsstättenverluste, ausländische
– finale Verluste 450
– Niederlassungsfreiheit 450
– Rechtsprechungswandel 450
– Timac Agro 450

Betriebsübertragung
– Vorbehaltsnießbrauch 276

Betriebsveräußerung
– eingeführte Bezeichnung 329
– Franchisevereinbarung 329
– wesentliche Betriebsgrundlagen 329

Betriebsveranstaltung
– Freibetrag von 110 Euro 70
– Freigrenze von 110 Euro 71
– lohnsteuerliche Behandlung 70
– umsatzsteuerliche Behandlung 71
– Vorsteuerabzug 417

Bewertung
– Finanzierungsinstrumente 229
– IFRS 9 229
– immaterielle Vermögensgegenstände 553

Bilanzierung bestrittener Steuerforderungen/-schulden
– Aktivierung 563
– Rückstellung 562
– Wahrscheinlichkeit des Bestehens 562

Bilanzierung eigener Anteile
– Konzerneigenkapitalspiegel 530

Bilanzierung von Rückbeteiligungen
– Konzerneigenkapitalspiegel 531

Bilanzrichtlinie-Umsetzungsgesetz
– E-Bilanz 275

Brexit
– Einbringung in Kapitalgesellschaft 121
– erbschaftsteuerliche Begünstigung 124
– Steuerplanung 120
– Überführung von Wirtschaftsgütern 122
– Umsatzsteuer 125
– Wegzugsteuer 123

Briefkastensitz
– Vorsteuerabzugsberechtigung 415

Broader tax policy challenges
– Besteuerung 28
– Digitale Geschäftsmodelle 28
– Digitalisierung 28
– OECD 28

BsGaV, Änderungen
– Vierte Verordnung zur Änderung steuerlicher Verordnungen 457
– Zweites Finanzmarktnovellierungsgesetz 457

BSI-Kritisverordnung
– Infrastrukturen, kritische 603

Buchwertansatz
– Abwärtsverschmelzung 345

Buchwertfortführung, Betriebsübertragung
– Besteuerung stiller Reserven, Sicherstellung 282

Bundesdatenschutzgesetz
– Datenschutzgrundverordnung 262

C

Compliance-Verstoß
– Führungskraft 643
– Haftung 643

Country-by-Country-Report
– De-Mail 443
– Informationsaustausch 445
– Konzernobergesellschaft 442
– Sanktionen 446
– Übermittlung an das BZSt 442 f.

- Übersicht, nach Steuerhoheitsgebieten gegliedert 444
- Umsatzgrenze 750 Mio. Euro 442
- XML-Format 443

CSR-Richtlinie-Umsetzungsgesetz
- Gesetzgebungsverfahren 513
- Hintergrund 513
- Nichtfinanzielle Erklärung 514 ff.

Cum/Cum Gestaltungen
- keine Vergütungsverpflichtung 340
- Mindesthaltedauer 340
- Mindestwertänderungsrisiko 340

Cum/Cum-Transaktion
- Anrechnung Kapitalertragsteuer 493 f.
- Mindestwertänderungsrisiko 494

D

Darlehen mit steigenden Zinssätzen
- Rückstellungsbildung 283

Darlehensgebühr, AGB-Kontrolle
- Bausparverträge 611

Datenschutzgrundverordnung
- Anwendungsbereich 263
- Bundesdatenschutzgesetz 262
- Bußgelder 266
- Handlungsplan 265
- Inkrafttreten 262
- Rechenschaftspflicht 264
- Sanktionen 266
- Ziele 263

Datenübermittlungspflichten Dritter
- Korrekturvorschrift 374
- Rahmenregelungen 373

Dauerüberzahlerregelung
- Kapitalertragsteuerabzug 88

DBA Australien
- Doppelt ansässige Gesellschaften 435
- Quellensteuer 435

DBA China
- Betriebsstättendefinition 436
- Quellensteuer 436

DBA Costa Rica 437

DBA Israel
- fiktive Quellensteuer 438
- Quellensteuer 438

DBA Japan
- Anti-Treaty-Shopping-Klausel 439
- AOA 439

Deutschkurse
- lohnsteuerliche Behandlung 385

Dienstwagenbesteuerung
- Behördenleasing 382
- Kraftstoffkosten, vom Arbeitnehmer getragen 381
- Leasingfälle 382

Digitale Geschäftsmodelle
- Ausgleichsteuer 35 ff.
- Besteuerung 27 ff., 33
- broader tax policy challenges 28
- Equalisation Tax 30 f.
- Equilisation Levy, Indien 37
- EU-Kommission 30 f., 38
- EU-Kommission, Lösungsansätze 32
- Folgenabschätzung 40
- Forderungen der Wirtschaft 39 ff.
- Handlungsoptionen, steuerpolitische 29
- internationaler Konsens, fehlender 29
- Internetdienstleistungen, Abgrenzung 34
- Lösungsansätze 32
- multilateraler Ansatz 41
- OECD 28, 31
- Sicht der Wirtschaft 33
- USA 36
- Wachstumsorientierung 39

Digitale Wirtschaft
- Besteuerung 202
- Besteuerungsmodelle 202

Digitalisierung
- Ausgleichsteuer 35 ff.
- Besteuerung 27 ff., 33
- broader tax policy challenges 28
- E-Bilanz 43
- ELSTER 44
- Equalisation Tax 30 f.
- Equilisation Levy, Indien 37
- EU-Kommission 30 f., 38
- EU-Kommission, Lösungsansätze 32
- Folgenabschätzung 40
- Forderungen der Wirtschaft 39 ff.
- Gesetz zur Modernisierung des Besteuerungsverfahrens 42
- Gesetz zur Modernisierung und Entbürokratisierung des Steuerverfahrens 43 f.
- Handlungsoptionen, steuerpolitische 29
- Internationaler Konsens, fehlender 29
- Internetdienstleistungen, Abgrenzung 34
- Lösungsansätze 32
- multilateraler Ansatz 41
- OECD 28, 31
- Rahmenbedingungen, steuerrechtliche 42
- Sicht der Wirtschaft 33
- USA 36
- Wachstumsorientierung 39

Digitalisierung, Besteuerungsverfahren
- Automation 55
- Bearbeitung, automationsgestützt 52
- Belegvorhaltepflicht 47
- Fristverlängerung, Steuererklärung 54
- GoBD 46
- Kommunikation, elektronische 48

Stichwortverzeichnis

- künstliche Intelligenz 56
- LohnSchnittstelle 45
- Massenverfahren, steuerliche 49
- Prozessoptimierung 56
- Risikomanagementsysteme 51
- Steuererklärungsfristen, Verlängerung 53
- Untersuchungsgrundsatz 50

Diskriminierungsverbot
- Kopftuchverbot 637

Dividenden
- Schachtelstrafe 308

Dividendeneinkünfte
- Abgeltungsteuer 490
- Ausnahme von der Anwendung der Abgeltungsteuer 490

Dokumentationspflichten
- Verrechnungspreise 110

Dokumentationspflichten im Ausland
- Verrechnungspreise 113

Dokumentenmanagementsystem
- Eingangsrechnungen 596
- Scannen, papierersetzendes 602

Dokumentenmanagementsysteme
- Eingangsrechnungen 597, 601
- Handelsrecht 597
- internes Kontrollsystem 598
- organisatorische Anforderungen 599
- Prozessanforderungen 600
- Steuerrecht 597
- technische Anforderungen 599

Doppelbesteuerungsabkommen
- Stand am 1.1.2017 434

Drittstaat-Gesellschaft
- Mitteilungspflichten 163

DRS 22, Anwendungsbereich
- Konzerneigenkapitalspiegel 526

DRS 22, erstmalige Anwendung
- Konzerneigenkapitalspiegel 533

DRS 23, Anwendungsbereich
- Kapitalkonsolidierung 535

DRS 24, Anwendung
- immaterielle Vermögensgegenstände 545

E

E-Bilanz
- Taxonomien 6.0 275
- Taxonomien 6.1 149

E-Books
- Mehrwertsteuersatz 430

Effektivitätsanforderungen
- IFRS 9 238

Ehrung einzelner Jubilare
- Vorsteuerabzug 417

Eigenbedarfskündigung
- Berufs- oder Geschäftsbedarf 609
- Eigenbedarf eines Gesellschafters 608
- GbR als Vermieter 608

Eigenkapitalersetzende Finanzierungshilfen
- Anschaffungskosten, Kapitalgesellschaftsanteile 311

Eigenkapitalveränderungen
- Konzerneigenkapitalspiegel 528

Einbauküche Mietwohnung
- Sofortabzug der Aufwendungen 496

Einbringung
- Antragsfrist bei abweichendem Wertansatz 344

Einbringung in eine Personengesellschaft
- Gewinnermittlungsmethode 343

Einbringung nach UmwStG
- Ketteneinbringung 98
- sonstige Gegenleistung 97
- Weitereinbringung 98
- wesentliche Betriebsgrundlagen 96

Einbringung von Sachgesamtheiten
- Betrieb, Teilbetrieb, Mitunternehmeranteil 95
- Personengesellschaft 95

Einbringung von Wirtschaftsgütern
- Personengesellschaft 94
- Privatvermögen 94

Eingangsrechnungen
- Archivierung 596
- Dokumentenmanagementsysteme 601
- Scannen, papierersetzendes 602

Einheitliches Vertragswerk
- Grunderwerbsteuer 363

Einheits-GmbH & Co. KG
- gewerbliche Prägung 304

Einkaufszentren
- Gewerbesteuerpflicht 349

Einkommensteuer, Tarifverlauf
- kalte Progression 512

Einkommensteuertarif
- Belastungsvergleich 14
- CDU/CSU 11, 14
- Mittelstandsbauch 13
- Reform 11 ff.
- SPD 12, 14

Einkünfte aus nichtselbständiger Arbeit, Zuordnung
- Managementbeteiligung, Veräußerungsgewinne 92

Einkünfte aus Vermietung und Verpachtung
- Einbauküche 496

– Mietgarantie 495
– Mietzuschuss 495

Einlagen, vorgezogene
– Kapitalkonto i.S.d. § 15a Abs. 1 EStG 299

Einlagenrückgewähr
– EU-Rechtskonformität 454
– Kapitalertragsteuer 325
– Nicht-EU-Kapitalgesellschaft 454

Einzelveräußerungspreis
– IFRS 15 217

Einzelwirtschaftsgüter
– Ausscheiden eines Mitunternehmers 302
– Realteilung 302

Einziehung Geschäftsanteil
– Beendigung Mitarbeit 616

Elektromobilität
– Lohnsteuerbefreiung 383
– Pauschalbesteuerung 384

Elektronisch übermittelte Eingangsrechnung
– GoBD 326
– Kontierungsvermerk 326

Elektronisches Kassensystem
– Manipulierbarkeit 327

ELSTER
– Digitalisierung 44

Energieausweis
– Immobilienanzeigen 606
– Informationspflichten 606

Entfernungspauschale
– verfassungskonform 388

Entgelttransparenzgesetz
– Auskunftsanspruch, individueller 557
– Berichtspflicht 558 ff.
– Neuregelungen 556
– Überblick 556

Entkonsolidierung
– Kapitalkonsolidierung 542

Entlohnung für mehrjährige Tätigkeit
– Prämie für Verbesserungsvorschlag 386

Entsendung
– 183-Tage-Regelung 118
– Entsenderichtlinien 117
– nicht direkt zuordenbare Vergütungsbestandteile 119
– rechtliche und steuerrechtliche Belange 116
– Steuerklausel 117

Entsorgungspflichten nach dem Elektro- und Elektronikgerätegesetz
– Rückstellung 564

Equalisation Tax
– digitale Geschäftsmodelle 30 f.

– EU-Kommission 30 f.
– OECD 31

Equilisation Levy, Indien
– Ausgleichsteuer 37
– digitale Geschäftsmodelle 37
– Digitalisierung 37

Erbschaft- und Schenkungsteuerbefreiung
– gemeinnützige Körperschaft 478
– Kunststiftung 478

Erbschaftsteuer
– Altfälle 480
– Anzeigepflicht Kreditinstitut 484
– geerbter Pflichtteilsanspruch 471
– persönlicher Freibetrag 479, 481
– persönlicher Freibetrag bei beschränkter Steuerpflicht 480
– Steuerermäßigung bei Vorerwerb 483

Erbschaftsteuerliche Begünstigung
– Familienheim 476 f.
– Übertragung des Familienheims an Ehegatten 476
– Übertragung des Familienheims auf ein Kind 477

Erbschaftsteuerliche Begünstigungen von Betriebsvermögen
– Ländererlasse 474
– Verbundvermögensaufstellung 474
– Verschonungsbedarfsprüfung 474
– Verwaltungsvermögenstest 474

Erbschaftsteuerreform 2016
– Begünstigung von Betriebsvermögen 474
– Kapitalisierungsfaktor 475
– Ländererlasse 474
– vereinfachtes Ertragswertverfahren 475

Erdienenszeitraum
– Pensionszusage 322

Ergänzende Angaben
– Konzerneigenkapitalspiegel 532

Ergänzungsbilanz
– Kapitalkonto i.S.d. § 15a Abs. 1 EStG 298
– KGaA 300

Ergebnisverwendung des laufenden Jahres
– Konzerneigenkapitalspiegel 529

Ermäßigungshöchstbetrag, Einkünften aus Gewerbebetrieb
– horizontaler Verlustausgleich 338
– vertikaler Verlustausgleich 338

Ersatzerbschaftsteuer
– Stiftung, nichtrechtsfähig 473

Ersatzwirtschaftsgut in EU-Betriebsstätte
– 6b-Rücklage 451

Erste Tätigkeitsstätte
– Bestimmung 132

Stichwortverzeichnis

– Bestimmung durch Arbeitgeber 389
– gesetzlich vorgegebene quantitative Merkmale 389

Erstes BEPS-Umsetzungsgesetz
– Abfindung für frühere Tätigkeit 466
– automatischer Informationsaustausch über Tax-Rulings 447
– Buchwertfortführung bei unentgeltlicher Übertragung eines Betriebs 282
– Country-by-Country-Report 442 f.
– Cum/Cum Gestaltungen, Vermeidung 340
– Eindämmung der überschießenden Wirkung des § 50i EStG 452
– fortführungsgebundener Verlustvortrag, Einführung 91
– Gewinnminderungen aus Beteiligungen, Finanzunternehmen 310
– Grundfreibetrag, Erhöhung 2017 und 2018 512
– Kinderfreibetrag, Erhöhung 2017 und 2018 512
– Modifizierungen bei § 50d Abs. 9 EStG 456
– Sonderbetriebsausgabenabzug 297
– Sonderregelung in § 7a GewStG 360
– Verrechnungspreisdokumentation 110
– Verrechnungspreisdokumentation, Local File 440
– Verrechnungspreisdokumentation, Master File 441

Erstkonsolidierung
– Anteile des Mutterunternehmens 537
– Eigenkapital des Tochterunternehmens 538
– Kapitalkonsolidierung 536

Erwerbergruppe
– schädlicher Beteiligungserwerb 90, 315
– Verlustvortrag 90, 315

Escape-Klausel
– Zinsschranke 61

EU-IFRS-Konzernabschluss
– Angabepflichten 579
– Anhangangaben 579

EU-Kommission
– digitale Geschäftsmodelle 30 f.
– digitale Geschäftsmodelle, Lösungsansätze 32
– Equalisation Tax 30 f.
– Lösungsansätze, digitale Geschäftsmodelle 32
– OECD 31

EU-Mehrwertsteuersystem
– Bestimmungslandprinzip 173
– innergemeinschaftliche Lieferung 173
– Konsignationslager 174
– Mehrwertsteueridentifikationsnummer 174
– Online-Portal 173
– Reihengeschäfte 174
– zertifizierter Steuerpflichtiger 174

EU-NIS-Richtlinie
– Netzwerk- und Informationssicherheit 261

EU-Recht
– Mitbestimmungsrecht 615

F

Fair Value-Option
– IFRS 9 227

Familienheim
– Erbschaftsteuerliche Begünstigung 476 f.
– Nutzung zu eigenen Wohnzwecken 476 f.
– Übertragung auf Ehegatten 476
– Übertragung auf Kind 477

FATCA-Abkommen
– Anwendungsfragen 468
– Datensatz 468
– Informationsaustausch 468

Fiktive Veräußerungsverluste
– Wegzugsbesteuerung 463

Finanzielle Eingliederung
– Organschaft, körperschaftsteuerliche 318

Finanzierung
– Tochtergesellschaft, ausländische 107

Finanzierungsanteile
– gewerbesteuerliche Hinzurechnung 355

Finanzierungshilfen
– Anschaffungskosten, Kapitalgesellschaftsanteile 311

Finanzierungsmodell GmbH & Co. KG
– Personenunternehmen 81

Finanzinstrumente
– Änderungen an IFRS 9 224
– Eigenkapitalinstrumente 226
– Fremdkapitalinstrumente 226
– IFRS 9 222, 227, 582
– IFRS 9, Bewertung 225
– IFRS 9, erstmalige Anwendung 224
– IFRS 9, Klassifizierung 225
– IFRS 9, Zielsetzung 223
– Wertminderungen 231

Finanzkonten-Informationsaustausch
– Staatenaustauschliste 467

Finanzkonten-Informationsaustauschgesetz
– Anwendungsfragen 467
– erstmaliger Austausch 467

Finanzunternehmen
– Gewinnminderungen aus Beteiligungen 310
– Mitteilungspflichten 165

Firmenwert
– Kapitalkonsolidierung 539

Firmierung
– inländische Zweigniederlassung einer ausländischen Gesellschaft 619

Flüchtlingshilfe
– Sonderausgaben 504
– Spendenabzug 504

Förderbeitrag
– betriebliche Altersversorgung 168
– geringes Einkommen 168

Förderbetrag
– Betriebliche Altersversorgung 134

Forschungsförderung
– Entwicklung 16
– EU-Vergleich 15
– Investitionen 16
– Reform 15 f.
– Standortfaktor 15
– Unternehmensgründung 16

Fortführungsgebundener Verlustvortrag
– Gesetz gegen schädliche Steuerpraktiken im Zusammenhang mit Rechteüberlassungen, Änderung von § 8d KStG 317
– Gesetz zur Weiterentwicklung der steuerlichen Verlustverrechnung, Einführung von § 8d KStG 317
– Verlustvortrag trotz schädlichem Beteiligungserwerb 91

Franchiseentgelte
– gewerbesteuerliche Hinzurechnung 354

Freibetrag, personenbezogener
– Investmentsteuerreform 192
– Privatanleger 192
– Übergangsregelung 192
– Veräußerungs- und Anschaffungsfiktion 192
– Veräußerungsgewinn, fiktiver 192

Freigrenze
– Zinsschranke 58

Fremdvergleichsgrundsatz
– Verrechnungspreise 109

Fristverlängerung, Steuererklärung
– Digitalisierung, Besteuerungsverfahren 54

FuE-Förderung
– Beihilferecht 17
– Bundesregierung 18
– EU-Vergleich 15
– Reform 15 f.
– Standortfaktor 15
– Unternehmensgründung 16

Führungskräfte
– Haftung 643

G

GAufzV
– Neufassung vom 12.7.2017 110, 441

GbR
– Verbrauchereigenschaft 605

GbR als Vermieter
– Eigenbedarfskündigung 608

Gebäudeabschreibung
– mittelbare Grundstücksschenkung 499

Gebäudeanschaffungs- und Herstellungskosten
– Aufwandsverteilungsposten 277
– Grundstück, Nichtunternehmer-Ehegatte 277

Gebäudeherstellungskosten, anschaffungsnahe
– Heizkörper, Austausch 498
– Instandsetzungs- und Modernisierungsmaßnahmen 497 f.
– Schaden 497
– Substanzschaden 497

Gegenleistungen, im Voraus gezahlte
– IFRSC 22 591

Gemeinnützigkeit
– Kunststiftung 478

General Hedge Accounting
– IFRS 9 233, 236

Geringwertige Wirtschaftsgüter
– Betragsgrenze 57, 146
– untere Wertgrenze 57, 147

Geschäftsführeranstellungsvertrag
– Abberufungsbeschluss 617
– Koppelungsklausel 617

Geschäftsunterlagen
– Aufbewahrungspflichten 75

Geschäftsvorfälle mit anteilsbasierter Vergütung
– IFRS 2 588

Geschäftswert
– Kapitalkonsolidierung 539

Geschenke an Geschäftsfreunde
– Betriebsausgabenabzug 288
– Pauschalbesteuerung 288

Geschlechterquoten
– Lagebericht 578

Gesellschafterdarlehen
– Forderungsverzicht 312
– Liquidation der Tochtergesellschaft 312
– Rangrücktritt 312
– Tilgung aus sonstigem freien Vermögen 312

Gesellschafterdarlehen, Ausweis
– Liquidationsbilanz 87

Gesellschafterfremdfinanzierung, schädliche
– Zinsschranke 59

Gesellschafter-Geschäftsführer
- Pensionszusage 321 f.

Gesellschafterwechsel, unterjähriger
- Steuerermäßigung bei Einkünften aus Gewerbebetrieb 337

Gesetz für die gleichberechtigte Teilhabe von Frauen und Männern an Führungspositionen in der Privatwirtschaft und im öffentlichen Dienst
- Lagebericht, Berichtspflichten über Einhaltung der Geschlechterquoten 578

Gesetz gegen schädliche Steuerpraktiken im Zusammenhang mit Rechteüberlassungen
- GwG, neue Betragsgrenze 146
- Lizenzschranke, Betriebsausgabenabzugsbeschränkung 157
- Lizenzschranke, Betriebsstätte 153
- Lizenzschranke, erstmalige Anwendung 150
- Lizenzschranke, nahestehende Person 152, 154
- Lizenzschranke, Präferenzregelung 155 f.
- Lizenzschranke, Rechteüberlassungen 151
- Lizenzschranke, Werbungskosten 158
- Sanierungserträge 333, 335

Gesetz zum Schutz vor Manipulation an digitalen Aufzeichnungen
- Belegausgabe 252
- Einzelaufzeichnungspflicht 252
- Kassennachschau 251
- Meldung von elektronischen Aufzeichnungssystemen 253
- zertifizierte Sicherheitseinrichtung 251

Gesetz zur Änderung des Arbeitnehmerüberlassungsgesetzes und anderer Gesetze
- Entleihdauer 639

Gesetz zur Modernisierung des Besteuerungsverfahrens
- Amtsermittlungsgrundsatz, Modifizierungen 372
- Bekanntgabe von Verwaltungsakten, elektronische 378
- Datenübermittlungspflichten Dritter, Einführung 373
- Digitalisierung 42
- Länderübergreifender Datenabruf, Einführung 371
- neue Korrekturvorschrift, Datenübermittlungspflichten Dritter 374
- Schreib- und Rechenfehler, Korrektur in Steuererklärung 380
- Steuererklärung, verlängerte Abgabefristen 159 ff.
- Steuerfestsetzungen, vollautomatische 379
- Verbindliche Auskünfte, Modifikationen 376
- Verspätungszuschlag 162
- Vorhaltepflicht für Bescheinigungen 377

Gesetz zur Modernisierung und Entbürokratisierung des Steuerverfahrens
- E-Bilanz 43

Gesetz zur steuerlichen Förderung von Elektromobilität im Straßenverkehr
- Begünstigungen für Elektromobilität 383

Gesetz zur Weiterentwicklung der steuerlichen Verlustverrechnung
- fortführungsgebundener Verlustvortrag 317

Gesetzlicher Mindestlohn
- Bereitschaftsdienst 626
- Erfüllungswirkung 627 f.
- Erhöhung zum 1.1.2017 625
- Jahressonderzahlungen 627
- Prämien 628
- Rufbereitschaft 626
- Zulagen 628

Gewerbesteuer
- Betriebsausgabenabzugsverbot 293
- Hinzurechnungsbetrag nach AStG 357
- Investmentsteuerreform 179
- Publikums-Investmentfonds 179
- Sanierungserträge 335
- Schachtelstrafe im Organkreis 360

Gewerbesteuer, zu zahlende
- betriebsbezogene Betrachtung 339
- Steuerermäßigung bei Einkünften aus Gewerbebetrieb 339

Gewerbesteuererklärung
- atypisch stille Beteiligung an Personengesellschaft 361

Gewerbesteuerliche Hinzurechnung
- Anmietung von Konzertsälen 352
- Anmietung von Messehallen 351
- Bankenprivileg 356
- Finanzierungsanteile 72, 350, 355
- Franchiseentgelte 354
- gemischte Verträge 72
- Lizenzzahlungen 72
- Miete unbeweglicher Wirtschaftsgüter 351 ff.
- Überlassung von Rechten 354
- vorläufige Festsetzung 355
- Zinsen für durchlaufende Kredite 350
- Zwischenvermietung 353

Gewerbesteuerliche Kürzung
- ausländische Betriebsstätte 359

Gewerbesteuerliche Verlustnutzung
- gewerblich geprägte Personengesellschaft 362

Gewerbesteuerliches Schachtelprivileg
- Europarechtskonformität 453
- Kapitalverkehrsfreiheit 453

Gewerbesteuerpflicht
- Einkaufszentren 349

- Kapitalgesellschaft 347
- Personengesellschaft 346
- Vorbereitungshandlung 346 f.

Gewerblich geprägte Personengesellschaft
- gewerbesteuerliche Verlustnutzung 362

Gewerbliche Infektion
- Bagatellgrenze 303
- vermögensverwaltende Personengesellschaft 303

Gewerbliche Prägung
- Einheits-GmbH & Co. KG 304
- Einschränkung der Geschäftsführungsbefugnis 304

Gewerbliche Tätigkeit
- Fachkrankenschwester 348
- klinische Fachstudien 348

Gewinnabführungsvertrag
- Organschaft, körperschaftsteuerliche 319

Gewinnausschüttung
- Hinzurechnungsbesteuerung, vorangegangene 309
- Schachtelstrafe 309

Gewinnermittlungsmethode
- Einbringung in eine Personengesellschaft 343

Gewinngemeinschaftsvertrag
- Mitunternehmerschaft 305
- Schwesterkapitalgesellschaften 305

Gewinnminderungen aus Beteiligungen
- Finanzunternehmen 310

GmbH-Geschäftsanteil
- Beendigung Mitarbeit 616
- Einziehung 616

GoBD
- Digitalisierung, Besteuerungsverfahren 46
- elektronisch übermittelte Eingangsrechnung 326

Goldfinger-Modell
- Altfälle 295
- steuerliche Anerkennung 295

Grenzüberschreitende Tätigkeit
- Quellensteuereinbehalt 114 f.

Grund und Boden
- Bodenrichtwert, gesunkener 570
- Teilwertabschreibung 570

Grunderwerbsteuer
- Anteilsvereinigung 365
- Beihilfecharakter 366
- Bemessungsgrundlage 363
- Einbringung schenkweise erhaltener Anteile 365
- einheitliches Vertragswerk 363
- Entschädigungszahlung 364

- Steuerbefreiung 365
- Steuerbegünstigung nach § 6a GrEStG 366
- Windkraftanlage 364

Grundfreibetrag
- Erhöhung 512

Grundsteuererlass
- Antrag 136

Grundsteuerreform
- Bewertung der Grundstücke 194
- Gesetzgebungskompetenz 196
- Grundgesetzänderung 196
- Neubewertung, Zeitpunkt der 195
- Steuermesszahlen 197
- verfassungsrechtliche Überprüfung 193

Grundstücksbewertung
- Grundsteuerreform 194

Grundstücksbezogene Leistung
- Ort der Leistung 407
- Umsatzsteuer 407

Grundstückskürzung, Erweiterte
- Beteiligung an grundstücksverwaltender Personengesellschaft 358

Grundstücksverwaltende Gesellschaft
- Beteiligung an grundstücksverwaltender Personengesellschaft 358
- erweiterte Grundstückskürzung 358

Günstigerprüfung
- Kapitaleinkünfte 144

GwG
- Betragsgrenze 146
- untere Wertgrenze 147

GwG, Neufassung
- Vierte EU-Geldwäscherichtlinie-Umsetzungsgesetz 620

H

Häusliches Arbeitszimmer
- Höchstbetrag 390 ff.
- Selbständiger mit Praxisräumen 290
- Vermietung 291

Haftung, Gewerbesteuer
- Komplementär, ausgeschiedener 618

Handwerkerleistungen
- individueller Einkommensteuersatz 145
- Leistungen an Pflegeheimbewohner 510
- Leistungskatalog des BMF 510

Haushaltsnahe Dienstleistung
- Immobilienmakler 511

Haushaltsnahe Dienstleistungen
- individueller Einkommensteuersatz 145
- Leistungskatalog des BMF 510

Heizkörper, Austausch
- Gebäudeherstellungskosten, anschaffungsnahe 498

Stichwortverzeichnis

Hinzurechnung nach § 1 AStG
- Europarechtskonformität 460
- Namensnutzung im Konzern 461
- Niederlassungsfreiheit 460

Hinzurechnungsbesteuerung
- Aktivitätskatalog 22
- Bewertung Wirtschaft 23
- EU-Recht 20
- EU-Vergleich 21
- Niedrigbesteuerung, Grenze 21
- Passivkatalog 22
- Reform 19 ff.
- Zwischeneinkünfte mit Kapitalanlagecharakter 462

Hinzurechnungsbetrag nach AStG
- Gewerbesteuerpflicht 357

Höchstbetrag, häusliches Arbeitszimmer
- kein einkünftebezogener Ansatz 392
- mehrere Arbeitszimmer 391
- personenbezogener Ansatz 390

I

IAS 12
- aktive latente Steuern 587
- unrealisierte Verluste 587

IAS 28
- Anteile an assoziierten Unternehmen und Gemeinschaftsunternehmen 590
- Veräußerung/Einbringung von Vermögenswerten 584

IAS 7
- Kapitalflussrechnung 586

IAS 8.28
- Änderungen von Bilanzierungs- und Bewertungsmethoden 580
- neue bzw. geänderte Standards, Auswirkungen 580

IAS 8.30
- Interpretationen 581
- Standards 581

IDW Praxishinweis
- Anforderungen 25
- Kontrollsystem, internes steuerliches 25
- Tax Compliance 25

IFRIC 22
- Transaktionen in fremder Währung und im Voraus gezahlte Gegenleistungen 591

IFRIC 23
- Unsicherheiten bezüglich ertragsteuerliche Behandlung 593

IFRS 1
- erstmalige Anwendung der International Financial Reporting Standards 590

IFRS 10
- Veräußerung/Einbringung von Vermögenswerten 584

IFRS 12
- Angaben zu Anteilen an anderen Unternehmen 590

IFRS 14
- regulatorischer Abgrenzungsposten 585

IFRS 15
- Angabepflichten, erweiterte 220
- Anwendungsbereich 212
- Anwendungsleitlinien 219
- Einzelveräußerungspreis 217
- Erlöse aus Verträgen mit Kunden 583
- erstmalige Anwendung 221
- Finanzierungskomponenten, wesentliche 216
- Gegenleistung 216
- Gegenleistung, unbar 216
- Kaufpreisbestandteile, variable 216
- Konzernanhang 220
- Kundenverträge 212, 214
- Leistungsverpflichtung 215
- Tauschgeschäfte 216
- Transaktionspreis 216
- Transaktionspreisallokation 217
- Übergangsregelung 221
- Umsatzerlöse 214 ff., 220 f.
- Umsatzrealisierung 211, 213, 218 f.
- Zielsetzung 211

IFRS 16
- Anhangangaben 248
- Ein-Modell-Ansatz 241
- erstmalige Anwendung 249
- Folgebewertung 246
- Leasing 241, 594
- Leasingbilanzierung 242 ff., 246 ff.
- Leasingnehmer 245 ff.
- Leasingverbindlichkeit, Ausweis 247
- Leasingverhältnis 242
- Portfolien 244
- ROU-Vermögenswert 247
- short-term lease 243
- small-ticket lease 243
- Übergangsregeln 249
- Zugangsbewertung 245

IFRS 17
- Versicherungsverträge 595

IFRS 2
- Geschäftsvorfälle mit anteilsbasierter Vergütung 588

IFRS 4
- Versicherungsverträge 589

IFRS 40
- Klassifizierung noch nicht fertiggestellter Immobilien 592

IFRS 9
- Angabepflichten 240
- Bewertung 225, 229
- Effektivitätsanforderungen 238
- Eigenkapitalinstrumente 226
- erstmalige Anwendung 224
- Fair Value-Option 227
- Finanzinstrumente 222 ff., 582
- Fremdkapitalinstrumente 226
- General Hedge Accounting 233 ff.
- Grundgeschäfte 234
- Impairment 231
- Klassifizierung 225, 228
- Leasingbilanzierung 250
- Leasinggeber 250
- Optionen, Zeitwert 236
- Risikomanagementstrategie 237
- Risikomanagementziel 237
- Risikovorsorgebedarf 232
- Sicherungsbeziehung, Beendigung 239
- Sicherungsinstrumente 235
- Umklassifizierung 230
- Wertminderungen 231
- Zielsetzung 223

IHK
- Beitragspflicht 614
- Pflichtmitgliedschaft 614

Immaterielle Vermögensgegenstände
- Anhangangaben 555
- Anlagevermögen 548
- Ansatzgebot 550
- Ansatzregeln 546
- Ansatzverbot 551
- Ansatzwahlrecht 551
- Aufwand 547
- Ausweis 554
- Bewertung 553
- DRS 24, Anwendung 545
- Erworbene 549
- selbst geschaffene 549
- Umlaufvermögen 548
- Veränderungen 552
- Vermögensgegenstand 547

Immobilien
- Investmentsteuerreform 178
- Publikums-Investmentfonds 178

Immobilienanzeigen
- Energieausweis 606
- Informationspflichten 606

Immobilienmakler
- haushaltsnahe Dienstleistung 511

Impairment
- IFRS 9 231

Individueller Einkommensteuersatz
- Handwerkerleistungen 145
- haushaltsnahe Dienstleistungen 145
- Kinderbetreuungskosten 145
- Spenden 145
- Unterhalt 145

Informationspflichten
- Verbraucherstreitbeilegungsverfahren 604

Inkongruente Gewinnausschüttungen
- Gestaltungspotential 86
- steuerliche Anerkennung 85

Innergemeinschaftliche Lieferung
- fehlende Registrierung im MIAS 404
- formelle Voraussetzungen der Steuerfreiheit 404
- materielle Voraussetzungen der Steuerfreiheit 404

Innergemeinschaftliches Verbringen
- formelle Voraussetzungen der Steuerfreiheit 403
- materielle Voraussetzungen der Steuerfreiheit 403
- USt-IDNr. 403

Insolvenz
- umsatzsteuerliche Organschaft 425

Insolvenzanfechtung
- Vorsteuerabzugsberichtigung 419

Insolvenzgeld
- Umlagesatz 272

Insolvenzgeldumlagesatzverordnung 2018
- Umlagesatz, Insolvenzgeld 272

Instandsetzungs- und Modernisierungsmaßnahmen
- Gebäudeherstellungskosten, anschaffungsnahe 497

Internes Kontrollsystem
- Dokumentenmanagementsysteme 598

Internetdienstleistungen
- Abgrenzung 34
- Industriedienstleistungen 34

Internetkommunikation
- Überwachung am Arbeitsplatz 638

Investitionen
- Forschungsförderung 16
- FuE-Förderung 16

Investitionsabzugsbetrag
- Betriebseröffnung 287
- Investitionsabsicht 287
- Sonderbetriebsvermögen 287

Investmentsteuerreform
- Anleger, einkommensteuerpflichtiger 142
- Anleger, Kapitalgesellschaft 141
- Ausschüttungen 139
- ausschüttungsgleiche Erträge 188
- Besteuerung Anleger 180 f., 187 ff.
- Besteuerung betrieblicher Anleger 183
- Besteuerung Privatanleger 182

Stichwortverzeichnis

- Besteuerungsregime 140
- betriebliche Anleger 191
- Freibetrag, personenbezogener 192
- Gestaltungsüberlegungen 137
- Gewerbesteuer 179
- Immobilien, Veräußerungsgewinne 178
- Inkrafttreten 191 f.
- Mindestanlagequoten 138
- Privatanleger 192
- Publikums-Investmentfonds 138, 176 ff.
- Spezial-Investmentfonds 139 ff., 184 ff.
- Teilfreistellung steuerpflichtiger Erträge 181 ff.
- Transparenzoption 185, 187
- Transparenzoption, Nichtausübung 186
- Transparenzprinzip 176
- Transparenzprinzip, Abkehr 177
- Übergangsregelung 191 f.
- Veräußerung Investmentanteil 189
- Veräußerungs- und Anschaffungsfiktion 191 f.
- Veräußerungsgewinn, fiktiver 191 f.
- Verstoß gegen Anlagebestimmungen 190
- Vorabpauschale 180
- Zielrichtung 175

Investmentsteuerreformgesetz
- Anwendungszeitraum 175
- Besteuerung Anleger 180
- Besteuerung betrieblicher Anleger 183
- Besteuerung Privatanleger 182
- Gewerbesteuer 179
- Publikums-Investmentfonds 176, 178
- Spezial-Investmentfonds, Anteilsveräußerung 189
- Spezial-Investmentfonds, ausschüttungsgleiche Erträge 188
- Spezial-Investmentfonds, Besteuerung beim Anleger 187
- Spezial-Investmentfonds, Neuregelung 184
- Spezial-Investmentfonds, Nichtausübung der Transparenzoption 186
- Spezial-Investmentfonds, Transparenzoption 185
- Spezial-Investmentfonds, Verstoß gegen Anlagebestimmungen 190
- Teilfreistellung steuerpflichtiger Erträge 181
- Transparenzprinzip, Abkehr 177
- Übergangsregelungen 191 f.

InvStRefG
- Publikations-Investmentfonds, Mindestanlagequote 138
- Spezial-Investmentfonds, Anleger einkommensteuerpflichtig 142
- Spezial-Investmentfonds, Anleger Kapitalgesellschaft 141

- Spezial-Investmentfonds, Ausschüttungen 139
- Spezial-Investmentfonds, Besteuerungsgrenze 140

J

Jahressonderzahlungen
- gesetzlicher Mindestlohn 627

Juristische Person des öffentlichen Rechts (j.P.d.ö.R.)
- öffentlich-rechtliche Sonderregelung 427
- Übergangszeit 429
- Unternehmereigenschaft 93, 426 ff.
- Wettbewerbsverzerrungen 428

K

Kalte Progression
- Einkommensteuer, Tarifverlauf 512

Kammerbeiträge
- Rückstellung 569

Kapitalauszahlung
- betriebliche Altersversorgung 397
- Steuerermäßigung 397

Kapitaleinkünfte
- Günstigerprüfung 144
- Verlustbescheinigung 143

Kapitalertragsteuer
- Einlagenrückgewähr 325
- Steuerbescheinigung 325
- steuerliches Einlagekonto 325

Kapitalertragsteuerabzug
- Dauerüberzahlerregelung 88

Kapitalertragsteuerentlastung
- EuGH-Vorlage 455
- Niederlassungsfreiheit 455

Kapitalflussrechnung
- IAS 7 586

Kapitalgesellschaft
- Gewerbesteuerpflicht 347

Kapitalgesellschaft, ausländische
- Kapitalrückzahlung 108

Kapitalgesellschaftsanteile
- eigenkapitalersetzende Finanzierungshilfen 311

Kapitalisierungsfaktor
- Bewertungsstichtage nach dem 31.12.2015 und vor dem 1.7.2016 475

Kapitalkonsolidierung
- Abstockung von Anteilen an Tochterunternehmen 541
- Anteile des Mutterunternehmens 537
- Aufstockung von Anteilen an Tochterunternehmen 541
- DRS 23 534

- DRS 23, Anwendungsbereich 535
- Eigenkapital des Tochterunternehmens 538
- Entkonsolidierung 542
- Erstkonsolidierung 536 ff.
- Firmenwert 539
- Geschäftswert 539
- Kettenkonsolidierung 544
- mehrstufiger Konzern 544
- passiver Unterschiedsbetrag 540
- Übergangskonsolidierung 543
- Unterschiedsbeträge 539

Kapitalkonto i.S.d. § 15a Abs. 1 EStG
- Einlagen, vorgezogene 299
- Ergänzungsbilanz 298

Kapitalrückzahlung
- ausländische Kapitalgesellschaft 108

Kartellbußgeld
- Betriebsausgabenabzug 289

Kassengesetz
- Aufzeichnungssysteme 251
- Belegausgabe 252
- Einzelaufzeichnungspflicht 252
- Kassennachschau 251
- Kassensicherungsverordnung 254
- Meldung von elektronischen Aufzeichnungssystemen 253
- technische Umsetzung 254
- zertifizierte Sicherheitseinrichtung 251

Kassensicherungsverordnung
- Beleganforderungen 259
- einheitliche digitale Schnittstelle 258
- elektronische Aufzeichnungssysteme 255
- Protokollierung eines „anderen Vorgangs" 256
- Speicherung der Grundaufzeichnungen 257
- technische Sicherheitseinrichtung 258, 260
- Zertifizierung 260

Kassensysteme, elektronische
- Manipulierbarkeit 327

Ketteneinbringung
- Einbringung nach UmwStG 98

Kettenkonsolidierung im mehrstufigen Konzern
- Kapitalkonsolidierung 544

KGaA
- Ergänzungsbilanz 300
- persönlich haftender Gesellschafter 300

Kinderbetreuungskosten
- individueller Einkommensteuersatz 145

Kinderfreibetrag
- Erhöhung 512

Kirchensteuer, vom Erbe nachgezahlt
- Sonderausgaben 503

Klassifizierung
- finanzielle Vermögenswerte 228

Klassifizierung noch nicht fertiggestellter Immobilien
- IFRS 40 592

Kleinbetragsrechnung
- Rechnungsinhalte 418

Kleinbetragsregelung
- Wertgrenze 128

Kommissionärstätigkeit
- Betriebsstätte 103

Kommunikation, elektronische
- Digitalisierung, Besteuerungsverfahren 48

Komplementär, ausgeschiedener
- Haftung, Gewerbesteuer 618

Konsignationslager 174
- Ort der Lieferung 405

Kontogebühr, ABG-Kontrolle
- Bausparverträge 612

Kontrollsystem, internes steuerliches
- Anforderungen 25
- BMF, Anwendungserlass zu § 153 AO 24
- IDW Praxishinweis 25
- Sicht der Wirtschaft 26
- Tax Compliance 24 ff.

Konzernanhang
- Angabepflichten, erweiterte 220
- Umsatzerlöse 220

Konzerneigenkapitalspiegel
- Änderungen des Konsolidierungskreises 528
- Bilanzierung eigener Anteile 530
- Bilanzierung von Rückbeteiligungen 531
- Darstellung 527
- DRS 22, Anwendungsbereich 526
- DRS 22, erstmalige Anwendung 533
- Eigenkapitalveränderungen 528
- ergänzende Angaben 532
- Ergebnisverwendung des laufenden Jahres 529
- sonstige Veränderungen 528

Konzernfinanzierungsgesellschaft
- Bankenprivileg 356

Konzernklausel
- Zinsschranke 60

Konzertsäle, kurzfristige Anmietung
- gewerbesteuerliche Hinzurechnung 352

Kopftuchverbot
- Diskriminierungsverbot 637

Korrektur Umsatzsteuerfestsetzung
- Bauträgerfälle 431 f.
- Finanzverwaltung 432
- Rechtsprechung 431

Stichwortverzeichnis

Kostenerstattung gesetzliche Krankenkasse
– Sonderausgaben 502

Kraftstoffkosten, vom Arbeitnehmer getragen
– 1 %-Methode 381
– Dienstwagenbesteuerung 381

Krankenversicherungsbeitrag
– Veräußerungsgewinn bei Betriebsaufgabe 645

Kreditinstitute
– Preisklausel für smsTAN 613

Kündigungsfrist
– Probezeit 635

Künftige Wartungsaufwendungen
– Rückstellung 565

Künstlersozialabgabe
– Senkung in 2018 273

Kundenverträge
– IFRS 15 212, 214

Kurzfristige Beschäftigung
– durchschnittlicher Tageslohn 402

L

Ladevorrichtung Elektro- und Hybridelektrofahrzeug
– Pauschalbesteuerung 384

Ländererlasse
– Erbschaftsteuerreform 2016 474

Länderübergreifender Datenabruf
– gesetzliche Grundlage 371

Lagebericht
– Berichtspflichten über Einhaltung der Geschlechterquoten 578
– Bestätigungsvermerk 205
– Geschlechterquoten 578

Leasing
– IFRS 16 241, 594

Leasingbewertung
– IFRS 16 247
– Leasingnehmer 247
– Leasingverbindlichkeit, Ausweis 247
– ROU-Vermögenswert 247

Leasingbilanzierung
– Erstmalige Anwendung 249
– Folgebewertung 246
– IFRS 16 242 ff., 246, 249 f.
– Leasinggeber 250
– Leasingnehmer 246, 249
– Portfolien 244
– short-term lease 243
– small-ticket lease 243
– Übergangsregeln 249

Leasingfälle
– Dienstwagenbesteuerung 382

Leasingnehmer, Bilanzierung
– IFRS 16 245
– Zugangsbewertung 245

Leasingverhältnis
– IFRS 16 242

Leistungsverpflichtung
– IFRS 15 215

Lieferscheine
– Aufbewahrungsfrist 375

Liquidation
– Gesellschafterdarlehen 312

Liquidationsbilanz
– Gesellschafterdarlehen, Ausweis 87

Lizenzschranke
– Betriebsausgabenabzugsbeschränkung 150, 157
– Betriebsstätte 153
– erstmalige Anwendung 150
– Gläubiger 152 ff.
– nahestehende Person 63, 152
– nahestehende Person, zwischengeschaltet 154
– Nexus-Ansatz 63, 156
– Präferenzregelung 155 f.
– Präferenzregime 63
– Rechteüberlassungen 151
– Werbungskosten 158

Local File
– Verrechnungspreisdokumentation 440

LohnSchnittstelle
– Digitalisierung, Besteuerungsverfahren 45

Lohnsteuer-Anmeldung
– Grenze vierteljährliche Abgabe 401

Lohnsteuerbefreiung
– Elektromobilität 383

Lohnsteuerfreiheit
– betriebliche Altersversorgung, Beiträge 169

M

Managementbeteiligung, Veräußerungsgewinne
– Einkünfte aus nichtselbständiger Arbeit, Zuordnung 92
– Zuordnung Einkünfte aus nichtselbständiger Arbeit 387

Margenbesteuerung
– EU-Recht 411

Massenverfahren, steuerliche
– Digitalisierung, Besteuerungsverfahren 49

Master File
– multinationale Unternehmensgruppe 441
– Verrechnungspreisdokumentation 441

Stichwortverzeichnis

Mehrwertsteueridentifikationsnummer 174

Mehrwertsteuersatz
– E-Books 430

Messehallen, Anmietung
– gewerbesteuerliche Hinzurechnung 351

Mietgarantie
– Einkünfte aus Vermietung und Verpachtung 495

Minderheitsgesellschafter
– Sozialversicherungspflicht 644

Mindestlaufzeit Gewinnabführungsvertrag
– Organschaft, körperschaftsteuerliche 319

Mitarbeiterentsendung
– nicht direkt zuordenbare sonstige Bezüge 465
– nicht direkt zuordenbarer Arbeitslohn 464

Mitbestimmungsrecht
– Arbeitnehmerfreizügigkeit 615
– EU-Recht 615
– im Inland tätige Arbeitnehmervertreter 615

Mitteilungspflichten
– Auslandssachverhalte 74

Mitteilungspflichten über Auslandssachverhalte
– Aufbewahrungspflicht 164
– Drittstaat-Gesellschaft 163
– Finanzunternehmen 165

Mittelbare Grundstücksschenkung
– Gebäudeabschreibung 499

Mittelstandsbauch
– Einkommensteuertarif 13

Mittelstandsmodell
– Gestaltungsüberlegungen 106

Mitunternehmeranteil, Erwerb
– Abschreibung abnutzbare Wirtschaftsgüter 296

Mitunternehmerschaft
– Gemeinschaftsvertrag, Schwesterkapitalgesellschaften 305

Multilaterales Instrument
– Anpassung DBA 198
– Anwendung, erstmalige 201
– dynamisches Verfahren 198
– Regelungen, die Deutschland anwenden will 199 f.

N

Nahestehende Person
– Lizenzschranke 63, 152, 154

Namensnutzung im Konzern
– Geschäftsbeziehung 461
– Hinzurechnung nach § 1 AStG 461

Negative Einkünfte des Organträgers
– Saldierung innerhalb Organschaft 320
– Sonderbetriebsausgaben 320

Negatives Kapitalkonto
– Personenunternehmen 78

Netzwerk- und Informationssicherheit
– EU-NIS-Richtlinie 261
– Umsetzungsgesetz zur NIS-Richtlinie 261

Nexus-Ansatz
– Lizenzschranke 63, 156

Nicht direkt zuordenbare sonstige Bezüge
– Aufteilung 465
– im In- und Ausland verbrachte tatsächliche Arbeitstage 465

Nicht direkt zuordenbarer Arbeitslohn
– Aufteilung 464
– im In- und Ausland verbrachte tatsächliche Arbeitstage 464
– Prognose 464

Nicht direkt zuordenbares Arbeitsentgelt
– Aufteilung 119

Nichteheliche Lebensgefährten
– Verträge zwischen nahen Angehörigen 294

Nichtfinanzielle Erklärung
– Alternativen 522
– Ausnahmetatbestände 521
– Befreiungstatbestände 524
– Berichtsanforderungen 518
– betroffene Unternehmen 514
– Diversitätskonzept 525
– Leitlinien der EU-Kommission 519
– Mindestinhalte 515
– Nachhaltigkeitsbericht, freiwilliger 522
– Prüfungspflicht 523
– Rahmenwerk 520
– Risikoberichterstattung 517
– Wesentlichkeitsvorbehalt 516

Non-PIE
– Bestätigungsvermerk 203

O

OECD
– broader tax policy challenges 28
– Digitalisierung, steuerliche 28

Option zur Umsatzsteuer
– Ausübung 433
– Rücknahme 433

Organisatorische Eingliederung
– aktives Durchsetzen des Willens 423
– Beherrschungsvertrag 422
– Eingriffsmöglichkeiten 421 f.
– Personenidentität 421
– Willensbildung 423

Organschaft, körperschaftsteuerliche
– Anerkennung 318

– Finanzielle Eingliederung 318 f.
– Gewinnabführungsvertrag 319
– Mindestlaufzeit Gewinnabführungsvertrag 319
– Vorratsgesellschaft 318

Ort der Lieferung
– Konsignationslager 405

P

Passiver Unterschiedsbetrag
– Kapitalkonsolidierung 540

Passivierungsverbot für Anschaffungs- oder Herstellungskosten
– Wirtschaftsgut, ertragloses 285

Pauschalbesteuerung
– Ladevorrichtung Elektro- und Hybridelektrofahrzeug 384

Pauschalierungswahlrecht, § 37b EStG
– Ausübung 400
– Widerruf 400

Pensionsverpflichtung
– Ablösungszahlung 323

Pensionszusage
– Erdienenszeitraum 322
– Gesellschafter-Geschäftsführer 321 f., 398 f.
– Pensionsalter 398 f.
– Übernahme 323
– Überversorgung 321

Persönlicher Erbschaftsteuerfreibetrag
– beschränkte Steuerpflicht 479 ff.

Personenbezogene Daten
– Datenschutzgrundverordnung 263

Personengesellschaft
– Gewerbesteuerpflicht 346
– umsatzsteuerliche Organschaft 130, 424

Personenunternehmen
– Finanzierungsmodell GmbH & Co. KG 81
– negatives Kapitalkonto 78
– Realteilungsgrundsätze, Anwendung 83
– Thesaurierungsbesteuerung 76
– Überentnahmen 77
– unterjähriger Gesellschafterwechsel 84
– Verträge mit nahen Angehörigen 80

Pflichtmitgliedschaft
– IHK 614

Pflichtteilsanspruch
– Abfindung bei Verzicht 472

Pflichtteilsanspruch, geerbter
– Erbschaftsteuer 471
– Nähverhältnis 471

PIE
– Bestätigungsvermerk 203, 207
– Key Audit Matters 207

Präferenzregelung
– niedrige Besteuerung 155
– Schädlichkeit 156

Prämie für Verbesserungsvorschlag
– Entlohnung für mehrjährige Tätigkeit 386

Prämien
– gesetzlicher Mindestlohn 628

Private Krankenversicherung
– Selbstbehalt 501

Private Veräußerungsgeschäfte
– Verlust aus Ratenzahlung 500

Privatnutzung betriebliches Kfz
– Umsatzsteuer 126

Probezeit
– Kündigungsfrist 635

Progressionsvorbehalt
– ausländische Kapitaleinkünfte 488

Publikums-Investmentfonds
– Besteuerung Anleger 180 f.
– Besteuerung betrieblicher Anleger 183
– Besteuerung Privatanleger 182
– Gewerbesteuer 179
– Immobilien, Veräußerungsgewinne 178
– Investmentsteuerreform 176 ff.
– Mindestanlagequoten 138
– Teilfreistellung steuerpflichtiger Erträge 181 ff.
– Transparenzprinzip 176
– Transparenzprinzip, Abkehr 177
– Vorabpauschale 180

Q

Qualifizierter Rangrücktritt
– BGH-Rechtsprechung 577
– HFA des IDW 577
– Passivierungspflicht 577

Quellenstaateinbehalt
– grenzüberschreitende Tätigkeit 114

Quellensteuereinbehalt
– Entwurfsschreiben § 50a EStG 115
– Software 115

R

Realteilung
– Ausscheiden eines Mitunternehmers 301 f.
– Einzelwirtschaftsgüter 302
– Teilbetrieb 301

Realteilungsgrundsätze, Anwendung
– Personenunternehmen 83

Rechnungsberichtigung
– Mindestangaben 413
– Rückwirkung 412, 414
– Vorsteuerabzug, rückwirkend 127

Reformen, strukturelle
– Forschungsförderung 15

Registrierung im MIAS, fehlende
– innergemeinschaftliche Lieferung 404

Regulatorischer Abgrenzungsposten
– IFRS 14 585

Reichensteuer
– Steuerbelastungsoptimierung 68

Reihengeschäfte 174

Reine Beitragszusage
– Betriebliche Altersversorgung 270
– Optionsmodell 270
– Zusätzlicher Arbeitgeberzuschuss 270

Riester-Rente
– Grundzulage 172

Risikomanagement, IFRS 9
– Strategie 237
– Ziel 237

Risikomanagementsysteme
– Digitalisierung, Besteuerungsverfahren 51

Risikovorsorgebedarf
– Finanzinstrumente 232
– IFRS 9 232

Rückabwicklung
– Anteilsveräußerung 485

Rückstellung
– Entsorgungspflichten nach dem Elektro- und Elektronikgerätegesetz 564
– handelsrechtliche Grundsätze 566
– Kammerbeiträge 569
– künftige Wartungsaufwendungen 565
– privatrechtliche Verpflichtung 568
– wirtschaftliche Verursachung 567

Rückstellungsbildung
– Aktienoptionsprogramm 284
– Darlehen mit steigenden Zinssätzen 283

Rufbereitschaft
– gesetzlicher Mindestlohn 626

S

Sachbezugswerte
– Mahlzeiten 167
– Unterkunft 167

Sachzuwendungen an Arbeitnehmer
– Pauschalierungswahlrecht, § 37b EStG 400

Sachzuwendungen an Geschäftsfreunde
– Pauschalierungswahlrecht, § 37b EStG 400

Sale-and-Lease-Back
– wirtschaftliches Eigentum 278

Sale-and-lease-back-Geschäft
– Lieferung 406
– sonstige Leistung 406

– umsatzsteuerfreie Kreditgewährung 406
– umsatzsteuerliche Behandlung 406

Sammelauskunftsersuchen
– automatisiertes Kontenabrufverfahren 166

Sammelpostenregelung
– Eintrittsschwelle 148

Sanierungserlass
– Altfälle 331
– Neufälle 332
– Rechtswidrigkeit 330

Sanierungserträge
– Ermittlung des steuerfreien Betrags 334
– EU-Kommissionsvorbehalt 333
– gesetzliche Neuregelung 333
– Gewerbesteuer 335
– Körperschaftsteuer 336
– Sanierungserlass 330 ff.
– Steuerfreiheit 333 ff.
– Verlustvorträge 334

Schachtelstrafe
– Dividenden 308
– Gewinnausschüttung nach Hinzurechnungsbesteuerung 309
– Treaty Override 308

Schachtelstrafe im Organkreis
– Gewerbesteuer 360

Schaden
– Gebäudeherstellungskosten, anschaffungsnahe 497

Schädlicher Beteiligungserwerb
– Erwerbergruppe 90, 315
– Verfassungskonformität 314
– Verfassungswidrigkeit 89, 313
– Verlustrücktrag 316

Scheidungskosten
– außergewöhnliche Belastungen 507

Schenkungsteuer
– Darlehen, zinslos 470
– Festsetzung gegenüber Schenker 482
– Gesamtschuldner 482
– verdeckte Einlage einzelner Gesellschafter 469
– zinsloses Darlehen an den Lebenspartner 470

Schreib- und Rechenfehler in der Steuererklärung
– Fehler des Steuerpflichtigen 380

Schriftform
– Befristungsabrede 633

Schwesterkapitalgesellschaften
– Gewinngemeinschaftsvertrag 305
– Mitunternehmerschaft 305

Selbstbehalt private Krankenversicherung
– außergewöhnliche Belastung 501
– Sonderausgaben 501

Sicherungsbeziehung, Beendigung 239

Sicherungsinstrumente
– IFRS 9 235

smsTAN
– Preisklausel 613

Software
– Quellensteuereinbehalt 115

Solidaritätszuschlag
– Abschaffung 4, 10
– Abschaffung für kleine und mittlere Einkommen 7
– Aufkommen, strukturelles 6
– Aufkommensentwicklung 5
– Belastung Einkommensteuerpflichtige 9
– Einnahmeausfälle 6
– Herausforderung, steuerpolitische 10
– j.P.d.ö.R 8
– politische Parteien 5
– Reform 4, 10
– Wahlprogramme 5

Sollbesteuerung
– EU-Recht 410
– Vorfinanzierung Umsatzsteuer 410

Sonderausgaben
– Flüchtlingshilfe 504
– Kirchensteuer, vom Erbe nachgezahlt 503
– Kostenerstattung gesetzliche Krankenkasse 502
– Spende aus Schenkung 505
– Spenden an kommunale Wählervereinigungen 506

Sonderbetriebsausgabenabzug
– Vorgänge mit Auslandsbezug 297

Sonderbetriebsvermögen
– Investitionsabzugsbetrag 287

Sonderzahlung
– betriebliche Altersversorgung 396
– externe Versorgungseinrichtung 396
– Leistungsbestimmungsrecht 630
– Ratenzahlung 630

Sonstige Leistung
– Sale-and-lease-back-Geschäft 406

Sozialversicherung
– Rechengrößen 271

Sozialversicherungsfreiheit
– betriebliche Altersversorgung, Beiträge 170

Sozialversicherungsrechengrößen 2018 271

Sozialversicherungsrecht
– Minderheitsgesellschafter 644

Spenden
– individueller Einkommensteuersatz 145

Spenden an kommunale Wählervereinigungen
– Sonderausgaben 506

Spendenabzug
– Flüchtlingshilfe 504
– Freiwilligkeit der Zuwendung 505
– Spende aus Schenkung 505
– wirtschaftliche Belastung 505

Spezial-Investmentfonds
– Anleger, einkommensteuerpflichtiger 142
– Anleger, Kapitalgesellschaft 141
– Ausschüttungen 139
– ausschüttungsgleiche Erträge 188
– Besteuerung Anleger 187 ff.
– Besteuerungsregime 140
– Investmentsteuerreform 184 ff.
– Neudefinition 184
– Transparenzoption 185, 187
– Transparenzoption, Nichtausübung 186
– Veräußerung Investmentanteil 189
– Verstoß gegen Anlagebestimmungen 190

Steueränderungsgesetz 2015
– Unternehmereigenschaft, j.P.d.ö.R. 93, 426

Steuerausweis, unberechtigter
– Abtretungserklärung 408
– Berichtigung 408
– Bezugnahme auf zusätzliche Informationen 409
– Umsatzsteuerschuld 409

Steuerbegünstigung nach § 6a GrEStG
– Beihilfecharakter 366

Steuerbelastungsoptimierung
– Aufwandsrealisierung in 2017 67
– Gewinnrealisierung in 2017 65
– Gewinnrealisierung in 2018 66
– persönliche Einkommensverhältnisse, Änderung 64
– Reichensteuer 68

Steuerberaterhaftung
– drohende Insolvenz des Mandanten 342

Steuererklärung
– Digitalisierung, Besteuerungsverfahren 54
– Fristverlängerung 54

Steuererklärungsfristen
– Fristverlängerung 160
– Verlängerung der Abgabefristen 159
– Verspätungszuschlag 162
– Vorabanforderung 161

Steuererklärungsfristen, Verlängerung
– Digitalisierung, Besteuerungsverfahren 53

Steuerermäßigung bei Einkünften aus Gewerbebetrieb
– unterjähriger Gesellschafterwechsel 84, 337

Stichwortverzeichnis

Steuerermäßigung, Einkünften aus Gewerbebetrieb
- Begrenzung auf zu zahlende Gewerbesteuer 339
- Ermäßigungshöchstbetrag 338

Steuerforderungen/-schulden, bestrittene
- Bilanzierung 562 f.

Steuerfreiheit
- Sanierungserträge 334

Steuerklausel
- Entsendung 117

Steuermesszahlen
- Grundsteuerreform 197

Steuerpolitik
- 18. Legislaturperiode 1
- 19. Legislaturperiode 2 f.
- Aufgaben aus der Sicht der Wirtschaft 3

Steuerstundungsmodell
- Konzept, vorgefertigtes 292

Steuerumgehungsbekämpfungsgesetz
- Altfälle 480
- automatisiertes Kontenabrufverfahren 166
- besonderer Versorgungsfreibetrag bei beschränkter Steuerpflicht 481
- Korrekturvorschrift des § 175b AO, Änderung 374
- Mitteilungspflichten über Auslandssachverhalte 163 ff.
- persönliche Freibeträge bei beschränkter Steuerpflicht 479 f.
- Zahlungsverjährungsfrist, Verlängerung 367

Steuerverkürzung
- Tax Compliance Management System 368

Stiftung, nichtrechtsfähig
- Ersatzerbschaftsteuer 473

Stillhalter
- Barausgleich 487

Streubesitzdividenden
- Verfassungskonformität 307

T

Tarifeinheitsgesetz
- Nachbesserungen 629
- verfassungsrechtliche Überprüfung 629

Tax Compliance
- Anforderungen 25
- BMF, Anwendungserlass zu § 153 AO 24
- IDW Praxishinweis 25
- Kontrollsystem, internes steuerliches 24 ff.
- Sicht der Wirtschaft 26

Tax Compliance Management System
- Ausgestaltung 369
- Auslandssachverhalte 74

- IDW Praxishinweis 368
- Prüfung 370
- Steuerverkürzung 368

Taxonomien 6.0
- BilRUG 275
- E-Bilanz 275

Taxonomien 6.1
- E-Bilanz 149

Teilbetrieb
- Ausscheiden eines Mitunternehmers 301
- Realteilung 301

Teileinkünfteverfahren
- Antragsfrist 324
- verdeckte Gewinnausschüttung 324

Teilfreistellung steuerpflichtiger Erträge
- Besteuerung Anleger 181
- Besteuerung betrieblicher Anleger 183
- Besteuerung Privatanleger 182
- Investmentsteuerreform 181 ff.
- Publikums-Investmentfonds 181 ff.

Teilwertabschreibung
- Grund und Boden 570

Teilwertabschreibungen
- Wechselkursverluste 281

Thesaurierungsbegünstigung
- negatives zu versteuerndes Einkommen 306

Thesaurierungsbesteuerung
- Personenunternehmen 76

Transaktionen in fremder Währung
- IFRSC 22 591

Transaktionspreis
- IFRS 15 216

Transaktionspreisallokation
- IFRS 15 217

Transparenzoption
- Investmentsteuerreform 185
- Spezial-Investmentfonds 185

Transparenzoption, Nichtausübung
- Investmentsteuerreform 186
- Spezial-Investmentfonds 186

Transparenzprinzip
- Publikums-Investmentfonds 176

Transparenzprinzip, Abkehr
- Investmentsteuerreform 177
- Publikums-Investmentfonds 177

Transparenzregister
- Aufsichts- und Strafverfolgungsbehörden 623
- berechtigtes Interesse 623
- Einsichtnahme 620
- erforderliche Angaben 622

Stichwortverzeichnis

– gesetzliche Regelung 620
– Meldepflichtige 621
– Mitteilungspflichten 620
– Rechtsgestaltungen 621
– Vereinigungen 621
– wirtschaftliche Berechtigte 622
– zur Einsichtnahme Berechtigte 623

Treaty Override
– Dividenden, Schachtelstrafe 308

U

Überentnahmen
– Personenunternehmen 77

Übergangskonsolidierung
– Kapitalkonsolidierung 543

Übertragung von Betriebsvermögen
– erbschaftsteuerliche Begünstigung 474

Überversorgung
– Pensionszusage 321

Umklassifizierung
– Finanzinstrumente 230
– IFRS 9 230

Umsatzerlöse
– IFRS 15 214 ff.

Umsatzrealisierung
– IFRS 15 211, 213, 218 f.

Umsatzsteuer
– grundstücksbezogene Leistung 407
– Rechnung, Mindestangaben 413
– Rechnungsberichtigung, Rückwirkung 412, 414
– Steuerausweis, unberechtigter 408 f.

Umsatzsteuerliche Organschaft
– Insolvenz 425
– Organgesellschaft 424
– organisatorische Eingliederung 129, 421 ff.
– Personengesellschaft 424
– Personengesellschaft als Organgesellschaft 130

Umsatzsteuersatz
– E-Books 430

Umsatzsteuersatz, ermäßigter
– Ferienunterkünften 411

Umsatzsteuervorauszahlung
– Zu-/Abflussprinzip 286

Umsetzungsgesetz zur NIS-Richtlinie
– Netzwerk- und Informationssicherheit 261

Umzugskosten
– sonstige Umzugsauslagen 394
– umzugsbedingte Unterrichtskosten 394

Unsicherheiten bezüglich ertragsteuerliche Behandlung
– IFRSC 23 593

Unterbringungskosten am Studienort
– vorab entstandene Werbungskosten 395

Unterhalt
– individueller Einkommensteuersatz 145

Unterjähriger Gesellschafterwechsel
– Steuerermäßigung bei Einkünften aus Gewerbebetrieb 84

Unternehmensgründung
– Forschungsförderung 16
– FuE-Förderung 16

Unternehmereigenschaft
– j.P.d.ö.R. 93, 426 ff.

Unternehmerische Nutzung unter 10 %
– Vorsteuerabzug 416

Untersuchungsgrundsatz
– Digitalisierung, Besteuerungsverfahren 50

Urlaubsanspruch
– Urlaubsantrag 631
– Verfall 631

USt-IDNr.
– innergemeinschaftliches Verbringen 403

V

Veräußerung/Einbringung von Vermögenswerten
– IAS 28 584
– IFRS 10 584

Veräußerung private Immobilie
– Verlust aus Ratenzahlung 500

Veräußerungs- und Anschaffungsfiktion
– betriebliche Anleger 191
– Freibetrag, personenbezogener 192
– Investmentsteuerreform 191 f.
– Privatanleger 192
– Übergangsregelung 191 f.
– Veräußerungsgewinn, fiktiver 191 f.

Veräußerungsgewinn bei Betriebsaufgabe
– Krankenversicherungsbeitrag 645

Veräußerungsgewinn, fiktiver
– betriebliche Anleger 191
– Freibetrag, personenbezogener 192
– Investmentsteuerreform 191 f.
– Privatanleger 192
– Übergangsregelung 191 f.
– Veräußerungs- und Anschaffungsfiktion 191 f.

Verbindliche Auskunft
– Bearbeitungsfrist 376
– Gebühr 376

Verbraucherbauvertrag 267

Verbrauchereigenschaft
– GbR 605

Verbraucherstreitbeilegungsgesetz
– Informationspflichten 604

Verbraucherstreitbeilegungsverfahren
– Informationspflichten 604
– Schlichtungsverfahren 604

Verdeckte Einlage einzelner Gesellschafter
– gesamthänderische Rücklage 469
– Schenkungsteuer 469

Verdeckte Gewinnausschüttung
– Teileinkünfteverfahren 324

Verfall von Urlaubsansprüchen
– Urlaubsantrag 631

Verlustausgleich von Kapitaleinkünften
– Abgeltungsteuer 492

Verlustbescheinigung
– Kapitaleinkünfte 143

Verlustrücktrag
– schädlicher Beteiligungserwerb 316

Verlustuntergang, vollständiger
– Verfassungskonformität 89

Verlustvortrag
– fortführungsgebundener 91
– Fortführungsgebundener Verlustvortrag 317
– Sanierungserträge 334
– schädlicher Beteiligungserwerb, Erwerbergruppe 315

Verlustvortrag, anteiliger Wegfall
– Verfassungswidrigkeit 89

Vermietungseinkünfte
– Beeinflussung der Höhe 135

Vermögensverwaltende Personengesellschaft
– gewerbliche Infektion 303

Verrechnung von Altverlusten
– Abgeltungsteuer 491
– Übergangsregelung 491

Verrechnungspreisdokumentation
– Inland 110
– Local File 440
– Master File 441
– Transfer Pricing Management Tool 110
– Vorlagepflicht 111

Verrechnungspreise
– Dokumentationspflichten 110
– Dokumentationspflichten im Ausland 113
– Fremdvergleichsgrundsatz 109
– Sanktionen 112
– Vorlagepflicht Verrechnungspreisdokumentation 111

Versicherungsverträge
– IFRS 17 595
– IFRS 4 589

Verspätungszuschlag
– Steuererklärung, Nichtabgabe innerhalb der verlängerten Frist 162

Verstoß gegen Anlagebestimmungen
– Investmentsteuerreform 190
– Spezial-Investmentfonds 190

Verträge mit nahen Angehörigen
– Abgeltungsteuer 80
– nichteheliche Lebensgefährten 294
– steuerliche Anerkennung 79

Verzinsung, Steuerforderungen
– Verfassungskonformität 341

Vierte EU-Geldwäscherichtlinie-Umsetzungsgesetz
– Neufassung des GwG 620
– Transparenzregister, Einführung 620

Vierten Verordnung zur Änderung steuerlicher Verordnungen
– BsGaV, Änderungen 457

Vollautomatische Steuerfestsetzung
– Freitextfelder 379
– Risikomanagementsystem 379

Vollständiger Verlustuntergang
– Verfassungskonformität 314

Vorab entstandene Werbungskosten
– Maklerkosten 395
– Unterbringungskosten am Studienort 395

Vorabpauschale
– Besteuerung Anleger 180
– Investmentsteuerreform 180
– Publikums-Investmentfonds 180

Vorbehaltsnießbrauch
– Betriebsübertragung 276

Vorerwerb
– Steuerermäßigung, Erbschaftsteuer 483

Vorhaltepflichten
– Kapitalertragsteuerbescheinigung 377
– Spendenbescheinigung 377

Vorläufige Festsetzung
– gewerbesteuerliche Hinzurechnung 355

Vorlagepflicht
– Verrechnungspreisdokumentation 111

Vorratsgesellschaft
– Organschaft, körperschaftsteuerliche 318

Vorsteuerabzug
– Betriebsveranstaltung 417
– Ehrung einzelner Jubilare 417
– Kleinbetragsrechnung 418
– unternehmerische Nutzung unter 10 % 416

Vorsteuerabzugsberechtigung
– Angabe der Anschrift 415

Stichwortverzeichnis

– Anschrift der wirtschaftlichen Tätigkeit 415
– Briefkastensitz 415

Vorsteuerabzugsberichtigung
– Insolvenzanfechtung 419

Vorsteuer-Vergütungsverfahren
– Belege 420
– in der EU ansässiger Unternehmer 420
– nicht in der EU ansässiger Unternehmer 420
– Übermittlung, elektronische 420

VWG BsGa
– Betriebsstättengewinnaufteilung, Verwaltungsgrundsätze 457 ff.

W

Wechselkursverluste
– Teilwertabschreibungen 281

Wegzugsbesteuerung
– fiktive Veräußerungsverluste 463

Weitereinbringung
– Einbringung nach UmwStG 98

Werbe-E-Mails
– Bestandskunden 624
– Einwilligungserklärung 624
– Neukunden 624

Werbungskosten
– Lizenzschranke 158

Werbungskostenabzug
– Arbeitnehmer-Pauschbetrag 131

Wertpapierleihe
– wirtschaftliches Eigentum 279

Wesentliche Betriebsgrundlagen
– Betriebsveräußerung 329
– Einbringung nach UmwStG 96

Wirtschaftliches Eigentum
– Abschreibungsbeginn 280
– Sale-and-Lease-Back 278
– Wertpapierleihe 279

Wirtschaftsgut, ertragloses
– Passivierungsverbot für Anschaffungs- oder Herstellungskosten 285

X

XML-Format
– Country-by-Country-Report 443

Z

Zahlungsverjährungsfrist
– Verlängerung 367

Zertifizierter Steuerpflichtiger 174

Zinseinkünfte
– Abgeltungsteuer 489
– Ausnahme von der Anwendung der Abgeltungsteuer 489

Zinsen für durchlaufende Kredite
– gewerbesteuerliche Hinzurechnung 350

Zinsloses Darlehen an den Lebenspartner
– Schenkungsteuer 470
– Zinsvorteil 470

Zinsschranke
– Escape-Klausel 61
– Freigrenzenregelung 58
– Gesellschafterfremdfinanzierung, schädliche 59
– Konzernklausel 60
– verfassungsrechtliche Zweifel 62

Zu-/Abflussprinzip
– Umsatzsteuervorauszahlung 286

Zulässige Grundgeschäfte
– IFRS 9 234

Zulagen
– gesetzlicher Mindestlohn 628

Zumutbare Belastung
– außergewöhnliche Belastung 509
– Ermittlung 509

Zweites Bürokratieentlastungsgesetz
– Aufbewahrungsfrist, Lieferscheine 375
– GwG, neue untere Betragsgrenze 147
– Kleinbetragsregelung, Wertgrenze 128
– kurzfristige Beschäftigung, Anhebung des durchschnittlichen Tageslohns 402
– Lohnsteuer-Anmeldung, Anhebung der Grenze für die vierteljährliche Abgabe 401

Zweites Finanzmarktnovellierungsgesetz
– BsGaV, Änderungen 457

Zwischeneinkünfte mit Kapitalanlagecharakter
– EU-Rechtskonformität 462
– Hinzurechnungsbesteuerung 462
– Kapitalverkehrsfreiheit 462

Zwischenvermietung, Immobilie
– gewerbesteuerliche Hinzurechnung 353